GERHARD KONZELMANN

Felsendom und Klagemauer

GERHARD KONZELMANN

Felsendom und Klagemauer

*Arafats Kampf
um seinen Staat*

Mit 5 Übersichtskarten

HERBIG

Die Abbildungen auf den Vorsätzen (vorne und hinten)
bzw. auf den Seiten 434 und 441 sind Faksimiles
der Tagebucheintragungen des Autors aus den Jahren 1982/83
bzw. 1970.

© 1998 by F. A. Herbig Verlagsbuchhandlung GmbH, München
Alle Rechte vorbehalten
Schutzumschlaggestaltung: Wolfgang Heinzel unter Verwendung
eines Fotos von ZEFA, Düsseldorf
Übersichtskarten: Angelika Tröger
Satz: Filmsatz Schröter, München
Gesetzt aus 10,7/12 Punkt Palatino auf Macintosh
in QuarkXPress
Druck und Binden: Graph. Großbetrieb Pößneck GmbH
– Ein Mohn-Betrieb –
Printed in Germany
ISBN 3-7766-2048-X

Eine islamische Legende erzählt: »Unter der goldenen Kuppel des Felsendoms in Jerusalem ruht ein Steinblock aus dem Paradies. Er ist der Mittelpunkt der Erde. Am Tag des Jüngsten Gerichts wird es geschehen, daß der heilige schwarze Stein der Kaaba von Mekka nach Jerusalem gelangt, zum Steinblock aus dem Paradies. Beide bilden dann den Grundstein für die Welt Allahs, für die ewige göttliche Ordnung. Die Goldkuppel des Felsendoms birgt so den heiligsten Ort für die Gläubigen.«

Eine jüdische Legende erzählt: »Im Himmel wurde beschlossen, daß die Klagemauer nie zerstört wird, denn in ihr verbirgt sich die ewige Gegenwart Gottes. Wer ausdauernd ist im Gebet vor der Klagemauer, dem kann sich die ewige Gegenwart Gottes offenbaren, die hinter diesen Steinen über die Menschheit wacht. In der Nacht, da sich die Stunde der Vernichtung des Tempels jährt, sind die Steine mit Tropfen bedeckt: Die Klagemauer weint vor Schmerz über den Untergang des Heiligtums, den sie allein überstanden hat.«

INHALT

Der Felsendom als Verpflichtung   11

Arafats schwierge Heimkehr nach Palästina   18

Verwirrspiel um Arafats Geburtsort   29

Arafat entwickelt sich zum Palästinenser   34

Erste Enttäuschung   49

Ein Student aus Cairo organisiert den Widerstand   59

Neuanfang in Stuttgart   71

In Kuwait entsteht Al-Fatah   77

PLO – Verschwörung gegen den Widerstand   86

Arafat stemmt sich gegen den Untergang
von Al-Fatah   93

Der Kampf beginnt mit Mißerfolgen   98

Israels Verhalten hilf Arafat   105

Der unaufhaltsame Aufstieg des Jassir Arafat   114

»Verrat ging um in Damaskus«   120

Die Niederlage, ein Glücksfall für Arafat   126

Die Widerstandsbewegung spaltet sich   135

Karameh gibt den Palästinensern Selbstvertrauen   142

Arafat wird »Sprecher« von Al-Fatah 146

Die Gegner der Idee des Palästinenserstaates 149

Arafat rettet die PLO 154

Der Weg zum Staatsmann ohne Staat 160

Moskau will nichts von Arafat wissen 168

Feinde wider Willen 172

»Amman wird zum Friedhof für alle Verräter« 177

Arafats Scheinstaat im Libanon 182

*Der Jom-Kippur-Krieg und die
Idee vom Ministaat* 191

*1974: Der Begriff »Palestinian National
Authority« entsteht* 196

*»Ermöglichen Sie den Aufbau der
Palestinian National Authority!«* 201

Henry Kissinger contra Jassir Arafat 204

»Ich bin nicht der Komplize des Verräters Sadat« 213

Israel verhindert den Ministaat 216

Die Gegner 1982: Ariel Sharon und Jassir Arafat 222

*»Die Idee vom Palästinenserstaat ist
nicht umzubringen«* 237

*»Ich fühle das Wehen der Winde
des Paradieses«* 243

»Alle Wege führen nach Palästina« 255

Das vorläufige Ende der Karriere des Ariel Sharon   260

Siedlungspolitik soll Ministaat verhindern   265

Meuterei gegen Arafat   269

König Hussein – Geburtshelfer des
Palästinenserstaats?   277

»Den Boden unter den Füßen der
Eroberer verbrennen«   284

Sheikh Yassin und die Hamas   289

Intifada   294

Der Tod des Abu Jihad   299

Annäherung der PLO an die USA   305

Der Tod des Abu Ijad   311

Die schlimmsten Monate des Jassir Arafat   315

Tunis reißt die Initiative an sich   327

»Die Lösung heißt Gaza und Jericho«   337

Widerstand in den eigenen Reihen   345

Arafat sieht den Felsendom in greifbarer Nähe   347

»Das ist der Neubeginn der palästinensischen
Geschichte   350

Arafat muß seine Frau zu Hause lassen   357

Die Ehe verändert Arafats Leben nicht   361

Rabin: »Arafat ist ein Tagträumer«   364

Baruch Goldstein will die Verständigung verhindern 367

Töten nach dem Willen Allahs 371

König Hussein läßt die Kuppel des
Felsendoms neu vergolden 375

Der mühsame Weg zu Abkommen Oslo II. 379

Jihad al-Islamija: »Zimmert den Sarg für Rabin« 383

Palästina wählt demokratisch 387

Arafat verliert den letzten Partner für den
»Frieden der Tapferen« 392

Autonomie und Ökonomie 397

Hebron – die Stadt der drei Patriarchen 402

Mit dem Hebron-Abkommen beginnen
die Schwierigkeiten 404

Netanyahus Argumente 407

Die demographische Bedrohung Israels 412

»Und wir erreichten die Klagemauer« 415

Das jüdische Volk fühlt sich durch
England betrogen 418

Der Teilungsplan – die vertane Chance
der Palästinenser 422

Mossad-Panne erzwingt Freilassung
des Sheikh Yassin 424

»Der Staat der Palästinenser ist kein
Traum mehr« 427

*Fünfzig Jahre Israel – fünfzig Jahre
»Katastrophe«* 429

Das magische Datum: 4. Mai 1999 430

ANHANG

Bibliographie 435

Übersichtskarten 436

Personenregister 442

Der Felsendom als Verpflichtung

Wohin Arafats Blick auch fällt in seinem Hauptquartier in Gaza, er sieht den Felsendom von Jerusalem. Wandfüllend sind die Bilder des edlen Baus und der Goldkuppel in den Räumen, Gängen und im Treppenhaus des bescheidenen Hauses. Der Felsendom ist allgegenwärtig. Wer den Vorsitzenden der Palästinensischen Autonomiebehörde besucht, der bekommt beim Abschied zu hören: »Glauben Sie mir, früher oder später werden wir uns in Jerusalem treffen, beim Felsendom!«

Das goldstrahlende Heiligtum beherrscht das Denken Arafats – und seine Mitarbeiter versuchen, ihm darin nicht nachzustehen. In den Büros der Autonomiebehörde in Gaza stehen Modelle des Heiligtums, aus Holz und schimmerndem Perlmutt gefertigt. Der Nachrichtensprecher des Palästinensischen Fernsehens sitzt vor einer bildschirmbeherrschenden Darstellung des Felsendoms. Der Zuschauer soll begreifen, daß für den Palästinenser nichts Heiligeres existiert als dieses strahlende Gebäude.
Jassir Arafat weiß, daß sein Lebenswerk nicht vollendet sein kann, ehe er nicht inmitten seines palästinensischen Volkes, im *Haram as-Sharif*, im Geviert des »Edlen Heiligtums« auf der weiten Terrasse rings um den Felsendom knien und beten wird.

Bedeutungsvoll an diesem Heiligtum ist nicht seine strahlende Goldkuppel, sondern eine kamelfarbige Steinplatte, die vom Felsendom umhüllt wird. Diese Felsplatte mißt ungefähr 18 × 12 Meter. Sie ist von Scharten, Furchen und Ablaufkanälen durchzogen und von primitiv-gehauenen Löchern bedeckt. Seine Oberfläche bildet eine ungeordnete Landschaft, die zu vielerlei Deutungen Anlaß gibt. Kein Zweifel besteht, daß der Steinblock seit frühester Zeit eine heilige Stätte gewesen sein muß: Die Kanäle und Furchen sind als Blutrinnen zu erkennen, die jüdischen Opferritualen gedient hatten.
Nach Überzeugung der Moslems hat der Stein seine höchste

Weihe jedoch erst durch den Islam erhalten, durch Allah und den Propheten Mohammed selbst. Der Dom um das Heiligtum ist unter der Herrschaft des Kalifen Abdel Malik Ibn Marwan in den Jahren 691–692 geschaffen worden: Dieser »Beherrscher der Gläubigen« hat die Kuppel errichten lassen.

Jassir Arafat ist überzeugt davon, daß er eines Tages hinaufschreiten kann zum Heiligtum, ohne die israelische Regierung um Genehmigung fragen zu müssen. Und mit dieser Sehnsucht nach dem Felsendom spricht Arafat der Mehrheit der Palästinenser aus der Seele. Gleichgültig, ob sie nahe bei Jerusalem oder in syrischen, jordanischen und libanesischen Lagern leben, oder ob ihnen der Gazastreifen zur Heimat geworden ist – für sie ist der Gedanke unerträglich, daß der Zugang zum Felsendom von israelischen Bewaffneten kontrolliert wird. In ihrem Bewußtsein mischen sich nationale und religiöse Gefühle. Die Wurzel der religiösen Assoziation liegt in den einfachen Worten der 17. Koransure. Sie trägt die Bezeichnung »Die Nachtreise«. Entscheidend ist dieser eine Satz: »Ruhm sei dem einen Gott, der seinen Diener Mohammed zur Nachtzeit reisen ließ von der Heiligen Moschee zur entfernten Moschee, deren Ort wir gesegnet haben, so daß wir Mohammed einige Unserer Zeichen zeigen konnten, denn er ist der Seher und der Hörer.«
Dem Gläubigen liegt der Sinn dieser Worte offen dar. Obgleich Jerusalem im Text der 17. Koransure überhaupt nicht erwähnt ist, weiß der Koranleser, der mit dem Heiligen Buch vertraut ist, daß der Prophet Mohammed in jener Nacht von Mekka nach Jerusalem gereist, auf dem Rücken seines Reittieres Buraq, dessen Sprung von Horizont zu Horizont reichte. Was im Koran nicht steht, hat die Erzähltradition längst mit Details ausgeschmückt, die dem überlieferten Text Leben eingeben.
Der Prophet Mohammed, so wird berichtet, erreichte die heilige Stätte durch das »Tor des Propheten«, das in der südlichen Mauer unter der Al-Aqsa-Moschee als »Doppeltor« identifiziert wird. Auch kann die Stelle gezeigt werden im Bereich des Felsendoms, wo sich Buraq, das geflügelte Reittier, nach der Nachtreise niedergelassen und auf Befehle seines Herrn gewartet hat. In jener Nacht haben Mohammed und der Erzengel Gabriel beim heiligen Stein gebetet. Zu sehen seien auf dem

Fels die Fingerabdrücke des Erzengels, der mit aller Kraft den Stein daran hinderte, mit dem Propheten zusammen in den Himmel zu fliegen. Geglaubt wird, daß Mohammed, der Gesandte Allahs, wieder auf die Felsplatte zurückkehrte – nachdem er erfahren hatte, wie die Ordnung aussieht, die Allah für Menschen und Dinge zwischen Himmel, Erde und Hölle nach seinem Willen geschaffen hatte.
Reich ausgeschmückt ist in der islamischen Tradition der knappe Text der 17. Koransure. Erzählt wird in der Überlieferung, Gabriel soll beim Anblick des Felsens gesagt haben: »Von diesem Stein aus ist Allah zum Himmel aufgestiegen.« Tief verankert im religiösen Wissen der Moslems ist die Überzeugung, Allah habe seinen Fuß tatsächlich auf diesen Stein gesetzt.
Dieser Glaube geht auf den Kalifen Abdel Malik Ibn Marwan zurück, den Erbauer des Felsendoms, der damit sagen wollte, die Felsplatte sei das einzige Zeugnis der Gegenwart Allahs auf Erden und sei zugleich das Symbol dafür, daß Allah auf die Erde zurückkehren werde.
Der Glaube ist weit verbreitet, die Felsplatte und die Goldkuppel seien der Mittelpunkt der Erde. Wer daran glaubt, der kann auch ohne Probleme der Überzeugung sein, in der Höhle unter der Felsplatte sammelten sich die Seelen der Toten in Erwartung des Jüngsten Gerichts.
Jassir Arafat, der Vorsitzende der Palästinensischen Autonomieverwaltung, fühlt sich verantwortlich für das Heiligtum, das – nach seiner Meinung – zum Autonomen Gebiet der Palästinenser gehören muß. Er weiß, daß die Fläche um den Felsendom auch von den Gläubigen der jüdischen Religion beansprucht wird. Dort stand einst das wichtigste und zentrale Heiligtum der Juden: der Tempel, in dem der Gott der Juden seinen Wohnsitz hatte. Die Klagemauer ist heute noch Zeugnis dieses Heiligtums. Arafat weiß, daß Interessen und Rechte aufeinander stoßen. Er ist überzeugt, der Felsendom sei bedroht durch Fanatiker jüdischen Glaubens, die das islamische Bauwerk um den Stein sprengen und durch den Tempel der Juden ersetzen wollen.
Beweis für diese Absicht bildet, nach Arafats Meinung, eine photomechanische Überblendung, die als Poster im »Tempel-Institut« in der Jerusalemer Ledachstraße zu kaufen ist: Das Poster propagiert auf raffinierte Weise, daß der Felsendom verschwinden und durch den Tempel der Juden ersetzt wird.

Ausgangspunkt dieser Vorstellung ist die Erinnerung des jüdischen Volkes an die prachtvollen und gottgefälligen Tempel der Könige Salomo und Herodes. Fanatische Anhänger der Vision vom Wiedererstehen des Tempels hatten 1982 tatsächlich geplant, das Heiligtum der Moslems zu sprengen. Ihre Absicht war von den israelischen Sicherheitsdiensten entdeckt und verhindert worden.

Jassir Arafat erinnert sich auch an ein Geschehen neueren Datums: Es hatte sich am 8. Oktober 1990 ereignet. Fanatische Anhänger der jüdischen Bewegung »Die Getreuen des Tempelbergs« wollten den symbolischen Grundstein legen für den Neubau des Tempels auf dem Gelände, das von den Moslems als das »Heilige Haus Gottes« bezeichnet wird. Die Zahl der »Getreuen« betrug rund eintausend. Ihnen standen dreitausend islamische Gläubige gegenüber, die entschlossen waren, die Grundsteinlegung zu verhindern. Schlägereien und bewaffnete Kämpfe entwickelten sich. Die Israel Defence Forces griffen ein und schossen scharf. Siebzehn Palästinenser starben durch die Geschosse; rund 100 wurden verwundet. Nach Ansicht der Palästinenser kämpften die IDF offensichtlich auf Seiten der »Getreuen des Tempelbergs«.

Aus gegebenem Anlaß fürchtet Arafat, fanatische jüdische Gläubige hätten die Absicht, unter dem Heiligtum, unter der Terrasse des *Haram as-Sharif* durch Grabungen nach Spuren zu suchen, die einen Hinweis geben könnten auf den Verbleib der Bundeslade, die zuletzt zur Zeit des Königs Salomo im Tempel zu sehen gewesen war.

Diese Bundeslade, auf Anordnung Mose gefertigt, galt den jüdischen Stämmen als Zeichen ihres Bundes mit dem einen und allmächtigen Gott. Sie war den zwölf Stämmen das Heiligste gewesen – und deshalb ist es nicht schwer zu begreifen, daß die Bundeslade, die nach der Zerstörung des Tempels (586 v. Chr.) verlorgenging, nicht aus dem Bewußtsein der gläubigen Juden verschwand. Möglich ist, daß man sie damals tief unter dem Tempel vergraben hat. Mit Hilfe von Interpretationen jüdischer Textüberlieferungen erhoffen sich manche Spezialisten Hinweise, wo Grabungen zum Erfolg führen könnten. Wer die Bundeslade sucht, der macht sich auch Hoffnung, im Bereich des Heiligtums Salomos Tempelschatz zu finden, der einst ebenfalls versteckt worden sein soll.

Am 23. September 1996 sahen sich Jassir Arafat und die Palästinenser insgesamt in ihren schlimmsten Ängsten bestätigt. Ministerpräsident Netanyahu machte an diesem Tag der Öffentlichkeit einen »archäologischen Tunnel« am Westrand des Heiligtums zugänglich, der vor 2200 Jahren zur Zeit der Hasmonäerkönige gegraben worden war, und dessen Länge von Netanyahus Vorgängern auf 488 Meter erweitert worden war. Die palästinensischen Bewohner der Altstadthäuser am Westrand der Klagemauer hatten schon seit Monaten bemerkt, daß tief unter und neben ihren Gebäuden Seltsames vorging: Geräusche von Grabungen waren zu vernehmen; Mauern senkten sich; Risse entstanden. Am 23. September 1996 wurde offengelegt, was geschehen war: Am Westrand des *Haram as-Sharif* war unter der Erde gewühlt worden, unter den Häusern des Moslemviertels. Israelische Archäologen und Bauarbeiter waren auf der Suche gewesen nach Spuren der jüdischen Geschichte Jerusalems – auf arabischem Gelände.

Arafat gab sich empört. Er sprach von einem »Verbrechen der Regierung Netanyahu«. Dabei wußte er genau, daß der Hasmonäertunnel das eigentliche Heiligtum in keiner Weise berührte. Der unterirdische Gang führte vom Platz vor der Klagemauer zu einer Stelle nahe der 2. Station der Via Dolorosa. Abzweigungen in Richtung Osten, auf den Felsendom zu, waren nicht zu erkennen. Trotzdem klagte Arafat am 24. September in einer Sitzung des Palästinensischen Nationalrats Netanyahu an, die Öffnung des Tunnels sei eine beabsichtigte Provokation der Palästinenser. Arafat – zu diesem Zeitpunkt bereits seit mehr als zwei Jahren Präsident der Palästinensischen Autonomiebehörde – warf Netanyahu vor, er torpediere den Friedensprozeß. Arafat rief dazu auf, die »Judaisierung von Jerusalem« durch Aktionen zu verhindern.

Der Aufruf wurde befolgt: In den Lagern von Jabalia und Gaza brach Intifada, der »Aufstand der steinewerfenden Jugendlichen«, wieder los. Dann griff die Unruhe auf Ramallah über. Dort tobten Straßenschlachten. Die palästinensische Polizei fühlte sich veranlaßt, den Jugendlichen zu helfen: Sie schoß mit ihren Kalaschnikows auf israelische Sicherheitskräfte.

Zum erstenmal standen sich reguläre Streitkräfte der Israelis und der Palästinenser bewaffnet gegenüber – und sie schossen aufeinander. Tote gab es auf beiden Seiten.

Auch unter Druck des amerikanischen Präsidenten Clinton wich Netanyahu nicht zurück. Der Hasmonäertunnel wurde nicht wieder verschlossen. Doch zur Genugtuung von Jassir Arafat bemühte sich Dennis Ross, Clintons Beauftragter für die Angelegenheiten des Nahen Ostens, um Beruhigung der Gemüter. Die aufgebrachten Palästinenser nahmen zur Kenntnis, daß die Verantwortlichen in den USA diesmal nicht auf der Seite Israels standen.

Dennis Ross mußte sich allerdings von Netanyahu sagen lassen, der Tunnel sei für Israel deshalb wichtig, weil er ein historisches Zeugnis sei für den Anspruch der Juden auf Jerusalem. Er zeige eben, daß die Stadt und das Heiligtum schon vor mehr als 2000 Jahren jüdisch gewesen seien und deshalb mit Recht das ungeteilte Zentrum des jetzigen, ewigen Staates der Juden sei. Dennis Ross entgegnete pflichtgemäß, Ostjerusalem sei nach internationalem Recht noch immer arabisch-palästinensisch.

Die Spannung des Herbsts 1996 hatte bewiesen, daß die Palästinenser bereit sind, mit ihrem Leben Pläne zu vereiteln, die dem Felsendom Schaden zufügen könnten. Seither strömen an jedem Freitag Tausende von gläubigen Moslems vor dem Heiligtum zusammen zum Beweis, daß der Felsendom den Palästinensern heilig ist, daß sie *Haram as-Sharif* als ihr Eigentum betrachten.

Die Gläubigen warten darauf, daß der Vorsitzende der Palästinensischen Autonomiebehörde das Versprechen wahr macht, das er im Jahr 1988 abgegeben hat: »Jerusalem wird zur Hauptstadt des Palästinensischen Staates!«

Oft seither hat er dieses Versprechen bekräftigt – und seine Glaubwürdigkeit ist immer geringer geworden. Noch immer ist das »ungeteilte Jerusalem« die Hauptstadt des Staates Israel. Das Bild der Heiligen Stadt hat sich verändert und verändert sich noch immer: Siedlungen entstanden und entstehen, die Jerusalem wie ein Festungsgürtel einschließen. Nie mehr wird der arabische Teil aussehen wie vor 1967.

Nur der Kern des palästinensischen Landes ist unverändert. *Haram as-Sharif* sieht aus wie zur Kindheit Jassir Arafats, der immer wieder betont, er sei in Jerusalem in einem Haus direkt neben dem Felsendom aufgewachsen.

Die Geschichte der Idee vom Staat der Palästinenser ist untrennbar mit dem Leben des Palästinensers Arafat verbunden. Niemand hat, wie er, den Gedanken an die Heimat und an den Staat aufrecht gehalten. Sich nicht mit den Niederlagen der Araber insgesamt gegen Israel abzufinden, das war sein Wille. Er hatte sich vorgenommen, vor allem Jerusalem und den Felsendom nicht dem jüdischen Volk zu überlassen. Er hat aus der Geschichte das Fazit gezogen: »Einst saßen die vertriebenen Juden an den Wassern Babylons und weinten. Sie ersehnten sich die Rückkehr in die Heimat. Wir weinen nicht, sondern wir kämpfen. Ich verspreche: Auf dem Felsendom wird unsere Fahne flattern.«

Jassir Arafat beschwört die Erinnerung an die eigene Kindheit »im Schatten des *Haram as-Sharif*«, im Haus der mütterlichen Familie unmittelbar an der Klagemauer. Seine Erinnerung läßt ihn sagen, daß von einem Fenster, von einem Balkon aus die Goldkuppel zu sehen gewesen sei. Vom Haus der Familie Abu Saud – aus ihr stammt die Mutter – ist nichts übriggeblieben: Es ist im Sommer 1967 abgerissen worden, unmittelbar nach Eroberung der arabischen Altstadt von Jerusalem durch die Israel Defence Forces. Die Stadtverwaltung von Jerusalem hatte gute Gründe, um die Häuser der engen Gassen im Westen des Heiligtums zu beseitigen: Platz mußte geschaffen werden für die jüdischen Gläubigen, die sich an der Klagemauer drängten. Seit 1948 waren die Juden verbannt gewesen von ihrem Heiligtum; 19 Jahre lang hatten jordanische Bewaffnete den Zugang zur Klagemauer kontrolliert. Im Junikrieg von 1967 hatten die Araber die Altstadt von Jerusalem verloren – verlorengegangen waren damit auch Haus und Heimat der Familie von Arafats Mutter. Geblieben ist Arafats Erinnerung: »Nach dem Tod meiner Mutter verbrachte ich einige Zeit im Haus am Felsendom! Danach habe ich nie mehr von mir sagen können, ich besäße irgendwo eine Heimat.«

Arafats schwierige Heimkehr nach Palästina

»Ich trage fortan nur noch den einzigen Namen – Palästina!« Dies sind die ersten Worte, die Jassir Arafat auf palästinensischem Boden spricht. Sie sind an seine Begleitung, an seine Leibwache gerichtet. Arafat identifiziert sich durch diese Worte mit Palästina. Er bringt zum Ausdruck, daß er Palästina verkörpert.

Am Freitag, den 1. Juli 1994 trifft Arafat am Rafiah Border Checkpoint an der Demarkationslinie zwischen Ägypten und dem Gazastreifen ein. Das Kraftfahrzeug des Fabrikats Daimler-Benz ist ohne Dach, ist zum Himmel geöffnet. Arafat ist der prallen Sonne ausgesetzt. Es ist 3 Uhr nachmittags. Der Konvoi des PLO-Vorsitzenden erreicht den Checkpoint mit dreistündiger Verspätung. Arafat hält selten einen Zeitplan ein. Dadurch irritiert er mögliche Attentäter – und erhöht die Spannung der Wartenden. Einige Hundert der Honoratioren des Gazastreifens haben sich am Rafiah Border Checkpoint eingefunden, um den bekanntesten und berühmtesten Palästinenser zu begrüßen. Sie bekommen ihn kaum zu sehen. Seine Leibgarde schirmt ihn ab. Arafat steigt in ihrem Schutz aus, kniet nieder und küßt palästinensischen Boden. Dann schüttelt er einem israelischen General, der ihn zu begrüßen hat, die Hand.

Arafat befindet sich nun auf palästinensischem Gebiet. Die Wagenkolonne fährt in der Nachmittagshitze vorüber an der arabischen Stadt Khan Junis. Arafat sieht in der Ferne die jüdischen Siedlungen Newe Deqalim und Nezer Hazzani – die eingepflanzt wurden in palästinensisches Gebiet –, und er erreicht schließlich das gewaltige Lager der Notquartiere, das den Namen Gaza trägt. Die Straße führt vorbei an Wellblechbaracken, an niederen primitiven Betonbauten, an hohen eisernen Zäunen, die der israelischen Besatzungspolizei die Aufgabe der Kontrolle einer gedemütigten und daher unruhigen Lagerbevölkerung erleichtert hatten. Der Konvoi wirbelt Staub auf von der Straße an jenem heißen Freitag nachmittag im Hochsommer 1994. An den Straßenrändern rinnt stinkendes Abwasser, das irgendwo versickert. Niemand hat sich Mühe gemacht, für Arafats Ankunft die Trostlosigkeit zu verstecken. Ärmlich gekleidet sind die Frauen, Männer und Kinder, die am Rand der Thalatinastraße stehen, um Jassir Arafat zu sehen. Nur wenige tragen die traditionelle palästinensische Kleidung. Einige winken mit Fähnchen in den Farben Palästinas: schwarz, weiß, grün, mit rotem Dreieck an der linken Schmalseite. Nicht viele der Neugierigen zeigen, daß sie begeistert sind, daß sie sich befreit fühlen vom Druck, den die israelische Besatzungsmacht ausgeübt hat. Die wenigsten sind wohl der Meinung, einen denkwürdigen Tag zu erleben. Die Polizisten der kurze Zeit zuvor aus dem Nichts gebildeten palästinensischen Sicherheitstruppe sind nicht gefordert. Niemand drängt auf die Straße hinaus, um Arafat möglichst nahe zu sein. Die Polizisten sind bewaffnet mit Kalaschnikows, die aus israelischen Beständen stammen.

Die Fahrt durch die Thalatinastraße von Gaza ist ein Wagnis: Die islamische Kampforganisation Hamas, die eine Versöhnung der Palästinenser mit Israel ablehnt, hat für diesen Tag zum Mord an Jassir Arafat aufgerufen: »Der Verräter hat den Tod verdient! Er kapituliert vor den Israelis! Arafat ist ein Lakai der Israelis und der Amerikaner!« Niemand weiß, wie viele Menschen am Straßenrand diesen Parolen glauben. Die Gefahr ist nicht auszuschließen, daß aus der Menge eine Handgranate ins offene Fahrzeug des Jassir Arafat geschleudert wird. Ein derartiges Attentat könnte niemand verhindern.

Der ägyptische Staatspräsident Husni Mubarak, der Arafat bis unmittelbar vor den Rafiah Border Checkpoint begleitet hat, meinte zum Abschied: »Dir ist bewußt, daß du direkt in die Höhle des Löwen fährst!« Und er wünschte Arafat Glück für diese Reise in die palästinensische Heimat. Mubaraks Gesichtsausdruck ließ die Sorge erkennen, Arafat überlebe die Autofahrt nicht.

Es war Präsident Bill Clinton gewesen, der Arafat gedrängt hatte, mit der Fahrt ins Gebiet der Palästinenser nicht länger zu zögern. Der US-Präsident hatte schlicht gesagt: »Wer nicht drin ist, der spielt nicht mit!« Arafat hatte abgewartet, obgleich alle Voraussetzungen für die Machtübernahme gegeben waren: Fünf Wochen schon lag die Räumung der Stadt Gaza durch die

Israel Defense Force (IDF) zurück. Am 18. Mai hatten die Streitkräfte das Mansion House nahe am Strand in der Qasr-al-Hakim-Straße geräumt. Das Mansion House war die stark befestigte, von Stacheldraht umgebene Kommandozentrale der IDF und der Besatzungspolizei gewesen. Über 80 Jahre insgesamt hatte das Gebäude als Symbol für die Unterdrückung der Palästinenser gegolten. Die Engländer hatten das Mansion House erbaut – in britischem Kolonialstil. Nach 1948 zog der ägyptische Gouverneur des Gazastreifens als Hausherr ein. Ihm folgte 1967 der IDF-Befehlshaber. Sein Abzug war ein Tag des Jubels für die Bewohner von Gaza gewesen. Mit diesem Tag aber hatten Wochen der Rechtsunsicherheit in Gaza begonnen. Welche Gesetze sollten beachtet werden? Galten noch die Rechtsvorschriften, die von der israelischen Besatzungsmacht erlassen worden waren, oder die Bestimmungen, die bis zur Besetzung durch die IDF im Jahre 1967 gültig waren? Allein Arafat besaß die Autorität, die Rechtssicherheit wiederherzustellen. Er war dabei allerdings nicht frei in seinen Entscheidungen. Mit der israelischen Regierung war vertraglich vereinbart, daß alle Verordnungen der israelischen Besatzungsmacht auch weiterhin Gültigkeit behalten sollten. Dies besagt unmißverständlich in aller Deutlichkeit Artikel VII/9 des *Cairo Agreement on the Gaza Stripanol Jericho* vom 4. Mai 1994: »Gesetze und militärische Anordnungen, die vor der Unterzeichnung dieses Abkommens Gültigkeit besaßen, bleiben weiterhin in Kraft.« Arafats Vertreter in Gaza aber zeigten starke Neigung, die Vorschriften, die von der IDF erlassen worden waren, für ungültig zu erklären. Mit dem Argument, die Zeit der IDF sei für Gaza vorüber. Die Anwesenheit des obersten Verantwortlichen der Palästinenser war dringend erforderlich.
Arafat aber hatte zwei gute Gründe für das Zögern, sein Hauptquartier nach Gaza zu verlegen. Der erste Grund war, daß er Zeit brauchte, um Geld zu sammeln für die entstehende Autonomiebehörde, für die Regierung des Autonomen Gebiets. Der Aufbau einer Verwaltung kostet zunächst Geld. Zwar sieht das mit Israel abgeschlossene Autonomieabkommen *Declaration of Principles on Palestinian Self-Rule* vom 13. September 1993 in Artikel VI/2 unter der Überschrift »Preparatory transfer of powers and responsabilities« vor, daß die Hoheit, Steuern im Autonomen Gebiet der Palästinenser zu erheben, an die Auto-

nomiebehörde übergeht – doch mußte das komplizierte Abwicklungsverfahren erst ausgearbeitet werden. Zur Überbrückung der Monate bis der Finanzbedarf aus den Steuereinnahmen gedeckt werden kann, hatte Arafat die Absicht, die Regierungen der Welt um großzügige Spenden zu bitten. Er war der Meinung, die Lösung des palästinensisch-israelischen Problems solle von den Verantwortlichen in den USA, in Europa und in Fernost finanziell honoriert werden. Den Anstoß dazu mußte der Chef der Autonomiebehörde selbst geben. Von keiner Regierung war zu erwarten, daß sie aus eigener Initiative zahlte. Von seinem Hauptquartier in Tunis aus, so glaubte Arafat, könnte er die Kontrolleure der Staatskassen leichter zur Auszahlung der Spenden veranlassen, als von Gaza aus. In Gaza war der dazu nötige Verwaltungsapparat noch nicht aufgebaut. In Tunis aber waren Stabspersonal und Kommunikationstechnik vorhanden.

Der zweite Grund für die Verzögerung der Reise nach Gaza war Arafats Erkenntnis, daß er von seinem tunesischen Hauptquartier aus effektiver am politischen Spiel der Mächtigen teilnehmen konnte. Er wußte, daß ihm sofort nach der Ankunft in Gaza Verwaltungsentscheidungen abverlangt wurden, und zwar Tag für Tag. Er ahnte, daß er hineingezogen werden würde in lokale Streitigkeiten. Er fürchtete, daß ihm sogar die Organisation der Müllabfuhr im Gazastreifen aufgebür-det werden würde. Arafat war in Sorge, den Kopf nicht mehr frei zu haben, um Gedanken und Ideen zu entwickeln, die Aufsehen erregen in den Hauptstädten der arabischen Welt. Erst Bill Clintons energische Aufforderung veranlaßte ihn, alle Bedenken beiseite zu schieben und die Reise nach Gaza anzutreten.

Arafat ist auch an jenem 1. Juli 1994 noch von der Vorstellung belastet, er werde durch die Übersiedlung nach Gaza an politischer Bedeutung in der Welt verlieren. Er stellt sich die Frage, ob die Mächtigen in Washington, London, Tokio und Bonn ihn auch weiterhin ernst nehmen werden – ihn, einen Mann, der sich jetzt mit den Aufgaben eines Landrats von Gaza befaßt. Um zu zeigen, daß er auch in Zukunft präsent sein will an Orten, wo die Entscheidungen der großen Politik getroffen werden, läßt Arafat noch am Tag seiner Ankunft in Gaza der Öffentlichkeit mitteilen, er werde sich bereits drei Tage später

nach Paris begeben, um mit dem französischen Staatspräsidenten zu konferieren.
Es ist fast Abend, als der Konvoi von der Thalatinastraße in die Küstenstraße einbiegt. Vor dem Palestine Hotel angekommen, in dem er wohnen wird, steigt Arafat aus dem gepanzerten Fahrzeug. Sofort heben ihn die Männer seiner Leibwache hoch und tragen ihn auf Händen. So schwebt er über allen Köpfen. Er winkt hinüber zu den rund tausend Bewohnern von Gaza, die sich vor dem Palestine Hotel versammelt haben. Sie werden durch die Leibwache ferngehalten von Arafat. Doch sie jubeln ihm zu. Der Ruf »Abu Ammar! Abu Ammar! Abu Ammar!« ist zu hören. Arafat möchte gern, daß dieser Name in Vergessenheit gerät. »Abu Ammar« war sein Deckname zur Zeit des Kampfes der Commandobewegung Al Fatah gegen Israel gewesen. Der Deckname hatte ab 1967 als Symbol des bewaffneten Widerstandes gegen Israel gegolten. Daran will Arafat sich und andere nicht mehr erinnern.

Mit seiner Ankunft in Gaza wird deutlicher erkennbar als bisher, daß aus Abu Ammar, dem Gegner des jüdischen Staates, ein Verbündeter der israelischen Regierung geworden ist. Über dem Platz vor dem Palestine Hotel steht ein israelischer Kampfhubschrauber in der Luft – laut knatternd. Er dient dem Schutz des Chefs der Palästinensischen Autonomiebehörde. Israelische Piloten sitzen am Steuer. Durch die geöffneten Türen überblicken Spezialisten der israelischen Sicherheitsdienste die Umgebung des Palestine Hotels. Sie schweben gerade so hoch, daß sie den besten Überblick haben. Die geringe Höhe des Hubschraubers aber läßt das Geknatter der Düsenaggregate und der Rotoren auf den Platz darunter knallen. Die Menschen von Gaza, die kaum ein Wort von Arafats Rede deutlich hören können, begreifen, daß Israel jetzt seine Kontrolle auch auf Arafat ausgedehnt hat.
Zu den Enttäuschten gehört der 75jährige Dr. Haidar Abdul Shafi, der als Arzt in Gaza praktiziert. Fünfzig Jahre lang hat er sich für sein palästinensisches Volk eingesetzt. Am Ende der osmanischen Herrschaft über Palästina geboren, hat er die gesamte bittere Geschichte seines Volkes nach dem Ersten Weltkrieg erlebt. Er war Zeuge des Kampfes gegen die englische Kolonialmacht gewesen; er hatte mit Gefühlen der Ohnmacht

die Entstehung des Staates Israel erlebt, und er hatte nicht verhindern können, daß Hunderttausende von Palästinensern ihre Heimat verloren. Die Machtlosigkeit des eigenen Volkes empfand Dr. Haidar Abdul Shafi als schmerzhaft. Doch er verlor den Mut nie. In kritischer Zeit zeigte er sich an vorderster Front. Zur Zeit der Intifada hat er Verwundete gepflegt – und er hat den steinewerfenden Jugendlichen den Sinn ihres Kampfes gegen die israelische Besatzungsmacht deutlich gemacht. Als die Hartnäckigkeit der jungen Palästinenser in Gaza die israelische Regierung an den Verhandlungstisch zwang, wurde Dr. Haidar Abdul Shafi zum Diplomaten: Er entwickelte sich zum respektierten Wortführer der palästinensischen Gruppe in der Jordanisch-Palästinensischen Delegation, die an der Madrider Friedenskonferenz teilnahm. Jassir Arafat bewies dem Arzt oft seine Wertschätzung. Als der PLO-Chef 1992 ein Flugzeugunglück überlebt hatte, durfte ihn Dr. Shafi als erster am Krankenbett in Amman besuchen.

Der unbestechliche Palästinenser bewies allerdings kurze Zeit später, daß er sich von Arafat nicht einfangen ließ. Dr. Shafi verlangte Ende 1992 eine Reform der Führungsmethoden an der Spitze der Palästinensischen Befreiungsbewegung: Er kritisierte, Arafat sei zu autoritär und wechsle zu oft die wichtigsten Mitarbeiter seines Stabes aus, um zu verhindern, daß einer zu starken Einfluß bekomme. Dr. Shafi forderte den Aufbau einer kollektiven Führung der PLO, in der dann Arafat nur eine Persönlichkeit unter mehreren sein werde. Arafats Meinung dürfe nicht länger oberstes und unanfechtbares Prinzip der Lenkung der palästinensischen Bewegung sein. Für seinen Standpunkt gewann der politische Kopf Dr. Shafi viele Anhänger. Seiner Meinung nach habe Arafat einen verheerenden Einfluß auf die diplomatischen Bemühungen in Washington und Madrid bei der Suche nach einer Friedenslösung. Arafat gewähre vor allem seiner Verhandlungsdelegation im Gespräch mit den israelischen Delegierten keinerlei taktischen Spielraum. Arafat, der keine Kritik verträgt, nahm dem Arzt aus Gaza die laut geäußerten Bemerkungen übel. Doch ihm bleibt nichts anderes übrig, als den aufrechten und unabhängigen Kritiker nach der Ankunft in Gaza herzlich zu umarmen. Dabei schaut Dr. Shafi zum Himmel auf. Daß ihn der Anblick des knatternden israelischen Hubschraubers stört und deprimiert, verbirgt er nicht. Er meint: »Deine Heimkehr, Abu Ammar, habe ich mir anders vorgestellt!« Doch er verspricht, seine Kraft auch weiterhin für die Sache der Palästinenser einzusetzen.

Bei dieser Begegnung warnte der erfahrene alte Palästinenser den Chef der künftigen Autonomieverwaltung vor dem Fehler, seine Ratgeber und Minister vor allem aus den Reihen derer zu rekrutieren, die im Exil in Tunis von Bedeutung gewesen waren. Dr. Shafi sagte: »Der Kampf ist hier in Gaza geführt worden. Hier haben die Menschen Opfer gebracht – hier wurde gestorben! Dagegen war Tunis ein sicherer Platz.«

Diese Bemerkung bewirkte, daß Arafat den Entschluß noch einmal zu überdenken beginnt, den Sitz der Palästinensischen Autonomiebehörde in Gaza anzusiedeln. Wochen zuvor, am Ende der Verhandlungen, war Jericho in Betracht gezogen worden – die Stadt im Westufergebiet des Jordan. Für diese Wahl des Standorts der Autonomiebehörde sprach vor allem der Name »Jericho«, der in der ganzen Welt bekannt ist. Ein Pluspunkt für Jericho war auch die Tatsache, daß die Stadt ein Zentrum im dichtbesiedelten Land am Westufer des Jordan ist. Arafat aber bevorzugte Jericho vor allem deswegen, weil er dort nicht Tag für Tag auf die Leistungen und die Leiden der Menschen von Gaza während der Zeit der »Intifada« hingewiesen wurde. In Jericho gibt es kaum jemand, der sich darüber beklagt, daß die Heimkehrer aus Tunis bevorzugt werden.

Doch schon nach wenigen Minuten Aufenthalt in Gaza weiß Jassir Arafat, daß er bleiben wird, daß hier die Autonomiebehörde ihren Sitz haben muß. Er kann den Menschen dieses gewaltigen Flüchtlingslagers nicht den Rücken kehren. Hier lebt in den Herzen der Frauen und Männer der palästinensische Nationalismus. Hier ist in den Gemütern das Bewußtsein verankert, daß der Staat der Palästinenser geschaffen werden muß. Arafat begreift durch seinen Kontakt mit Persönlichkeiten wie Dr. Haidar Abdul Shafi, daß Jericho keine Alternative zu Gaza bildet. Er spricht am Abend des Ankunftstages in einer Pressekonferenz aus, was er denkt: »Heiliger als diese Stadt Gaza kann uns nur Jerusalem sein! Ein direkter Weg führt hinauf nach Jerusalem! Wir beschreiten diesen direkten Weg. Jerusalem wird die Hauptstadt unseres palästinensischen Staates sein. Was heute geschieht, ist die Grundsteinlegung für unseren Staat!«

Diese Worte, ausgesprochen während der ersten Stunden des Aufenthalts von Jassir Arafat im Autonomen Gebiet der Palästinenser, mißfallen dem israelischen Ministerpräsidenten Yitzhak Rabin. Er reagiert wenige Stunden später mit dieser Äußerung: »Der Weg nach Jerusalem bleibt Arafat versperrt. Jerusalem ist die ungeteilte Hauptstadt des Staates Israel. Präsident Arafat muß verstehen, daß Jerusalem nicht die Hauptstadt eines palästinensischen Staates sein kann – schon allein aus dem Grunde, daß es diesen Staat der Palästinenser nicht geben wird! Ich bin persönlich aus Überzeugung gegen diesen Staat. Was den Palästinensern möglich gemacht wird ist ›Self-Rule‹, ist eine bestimmte Form der Autonomie!«

In einer öffentlichen Erklärung weist Yitzhak Rabin den Präsidenten der Autonomieverwaltung darauf hin, was seine Pflichten sind: »Er muß sich darum kümmern, daß den Menschen in Gaza ein normales Leben möglich ist. Da ist ein Schulsystem aufzubauen, da soll die Müllabfuhr organisiert werden, vernünftige Häuser werden dringend benötigt. Es leben ungeheuer viele Menschen im Gazastreifen – nahezu eine Million. Die wollen, daß sich rasch vieles zum Guten wendet. Jetzt muß es sich zeigen, was Arafat und seine Leute wirklich können! Nie bisher haben sie Verantwortung getragen für ein Gemeinwesen. Nie haben sie das Leben einer Stadt, einer Gemeinde organisiert! Warum hält Arafat Reden über den Staat der Palästinenser? Er soll erst einmal zu arbeiten anfangen! Er soll gegen die Terroristen in Gaza vorgehen! Dies ist seine allerwichtigste Aufgabe!«

Das Abkommen von Cairo über die Selbstverwaltung vom Gazastreifen und von Jericho, das am 4. Mai 1994 unterzeichnet wurde, schafft die Voraussetzung, daß Arafat die von Yitzhak Rabin umrissene Aufgabe erfüllen kann. Artikel IX erlaubt die Schaffung starker Polizeistreikräfte – wobei das Adjektiv »strong« im Vertragstext zweimal verwendet wird. Verantwortlich für die Aufstellung dieser starken Polizeistreikräfte ist das »Directorate of Police Force«.

Aufgabe der Polizisten ist die Sicherung der inneren Ordnung im Gazastreifen und in den Autonomen Gebieten westlich des Jordan. Ministerpräsident Rabin hat bei der Abfassung der Vertragstexte ausdrücklich darauf Wert gelegt, daß die Autono-

miebehörde über ausreichende Machtmittel verfügt, um die »terroristischen Organisationen« Hamas und Jihad al-Islamija bekämpfen und liquidieren zu können. Für Yitzhak Rabin, der während der Unterzeichnung der ersten Übereinkunft in Washington am 13. September 1993 die fordernden und beschwörenden Worte gesagt hatte: »No more bloodshed«, hat die Beendigung der »Terroranschläge« absoluten Vorrang. Er wies immer wieder darauf hin, daß innerhalb der wenigen Wochen seit jenem 13. September 1993 siebenundvierzig Israelis durch Attentate getötet wurden. Die Zahl der palästinensischen Opfer ist zum Zeitpunkt von Arafats Ankunft in Gaza allerdings dreimal so hoch.
Arafat weiß an diesem Tag, daß Yitzhak Rabin von ihm die Erfüllung der Aufgabe erwartet, die bisher den Israel Defence Forces aufgetragen war: Er muß seinen Polizisten befehlen, gegen die Aktivisten der islamischen Kampforganisationen Hamas und Jihad al-Islamija vorzugehen. Die Erfüllung des Auftrags bedeutet Kampf gegen palästinensische Brüder. Hatten bisher israelische Soldaten und Polizisten palästinensische Feinde des Staates Israel ins Gefängnis gesteckt, so waren künftig Palästinenser die Kerkermeister für die Kämpfer von Hamas und Jihad al-Islamija, die den Konflikt mit Israel nicht beenden wollten. Arafat ist sich bewußt, daß er von aufrechten Palästinensern als Handlanger der Israel Defence Forces beschimpft werden wird.
Bis über den Tag der Ankunft Arafats in Gaza hinaus, bleibt es ein streng gehütetes Geheimnis, daß schon fünf Monate vor der Ausfertigung der Dokumente der gegenseitigen Anerkennung zwischen Israel und der Palästinensischen Befreiungsorganisation die Basis der engen Beziehung zwischen den Vertrauten von Yitzhak Rabin und Jassir Arafat gelegt worden ist. In Rom hatten die Gespräche stattgefunden, an denen Yaakov Perry, der Chef des israelischen Geheimdienstes Shin Beth, General Amnon Shahak, der stellvertretende Generalstabschef von IDF und Jebril Rajoub, Arafats Geheimdienstspezialist, teilgenommen hatten. Abgesprochen wurde der Aufbau einer speziellen Sicherheitstruppe, die den Namen Preventive Security Service (PSS) erhielt. Diese Truppe sollte den Kampf führen gegen die Gegner der Übereinkünfte zwischen der PLO und Israel. Jeder Ansatz einer Opposition, so lautete der Auftrag an PSS, war im

Kern zu ersticken. Unmittelbar nach Abschluß der Gespräche in Rom wurde dieser Preventive Security Service aufgestellt. Die Angehörigen der Organisation wurden aus den Reihen der Fatah-Kämpfer rekrutiert. So geschah es, daß bisher von Israel gesuchte »Terroristen« mit Shin Beth und IDF kooperierten im Aufspüren von Palästinensern, die nicht einverstanden waren mit der Friedenspolitik des PLO-Vorsitzenden. Den Angehörigen der PSS wurde gestattet, Gegner zu exekutieren. Beabsichtigt war durchaus, mögliche Abweichler von Arafats Kurs derartig einzuschüchtern, daß sie sich hüteten, gegen den Friedenspolitiker Position zu beziehen. Bemerkenswert ist, daß der Preventive Security Service von Israel Defense Force die Erlaubnis erhielt, auch außerhalb der Autonomiegebiete Abweichler zu verfogen. Zum Zeitpunkt von Arafats Ankunft in Gaza hatte sich PSS bereits bemerkbar gemacht. Opfer waren Aktivisten von Hamas und Jihad al-Islamija. Der Chef des PSS ist Jebril Rajoub, ein kleiner Mann, der zur Dicklichkeit neigt. Er war als Fatah-Aktivist 1970 verhaftet und zu 20 Jahren Gefängnis verurteilt worden. Freigelassen im Jahr 1985 wurde er Fatah-Chef im Westufergebiet des Jordan. Er kennt die Region genau, die der Autonomiebehörde künftig untersteht.
Die geographische Struktur des Autonomen Gebiets, das am 1. Juli 1994 – am Tag der Ankunft Arafats – aus dem Gazastreifen und der Region um Jericho besteht, macht eine Aufspaltung der PSS notwendig. Die beiden Autonomiegebiete sind völlig voneinander getrennt. Wer in Jericho wohnt, darf den Gazastreifen nicht besuchen; die Bewohner von Gaza brauchen für das Verlassen des Gazastreifens eine besondere Genehmigung von IDF. Dies bedingt den Aufbau zweier Befehlshierarchien des PSS. In Gaza ist Mohammed Dahlan für den Kampf gegen die Friedensgegner zuständig und in Jericho Jebril Rajoub. Mohammed Dahlan hat die schwierigere Aufgabe zu erfüllen: In Gaza sind die hartnäckigen Gegner des Friedensprozesses zu finden – die Studenten der Islamischen Universität und des Ablegers der Cairoer Universität Al-Azhar in Gaza. In beiden Instituten, die räumlich eng beieinander an derselben Straße liegen, wird gelehrt, daß Israel – nach dem Willen Allahs – zerstört werden müsse.
Jassir Arafat empfindet die Aufspaltung des Preventive Security Service in zwei unabhängige Organisationen nicht als

27

Mangel. Die Doppelung ist ihm recht, denn sie schafft zwei Konkurrenten. Mohammed Dahlan und Jebril Rajoub wetteifern um die Gunst des Präsidenten der Autonomiebehörde. Arafat hat längst das Prinzip entdeckt, daß sich Konkurrenten daran hindern, nach der Macht an der Spitze zu greifen. Preventive Security Service ist nicht die einzige geheimdienstähnliche Organisation, die sich in Gaza und in Jericho eingenistet hat. Die Geheimpolizei *Mukhabarat* ist nach ägyptischem Vorbild aufgebaut worden. Sie existierte bereits in den Jahren vor 1968, als die ägyptische Verwaltung für den Gazastreifen zuständig war. Das Netz der Mukhabarat-Agenten hat Informationen zu sammeln über »Umtriebe, von denen eine Gefährdung der inneren Sicherheit der Autonomiegebiete ausgehen könnte«.

Die Elite der Sicherheitskräfte aber bildet die Force 17. Ihre Mitglieder sind auf Jassir Arafat eingeschworen. Die Force 17 besteht bereits seit dem Frühjahr 1968. Sie ist unmittelbar nach der »Schlacht von Karameh« (21. März 1968) gebildet worden. An jenem Tag hatten sich 17 palästinensische Männer am Jordan als Sondereinheit den israelischen Angreifern gestellt. Mit Rocket Propelled Grenades (RPG) haben sie Panzer vernichtet und Infanteristen am Vormarsch gehindert. Die 17 Männer überlebten nicht. Sie haben sich, so besagt die Legende, für Arafat geopfert. Diese Haltung wird auch von den heutigen Mitgliedern der Force 17 verlangt. Sie sind für den Schutz des Präsidenten der Autonomieverwaltung zuständig.

Doch auch Force 17 ist nicht ohne Konkurrenz: Auf Arafats Anordnung entstand die Force 18. Sie ist gegründet worden, um Personen zu töten, die »der Sache der Palästinenser deutlich schaden«. Gemeint sind zum Beispiel Palästinenser, die Grund und Boden an Bürger des Staates Israel verkaufen.

Am Tag nach der Ankunft im Gazastreifen fährt Arafat in den Norden der Stadt Gaza, zum Lager Jabalia. Es ist eine Ansammlung niederer Betonhäuser, eng aneinander gedrängt, mit schmalen Gassen. Arafat hat Grund für den Besuch in Jabalija: Hier begann im Dezember 1987 die Intifada, der Aufstand steinewerfender palästinensischer Jugendlicher. Der Präsident der Autonomiebehörde gedenkt dieses Anfangs: »Die Früchte ernten wir jetzt! Die Morgendämmerung der Freiheit ist angebrochen. Noch lange ist nicht alles erreicht. Die Verein-

barungen, die wir geschlossen haben, öffnen den Weg zum Frieden. Viele von euch sind allerdings der Meinung, die Abkommen seien schlecht. Ich sage euch: Sie sind tatsächlich schlecht. Doch bessere Abkommen waren in unserer Lage nicht zu erreichen!«
Seinen Zuhörern im Lager Jabalia macht Arafat deutlich, daß er einer von ihnen sei, ein vertriebener Palästinenser wie sie. Er weist darauf hin, daß sein Vater im Jahre 1953 in Gaza gestorben sei. Seine Familie, so ergänzt er, stamme aus Gaza.
Jassir Arafat, der Palästina verkörpern will, ist darauf bedacht, seine Person eng mit dem Land der Palästinenser zu verknüpfen. Besonders deutlich wird dies im Interview, das im »Playboy« im Augustheft des Jahres 1988 veröffentlicht worden ist. Da nennt Arafat zwei Orte, die beide Symbolbegriffe für Palästina sind. Beide Orte, so sagt er, hätten seine Kindheit bestimmt: »Ich bin in Gaza geboren. Da meine Mutter starb, als ich vier Jahre alt war, wurde ich von Gaza nach Jerusalem gebracht. Dort, in Jerusalem, lebte ich in der Familie meines Onkels.«
Die Aussage ist eindeutig: Arafat ist in Gaza geboren und in Jerusalem aufgewachsen. Die Frage ist nur, warum Arafat seine arabische Muttersprache mit deutlich feststellbarem ägyptischem Akzent spricht.

Verwirrspiel um Arafats Geburtsort

Eindeutig in der Aussage über Arafats Geburtsort ist auch das Biographical Dictionary »Who's Who in the Arab World«, das seit 1966 als Jahrbuch erscheint: »Arafat, Jasser. Born in Jerusalem in 1929.«
Bald nach seiner Ankunft in Gaza stellt sich Arafat den Fragen junger Menschen. Die Begegnung findet im Kulturzentrum Rashed al-Shawa statt. Arafat gibt Auskunft über sein Leben als Kämpfer für Palästina. Er spricht über die Anfänge seiner Kampforganisation Al-Fatah und über die schon früh einsetzende Überzeugung, daß dieser Kampf erfolgreich enden werde. Mehr als eine Stunde lang beantwortet Arafat Fragen. Da will ein junges Mädchen wissen: »Erinnert sich der Präsi-

dent an seine Kindheit?« Die Frage überrascht Arafat. Sie ist ihm offensichtlich unangenehm. Er sagt schließlich, sein Leben habe eigentlich erst begonnen, als er es seiner Heimat Palästina widmen konnte. Arafat will die Frage nach seiner Herkunft nicht beantworten.

Bei anderer Gelegenheit, als er der Frage gar nicht ausweichen kann, sagt er: »Mein Vater stammt aus Gaza – meine Mutter aus Jerusalem.« Mit dieser Antwort muß sich der Frager zufriedengeben.

Solange Arafat oberster Befehlshaber der PLO-Streitkräfte mit Sitz in der libanesischen Hauptstadt Beirut war, gab er eindeutigere Antworten. Sein Ziel war, so sagte er, die »Befreiung von Jerusalem« – darauf war sein Denken fixiert. So geschah es, daß er bereitwillig Jerusalem als Geburtsort angab. Das angesehene und verläßliche Handbuch »The Middle East and North Africa«, das jährlich in London erscheint, übernahm diese Angaben: »Born 1929, Jerusalem«.

Doch die Suche nach Spuren in Jerusalem ist vergeblich. Erstaunlich ist, daß sich niemand damit brüstet, er habe als Kind mit Arafat gespielt, er sei mit Arafat zur Schule gegangen. Die Kindheit wird im dunkeln gehalten.

Wer Arafat schaden will, nützt diese Verwirrung aus. Als die israelischen Regierungen noch nicht bereit waren, mit Arafat zu verhandeln, solange er vernichtet werden sollte, streuten die israelischen Geheimdienste das Gerücht aus, Arafat sei in Wirklichkeit ein Jude aus Marokko. Dieses Gerücht erhielt dann noch die Zuspitzung, dieser Jude aus Marokko sei vom israelischen Geheimdienst selbst für die Aufgabe präpariert worden, die palästinensische Widerstandsbewegung zu unterwandern, um sie schließlich unschädlich zu machen. Die Absicht der Erfinder des Gerüchts war es, Arafat bei seinen Anhängern in Mißkredit zu bringen. Arafats Ansehen sollte vernichtet werden – und er selbst schließlich auch. Das Gerücht vom Juden aus Marokko ist bis heute wirksam, besonders bei Palästinensern, die nicht verstehen können, daß Arafat mit dem Oslo-Vertrag den Kampf aufgegeben hat, um Israels Verbündeter im Konflikt mit den unbeugsamen Palästinensern der Kampforganisation Hamas zu werden. Mancher sieht in Arafat den Agenten des israelischen Geheimdienstes. Das Verwirrspiel um

Arafats Geburtsort erleichtert Entstehen, Verbreitung und Glaubwürdigkeit von Gerüchten.
Eindeutig steht nicht einmal der Geburtstag fest. Arafat selbst ist damit einverstanden, daß der 24. August 1929 genannt wird. In den Unterlagen der einstigen Universität Cairo über Arafats Studienzeit ist der 4. August 1929 als Geburtstag eingetragen. Zu beachten ist dabei, daß Arafats Geburt und Kindheit in einer Welt stattfanden, in der die Fixierung genauer Lebensdaten keine existentielle Notwendigkeit war. Kaum jemand benötigte einen Geburtsschein. Mündliche Angaben zur Person genügten. Die Fakten dazu wurden in der Erinnerung gesucht. Irrtümer waren dabei nicht auszuschließen.
Berücksichtigt werden muß auch, daß am Ende der 20er Jahre die Menschen Arabiens im Bewußtsein lebten, zu einem Volk, zur großen Familie der Araber zu zählen. Nationalgefühle waren nicht ausgeprägt. Kaum jemand war stolz darauf, Syrer zu sein oder Jordanier. Die von den Kolonialmächten gezogenen Grenzen wirkten sich kaum aus. Vor allem war der Nationalstolz der Palästinenser nicht spürbar. Sie lebten im »Mandatsgebiet Palästina«, beherrscht von Großbritannien. Der britische High Commissioner war darauf bedacht, sowohl den Arabern als auch den Juden des Mandatsgebiets Äußerungen nationalen Charakters zu verbieten. Jassir Arafat aber ist überzeugt, sein Vater habe zu denen gehört, die sich vom britischen Hochkommissar nicht den Mund verbieten ließen – sein Vater sei palästinensischer Nationalist gewesen –, dies sei der Grund, warum der Vater im Jahre 1927 das Mandatsgebiet Palästina verlassen habe, um nach Cairo zu ziehen. Vor dem Verlassen der Stadt Gaza habe der Vater sein gesamtes Eigentum verkauft.
Der Entschluß zur Auswanderung hatte einen vernünftigen Grund: In Cairo erwartete der Vater, daß ihm Land übergeben werde, das seiner verstorbenen Mutter gehört hatte. Die Mutter von Arafats Vater war Ägypterin gewesen. Zur Enttäuschung des Vaters war die Rechtslage in dieser Erbschaftssache keineswegs eindeutig. Trotz rechtlicher Schritte, die der Vater unternahm, erhielt er das Land nicht. Es ging in den Besitz einer islamisch-religiösen Stiftung über.
Diese Enttäuschung lähmte die Lebenskraft der Eltern. Dem Vater, der Kaufmann war, gelang kein geschäftlicher Erfolg.

Die Familie konnte er mehr schlecht als recht ernähren. Im vierten Lebenjahr verlor Jassir Arafat die Mutter – sie starb an Nierenversagen.

Bestimmend für das weitere Schicksal Arafats ist der Name des Vaters. Er lautet: Abdel Rauf Arafat al-Qudwa al-Husseini. Der Namensbestandteil »Al-Qudwa al-Husseini« gibt einen Hinweis auf die Sippenzugehörigkeit des Vaters. Die Familie al-Qudwa ist in Gaza und in der südlich davon gelegenen Stadt Khan Yunis beheimatet. Die Familie al-Qudwa wiederum gehört zum Clan al-Husseini, der in Jerusalem einflußreich und mächtig ist. Die Mitglieder des Clans sind seit Generationen bis heute bestimmend in der Politik. Herausragende Gestalt war Hadsch Amin al-Husseini, der einstige Großmufti von Jerusalem, der sich während der 30er Jahre von der Vision leiten ließ, Palästina werde – unter seiner Führung – ein unabhängiger arabischer Staat. Die Juden, die in diesem Staat geduldet werden würden, müßten, nach der Vorstellung des Großmuftis, jeden Einfluß aufgeben.

Dieser Großmufti von Jerusalem ist also ein früher Verwandter des Jassir Arafat. Der Vorsitzende der PLO und der Präsident der Palästinensischen Autonomiebehörde ist allerdings gut beraten, sich nicht auf diesen frühen Verwandten zu berufen. Der enge Kontakt des Hadsch Amin al-Husseini zu Adolf Hitler ist in Erinnerung der Weltöffentlichkeit geblieben. Hadsch Amin al-Husseini hat sich für immer in Mißkredit gebracht, als er Adolf Hitler mit dem Ehrentitel »Beschützer des Islam« bedachte. Jassir Arafat will, daß die Erinnerung daran verblaßt. Die Gefahr ist groß, irgendwann und irgendwo werde der propagandistisch wirkungsvolle Gedanke ausgeschlachtet, Arafats Verwandter habe in Berlin mitgewirkt an der Planung der Vernichtung der Juden. Die Weiterführung dieses Gedankens könnte zur Idee gelangen, in der Freiheitsbewegung der Palästinenser lebe die Vorstellung einer Fortsetzung des Holocaust weiter. Von derartigen Vorstellungen distanziert sich Jassir Arafat deutlich. Aus diesem Grund legt er keinen Wert darauf, daß sich jemand an seine Verwandtschaft mit Hadsch al-Husseini erinnert.

Abdel Rauf Arafat al-Qudwa al-Husseini, der Vater des Jassir Arafat, war nie in der Lage, in Gaza und Jerusalem die Bezie-

hung zum Clan der Al-Husseini auszunutzen. Doch der Namensbestandteil »al-Husseini« verschaffte Ansehen auch im von Palästina entfernten Cairo. Jeder, der zu diesem Clan gehörte, war stolz, auch wenn er aus dem Besitz des Clans kein Geld bezog.
Nach dem Tod der Mutter im Jahr 1933 suchte der Vater von Cairo aus Kontakt zur Verwandtschaft in Palästina. Jassir war gerade vier Jahre alt – und der Bruder Fauthi 18 Monate. Beide waren in Cairo geboren worden. Da die Kinder nicht unversorgt im frauenlosen Haushalt des Vaters bleiben konnten, der sich nicht in der Lage sah, sie aufzuziehen, wurde die wohlhabende Verwandtschaft in Palästina um Hilfe gebeten.

Arafats Aussage im Augustheft 1988 des »Playboy« über seine Kindheit entspricht wohl der Wahrheit – auch wenn eindeutige Zeugnisse fehlen: Er ist aller Wahrscheinlichkeit nach in Jerusalem aufgewachsen. Jassir und Fauthi scheinen im Jahr 1933 nach Jerusaelm gebracht worden zu sein. Jedoch nicht ins wohlhabende Haus der Familie al-Husseini, sondern zum Onkel Salim Abu Saud. Er war der Bruder der verstorbenen Mutter. Außer Arafats eigenem Hinweis auf die Kindheitsjahre in Jerusalem gibt es keinerlei Anzeichen, daß er eine prägende Zeit in Jerusalem zugebracht hat. Seiner Sprache ist keine Spur des Dialekts von Jerusalem anzumerken.
Die Spurensuche bleibt weiterhin ein Verwirrspiel. Seine Hauptfaktoren sind Gaza – Jerusalem – Cairo. Nach Gutdünken werden sie von Jassir Arafat ausgewechselt – je nach den Erfordernissen der Politik und der eigenen Emotion. An die Kindheitsjahre in Jerusalem hat Arafat keine glücklichen Erinnerungen – und doch darf dieser Faktor nicht verdrängt werden: Er gehört zu Arafats palästinensischer Legitimation.
Onkel Salim Abu Saud war arm. Er konnte den Neffen Arafat und Fauthi nur wenig bieten. Da er nicht zu den wichtigen Persönlichkeiten der Heiligen Stadt zählte, entschwand er aus dem Gedächtnis einstiger Nachbarn, und mit ihm der junge Jassir.

Die Zeit in Jerusalem ging zu Ende, als der Vater in Cairo wieder heiratete. Waren die Monate und Jahre beim Onkel Salim Abu Saud freudlos gewesen, so erlebten die Brüder jetzt die Hölle. Jassir hat die Stiefmutter gehaßt. Seine spätere Vorsicht

gegenüber Frauen hat ihre Wurzel wohl in den Erlebnissen mit der zweiten Frau des Vaters.
Bemerkenswert ist jedoch, daß sich Jassir und Fauthi gegen die Stiefmutter durchgesetzt haben. Um des Friedens in der Familie willen trennte sich Abdel Rauf Arafat al-Qudwa al-Husseini von seiner zweiten Frau. Von nun an kümmerten sich die Geschwister ohne Aufsicht selbst umeinander.

Arafat entwickelt sich zum Palästinenser

Der Vater war noch immer mit dem Rechtsstreit um sein Erbe beschäftigt, um das Land, das seiner Mutter in Cairo gehört hatte. Seine Ansprüche wurden von den Behörden mißachtet. Die Nachbarn verlachten seine Beharrlichkeit. Der Vater war in den Augen der eigenen Familie zum verbissenen Narren geworden. Die Söhne waren ihm gleichgültig. Er hatte jeden Einfluß auf sie verloren. Wie die meisten Kinder der armen Gegenden lebten Jassir und Fauthi auf der Straße. Sie schlugen sich mit anderen Jungen. Sie aßen, was irgendwo und irgendwie für sie abfiel. Die Schule war nicht wichtig. Niemand erzwang den Besuch. Was sie an Wissen zum Überleben benötigten, das schauten die Kinder von den Händlern und Handwerkern in den Gassen ab. Jassir Arafat erlernte die Kraft, in schwieriger Situation durchzuhalten.

Als der Zweite Weltkrieg begann, in den auch Ägypten hineingezogen wurde, änderte sich das Leben in Cairo. Die britische Militärbehörde ordnete die Stadt ihren Ansprüchen unter. Cairo wurde bald zur Garnisonsstadt hinter der Front, die sich an der nordafrikanischen Küste nach Osten vorschob. Als sich das Deutsche Afrikakorps dem Nil näherte, wuchs bei der arabischen Bevölkerung in Cairo die Hoffnung, Rommel werde die VI. Britische Armee besiegen. Die Niederlage Englands war erwünscht. Die Hoffnung auf Befreiung von der englischen Vorherrschaft wuchs. Ägypten sollte ein freier Staat werden – dafür wollten junge Offiziere wie Gamal Abdel Nasser und Anwar as-Sadat sorgen. Parallel mit der Hoffnung auf Unabhängigkeit Ägyptens entstand der Wunsch, auch Palästina möge nicht län-

ger ein arabischer Landstrich unter britischer Aufsicht sein. Die Araber des Nahen Ostens insgesamt fürchteten, die britische Regierung werde Palästina – wie in der »Balfour Declaration« des Jahres 1917 versprochen – an die jüdische Weltgemeinschaft als »homeland« übergeben.
Doch die Vision vom freien Land am Nil und vom arabischen Palästina zerplatzte. Das britische Commonwealth, das nicht auf den Suezkanal als Verbindung zwischen dem Mutterland und Indien verzichten wollte, behielt Ägypten und Palästina fest in der Hand. Winston Churchill, unmittelbar nach dem Zweiten Weltkrieg ein ruhmbekränzter Staatsmann, unterstützte weder die Palästinenser in ihren politischen Zielen, noch die Juden, die verlangten, daß endlich das Versprechen der »Balfour Declaration« des Jahres 1917 erfüllt werde. Winston Churchill aber förderte die Entstehung eines jüdischen Staates nicht. Daß er dem jüdischen Volk damit eine Enttäuschung bereitete, rächte sich für Winston Churchill schon wenige Wochen später – er wurde zum Verlierer der britischen Parlamentswahlen im Juli 1945. Sieger wurde Clement Attlee, der versprochen hatte, den Juden bei der Realisierung ihrer Sehnsucht vom eigenen Staat zu helfen. Im Wahlprogramm der Labour Party war versprochen worden, Palästina werde ein jüdisches Land – und die arabischen Palästinenser sollten in die arabischen Nachbarländer auswandern.
Im Frühjahr 1946 traf überraschend Hadsch Amin al-Husseini, der mit Hitler paktiert hatte, in Cairo ein. Es war ihm gelungen, Berlin rechtzeitig vor dem Zusammenbruch des Dritten Reiches zu verlassen. Die französische Regierung hatte dem einstigen Großmufti von Jerusalem Schutz gewährt – als Gegenleistung hatte er versprochen, den Algeriern eine antifranzösische Rebellion auszureden. Der ehemalige Großmufti garantierte zu diesem Zeitpunkt den Fortbestand von »Algérie Française«.
Hatte der einstige Großmufti geglaubt, seine Rückkehr nach Arabien werde bei allen aktiven Nationalisten Palästinas Begeisterung auslösen, so sah er sich getäuscht. Einen Mann der sich mit Hitler in eine Allianz eingelassen und den Marschall Tito als Kriegsverbrecher bezeichnet hatte, wollten viele nicht zum Vorbild haben. Die Parolen des Hadsch Amin al-Husseini wirkten kaum mehr. Wenige wollten sich seiner Führung un-

terordnen. Allgemein Anerkennung hätte Hadsch Amin al-Husseini nur finden können, wenn er den arabisch-nationalistischen Zirkeln, die bereit waren gegen Engländer und gegen die expansiv tätigen jüdischen Siedler in Palästina zu kämpfen, Waffen und Munition versprochen hätte – oder wenn er wenigstens gewußt hätte, wer als Waffenlieferant in Frage kam. Wer in Cairo arabisch-nationalistisch fühlte, der spürte, daß sich in Palästina Unheil zusammenbraute. Die Überzeugung wuchs, die Regierung Clement Attlee werde alles unternehmen, um das Wahlprogramm der Labour Party, das die Gründung eines jüdischen Staates vorsah, zu realisieren. Allerdings wußte in Cairo niemand, daß Attlees Außenminister Ernest Bevin, die Entstehung dieses jüdischen Staates strikt ablehnte. Bevin hörte auf den Foreign Office Advisor for Palestine Affairs Harold Beeley. Der formulierte zu Beginn der Amtszeit von Clement Attlee folgende Anweisung an die Beamten und Diplomaten im Londoner Auswärtigen Amt: »Unsere Haltung ist sehr einfach. Großbritannien wird nicht die Verantwortung tragen für die Gründung des jüdischen Staates in Palästina. Wir würden unsere Beziehungen zu den arabischen Staaten für alle Zeit zerstören.«

Dieser politische Zwist zwischen Clement Attlee und Ernest Bevin blieb den Nationalisten in Cairo verborgen. Sie hatten in Erfahrung gebracht, Sir Alan Cunningham, der britische Hochkommissar, drücke die Augen zu, wenn seine Offiziere die schon 1920 gegründete jüdische Kampforganisation Haganah mit Waffen und Munition versorgten. Dazuhin zirkulierten Gerüchte, in den jüdischen Städten Palästinas existierten Handwerksbetriebe, die darauf spezialisiert waren, Munition für Handfeuerwaffen selbst herzustellen. Die arabischen Nationalisten in Cairo und in Palästina, die wußten, daß sie verloren waren, wenn sie nicht bereit waren zum Kampf, machten sich selbst auf die Suche nach Waffen. Die beste Quelle waren die Bestände der Engländer in den Depots zwischen Cairo und dem Suezkanal. Sie waren während des Krieges gewaltig angewachsen – und nach Rommels Niederlage nicht abgebaut worden. Unzureichende Bewachung schützte diese Depots ungenügend. Junge Ägypter fanden bald Zugang zu den Munitionslagern. Sie holten heraus, was die Palästinenser brauchten. Ob Jassir Arafat zu diesen jungen Männern gehörte, steht nicht fest.

Er selbst sagt nichts darüber. Sicher ist, daß der Achtzehnjährige mit Palästinensern in Verbindung kam, die in Cairo Handfeuerwaffen erwerben wollten. Er konnte den Bedarf decken. Günstig dabei war, daß seine Sprache die der Menschen von Cairo war. Er galt nicht als Fremder bei denjenigen, die Waffen zu verkaufen hatten – zum Beispiel bei den Beduinen im Osten und Westen der ägyptischen Hauptstadt. Als einer, der wie ein Ägypter sprach, bekam er von den Verkäufern günstige Preise. In jener Zeit war es ein Vorteil für Jassir Arafat, den Dialekt der Ägypter aus dem Nildelta zu reden. Sein Bewußtsein, zu den Palästinensern zu gehören, war noch nicht voll erwacht.

Die Männer aber, die Kontakt zu ihm suchten, waren palästinensische Nationalisten, die Angst hatten, Opfer einer »zionistischen Expansion« in ihrer Heimat zu werden. Sie verbargen nicht, daß sie die Waffen brauchten, um die Juden zu vertreiben – vom Boden, der den Arabern gehörte.

Für die Palästinenser, deren Traum ein arabisches Palästina war, wurde der Kampf völlig unvermeidbar, als im Sommer 1947 das »United Nations Special Committee on Palestine« das Ende der britischen Herrschaft über Palästina und die Teilung des Gebiets westlich des Jordangraben zwischen Arabern und Juden als Lösung des Konflikts vorsah. Die Mehrheit der jüdischen Bevölkerung war damit einverstanden, daß auf einem schmalen Landstreifen zwischen Haifa und Ashdod – mit dem Fortsatz zum See Genezareth – der Staat der Juden entstehen sollte. Für die Politiker Ben Gurion und Abba Eban war es allein wichtig, daß die Wüste Negev dem jüdischen Land zugeschlagen wurde – dort sollte das jüdische Volk zeigen, was es zu leisten vermochte. Die Männer allerdings, die mit dem militärischen Sektor in der Verwaltung der jüdischen Gebiete befaßt waren, betrachteten die Landkarte des vorgesehenen Staatsgebildes mit Entsetzen. Ihre Frage an die Politiker war: »Wie kann der schmale jüdische Landstreifen verteidigt werden?«

Die arabischen Palästinenser schienen dabei zunächst für Haganah und Irgun Zwai Leumi keine Gefahr zu bedeuten. Der Eindruck, die regionalen arabischen Gegner seien unorganisiert und schlecht bewaffnet, war während der ersten Kämpfe zwischen Palästinensern und Juden entstanden. Die Erfahrung hatte dazuhin gelehrt, daß die palästinensischen Kampfgrup-

pen von den Regierungen in Cairo, Damaskus, Amman und Beirut nicht unterstützt wurden. Die Verantwortlichen in diesen Hauptstädten wollten den Kampf nicht »unkontrollierbaren Freischärlern« überlassen. Für eine derartige Aufgabe waren doch die arabischen Armeen geschaffen worden. Die Generäle wollten die Beseitigung des sich eben konstituierenden jüdischen Staatsgebildes nicht den »Privatarmeen« der Palästinenser anvertrauen. Ihr Stolz verbot ihnen überhaupt zur Kenntnis zu nehmen, daß bewaffnete arabische Zivilisten Widerstand gegen die Teilung Palästinas leisteten.
Die Arabische Liga, die noch junge Dachorganisation der arabischen Staaten, war unschlüssig. In ihr wirkten sich die Differenzen der Ansichten über den Teilungsplan der Vereinten Nationen negativ aus. Traten die arabischen Generäle für Krieg gegen die jüdischen Siedlungen ein, so war mancher Politiker durchaus für Verhandlungen mit den Organen der Vereinten Nationen. Der Gedanke an eine Kompromißlösung bewegte vor allem den Herrscher von Transjordanien: König Abdallah führte insgeheim Gespräche mit Golda Meir. Den palästinensischen Nationalisten war bewußt, daß sie sich auf die Mitgliedsstaaten der Arabischen Liga nicht verlassen konnten.
Hauptstütze derer, die selbst handeln wollten, war der Husseini-Clan, geführt von Jamal al-Husseini. Er gehörte zu den Palästinensern, die schon während der 30er Jahre den Freiheitskampf des palästinensischen Volkes gegen die britische Mandatsmacht angeführt hatten. Daß er noch immer zu seinem Verwandten, dem einstigen Großmufti von Jerusalem hielt, war verständlich. Jamal al-Husseini wahrte Kontakt zu Hadsch Amin al-Husseini, der sich in Cairo aufhielt. Der Husseini-Clan dachte daran, 100 000 junge Männer in Palästina zu mobilisieren, zu bewaffnen und auszubilden. Jamal al-Husseini schwebte die Schaffung einer palästinensischen Armee vor. Doch der Schatten der Vergangenheit fiel auf die Aktivitäten des Husseini-Clans: Die Fehler der zurückliegenden Jahre wiederholten sich.
In der Mitte der 30er Jahre waren die Nationalisten unter den Palästinensern überzeugt gewesen, der Kampf gegen die britischen Truppen im Lande habe Aussicht auf Erfolg. Bewaffnete Gruppen – von den Engländern Banden genannt – überfielen

Posten und kleine Garnisonen der Mandatsarmee und unterbrachen die Bahnstrecke Jaffa–Jerusalem. Kaum hatten die Kämpfer des Husseini-Clans Erfolge zu verzeichnen, gründete die Konkurrenzfamilie der Nashashibi – auch sie gehörte zu den Traditions-Clans in Palästina – ebenfalls Commandogruppen. Erst wetteiferten die Anhänger der Sippen Nashashibi und Husseini miteinander im Kampf gegen die Engländer. Dann nahmen sie sich jüdische Siedlungen zum Ziel. Schließlich aber führten sie blutigen Krieg gegeneinander. Die Commandos töteten sich wechselseitig. Nach einem halben Jahr waren beide Seiten derart geschwächt, daß die britischen Mandatstruppen in der zweiten Hälfte des Jahres 1938 das Unwesen der beiden Clans mit geringen Anstrengungen beenden konnten.
Der Zwist der Husseini und der Nashashibi hat den Zweiten Weltkrieg überlebt. Der Plan des Jamal al-Husseini, die Armee der Palästinenser im Jahre 1947 zu schaffen, weckte die Konkurrenz auf: Die Kampforganisation des Nashashibi-Clans hieß *Najada* und wurde von der jungen Generation getragen. Die Jugendorganisation sammelte sich bereits unter der Flagge Palästinas – mit den Farben schwarz, weiß, grün und dem roten Dreieck.
Es waren die Führer von *Najada*, die den Zwist überwinden wollten. Der damalige Anführer der Jugendorganisation von Nablus, Hikmat al-Misri, erinnert sich an seinen Versuch, den einstigen Großmufti in Cairo als Vermittler zwischen den streitenden Parteien zu gewinnen: »Er empfing mich in Cairo. Ich sagte ihm, daß Einigkeit erforderlich sei und daß es nicht die Zeit sei, um zu streiten. Ich machte ihm deutlich, daß wir Jungen nichts mehr davon hören wollen, was sich 1938 abgespielt hat mit den Tragödien, den Mißverständnissen, dem Streit und dem Blutvergießen. Wenn wir weiterhin streiten, verlieren wir! Ich sagte dem Großmufti, daß wir zuerst unser Land gewinnen müssen – dann können wir darüber streiten, wer es regieren soll – meinethalben der Stärkste! Doch ich hatte keinen Erfolg. Der Großmufti redete nur von den Differenzen der vergangenen Jahre.«
Der Zwist war nicht zu überwinden. So arbeitete die Zeit gegen die Palästinenser. Was die Nationalisten befürchtet hatten, trat am 27. November 1947 ein: Die Generalversammlung der Ver-

einten Nationen akzeptierte den Teilungsplan für Palästina mit 33 gegen 13 Stimmen – bei zehn Enthaltungen. Der Weg zu einem jüdischen Staat war durch die internationale Völkergemeinschaft freigemacht worden. Die jüdischen Bewohner von Palästina hatten Grund zur Begeisterung. Die arabischen Palästinenser waren traurig und wütend. In Jerusalem versammelten sich viele Hundert der Wütenden vor dem Jaffator. Sie drangen in die Altstadt ein – plündernd und prügelnd. Aus Rache überfielen Angehörige der jüdischen Organisation Irgun Zwai Leumi des Menachem Begin das von Arabern besuchte Kino »Rex«. Sie entzündeten die Filmrollen; das Gebäude brannte aus. Von der Terrasse des Ölbergs aus war die gewaltige schwarze Rauchwolke über der Stadt zu sehen.

Einmütig lehnten die arabischen Regierungen den Teilungsplan der Vereinten Nationen für Palästina ab. Doch diese Einmütigkeit führte zu keiner gemeinsamen Aktivität. Die arabischen Staaten verharrten in Lethargie. Der Grund dafür war nicht unvernünftig: Am Ende des Jahres 1947 war Großbritannien noch immer Mandatsmacht in Palästina. Die Verantwortlichen in Cairo, Damaskus, Amman und Beirut hüteten sich, Streit mit der Regierung in London zu beginnen. Clemens Attlee und sein Außenminister Ernest Bevin hätten einen Feldzug gegen die arabischen Armeen begonnen, die es gewagt hätten, sich in die Angelegenheiten der Mandatsmacht einzumischen. Die Großmacht England, die Siegerin im Zweiten Weltkrieg, war noch gefürchtet in Arabien. So schauten die arabischen Regierungen der Entwicklung in Palästina zu, ohne den arabischen Palästinensern rechtzeitig zu helfen.

Die Palästinenser begriffen, daß sie von niemand in der Welt etwas zu erwarten hatten. Sie erkannten auch, daß die britische Regierung entschlossen war, dem Staat der Juden eine Chance zu geben – und daß sie darin von der Mehrheit aller Regierungen der Welt unterstützt wurde. Die Palästinenser waren im Vorfeld der Abstimmung über den Teilungsplan zwar gehört worden, doch ihr Standpunkt war unbeachtet geblieben. Die Entschlossenen unter ihnen besorgten sich Waffen in Cairo. Jassir Arafat und seine Freunde konnten den Bedarf bald nicht mehr decken.

Aus der Masse der Entschlossenen ragte eine Persönlichkeit hervor, die sogar von seinen israelischen Gegnern geschätzt wurde. Sein Foto zeigt ein Gesicht mit weichen Zügen und tiefliegenden Augen. Sein Blick sieht in die Ferne. Ein kleiner dunkler Bart ziert die Oberlippe. Der Mann trägt eine Uniformjacke ohne Kennzeichen. Zwei Patronengurte kreuzen sich auf seiner Brust. Der Name des Mannes: Abd al-Kader al-Husseini. Er gehörte zum Clan der Husseini. Sein Vater Musa Kezim al-Husseini war, wie sein Onkel Husein Selim al-Husseini, zu Beginn der britischen Mandatszeit Bürgermeister von Jerusalem gewesen. Beide waren wegen ihrer palästinensisch-nationalistischen Haltung vom britischen Hochkommissar Sir Herbert Samuel vom Amt entbunden worden. Der Hochkommissar hatte sich damals für eine Persönlichkeit aus dem Clan Nashashibi entschlossen.

Abd al-Kader al-Husseini wurde in der Mitte der 30er Jahre zum führenden Kopf in den Kampfgruppen des Husseini-Clans. Er konzentrierte sich darauf, den Engländern zu schaden. In den Juden sah er den Feind nicht. Der Großmufti von Jerusalem aber wollte, daß sich das Feindbild des jungen Mannes ändere: Er schickte den Verwandten im Jahre 1938 nach Deutschland – zur Unterweisung im Antisemitismus. Hadsch Amin al-Husseini sah in Abd al-Kader al-Husseini den künftigen Befehlshaber einer palästinensischen Armee, deren Aufgabe es sein sollte, die Gründung eines jüdischen »homeland« in Palästina zu verhindern.

Abd al-Kader al-Husseini verließ Deutschland wieder im Jahre 1941. Im von den Briten beherrschten Cairo sah er zunächst sein Aktionsfeld. Jetzt waren nicht mehr die Engländer der Feind, sondern die »Zionisten«, die den Staat Israel gründen wollten. Von Cairo aus organisierte Abd al-Kader al-Husseini den Widerstand gegen die »Landnahme« durch jüdische Siedler. Er gehörte zu denen, die dem jungen Jassir Arafat deutlich machten, daß der Kampf gegen die »Zionisten« Pflicht jedes Palästinensers sei.

Der Kontakt mit dem Kreis um Abd al-Kader al-Husseini gab Jassir Arafat erst das Bewußtsein, selbst ein Palästinenser zu sein. Er hatte sich bisher in Cairo zu Haus gefühlt – er redete in der Sprache der Menschen von Cairo. Jetzt aber wurde ihm deutlich, daß er zu einer palästinensischen Familie gehörte – zur selben Sippe wie Abd al-Kader al-Husseini.

Dieser Organisator des Widerstands verließ am Ende des Jahres 1947 Cairo, um selbst in Palästina zu kämpfen. Er wurde innerhalb weniger Wochen zum Idol der palästinensischen Jugend. Yigal Yadin, der damals der Planer aller Aktionen der jüdischen Kampforganisation Haganah war, sagte respektvoll über Abd al-Kader al-Husseini: »Er war ein überaus gefährlicher Gegner. Er war ein Kämpfer von hoher Qualität. Er verstand es, unsere Schwachpunkte auszunützen. Er begriff, daß die Sicherung der Transportwege unser Problem war. Seine Kämpfer waren allerdings ohne Disziplin. Seine Gruppen folgten keiner Ordnung. Doch er allein glich alle Mängel aus. Er war immer dort, wo gekämpft wurde. Er war überhaupt überall. Er war die größte Gefahr für uns.«

Abd al-Kader al-Husseini zog seine Kämpfer im bergigen Land zu beiden Seiten der Straße vom Kloster Latrun nach Jerusalem zusammen. Er analysierte die Situation: »Wer diese Straße beherrscht, dem gehört das Land.« Am östlichen Ende dieser Straße liegt Jerusalem, das Herz des Landes Palästina.

Beide Seiten wollten Jerusalem besitzen und Abd al-Kader al-Husseini glaubte zu wissen, wie es den Arabern gelingen konnte, Jerusalem zu gewinnen: Die jüdischen Bewohner mußten ausgehungert werden. Sie waren auf Versorgung aus dem Küstenbereich angewiesen. Blieben die Transporte von Jaffa her aus, mußten sich die jüdischen Viertel von Jerusalem ergeben. Abd al-Kader al-Husseini gab also Befehl, die Straße Tel Aviv – Jerusalem zu sperren. Eine ständige Blockade wäre durchaus möglich gewesen – hätten nicht noch immer die Engländer als Mandatsmacht die Kontrolle über Palästina ausgeübt. Die Straßensperre wäre von der britischen Panzertruppe sehr schnell erobert und zerstört worden. Der Befehlshaber der palästinensischen Guerillatruppe sah sich deshalb gezwungen, durch Einzelaktionen die Versorgungsfahrzeuge anzugreifen, die sich langsam im engen Tal des Berglandes nach Jerusalem hinauf bewegten. Der Fahrweg war schmal und kaum befestigt. An manchen Stellen war er nur ein sandiger Pfad; hin und wieder war er gepflastert. Er schlängelte sich an Abhängen vorbei und durch Pinienwälder. Die Angreifer waren durch Beschaffenheit von Straße und Gelände im Vorteil. Die Attacken auf die Lastkraftwagen waren derart erfolgreich, daß die Haganah schließlich gezwungen war, die Fahrzeuge zu Konvois zusammenzuschließen. Viele dieser Konvois fielen den Guerillas zum Opfer.

Die Angriffe waren auch deshalb so erfolgreich, weil Abd al-Kader al-Husseini den Bewohnern der arabischen Dörfer auf den Höhen über der Straße die Ladung der Lastkraftwagen als Beute versprochen hatte. So geschah es, daß sich immer mehr Männer an den Aktionen beteiligten. Die Haganah reagierte auf die Heftigkeit der Attacken mit primitiver Panzerung der Lastkraftwagen. Doch die Stahlplatten konnten nicht immer verhindern, daß die schwerbeladenen Fahrzeuge unter Beschuß liegenblieben. Die Autowracks rechts und links der Straße von Latrun nach Jerusalem sind heute noch Zeugnisse für die Härte der Kämpfe während der ersten Wochen des Jahres 1948.
Die Waffen für diese Überfälle kamen noch immer aus Cairo. Die Beschaffer, zu denen Jassir Arafat gehörte, hatten inzwischen ein unerschöpfliches Waffenreservoir entdeckt: Die Schlachtfelder Nordafrikas im Zweiten Weltkrieg Besonders wertvoll und begehrt waren die noch funktionsfähigen Maschinenwaffen, die deutsche und italienische Verbände nach der Niederlage von El Alamein in der Wüste zurückgelassen hatten. Die Nachfrage war allerdings immer größer als das Angebot – entsprechend hoch waren die Preise. Die Haganah, die ihre Waffen auf dem regulären Waffenmarkt einkaufte, zahlte für ein Mausergewehr weit weniger als die Palästinenser.

Im Verlauf der Kämpfe um die Straße Tel Aviv–Jerusalem hatte ein kleines Dorf auf der Höhe südlich des Taleinschnitts der Transportroute Bedeutung erlangt. Sein Name ist Kastel. Das Dorf heißt so, weil auf seiner höchsten Erhebung ein altes viereckiges Steingebäude steht, das wie eine Burg aussieht. Beide Seiten sahen darin eine ideale Verteidigungsstellung. Kastel war am 2. April 1948 von Kämpfern der Haganah eingenommen worden. Ein Gegenangriff der palästinensischen Guerillas am 8. April war erfolgreich – doch Abd al-Kader al-Husseini verlor dabei sein Leben. Er wurde auf dem Tempelberg in Jerusalem beigesetzt. Zur Begräbnisfeier strömten aus allen arabischen Dörfern entlang der Straße Tel Aviv–Jerusalem die Menschen herbei. Jeder wollte seine Trauer zeigen, wenn der Märtyrer Abd al-Kader al-Husseini zu Grabe getragen wurde. Alle Bewohner und Verteidiger des Dorfes Kastel befanden sich auf dem Tempelberg, als sich ein Haganah-Verband den

Häusern und der Festung von Kastel näherte. Ohne daß ein Schuß abgefeuert wurde, nahm Haganah den strategisch wichtigen Punkt wieder in Besitz.
Nicht nur die Palästinenser in ihrem eigenen Land betrauerten den Tod ihres Helden – auch die Palästinenser in Cairo zeigten ihre Ergriffenheit. Jassir Arafat, der ein Ingenieurstudium begonnen hatte, war inzwischen in einen Kreis palästinensischer Studenten aufgenommen worden. Die jungen Männer saßen eben beieinander, als der Tod des Abd al-Kader al-Husseini bekannt wurde. Alle wußten, daß der palästinensische Widerstand sein Rückgrat verloren hatte, daß die Kampfkraft zu erlöschen drohte. Daß es der Haganah gelungen war, das Dorf Castel wieder zu erobern, werteten die palästinensischen Studenten in Cairo als schlimmes Zeichen. Es soll Jassir Arafat gewesen sein, der meinte, Kapitulation dürfe nicht in Frage kommen – jetzt müsse erst recht gekämpft werden. Spontan entschlossen sich die jungen Männer, ihr Studium aufzugeben. Sie sahen keinen Sinn mehr darin, über Büchern zu sitzen. Die patriotische Begeisterung der palästinensischen Studenten muß gewaltig gewesen sein an jenem Tag im April 1948.
Doch am nächsten Tag bereits war der Schwung erlahmt. Die meisten holten, auf Druck ihrer Väter, die Bücher wieder aus der Ecke. Die Eltern argumentierten, man müsse den Kampf um Palästina den Armeen der arabischen Staaten überlassen. Es könne nicht mehr lange dauern, bis der Einmarsch der ägyptischen Panzerverbände in Richtung Beershewa erfolge. Dann werde der Wunsch der Juden, einen eigenen Staat gründen zu wollen, rasch verflogen sein. Es sei sinnlos, so meinten die Väter, ohne Ausbildung und ohne Erfahrung kämpfen zu wollen.
Der einzige, der keinen energisch mahnenden Vater besaß, war Jassir Arafat. Er war 18 Jahre alt und unabhängig – niemand hinderte ihn daran, sich nach Palästina zu begeben. Noch im April 1948 machte er sich auf den Weg. Sein Ziel war die Stadt Gaza. Er wollte sich dort der Moslembruderschaft anschließen. Zu dieser Vereinigung *Al-Ikhwan al-Muslimin* hatte er in Cairo Vertrauen gefaßt.
Sie vertrat damals noch nicht die radikal-islamischen Ansichten, die sie später zu einer beachtlichen politischen Kraft werden ließ. Ihr Ziel war damals die Stärkung der islamischen

Überzeugung der Ägypter, die zur Kolonialzeit geschwächt worden war. Beabsichtigt war eine Reform der Gesellschaft auf der Grundlage der Ordnung, wie sie im Koran und in der islamischen Überlieferung vorgeschrieben ist. Ausgangspunkt war die Sorge, die britische Kolonialpolitik werde zu einer weiteren Minderung der Glaubenskraft der Moslems führen. Nicht zu übersehen war damals, daß sich viele Bewohner der Stadt Cairo für westliche Bräuche und Lebensart interessierten. Sich zu benehmen wie ein Engländer galt durchaus als zeitgemäß. Dagegen wehrte sich die Moslembruderschaft. Bedeutung erlangte sie durch ihr soziales Engagement. Die Mitglieder halfen den sozial Schwächeren. Der Einfluß der Vereinigung in den armen Stadtteilen von Cairo stieg. Mit dem Ende des Zweiten Weltkriegs veränderte sich das Programm der Moslembruderschaft. Sie sollte nicht länger nur eine Wohlfahrtseinrichtung sein. Besonders die jüngeren Mitglieder verlangten jetzt von der Führung den bedingungslosen Einsatz für die Schaffung eines arabischen Staates Palästina. Während es die arabischen Regierungen vermieden, für ein unabhängiges Palästina einzutreten, stand die Moslembruderschaft geschlossen hinter den Ansprüchen der Palästinenser auf Freiheit und Selbstbestimmung. Sie war damit der erbitterte Feind der zionistischen Bewegung, die für die Schaffung des Staates Israel kämpfte. So wurde die Moslembruderschaft zur geistigen Heimat für junge Palästinenser, die sich für Palästina einsetzen wollten. Es blieb ihnen gar keine andere Wahl. Auch Jassir Arafat schloß sich der Moslembruderschaft an – wobei ihm die religiöse Ausrichtung weniger bedeutsam erschien.
Dr. Haidar Abdul Shafi, der als 75jähriger Jassir Arafat am 1. Juli 1994 in Gaza mit skeptischen Gefühlen begrüßte, erinnert sich an die Hilfestellung der Moslembruderschaft in den Jahren 1947/48: »Al-Ikhwan al-Muslimin kämpfte an unserer Seite – und viele Moslembrüder starben auf palästinensischem Boden.«
Auf halbem Weg zwischen der ägyptischen Grenze und Gaza liegt die jüdische Siedlung Kefar Darom. Sie wurde damals, Mitte April 1948, von Kämpfern der Moslembruderschaft belagert. Jassir Arafat schloß sich ihnen an. Der Achtzehnjährige erlebte seine ersten Kämpfe. Sie verliefen erfolgreich. Die jüdischen Verteidiger zogen aus der Siedlung Kefar Darom ab.

Dieser Erfolg verleitete zur Schlußfolgerung, die Palästinenser seien selbst stark genug, die Schaffung des jüdischen Staates zu verhindern. Der Achtzehnjährige gewann die Überzeugung, es werde gelingen, das Land zwischen Jordangraben und Mittelmeerküste beim Abzug der britischen Mandatsmacht derart zu kontrollieren, daß den »Zionisten« keine Chance bleibe, die Gründung ihres Staates durchzusetzen. Bei Kefar Darom war ein Sieg möglich gewesen, weil die Kämpfer der Moslembruderschaft über panzerbrechende Geschütze verfügt hatten. Mit ihrer Hilfe war es gelungen, die gepanzerten Fahrzeuge der Haganah außer Gefecht zu setzen. Jassir Arafat zog daraus die Konsequenz, daß allein ausreichende Versorgung mit Waffen die Voraussetzung schaffe für den Sieg. Es sei die Aufgabe der arabischen Regierungen, diese Waffen zur Verfügung zu stellen – und das für den Kampf nötige Geld. Die Parole lautete also »Der Kampf für Palästina ist Sache der Palästinenser.« Auf keinen Fall sollten die arabischen Armeen eingreifen. Arafat ahnte bereits, daß ihre Kriegführung in der Katastrophe enden mußte.

Er war mit dieser Ansicht keineswegs allein. Die Führung des Husseini-Clans fürchtete die Einmischung der arabischen Truppen, weil vorauszusehen war, daß sie nur mit geringem Einsatz kämpfen würden. Von den Ägyptern, Syrern und Libanesen war wenig Hartnäckigkeit im Kampf zu erwarten. Mit Entschlossenheit griff wohl nur die Arabische Legion des jordanischen Monarchen Abdallah an. Doch auch davor hatte der Husseini-Clan Angst. Die führenden Köpfe in Jerusalem erahnten die ehrgeizigen Ambitionen des Jordaniers: Er ließ bereits erkennen, daß er Herr über Jerusalem werden wollte. Abdallah, das Haupt des Clans der Haschemiten, konnte nicht vergessen, daß sein Clan nach dem Ersten Weltkrieg die Herrschaft über die Heilige Stätte von Mekka an die Sippe As-Saud verloren hatte. Der Besitz des Felsendoms und der Al-Aqsa-Moschee galt dem Haschemitenfürsten als nahezu gleichwertiger Ersatz. Der Erfüllung seines Wunsches, nach Jerusalem und nach dem Gebiet westlich des Jordan zu greifen, stand nur noch die Präsenz der britischen Mandatstruppen im Wege.
Die Regierung in London beeilte sich, das Mandat über Palästina loszuwerden. Für die britischen Soldaten war der Landstrich an der Ostküste des Mittelmeers zu Hölle geworden. Si-

cher waren sie nur noch hinter Beton, Gitterzäunen und Stacheldrahtbarrieren. Arabische und jüdische Kampfgruppen führten zwar blutigen Krieg gegeneinander, doch sie waren beide darauf bedacht, Engländer umzubringen. Die Zahl der Opfer wurde für die Regierung Attlee zu groß. Dazuhin fehlte das Verständnis der Weltöffentlichkeit für eine Fortsetzung des Mandats. Die Vollversammlung der Vereinten Nationen hatte einer Teilung Palästinas zugestimmt. Damit war ein Faktum geschaffen, das auf rasche Veränderung der Situation drängte. Zwar waren die Araber insgesamt gegen die Teilung, die Juden aber verlangten die Realisierung des UN-Beschlusses. Sie wollten Besitz ergreifen dürfen von ihrem eigenen Territorium.
Niemand in der Welt außerhalb des Nahen Ostens stellte sich dagegen. Rasch folgten die Ereignisse aufeinander.
Am Morgen des 14. Mai 1948 verließ der letzte britische Hochkommissar, Sir Alan Cunningham, das Government House in Jerusalem. Am selben Tag noch begab er sich auf ein britisches Kriegsschiff, das vor dem Hafen Haifa lag. Um Mitternacht zwischen dem 14. und dem 15. Mai 1948 endete das Mandat, das Großbritannien anvertraut gewesen war. Zu diesem Zeitpunkt war der Staat Israel bereits gegründet.
Am Nachmittag waren die Vertreter des Volksrates und der Zionistischen Bewegung im Tel Aviv Museum am Rothschild Boulevard zusammengekommen. Der Zweck war die Proklamation der Staatsgründung. Das »homeland« für die Juden war Wirklichkeit geworden.
Daß diese Wirklichkeit nicht hatte verhindert werden können, war eine bittere Erfahrung für die Kämpfer der Moslembruderschaft und für Jassir Arafat. Doch war ihrer Meinung nach der Kampf nicht verloren. Das Volk der Palästinenser war mehr als eine Million Menschen stark – der jüdischen Bevölkerung waren nur 650 000 zuzurechnen. Die Palästinenser bildeten die Mehrheit. Wichtig war allein die Mobilisierung der Kräfte. Sie war leicht durchführbar: Seit Generationen gab es dafür ein Alarmsystem, *Faza'a* genannt, das von den Sheikhs der Dörfer ausgelöst werden konnte. Von Dorf zu Dorf, von Haus zu Haus und von Mund zu Mund wurden die Parolen zur Verteidigung oder zum Angriff weitergegeben. Da es für die Männer eine Frage der Ehre war, eine Waffe zu besitzen und im Umgang mit

ihr geübt zu sein, konnte den Sheikhs die Alarmierung beachtlicher Kampfkraft in kurzer Zeit gelingen. Das Problem war nur, daß die Oberhäupter der Dörfer selten miteinander kooperierten. Jeder war darauf bedacht, seine eigene Souveränität zu wahren. Sich einen übergeordneten Befehlshaber zu wählen, daran dachten die Sheikhs zu keinem Zeitpunkt des Konflikts.

Versuche wurden unternommen, das traditionelle *Faza'a*-System zu überwinden, um Verbände zu schaffen, die der Haganah ebenbürtig sein konnten. Die Führung des Husseini-Clans hatte sich Mühe gegeben mit der Gründung einer überregionalen, gesamtpalästinensischen Truppe, die nicht von den lokalen Sheikhs abhängig war. Diese Truppe erhielt den Namen »Armee der Errettung«. Sie sollte am Tag des definitiven Abzugs der Briten schlagkräftig und einsatzbereit sein. Die Absicht war gewesen, sie dem Volkshelden Abd al-Kader al-Husseini zu unterstellen. Nach dessen Tod am 8. April 1948 übernahm Hassan Salameh den Befehl. Auch er war, wie Abd al-Kader al-Husseini, zu Beginn des Zweiten Weltkriegs in Deutschland ausgebildet worden. Die »Armee der Errettung« erreichte unter seiner Führung nur einen Mannschaftsstand von 1000 Mann.

Verdankte der Verband des Hassan Salameh dem Husseini-Clan seine Existenz, so war eine zweite palästinensische Truppe das Geschöpf der Arabischen Liga. Die Regierungen von Ägypten, Syrien, Irak und Libanon gaben Geld zum Aufbau der »Arabischen Befreiungsarmee«, für die Palästinenser rekrutiert wurden. Kommandeur war Fauzi al-Kaukji, ein bereits älterer, einst syrischer Offizier, der sich überaus kriegerisch gebärdete. Auch die Truppe des Fauzi al-Kaukji umfaßte nie mehr als 1000 Mann.

Die Kampfgruppe der Moslembruderschaft, der sich Jassir Arafat angeschlossen hatte, war ebenfalls etwa 1000 Bewaffnete stark. Die meisten der Kämpfer waren Ägypter – Freiwillige, die das Entstehen des jüdischen Staates verhindern wollten. Sie waren zunächst in einem losen Guerillaverband zusammengefaßt gewesen. Unter dem Befehl des Oberstleutnants Ahmed Abd al-Aziz – er war ägyptischer Berufsoffizier – wurden die Commandos diszipliniert und der regulären Armeeordnung unterworfen. Dies geschah nach Einnahme der jüdischen Siedlung Kefar Darom südlich der Stadt Gaza.

Der Oberstleutnant hütete sich, Kontakt zur »Arabischen Befreiungsarmee« oder zur »Armee der Errettung« aufzunehmen. Er war ägyptischer Offizier und richtete sich nach seinen Vorgesetzten. Die obersten seiner Chefs waren König Faruk, Ministerpräsident Nokrashi Pascha und Generalmajor Ahmed Ali al-Mamawi, der Befehlshaber der ägyptischen Invasionsarmee. Das Ziel dieser drei Personen war die Eroberung weiter Gebiete Palästinas, um sie dem ägyptischen Territorium einzugliedern. Vor allem anderen sollte Jerusalem eingenommen werden. Der Kampfauftrag lautete, den Felsendom der Heiligen Stadt zu erreichen, ehe die Arabische Legion des transjordanischen Monarchen Abdallah dort eintraf. Mit harten Kämpfen rechnete Generalmajor Ahmed Ali al-Mamawi nicht. Er wollte seinem König den Felsendom schenken.

Erste Enttäuschung

Am Tag der Gründung des Staates Israel wagten Kämpfer der Haganah überraschend einen Gegenangriff auf die Siedlung Kefar Darom. Als besonders mutig und zäh erwiesen sich orthodoxe Juden – Bewohner der Siedlung – die den Haganah-Kämpfern beistanden. Diesmal waren die Männer der Moslembruderschaft die Verlierer.
Über Tage hin wurde erbittert um die Ortseingänge gekämpft. Der Haganah gelang es Verstärkung nach Kefar Darom zu bringen. Dennoch sahen die arabischen Verteidiger den Erfolg vor sich – sie waren zahlenmäßig einfach stärker. Da mischte sich die reguläre ägyptische Armee ein, die von Süden her die ägyptisch-palästinensische Grenze bei Rafah überschritten hatte. Generalmajor Ahmed Ali al-Mamawi gab Befehl, die Kämpfer der Moslembruderschaft mit Artilleriefeuer zu unterstützen. Die Geschosse trafen jedoch nicht die jüdischen Angreifer, sondern die Stellungen der Moslembruderschaft. Siebzig Männer starben – in der Mehrzahl Ägypter. Jassir Arafat blieb unverletzt.
Der ägyptische Generalmajor suchte nach einem anderen Angriffsziel um die Blamage wettzumachen. Er schickte seine Panzer gegen die Siedlung Nirin, die ostwärts von Rafah liegt.

In Nirin befanden sich nur 45 Verteidiger. Ihnen gelang es, sieben der ägyptischen Panzer zu zerstören. Da verlor der Generalmajor die Lust, Siedlungen zu erobern. Er ordnete an, die jüdischen Dörfer seien zu umfahren – auch die Stadt Gaza. Es müsse ein vorzeigenswerter Geländegewinn erzielt werden. Dies sei durch einen raschen Vorstoß entlang der ausgebauten Straße Rafah-Ashkalon zu erreichen. Doch der Angriff wurde durch die Bewohner der Ortschaft Yad Mordechay aufgehalten. Fünf Tage lang wehrten die Siedler jeden Angriff ab. Ihre Verluste waren hoch. Am 24. Mai 1948 setzten sich die überlebenden Verteidiger nach Norden ab. Yad Mordechay ist heute eine nationale Erinnerungsstätte, markiert durch den von Einschußlöchern gezeichneten Wasserturm. Die Siedlung hat die Ehre, Erinnerungsstätte zu sein, dadurch verdient, daß der hartnäckige Widerstand ihrer Bewohner den Aufbau einer Verteidigungslinie vor dem arabischen Dorf Isdud ermöglicht hat – dort befindet sich heute die Stadt Ashdod, die erst nach 1960 entstanden ist.

Der Vorstoß der Ägypter verlief äußerst langsam. Er wurde jetzt kommandiert vom Brigadegeneral Mohammed Nagib – er wird vier Jahre später der erste Präsident der Republik Ägypten sein. An einer gesprengten Brücke beim Dorf Isdud blieb der Vorstoß aus dem Süden liegen.

Etwas günstiger verlaufen war der Angriff ostwärts der Küstenregion in Richtung auf Beershewa. Die Wüste Negev, von symbolischer Bedeutung für den jungen jüdischen Staat, wurde Ende Mai 1948 von ägyptischen Streitkräften beherrscht. Sie kontrollierten die Hauptverkehrsachse von Beershewa nach Hebron. Zwar war das große Ziel, der Durchmarsch nach Tel Aviv und Jerusalem nicht erreicht, doch war die Ausgangsposition für weitere Offensiven erfolgversprechend. Da erklärten sich die arabischen Staaten zu einem befristeten Waffenstillstand bereit. Er sollte vom 11. Juni 1948 bis zum 9. Juli dauern.

Die ägyptische Invasionsarmee nutzte diese Frist, um das Hinterland der Front – vor allem die Region zwischen Rafah und Gaza – in ihrem Sinne zu ordnen und abzusichern. Als Gefahrenquelle für die Sicherheit der Ägypter wurden bewaffnete palästinensische Gruppen identifiziert. Brigadegeneral Mohammed Nagib ordnete deshalb an, alle Zivilisten des von ihm kontrollierten Gebiets hätten ihre Waffen abzugeben. Jeder erhalte für sein ausgehändigtes Gewehr eine Bescheinigung. Wer der Aufforderung zur Ablieferung von Waffen und Munition nicht folgte, der lief Gefahr erschossen zu werden. Den Befehl des Brigadegenerals empfand Jassir Arafat als schlimme Demütigung, für ihn persönlich – aber auch für das gesamte palästinensische Volk. Schmerzhaft für Arafat war die Tatsache, daß sich Mohammed Nagib auf einen Beschluß der Arabischen Liga berufen konnte. Die arabischen Regierungschefs hatten die Entwaffnung des palästinensischen Volkes beschlossen. Jassir Arafat las daraus ab, daß die Regierungschefs in Cairo, Damaskus, Amman und Beirut im palästinensischen Volk einen Feind sahen. Arafat begriff: Die Herren der arabischen Bruderstaaten beabsichtigten, Palästina nach einem Sieg über den noch kaum existierenden Staat Israel unter sich aufzuteilen. Die Palästineser waren dabei nur störend. Mit einem Schlag wurde dem Achtzehnjährigen deutlich, daß Palästina zwei Gegner hatte: den Staat Israel und die in Arabien Herrschenden.

Arafat wollte nicht glauben, daß die Palästinenser tatsächlich wehrlos waren. Er schlug sich durch die Waffenstillstandslinien und erreichte Jerusalem. Er hatte die Hoffnung, dort weiterkämpfen zu können. Den Kampfverband der Moslembruderschaft gab es nicht mehr. Die ägyptischen Mitglieder kehrten heim nach Cairo. Arafat aber wollte in Palästina bleiben, existierten doch noch immer palästinensische bewaffnete Gruppen. Die »Armee der Errettung«, kommandiert von Hassan Salameh, und die »Arabische Befreiungsarmee« unter Fauzi al-Kaukji. Effektiv waren beide in den militärischen Auseinandersetzungen in den Wochen vor dem Waffenstillstand nicht gewesen. Die Kommandeure hatten sich gegenseitig beschuldigt, mit dem jüdischen Feind zusammenzuarbeiten. Beide hatten geschworen, dem anderen in kritischer Situation nicht zu helfen.

Der Vorwurf, Fauzi al-Kaukji sei ein Verräter, kann als berechtigt bezeichnet werden. Als am 15. Mai bekannt wurde, daß arabische Armeen im Anmarsch seien, verließ er mit seiner Einheit die strategisch wichtige Position an der Straße beim Kloster von Latrun. Hätten die israelischen Kampfverbände bemerkt, daß damit der Weg frei war hinauf zur Hochfläche von Jerusalem, hätten sich der Haganah gewaltige Chancen eröffnet. Erst drei Tage später schlossen Truppen der Arabischen Legion die gefährliche Lücke in der Front. Diese Erfahrung mit Fauzi al-Kaukji veranlaßte auch den Kommandeur der Arabischen Legion, den Generalleutnant John Bagot Glubb – genannt Glubb Pascha – die Entwaffnung der Palästinenser voranzutreiben. Glubb Pascha war in der vorteilhaften Lage, sein Kriegsziel erreicht zu haben. Seine Arabische Legion beherrschte die Altstadt von Jerusalem. Unter ihrer Kontrolle stand vor allem der gesamte heilige Bezirk. Der Felsendom war für den Islam gesichert.

Am 14. Mai 1948 hatte der britische Hochkommissar Sir Alan Cunningham Jerusalem verlassen und damit das Ende der Herrschaft Großbritanniens über Palästina dokumentiert. Einen Tag später hatte die Offensive der Elitetruppe des transjordanischen Monarchen begonnen – die Offensive zur Besitznahme der Heiligen Stadt. Die Arabische Legion bestand aus Angehörigen der Beduinenstämme, die ihrem haschemitischen Herrscher treu ergeben waren. Die Offiziere waren durchweg kriegserfahrene Briten, die von ihrer Armee freigestellt worden waren. Dazu gehörte auch der kommandierende Generalleutnant.

Die Beduinensoldaten empfanden wenig Achtung für die Menschen, die westlich des Jordan lebten. Die Beduinen kamen aus der Wüste und liebten die Weite der Sandflächen und die Luftigkeit ihrer Zelte. Sie lehnten es ab, in Häuser eingesperrt zu werden. Der Jordan trennt die Wüstengebiete vom fruchtbaren Palästina – er trennt auch die Menschen. Für die Beduinensoldaten waren die Bewohner der Städte und Dörfer westlich des Flusses Fremde – ob sie nun Palästinenser waren oder Juden.

Die Arabische Legion führte die Besitznahme Jerusalems wie einen Eroberungsfeldzug durch. Die Soldaten besetzten zunächst den Ölberg im Osten von Jerusalem. Diese Aufgabe war am Abend des 17. Mai erfüllt. Am nächsten Tag überquerten die Verbände das Kidrontal und drangen durch das Stephanstor in die Altstadt ein. Dort waren Kämpfe aufgeflammt zwischen bewaffneten Palästinensern und Bewohnern des jüdischen Viertels. Gekämpft wurde im Namen der Religion. War der Felsendom in der Südostecke der Altstadt den Moslems heilig, weil er den Platz markiert, von dem aus der Prophet Mohammed in den Himmel aufgestiegen war um die Inspiration zur Offenbarung der göttlichen Wahrheit zu empfangen, so war derselbe Platz auch den Juden heilig. Die westliche Begrenzung des heiligen Ortes stellt die Klagemauer dar, das wichtigste Heiligtum der Juden. Die Klagemauer ist der Rest des Zweiten Tempels der Juden. Sie ist für die jüdischen Menschen der Beweis, daß in der Vergangenheit Jerusalem die Hauptstadt eines jüdischen Staates war – und daß daraus in der Gegenwart Rechte abgeleitet werden können. Der Besitz des Heiligtums war und ist für die Existenz der Juden und der Palästinenser wichtig. Beide kämpften mit Erbitterung um die Altstadt von Jerusalem.

Mit dem Eindringen der Beduinensoldaten durch das Stephanstor veränderte sich die Gefechtslage: Die Arabische Legion setzte schwere Waffen ein. Ihre Artillerie beschoß strategisch wichtige Ziele innerhalb und außerhalb der Altstadtmauer. Geschosse der Panzerkanonen zerfetzten Verteidigungsstellungen der jüdischen Kampfverbände. Die palästinensischen Bewaffneten wurden an den Rand des Geschehens gedrängt. Sie wurden von Hassan Salameh kommandiert, doch er war nur ein schwacher Erstaz für Abd al-Kader al-Husseini. Die Beduinensoldaten, die professionelle Kämpfer waren, trafen keine Absprachen mit den »Irregulären«, die nur störten. Von Waffenbruderschaft war keine Rede.

Am 28. Mai 1948 war die Situation der 300 Verteidiger des jüdischen Viertels gegenüber den starken Kräften der Arabischen Legion hoffnungslos. Alle Versuche der Haganah durch das Jaffator in die Altstadt einzudringen, waren fehlgeschlagen. Die Rabbis des jüdischen Viertels bedrängten den Kommandeur der Haganah, er möge Verhandlungen mit den Offizieren der Arabischen Legion zulassen. Sie führten schließlich zum Abzug der jüdischen Bewohner aus der Altstadt.

Für die Palästinenser war dieser Sieg der Arabischen Legion kein Erfolg. Die Altstadt von Jerusalem war künftig nicht Bestandteil eines palästinensischen Gebiets – sie war jordanisch geworden. Die Palästinenser insgesamt waren der Arabischen Legion und dem jordanischen Monarchen keineswegs dafür dankbar, daß sie das Westufergebiet am Jordan und die dem Islam heilige Stätte des Felsendoms für die Araber gerettet hatten. Die Palästinenser nahmen es dem haschemitischen König Abdallah und seiner gesamten Dynastie übel, daß palästinensisches Land in haschemitischen Besitz übergegangen war. Der Standpunkt der palästinensischen Nationalisten lautet fortan: Die Haschemiten haben unser Land gestohlen.

Als der Kampf um den Besitz des einstigen Mandatsgebiets Palästina mit dem Jahr 1948 zu Ende ging, da waren die Palästinenser die Verlierer. Ihre Bewaffneten, »die Irregulären« genannt, hatten mit geringem Effekt gekämpft. Im Oktober hatte Fauzi al-Kaukji seine Arabische Befreiungsarmee im Norden, an der libanesischen Grenze stationiert. Als die Israelis am 31. Oktober mit starken Kräften konzentriert angriffen, erwies sich Fauzi al-Kaukji als völlig hilflos. Innerhalb weniger Minuten brach die Verteidigung der Arabischen Befreiungsarmee zusammen. Die Truppe wurde völlig vernichtet: 400 Palästinenser starben – 500 gerieten in Gefangenschaft. Die Palästinenser waren entwaffnet.

Das palästinensische Land wurde unter drei Besitzern aufgeteilt: Der größte Teil gehörte dem Staat Israel. Einen beachtlichen Teil hatte Jordanien in Besitz genommen. Den schmalen Gazastreifen an der Südostecke der Mittelmeerküste kontrollierte Ägypten. Mit dieser Aufteilung schien der geographische Begriff »Palästina« ausgelöscht zu sein – und damit auch die Existenz des palästinensischen Volkes. Für die Palästinenser galt künftig der Begriff »Flüchtlinge«.

Wer als Bewohner des einstigen britischen Mandatsgebiets nicht unter israelischer Herrschaft leben wollte, wer Angst hatte vor Gewalttat und künftigen Konflikten – und wer ganz einfach den jüdischen Siegern nicht traute –, der verließ seine Heimat und wurde zum Flüchtling. Die Fluchtbewegung verschlimmerte die Niederlage der Palästinenser. Sie waren in der Mehrheit gewesen im Mandatsgebiet. Sie hatten in großflächigen, zusammenhängenden Siedlungsgebieten gelebt.

Jassir Arafat zieht dieses Fazit: »Wir hätten bleiben sollen! Wir waren die Mehrheit. Uns gehörte das Land! Als die arabischen Staaten Waffenstillstand schlossen mit Israel, da wurde unsere Entwurzelung besiegelt!«

Die Zahlen der Heimatlosen sind beachtlich. 300 000 flohen ins jordanisch besetzte Westjordanland. Sie kamen aus der Region Jaffa, Ramla und Lydda – beim letzteren Ort befindet sich heute der Flughafen Ben Gurion. 190 000 drängten sich im Gazastreifen zusammen. Sie hatten im Küstenland bei Ashkalon gelebt. 100 000 überschritten die Grenze zum Libanon und bauten sich Lagerstädte bei Saida, Beirut und Tripoli. Sie stammten aus dem Landdreieck Nahariya, Haifa, Safed. 75 000 aus dem Gebiet westlich des Sees Genezareth suchten in Syrien Zuflucht. 70 000 bezogen im jetzt jordanischen Gebiet des Jordan-Westufers Auffanglager. Sie hatten ihre Heimat bei Latrun und Beershewa verlassen. Schätzungen der UN-Beauftragten aus dem Jahre 1949 melden eine Gesamtflüchtlingszahl von 750 000.

Die Vereinten Nationen bemühten sich, das Elend der Entwurzelten zu lindern. Die Generalversammlung stellte Geldmittel zur Verfügung zum Aufbau der Flüchtlingslager. Die Beauftragten der UN hielten die Lagerbewohner am Leben. Innerhalb der Gremien der Weltorganisation in New York und Genf herrschte die Meinung vor, das Flüchtlingsproblem bestehe nur für kurze Zeit; es sei durch Rückkehr der Geflohenen lösbar. Den Anstoß dazu sollte die *Resulution 194* der UN-Generalversammlung vom 11. Dezember 1948 geben.

»Die Flüchtlinge, die zu ihren Wohnstätten zurückzukehren wünschen und die bereit sind, in Frieden mit ihren Nachbarn zu leben, sollten zum frühestmöglichen Zeitpunkt heimkehren dürfen. Diejenigen, die nicht gewillt sind, die Heimkehr anzutreten, sollten Abfindungen erhalten für verlorenes oder beschädigtes Eigentum. Dabei sind die Prinzipien des Internationalen Rechts zu beachten. Für die Abfindungen sind die Regierungen verantwortlich, die den Schaden zu verantworten haben.«

Aus dem Text des Beschlusses der UN-Generalversammlung spricht erstaunliche Naivität. Die Verfasser glaubten, die Flucht der 750 000 Menschen sei durch Vernunft wieder rückgängig zu machen. Nicht in die Überlegungen einbezogen wurde die Auswirkung eines Ereignisses, das bereits am 8. April 1948 geschehen war – vor dem Ende der Mandatszeit und damit vor der Gründung des Staates Israel. Dieses Ereignis hatte wesentlich dazu beigetragen, daß derart viele Palästinenser vor den Israelis geflohen sind und nicht mehr bereit sind, in ihre Dörfer zurückzukehren.

An jenem 8. April 1948 um 4.30 Uhr – noch vor Anbruch des Tages – überfielen Gruppen der jüdischen Kampforganisation Irgun Zwai Leumi das Dorf Deir Jassin. Es lag im Westen von Jerusalem, nur drei Kilometer vom Stadtrand und von der wichtigen Verkehrsader entfernt, die das Küstenland mit der Heiligen Stadt verband. Es war Freitag, der Feiertag der Moslems. Dorfbewohner, die während der Wochentage in Jerusalem arbeiteten, waren zu Hause. Schüsse weckten die Familien aus dem Schlaf. Da sich das arabische Dorf Deir Jassin mitten in jüdischem Gebiet befand, waren die Männer auf einen Überfall vorbereitet. Sie wehrten sich zwei Stunden lang mit ihren einfachen Handfeuerwaffen. Die angreifende Kampfgruppe verlor dabei vier ihrer Anführer. Schließlich aber unterlagen die Verteidiger der besseren Bewaffnung der Angreifer. Gereizt durch den Verlust ihrer Anführer fielen die Sieger in brutalem Blutrausch mit Messern über Frauen und Kinder her. Die Männer wurden an die Wand gestellt und erschossen. Die Leichen wurden zum Steinbruch von Deir Jassin geschleppt und verbrannt. Die schwarze Rauchsäule wurde von Jerusalem aus beobachtet.

Jacques de Reynier, der Repräsentant des Internationalen Roten Kreuzes – ein Schweizer – wurde aufgeschreckt durch die Rauchsäule. Als er Deir Jassin erreichte, war er entsetzt über die Zahl der Toten und über den Zustand, in dem sie sich befanden: Er sah Leichen mit durchschnittenen Kehlen; er sah schwangere Frauen mit aufgeschlitzten Bäuchen; er sah Kinder, die durch Kopfschüsse getötet worden waren. Die Mitarbeiter von Jacques de Reynier zählten 254 Tote.

Verantwortlich für den Überfall auf Deir Jassin war Menachem Begin, der Planer der Organisation Irgun Zwai Leumi. Er wurde nicht ganz 30 Jahre später Ministerpräsident des Staates Israel. Zunächst aber, im Jahre 1948, wurde er, nach dem Überfall auf Deir Jassin, von den Gründern des jüdischen Staates als Schande für Israel bezeichnet. Menachem Begin verteidigte sich mit dem Argument, er habe einen Lautsprecherwagen nach Deir Jassin geschickt in der Absicht, die Bewohner zum Verlassen des Dorfes aufzufordern. Dieser Lautsprecherwagen aber sei auf dem Weg von der Hauptverbindungsstraße herauf in einen Graben gefahren und umgestürzt.

Der britische Hochkommissar Sir Alan Cunnigham verlangte

von seinen Offizieren, daß sie Menachem Begin und die Bewaffneten der Irgun Zwai Leumi festnehmen und zur Rechenschaft ziehen sollten. Doch sie weigerten sich mit der Begründung, die Tat von Deir Jassin sei eine rein jüdische Angelegenheit und betreffe in keiner Weise britische Interessen.
Zum Zeitpunkt des Massakers von Deir Jassin hatte sich Jassir Arafat der Kampforganisation der Moslembruderschaft von Gaza angeschlossen. Er erlebte bald darauf seine Enttäuschungen in Palästina – und dazu gehörte auch das Verhalten der Briten im Fall Deir Jassin. Arafat und viele Gleichgesinnte sind fortan der Meinung, sie seien Opfer des Verrats der Engländer geworden, die entschlossen gewesen seien, das Versprechen einzuhalten, das die britische Regierung in der Balfour-Declaration des Jahres 1917 abgegeben hatte. In den Köpfen der politisch denkenden Palästinenser machte sich die Gewißheit breit, die Perfidie der Engländer hätte die Etablierung des jüdischen Staates ermöglicht. Premierminister Attlee und sein Außenminister Bevin hätten auch Druck ausgeübt auf die arabischen Regierungen, den Kampf gegen Israel nur halbherzig zu führen – und nur mit dem einzigen Ziel, das Gebiet des bisherigen Mandats Palästina, das nicht Israel zugeschlagen werden sollte, unter sich aufzuteilen. Verhindert werden konnte auf diese Weise das Entstehen eines palästinensischen Staatsgebildes, an dessen Gründung niemand in den Hauptstädten der Welt interessiert war. Nahezu 50 Jahre sollte es dauern, bis sich die Regierungen in London, Washington und Paris mit dem Gedanken vertraut machten, ein palästinensischer Staat erleichtere die Schaffung des Friedens im Nahen Osten. Dazu mußte allerdings erst die mühsame Vorarbeit geleistet werden, die Weltöffentlichkeit mit der Tatsache vertraut zu machen, daß es überhaupt ein palästinensisches Volk gibt.
Ein Licht auf die Situation wirft ein Brief, den der Politiker David Ben Gurion kurze Zeit nach dem Massaker von Deir Jassin geschrieben hatte. Er wollte seine Betroffenheit über das Geschehen zum Ausdruck bringen. Den Brief schickte Ben Gurion an König Abdallah von Jordanien. Aus dieser Geste war der Schluß zu ziehen, daß die Toten von Deir Jassin keine Palästinenser waren, sondern jordanische Untertanen des Königs Abdallah. Es durfte keine Palästinenser mehr geben.
Daß die arabischen Staaten Israel akzeptierten, dokumentier-

ten die Waffenstillstandsverträge, die während der ersten Hälfte des Jahres 1949 abgeschlossen wurden. Das erste Abkommen dieser Art schloß Israel mit Ägypten – am 24. Februar 1949. Darauf folgte am 23. März der Vertrag mit Libanon. Am 3. April bekräftigte Jordanien seine Absicht, Waffenruhe zu respektieren. Syrien wartet damit bis zum 20. Juli. Da es kein Volk der Palästinenser mehr gab, wurde es auch in keinem Vertrag erwähnt. Die Flüchtlinge, die unter ägyptischer, jordanischer, syrischer und libanesischer Herrschaft lebten, hatten niemand, der für sie sprach. Die Jordanier, Libanesen und Syrer achteten die Flüchtlinge nicht, sondern hofften darauf, daß sie bald wieder verschwinden würden. Ein Konzept für die Lösung des Flüchtlingsproblems hatte niemand.

Die Resolution der Generalversammlung der Vereinten Nationen von 11. Dezember 1948 hat sich bereits als wirkungslos erwiesen: Die wenigsten derer, die zurückkehren wollten, durften ihre Häuser wieder betreten. Jassir Arafat, der – aus keinem Haus und keinem palästinensischen Dorf vertrieben war – konnte nicht als Flüchtling gelten. Er kehrte nach Cairo zurück. Die Enttäuschung saß tief. Für seine eigene Zukunft sah er keine Hoffnung. Nach seiner Meinung hatte Arabien versagt, ihm und den Palästinensern eine Perspektive zu bieten. Möglich ist, daß Jassir Arafat daran gedacht hat, Arabien den Rücken zu kehren, um in die USA auszuwandern. Jedenfalls war ihm Palästina nicht mehr wichtig.

Auch was er von der eigenen Verwandtschaft in Jerusalem hörte, weckte sein palästinensisches Nationalgefühl nicht auf. Der Clan der Husseini arrangierte sich mit König Abdallah. Die Honoratioren im Westufergebiet des Jordan insgesamt sahen, daß ihnen kein anderer Ausweg blieb, als haschemitische Royalisten zu werden. Nur einer aus der Husseini-Familie wollte sich nicht König Abdallah unterwerfen: Hadsch Amin al-Husseini, der einstige Großmufti von Jerusalem. Er lebte inzwischen in der libanesischen Hauptstadt Beirut, entfernt von jordanischem Gebiet. Den Weg zurück in die Politik fand er nicht. Er war mit seinen 54 Jahren noch kein alter Mann, doch seine Kräfte waren verbraucht. Er besaß keine Energie mehr, um den Kampf für Palästina fortzusetzen. Von ihm ging überhaupt kein Impuls aus.

Ein Student aus Cairo organisiert den Widerstand

Daß Jassir Arafat nach und nach die Kraft findet, Hoffnung zu entwickeln, daß die Sache der Palästinenser nicht ganz verloren ist, mag mit seinem Aufenthaltsort zusammenhängen. Er wohnt in Cairo, in einer Stadt, die sich gewaltig vom Flüchtlingslager Gaza unterscheidet, in dem Arafats späterer Kampfgefährte Abu Ijad mit Vater, Mutter und Geschwistern in drangvoller Enge zu leben hat – oder wie Khaled al-Hassen, der in einem Elendslager bei Damaskus haust.
Arafat schafft sich in Cairo den Freiraum, um nachzudenken. Er ist 21 Jahre alt und schreibt sich an der Fuad Universität in Cairo ein. Er will Ingenieur werden. Arafat kann sich ein ziviles Leben in Ägypten vorstellen – weit weg von Palästina. Sich von der Politik zu lösen, gelang dem Ingenieurstudenten allerdings nicht.

Über die Politik des Königreichs Ägypten dachte er nach – über die Situation des Landes, in dem er lebte. Wie jedermann in Ägypten wußte Arafat, daß das Regime des Königs Faruk korrupt war, und daß diese Korruption mitschuldig war an der Niederlage von 1948. Arafat fand junge Männer, die ebenso dachten wie er. Viele waren der Meinung, das System müsse sich ändern und der Monarch samt seiner Clique habe abzudanken. Der politisch interessierte Arafat kam in Kontakt mit jungen Offizieren, die am Kampf in Palästina als Angehörige der ägyptischen Interventionsarmee teilgenommen hatten. Ihre Analyse der politischen Lage entsprach, zumindest im Ansatz, der des Studenten Arafat. Sie wollten Ägypten verändern – an Palästina waren sie nicht interessiert. Sie zeigten nicht einmal Abneigung gegen den Staat Israel. Mit ihm war ein Waffenstillstand geschlossen worden, der eingehalten werden mußte – wenigstens für die Gegenwart. Zuerst war Ordnung zu schaffen im eigenen Land am Nil.
Die jungen Offiziere, die den Monarchen Faruk vertreiben wollten, wußten, daß Widerstand gegen Israel die Schutzmacht USA aufschrecken und herausfordern würde. Die führenden Köpfe der jungen Offiziere – die sich kurze Zeit später Freie Offiziere nannten – wollten damals keinen Ärger mit den Verantwortlichen in Washington haben. Zu den USA gab es für sie

keine Alternative. Der Gedanke, die Sowjetunion um Unterstützung zu bitten, war Gamal Abdel Nasser damals noch völlig fremd. Die Öffnung der Revolutionäre nach Osten sollte erst sieben Jahre später, nach Enttäuschungen mit der Haltung der USA einsetzen.
In diesen Gedankengängen unterschied sich die Führung der »Bewegung Freier Offiziere« nicht von denen der Häupter der Moslembruderschaft. Ihre Brüder hatten bei Gaza gekämpft und hatten »durch Verrat verloren«. Die Angelegenheit »Palästina« war für sie erledigt. Vorrang hatte nun die Beseitigung des Königs Faruk, dessen Leben sich nicht nach den Grundsätzen des Islam ausrichtete. Die Anhängerschaft der Moslembruderschaft war groß unter der islamischen Bevölkerung Ägyptens. Die Offiziere aber waren nur innerhalb der Armee einflußreich. Für einen Beobachter der Entwicklung, wie Jassir Arafat, war die Beurteilung schwierig, wer am Ende der Monarchie den politischen Kurs in Cairo bestimmen würde: die Moslembruderschaft oder die Bewegung der Freien Offiziere unter Gamal Abdel Nasser.
Die Moslembruderschaft sah weniger Anlaß als die Offiziere, den Konflikt mit den Mächten des Westens zu vermeiden. Für sie war Großbritannien ein unmittelbarer Feind – er hatte sich mitten im ägyptischen Land eingenistet: Die von England beherrschte Suezkanalzone trennte Ägypten in das Nilland und in die Halbinsel Sinai. Die Moslembruderschaft war seit dem Jahre 1950 entschlossen, die britische Regierung zum Verzicht auf den Vertrag zu bewegen, den sie mit König Faruk 14 Jahre zuvor geschlossen hatte. Gegenstand des Abkommens war die Stationierung britischer Truppen in einer genau definierten Zone zu beiden Seiten des Suezkanals. Sie hatten die Wasserstraße zu schützen, die für die britische Wirtschaft als Verbindungsroute zwischen England und dem seit 1947 unabhängigen Indien wichtig war. Noch waren die wirtschaftlichen Strukturen beider Staaten miteinander verwoben. Eine Unterbrechung des Verkehrswegs durch Sperrung des Suezkanals hätte sich wirtschaftlich negativ für England ausgewirkt. Im ägyptischen Verzicht auf die Souveränität über die Suezkanalzone sah die Führung der Moslembruderschaft eine Unterwerfungsgeste gegenüber der bisherigen Kolonialmacht. Mit dem erwachenden nationalen Stolz der Ägypter war der Vertrag

nicht vereinbar. Ins Programm der Moslembruderschaft wurde der aktive Kampf gegen die Einrichtungen der britischen Armee am Suezkanal aufgenommen.
Jassir Arafat nahm teil an den Aktionen gegen Treibstofflager, Militärbaracken und Kraftfahrzeuge der Briten. Von militärischem Wert waren die Anschläge nicht, doch sie ärgerten die britischen Offiziere in der Kanalzone, und sie beschäftigten die Regierung in London. König Faruk, der spürte, daß der Widerstand gegen seine Herrschaft im eigenen Lande wuchs, wollte seine Position durch nationales Verhalten stärken. Er gab seiner Polizei Befehl, die Moslembruderschaft bei ihren Aktionen am Suezkanal nicht zu behindern.
Jassir Arafat sammelte Erfahrungen als Guerillakämpfer. Er wollte sie weitergeben an Gleichgesinnte. Mit Genehmigung der ägyptischen Behörden organisierte er für Studenten der Fuad-Universität paramilitärisches Training. Daran nahmen auch die palästinensischen Studenten teil. Sie stellten bald den Kern der Commandotruppe des Jassir Arafat. Der 22jährige Student des Ingenieurwesens, der schon begonnen hatte, sich mit Ägypten zu identifizieren, entwickelte sich allmählich wieder zum Palästinenser. Er kam auf den Gedanken, an der Cairoer Fuad-Universität den Kern einer palästinensischen Kampforganisation heranzubilden.
Am 23. Juli 1952 erfolgte der Staatsstreich, der für Ägypten die Epoche der Monarchie beendete und der die Freien Offiziere an die Macht brachte. Gamal Abdel Nasser hielt sich zunächst noch offiziell zurück, doch er bestimmte den Kurs der Militärjunta. Als Galionsfigur der Junta diente Brigadegeneral Mohammed Nagib, der Chef der ägyptischen Verbände beim Kampf gegen Haganah gewesen war. Jassir Arafat glaubte, die Unterstützung des Brigadegenerals für seine nun bereits weitgesteckten Pläne gewinnen zu können. Der Student dachte daran, eine von den ägyptischen Behörden unabhängige Kampfgruppe »zur Befreiung Palästinas« zu gründen.

Zunächst aber dachte Jassir Arafat daran, seine politische Basis zu verbreitern. In Cairo bestand eine Union Palästinensischer Studenten, die jedoch nur geringe Bedeutung besaß. Die »Befreiung« Palästinas stand nicht auf ihrem Programm. Die Union war eher ein Verband für gegenseitige Hilfe. Sie befand sich in der Hand der Moslembruderschaft, die in ihr ein Instrument sah, das für künftige politische Auseinandersetzungen nützlich sein konnte. Arafat hatte sich vorgenommen, Präsident dieser Studentenunion zu werden. Dies war nur möglich durch eine enge Verbindung mit der Moslembruderschaft. Diese hatte jedoch Vorbehalte gegen den Studenten, der bisher nie durch eindeutige Bekenntnisse zum Islam aufgefallen war. Jassir Arafat führte zwar ein untadeliges Leben – keine Frau war darin von Bedeutung – doch er hatte nicht ausgesprochen, daß der Koran die Basis seiner Existenz sei. Trotz dieses Mangels im Lebenslauf wurde Arafat mit großer Mehrheit zum Präsidenten der palästinensischen Studenten in Cairo gewählt – mit Hilfe der Moslembruderschaft. Die Wahl fand wenige Wochen nach der Machtübernahme der freien Offiziere statt.

Von Anfang seiner Präsidentschaft an, begann sich Arafat aus dem Einfluß der Moslembruderschaft zu lösen. Er verstärkte den Kontakt zu Brigadegeneral Mohammed Nagib. Erstaunliches gelang dem Studenten dabei: In einem Land, das nur staatlich kontrollierte Publikationen zuließ, durfte er ein selbständiges Magazin herausgeben, das »Die Stimme Palästinas« hieß. Das besondere an diesem Heftchen war, daß es die erste freie Wortäußerung der Palästinenser seit der Niederlage von 1948 darstellte. So klein der Kreis der Interessenten zunächst auch war, »Die Stimme Palästinas« hielt den Gedanken an Palästina aufrecht. Das unregelmäßig erscheinende Magazin fand bald weite Verbreitung. Die palästinensischen Studenten in Cairo verschickten die Hefte an Verwandte und Bekannte in den jordanischen, syrischen und libanesischen Lagern – es wurde auch in der schlimmsten aller Notunterkünfte, im Gazastreifen, gelesen.

Der beste Kenner dieses Palästinenserlagers war General Burns, der Stabschef der Organisation zur Überwachung des Waffenstillstands während der drei Jahre von 1954 bis 1956. Er hat seine Beobachtungen schriftlich festgehalten. Sie wurden in den Publikationen des Instituts für Palestine Studies in Beirut im Jahrgang 1969 veröffentlicht:

»Der Gazastreifen ist ungefähr 40 Kilometer lang und im Durchschnitt acht Kilometer breit. Die Fläche beträgt etwa 330 Quadratkilometer. Davon sind nur zwei Drittel nutzbares

Land. Der Rest besteht aus Sanddünen, die vom Meer aus unterschiedlich weit ins Land hineinragen. Im Gazastreifen leben 310 000 Araber. Davon sind 210 000 Flüchtlinge aus dem südlichen Palästina, das jetzt von Israel besetzt ist. Das fruchtbare Land reicht nicht aus, um die Masse Menschen zu ernähren. Die 210 000 Flüchtlinge erhalten ihre Nahrungsmittel von der Hilfsorganisation der Vereinten Nationen. 1600 Kalorien pro Tag und Mensch sind vorgesehen – meist Kohlehydrate. Die Kosten dafür dürfen 27 Dollar pro Kopf und Jahr betragen. Die Familien leben in Hütten aus Lehm, im besten Fall aus rohem Beton. Die Dächer bestehen aus rostendem Blech, das den Regen durchläßt. Einigermaßen der Situation angemessen ist die medizinische Versorgung. Der Kinderreichtum der Familien ist groß. Für Kinder und Jugendliche gibt es ganz gute Schulen. Doch welche Hoffnung bleibt den Schulabgängern. Es gibt keine Arbeit für sie im Gazastreifen – und ihnen ist nicht erlaubt, die Lager zu verlassen. Der Gazastreifen ist ein großes Konzentrationslager, abgeriegelt durch das Meer, durch die unüberwindbaren Grenzen nach Israel und nach Ägypten. Die Eingesperrten können über diese Grenzen hinüberblicken, und sie sehen ein weites Land, das von wenigen israelischen Bauern bestellt wird. Es ist kein Wunder, daß die Menschen des Gazastreifens mit Haß auf das Volk sehen, das ihnen alles weggenommen hat.«

Einer, den die Flucht ins Lagerelend nach Gaza verschlagen hat, ist Salah Khalaf, der später unter dem Decknamen Abu Ijad ein prominenter Denker in Arafats Stab sein wird. Er gehört zum Jahrgang 1933 und ist in Jaffa geboren. Er war noch keine 15 Jahre alt, als sich in der arabischen Stadt Jaffa die Angst verbreitete, das brutale Massaker von Deir Jassin werde sich wiederholen – jeder Palästinenser könne Opfer sein des »Blutrausches« der jüdischen Kampforganisationen. Salah Khalaf erinnert sich, daß die Mehrzahl der 100 000 Bewohner von Jaffa sich dazu entschloß, »vorübergehend« die Heimatstadt zu verlassen – im Glauben, die regulären arabischen Armeen würden bald dem »zionistischen Spuk« ein Ende bereiten. Die Flüchtlinge waren alle überzeugt, in wenigen Tagen schon sei die Heimkehr wieder möglich.

Auch der Vater von Salah Khalaf packte mit Frau und Kindern das Nötigste zusammen und floh nach Gaza – in den Herr-

schaftsbereich der Ägypter. Salah Khalaf berichtete darüber: »Unsere Zuflucht war Gaza, die ursprüngliche Heimatstadt meines Vaters. Wir ließen Hab und Gut in Jaffa zurück und nahmen nur das Notwendigste an persönlichen Dingen mit. Noch heute sehe ich meinen Vater vor mir, wie er die Schlüssel unserer Wohnung in der Hand hält und beruhigend zu uns sagt, wir würden bald wieder zurückkehren. Das war im Jahre 1948.«
Salah Khalaf beurteilt die Jahre seines Aufenthalts in Gaza so: »Ich hatte eine traurige Jugend. Jahre der Ungewißheit und der Verzweiflung und des Elends. Doch wir hatten sogar noch Glück. Während die anderen Flüchtlinge in Lagern zusammengepfercht lebten, bekamen wir im Haus eines Onkels in der Stadt Gaza ein kleines Zimmer, auf dessen Boden sieben Matratzen gelegt wurden. So schliefen wir sieben Familienmitglieder. Monat für Monat änderte sich nichts.«
Der Vater des jungen Salah Khalaf fand keine Arbeit in Gaza. Niemand brauchte die Flüchtlinge als Arbeitskräfte. Die Mutter verkaufte schließlich den Schmuck, den sie aus Jaffa mitgebracht hatte und gab das Geld dem Sohn, damit er nach Cairo reise um dort zu studieren. Über ein Erlebnis, das ihn – den Studenten der Pädagogischen Hochschule – beeindruckt hat, berichtet Salah Khalaf:
»Ich lernte einen Studenten der Technischen Hochschule kennen, der 22 Jahre alt war, also vier Jahre älter als ich. Mich faszinierten seine Energie und sein Enthusiasmus. Es handelte sich um Jassir Arafat. Er war damals verantwortlich für die militärische Ausbildung der Studenten der Technischen Hochschule Cairo, die am Guerillakrieg gegen die Briten in der Suezkanalzone teilnehmen wollten. Arafat arbeitete auch in der Vereinigung der palästinensischen Studenten.«
Salah Khalaf war begeistert von den Ideen, die das Magazin »Die Stimme Palästinas« verbreitete. Arafats Parole war damals: »Die Palästinenser müssen ihre Sache selbst in die Hand nehmen. Von den arabischen Staaten haben wir nichts zu erwarten!«
Zum selben Standpunkt rang sich ein anderer Flüchtling durch, der sechs Jahre jünger war als Arafat – und zwei Jahre jünger als Salah Khalaf. Sein Name ist Khalil Ibrahim Wazir. Er wurde als Mitarbeiter Arafats unter dem Decknamen Abu

Jihad bekannt – der Vater des Krieges. Beide sind durch Anschläge getötet worden: Khalil Ibrahim Wazir – Abu Jihad – am 16. April 1988 in Tunis. Salah Khalaf – Abu Ijad – am 14. Januar 1991 ebenfalls in Tunis. Bis dahin hatten beide die Politik der Palästinenser ganz entscheidend beeinflußt. Schwankte Jassir Arafat häufig in seiner Entscheidung, ob Terrorismus der richtige Weg zum Erfolg sei, oder der Versuch, sich staatsmännisch zu verhalten, so ist dieses Schwanken darauf zurückzuführen, daß er abwechselnd den Ideen des Khalil Ibrahim Wazir und des Salah Khalaf folgte. Diese Ideen unterschieden sich gewaltig voneinander. Khalil Ibrahim Wazir – Abu Jihad – vertrat den Standpunkt, der »Guerillakrieg der Revolutionäre« führe zum Erfolg; Salah Khalaf – Abu Ijad – glaubte an den Erfolg der Diplomatie der Ankoppelung an die Vereinigten Staaten von Amerika. Der Unterschied der Standpunkte ist aus dem Unterschied der Lebensgeschichten zu erklären: Salah Khalaf hatte in seiner Jugend keine Kalaschnikow in die Hand bekommen – Khalil Ibrahim Wazir aber war mit dieser Waffe aufgewachsen.

Sein Geburtsort ist Ramla, sein Geburtsdatum der 10. Oktober 1935. Er war acht Jahre alt, als die Familie durch jüdische Bewaffnete aus der Kleinstadt Ramla vertrieben wurde. Durch Lautsprecher wurden sie aufgefordert, ihre Häuser zu verlassen. In Bussen wurden sie unter Bewachung aus der Küstenebene ins Bergland nach Ramallah gebracht. Die Familie erreichte die Stadt fast ohne Gepäck und im Zustand der Verzweiflung. Der Transport der Heimatlosen nach Ramallah hatte offensichtlich den Grund, auch dort Schrecken zu verbreiten. Die Angst vor einer Wiederholung des Massakers von Deir Jassin beherrschte das Bewußtsein aller Palästinenser. Die Familie des Khalil Ibrahim Wazir fühlte sich in Ramallah bedroht – Hebron war der nächste Zufluchtsort der Fliehenden. Auch dort glaubten sie, nicht sicher zu sein. Erst der Gazastreifen, der von der ägyptischen Armee kontrolliert wurde, war für sie der Platz, der Sicherheit bot vor den Israelis.

Auch die Familie des Khalil Ibrahim Wazir war überzeugt, die Zeit des Aufenthalts in Gaza sei von beschränkter Dauer, da die arabischen Armeen den Palästinensern zu ihrem Recht verhelfen würden. Doch dann zog Resignation ins Lager ein. Le-

thargie bestimmte das Leben. Ernährt wurden die Flüchtlinge durch die Hilfsorganisation der Vereinten Nationen. Als die Freien Offiziere im Jahre 1952 das korrupte monarchische Regime in Cairo verjagten, da empfanden die Lagerbewohner Hoffnung. Doch Brigadegeneral Mohammed Nagib und Oberst Gamal Abdel Nasser unternahmen nichts, um die Lage der Palästinenser zu verbessern. Die Enttäuschung in den Lagern war groß. Zu spüren war, daß das neue Regime am Nil die Absicht hatte, den Palästinensern im Gazastreifen Fesseln anzulegen. Sie sollten nichts gegen Israel unternehmen dürfen, was zu einem militärischen Konflikt ausarten könnte. Nagib und Nasser fürchteten, durch palästinensische Guerillas gezwungen zu werden, den Kampf gegen Israel erneut zu beginnen.
Genau dieses aber war die Absicht von Jassir Arafat: Durch Guerilla-Aktionen sollten die Israelis derart gereizt werden, daß sie gegen die in den arabischen Staaten befindlichen Flüchtlingslager massiv losschlugen. Dieser »Militärschlag« würde dann die arabischen Armeen veranlassen, Israel anzugreifen. Daraus – so war die Kalkulation – müßte sich ein wirklicher Krieg entwickeln, bei dem die Araber Sieger sein würden. Genau diese Kettenreaktion wollte Gamal Abdel Nasser vermeiden. Er glaubte ganz einfach nicht an einen möglichen arabischen Sieg.
Die Ideen, die durch das Magazin »Die Stimme Palästinas« verbreitet wurden, erreichten auch den achtzehnjährigen Khalil Ibrahim Wazir in Gaza. Auch er begriff, daß die Palästinenser nicht auf Hilfe der arabischen Brüder warten konnten – sie mußten selbst den Kampf aufnehmen. Der Achtzehnjährige wurde tatsächlich aktiv.

Bis zu seinem Tode am 16. April 1988 hat Khalil Ibrahim Wazir – Abu Jihad – kaum über die Zeit seines Anfangs als »Vater des Krieges« gesprochen. Er war sehr auf Geheimhaltung seiner Lebensumstände bedacht. Anzunehmen ist, daß ihm die noch immer bestehende Zelle der Moslembruderschaft geholfen hat. Eine wichtige Rolle hat dabei wohl ein Offizier der ägyptischen Armee gespielt, der Mitglied der Moslembruderschaft war. Wahrscheinlich ist, daß dieser Offizier dem jungen Palästinenser den Umgang mit der Kalaschnikow beigebracht hat. Die

Zelle der Moslembruderschaft in Gaza bildete den Rahmen für eine kleine Commando-Organisation, die Khalil Ibrahim Wazir aufbaute. Zu seinem Unglück entschied sich Gamal Abdel Nasser im Herbst des Jahres 1954 für die radikale Auflösung der Moslembruderschaft. Der Grund lag darin, daß Mitglieder dieser Organisation im Oktober versucht hatten, Nasser zu töten. Die führenden Köpfe der Bruderschaft wurden verhaftet. Der ägyptische Offizier verschwand aus Gaza. Auch Khalil Ibrahim Wazir wurde verhaftet. Die Unterdrückung der Moslembruderschaft war ein Schlag für Jassir Arafat. Auf sie hatte er sich immer verlassen können. Keine Organistion sonst hatte sich um die Palästinenser gekümmert. Gamal Abdel Nasser blickte fortan mit wenig Sympathie auf die Union der Palästinensischen Studenten, die nun im Verruf stand, ein direkter Ableger der Moslembruderschaft zu sein. So wurde auch Salah Khalaf verhaftet – in Cairo. Siebenunddreißig Tage lang saß er im Gefängnis, ohne Angabe von Gründen. Jassir Arafat blieb zunächst unbehelligt.

Er hatte zu diesem Zeitpunkt begriffen, daß Khalef und Wazzir für seine Absichten nützlich sein konnten. Arafat sorgte dafür, daß beide aus der Haft entlassen wurden. Dazu war er in der Lage, weil es ihm rasch gelungen war, sich auf Nassers Militärjunta einzuschwören. Es gibt allerdings Hinweise darauf, daß Arafat doch noch verhaftet wurde – er selbst schweigt darüber. Die Absicht der Sicherheitsbehörden war wohl, Details über die Verbindungen der Moslembruderschaft zu Palästinensern zu erfahren. Das Thema der Verhaftung durch die Polizei des arabischen Bruderstaats Ägypten ist Arafat unangenehm. Er ist dabei wohl mit Elektroschocks gefoltert worden.

Khalil Ibrahim Wazir war während der folgenden Wochen trotz fehlender Hilfe durch die Moslembruderschaft erfolgreich beim Aufbau seiner Commandogruppe. Sie verübte Anschläge gegen Einrichtungen der Wasserversorgung in Israel. Das Resultat war, daß die israelische Luftwaffe am 28. Februar 1955 die Stadt Gaza angriff und zahlreiche Zivilpersonen tötete. Parallel zu den Luftangriffen wurden Vorstöße zu Lande gegen die Außenbezirke von Gaza durchgeführt. Sie bewiesen, daß die ägyptische Verteidigung wirkungslos war. Israels Regierung deklarierte die Aktion der Luftwaffe als Vergeltungsangriff für die Zerstörung eines Wasservorratstanks im Süden Israels. Verantwortlich für diese Aktion, die tatsächlich großen Schaden angerichtet hatte, war Khalil Ibrahim Wazir gewesen. Das aus dem Tank ausströmende Wasser hatte Felder verwüstet und Häuser weggespült. Jassir Arafat hatte Wochen zuvor die Anregung gegeben, die Sabotageakte gegen die Wasserversorgung Israels zu richten. Die ägyptische Regierung und die Armeeführung reagierten nicht gegen israelische Vergeltungsschläge.

Gamal Abdel Nasser hatte kurz zuvor die Garnison Gaza besucht und den Offizieren verkündet, er werde nicht dulden, daß den Israelis Anlaß gegeben wird, den Gazastreifen anzugreifen. Er war jetzt wütend, doch er beherrschte sich, denn wehren konnte sich sein Land nicht.

Die palästinensische Jugend war empört über die Tatenlosigkeit der für Gaza zuständigen Staatsautorität. Sie hatte keinen Einblick in die Zwänge, denen sich Gamal Abdel Nasser zu fügen hatte. Die palästinensischen Studenten von Cairo brachten Wut und Enttäuschung durch Demonstrationen zum Ausdruck. Sie blockierten über Tage hin jeweils für Stunden die Straße und die Nilbrücke beim Sitz der Arabischen Liga. Jassir Arafat, der Präsident der Union Palästinensischer Studenten, forderte von der Regierung die Genehmigung zur Durchführung von Wehrübungen seiner Studenten. Nach dem israelischen Überfall auf Gaza war wieder das Schlagwort zu hören: »Palästinenser wehrt euch selbst!«

Als die Demonstrationen nach Tagen noch nicht abebbten, sah sich Gamal Abdel Nasser veranlaßt, eine Delegation der Studenten zu empfangen. Das war der erste Kontakt zwischen den Verantwortlichen einer palästinensischen Organisation und dem bald darauf wichtigsten Mann Arabiens. Nasser und die von Salah Khalaf geführte Delegation begegneten sich mit Mißtrauen. Der Chef der ägyptischen Militärjunta stellte Fragen, die darauf hindeuten, daß er glaubte, Kommunisten vor sich zu haben – oder Mitglieder der Moslembruderschaft. Salah Khalaf und seine Freunde verfielen bald der Ausstrahlung Nassers. Sie glaubten ihm, als er versprach, er werde in Gaza Ausbildungscamps für palästinensische Studenten einrichten lassen. Selbstverständlich werde die Ausbildung völlig in der Hand der Union Palästinensischer Studenten liegen, unbeeinflußt von ägyptischen Behörden. Es stellte sich wenig später

heraus, daß Nasser nie die Absicht hatte, die Bitte der Delegation zu erfüllen.
Waren noch Vorbehalte bei den Studenten geblieben gegen Gamal Abdel Nasser, verflogen sie am 26. Juli 1956: Nasser verkündete, der Suezkanal sei künftig nicht mehr Eigentum der Engländer, er gehöre dem ägyptischen Volk und der arabischen Nation insgesamt. Die Proklamation löste überall in Arabien Jubel aus. Auch Jassir Arafat und Salah Khalaf sahen im Hinauswurf der Engländer eine befreiende Tat, die Ägypten endlich aus »der Fessel der imperialistischen Mächte« erlöse. Für die politisch orientierte palästinensische Jugend wurde Nasser zum Volkshelden, zum Vorbild für alle Araber, die stolz darauf waren, dem arabischen Volk anzugehören. Die Ausweisung der Engländer aus der Suezkanalzone erhöhte das Selbstwertgefühl aller Araber zwischen dem Atlantik und dem Persischen Golf.
Als die »Ägyptisierung« des Suezkanals Tatsache geworden war, bereuten die Verantwortlichen in London und Paris ihre bisherige Nachgiebigkeit gegenüber dem »Diktator am Nil«. Sie heckten ein internationales Komplott aus, das dazu führen sollte, die Wasserstraße den Ägyptern wieder zu entreißen. Dieses Komplott war allerdings derart durchsichtig und einfältig, daß Washington und Moskau es letztlich vereitelten.
Die Ereignisse entwickelten sich in dieser Reihenfolge: Die israelische Armee rückte in zwei Kolonnen durch die Sinaihalbinsel bis zum Suezkanal vor. Die Israelis begründeten ihre Offensive mit der Sorge um die Sicherheit ihres Staates, die durch Anschläge palästinensischer Commandotrupps nicht mehr gewährleistet sei. Damit war zwar der Einmarsch in den Gazastreifen zu begründen, nicht aber die Eroberung der Sinaihalbinsel.
Die israelische Offensive begann am 29. Oktober 1956 und war innerhalb weniger Stunden erfolgreich. Für den weiteren Ablauf war vorgesehen, daß die Regierungen in London und Paris die israelische und die ägyptische Armee aufforderten, sich aus dem Bereich der Suezkanalzone zurückzuziehen, damit die freie Benützung der internationalen Wasserstraße gewährleistet sei. Erfolge dieser Rückzug nicht, würden französische und britische Truppen die Kanalzone besetzen. Da weder die Israelis noch die Ägypter daran dachten, ihre Verbände vom

Suezkanal abzuziehen, erfolgte tatsächlich die Landung der beiden Alliierten in Port Said.
Ägypten war auf hinterhältige Weise überfallen worden. Präsident Eisenhower bezog Position gegen die Angreifer, deren Gründe und Absichten zu offenkundig waren. Großbritannien wollte den Suezkanal zurückhaben. Israel und Frankreich wollten Nasser stürzen – aus unterschiedlichen Gründen: Für Israel war der Volksheld Nasser zur Gefahr geworden, denn er war dabei, sein Programm der Einigung Arabiens zu entwickeln; Israel aber war daran interessiert, Arabien gespalten zu halten. Die französische Regierung wurde getrieben vom Wahn, Gamal Abdel Nasser müsse bestraft werden, weil er die Rebellen in Algerien unterstütze.
Die Militäraktion am Suezkanal entwickelte sich nicht gemäß den Vorstellungen der Regierungen in London und Paris. Die Ägypter verteidigten sich zäh und bremsten den Vormarsch der Alliierten.

Jassir Arafat wurde als Ingenieur-Offizier der Reserve eingezogen und nach Port Said abkommandiert. Auch Salah Khalaf wollte am Kampf gegen die Invasionstruppen teilnehmen. Er wurde zwar als Freiwilliger in die Truppe aufgenommen, doch er durfte auf Anweisung der Sicherheitsbehörden Cairo nicht verlassen. Ihm und anderen wurde befohlen, Nilbrücken zu bewachen. Salah Khalaf stand immer noch unter Verdacht, er sei ein Aktivist der Moslembruderschaft und folglich ein Gegner des Nasser-Regimes.
In einer langweiligen Nacht an einer Cairoer Nilbrücke entstand in den Gedanken des Salah Khalaf die Idee, eine palästinensische Widerstandsbewegung aufzubauen. Vorbild sollte die *Front de Libération National* (FLN) sein, die in Algerien seit zwei Jahren den Franzosen Schwierigkeiten bereitete.
Die Idee war bestechend: Eine Guerillatruppe sollte in Gaza entstehen, die – durch besondere Taktik – die hochgerüstete israelische Armee in schwierige Situationen brachte, denen sie aufgrund ihrer Schwerfälligkeit nicht gewachsen war. Hatten die arabischen Armeen, und ganz besonders die ägyptische, im Kampf gegen die Israel Defence Forces versagt, so sollte die palästinensische Widerstandsbewegung die IDF in die Knie zwingen.

Zur psychologischen Vorbereitung der Gründung der Widerstandsbewegung mußten zunächst die regulären Armeen in Mißkredit gebracht werden. Ihr Versagen war schonungslos vor dem Volk der Palästinenser auszubreiten: Diese Aufgabe übernahm »Die Stimme Palästinas«. Die Studenten schickten Exemplare des Magazins an ihre Verwandten und Freunde in den Lagern rings um Israel. Die Lagerbewohner erfuhren vom Versagen der ägyptischen Armee beim israelischen Angriff auf Gaza. Nasser, der sich ungern in der Rolle des Verlierers dargestellt sah, beorderte Jassir Arafat zu sich.

Die Begegnung mit Gamal Abdel Nasser war entscheidend für die unmittelbare Zukunft Arafats und der noch ungeborenen Widerstandsbewegung. Wenn Arafats Erinnerung stimmt, dann hat er nicht abgewartet, bis der ägyptische Staatschef das Wort an ihn richtete. Der 27jährige Studentenführer schilderte ausführlich die Situation in Gaza, das zu diesem Zeitpunkt als Folge des israelischen Vormarschs im Herbst 1956 von den Israelis besetzt war. Arafat legte vor allem die Gründe dar, warum die ägyptische Armee versagt hatte. Er machte deutlich, daß sie überhaupt nicht daran interessiert gewesen sei, das riesige Palästinenserlager »Gazastreifen« zu verteidigen. Die ägyptischen Soldaten hätten diesen Landstrich an der östlichen Mittelmeerküste nicht als Teil ihrer Heimat empfunden. Arafat argumentierte, daß es unter diesen Umständen für die Zukunft wohl besser sei, daß die Palästinenser selbst die Verteidigung ihrer Hütten übernähmen – wenn die Israelis den Gazastreifen wieder geräumt hätten. Dazu müsse zuerst für die Bewohner von Gaza und der anderen Dörfer und Städte der Region das Verbot des Besitzes von Waffen aufgehoben werden. Erst dann könne der Kampf gegen Israel Aufgabe der Palästinenser sein.

Neuanfang in Stuttgart

Gamal Abdel Nasser hörte dem jungen Mann freundlich zu, zeigte aber zunächst keine Reaktion. Arafat hatte den Eindruck, er finde weder Glauben noch Verständnis. Er verlangte Waffen und Trainingsmöglichkeiten – das Training sollte geleitet werden durch die palästinensischen Studenten, die bereits an der Waffe ausgebildet waren. Jetzt erst begann Gamal Abdel Nasser zu reden. Er meinte, er habe Verständnis für den Willen der Menschen von Gaza, sich selbst zu verteidigen. Er werde also die Kampfausbildung erlauben – jedoch nur, wenn sie durch ägyptische Spezialisten erfolge. Die Aufsicht über das Training müsse durch erfahrene Ägypter geschehen. Er sprach Arafat jegliche Erfahrung im Guerillakampf ab. Nasser beleidigte Arafat durch die Bemerkung, er möge sich besser um das Wohlergehen der palästinensischen Studenten in Cairo kümmern als um die Sicherheit der Menschen von Gaza. Es könne wohl nicht die Aufgabe des Studentenführers sein, Krieg gegen Israel zu führen.

Gamal Abdel Nasser sprach mit ruhiger Stimme, doch ihm war anzumerken, daß er sich auf keine Diskussion einlassen wollte. Der ägyptische Präsident hatte seinen Standpunkt bezogen und war davon nicht abzubringen. Arafat begriff, daß es unmöglich war, gegen den Willen dieser starken und absolut regierenden Persönlichkeit von Gaza aus den palästinensischen Widerstand mobilisieren zu wollen. Er kümmerte sich in der Folgezeit um sein Studium – und brachte es zum Abschluß. Gamal Abdel Nasser stieg in dieser Zeit zum unbestrittenen Führer der arabischen Welt auf. Der amerikanische Präsident Eisenhower half ihm dabei – ganz ungewollt. Auf Eisenhowers Druck hin mußten England und Frankreich die Absicht aufgeben, sich in Ägypten festzusetzen. Der amerikanische Präsident verlangte den Abbruch der Aktion am Suezkanal. Die Truppen der beiden Westmächte zogen sich tatsächlich zurück. Ihre Regierungen erlitten dabei einen gewaltigen Prestigeverlust.

Die israelische Regierung versuchte, dem amerikanischen Druck Widerstand entgegenzusetzen. Die Aufgabe der Sinaihalbinsel fiel ihr leicht, den Gazastreifen aber wollte sie behalten. Durch Aufrechterhaltung der Kontrolle über die palästinensischen Städte und Dörfer, so war der Standpunkt in Tel Aviv, konnten Sabotageakte in den israelischen Randgebieten des Gazastreifens leichter verhindert werden. Der völkerrechtlich den Ägyptern gehörende Landstrich galt der israelischen Regierung jedoch auch als wertvolles Faustpfand bei weiteren Verhandlungen: Die Absicht war, ihn erst dann zurückzuge-

ben, wenn Gamal Abdel Nasser bereit war, einen völkerrechtlich bindenden Friedensvertrag abzuschließen.
Auf diesen politischen Winkelzug ließ sich der amerikanische Präsident nicht ein: Er drohte mit Sanktionen. Moshe Dayan, damals bereits der starke Mann in Israel, hielt es schließlich für klug, nachzugeben. Damals war der Einfluß der amerikanischen Regierung auf Entscheidungen in Tel Aviv noch ungebrochen.
Im März 1957 zogen die israelischen Truppen aus dem Gazastreifen ab. Gewaltig war jetzt auch in der Stadt Gaza der Jubel über Nassers Sieg. Die allgemeine Überzeugung war nun, daß Gamal Abdel Nasser der Garant einer Überlegenheit der Araber gegenüber den Israelis sei. Die Schlußfolgerung war, daß einer, der sich einmal durchgesetzt hat, auch künftig Sieger bleiben werde. Ihm durch Aufbau einer Widerstandsbewegung Konkurrenz machen zu wollen, wurde als politische Narrheit angesehen. Jassir Arafat, Salah Khalaf und Khalil Ibrahim Wazir zogen die Konsequenz, es sei besser, sich um einen zivilen Beruf zu kümmern.
Während der Zeit als Präsident der Union Palästinensischer Studenten hatte Arafat Gelegenheit zu Auslandsreisen. Anlässe dazu waren Studentenkongresse, die im Interesse der Völkerverbindung abgehalten wurden. Wichtiger als das Zusammentreffen mit französischen, britischen oder deutschen Komilitonen, war dem palästinensischen Studentenführer die Begegnung mit eigenen Landsleuten.
Da im Gazastreifen kein Lehrinstitut existierte, das einer Universität gleichzusetzen war, mußten sich studierwillige junge Palästinenser Studienplätze im Ausland suchen. Manchem behagte Cairo nicht, und er bemühte sich um Zulassung an einer europäischen Hochschule. Sie konnten dabei sicher sein, auf Sympathie zu stoßen. Die Universitäten und die Regierungen waren bereit, den intelligenten jungen Flüchtlingen zu helfen. Es war noch nicht die Zeit, da in Europa die Begriffe »Palästinenser« und »Terrorist« gleichgesetzt wurden.
Besonders angezogen fühlten sich die palästinensischen Intellektuellen von der baden-württembergischen Landeshauptstadt Stuttgart. Und in Deutschland, in Stuttgart, erwachte der Widerstandswille, der nach den Ereignissen von 1956 in Resignation verfallen war.

Die Studentenorganisation der Palästinenser in der Bundesrepublik war eine Gründung des späteren Generaldelegierten der Palästinensischen Autonomiebehörde in Bonn, Abdallah Frangi. Er war als Student eine kämpferische Natur, der auch nicht vor einer Konfrontation mit jüdischen Studenten zurückschreckte. Er vertrat den Standpunkt seines Volkes mit Vehemenz. Ihm gelang es, Salah Khalaf und Khalil Ibrahim Wazir nach Stuttgart zu holen. Die beiden studierten dort nicht, sondern arbeiteten mit beim Ausbau der Organisation – und bei deren Umgestaltung in eine aktive Widerstandsformation zum Kampf gegen Israel.

Stuttgart und andere bundesdeutsche Hochschulstädte waren für die Verfechter der Idee, der Kampf um Palästina sei allein Sache der Palästinenser, deshalb so wichtig, weil sie die Freiheit boten, das Problem Palästina ungestört und ungestraft diskutieren zu können. In Cairo und Damaskus war es nicht gestattet, die Meinung zu vertreten, man dürfe die Befreiung Palästinas nicht den arabischen Armeen überlassen. Dort war nur der Standpunkt erlaubt, die Niederlage von 1948 sei den korrupten und unfähigen Regimen der Vergangenheit anzulasten, die nichts als die Lakaien der Westmächte und damit Israels gewesen seien. Der Erfolg von 1956/57 beweise doch eindeutig, daß die neuen, revolutionären Regime in der Lage seien, Israel in die Knie zu zwingen. Besonders, wer an Gamal Abdel Nasser glaubte, der mußte die eigene kämpferische Freiheitsbewegung der Palästinenser für überflüssig halten – wer der Meinung war, das palästinensische Volk müsse den Kampf aus eigenem Willen und aus eigener Kraft führen, der galt in Cairo und Damaskus als störendes Element.
In Stuttgart aber war die Kontrolle durch den ägyptischen Geheimdienst nicht spürbar – Gamal Abdel Nasser, die übermächtige Persönlichkeit der Araber, war weit entfernt. Der palästinensische Standpunkt konnte frei geäußert werden. Die deutschen Freunde der Studenten aus Gaza, Hebron, Nablus, Ramallah sahen im schwarz-weißen Kopftuch der Palästinenser ein Symbol des Widerstands gegen die Eliminierung Palästinas – und nicht der Rebellion gegen Nasser.
Nicht zu unterschätzen war, daß in Stuttgart eine starke Organisation bereit war, die palästinensischen Studenten verständ-

nisvoll zu unterstützen. Besonders die Jugend in der Gewerkschaftsbewegung empfand Sympathie für den sich aufbäumenden Stolz der Palästinenser, die eine starke Neigung zu sozialistischen Ideen bewiesen. Die gewerkschaftlich orientierte Jugend in Stuttgart hatte nicht viel Geld zu vergeben, doch sie verstand es, Mut zu machen.

Da Stuttgart für die palästinensische Befreiungsbewegung so wichtig war, ist die Legende entstanden, Jassir Arafat sei selbst in jener Stadt gewesen und habe dort studiert. Er selbst hat diese Legende immer am Leben gehalten. Erst im Februar 1998 hat er in Gaza eindeutig festgestellt, daß er nie selbst in Stuttgart gewesen ist, daß sich dort jedoch seine wichtigen Mitarbeiter Abu Jihad und Abdallah Frangi aufgehalten haben, um die jungen Palästinenser für den Gedanken des Widerstands gegen Israel zu gewinnen. Er selbst habe Aufbauarbeit für die Widerstandsbewegung in Kuwait geleistet.

Zunächst mußte Jassir Arafat dafür sorgen, Geld zu verdienen. Er war nahezu 30 Jahre alt. Er hatte sich von der Familie völlig gelöst. Niemand vom Husseini-Clan stand ihm mehr nahe. Hadsch Amin Husseini, der einstige Großmufti von Jerusalem, lebte in Beirut und ließ sich dort wegen seiner Vergangenheit bestaunen. Von praktischem Nutzen für Palästina war er nicht mehr. Arafats gesamte Verwandtschaft war dabei, sich mit der jordanisch-haschemitischen Monarchie zu arrangieren. Die Mitglieder des Husseini-Clans fühlten sich bereits als Jordanier. Arafat war für sie eine Art Don Quichotte, der gegen Windmühlenflügel kämpfte. Daß die Welt jemals wieder an die Auferstehung Palästinas glauben würde, hielten die Husseinis in Jerusalem für ausgeschlossen.

Für Arafat, der in Cairo vom Geheimdienst beschattet und manchmal auch durch bürokratische Maßnahmen drangsaliert wurde, bot sich Kuwait aus zwei Gründen als Aufenthaltsort an: Die Stadt im winzigen Emirat am Shatt al-Arab befand sich in einem gewaltigen Bauboom, der für Bauingenieure den Arbeitsplatz garantierte – und die Emirsfamilie As-Sabah ließ jede Art von politischer Aktivität zu, solange dadurch die Herrschaft und die Existenz der regierenden Sippe nicht gefährdet wurde. Machten die Palästinenser Propaganda für ein freies Palästina, so war das den kuwaitischen Sicherheitsbehörden völlig gleichgültig. Die Emirsfamilie As-Sabah zeigte sich sogar bereit, den Aufbau einer Widerstandsbewegung »gegen den Zionismus« zu unterstützen – wenn auch nur mit bescheidenen Mitteln.

Diese Unterstützung wurde gar nicht benötigt, denn das Emirat bot die Möglichkeit, leicht Geld in größeren Summen zu verdienen. Zwar hatte der kleine Staat in der nördlichsten Ecke des Persischen Golfs noch keineswegs die Unabhängigkeit von Großbritannien erlangt – sie wurde erst im Jahre 1962 Wirklichkeit –, doch durfte der Emir mit seinem Reichtum, den er aus dem Ölgeschäft bezog, nach eigenem Gutdünken verfahren. Er lockte damit Geschäftsleute und Geschäftemacher ins Emirat. Der Bevölkerung kuwaitischer Abstammung – es handelte sich nur um 250 000 Menschen – wurde Reichtum zugewiesen. Den Zuwanderern – sie zählten bald 400 000 Menschen – wurde die Chance gegeben, Geld zu verdienen.

Der Ingenieur Jassir Arafat nutzte diese Chance. Er arbeitete im Baugewerbe. Erst war er als Angestellter tätig, dann als freier Unternehmer. Er bewies berufliches Geschick und Geschäftssinn. Er verdiente in kurzer Zeit viel Geld.

Kuwait war jedoch auch der Ort, der Heimweh entstehen ließ. Von Natur aus ist das kleine Land eine öde Sandwüste. Die Gebäude, die darauf entstanden, machten die Landschaft nicht schöner. Da wurden schmucklose Betonklötze hochgezogen. Die wenigen Gebäude, meist Lehmhäuser, die von handwerklichem Kunstsinn gezeugt hatten, waren abgerissen worden, um den Zweckbauten Platz zu machen.

Da gedieh die Erinnerung an die Heimat Palästina: An die Orangenhaine und Bananenplantagen zwischen Gaza und Jaffa, an die Getreidefelder bei Beershewa, an die Traubengärten von Latrun. In der unerträglichen Hitze, die fast das ganze Jahr hindurch das Atmen in Kuwait erschwerte, wuchs die Erinnerung an die frischen Winde, die auf den Höhen bei Jerusalem wehten, an die Bäche der Gegend von Ramallah, an die sanften Hügel von Nablus, an die milde Brise über dem See Genezareth und an das oft stürmische Mittelmeer.

Es war weniger Jassir Arafat, der in Kuwait von der Erinnerung an Palästina geplagt wurde. Ihm war das Land um Hebron, Jericho, Ramallah, Nablus und Jenin nie zur wirklichen Heimat geworden. Er dachte nur in verschwommenen Bildern zurück

an seine Kindheit in Jerusalem. Deutlicher stand ihm der Gazastreifen vor Augen, dort hatte er gekämpft. Der Gazastreifen aber lag am Rande von Palästina.
Es war Khalil Ibrahim Wazir, der in Kuwait von Palästina schwärmte. Er war Arafat in den Golfstaat gefolgt, doch nicht in der Absicht, Geld zu verdienen, sondern mit dem festen Willen, von der Ferne aus den Kampf um Palästina aufzunehmen.
Da litt auch Salah Khalaf an Heimweh. Er war schlecht bezahlter Lehrer gewesen in Deir al-Balagh, einer kleinen Stadt südlich von Gaza, wo seine Gedanken von der Renaissance Palästinas das Mißfallen des örtlichen ägyptischen Sicherheitsoffiziers erregt hatten. Salah Khalaf war zusammen mit Khalil Ibrahim Wazir in Stuttgart gewesen. Beide hatten dort die Erfahrung gemacht, daß ihr Widerstandswille in der freien Demokratie der Bundesrepublik aufgeblüht war, und sie waren entschlossen, daraus praktische Konsequenzen zu ziehen.

In Kuwait entsteht Al-Fatah

Die »Generalunion Palästinensischer Studenten« – dies war schließlich die Bezeichnung der Studentenorganisation in Deutschland gewesen – war die Keimzelle der künftigen politischen Entwicklung, die von Arafat ausging.
Die Keimzelle entwickelt sich am Persischen Golf weiter, unter dem psychologischen Druck, in der öden Fremde leben zu müssen. Der programmatische Kern der Keimzelle war der Grundsatz, vor allem den Palästinensern selbst sei die Aufgabe gestellt, Palästina zu befreien und wieder auferstehen zu lassen. Dieser Kernsatz erhielt eine Erweiterung, die aus dem Konflikt mit dem ägyptischen Präsidenten resultierte. Gamal Abdel Nasser verkündete, der Befreiung Palästinas müsse die Einigung Arabiens vorausgehen – die Schaffung des Palästinenserstaates stehe am Ende einer historisch notwendigen Entwicklung. Diesem Gedankengang wollen Jassir Arafat und Abu Jihad nicht zustimmen. Sie stellen im Gegenstz zu Nassers Standpunkt den Grundsatz auf: Die Befreiung Palästinas ist der Ausgangspunkt der Einigung Arabiens.

Inzwischen hatten Arafat und Abu Jihad begriffen, daß Gamal Abdel Nasser längst die Existenz des Staates Israel akzeptiert hatte. Nach und nach war bekanntgeworden, daß die Rückgabe des Gazastreifens im März 1957 durch die Israelis an die Bedingung geknüpft war, Ägypten dürfe für den Staat Israel keine Bedrohung darstellen. Damit verbunden war die Zusage, die ägyptischen Behörden des Gazastreifens seien verpflichtet, jegliche Art von Commandoaktion zu unterbinden. Gamal Abdel Nasser war zum Feind für die palästinensische Bewegung geworden, und diese Entwicklung war nicht ungefährlich. Sie wurde jedoch von den wenigsten Palästinensern mitgetragen. Sie konnten nicht glauben, daß Nasser tatsächlich ihre Heimat verraten hatte.

Eine herausragende Gestalt unter den zunächst absoluten Bewunderern des ägyptischen Staatschefs war der Palästinenser Dr. George Habash. Er war zu jener Zeit genau 30 Jahre alt und fertig ausgebildeter Mediziner. George Habash stammte aus einer griechisch-orthodoxen Familie, die in Lydda gelebt hatte. Lydda ist heute die israelische Stadt Lod, die direkt am Flughafen Ben Gurion liegt.

Als Student an der Arabischen Universität Beirut hatte er die Niederlage der Araber im Jahre 1948 erlebt. Er reagierte für sich auf dieses schmachvolle Ereignis durch Gründung des »Arab National Movement«. Es wurde zum Sammelbecken von Persönlichkeiten, die auf der Suche waren nach einer Ideologie, die tragfähig war, um die Araber insgesamt zur Einheit zu führen. Der griechisch-orthodoxe Christ löste sich erst allmählich von Nasser. Er begriff nur langsam, daß Nasser nicht interessiert war an der Heimat der Palästinenser. Dr. George Habash entdeckte die Lehre des Marxismus-Leninismus als geeignete Ideologie für die Araber. Er hat weder das Erlebnis »Stuttgart« mitgemacht, noch sich an der Bildung der Keimzelle »Kuwait« beteiligt. Der Arzt ging einen eigenen Weg, der sich als störend für Arafat erweisen sollte.

Jassir Arafat und Abu Jihad, überzeugt, die Palästinenser würden sich allein aus »der Fessel des Zionismus« befreien können, begannen mit dem Aufbau einer geheimen Organisation, die den Kampf führen sollte. Salah Khalaf hatte zwei Jahre zuvor beim nächtlichen Wachdienst an der Cairoer Nilbrücke die Vision von einer Palästinensischen Widerstandsbewegung geträumt, die sich am Vorbild der algerischen *Front de Libération Nationale* (FLN) orientieren sollte. Salah Khalaf (Abu Ijad) erläuterte seine Idee Jassir Arafat und Abu Jihad. Der Entschluß wurde gefaßt, tatsächlich dem Vorbild FLN zu folgen. Begonnen werden sollte mit dem Aufbau geheimer Zellen.

Abu Ijad, Abu Jihad und Arafat waren derart geblendet vom wachsenden Erfolg der algerischen Freiheitsbewegung, daß sie den Unterschied zwischen der Situation der FLN und ihrer Lage nicht erkannten. In Algerien lebte ein Volk unter kolonialer Bevormundung. Das Volk war ein geschlossenes Ganzes. Die Kolonialmacht war vertreten durch rund 25000 französische Offiziere und Soldaten – und durch französische Siedler, die verstreut im Lande ihre Siedlungen besaßen, die Bollwerke waren. Die algerische Masse befand sich allerdings in der Mehrheit – und sie bestand nicht aus heimatlosen Flüchtlingen. Ihre Basis war stabil. Die Voraussetzung war günstig für die Isolierung der Franzosen. Das Ziel der algerischen Befreiungsbewegung war zunächst die Mobilisierung der Massen gegen die Kolonialmacht Frankreich. War dies geschehen, konnte der Kampf gegen ihre Einrichtungen geführt werden.

Eigentlich war der Unterschied deutlich zu erkennen: Zwischen Jordangraben und Mittelmeer herrschte keine Kolonialmacht. Da stritten zwei Völker um dasselbe Land. Die jüdischen Einwanderer waren nicht als koloniale Besatzungstruppen gekommen – sie gehörten einem Volk an, das historische Rechte auf das Land vorweisen konnte. Die Palästinenser besaßen die Rechte der Gegenwart. Sie waren konfrontiert mit dem jüdischen Volk, dessen Führer im Alten Testament das Grundbuch des Nahen Ostens sahen. Der Fall »Palästina« war vielschichtiger als die Situation in Algerien. Es war allein der intellektuelle George Habash, der den Unterschied begriff.

Der Name *Front de Libération Nationale* war zum international bekannten Begriff für den Freiheitskampf der Algerier geworden. Arafat, Abu Jihad und Abu Ijad suchten nach einem Symbol, das ebenfalls Aufmerksamkeit erwecken sollte. Der Name der Organisation war bald gefunden: Sie sollte *Harakat Tahrir Falestine* heißen – »Bewegung zur Befreiung Palästinas«. Die drei Verschworenen kamen auf die Idee, den Namen zu verschlüsseln. Sie lösten die Anfangsbuchstaben der Worte Harakat Tahrir Falestine aus dem Zusammenhang: HTF. Sie lasen die drei Buchstaben von rechts nach links: FTH. Gesprochen ergab diese Buchstabenkombination *Fatah*. Damit war der Name der Organisation geboren. Er sollte schließlich den Begriff »Front de Libération Nationale« an Bekanntheitswert übertreffen.

Am 10. Oktober 1959 wurde *Fatah* in Kuwait ins Leben gerufen. Gedacht war nicht an einen lockeren Zusammenschluß von kampfbereiten jungen Männern, sondern an eine straffe Struktur, deren Grundlage »Zellen« sein sollten, kleine Gruppen Gleichgesinnter.

Zwei Organisationsblöcke sollten getrennt voneinander existieren: Der politische Block, der die Richtung des Kampfes vorsieht, und der militärische Block, der den Vorgaben des politischen Blocks folgt. Ein Zentralkomitee hatte das Wirken beider Blöcke zu kontrollieren. Als oberstes Organ von *Fatah* war ein Nationalkongreß vorgesehen. Gedacht war von Anfang an, daß dieser Nationalkongreß das Parlament der Palästinenser sein sollte, in dem alle Schichten der Bevölkerung vertreten sind. Neuartig für Arabien war, daß die Bewegung vom demokratischen Prinzip geleitet sein soll.

Nachdem die Struktur festgelegt war, begann die mühevolle Arbeit, das Organigramm mit Leben zu erfüllen. Die Zellen mußten geschaffen werden in den Palästinenserlagern im Gazastreifen, in Syrien, Jordanien, im Libanon – und in Deutschland, Frankreich, in der Tschechoslowakei. Wieder war die »Generalunion Palästinensischer Studenten« das Reservoir der Rekrutierung.

Die Aufbauarbeit kostete Geld. Um die Existenz der noch jungen *Fatah* nicht zu gefährden, war es ausgeschlossen, die arabischen Regierungen um Geld zu bitten. Auch in Arabien gilt der Grundsatz »Wer bezahlt, der bestimmt!« Die Regierungen hätten Einblick in die Organisation verlangt, hätten Männer ihrer Wahl als Kommandeure eingesetzt – und sie hätten schließlich verlangt, daß Fatah den politischen Weisungen der Regierungen folgte. In der Anfangsphase des Zellenaufbaus war es Jassir Arafat möglich, diese Aktionen aus seinen Einnahmen als Bauunternehmer zu finanzieren, doch bald mußten potentere Geldgeber gefunden werden. Aufgeschlossen waren die meisten der palästinensischen Geschäftsleute, die in den Ölstaaten des Persischen Golfs Geld verdienten. An sie schickte die Troika Arafat, Abu Ijad und Abu Jihad eine Zeitschrift, die von ihnen selbst herausgegeben wurde. Sie hieß programmatisch »Unser Palästina«. In ihr wurde die Idee vom unabhängigen Kampf der Palästinenser propagiert. Durch »Unser Palästina« wurde der Begriff *Fatah* verbreitet. Die Geschäftsleute in Kuwait, Saudi-Arabien, Qatar und Bahrain, die immer wieder – wenn auch unregelmäßig – »Unser Palästina« in die Hand bekamen, wurden im Lauf der Zeit überzeugt, dahinter stecke ein starker Wille und die Entschlußkraft, tatsächlich für das Palästina der Palästinenser einzutreten.

Eine Zeitschrift dieser Art konnte nur in Beirut gedruckt werden. Allein dort fand sich eine kleine, unauffällige Druckerei, die bereit war, Texte zu vervielfältigen, die keiner arabischen Regierung gefallen konnten. Das Problem war, daß die Texte in Kuwait entstanden und nach Beirut gebracht werden mußten. Die gedruckten Blätter wurden dann wieder in Kuwait erwartet. Den Transport übernahm Abu Jihad. Er fuhr im Auto von Kuwait durch irakisches und syrisches Gebiet in den Libanon – und zurück. Gefährlich für Abu Jihad waren die Grenzkontrollen. Besonders die syrischen Sicherheitsdienste hätten hart reagiert, wenn ihren Agenten die Texte in die Hand gefallen wären.

Die Zeitschrift »Unser Palästina« sorgte dafür, daß andere politisch aktive Palästinenser in den Ölstaaten von der Aktivität der Fatah erfuhren. Sie konnten in den Heften Berichte lesen, die sie darüber informierten, daß sich in Kuwait eine Gruppe entschlossener junger Männer formiert hatte, die sich ernsthafte und praktische Gedanken über die Zukunft Palästinas machte. Es gab politisch denkende Köpfe, die ähnliche Wege wie Fatah einschlagen wollten, die jedoch, den entscheidenden Schritt, über den eigenen Exilort hinaus Zellen zu bilden, noch nicht gewagt hatten. Mancher der bereit war, sich für Palästina einzusetzen, sah nach der Lektüre von »Unser Palästina« einen Vorteil darin, sich der Fatah anzuschließen.

In Saudi-Arabien existierte eine lokale Kleingruppe, die sich – auf sich selbst gestellt – ihrer Aufgabe nicht gewachsen fühlte. Drei Persönlichkeiten prägten diese Gruppe. Jussuf al-Najjar, Kamal Adwan und Abu Mazen. Die drei Männer leisteten wichtige Arbeit für den palästinensischen Widerstand. Die

Schicksale der drei mündeten in einen Kontrast, der frappierend ist: Jussuf al-Najjar und Kamal Adwan wurden im April 1973 durch einen gewagten Überfall israelischer Commandotruppen auf ihre Wohnungen in Beirut getötet – Abu Mazen aber unterzeichnete am 13. September 1993 zusammen mit Shimon Peres das Autonomieabkommen für die Palästinenser.

Im Jahre 1961 begriffen viele Palästinenser, daß ihr Idol Gamal Abdel Nasser wohl doch nicht der inspirierende Führer Arabiens sein konnte. Drei Jahre zuvor hatte er sich feiern lassen als der Einiger Arabiens: Er habe, so glaubten die Massen, den Kern einer umfassenden Union geschaffen: Die Vereinigte Arabische Republik. Ägypten und Syrien hatten sich zusammengeschlossen, um einen Kristallisationspunkt zu schaffen für die von vielen Arabern ersehnte Einheit, die alle arabischen Staaten vom Persischen Golf bis zum Atlantik umfassen sollte. Der Traum von *Umma al-Arabia*, vom großen und mächtigen arabischen Mutterland, sollte Wirklichkeit werden. Doch die Vereinigte Arabische Republik war nicht zum Musterbeispiel für den arabischen Einigungsprozeß geworden. Die Ägypter hatten sich in Syrien wie Kolonialherren benommen. Sie ordneten an, befahlen und duldeten keinen Widerspruch. Schließlich regelten sogar Verkehrspolizisten aus Cairo die Autoströme auf den Kreuzungen der syrischen Hauptstadt. Die Spannung zwischen den beiden Teilen der Vereinigten Arabischen Republik wurde letztlich derart gewaltig, daß der Unionsstaat im September 1961 auseinanderbrach. Gamal Abdel Nasser, der den Verlust seines Prestiges deutlich zu spüren bekam, träumte die Illusion von der Vereinigten Arabischen Republik weiter: Ägypten trug weiterhin die Bezeichnung V.A.R.

Die Aufspaltung der Vereinigten Arabischen Republik war für alle ein Schlag, die an die Wahrheit der Parole geglaubt hatten: »Erst die Einigung Arabiens schafft die Voraussetzung für die Befreiung Palästinas.« Jassir Arafat fühlte sich bestätigt. Seine Meinung war immer gewesen, daß die Befreiung Palästinas erst die Einigung Arabiens ermögliche.

Immer deutlicher wurde zu diesem Zeitpunkt, daß Gamal Abdel Nasser in Wahrheit nicht bereit war, für Palästina einen Krieg mit Israel zu riskieren. Immer offener sprach er während der letzten Monate des Jahres 1961 und der ersten Monate von 1962 den Gedanken aus, es sei durchaus möglich, daß sich Arabien mit der Existenz Israels abfinden könne. Abzulesen war aus diesen Äußerungen der wachsende Einfluß des amerikanischen Präsidenten Kennedy, der die Absicht hatte, eine Friedensinitiative im Nahen Osten anzustoßen.

Jassir Arafat, Abu Jihad und Abu Ijad sahen in dieser Entwicklung gefährliche Anzeichen. Ein Nachgeben Nassers mußte zur Folge haben, daß der amerikanische Präsident die israelische Regierung zwang, Zugeständnisse gegenüber den Arabern zu machen. Dazu zählte auf keinen Fall die Gewährung von Autonomie für die Palästinensergebiete – möglich war jedoch die Erleichterung der Heimkehr palästinensischer Flüchtlinge in ihre einstige Heimat. Ein derartiges Zugeständnis würde schon genügen, um viele Fatah-Anhänger abspenstig zu machen. Es mußte bald eine spektakuläre Aktion geschehen, die den Palästinensern bewies, daß Palästinenser bereit waren, ihr Schicksal selbst in die Hand zu nehmen.
Es zeigte sich jedoch, daß die Vorbereitungen dazu keineswegs abgeschlossen waren. Abu Jihad, verantwortlich für die militärischen Vorbereitungen, hatte zwar Arafat von der Vielzahl der Zellen und von deren Aktivitäten berichtet, doch waren seine Angaben übertrieben gewesen. Keine Zelle im Umkreis um Israel war darauf vorbereitet, einen wirkungsvollen Anschlag auf israelischem Gebiet auszuführen. Den Freiwilligen, die kämpfen wollten, fehlten Waffen und Sprengstoff. Auch fehlte ihnen ein geeigneter Platz für die Ausbildung der Kämpfer. Kuwait mochte zwar keine Einwendungen haben gegen politische Diskussion und auch nicht gegen Agitation der Palästinenser – wäre auf kuwaitischem Gebiet jedoch zur Übung geschossen worden, hätten die Sicherheitskräfte eingegriffen. Völlig ausgeschlossen war militärisches Training auf syrischem Boden. Hoffnung setzte Arafat auf die jordanische Regierung und auf den Libanon. Diese Hoffnung half für den Augenblick nicht. Beide Staaten waren nicht bereit, den palästinensischen Kämpfern Aktionsfreiheit zu gewähren.
So entstand der Plan, zunächst einmal Jordanien »zu befreien«, ehe die Befreiung Palästinas in Angriff genommen werden sollte. Der bedeutendste Vertreter dieses Plans war Hani al-Hassan, ein redegewandter Intellektueller – zu jenem Zeitpunkt war er etwas mehr als 30 Jahre alt, neigte jedoch bereits

zur Körperfülle. Hani al-Hassan stammte – wie sein älterer Bruder Khalid al-Hassan – aus einer angesehenen Mittelstandsfamilie, die aus der Gegend von Haifa geflohen war. Anfang der 60er Jahre besaß er die Position, die ein Jahrzehnt zuvor Jassir Arafat einflußreich gemacht hatte: Er war der Präsident der palästinensischen Studenten in der Bundesrpublik. Im Jahre 1962 errang er in einer Abstimmung beim Studentenkongreß in Gaza die Machtstellung des Präsidenten der »Generalunion Palästinensischer Studenten«. Arafat, dessen Fatah-Organisation sich noch im Aufbau befand, war auf die Unterstützung von Hani al-Hassan angewiesen. Hatte er die Generalunion hinter sich, hatten er und die Organisation Fatah Gewicht in der Auseinandersetzung um Palästina. Die Gründer von Fatah hatten nie die Absicht gehabt, eine politische Partei im Sinne der westlich-demokratischen Ordnung zu schaffen. Fatah sollte eine Kampforganisation sein, bestehend aus Kämpfern, aus *Fedajin*, die Tag und Nacht bereit waren, ihr Leben für Palästina einzusetzen. Keine Kraft sollte verschwendet werden in Diskussionen und internen Auseinandersetzungen, in Querelen und in persönlichen Machtkämpfen. Jassir Arafat, Abu Jihad und Abu Ijad wollten keine Politiker sein, sondern Revolutionäre. Fatah war gedacht als »Bewegung«, die getragen wurde von Kämpfern, die keine bürgerlich-politischen Rücksichten zu nehmen hatten. Doch der Traum, innerhalb der Fatah vollziehe sich eine neue, revolutionäre Form der Entscheidungsfindung, verflog rasch. Als die Zahl derer anstieg, die sich zur geheimen Kampforganisation Fatah hingezogen fühlten, da wurde auch der Kreis derer größer, die den Kurs von Fatah mitbestimmen wollten. So entstanden Bündnisse der Einflußreichen; Fraktionen bildeten sich; Absprachen wurden getroffen; Forderungen standen im Raum; Kompromisse wurden nötig. Die Troika – Arafat, Abu Jihad und Abu Ijad –, die Gründer von Fatah, wollten die Zügel in der Hand behalten, doch sie mußten begreifen, daß die Kampforganisation nicht von allen Beteiligten uneigennützig mitgetragen wurde. Kaum jemand wollte sich bedingungslos unterordnen. Hani al-Hassan schon gar nicht – vertrat er doch nahezu 40000 palästinensische Studenten in der Bundesrepublik.
Mit den Sprechern der palästinensischen Zellen in den deut-

schen Universitätsstädten – besonders in Stuttgart – waren die Bedingungen für die Kooperation zwischen dem Studentenverband und Fatah vorbesprochen. Hani al-Hassan war verpflichtet, von der Troika zu verlangen, der Kampf müsse zunächst gegen die »feudale Herrschaft der Haschemitenfamilie« in Jordanien gerichtet werden. König Hussein »und sein Clan« seien aus dem »palästinensischen Gebiet« westlich des Jordan zu vertreiben. Arafat, mit dieser Forderung konfrontiert, lehnte schroff jede weitere Verhandlung mit Hani al-Hassan ab. Er sah in König Hussein keinen Feind. Hani al-Hassan aber argumentierte, das haschemitische Königshaus habe sich widerrechtlich Jerusalem und palästinensisches Gebiet angeeignet – es habe damit ein Verbrechen am palästinensischen Volk begangen. Doch Jassir Arafat ließ sich auf keine Diskussion ein. Kampf gegen die Haschemiten kam für ihn nicht in Frage.

Hani al-Hassan, der sich in der Bundesrepublik Deutschland an Meinungsbildung auf demokratische Weise gewöhnt hatte, war erstaunt über Arafats diktatorisches Benehmen. Den Präsidenten der »Generalunion Palästinensischer Studenten« störte vor allem der ägyptische Dialekt, in dem Arafat sich ausdrückte. Da die Ägypter verhaßt waren bei den Palästinensern insgesamt, konnten sie diesen Dialekt nicht ausstehen. Hani al-Hassan stellte sich die Frage, ob es möglich sein könne, daß ein Mann, der wie ein Ägypter spricht, wie ein Palästinenser zu denken vermöge. War Arafats Sprechweise während seines Aufenthalts in Cairo und bei Kontakten mit Ägypern nützlich gewesen, so wirkte sie sich jetzt, im Kreis der Palästinenser untereinander, als störend aus.

Das Problem des Dialekts führte zu Gesprächen darüber, ob Jassir Arafat überhaupt ein Palästinenser sei. Daß die Familie aus Palästina stammte, stand schließlich fest – doch da war ein Manko im Lebenslauf zu erkennen: Jassir Arafat war kein Flüchtling; er hatte das traumatische Erlebnis der Vertreibung nicht mitgemacht. Der Vater hatte lange vor den Ereignissen der Jahre 1947 und 1948 Gaza und damit Palästina verlassen.

Hätte sich jetzt Hani al-Hassan, und mit ihm die palästinensischen Studenten in der Bundesrepublik, von Fatah abgewandt, wäre Fatah eine bedeutungslose Kampforganisation geblieben,

wie andere auch, die zu dieser Zeit entstanden. Als Retter in
dieser Situation wirkte Abu Ijad. Er drückte sich aus, wie ein
Palästinenser zu sprechen hat. Abu Ijad konnte Hani al-
Hassan überzeugen, daß Arafat ein aufrechter Palästinenser
sei, der den einen Wunsch habe, für die Heimat Palästina zu
kämpfen.
Auf dieser Basis war die Brücke zwischen Hani al-Hassan und
Fatah zu schlagen. Der Präsident der »Generalunion Palästinensischer Studenten« war mit dem Auftrag aus der Bundesrepublik gekommen, sich nur einer Organisation anzuschließen, die wirklich zum Kampf um Palästina entschlossen war.
Es gelang Abu Ijad, den von Arafat Enttäuschten zu überzeugen, daß die von Arafat begründete Fatah genau die Organisation sei, die er suche. Fatah verfüge über Waffen und sei bereit
zum Kampf. Hani al-Hassan glaubte Abu Ijad. Er merkte erst
sehr viel später, daß er auf eine Übertreibung hereingefallen
war. Zu jenem späten Zeitpunkt aber war die Übertreibung von
einst nicht mehr von Bedeutung.

PLO – Verschwörung gegen den Widerstand

Daß sich die Palästinenser in Kampfgruppen zu organisieren
begannen, auch wenn noch kaum ein Schuß gefallen war, blieb
den arabischen Geheimdiensten nicht verborgen. Die Berichte,
die Gamal Abdel Nasser von seinen Sicherheitsbehörden in
Gaza erhielt, beunruhigten ihn. Er war entschlossen, sich mit
Israel zu einigen. Auf diesem Weg zur friedlichen Lösung
wollte er sich von palästinensischen Abenteurern nicht stören
lassen.
Der ägyptische Präsident war nicht der einzige arabische
Staatschef, der von der Sorge geplagt war, er könne durch Anschläge palästinensischer Commandos in die Lage versetzt
werden, zurückschlagen zu müssen. Diese Angst vor einer
Kettenreaktion war verständlich: Zu befürchten war, daß der
Konflikt mit Israel zu einem Zeitpunkt ausbrach, da Arabien
für die militärische Aktion nicht gerüstet war. Voraussehbar
war die Katastrophe einer Niederlage. Mit Argwohn sahen
Gamal Abdel Nasser und König Hussein von Jordanien die

Bemühungen der Fatah um militärische und politische Aufrüstung. Dem Präsidenten und dem Monarchen wurde zugetragen, die geheimnisvolle Organisation Fatah sei dabei, ein Netz von Auslandsvertretungen aufzubauen – sie habe bereits ein Büro in der Hauptstadt des eben unabhängig gewordenen revolutionären Staates Algerien. Von Algier aus würden Kontakte geknüpft zu Rotchina. Nasser und König Hussein kamen unabhängig voneinander zum Fazit, daß in den Palästinenserlagern rings um Israel ein gefährlich brodelndes Krisenpotential entstand.

Beide sahen jedoch auch ein, daß eigenes Nichtstun die Situation nur noch gefährlicher werden ließ. Die Unzufriedenheit der Palästinenser mußte kanalisiert werden. Das vertriebene Volk in den Lagern von Gaza, in Syrien, Jordanien und im Libanon brauchte einen Hoffnungsschimmer. Nichts unternehmen zu können, keine Beschäftigung zu haben, war für die jungen Männer in diesen Lagern das Schlimmste. Erkannten sie einen Funken Hoffnung, war ihnen ein Ziel gesteckt, eine Aufgabe gestellt, dann empfanden sie die Lage als leichter. Wenn die arabischen Regierungen die Initiative nicht der durch sie unkontrollierbaren Fatah überlassen wollten, mußte eine Organisation geschaffen werden, die den Palästinensern wenigstens vorgaukelte, sie seien nicht hoffnungslos im Stich gelassen. Den palästinensischen Massen war das Bewußtsein einzuflössen, sie selbst würden, mit Unterstützung der Arabischen Liga – das heißt, mit der Hilfe aller anderen arabischen Staaten – sich selbst das militärische Instrument schaffen zur Befreiung der Heimat.

Voraussetzung für den Erfolg dieses Betruges am palästinensischen Volk war, daß der israelischen Regierung glaubwürdig deutlich gemacht wurde, sie habe von dieser »Befreiungsorganisation« nichts zu befürchten, da Gamal Abdel Nasser – zur Verständigung mit dem jüdischen Staat bereit – der Führung straffe Zügel anlegen werde. Vorgesehen war, die Aufbauzeit mit Absicht so lange zu verzögern, bis ein Friedensvertrag zwischen Ägypten und Israel das Palästinenserproblem dadurch gelöst hat, daß von einem Palästinenserstaat nie mehr gesprochen werden konnte. Nach dem Willen von Gamal Abdel Nasser würde es dann im Kriesengebiet nur die Staaten Ägypten, Syrien, Libanon, Jordanien und Israel geben.

Jassir Arafat ist bis heute überzeugt, es sei die Idee des amerikanischen Außenministers Dean Rusk gewesen, eine Scheinwiderstandsbewegung zu gründen, die in Wahrheit nicht den Zweck hatte, die bestehende politische Situation zwischen Jordangraben und Mittelmeerküste zu verändern. Den Palästinensern sollte vorgetäuscht werden, sie könnten ihr Schicksal tatsächlich selbst bestimmen. In Wahrheit hatte sich Gamal Abdel Nasser jedoch vorgenommen, die Kader der Organisation straff zu zügeln. Unterdrückt werden mußte jegliche Form des ausgeprägten palästinensischen Nationalismus.

Ende Mai 1964 trafen sich Palästinenser in Ostjerusalem, das damals zu Jordanien gehörte, um zu demonstrieren, daß es das Volk der Palästinenser noch gab. Die arabischen Regierungen duldeten das Treffen, gab es ihnen doch die Möglichkeit vor allem der amerikanischen Regierung zu zeigen, daß sie unter dem moralischen Druck standen, dem vertriebenen Volk helfen zu müssen. Auch den Organen der Vereinten Nationen konnte auf diese Weise deutlich gemacht werden, wie sehr Arabien insgesamt mit den Palästinensern und für die Palästinenser leide.

Demokratisch gewählt war keiner der Delegierten, die zu diesem »Palästinensischen Nationalkongreß« nach Ostjerusalem gekommen waren – daran war gar nicht zu denken, in Anbetracht der Tatsache, daß die Palästinenser entweder unter israelischer Aufsicht oder in den Lagern auf libanesischem, jordanischem, syrischem Gebiet und im ägyptisch beherrschten Gazastreifen lebten. Die Delegierten waren Männer, die dem Ruf Nassers gefolgt waren. Der ägyptische Staatspräsident war der Initiator des Nationalkongresses. Wer nicht zu Nassers Lager gehörte, der folgte der Anweisung des Königs Hussein. Nicht vergessen werden darf, daß das Treffen auf Husseins Territorium stattfand – im Ambassador-Hotel in Ostjerusalem. Hussein war der Schirmherr. Er eröffnete den Kongreß, doch er hütete sich, Ziele zu setzen, die Israel wirklich gefährlich werden konnten.

Vierhundert Delegierte waren versammelt, um Anweisungen der Vertrauensleute von Gamal Abdel Nasser entgegenzunehmen. Diskussionen waren nicht vorgesehen. Die Verlesung jedes Dokuments wurde mit Beifall bedacht.

Fatah hatte sich erst nach heftigen internen Auseinandersetzungen dazu durchgerungen, Teilnehmer zum Nationalkongreß zu entsenden. Die Organisation Fatah war in der Öffentlichkeit Arabiens noch nicht bekannt – und ihre führenden Persönlichkeiten auch nicht. So gelang es, einige Mitglieder unter dem Deckmantel sie seien »unabhängige Palästinenser« in das Ambassador-Hotel einzuschleußen.

Zur Gruppe dieser »Unabhängigen« gehörten Abu Jihad und Kamal Adwan. Sie wurden Zeuge der Gründung der *Palestine Liberation Organization* (PLO). Jassir Arafat ahnte damals nur die Hintergründe dieser Schaffung einer öffentlich propagierten Befreiungsbewegung. Sie konnte – gerade da sie im Rampenlicht der Öffentlichkeit stand – nicht wirklich effektiv werden. Arafat war überzeugt, der Kampf werde nur dann erfolgreich sein, wenn er im Verborgenen geführt werde. Ihn störte die bombastische Ankündigung, von nun an werde Israel Grund haben, sich zu fürchten.

Gamal Abdel Nasser hatte einen Mann für die Spitze der PLO ausgesucht, der ein Meister der Rede war, der glaubte, durch brillante Formulierungen tatsächlich Furcht in Israel zu verbreiten. Von ihm stammt die Parole: »Wir treiben die Juden ins Meer!«

Der Propagandist des Kampfes hieß Ahmed Shukeiri. Er gehörte zum Jahrgang 1908. Sein Geburtsort ist die heutige Stadt Akko nördlich von Haifa. Er gehörte einer prominenten religiös-orientierten Familie an. In Jerusalem und an der American University Beirut hatte Ahmed Shukeiri Jurisprudenz studiert. Vierzig Jahre war er alt, als Israel entstand und die Hoffnung der Palästinenser auf eine eigenständige Heimat erlosch. Shukeiris Redetalent wurde damals von der syrischen Regierung geschätzt: Er gehörte während der Jahre 1948 bis 1950 der syrischen UN-Delegation an und entdeckte dabei die amerikanische Art zu leben. Im Jahr 1950 trat er in die Dienste der Arabischen Liga in Cairo. Dort fiel er einem Angehörigen der königlichen Familie aus Saudi-Arabien auf. Dem reichen Ölland fehlten geschickte Diplomaten. Die Prinzen des Hauses As-Saud waren nur selten geeignet, in den Zirkeln der internationalen Politik durch Redebegabung Eindruck zu hinterlassen. So wurde der Palästinenser Ahmed Shukeiri Beauftragter des saudiarabischen Königreichs bei den Vereinten Nationen.

Shukeiri erhielt aus diesem Anlaß den gutbezahlten Rang eines Staatsministers. In dieser Zeit wurde der brillante Redner wohlhabend. Im Rahmen seiner Arbeit innerhalb der Gremien der UN in New York befaßte sich der arabische Diplomat mit der politischen Situation der Palästinenser auf internationaler Ebene. Er besann sich darauf, daß er selbst zu diesem Volk gehörte. Ihm wurde die eigene Vergangenheit bewußt: Als junger Mann hatte er während der 30er und 40er Jahre feurige Reden gehalten, deren Zweck es war, die Palästinenser zu Nationalisten zu erziehen. Ahmed Shukeiri hatte inzwischen begriffen, wie naiv er damals gewesen war.

Mit dem Überblick, den er als Delegierter Saudi-Arabiens bei den Vereinten Nationen inzwischen gewonnen hatte – schließlich stand ihm genügend Geld zur Verfügung, um sich Informationen zu beschaffen –, war ihm deutlich geworden, daß ein Kampf der Palästinenser gegen dem Staat Israel wenig Sympathie und Unterstützung in der Welt insgesamt finden würde. Er konnte nicht daran glauben, daß die »Befreiung Palästinas« jemals möglich sein würde. Ahmed Shukeiri war überzeugt, daß die Vereinigten Staaten von Amerika niemals den Untergang des jüdischen Staates zulassen würden. In New York hatte Ahmed Shukeiri den Einfluß jüdischer Kreise auf Politik und Medien kennengelernt. Der Einfluß Arabiens in New York war dagegen gering. Selbst wenn die amerikanischen Präsidenten seit Eisenhower befürchteten, die Ölländer Arabiens würden sich eines Tages für die permanent israelfreundliche Politik der USA rächen, blieb diese Furcht ohne Auswirkung. Präsident Truman hatte das Problem auf eine einfache Formel gebracht: »Zur Wählerschaft der USA gehören nur wenige Araber – die Präsidentschaftskandidaten der USA sind nun mal auf die jüdischen Wähler angewiesen, und die beobachten genau, welchen Standpunkt ein Politiker gegenüber Israel einnimmt.« Diesen Zusammenhang zwischen innenpolitischen Zwängen und Nahostpolitik der USA hatte inzwischen auch Gamal Abdel Nasser begriffen. Der Diplomat Shukeiri und der Staatsmann Nasser stellten bald darauf die Übereinstimmung ihrer Meinungen fest. Sie einigten sich auf eine gemeinsame Politik in Sachen Palästina. Ein Auffangbecken sollte entstehen für palästinensische Nationalisten. Daß daraus realer Widerstand gegen Israel erwachse, war nicht geplant. Ahmed Shukeiri war beauftragt, den Wildwuchs von Commando-Organisationen wie Fatah zu verhindern. Fatah sollte unschädlich gemacht werden. Jassir Arafat, der die Absicht schließlich durchschaute, betrachtete Ahmed Shukeiri als einen von Nasser gekauften Verräter. Doch Arafat schätzte Shukeiri falsch ein: Der Diplomat war in Wahrheit vorausschauend. Er kannte die Grenzen des palästinensischen Nationalbewußtseins zum damaligen Zeitpunkt. Im Jahre 1964 konnte die Palästinensische Befreiungsbewegung nicht zum Instrument der Zerstörung Israels werden. Doch er dachte an spätere Zeiten, an den möglichen weltpolitischen Wandel. Konnten Palästinenser, die jünger waren als er selbst, eines Tages dankbar sein, daß es die Palästinensische Befreiungsbewegung bereits gab? Die PLO konnte, unter anderen zeitgeschichtlichen Voraussetzungen, zum wichtigen und kraftvollen Werkzeug der politischen Willensbildung des palästinensischen Volkes werden. Es dauerte lange, bis Arafat begriff, daß Shukeiri eine unschätzbare Vorarbeit geleistet hatte. Arafat sollte eines Tages Shukeiri beerben.

Am Ende der Tagung des »Palästinensischen Nationalkongresses« im Ostjerusalemer Ambassador-Hotel Ende Mai 1964 war Ahmed Shukeiri Chairman des PLO-Exekutivkomitees. Er konnte sich damit als Chef einer Art palästinensischer Exilregierung fühlen. Ihm war nun die schwierige Aufgabe übertragen, der PLO ein Scheinleben einzublasen, ohne den Grundsatz zu verletzen, daß der israelischen Regierung kein Vorwand gegeben werden darf, gegen Palästinenseraktivitäten loszuschlagen.

Shukeiri verfaßte ein umfangreiches Dokument, die »Palästinensische Nationalcharta«. Sie war gedacht als Verfassung für das palästinensische Volk – und sie sollte jedem Palästinenser das Bewußtsein geben, zu einem Volk von Tradition und Ansehen zu gehören. Die Charta definierte Palästina als das Territorium des früheren britischen Mandatsgebiets. Sie legte fest, wer als Palästinenser gelten konnte. Ziel der Palästinenser war, beteiligt zu sein an der Errichtung des Staates Palästina. An eine Realisierung dieses Ziels war in Wirklichkeit nicht gedacht. Als selbstverständlich wurde angenommen, daß dabei zunächst das »zionistische Gebilde« aufgelöst werden mußte. Die

Charta bringt eindeutig den Willen zur Zerstörung Israels zum Ausdruck. Auch dies ist ein Erbe des Ahmed Shukeiri – auch wenn festzustellen ist, daß damals, im Jahre 1964, dieser Wille nahezu jeden Palästinenser beherrschte. Von ihm war vor allem auch Jassir Arafat bestimmt. Erst als er später sich mit der Existenz des Staates Israel abfinden mußte, wurde ihm die »Palästinensische Nationalcharta« zur Belastung. Sie für ungültig zu erklären, oder wenigstens ihren Text zu entschärfen, erwies sich als überaus schwierig.

Zusammen mit der Palästinensischen Befreiungsbewegung (PLO) wurde die Palästinensische Befreiungsarmee (PLA) geschaffen. Vorgesehen war die Aufstellung von Truppeneinheiten in den Staaten rings um Israel. Verkündet wurde, daß Verbände der Infanterie, der Artillerie und der Panzertruppe aufgestellt werden würden. Die Regierungen, die in der Arabischen Liga zusammengeschlossen waren, hatten sich bereit erklärt, die Palästinensische Befreiungsarmee zu finanzieren. Damit war für die Commando-Organisation Fatah eine effektive Konkurrenz entstanden. Wer als Palästinenser bereit war zu kämpfen, der hatte nun die Möglichkeit, sich in aller Offenheit bei regulären Mobilisierungsstellen zu melden; er wurde Mitglied einer von den arabischen Regierungen anerkannten Armee. Wer sich jedoch Fatah anschließen wollte, der war zur Geheimniskrämerei gezwungen; der durfte sich nicht offen zu Fatah bekennen. Die meisten jungen Männer, die kämpfen wollten, entschlossen sich, der PLA zu dienen.

Da war jedoch noch ein wichtiger Punkt, der für die PLA sprach: Wer sich von ihr anwerben ließ, der bekam Geld. Dieser Faktor war von großer Bedeutung, gehörten doch die jungen Männer Familien an, die ihr Eigentum verloren hatten, die arm waren. Wer eine Familie zu versorgen hatte und vor der Wahl stand, ob er sich den bewaffneten Verbänden der PLO oder der Fatah anschließen sollte, der entschied sich fast immer gegen Fatah. Jassir Arafat mußte Tag für Tag feststellen, daß ihn die Männer, die zum Kampf bereit waren, im Stich ließen.

Hatte Arafat geglaubt, er könne sich auf etwa 100 Kämpfer verlassen, so machte er die bittere Erfahrung, daß ihm nur wenige folgen wollten. Er hatte das Gefühl, alle seine Anstrengungen seien sinnlos geworden.

Arafat stemmt sich gegen den Untergang von Al-Fatah

Fünfunddreißig Jahre alt war Jassir Arafat zu diesem Zeitpunkt. Er arbeitete noch immer als erfolgreicher Unternehmer in Kuwait. Er hätte zufrieden sein können – der Bauboom hielt an. Das Ölgeschäft sorgte für permanenten Aufschwung im Emirat. Arafats Baufirma warf soviel Gewinn ab, daß er den noch unscheinbaren Organisationsapparat der Fatah finanzieren konnte. Doch er war ungeduldig und zeitweise unbeherrscht. Auf einmal wollte er die »Palästinensische Revolution«, wie er jetzt seine Bewegung nannte, nicht mehr im Nebenjob führen. Arafat hat oft betont, daß er in Kuwait hätte reich werden können. Diese Perspektive verwarf er nun. Er entschloß sich, seinen Betrieb zu verkaufen und das Emirat am Persischen Golf zu verlassen. Dort hatte sich, nach der Gründung der Palästinensischen Befreiungsorganisation, die Stimmung verändert. Die herrschende Emirfamilie As-Sabah war nun der Meinung, dem palästinensischen Volk sei in der PLO von den arabischen Regierungen eine offiziell anerkannte politische Vertretung geschenkt worden – zusammen mit einem militärischen Instrument – zur Gestaltung der eigenen Zukunft. Dem Emir, der keineswegs als naiv galt, war dabei bewußt, daß von einer Selbständigkeit der PLO nicht die Rede sein konnte. Er war bereits von Gamal Abdel Nasser aufgefordert worden, der Fatah des Jassir Arafat auf kuwaitischem Territorium jede Aktivität zu verbieten, mit der Begründung, die PLO decke sämtliche Bedürfnisse der Palästinenser ab. Zwar ließ die Familie des Herrschers Arafat unter der Hand mitteilen, sie würde ihn bei allem, was er unternehme, unterstützen, doch traute Arafat den Beteuerungen nicht. Kuwait konnte kaum länger die Basis seiner Bewegung sein.

Nahezu am Ende seiner Möglichkeit angekommen, entschloß er sich mit der Kraft der Verzweiflung, den Guerillakampf gegen Israel aufzunehmen. Er begriff, daß seiner Organisation nur der Schritt in die Öffentlichkeit helfen konnte. Er mußte Aufsehen erregen. Er dachte dabei vor allem an die Palästinenser. Wenn sie erst bemerkten, daß es eine Organisation gab, die tatsächlich zu kämpfen bereit war, dann mußte eine solche Organisation ein Magnet sein für viele der Verzweifelten und Entmutigten in den Lagern rings um Israel.

Doch Arafat erlebte eine Überraschung: Als er seinen Standpunkt vor dem Kreis vertrat, den er vollmundig »Zentralkomitee der Fatah« nannte, stieß er auf Widerstand. Mindestens die Hälfte der Mitglieder vertraten die Meinung, Guerilla-Aktionen zu diesem Zeitpunkt gegen Israel seien unsinnig. Arafats bedeutendster Widersacher war Khaled al-Hassan, der ältere Bruder von Hani al-Hassan, der als Präsident die »Generalunion Palästinensischer Studenten« leitete. Khaled al-Hassan gehörte zum Jahrgang 1928; er war also ein Jahr älter als Jassir Arafat. Khaled al Hassan war eine stämmige, energische Erscheinung.

Zwanzig Jahre alt war Khaled al-Hassan gewesen, als seine Heimat, die Gegend von Haifa, dem Staat Israel angegliedert wurde. Getrennt von seiner Familie irrte der junge Mann durch die Flüchtlingslager der Sinaihalbinsel, des Südlibanon und der Vororte der syrischen Hauptstadt. Er traf schließlich Mutter, Brüder, Vettern und Kusinen in einem Elendsquartier bei Saida im Libanon wieder. Auf dem langen Weg durch die Lager hatte Khaled al-Hassan die Erfahrung gemacht, daß die Palästinenser in den arabischen Ländern als lästig empfunden wurden. Es war ihm deutlich gesagt worden, die Araber würden längst in Frieden mit Israel leben, wenn die Palästinenser nicht existierten. Aus den Opfern der Entwicklung im Nahen Osten wurden nach und nach die Schuldigen am Unglück der Araber. Die Libanesen, die Syrer und die Jordanier hofften, diese Palästinenser würden sich bald in Nichts auflösen.
In jener Zeit verbot ein libanesisches Gesetz den Palästinensern jegliche regelmäßige und bezahlte Arbeit. Da Khaled al-Hassan der Älteste der Brüder in einem Haushalt ohne Vater war, mußte er unbedingt Geld verdienen. Er versuchte sein Glück in Damaskus.
Dort fand er Anschluß bei der örtlichen Gruppe der Moslembruderschaft. Diese Organisation war bekannt dafür, daß sie den Palästinensern beistand. Die syrischen Moslembrüder verlangten allerdings Beweise der islamischen Frömmigkeit: Fünfmal am Tag sollte Khaled al-Hassan beten. Davor drückte er sich. Er war palästinensischer Nationalist – die Religion interessierte ihn kaum.
Während der Jahre von 1948 bis 1967 war Syrien ein instabiles

Land. Ein blutiger Putsch nach dem anderen ereignete sich. Die Regierungen wechselten oft nach wenigen Monaten – und mit ihnen veränderte sich das Schicksal der Männer, die mit den Regierungen verbunden waren. Für Khaled al-Hassan rächte sich die Verbindung mit den Moslembrüdern im Herbst 1961. Die Militärjunta, die jetzt mächtig war, verfolgte die Moslembrüder als religiöse Fanatiker. Khaled al-Hassan floh nach Kuwait. Ein Bekannter, ein Palästinenser, besorgte ihm Arbeit im blühenden Importgeschäft. Khaled al-Hassan war jedoch nicht lange Geschäftsmann. Damals, 1962, zogen die Engländer als Protektoratsmacht ab, das Emirat wurde selbständig. Es benötigte Verwaltungsfachleute, Khaled al-Hassan gab sich als erfahrener Spezialist aus und wurde akzeptiert. Er besaß bald Einfluß auf das royale Unternehmen »Kuwait«, das der Emirfamilie gehört.

Im winzigen Emirat konnte es nicht ausbleiben, daß sich Khaled al-Hassan und Arafat begegneten. Khaled hatte zur gleichen Zeit wie Arafat die Idee gehabt, eine Guerillaorganisation zu gründen. Er war keineswegs überrascht, daß ein anderer dieselbe Absicht hatte. Vernünftig war der Gedanke, die Bemühungen zu konzentrieren. Als jedoch Arafat verlangte, Khaled al-Hassan möge sich an Fatah anschließen, war der um ein Jahr ältere nicht begeistert. Er konnte Arafat seit der ersten Begegnung nicht ausstehen. Vor allem störte ihn Arafats ägyptischer Dialekt, der ganz und gar nicht zu einem Mann paßte, der von sich behauptete, er sei Palästinenser und dazu berufen, den Kampf des palästinensischen Volkes um Unabhängigkeit anzuführen. Daß Arafat Unterordnung verlangte, mißfiel Khaled al-Hassan. Er hielt Arafat für eingebildet und arrogant. Dem Älteren schwebte eine kollektive Führung im Exekutivkomitee vor. Der Jüngere aber sah in diesem Gremium ein Organ, das seine Entscheidungen bestätigte. Khaled al-Hassan verlangte für sich Beteiligung an der Entwicklung der Entscheidungen. Jassir Arafat forderte, daß seinem Willen nachgegeben werde.

Der Begründer der Fatah war verblüfft, als Khaled al-Hassan beim Treffen des Zentralkomitees den Antrag stellte, die Organisation solle jeden Gedanken an eine Aufnahme des Guerillakampfes in absehbarer Zeit vergessen – Al-Fatah sei noch nicht reif für ernsthafte militärische Aktivität. Khaled al-Hassan erläuterte seinen Standpunkt: »Die arabischen Regierungen sind gegen uns. Sie wollen den Kampf nicht und werden ihn mit allen Mittel verhindern. Wir werden unserer Kräfte aufreiben in der Auseinandersetzung mit den Sicherheitskräften von Syrien, Jordanien, von Ägypten und Libanon. Das Beispiel Syrien zeigt, daß sich Regierungen ändern können – auch zu unseren Gunsten. Warten wir die Entwicklung ab. Wenn die Regime uns erst freundlicher gesinnt sind, wird unser Kampf leichter sein.«

Diesen Standpunkt wollten Arafat und Abu Jihad nicht akzeptieren. Folgte das Fatah-Zentralkomitee der Meinung von Khaled al-Hassan, dann bestand Gefahr, daß das Feld der palästinensischen Aktivität der Palästinensischen Befreiungsbewegung PLO überlassen blieb. Wenn Al-Fatah nicht bald mit militärischen Aktionen begann, wurde sie nicht zur Kenntnis genommen – dann war sie gar nicht existent. Arafat befürchtete, daß die PLO alle Aufmerksamkeit auf sich ziehe.

Das Zentralkomitee, das bis dahin Arafats Weisungen befolgt hatte, war auf einmal gespalten. Von sechs Mitgliedern waren drei für baldige Aufnahme des Kampfes – drei waren dagegen. Die Spaltung war gefährlich: Sie konnte das Ende von Al-Fatah bedeuten.

Khaled al-Hassan hatte nicht unrecht: Die Feindseligkeit der Regierungen stellte ein Problem dar. Weder Syrien, noch Jordanien, Ägypten oder der Libanon ließen Guerilla-Aktionen von ihrem Gebiet aus zu. Die Idee zu kämpfen war undurchführbar, solange die arabischen Regierungen die Staatsgrenzen für palästinensische Guerillas undurchdringlich machten.

Da ereignete sich ein Wunder: Das Regime in Damaskus signalisierte Bereitschaft, der Fatah-Organisation Freiheiten zu gewähren.

Im Verlauf blutiger Putsche war General Hafez al-Assad, der Chef der Luftwaffe, mächtig geworden. Sein Ehrgeiz trieb ihn an, die Gewalt in Syrien unbeschränkt in die Hand zu bekommen. Er blieb auf diesem Weg in scharfer Abgrenzung zu Gamal Abdel Nasser – auch in seiner Haltung gegenüber den Palästinensern. Besaß Nasser die Palästinensische Befreiungsbewegung PLO als Mittel, um über sein eigenes Land hinaus Einfluß in Arabien zu gewinnen, so wollte sich Hafez al-Assad die Al-Fatah dafür heranziehen. Sein erster Schritt im Jahre 1964 war, der Organisation des Jassir Arafat Trainingscamps auf syrischem Boden einzurichten. Der Oberkommandierende der syrischen Luftwaffe sorgte auch dafür, daß Waffen auf dem Luftweg nach Damaskus transportiert wurden, die Algerien zur Verfügung stellte. Die Menge der Waffen war allerdings gering; es handelte sich um 30 Kalaschnikows und um einige Kisten Munition. Diese Waffen bildeten für Al-Fatah einen wertvollen Schatz. Von nun an war die Kalaschnikow für Al-Fatah das Symbol des Sieges.

Nur wenige Wochen später sorgte Hafez al-Assad dafür, daß die Offiziere, die noch immer an Gamal Abdel Nasser glaubten, aus der syrischen Armee entfernt wurden. Die Folge war die systematische Machtübernahme durch die syrische Baathpartei, die mit dem vollen arabischen Namen »Al Hisb al-Baath al-Arabi« heißt – »Partei der Arabischen Wiedergeburt«. Die Baathpartei verfolgte das Ziel, Arabien zu einigen. Die arabischen Brudervölker sollten sich zu einem gemeinsamen Mutterland zusammenschließen. Freiheit und Sozialismus waren als Symbole des arabischen Mutterlandes gedacht. Das Parteiprogramm, das der syrisch-libanesische Christ Michel Aflaq nach dem Zweiten Weltkrieg entwickelt hatte, war im Jahre 1964 längst in Vergessenheit geraten. Die Partei war zur Basis geworden für ehrgeizige Politiker und Offiziere, die einen funktionierenden Apparat benötigten für den Griff nach der Macht. Meister in der Nutzung der Parteigremien war Hafez al-Assad. Er besaß an politischer Begabung nur einen Rivalen in Arabien: Gamal Abdel Nasser. Ihn zu übertrumpfen war die Absicht des Hafez al-Assad. Daß er die Führung von Al-Fatah an sich band, war ein Schachzug auf dem Weg zum Ziel.
Jassir Arafat ging nicht harmlos in die Falle des Syrers. Er wußte, daß er sich von nun an in der Hand des Mächtigen in Syrien befand. Er hoffte, ihr bald wieder entweichen zu können. Wichtig war zu jenem Zeitpunkt allein, daß ihm die Verbindung mit Hafez al-Assad endlich die Möglichkeit gab, die Guerilla-Aktivität ernsthaft vorbereiten zu können.

Der Schwenk in Syriens Politik brachte Arafat einen weiteren Vorteil: Khaled al-Hassan gab seinen Widerstand gegen den Beginn der Kampfaktivität auf. Die Spaltung des Zentralkomitees der Fatah-Organisation war überwunden.

Der Kampf beginnt mit Mißerfolgen

Sieben Monate nach der Gründung der Palästinensischen Kampforganisation PLO versuchte Al-Fatah, die Aufmerksamkeit auf sich zu lenken. Als Beginn der Guerilla-Angriffe gegen Israel war die Nacht zum 1. Januar 1965 vorgesehen. Arafat war sich bewußt, daß er bluffte. Er verfügte über nicht mehr als zehn Männer, die einige Voraussetzungen erfüllten, eine Guerilla-Aktion erfolgreich durchzuführen. Wirkliche Erfahrungen im Kampf besaßen sie alle nicht. Dies war am Ergebnis der Aktionen abzulesen.

Vorgesehen war, daß vom Gazastreifen aus eine kleine Gruppe in das benachbarte israelische Gebiet eindringen sollte, um dort Wasserreservoirs durch Sprengstoffexplosionen zu vernichten. Dieses Unternehmen scheiterte daran, daß es den ägyptischen Sicherheitsbehörden in Gaza gelungen war, die Gruppe zu unterwandern. Die Fedajin von Al-Fatah wurden eine Woche vor der Aktion zum Jahreswechsel verhaftet.

Die vier Guerillakämpfer, die vom Libanon aus landwirtschaftliche Anlagen zerstören sollten, wurden von libanesischen Grenzpolizisten abgefangen. Die Ursache für diesen Fehlschlag lag darin, daß die Fedajin vor Freunden im Palästinenserlager damit geprahlt hatten, sie würden mit der Befreiung Palästinas beginnen. Die Freunde hatten die Information an die Behörden weitergegeben. Der Anschlag einer Gruppe aus Jordanien blieb deshalb wirkungslos, weil der Zeitmechanismus des Zünders der Sprengladung falsch eingestellt war.

Bald darauf hatte Al-Fatah auch den ersten Märtyrer zu beklagen. Der Palästinenser Ahmed Musa wurde von jordanischen Grenzposten erschossen, als er über den Jordan zu seinem Ausgangspunkt zurückkehren wollte. Er hatte sich geweigert, den Jordaniern seine Waffe auszuhändigen. Was in jener Nacht im

Januar 1965 geschah, wird sich während der nächsten Jahre tausendfach wiederholen: Palästinenser sterben durch Geschosse aus Waffen der arabischen Sicherheitsdienste. Der palästinensische Widerstand verliert bei weitem mehr Kämpfer in innerarabischen Auseinandersetzungen als im Kampf mit den Israelis. Jassir Arafat und Abu Jihad hatten mit Fehlschlägen gerechnet – sie kannten den niederen Ausbildungsstand ihrer Männer. Das erste Kommuniqué, das der Öffentlichkeit die Aktivität der Commando-Organisation mitteilte, meldete Erfolge, die nie stattgefunden hatten, vermied jedoch die Verwendung des Namens *Al-Fatah*. Gemeldet wurde, die Commando-Organisation *Al-Assifa* habe wichtige Objekte des zionistischen Gegners angegriffen und zerstört. Die Organisation *Al-Assifa* – »der Sturm« – existierte gar nicht, und doch wurde der Name zum Tarnmantel für Al-Fatah. Der Grund für die Wahl des Namens *Al-Assifa* war die Furcht, die Arafat und Abu Jihad vor der Reaktion der arabischen Regierungen umtrieb. Fast alle Sicherheitsbehörden der Staaten rings um Israel wußten Bescheid, daß Al-Fatah dabei war, Aktionen gegen Israel vorzubereiten. Ein Kommuniqué, Al-Fatah habe losgeschlagen, hätte die Geheimdienste veranlassen können, alle bekannten Mitglieder der Fatah-Führung zu verhaften. Arafat begann ein Spiel der Täuschungen. Es gelang ihm, die Gegner Al-Fatahs zu verwirren. Sie verwirrten jedoch auch ihn.

Abu Ijad hielt sich Anfang Januar 1965 in Beirut auf. Er hatte den Auftrag, die Reaktion der libanesischen und der syrischen Nachrichtenagenturen auf das Kommuniqué zu registrieren. Aus den Meldungen der Agenturen, die sich nach Leitlinien der Regierungen richteten, war die Meinung der in beiden Staaten Mächtigen abzulesen. Abu Ijad hatte auch den israelischen Rundfunk abzuhören, um zu prüfen, ob Meldungen über die Anschläge und über das Kommuniqué der *Al-Assifa* ausgestrahlt wurden. Abu Ijad war sich bewußt, daß die Anschläge selbst ein Mißerfolg und keine Meldung wert waren, doch er war der Meinung, zumindest die Erklärung, der Kampf der Palästinenser gegen Israel habe begonnen, müsse auf allgemeines Interesse stoßen. Abu Ijad war überrascht, daß sowohl die arabischen als auch die israelischen Medien die Aktivitäten der Palästinenser verschwiegen. Nicht zur Kenntnis genommen zu werden, war für Arafat die schlimmste Reaktion. Er brauchte Publicity, um die jungen Männer in den Lagern für Al-Fatah zu mobilisieren. Arafat und Abu Jihad drängten darauf, die Zahl der Anschläge rasch zu steigern. Dies war nur schwer möglich, da sich im syrischen Ausbildungscamp kaum junge Männer zur Ausbildung meldeten. Noch immer bewarben sich die Palästinenser, die für ihr Volk aktiv werden wollten, bei der Palästinensischen Befreiungsarmee (PLA), die über Geld verfügte. Abu Jihad war es nur möglich, vier Commandogruppen während der ersten Wochen des Jahres 1965 auf den Weg über die israelischen Grenzen zu schicken. Doch diese Aktivitäten waren kaum erfolgreich. Die Fedajin waren noch immer zu unerfahren und nicht kaltblütig genug. Mancher kam aus Israel zurück und brüstete sich, er habe Getreidesilos und Wasserpunpen zerstört – dabei hatte er die Sprengstoffstäbe im Boden vergraben. Einige der Fedajin wurden von den israelischen Sicherheitskräften verhaftet und verhört. Arafat mußte annehmen, daß der israelische Gegner Bescheid wußte, wer hinter *Al-Assifa* steckte. Doch das Schweigen hielt an. Die israelischen Medienkontrolleure – so glaubte Arafat wohl zurecht – waren der Meinung, es sei klug, die »Terrorwelle« zu verschweigen – solange kein israelisches Menschenleben zu beklagen war. Menschen zu schonen aber war die ausdrückliche Anweisung von Arafat und Abu Jihad an ihre Kämpfer gewesen. Beide waren noch nicht gewillt, diese Anweisung aufzuheben.

Das Schweigen der arabischen Medien entsprach der Richtlinie der Informationsministerien in Damaskus, Amman und Beirut. Sie lautete, die Aktionen dürften gar nicht zur Kenntnis genommen werden. Die Anschläge seien von Israel selbst inszeniert worden, um der israelischen Armee die Freiheit zu geben, »Vergeltungsangriffe« gegen Libanon, Syrien und Jordanien durchzuführen. Jassir Arafat machte die bittere Erfahrung, daß eine Tatsache erst dann Wirklichkeit wird, wenn in der Zeitung und in den elektronischen Medien darüber berichtet wird.

Da die militärischen Kommuniqués ohne Wirkung geblieben waren, übergab das Zentralkomitee der Al-Fatah am 28. Januar 1965 der Öffentlichkeit ein »Politisches Manifest«, das die Ziele des Kampfes umriß. Noch immer wurde der Name *Al-Fatah* verschwiegen. Als verantwortlich für den Inhalt des »Politi-

schen Manifests« zeichnete *Al-Assifa*. Das Manifest teilte mit, der Kampf, der jetzt begonnen habe, sei Teil des Befreiungskampfes der Araber überhaupt. *Al-Assifa* fühle sich mit allen revolutionären Kräften verbunden, die Arabien aus den Fesseln des Kolonialismus und Imperialismus lösen wollten. Das Ziel müsse zunächst sein, die Gründung des Staates Israel rückgängig zu machen. Das Fazit des Manifests lautete: »Wir werden die Waffen erst niederlegen, wenn die Befreiung Palästinas gelungen ist und wenn Palästina wieder den Platz im Herzen der Araber einnimmt, der ihm zusteht!«
Dieses »Politische Manifest« wurde den zahlreichen Zeitungen von Beirut zugeleitet. Viele Politiker des Libanon fanden es in ihrer Post. Es konnte nicht verheimlicht werden. Es wurde abgedruckt und kommentiert. Da die Organisation *Al-Assifa* unbekannt war, da niemand die Namen derer kannte, die dahinter steckten, war der Raum für Spekulationen gewaltig. Der erste, der sich zu Wort meldete, war Ahmed Shukeiri, der Chairman des PLO-Exekutivkomitees. Er verurteilte die Verfasser des Manifests als Feinde des palästinensischen Volkes, die nur das eine Ziel verfolgten, die Kampfkraft der offiziellen Palästinensischen Befreiungsorganisation PLO zu schwächen. Es sei die Pflicht jedes aufrechten Palästinensers, seine Kraft allein der Palästinensischen Befreiungsarmee (PLA) zur Verfügung zu stellen.
Der Propaganda-Apparat von Gamal Abdel Nasser wiederholte Shukeiris Standpunkt und entwickelte den Inhalt weiter: Aus Cairo verlautete, *Al-Assifa* sei ein Ableger der Moslembruderschaft, die sich jetzt die Aufgabe gestellt habe, die Araber im Interesse der Zionisten zu spalten. Es sei bewiesen, daß sich die Führung der Moslembruderschaft inzwischen an den amerikanischen Geheimdienst CIA verkauft habe.
Das jordanische Informationsministerium gab den Zeitungsredakteuren in Amman die Order, *Al-Assifa* als eine kommunistische Organisation darzustellen, die im Auftrag Moskaus revolutionäres Gedankengut verbreite. Die Absicht sei Umsturz herbeizuführen, um den Nahen Osten im Chaos versinken zu lassen.
Die Informationsministerien Arabiens erließen, nach Absprache untereinander, erneut die Anweisung, den Namen *Al-Assifa* nicht zu erwähnen. Durch ausführliche Berichterstattung

sollte hingegen die Aktivität der Palästinensischen Befreiungsorganisation PLO betont werden. Sie allein sei der legitime Vertreter des palästinensischen Volkes.

Alle, die Urteile abgaben über die Hintermänner von *Al-Assifa* ärgerten sich, weil sie die Personen nicht kannten, weil ihre Apparate keine Ahnung hatten, wer sich hinter dem Namen verbarg. Niemand erriet damals die Funktion von Jassir Arafat in diesem Zusammenhang. Er war in den Dossiers der Sicherheitsdienste der arabischen Regierungen nicht als bedeutsamer Kopf eingestuft.

Für Gamal Abdel Nasser war die Situation, nicht informiert zu sein über ein Ereignis in der arabischen Welt, ein unerträglicher Zustand. Er mobilisierte deshalb einen gewaltigen Apparat, der für ihn Informationen sammeln sollte. Dieser Apparat war damit für Wochen blockiert.

Die Arabische Liga, die Dachorganisation der arabischen Staaten, hatte sich damals einen militärischen Ableger geschaffen, das »Vereinigte Arabische Oberkommando«. Ihm war offiziell das Ziel gesetzt, die militärischen Anstrengungen der arabischen Staaten zu koordinieren, die Waffeneinkäufe der einzelnen Armeen untereinander abzustimmen. In Wahrheit war von Gamal Abdel Nasser beabsichtigt, damit alle ehrgeizigen Planungen der einzelnen Regierungen zu beschneiden, die darauf ausgerichtet waren, Aufrüstung zu betreiben, die eines Tages für Israel gefährlich werden konnte. Die wichtigste Persönlichkeit des »Vereinigten Arabischen Oberkommandos« war der ägyptische Feldmarschall Abdel Hakim Amer. Er war ein Vertrauter des ägyptischen Staatschefs. Dieser Feldmarschall erhielt den Befehl Nassers, er möge unverzüglich durch die Verteidigungsministerien der Mitgliedsstaaten der Arabischen Liga die Hintermänner der Kampfgruppe *Al-Assifa* ausforschen lassen. Dabei sei jedes Mittel recht, das der Tatsachenfindung diene. Nasser hatte zu erkennen gegeben, daß er bald über die Ergebnisse informiert werden wolle.

Nassers Anordnung enthielt noch den Zusatz, daß – nach der Aufdeckung der personellen Struktur von *Al-Assifa* – jede Aktivität der Gruppe zu unterbinden sei. Insbesondere müsse der Grenzübertritt in Richtung Israel durch Mitglieder von *Al-Assifa* verhindert werden.

Zu diesem Zeitpunkt war die Partnerschaft zwischen der syrischen Baathpartei und der Führung von Al-Fatah bereits wirksam. So geschah es, daß der Damaszener Sicherheitschef Ahmed Sweidani den Wortlaut des Befehls aus dem Hauptquartier des Vereinigten Arabischen Oberkommandos an Abu Jihad weiterleitete. Der Mitarbeiter Arafat mußte aus dieser Geste schließen, daß der syrische Geheimdienst den Zusammenhang zwischen *Al-Assifa* und Al-Fatah zumindest erahnte.
Abu Jihad war damals eigentlich in Algier stationiert. Er leitete dort das »Palästinabüro«, die erste Auslandsvertretung der Palästinenser überhaupt. Ben Bella, der Sieger des algerischen Bürgerkrieges, hatte die Genehmigung zur Eröffnung dieses Kontaktbüros erteilt. Arafat hatte die Hoffnung gehabt, durch dieses Büro werde es möglich sein, internationale Beziehungen zu knüpfen, die nützlich sein konnten beim Einkauf von dringend benötigten Waffen. Die algerische Regierung selbst hatte bereits einmal Kalaschnikows geliefert. Eine Verbindung zu China – zustande gekommen durch Ben Bellas Vermittlung – hatte den Anschein gehabt, sich positiv für Arafat zu entwickeln. Plötzlich und unerwartet erwiesen sich diese Kanäle als unergiebig. Während die Zahl der kampfbereiten Fedajin langsam stieg, nahm der Bestand an Waffen und Sprengstoff im syrischen Trainingscamp rasch ab. Diejenigen im Zentralkomitee der Al-Fatah, die gegen den raschen Beginn militärischer Aktionen gewesen waren, triumphierten – und dazu gehörte vor allem Khaled al-Hassan. Der bullige Typ, der kräftiger war als sein jüngerer Bruder Hani al-Hassan, war ganz offensichtlich darauf aus, Arafat aus dem Zentralkomitee von Al-Fatah zu verdrängen. Khaled al-Hassan hatte begriffen, daß es völlig unmöglich war, Arafat zur Einsicht zu bringen, er habe sich dem Willen anderer unterzuordnen, er könne höchstens Mitglied einer kollektiven Führung sein. Arafat wollte seine einzigartige, bestimmende Position behalten. Khaled al-Hassan reagierte mit dem Vorwurf, Arafat wolle zum Diktator über die Palästinenser aufsteigen – er aber, Khaled al-Hassan, sehe das künftige Palästina als demokratisches Staatswesen, in dem es für einen Diktator keinen Platz gebe.
Hätten sich die beiden Brüder Khaled und Hani zusammengeschlossen, wäre Arafat verloren gewesen – Hani al-Hassan aber

war, wie Arafat, der Meinung, es sei richtig gewesen, den Guerillakampf gegen Israel frühzeitig zu beginnen. Wichtiger als diese Positionsbestimmung aber war die Bereitschaft des Studentenführers, der in der Bundesrepublik lebte, die nahezu 70 000 palästinensischen Gastarbeiter in Deutschland zu einem finanziellen Opfer zugunsten von Al-Fatah zu bewegen. Die beachtlichen Beträge aus Deutschland waren dazu bestimmt, den von Arafat propagierten Guerillakampf zu finanzieren. Wie die Geldsummen zustandekamen, darüber berichtete Hani al-Hassan: »Ich habe die palästinensischen Arbeiter in der Bundesrepublik veranlaßt, an Samstagen und Sonntagen durchzuarbeiten. Die Studenten schlossen sich ihnen an. Arbeiter und Studenten spenden den Verdienst der Kasse von Al-Fatah.« Mit dem Geld, das ihm Hani al-Hassan zukommen lassen konnte, war Arafat gerettet. Da er allein die Summen zu verwalten hatte, war er unabhängig vom Zentralkomitee der Al-Fatah. Er war nun eigentlich in der Lage, den Kämpfern Sold zu zahlen, und Maschinenpistolen bei europäischen Waffenhändlern einzukaufen. Die Kampforganisation wurde für einige Zeit zu Arafats ganz persönlicher Einrichtung. Noch immer hatte er seinen Wohnsitz in Kuwait. Dies erwies sich als Nachteil.

So rasch konnten die Gelder von Hani al-Hassan nicht in Kuwait auf Arafats Konto eintreffen. Die Finanzierung durch die palästinensischen Arbeiter in Deutschland litt unter administrativen Anlaufschwierigkeiten. Anfang November 1965 war Arafat gezwungen, die wenigen Fedajin, die sich noch – ohne Bezahlung – für den Guerillakampf zur Verfügung gestellt hatten, in die Palästinenserlager in Syrien und Jordanien zurückzuschicken. Für weitere Aktionen standen weder Sprengstoff noch Munition zur Verfügung. Die Sabotageaktionen wurden eingestellt. Al-Fatah existierte für ein halbes Jahr nicht mehr.

Auch in dieser Situation blieb Khaled al-Hassan hart: Auf seinen Wunsch weigerte sich das Zentralkomitee, Beträge, die noch zur Verfügung standen, an Jassir Arafat weiterzuleiten. Khaled al-Hassan war entschlossen, Arafat nicht nur aus dem Zentralkomitee zu entfernen, sondern ihm jegliche Funktion innerhalb der Organisation zu nehmen. Arafat auf irgendeine Weise dann persönlich zu »liquidieren« wäre der nächste Schritt gewesen.

In dieser verzweifelten Situation wandte sich Arafat an den Chef des syrischen Geheimdienstes, Ahmed Sweidani mit der Bitte um Hilfe. Doch dieser war damit beschäftigt, einen neuen Staatsstreich vorzubereiten. Er wollte den Präsidenten Generalmajor Amin al-Hafiz aus dem Amtssitz des Staatsoberhaupts jagen mit der Begründung, sein Regime unternehme nichts zur Stärkung der syrischen Kampfkraft gegen Israel.

Israels Verhalten hilft Arafat

Im Verlauf des Jahres 1964 entwickelt die israelische Regierung den Plan, das Wasser des Sees Genezareth in größerem Umfang als bisher für eigene Zwecke zu nutzen. Israel glaubt dazu berechtigt zu sein, denn die Waffenstillstandslinie des Jahres 1948 ist im Osten des Sees Genezareth so gezogen, daß die gesamte Wasseroberfläche in israelisch kontrolliertem Gebiet liegt. Eine Pumpstation, die sich bei Tiberias im Bau befindet, soll Wasser in großem Umfang absaugen und in den »Israel National Water Carrier« einleiten, in das nationale Versorgungssystem. Als Hauptabnehmer für das Wasser des Sees Genezareth kamen die jüdischen Siedlungen in der Wüste Negev südlich von Beershewa in Frage. Mit Hilfe des Wassers konnten dort weitere Siedlungen entstehen.

Ministerpräsident Levi Eshkol begründete den Anspruch auf das Wasser: »Das Wasser des Jordan fließt ungenützt ins Tote Meer. Es mischt sich dort mit dem Salzwasser und ist nicht mehr zu gebrauchen. Die Araber sind nicht in der Lage, das kostbare Wasser auszunutzen. Wir sind deshalb berechtigt, das Wasser für uns zu sichern!«

Da das Projekt der Nutzung des Wassers aus dem See Genezareth große Ausmaße hatte – dies war schon in der Planung zu ersehen – mußte befürchtet werden, daß in den Jordan nach der Fertigstellung der Anlagen überhaupt kein Wasser mehr aus dem See floß. Jordanien, das zu dieser Zeit auch noch aus Gebieten westlich des Jordanflusses bestand, war damit nicht mehr Nutzer des Seewassers. Über diese Zukunftsperspektive, die bald genug Wirklichkeit wurde, waren die Regierungen in Cairo, Amman, Damaskus und Beirut wütend. Die damals

Mächtigen in Syrien forderten die Zerstörung der bereits bestehenden Baustellen auf israelischem Gebiet – doch sie wagten nicht, tatsächlich aktiv zu werden. Desto lauter war das Kampfgeschrei aus Damaskus – es verstummte über Monate hin nicht.

Über die Parolen aus der syrischen Hauptstadt war schließlich Gamal Abdel Nasser verärgert. Er hielt sie für unverantwortlich und dumm. Er gab seinen Standpunkt öffentlich bekannt: »Die Spinner in Damaskus haben noch nicht begriffen, daß es nicht darauf ankommt, dem Feind den Krieg zu erklären – man muß den Krieg auch gewinnen können!« Der ägyptische Staatschef hielt noch immer an seinem Standpunkt fest, sich in keinen Krieg gegen Israel hineintreiben zu lassen. Er war am Konflikt mit dem jüdischen Staat nicht interessiert.

Der syrische Staatspräsident Generalmajor Amin al-Hafiz nahm den Mund immer voller. Er verkündete: »Ich brauche nur drei Stunden Zeit und ich bin in Tel Aviv.« In Wirklichkeit war die syrische Armee nicht für einen Feldzug gegen Israel gerüstet. Amin al-Hafiz mußte, wenn er nicht völlig unglaubwürdig im eigenen Land werden wollte, irgendeine spektakuläre Aktion unternehmen, die Israel schaden konnte. Da schlug ihm Geheimdienstchef Ahmed Sweidani vor, die Dienste der palästinensischen Kampforganisation des Jassir Arafat anzunehmen. Al-Fatah sei bereit zum Kampf – sie benötige nur die Genehmigung, die syrische Grenze nördlich des Sees Genezareth zur Nachtzeit überschreiten zu dürfen. Amin al-Hafiz war tatsächlich überzeugt, der von ihm gestattete Guerillakrieg werde seinem Ansehen im eigenen Land aufhelfen.

Ende Januar 1966 waren Absprachen und Vorbereitungen soweit gediehen, daß Fedajin von Al-Fatah nach Israel eindringen konnten. Wieder war der militärische Effekt der Aktion gering, doch das Ansehen der Guerillaorganisation stieg, denn diesmal war ein wesentlicher Punkt anders als früher: Al-Fatah bekam Publicity für seine Aktionen. Die syrische Regierung war daran interessiert, der Öffentlichkeit mitzuteilen, der Kampf gegen Israel zur Zerstörung der Pumpanlagen am See Genezareth sei

mit Hilfe des Staatspräsidenten Amin al-Hafiz aufgenommen worden. Unter der Führung des Generalmajors erfülle Syrien seine patriotische Pflicht! Ahmed Sweidani hatte seinem Staatschef einen hinterlistigen Rat gegeben. Daß Amin al-Hafiz nun tatsächlich Palästinenser in den Kampf schickte, wurde ihm zum Verhängnis. Die eigenen syrischen Offiziere sahen darin eine Schande. Die Mißstimmung wuchs rasch innerhalb der Armee. Die Generalleutnante und Majore wußten, daß ihre Verbände nicht für den militärischen Konflikt gerüstet waren, doch an diesem Zustand der Streitkräfte gaben sie dem Staatschef die Schuld.
Ihm waren nach der Öffnung der Grenzen für Al-Fatah noch gerade drei Wochen an der Macht vergönnt, dann wurde er durch einen blutigen Putsch beseitigt. Der neue Mann im Präsidentenpalast hieß Nureddin Atassi. Mächtiger als Atassi aber war Generalleutnant Hafez al-Assad. Auf ihn setzte Arafat. Doch zu seinem Erstaunen wurde er bald nach dem Putsch vom 26. Februar 1966 in Damaskus verhaftet und ins berüchtigte Mezzegefängnis in einem westlichen Vorort der Stadt eingeliefert. Ein Grund für die Verhaftung wurde nicht genannt.
Abu Ijad befand sich damals in Kuwait. Er fühlte sich verpflichtet, Arafat zu helfen. Zusammen mit den Fatah-Mitgliedern Faruk al-Kaddumi und Jussuf al-Najjar fuhr er im Auto nach Damaskus. Die drei wollten sofort mit Hafez al-Assad sprechen, doch sie mußten drei Tage lang warten, ehe sie vorgelassen wurden. Dann allerdings verlief die Begegnung sehr merkwürdig. Der Generalleutnant hatte offensichtlich Arafats Verhaftung selbst bewirkt. Er schrie die kleine Fatah-Delegation an, Arafat habe zwei Fedajin erschossen, die der Baathpartei angehört hätten. An dieser Behauptung entzündete sich ein lautstarker Streit. Abu Ijad ließ sich dazu hinreißen, dem Mächtigen in Syrien den Vorwurf zu machen, er sei mit Arafats Verhaftung schuld am Untergang der palästinensischen Widerstandsbewegung: »Sie werden sich vor der arabischen Geschichte verantworten müssen!«
Als die Lautstärke schließlich gemildert wurde, stellte sich heraus, daß Hafez al-Assad ganz außerordentlich an Arafats Person interessiert war. Erstaunlicherweise kannte er dessen gewöhnlichen Namen nicht. Ihm war allein der Deckname

»Raouf« bekannt, den Arafat damals zeitweise benutzte. Der starke Mann Syriens stellte Fragen zur Person des Raouf. Abu Ijad war vorsichtig mit seinen Antworten. Er ahnte, daß Hafez al-Assad diesen Raouf gerne für eigene Zwecke gebrauchen wollte. Arafat wurde noch am selben Tag aus dem Mezzegefängnis in Damaskus entlassen. Abu Ijad und Abu Jihad hielten es für klug, den Freigelassenen vom aktiven Dienst in der Organisation Al-Fatah zu beurlauben. Dieser Vorschlag verärgerte allerdings den Begründer der Kampforganisation, doch er sah kein Mittel, sich dagegen zu wehren. Er schlug nun seinerseits vor, er wolle sich ins israelische Gebiet absetzen, um dort die Möglichkeit der Zellenbildung in Dörfern zu prüfen, die von Arabern bewohnt werden. Abu Ijad und Abu Jihad waren einverstanden.

Arafat erinnert sich daran, er habe, zusammen mit Fedajin, in Israel Anschläge verübt. Wahrscheinlicher aber ist, daß er schon vor dem Überschreiten der Grenze vom libanesischen Sicherheitsdienst verhaftet worden ist. Auf jeden Fall ist Arafat in Beirut verhört worden. Er nannte seinen richtigen Namen, doch auch hier stellte es sich heraus, daß damit niemand etwas anzufangen wußte. Die Verhörenden bemerkten den starken ägyptischen Akzent des Verhafteten. Sie glaubten ihm nicht als er sagte, er sei ein Palästinenser. Sie waren überzeugt, er sei ein ägyptischer Agent, der einen Auftrag Nassers zu erfüllen hatte.

Dieser Verdacht war nicht ungefährlich für Jassir Arafat. Acht Jahre zuvor hatte ein erster Bürgerkrieg den Libanon erschüttert. Angefangen hatten ihn Kreise der islamischen Bevölkerung, die aus Begeisterung für Gamal Abdel Nasser Anschluß an die Vereinigte Arabische Republik gefordert hatten. Damals waren Nassers Agenten rührig gewesen im Libanon. Durchgesetzt in Beirut hatten sich damals die Nasser-Gegner – die acht Jahre später noch immer in Sorge waren, Nasser wolle den Aufstand noch einmal anstacheln lassen.

Da dem Mann mit der ägyptischen Aussprache keine staatsfeindliche Aktivität im Libanon nachgewiesen werden konnte, wurde er schließlich freigelassen. Doch nun wußten die libanesischen Sicherheitsbehörden, daß er ein wichtiger Mann im Apparat des palästinensischen Widerstands sein mußte.

In Kuwait hatte der unerbittliche Khaled al-Hassan die Suspendierung Arafats aus den Reihen der Mitglieder von Al-Fatah betrieben. Als Begründung wurde angegeben, er sei ein Abenteurer, der die gesamte Bewegung in Gefahr bringe. Dazuhin sei festzustellen, daß sich Arafat an die Mächtigen in Syrien verkauft habe. Damit gefährde er eine mögliche Annäherung an Gamal Abdel Nasser, der bedeutender sei als Hafez al-Assad.

Khaled al-Hassen wollte eine Kursänderung der Politik von Al-Fatah erzwingen. Nach seiner Meinung war die Strategie gescheitert, den palästinensischen Widerstand ohne Unterstützung und Schutz eines oder mehrerer arabischer Staaten zu organisieren. Arafat selbst habe doch durch Kooperation mit dem syrischen Sicherheitschef Ahmed Sweidani bewiesen, daß auch er nicht mehr vom Wert der Unabhängigkeit überzeugt sei.

Arafat sah ein, daß ihm keine Möglichkeit blieb, als auf die Politik von Khaled al-Hassan einzuschwenken. Auf Anraten von Abu Ijad begab er sich selbst nach Cairo – in Begleitung von Faruk al-Kaddumi.

Dieser meist etwas mißmutig und grimmig durch starke Brillengläser blickende Mann ist im Jahre 1930 in der Nähe von Nablus geboren worden. Achtzehn Jahre alt war er, als die Familie den Heimatort verließ, um in sicherem arabischem Gebiet Zuflucht zu suchen. Faruk al-Kaddumi gehörte zu den jungen Palästinensern, die Jugend und Studienzeit in Cairo zugebracht haben. Er hat Volkswirtschaft studiert und den Studiengang mit einem glänzenden Diplom abgeschlossen. Al-Kaddumi gilt als bedächtiger, gründlicher Denker. Im Kreis um Jassir Arafat hat er sich zum intellektuellen Mittelpunkt entwickelt.

Arafat und Faruk al-Kaddumi erreichten die ägyptische Hauptstadt in der Hoffnung, rasch Zugang zu Gamal Abdel Nasser zu finden, doch der Staatschef hatte keine Zeit für die beiden, ihm völlig unwichtigen Palästinenser. Sein Geheimdienstchef Salah Nasir aber interessierte sich für sie. Salah Nasir empfing Arafat und al-Kaddumi mit großer Freundlichkeit und meinte, alle Annehmlichkeiten Cairos, vom Zimmer im Hotel Omar al-Khajjam bis zu den schönsten Frauen, die Ägypten zu bieten habe, stünden ihnen zur Verfügung. Während Arafat zum Angebot des Geheimdienstchefs schwieg, reagierte der grimmige al-Kaddumi mit einem Zornausbruch. Er schrie, sie seien keine bestechlichen arabischen Politiker, sondern Revolutionäre im Dienste des palästinensischen Volks! Al-Kaddumi war aufgesprungen, während er brüllte. Er begab sich zur Tür. Salah Nasir entschuldigte sich, seine Worte seien nur als Geste der Höflichkeit gemeint gewesen. Der Fortgang des Gesprächs zeigte den Palästinensern allerdings, daß der Geheimdienstchef nichts wissen wollte von einer Zusammenarbeit mit Al-Fatah. Er war allein darauf aus, Informationen über die Guerillaorganisation zu erhalten. Seine Neugier war gewaltig und sein Fragenkatalog umfangreich. Salah Nasir erkundigte sich nach der Zahl der Kämpfer, die sich in den Ausbildungslagern gemeldet hätten; er bat um Auskunft über die arabischen Länder, die Beziehungen unterhielten zu Al-Fatah; er verlangte eine Liste der Geldgeber, der Waffenlieferanten, der Bankkonten.

Arafat begann immer wieder davon zu reden, daß Israel dabei sei, das Wasser des Jordanflusses abzupumpen, daß die Bauarbeiten an den Pumpstationen jetzt empfindlich gestört werden müßten, daß es nationale Pflicht der Palästinenser sei, die Israelis am Diebstahl des »arabischen Wassers« zu hindern. Salah Nasir winkte ab: Darum würde sich schon die Arabische Liga und die Palästinensische Befreiungsorganisation PLO kümmern.

Jassir Arafat und Faruk al-Kaddumi erkannten, daß die ägyptischen Sicherheitsbehörden und damit die ägyptische Regierung nicht zu einer Zusammenarbeit mit Al-Fatah bereit war, daß offenbar Gamal Abdel Nasser auf das Jordanwasser zugunsten der Israelis verzichtet hatte. Die beiden Palästinenser verließen Cairo mit bitteren Gefühlen.

Um Al-Fatah am Leben zu halten, bemühte sich Abu Jihad nun weiterhin von Damaskus aus, Anschläge gegen den »National Water Carrier« der Israelis ausführen zu lassen. Seine Zielsetzung war eindeutig die Störung des für die israelische Regierung so bedeutungsvollen Prestigeprojekts. Abu Jihad kalkulierte, daß nicht nur die Vertriebenen in den Palästinenserlagern und die Menschen der Staaten rings um Israel, sondern weite Teile der Weltöffentlichkeit für derartige Aktionen Verständnis aufbringen würden, handelte es sich doch um Sabotageakte an Bauwerken, deren Errichtung ein Vergehen gegen internationales Recht darstellt. Die Parole hieß »Kampf um das Jordanwasser, das auch den Arabern gehört.«

Abu Jihads Statistik der erfolgreich abgeschlossenen Fedajin-Aktionen jener Zeit ist eindrucksvoll: Zerstörung der Rohrleitung des »National Water Carrier« beim Dorf Eilabun; Beschädigung eines Reservoirs bei Nazareth; Sprengung des Getreidesilos von Kfar Hess; Angriff mit Maschinenwaffen auf die Siedlung Arad; zweimaliger Überfall auf die Siedlung Ramat Hokovesh; Vernichtung eines Hauses in Afule.

Diese Anschläge waren zwar von den syrischen Sicherheitsbehörden erlaubt und unterstützt worden, doch kein einziger Angriff ist von syrischem Gebiet aus erfolgt. Keiner der Fedajin hatte die syrisch-israelische Grenze überschritten. Die Kämpfer waren jeweils von Syrien aus zuerst ins jordanische Gebiet eingedrungen, dann erst hatten sie nordwärts des Sees Genezareth israelischen Boden betreten. Jeder Beobachter der Vorgänge mußte annehmen, Al-Fatah handle im Einvernehmen mit König Hussein von Jordanien und dessen Geheimdienst.

Die israelische Regierung, die nicht informiert war über die Verbindung der Syrer mit Al-Fatah, handelte nach dem Augenschein: Sie befahl Angriffe gegen jordanische Dörfer, in denen sie Basen und Trainingslager der Kampforganisation vermutete. Die israelischen Attacken richteten sich besonders gegen die Region Jenin im Westjordanland. Getroffen wurden landwirtschaftliche Anwesen. Die Fedajin besaßen zu diesem Zeitpunkt keine Stützpunkte im Land des Königs Hussein westlich des Jordanflusses. Sie kehrten regelmäßig, wenn auch auf Umwegen, nach Syrien zurück.

Die Regierung des Königs protestierte in Damaskus, doch die energischen Demarchen wurden dort gar nicht beachtet. Der syrische Geheimdienst war froh, daß ihm zwar der Ruhm zufiel, er unterstütze den Kampf gegen Israel, daß die Konsequenzen jedoch der Monarch und seine Untertanen zu tragen hatten. Ahmed Sweidani, der Geheimdienstchef Syriens, glaubte sogar irrtümlich, der israelische Generalstab scheue vor Angriffen auf syrische Dörfer aus Angst vor der Abwehrstärke der Grenztruppen im Raum von Quneitra zurück. Nach Meinung von Sweidani erreichte Syrien durch Unterstützung der Al-Fatah einen doppelten Effekt: Geschadet wurde dem

Staat Israel – und dem verhaßten Monarchen von Jordanien. Hafez al-Assad, der Mächtigste in Syrien, gab dem Geheimdienstchef recht. Er festigte die Bindung zwischen Al-Fatah und seinem Regime: Das Deuxième Bureau in Damaskus übernahm die Hilfestellung für die Commando-Organisation. Zuständig wurde ein fähiger Mann, ein Syrer palästinensischer Abstammung – Mohammed Araka. Ihm gelang es, endlich die passenden Handfeuerwaffen und den richtigen Sprengstoff zu beschaffen. Mohammed Araka sorgte dafür, daß die zum Einsatz bereiten jungen Palästinenser sich bei den Basen von *Al-Assifa/Al-Fatah* meldeten und nicht bei den Rekrutierungsbüros von PLO/PLA.

Die Anbindung der Kampforganisation an die Mächtigen in Syrien zahlte sich aus für Jassir Arafat: Unter der Schirmherrschaft von Hafez al-Assad und Ahmed Sweidani wuchs die Zahl der Fedajin und die Waffenmengen in den Trainingscamps. Die unbehinderte Publicity machte den Namen *Al-Fatah* bekannt. Die permanente Proklamation von Erfolgen gab den Lagerbewohnern Hoffnung, der Kampf gegen Israel sei nicht verloren, und er werde irgendwann zu einem Erfolg führen.

Am meisten zur Popularität der Al-Fatah trugen jedoch die Vergeltungsschläge der Israelis bei. Monatelang hatte sich Israel ruhig verhalten. Levi Eshkol, der Nachfolger von Ben Gurion im Amt des Ministerpräsidenten, war überzeugt gewesen, er könne letztlich auch in der Frage des Jordanwassers zu einer Verständigung mit den arabischen Nachbarn gelangen. Er ließ den Bau des »National Water Carrier« fortsetzen, doch er vermied jegliche Aufheizung der Emotionen. In der zweiten Hälfte des Jahres 1966 aber gab Levi Eshkol seine Zurückhaltung auf. Die Aktionen der Fedajin konnten nicht mehr als unwesentliche Nebensächlichkeit bezeichnet werden: Kraftfahrzeuge waren beschossen worden in den judäischen Bergen südlich von Hebron in der Gegend von Arad; Lastkraftwagen waren durch Minen zerstört worden; Siedlungen waren durch Raketen beschossen worden. Levi Eshkol drohte Vergeltung an und ließ sie ausführen.

Nun konnten auch die arabischen Zeitungsredaktionen ihre Zurückhaltung aufgeben. Sie unterließen es zwar weiterhin, die Kommuniqués von *Al-Assifa/Al-Fatah* abzudrucken, doch sie zitierten israelische Meldungen über die arabischen Angriffe auf israelisches Gebiet. So wurden die israelischen Nachrichten zu Erfolgsmeldungen der Palästinenser.

Daß diese Erfolge wirklich bedeutsam sein mußten, lasen die Palästinenser in den Lagern und die Menschen der arabischen Staaten rings um Israel aus der Schwere der israelischen Vergeltungsschläge ab. Am 11. November 1966 waren zwei Soldaten der IDF auf der Straße südlich von Hebron getötet worden. Am 13. November schlug IDF in jener Gegend zu. Angriffsziel war das abgelegene Dorf Samoa am Rand der Berge von Judäa. Morgens um 5.30 Uhr beschoß israelische Artillerie das Dorf. Dann wurde Samoa, das aus rund 60 Häusern bestand, eingeschlossen. Nach Angaben des Königs Hussein besaß nur eine kleine Polizeieinheit Waffen, um die Ortschaft zu verteidigen. Sie wurde durch die Angreifer rasch niedergekämpft. Hussein stellte noch am selben Tag fest:»Commandos der PLO oder anderer Kampforganisationen befanden sich nicht in Samoa.«
45 Minuten nach Angriffsbeginn trafen auf der Straße von Hebron her jordanische Infanteristen auf 20 Lastkraftwagen ein. Sperrfeuer der Israelis verhinderte das Vordringen der Jordanier bis zum Dorf. Das Eingreifen der jordanischen Luftwaffe in die Erdkämpfe – an diesem Morgen standen ihr vier Kampfmaschinen vom veralteten Typ Hawker-Hunter zur Verfügung – wurde von überlegenen israelischen Luftstreitkräften verhindert. Eine jordanische Maschine stürzte ab. Um 9.30 Uhr war der Angriff gegen die jordanische Ortschaft zu Ende. Das Fazit für Jordanien listete König Hussein selbst auf:»21 Jordanier sind tot. 37 sind verwundet. 46 Häuser und das Krankenhaus sind zerstört. Die Moschee ist schwer beschädigt.«

Bemerkt werden muß, daß die Toten und Verwundeten eigentlich Palästinenser sind – erst durch die Einbeziehung des palästinensischen Gebiets westlich des Jordangrabens in das haschemitische Königreich waren dessen Bewohner Jordanier geworden.
Der Angriff der Israel Defence Forces (IDF) auf das eigentlich palästinensische Dorf Samoa brachte den Konflikt zwischen Palästinensern und Israels zum erstenmal seit 1948 voll in den Blick der Öffentlichkeit. Über diese Militäraktion berichteten

die Medien unter der Überschrift »IDF gegen Palästinenser«. Auch wenn die Palästinenser als »Terroristen« bezeichnet wurden, kam der Begriff »Palästinenser« erstmals in die Schlagzeilen. Der vergessene Begriff »Palästinenser« wurde wieder zum Leben erweckt.

König Hussein fand keinen Glauben mit seiner Erklärung, in Samoa hätten sich keine palästinensischen Fedajin befunden. Die Meinung verbreitete sich rasch, eine Schlacht hätte stattgefunden zwischeen IDF und Al-Fatah. Die Kampforganisation wurde in der Vorstellung der Palästinenser und der Araber insgesamt aufgewertet. Der Glaube setzte sich durch, daß IDF zur Bekämpfung der Al-Fatah bereits Panzer, Artillerie und Luftwaffe einsetzen müsse. Jassir Arafat konnte befriedigt feststellen: »Mit dem Angriff auf Samoa haben die Israelis anerkannt und dokumentiert, daß Al-Fatah für sie eine Gefahr ist!«

Der unaufhaltsame Aufstieg des Jassir Arafat

Das Interesse an Al-Fatah zielt bald auch auf die Person, die Organisator des palästinensischen Widerstands gegen Israel ist. Es gelingt Arafat bis in die Monate nach dem Junikrieg von 1967 hinein, im Hintergrund zu bleiben. Er wechselt nun seinen Decknamen von »Raouf« zu »Abu Ammar«. Der Deckname »Abu Ammar« läßt sich mit »Vater der Konstruktion« übersetzen. Der Deckname ist ein Hinweis auf Arafats Beruf des Bauingenieurs.

Der Durchbruch in der öffentlichen palästinensischen und arabischen Meinung zugunsten des aktiven Kämpfers gegen Israel bringt den Widerstand innerhalb der Organisation gegen Jassir Arafat zum Erlöschen. Künftig kann Khaled al-Hassan es nicht mehr wagen, Arafat anzugreifen, oder ihn gar aus der Kampforganisation entfernen zu lassen. Wer, als Palästinenser, die Israel Defence Forces dazu bringt, ihre Wut auf die Palästinenser zu zeigen und damit ihre Dünnhäutigkeit offenzulegen, der ist unantastbar.

Der 13. November 1966 bedeutete auch für König Hussein von Jordanien ein entscheidendes Datum: Die Palästinenser des Gebiets westlich des Flusses wenden sich von ihm ab. Der Grund ist einzusehen: Daß die jordanische Armee bei Samoa schmählich versagt hatte, konnte Hussein nicht leugnen. Die Honoratioren der Bewohner des Westjordanlandes empfanden sich vom Tag des Ereignisses »Samoa« an als Vertreter des palästinensischen Volkes, für dessen Schutz allerdings König Hussein verantwortlich ist. Sollte Hussein jedoch diese Verantwortung nicht tragen können, mußte er gezwungen werden, sie an Palästinenser zu übertragen. Dafür kam damals nur eine einzige Organisation in Frage: Al-Fatah.
Der König glaubte zum Jahresende 1966 noch, er könne die Kampforganisation zügeln. Da die Dossiers seines Geheimdienstes ihn nicht auf *Al-Assifa* (Al-Fatah) hinwiesen, war er zuächst der Meinung, die von Gamal Abdel Nasser inspirierte Palestine Liberation Organization PLO sei verantwortlich für Angriffe und Sabotageakte gegen Israel. Um die PLO in Jordanien lahmzulegen, ließ Hussein im Herbst 1966 die PLO-Büros in seiner Hauptstadt Amman und in Jerusalem schließen. Seine Begründung war: »Ahmed Shukeiri, der Generalsekretär der PLO, ist ein Kommunist – die gesamte Organisation ist kommunistisch. Shukeiris Ziel ist der Sturz der arabischen Regime, die Nasser nicht freundlich gesinnt sind!«
König Hussein hatte auf diese Weise ganz unfreiwillig dem ihm unbekannten Chef von Al-Fatah den Konkurrenten vom Halse geschafft. Der jordanische Monarch verbot die Aufstellung von PLA-Einheiten in seinem Land. Er wollte keine bewaffneten Verbände der Palästinenser in Jordanien haben.
Ahmed Shukeiris PLO hatte zu diesem Zeitpunkt kaum positive Entwicklungen zu melden. Die Staaten der Arabischen Liga, die zunächst zwei Jahre zuvor die Bereitstellung von Geld und Waffen versprochen hatten, waren schon bald danach mit ihrer Unterstützung überaus zurückhaltend gewesen. Die Panzertruppe der PLA war nirgends aufgestellt worden. Kein arabisches Land hatte Trainingszentren von Bedeutung geschaffen. Dazuhin war Shukeiris Einfluß als Generalsekretär der PLO auf politischer Ebene sehr gering. Nach »Samoa« war Shukeiri für Arafat kein ernsthafter Konkurrent mehr.

König Hussein, der die PLO/PLA in seinem Land erfolgreich ausgeschaltet hatte, war überzeugt, dies werde ihm auch mit Al-Fatah gelingen. Sein Ministerpräsident Wasfi Tal verkündete, Jordanien werde keine Grenzverletzungen in Richtung Israel mehr dulden. Dies bedeutete, daß Wasfi Tal Auftrag hatte, die Aktionen des palästinensischen Widerstands zu unterbinden. Dagegen wehrten sich die Palästinenser im Königreich Jordanien.

In Demonstrationen drückten sie Empörung und Wut aus: Wenn schon die königliche Armee nicht in der Lage war, sie gegen israelische Angriffe zu schützen, mußte ihnen der König Waffen geben, damit sie sich selbst schützen konnten – diese Forderung fand weite Resonanz im arabischen Gebiet westlich des Jordan.

Als Al-Fatah zur Demonstration in Jerusalem aufrief, folgten die Massen. An der Mauer der Altstadt, auf der Straße zwischen dem Damaskustor und dem Herodestor, sammelten sie sich, um gegen die Knebelung der Kampforganisation durch König Hussein zu protestieren. Zum erstenmal wurde Al-Fatah öffentlich politisch aktiv – und sie zeigte ihre überraschend starke Kraft. Die jordanische Polizei vermochte die Menge nicht zu beruhigen. Die Armee griff ein, nachdem der Ausnahmezustand über Jerusalem verhängt worden war.

Der Konflikt zwischen der Monarchie und Al-Fatah, zwischen König Hussein und Jassir Arafat, zeichnete sich ab. Dieser Konflikt sollte sich zum Krieg entwickeln, der Tausende von Opfern fordern wird.

Er begann mit bescheidenen Aktionen: Ende Dezember 1966 und Anfang 1967 detonierten Sprengstoffladungen an Regierungsgebäuden in der jordanischen Hauptstadt. Hussein gab Al-Fatah die Schuld, und er klagte den syrischen Geheimdienst an, die Fedajin angestiftet zu haben. Daß Syrien dahintersteckte, war offensichtlich – unklar war, ob Al-Fatah wirklich für die Detonationen verantwortlich war. Eine weitere Gruppe kampfbereiter Palästinenser hatte sich zu formieren begonnen: Sie wurde wenig später bekannt als »Volksfront zur Befreiung Palästinas«. Die Keimzelle dazu war die politisch unbedeutende marxistische Organisation *Arab Nationalist Movement* (ANM) des Dr. George Habash. Der palästinensische Arzt glaubte zu jener Zeit noch daran, Gamal Abdel Nasser werde den Palästinensern die Heimat erkämpfen, doch geriet er mehr und mehr in die Fänge des syrischen Geheimdiensts. In Damaskus wurde die Gründung der »Volksfront zur Befreiung Palästinas« beschlossen. Die Organisation wurde jedoch in der jordanischen Hauptstadt Amman aktiv. Der syrische Geheimdienst war Meister in der Konfliktsverlagerung in den Nachbarstaat. Von Anfang an belastete ein Grundübel den palästinensischen Widerstand: die Spaltung. Ihre Ursache war weniger der Unterschied politischer oder militärischer Ansichten, sondern der Einfluß, den arabische Regierungen ausüben wollten. Weder in Cairo noch in Damaskus wollten die Mächtigen eine unabhängige palästinensische Bewegung dulden. Nasser und al-Assad wollten jeweils die höchste Autorität sein über den palästinensischen Widerstand. Die Bewegung sollte ein Machtinstrument sein zur Durchsetzung eigener Ziele. Gelang es nicht, die Führung in die Hand zu bekommen, schufen die Geheimdienste in Cairo und Damaskus jeweils ihnen hörige konkurrierende Commando-Organisationen – und sie fanden unter den Palästinensern immer willige Partner. An politische und militärische Geschlossenheit war dabei nicht zu denken.

Jassir Arafat und Abu Jihad befanden sich in der günstigen Situation, den »Samoaeffekt« voll ausnützen zu können. Propagandistisch geschickt beuteten sie den Vorteil aus, daß sie tatsächlich den aktiven Kampf gegen Israel organisierten – und sich nicht auf lautstarke Sprüche beschränkten. In der Propaganda blieb Arafat im Hintergrund. Er vermied es, der Redner zu sein, der in den Palästinenserlagern für Al-Fatah warb. Einen sehr einleuchtenden Grund gab es für diese Zurückhaltung: Arafat mußte noch immer damit rechnen, daß sein schwerer ägyptischer Tonfall die Palästinenser abschreckte.

Während des ersten Vierteljahres 1967 verstärkte Al-Fatah ihre Aktivität auf israelischem Gebiet. Fast in jeder Nacht drangen die Fedajin über die noch nicht perfekt durch IDF geschützte Grenze. Noch immer wählte der Planer Abu Jihad Grenzstreifen für den nächtlichen Übergang aus, die auf arabischer Seite zu Jordanien gehörten, doch dem israelischen Geheimdienst wurde mehr und mehr bewußt, daß die syrische Regierung der wahre Auftraggeber für die Anschläge der Al-Fatah war.

Gerade zu dieser Zeit heizten reguläre syrische Truppen die Situation an. Entlang der Waffenstillstandslinie entbrannten ab Februar 1967 immer wieder Gefechte: Am 13. Februar beschossen syrische Infanteristen eine israelische Patrouille bei der Stadt Dan im Norden; einen Tag später fielen Schüsse bei Shear Jashur; dann wurde die Siedlung Notera von syrischer Artillerie unter Feuer genommen; Ende Februar war die Siedlung Ashmura das Ziel. Die Israelis reagierten jedesmal auf diese Attacken: Sie feuerten mit Artillerie und Raketenwerfern gegen syrische Dörfer und Stellungen. In den Vormittagsstunden des 7. April 1967 aber wurde die Reaktion weit schärfer. Die Israel Air Force (IAF) griff in die Kämpfe ein; Kampfmaschinen feuerten Raketen auf syrische Artilleriestellungen ab, die zuvor israelische Siedlungen beschossen hatten. Als die syrische Luftwaffe die israelischen Maschinen vertreiben wollte, erlitt sie eine entscheidende Niederlage: Sechs Flugzeuge vom Typ MIG-21 wurden abgeschossen. Damit hatten die Syrer sämtliche Maschinen verloren, die an diesem Morgen im Einsatz waren. IAF hatte keine Verluste zu beklagen.

Die Folge dieser Niederlage war die Sorge der in Damaskus Verantwortlichen vor einem großangelegten militärischen Schlag der Israelis gegen Syrien. Sie hatten entsprechende Maßnahmen getroffen: Syrien und Ägypten hatten bereits am 4. November 1965 ein Verteidigungsabkommen geschlossen, das im Kriegsfalle jeden der beiden Staaten verpflichtete, dem anderen zu helfen. Syrien stand also keineswegs allein. Daß ein gemeinsames Armeeoberkommando gebildet werden sollte, gab dem syrischen Staatspräsidenten Dr. Nureddin Atassi ein starkes Gefühl der Sicherheit. Dieses Gefühl leitete ihn in die Irre.

Dr. Atassi sparte nicht mit prahlerischen Worten. Seine Streitkräfte unternahmen auch nach der verlorenen Luftschlacht vom 7. April 1967 nichts, um ihre Schlagkraft zu verbessern, doch er versprach seinem Volk, daß Syrien bald einen brillanten Sieg erringen werde.

Geschickter verhielt sich Hafez al-Assad. Er war seit 1964 Chef der syrischen Luftwaffe, und damit letztlich der Verantwortliche für das Desaster des 7. April, doch niemand wagte es, ihm

Schuld anzulasten. Er hatte sich einen beachtlichen Machtapparat organisiert, der ihn unangreifbar machte. Personell bestand dieser Apparat aus Angehörigen der Alawiten-Minderheit in Syrien. Al-Assads Vertraute waren Offiziere – vor allem aber waren sie Alawiten, wie er auch. Mit Hilfe des von Alawiten durchsetzten Offizierskorps war Hafez al-Assad auf dem Weg zur allerhöchsten Staatsspitze. Er wartete auf Irrtümer des derzeitigen Präsidenten und der Konkurrenten. Ein Krieg mit Israel, der nicht gewonnen wurde, paßte in seine Zukunftsplanung. Es war ihm recht, daß Dr. Atassi durch seine Reden die Stimmung in Damaskus kriegerisch aufheizte.

Ähnliches geschah nun in Cairo. Der ägyptische Staatspräsident Gamal Abdel Nasser befand sich auf dem Tiefpunkt seines Ansehens in der arabischen Welt. Seit nahezu fünf Jahren kämpften ägyptische Truppen im jemenitischen Bergland auf der Seite der Gründer der Republik Jemen gegen die Verteidiger der Monarchie. Die Kämpfe waren verlustreich gewesen – und hatten zu keinem Erfolg geführt. Das Engagement im Jemen schien in einer Blamage zu enden. Gamal Abdel Nasser, der es gewohnt gewesen war, von den Massen umjubelt zu werden, wurde kaum mehr bestaunt und verehrt. Er suchte einen Ausweg aus dem psychologischen Tief – und fand ihn schließlich: Wenn er vom kommenden siegreichen Krieg gegen Israel sprach, konnte er noch immer Begeisterung wecken. So geschah es, daß Nasser die israelische Militärführung herausforderte und zum Schlag reizte.

Als am 15. Mai, zum Jahrestag der Staatsgründung, bei der Parade in Tel Aviv keine Panzertruppen zu sehen waren, da waren Nasser und Dr. Atassi überzeugt, daß sich die Panzerfahrzeuge bereits an der Front nach Syrien befanden. Der Krieg stand also unmittelbar bevor. Bestärkt wurden sie in dieser Meinung von der sowjetischen Diplomatie. Die Kremlherren glaubten damals, wenn Syrien und Ägypten gemeinsam Krieg führten, habe Israel keine Chance. Moskau setzte vor allem auf Syrien: Im Regime der sozialistisch orientierten Baathpartei sah Leonid Iljitsch Breschnew, der seit April 1966 Generalsekretär der KPdSU war, den wichtigsten Verbündeten im Nahen Osten. Dem Baathregime zu helfen, maßgebend in ganz Arabien zu werden, hatte sich Breschnew als Ziel gesetzt.

Am 26. Mai sprach Nasser vor den Delegierten des arabischen Gewerkschaftskongresses in Cairo. Diesmal ließ er sich, ganz gegen seine Überzeugung, dazu hinreißen, zu verkünden, seine Absicht sei die Zerstörung des Staates Israel. Der Beifall war ihm sicher.
Nasser war überzeugt, seine Sprüche würde außerhalb Arabiens niemand ernst nehmen. Vor allem glaubte er nicht, daß die israelische Seite den Krieg beginnen würde, war doch die Regierung Levi Eshkol darum bemüht, mit Ägypten darüber zu verhandeln, ob die Sperre der Straße von Tirana für israelische Schiffe, die am 23. Mai von Nasser verhängt worden war, aufgehoben werden könne. Die USA erklärten sich bereit, in der Sache zu vermitteln. Es war Moshe Dayan, der den Krieg wollte – und er bekam ihn.

»Verrat ging um in Damaskus«

Nassers prahlerische Angeberei gefiel keinem der politisch denkenden Köpfe unter den Palästinensern. Sie hatten Erfahrungen gesammelt mit der militärischen Kraft und der Entschlossenheit der Israelis. Sie meinten, daß Gamal Abdel Nasser noch geblendet sein mußte von seinem Erfolg im Jahre 1956. Nicht einmal Dr. George Habash, bisher ein überzeugter Bewunderer des Ägypters, vertraute noch Anfang Juni 1967 seinem Idol.
Die Führung der Palästinenser wurde überrascht vom Kriegsausbruch. Am Morgen des 5. Juni 1967 befand sich Jassir Arafat in Damaskus, um die Trainingscamps in Syrien zu kontrollieren; Abu Ijad hielt sich in Cairo auf, um – wieder einmal – Kontakt zu Nasser aufzunehmen; Abu Jihad war in der Bundesrepublik auf der Suche nach einem Waffenhändler, der bereit war, Al-Fatah zu beliefern.

Von Frankfurt aus wollte Abu Jihad nach Damaskus fliegen, doch an jenem 5. Juni 1967 wurde der Flugverkehr in das Krisengebiet um Israel eingestellt. Abu Jihad landete schließlich in Ankara. In einem Kraftfahrzeug, das ihm die syrische Botschaft zur Verfügung stellte, erreichte er Damaskus – und traf dort

Jassir Arafat. Der Fatah-Chef hielt sich in einem Palästinenserlager am Rande der Stadt auf.
Als sich die beiden begegneten, hatte Gamal Abdel Nasser den Krieg bereits verloren. Es existierte keine stabile ägyptische Front mehr auf der Sinaihalbinsel. Die Luftwaffe Ägyptens bestand nicht mehr. Doch Syrien verhielt sich ruhig. Abu Jihad konnte nicht glauben, was er auf der Fahrt von Damaskus zu den Golanhöhen sah. Nirgends waren syrische Truppen zu bemerken, die sich auf den Kampf mit den Israelis vorbereiteten. Es herrschte eine friedliche Stimmung zwischen der syrischen Hauptstadt und Quneitra. Weder die Zivilbevölkerung noch das Militär rechnete offenbar mit einem israelischen Angriff. Was Abu Jihad sah, stand im Widerspruch zur offiziellen syrischen Propaganda, die Kriegsbereitschaft verkündete. Der militärische Chef der Al-Fatah holte seine Kämpfer aus dem Lager Yarmuk und brachte sie in verlassene Stellungen der Syrer, mit dem Auftrag, einen möglichen israelischen Vormarsch zumindest zu behindern.

Nach den Erlebnissen an jenem 7. Juni 1967 waren Abu Jihad und Jassir Arafat überzeugt, es habe eine syrisch-israelische Vereinbarung gegeben, die der Regierung und dem militärischen Oberkommando Syriens die Sicherheit vermittelt habe, daß Israel auf keinen Fall angreifen werde. Es habe sich dann, ungestraft, an diese Vereinbarung nicht gehalten.
Jassir Arafat und Abu Jihad glaubten fortan an Verrat des Baathregimes, und beide hatten guten Grund dazu. Seltsames geschah: Ein Bus, der Fedajin der Al-Fatah in Richtung Quneitra bringen sollte, stieß mit einem syrischen Panzer zusammen. Der Aufprall war derart heftig, daß eine Seite des Busses aufgerissen wurde. Fünfzehn Fedajin starben. Jemand hat – davon war Arafat überzeugt – mit Erfolg die Fahrt in Richtung Feind verhindert.
Weder Jassir Arafat noch Abu Jihad hatten zu diesem Zeitpunkt begriffen, daß ihr Palästina restlos verloren war. König Hussein hatte einem Waffenstillstand zugestimmt, der schließlich am 7. Juni 1967 um 20 Uhr in Kraft trat. Von nun an verfügte Israel über das gesamte Land zwischen der Mittelmeerküste und dem Jordanfluß entlang der Jordansenke zwischen See Genezareth und dem Toten Meer. Die Region, die einst Glubb Pascha und

die Arabische Legion vor der Einnahme durch Israel gerettet hatte, befand sich jetzt in der Hand der Israelis. Verloren waren der Felsendom und die Al-Aqsa-Moschee von Jerusalem, die wichtigen Heiligtümer für jeden Moslem.

Die 17. Koransure nennt den Grund, warum der Felsendom als besonders von Allah gesegnet gilt:
»Ehre und Preis sei dem Erhabenen, der seinen Gesandten in der Nachtreise zum heiligen Tempel von Jerusalem geführt hat. Diese Reise ist gepriesen, damit Allahs Wille sichtbar wird.«
Die islamische Überlieferung schmückt aus, was während jener Nachtreise geschah:
Erzählt wird von Mohammed, er habe am Heiligtum der Kaaba von Mekka geschlafen. Da sei mitten in der Nacht der Erzengel Gabriel zu ihm gekommen und habe ihn mit dem Fuß angestoßen. Mohammed habe sich aufgesetzt, es sei jedoch niemand zu sehen gewesen. Als Mohammed wieder eingeschlafen war, habe er erneut den Fußtritt gespürt, doch auch diesmal habe er niemand gesehen. Ein drittes Mal wiederholte sich dieser Vorgang. Jetzt, so wird berichtet, habe sich der Prophet erhoben. Da sei ein Reittier vor ihm gestanden, von eigenartiger Gestalt. Es war weder ein Pferd, noch ein Esel, noch ein Maultier. Besonders auffällig seien die Flügel an seinen Schenkeln gewesen. Nur mit Hilfe des Erzengels Gabriel sei es dem Propheten gelungen, das Reittier zu besteigen. Dann begann der Ritt, der eher einem Fluge glich. Mit den Hinterbeinen sprang das Tier, die Vorderbeine aber setzten weit entfernt am Horizont auf. Rasend schnell verging die Zeit des Fluges. Mohammed war dabei nicht allein. Er wurde begleitet vom Erzengel Gabriel. Als sie beide in Jerusalem ankamen, wurden sie bereits erwartet. Auf der Felsplatte des Hügels Morija standen ehrfurchtgebietende Gestalten. Mohammed erkannte Abraham, Mose, Jesaja, Johannes den Täufer und Jesus. Alle bedeutenden Propheten waren versammelt. Sie beugten sich vor Mohammed. Der Erzengel Gabriel bestimmte, daß Mohammed der Vorbeter aller Propheten sei.
Damit war die Rangordnung aller Verkünder der Allmacht Gottes festgelegt. Mohammed steht von nun an für alle Zeiten über sämtlichen Propheten – auch über Jesus. Mohammed ist

der letzte, der Gottes Willen mitzuteilen hat, und er ist die Vollendung aller Offenbarungen. Daß diese Festlegung der Rangordnung der Offenbarungen in Jerusalem geschehen ist, auf jener Felsplatte, die heute noch unter der Goldkuppel des Felsendoms zu betrachten ist, bestimmt die Heiligkeit jenes Platzes und der Stadt Jerusalem überhaupt.

Doch die islamische Überlieferung berichtet noch von einer Steigerung des einzigartigen Geschehens auf der Felsplatte: Nachdem Mohammed als Vorbeter aller bisherigen Propheten das Gebet gesprochen hatte, reichte ihm der Erzengel Gabriel zwei Trinkschalen. Die eine enthielt Milch, die andere Wein. Mohammed griff nach der Milchschale und verschmähte den Wein. Dafür wurde er vom Erzengel gelobt. Da stand plötzlich eine Leiter auf der Felsplatte, die bestand völlig aus strahlendem Licht. Mohammed wurde vom Erzengel Gabriel aufgefordert, die Leiter zu besteigen. Der Prophet folgte der Anweisung und gelangte schließlich vor das Himmelstor, das sich öffnete. Mohammed sah den Himmel, und er erkannte die Ordnung, die Gott für die Welt und für die Menschen eingerichtet hat.

Jerusalem blieb im Bewußtsein der Moslems die Stadt der Vollendung der Offenbarung Gottes. Die Gläubigen nennen Jerusalem *Al-Quds*, die Heilige. Seit der Mittagszeit des 7. Juni 1967 befindet sich das Heiligtum des Islam unter jüdischer Kontrolle. Die Nachricht vom Fall der Stadt löste einen Schock in der gesamten islamischen Welt aus. Die Palästinenser gaben dem König Hussein die Schuld am Verlust des Felsendoms. In der Tat hat der Monarch Jerusalem und Palästina verspielt. Die Niederlage wäre zu vermeiden gewesen.

König Hussein hatte sich blind auf Gamal Abdel Nasser verlassen, der seinerseits in einen Konflikt hineinschlitterte, den er nicht zu meistern verstand. Begonnen hatte Husseins Unglück damit, daß er sich bedingungslos an Nasser band. Er hatte nicht abseits stehen wollen im Konflikt, der – nach Nassers Worten – mit dem Sieg über Israel enden werde. Genauso, wie Syriens Staatschef Atassi, hatte der König ein Verteidigungsabkommen mit Ägypten abgeschlossen. Fortan war Jordanien verpflichtet,

an der Seite Ägyptens in den Krieg einzutreten. Das Nilland, Syrien und das Königreich Jordanien waren im Sommer 1967 in einem Dreierbund zusammengeschlossen – wobei als einziger der syrische Präsident Atassi nicht gewillt war, seine Verpflichtung einzuhalten.
Dem König geschah sofort nach der Unterzeichnung seltsames: Nasser ließ Ahmed Shukeiri kommen, den Generalsekretär der PLO/PLA. Hussein haßte diesen Mann. Er sah in ihm einen Intriganten, ja einen kommunistisch orientierten Verschwörer. In Jordanien waren die Palästinensische Befreiungsorganisation und die Palästinensische Befreiungsarmee verboten. Nun aber schob Nasser diesen verhaßten Palästinenser auf den König zu mit den Worten: »Nehmen Sie ihn mit! Er gehört Ihnen! Machen Sie mit ihm, was Sie wollen!« Dem König blieb keine andere Wahl, er mußte Ahmed Shukeiri mitnehmen.
In Jordanien angekommen, begab sich der PLO-Chef sofort nach Jerusalem, um dort eine vielbeachtete Pressekonferenz zu geben, in der er verkündete, Israel werde während der nächsten Tage eine bittere Niederlage erleben müssen. Vielzitiert wurde die Bemerkung, die PLO werde dazu beitragen, daß »die Juden ins Meer geworfen werden«.
Die Pressekonferenz war die letzte politische Aktion des Ahmed Shukeiri. Er ließ die PLO im Stich. Weder er noch seine Organisation nahmen am Junikrieg des Jahres 1967 teil. Auch die Fedajin von Al-Fatah zeichneten sich nicht durch Tapferkeit beim Kampf um den letzten Rest von Palästina aus.
Am 10. Juni 1967 zog die Führung von Al-Fatah Bilanz des Krieges. Palästina war verloren, weil sich König Hussein von Nasser am 5. Juni um 11 Uhr in den Krieg hatte hineinziehen lassen, als die ägyptischen Streitkräfte bereits die entscheidende Niederlage erlitten hatten. Der vollen Schlagkraft der israelischen Luftwaffe ausgeliefert, erlagen die jordanischen Bodentruppen nach wenigen Stunden Kampf. Jerusalem, *Al-Quds*, konnte von israelischer Infanterie ohne besondere Anstrengung besetzt werden. Die arabischen Honoratioren der Stadt hatten Oberst Mordechai Gur, den Kommandeur der israelischen Kampftruppen, wissen lassen, daß innerhalb der Altstadtmauern kein organisierter Widerstand stattfinde.
Diese Bereitwilligkeit zur Überlassung der Altstadt von Jerusalem und damit des Felsendoms, des einzigartigen Heilig-

tums der islamischen Welt, bestürzte Jassir Arafat, Abu Jihad und Abu Ijad. Entsetzt aber waren die drei über das Verhalten der Syrer. Arafat und Abu Jihad hatten die Situation am 7. Juni richtig eingeschätzt: Die syrischen Truppen waren nicht darauf vorbereitet gewesen, überhaupt am Krieg teilzunehmen. Sie gaben dem König Hussein recht, der am 10. Juni feststellte: »Das Baathregime in Damaskus hatte ohne Reaktion zugesehen, wie Jerusalem verlorenging. Wir wurden von Syrien verraten. Ein rechtzeitiger Angriff der syrischen Truppen gegen Nordisrael hätte uns geholfen! Verrat ging um in Damaskus!«
Seltsames war von der israelisch-syrischen Front zu berichten: Moshe Dayan, der israelische Verteidigungsminister hatte eigentlich keinen Anlaß gesehen, Syrien überhaupt anzugreifen, denn die Front blieb vier Kriegstage lang nahezu völlig ruhig. Am Morgen des 9. Juni, als Ägypten und Jordanien geschlagen waren, entschloß sich Moshe Dayan, auch Syrien niederzuwerfen. Das lange Zögern ist durch die Existenz einer Absprache zu erklären, die Israel und Syrien zum Stillhalten verpflichtete. Diese Absprache hielt Moshe Dayan wohl nicht mehr für bindend, als Ägypten und Jordanien geschlagen waren – da konnte ungestraft auch der letzte arabische Gegner vernichtet werden.
Einen Tag nach Beginn der Offensive, am 10. Juni, war das Ziel bereits erreicht: Die Golanhöhen und die Stadt Quneitra waren erobert; die Straße nach Damaskus lag offen. Der israelische Vormarsch wurde an jenem 10. Juni 1967 durch den vom Weltsicherheitsrat festgelegten Waffenstillstand aufgehalten.

Der Krieg der Syrer hatte sich auf große Worte beschränkt. Es hatte in Damaskus nur eine Persönlichkeit gegeben, die sich nicht am Wettstreit der Phrasendrescher beteiligt hatte: Hafez al-Assad. Doch an der Niederlage trug auch er Schuld. Er hatte seiner Luftwaffe während der zwei entscheidenden Kriegstage Zurückhaltung empfohlen. Das Resultat war, daß Hafez al-Assad als einziger Luftwaffenchef der am Krieg beteiligten arabischen Staaten noch über eine intakte Luftwaffe verfügen konnte.
Gewaltig war die Enttäuschung der Führung von Al-Fatah über das Verhalten des ägyptischen Staatschefs. Abu Ijad, der sich bei Kriegsbeginn in Cairo aufgehalten hatte, war über-

zeugt gewesen, Ägypten habe sich auf den Waffengang gründlich vorbereitet. Daß in Wirklichkeit keine Mobilisierung der Streitkräfte stattgefunden hatte, war eine bittere Erfahrung. Abu Ijad stellte fest: »Die revolutionären Regime in Arabien sind keineswegs besser als König Faruk und die einstigen bourgeoisen Herren in Damaskus.«
Nasser war zwar als Angeber entlarvt, und doch brauchten die Araber und vor allem auch die Palästinenser diese imponierende Gestalt auch weiterhin. Sein Rücktritt am 9. Juni wurde von der Spitze der Fatah-Führung tief bedauert. Daß Nasser diesen Rücktritt einen Tag später unter dem Druck der Massendemonstration in Cairo widerrief, löste Genugtuung aus.
Bereits drei Tage nach Kriegsende rief Jassir Arafat die wichtigsten Männer von Al-Fatah in Damaskus zusammen, um mit ihnen über die Zukunft der Kampforganisation zu beraten. Anwesend waren Abu Ijad, Abu Jihad, Khaled al-Hassan, Faruk al-Kaddumi, Kamal Adwan, Jussef al-Najjar und Abu Mazen. Alle standen unter dem Schock der Niederlage.
Arafat hatte einen Plan um diesen Schock zu überwinden. Sein Inhalt war einfach: »Wir kämpfen weiter. Dies ist nicht das Ende der Auseinandersetzung mit Israel – wir stehen erst am Beginn!«

Die Niederlage, ein Glücksfall für Arafat

Arafats Argument war: »Die arabischen Armeen haben versagt, jetzt sind die Palästinenser aufgefordert, den Kampf fortzusetzen.« Das palästinensische Volk erwarte von der Führung der Al-Fatah eine entschlossene und würdevolle Haltung. Nur Kampf könne dem Volk Hoffnung geben. Der Gefahr müsse begegnet werden, daß dieses Volk völlig in Resignation verfalle. Jetzt, da kein Rest mehr existiere von Palästina, müsse der Neuanfang der Auseinandersetzung mit Israel gewagt werden.
Arafat bekam nicht nur Zustimmung zu hören. Wieder, wie zwei Jahre zuvor, war Khaled al-Hassan der Meinung, es sei jetzt nicht Zeit für Commando-Aktionen. Aus der Vergangenheit müsse die Lehre gezogen werden, daß für die Überfälle und Sabotageakte ein teurer Preis bezahlt worden sei. Israel

habe die Anschläge der Palästinenser zum Vorwand benützt, um Ägypten, Jordanien und Syrien zu überfallen. Das Ergebnis sei der völlige Verlust des palästinensischen Gebiets. Khaled al-Hassan argumentierte: »Wenn wir zuschlagen, schlägt Israel wieder zurück. Die Bevölkerung der Dörfer und Städte im Gazastreifen, in Jordanien, in Syrien und im Libanon hat dann die Folgen zu tragen!«
Arafat konnte nicht leugnen, daß der Gedankengang des Khaled al-Hassan richtig war. Doch als er nach einer Alternative fragte, erhielt er keine Antwort. Auch Khaled al-Hassan mußte zugeben, daß es zum Kampf nur die eine Alternative gab: nichts zu unternehmen.
Abu Ijad sprach von der Notwendigkeit, vom Zwang zum Kampf, um die Erwartungen des palästinensischen Volkes zu erfüllen. Er meinte, die Kampforganisation Al-Fatah würde in den Lagern verachtet werden, wenn sie jetzt nicht Widerstand leisten würde. Alle Erwartungen konzentrierten sich nun auf Al-Fatah. Die Palästinensische Befreiungsorganisation PLO sei nicht mehr funktionsfähig, da Ahmed Shukeiri jegliches Vertrauen verspielt habe. Es sei deshalb die Aufgabe von Al-Fatah, dem palästinensischen Volk ein politisches Rückgrat zu geben.
Diejenigen, die Arafat und Abu Ijad widersprachen, waren der Ansicht, nach der Katastrophe des Junikrieges brauchten vor allem die Palästinenser Zeit, um Atem zu schöpfen. Da stellte sich zunächst das Problem der neuen Flüchtlinge. Mehr als hunderttausend Menschen waren in Richtung Osten geflohen. Sie hatten das Westufergebiet verlassen, um Zuflucht ostwärts des Jordan zu suchen. Sie hatten ihre Dörfer und die Flüchtlingslager zwischen Jericho und Jenin geräumt und hatten neue Lager in Transjordanien aufgeschlagen. Für diese Familien mußte erst gesorgt werden. Der Standpunkt derer war vernünftig, die argumentierten, zur Bewältigung des Flüchtlingsproblems müsse Ruhe einkehren in der Region.
Die syrische Regierung verlangte ausdrücklich Zurückhaltung: Israel dürfe unter keinen Umständen gereizt werden. Das Baathregime war damit beschäftigt, 70 000 Flüchtlinge unterzubringen, die das Golangebiet vor den anrückenden Israelis verlassen hatten. Sie lebten jetzt in Zelten und einfachen Hütten in den Außenbezirken von Damaskus. Verübte Al-Fatah

Anschläge von syrischem Gebiet aus, war damit zu rechnen, daß israelische Artillerie von den Golanhöhen aus die Lager bei der Hauptstadt beschoß. Schon eine Detonation, so argumentierte Präsident Dr. Nureddin Atassi, würde eine erneute Fluchtbewegung auslösen.

Die meisten in der Führungsspitze folgten der Argumentation von Khaled al-Hassan. Arafat und Abu Ijad standen allein mit ihrer Ansicht, der Kampf müsse sofort wieder aufgenommen werden. Beide waren derart isoliert, daß sie damit rechnen mußten, aus der Fatah-Führung und aus der Organisation ausgestoßen zu werden.

Gerettet wurden Arafat und Abu Ijad durch Hani al-Hassan, den Präsidenten der »Generalunion Palästinensischer Studenten« in der Bundesrepublik. Er erreichte den Sitzungsort in Damaskus am Ende des Treffens. Ihm wurde sofort das Wort erteilt – und er verkündete, er komme aus der Bundesrepublik Deutschland mit dem Mandat der palästinensischen Studenten, die sofortige und unbedingte Fortsetzung des Kampfes zu verlangen.

Da Hani al-Hassan Geld mitbrachte – das Resultat einer außerordentlichen Sammlung unter den Studenten, besaß seine Stimme besonderes Gewicht. Von jener Stunde an gab es keinen Zweifel mehr: Die Kampforganisation setzte ihre Aktionen fort.

Das Treffen vom 12. Juni 1967 in Damaskus brachte für alle Beteiligten eine wesentliche Veränderung: Ihre Arbeit in der Führungsspitze der Al-Fatah wurde für sie zum Hauptberuf. Die meisten waren bisher noch Lehrer in den Ölstaaten des Persischen Golfs oder Geschäftsleute gewesen. Sie gaben die Berufe und ihr bisheriges Leben auf, um sich ganz für die Vorbereitung der Aktionen gegen Israel einsetzen zu können. Abu Ijad und Jussuf al-Najjar wurden beauftragt, eine Organisationsstruktur mit einer geordneten Befehlshierarchie für Al-Fatah zu schaffen. Die Zeit der Improvisationen war vorüber.

Abu Jihad erklärte sich bereit, im Gebiet zwischen Quneitra und Damaskus die Waffen und die Munition einzusammeln, die von den fliehenden syrischen Soldaten liegengelassen oder weggeworfen worden waren. Mit 100 jungen Männern aus dem größten Palästinenserlager bei Damaskus streifte Abu

Jihad bei Nacht durch das Gelände, in dem die Flucht der syrischen Truppen stattgefunden hatte. Das Ergebnis der Waffensuche war beachtlich.
Abu Mazen und Kamal Adwan hatten wohlhabende Palästinenser in den arabischen Staaten aufzusuchen. Die Geschäftsleute sollten veranlaßt werden, über längere Zeit hin größere Beträge zu spenden. Die Palästinenser, die in den Ölstaaten am Persischen Golf arbeiteten, brauchten nicht lange überredet zu werden. Sie überwiesen im Spätsommer 1967 beachtliche Beträge auf Beiruter Konten der Al-Fatah.

Jassir Arafat erhielt die schwierigste Aufgabe zugewiesen: Er hatte sich in die besetzten Gebiete zu begeben, um dort an Ort und Stelle zu prüfen, ob die Bevölkerung bereit war, mit den Fedajin zusammenzuarbeiten. Da die israelische Besatzungsmacht unmittelbar nach dem Junikrieg noch keine Veranlassung hatte, die eroberten Gebiete abzuriegeln, gelang es Arafat ohne Mühe, den Gazastreifen zu erreichen. Dort kannte er sich aus; dort fand er Bekannte, die bereit waren, ihn aufzunehmen, zu verbergen. Arafat hielt sich acht Wochen lang im besetzten Gebiet auf. Er kam nach Damaskus zurück mit dem Eindruck, die Menschen in den von Israel eroberten Städten und Dörfern hatten nur den einen Wunsch, den Kampf der Al-Fatah gegen die Eroberer zu unterstützen. In seinem Bericht, den er gegenüber Abu Ijad und Abu Jihad vortrug, sprach Arafat optimistisch von der Möglichkeit, im palästinensischen Gebiet Basen einzurichten für die Fedajin. Wurde der Kampf vom eigenen Gebiet aus geführt, gaben die Fedajin den Israelis keinen Anlaß, Schläge gegen Städte und Siedlungen der angrenzenden Länder auszuteilen. Arafat war überaus optimistisch, im besetzten Gebiet das Konzept Mao Tse-tungs zu realisieren, dessen Inhalt die These war, der Guerillakämpfer bewege sich unter den Menschen des eigenen Volkes wie ein Fisch im Wasser. Die Menschen des eigenen Volkes würden den Guerillakämpfer unterstützen in seinen Lebensbedürfnissen. Sie würden ihm die Bedingungen zum Kampf bieten. Die Übernahme des Vietnamkonzepts erwies sich allerdings wenig später als unmöglich.
Die Verwirklichung aller Ideen und die Rekrutierung von Kämpfern kostete Geld. Die Spenden der wohlhabenden Palästinenser und der in der Bundesrepublik Deutschland leben-

den Studenten reichten nicht aus. Doch zum Glück für Al-Fatah gelang es während der Wochen nach dem Junikrieg, eine wichtige Geldquelle sprudeln zu lassen, die bis zum Jahr 1990, bis zum Golfkrieg, überaus ergiebig war. Die Mächtigen im Königreich Saudi-Arabien übernahmen die Finanzierung der Al-Fatah. Abu Jihad wurde im August 1967 von König Feisal in Genf empfangen. Der Monarch war gegenüber den Palästinensern sehr aufgeschlossen, denn er erinnerte sich daran, daß sein Vater Abdul Aziz – legendär unter dem Namen Ibn Saud – schon im Jahre 1948 gesagt hatte, die Palästinenser könnten nur dann Erfolg in der Auseinandersetzung mit Israel haben, wenn sie den Kampf allein und ohne Hilfe der Armeen arabischer Staaten führten. König Feisal erinnerte sich auch daran, daß sein Vater der Meinung gewesen war, Arabien sei verpflichtet, den Palästinensern Geld zum Kampf zur Verfügung zu stellen.

König Feisal war nur in einem Punkt besorgt: Er wollte wissen, ab Al-Fatah eine marxistisch orientierte Organisation sei, ob ihre Führung den Ideen des Sozialismus verfallen sei. Ihm genügte dann Abu Jihads Zusicherung, niemand in der Fatah-Führung denke daran, die bestehende Ordnung in Arabien umzustoßen. Einmischung in Politik und Gesellschaft der arabischen Staaten gehöre nicht zum Programm der Kampforganisation. Al-Fatah sehe nur das eine Ziel vor sich, Palästina vom Zionismus zu befreien.

Der Kontakt zum ägyptischen Staatschef aber erwies sich weiterhin als problematisch. Gamal Abdel Nasser hatte kein Gespür für die Möglichkeiten des Guerillakriegs. In seiner Vorstellung konnten allein die regulären arabischen Armeen gegen Israel erfolgreich sein. Für ihn waren die Organisatoren der Al-Fatah Anstifter zum risikoreichen Abenteuer. Zum ersten Treffen mit diesen ihm rätselhaften Erscheinungen der zweiten Hälfte des 20. Jahrhunderts nach dem Junikrieg, deligierte er Mohammed Hassanein Heikal, den von ihm sehr geschätzten Chefredakteur der Cairoer Tageszeitung »Al Ahram«. Heikal vertrat Nassers Standpunkt, der Guerillakampf sei völlig ungeeignet, Israels Stabilität auch nur anzukratzen. Er empfing Faruk al-Kaddumi und Khaled al-Hassan herablassend und mit Hochmut im Gesichtsausdruck. Eine dicke Zigarre steckte in seinem linken Mundwinkel. Er meinte: »Wir wissen nichts über Sie – und Sie erzählen uns nichts über sich! Wie sollen wir

Ihnen vertrauen?« Faruk al-Kaddumi und Khaled al-Hassan schwiegen sich auch diesmal aus.

Noch vor dem Beginn der Arabischen Gipfelkonferenz, die vom 31. August bis zum 2. September die arabischen Monarchen und Staatspräsidenten in Khartum versammelte, änderte Gamal Abdel Nasser seine Meinung um eine Nuance: Er gestand ein, daß der Guerillakampf nützlich sein könnte zur Stärkung der Moral des arabischen Volkes – aber nur zur Überbrückung der Zeit, während der die Armeen noch nicht bereit waren zur Wiederaufnahme des Kampfes. Die Anschläge der Al-Fatah in den jetzt besetzten Gebieten waren geeignet, der Öffentlichkeit im Nahen Osten und in der gesamten Welt zu demonstrieren, daß der Krieg fortgesetzt werde. Jassir Arafat, Abu Ijad und Abu Jihad mußten sich damit abfinden, daß die Aktionen ihrer Organisation für Nasser nichts anderes waren als eine Art »Pausenfüller«.

Die Versammlung der Monarchen und Präsidenten legte die Leitlinie für die arabische Politik fest. Sie hieß: Der Kampf gegen Israel ist keineswegs zu Ende. Die Anerkennung des jüdischen Staates kommt nicht in Frage. Seine Existenz wird auf keinen Fall akzeptiert. Die Formel von »dreifachen Nein« wurde zur zündenden Idee erklärt: Nein zur Anerkennung Israels – Nein zu Verhandlungen – Nein zum Frieden mit Israel. Nasser spottete in Khartum: »Moshe Dayan wartet am Telefon auf unsere Kapitulation. Er kann lange warten!«

Hoffnungen werden auf die Vereinten Nationen gesetzt. Am 22. November 1967 faßt der Weltsicherheitsrat die *Resolution 242*:

»Der Sicherheitsrat drückt seine Besorgnis aus über die ernste Situation im Mittleren Osten.

Er betont, daß die Inbesitznahme von Territorien durch kriegerische Aktionen unzulässig ist. Er betont seinen Willen, für einen gerechten und dauerhaften Frieden zu arbeiten, der jedem Staat in diesem Gebiet Sicherheit garantiert.

I. Der Sicherheitsrat ist der Meinung, daß für einen gerechten und dauerhaften Frieden im Mittleren Osten die folgenden Prinzipien zu beachten sind:

A. Rückzug der israelischen Streitkräfte aus während des letzten Konflikts eroberten Gebieten.

B. Beendigung des Kriegszustandes und Anerkennung der Souveränität, der Unantastbarkeit des Territoriums, der politischen Unabhängigkeit eines jeden Staates in diesem Gebiet. Jeder Staat hat das Recht in Frieden zu leben, innerhalb sicherer und anerkannter Grenzen, ohne Sorge vor Bedrohung durch Gewaltakte.

II. Der Sicherheitsrat ist der Meinung, daß
A. die freie Schiffahrt auf den internationalen Wasserwegen gesichert sein muß,
B. für das Flüchtlingsproblem eine gerechte Lösung zu finden ist,
C. die Garantie der territorialen Unantastbarkeit durch besondere Maßnahmen gesichert sein muß, etwa durch die Einrichtung entmilitarisierter Zonen.«

Dieser Sicherheitsratsbeschluß Nummer 242 gilt seit dem 22. November 1967. Er ist erlassen worden, um die israelische Regierung zu veranlassen, ihre Truppen auf die Grenzen vom 4. Juni 1967 zurückzuziehen. Israel hat sich nicht um die Gültigkeit dieses Sicherheitsratsbeschlusses Nummer 242 gekümmert.

Der Text des Beschlusses bot ein Schlupfloch. Er besagt in der englischen Fassung: »Withdrawal of Israel armed forces from territories occupied in the recent conflict.« Das winzige Wörtchen »the« fehlt. Dies hat zur Folge, daß Israel nicht zum Rückzug aus *den* besetzten Gebieten verpflichtet ist, sondern nur zum Rückzug aus besetzten Gebieten. Nach israelischer Interpretation stand damit offen, aus welchen besetzten Gebieten sich Israel zurückziehen soll. Folglich war die Aufgabe von besetzten Gebieten Gegenstand von Verhandlungen. Da die arabische Seite jedoch durch die Formel vom »dreifachen Nein« verpflichtet war, keine Verhandlungen zu führen, konnte das Ausmaß des Rückzugs nicht festgelegt werden – folglich unterblieb der Rückzug.

Die Analyse des Sicherheitsratsbeschlusses Nummer 242 ließ Jassir Arafat und Abu Ijad die Situation des palästinensischen Volkes erkennen. Es kommt im gesamten Text nicht vor – es existiert also gar nicht. Der Weltsicherheitsrat als ein Organ, das die Belange der Welt zu wahren hat, bringt damit deutlich zum

Ausdruck, daß die zwei Worte »palästinensisches Volk« für ihn keinen politisch bedeutsamen Begriff bilden. Der Sicherheitsratsbeschluß erwähnt ein Flüchtlingsproblem, das gelöst werden soll, das jedoch nicht definiert ist. Die Palästinenser fallen unter den Begriff »Flüchtlinge«. Sie bilden eine unbestimmte und gestaltlose Masse. Das palästinensische Volk war ausgelöscht. Auch seine Heimat wurde in der Resolution 242 nicht erwähnt. Der Text nennt nur die Staaten der Region – gemeint waren Ägypten, Jordanien, Syrien, der Libanon und Israel. Die Palästinenser aber besaßen keinen Staat. Damit hatte sich der israelische Standpunkt durchgesetzt, der seit 1948 eindeutig war. Es gibt kein Palästina und keine Palästinenser. Ministerpräsident Levi Eshkol wollte ein für allemal das Thema »Palästinenser« vom Tisch schaffen, als er sagte: »Es gab nie Palästinenser! Als ich in dieses Land kam, gab es eine Minderheit, die nicht jüdisch war. Es waren vielleicht 250 000. Man nannte sie Araber oder Beduinen.«
Golda Meir, Levi Eshkols Nachfolgerin als israelischer Ministerpräsident, war genauso eindeutig: »Es gab nie Palästinenser und es existierte nie ein Palästina. Es ist doch nicht so, daß wir in dieses Land kamen und ihnen den Boden wegnahmen. Es gab sie ganz einfach nicht!«

Doch die Vertriebenen fühlten sich mehr als Palästinenser denn je zuvor. Hatten sich viele in den Städten und Dörfern im Gebiet westlich des Jordan damit abgefunden, Jordanier und damit Untertanen des Königs Hussein zu sein, so erwachte jetzt wieder ihr Bewußtsein, dem palästinensischen Volk anzugehören.
Eine Million Frauen, Männer und Kinder haben ihre Heimat verloren. In der Not des Lagerlebens spüren sie Verzweiflung, doch sie verfallen nicht in Stumpfsinn. Eine Vision beschäftigt sie alle: die Heimkehr. In den Zelten und Hütten wird nicht über Hunger und über den Dreck der Lagerstraße gesprochen, sondern über den Weg, der in die Heimat führt. Daß sie heimkehren werden »nach Palästina« ist für jeden selbstverständlich. Die Frage ist allein, wann die Heimkehr erfolgen wird. Die Männer wissen, daß die Heimkehr ihnen nicht als Geschenk in den Schoß gelegt wird. Während Gamal Abdel

Nasser noch den Erfolg einer UN-Vermittlung aufgrund des Sicherheitsratsbeschlusses Nummer 242 für möglich oder zumindest für denkbar hält, sind die palästinensischen Massen überzeugt, nur Gewalt könne ihnen zur Rückkehr in die Heimat verhelfen. An fremde Hilfe glauben sie nicht. Die Männer wollen selbst kämpfen – sie verlangen nach Waffen. Jassir Arafat und Abu Jihad registrieren die Stimmung in den Lagern. Jetzt ist ihre Stunde gekommen: Al-Fatah ist in der Lage, den Wünschen der kampfbereiten Männer zu entsprechen. Die Waffen sind vorhanden. Es war Abu Jihad gelungen, die Beduinen der Wüste Sinai für die Suche nach weggeworfenen Waffen zu mobilisieren. Kalaschnikows in großer Zahl werden aus unberührten Depots bei Al Arish, Bir Hasana und Abu Aweiglia geholt, durch das Negevgebiet transportiert und nach Jordanien gebracht. Die Kalaschnikow wird jetzt wirklich zum Symbol des palästinensischen Kampfwillens. Arafat prägt die Parole: »Die Kalaschnikow wird uns in die Heimat zurückbringen.«

Riesig ist der Andrang vor den Rekrutierungsbüros der Al-Fatah in den syrischen, jordanischen und libanesischen Flüchtlingslagern.
Tausende wollen an der Guerilla-Ausbildung teilnehmen und wollen sich bewaffnen lassen. Es gehört zum Stolz der Flüchtlingsfamilien zumindest einen jungen Mann in die Reihen der Fatah-Kämpfer zu schicken. Wer abseits steht, der bekommt ein schlechtes Gewissen. Besonders die Familien, die erst im Juni 1967 die Heimat verloren haben, zeigen Enthusiasmus für den Guerillakrieg.
Diese Massenbegeisterung ermöglicht Abu Jihad die Entwicklung einer weitreichenden Strategie. Grundlage bildet die Erfahrung, die Jassir Arafat während der acht Wochen Aufenthalt im besetzten Gebiet gesammelt hat. Nach Ansicht von Abu Jihad sind die Voraussetzungen für den Beginn des Kampfes im Herbst 1967 gegeben. Am Anfang sollen sporadische Attacken auf Objekte der israelischen Besatzungsmacht erfolgen. Noch im Verlauf des Winters 1967/68 würden die sporadischen Aktionen durch einen Aufstand der Massen im gesamten Gebiet zwischen Nablus und Hebron abgelöst werden.
Der Aufruhr in Städten und Dörfern werde, nach Meinung von

Arafat und Abu Jihad, so gewaltig anschwellen, daß die israelische Armee nicht mehr Herr der Situation sein kann. In die Defensive gedrängt, würde die Armee äußerste Gewalt anwenden. Das Resultat sei wiederum eine weitere Steigerung der Wut der palästinensischen Massen. Die Flut des Aufstands müßte dann jede Bastion der Besatzungsmacht wegfegen. Ganz von selbst übernähmen dann die Palästinenser Kontrolle und Verwaltung der im Juni 1967 verlorenen Gebiete westlich des Jordan. Jassir Arafat darf zum erstenmal daran denken, daß ein autonomes Gebiet der Palästinenser, und damit die Keimzelle eines Staates entstehen kann.

Die Widerstandsbewegung spaltet sich

Noch ehe die Strategiepläne politische und militärische Wirklichkeit werden können, bemerken Jassir Arafat, Abu Ijad und Abu Jihad, daß die männliche palästinensische Jugend von einer Persönlichkeit angezogen wird, die außerhalb des Rahmens von Al-Fatah geblieben ist. Diese Persönlichkeit ist der Arzt Dr. George Habash.

Im Gegensatz zu Arafat macht er kein Geheimnis um seine Existenz. Er war ein exzellenter Schüler am griechisch-orthodoxen Gymnasium von Jaffa. Sein Abgangszeugnis war so gut, daß er ein Stipendium der American University in Beirut erhielt. Neben dem Studium blieb ihm Zeit und Kraft, sich um palästinensische Politik zu kümmern. War der um fünf Jahre jüngere Arafat auf demselben Gebiet in Cairo tätig, so sammelte Habash nach der Vertreibung in Beirut und Amman junge Palästinenser um sich.

Die »Katastrophe von 1948« hatte er im Alter von 23 Jahren erlebt. Im Gegensatz zu Arafat war er persönlich Zeuge und Opfer der Vertreibung gewesen. Seine Erlebnisse hatten seine Existenz geprägt. Ihn trieb der Wille zur Heimkehr an. Über seine Erfahrungen auf der Suche nach einer politischen Organisation, die Sammelbecken sein konnte für heimatbewußte Palästinenser berichtet George Habash:

»Eine derartige Organisation gab es nicht. Ich stieß auf die Baathpartei, doch sie nahm das Palästinenserproblem nicht ernst. Die Kommunisten interessierten sich überhaupt nicht für Palästina. Sie folgten den Leitlinien Moskaus, und dort war Israel längst akzeptiert worden. Ich war gezwungen, selbst eine Organisation zu gründen. So entstand die *Arabische Nationale Bewegung* (ANM). Sie hatte um das Jahr 1953 in Beirut rund 250 Mitglieder – es waren meist Studenten und Absolventen der American University in Beirut.« In der jordanischen Hauptstadt Amman eröffnete Dr. George Habash eine Arztpraxis – zusammen mit Dr. Wadi Haddad, dem späteren Organisator der Flugzeugentführungen. »Die Praxis war schlecht besucht. Ich wollte damals an die Patienten eine kleine Schrift verteilen mit dem Titel *Al-Rai*, ›Die Meinung‹. Doch an dieser Meinung war fast niemand interessiert – außer dem jordanischen Geheimdienst.« Dr. George Habash wurde für ein Jahr in Haft genommen, ohne Angabe von Gründen.

Der Arzt verließ Amman und das Königreich Jordanien. Er bekam die Genehmigung, als Arzt in Damaskus zu arbeiten. Es war die Zeit der Vereinigung zwischen Syrien und Ägypten. Dr. Habash glaubte, die Epoche der Einigung der Araber insgesamt sei angebrochen und damit beginne auch die Zeit der Erfüllung seiner Wünsche als Palästinenser. Er zog sich aus der Politik zurück, heiratete eine Kusine und bekam zwei Töchter.

Die Jahre des ruhigen persönlichen Glücks gingen 1961 zu Ende, als die Vereinigung zwischen Syrien und Ägypten zerbrach. Die neuen Herren in Damaskus sahen im Arzt Dr. Habash eine Person mit gefährlichen Ansichten; sie wollten ihn verhaften lassen, doch gelang ihm die Flucht in den Libanon. Von dort aus verwickelte er seine *Arabische Nationale Bewegung* in unterschiedlichen arabischen Ländern in revolutionäre Umtriebe, bis er im Jahr 1967 die Aufgabe fand, die ihn fortan beschäftigte: Auch er wollte Palästina befreien. Er gründete die *Volksfront zur Befreiung Palästinas* (PFLP).

Als Sitz des Hauptquartiers wählte Dr. Habash die jordanische Hauptstadt. Von König Hussein und dessen Geheimdienst brauchte er nichts mehr zu befürchten – nach der Niederlage im Junikrieg waren der Monarch und sein Staatsapparat geschwächt. Ungehindert konnte die Volksfront zur Befreiung

Palästinas mit der Anwerbung von Kämpfern beginnen. Die notwendigen Gelder bekam er von ehemaligen Studienkollegen an der American University in Beirut. Sie waren inzwischen Ärzte, Professoren oder Geschäftsleute geworden. Diese palästinensischen Intellektuellen waren gerne bereit, Beträge zu stiften für den Kampf um die Heimat – und sie sorgten dafür, daß sich jüngere Verwandte zum aktiven Dienst für die Volksfront anwerben ließen.

Der Chef der aufstrebenden Commando-Organisation fühlte sich in Amman sicher, und er war überzeugt, inzwischen auch von den Syrern akzeptiert zu werden. Im April 1968 begab er sich nach Damaskus zu Gesprächen mit dem Geheimdienstchef Abdel Kerim al-Jundi, der sich mit dem Treffen einverstanden erklärt hatte. Doch Dr. George Habash wird vor dem Dienstsitz des Geheimdienstchefs verhaftet – wieder ohne Angabe von Gründen.

Sieben Monate lang bleibt Dr. Habash in Haft. In dieser Zeit verändert sich die Volksfront zur Befreiung Palästinas. Der Mann, der ihr eine Ideologie gibt, heißt Nayif Hawatmeh. Er gehört zum Jahrgang 1934, ist also zehn Jahre jünger als George Habash. Geboren worden ist er in der jordanischen Stadt Salt, doch die Sippe, der er angehört, ist palästinensisch. Sie bekennt sich allerdings zum christlichen Glauben. Nayif Hawatmeh hat Volkswirtschaft an der Arabischen Universität in Beirut studiert, die weit weniger elitär ist als die American University. Zusammen mit George Habash hat Nayif Hawatmeh die Volksfront zur Befreiung Palästinas aufgebaut. Solange sich Habash in Amman aufhielt, war er die oberste Autorität der Organisation. Während der sieben Monate langen Haft des Chefs, trat Hawatmeh an seine Stelle. Er hatte die Ideologie des Marxismus-Leninismus für sich entdeckt und war der Überzeugung, diese Lehre bilde die Grundlage für einen siegreichen Kampf der Palästinenser gegen Israel, das »ein Bollwerk des Kapitalismus« darstelle. Die revolutionäre Kraft müsse im Sinne einer »Diktatur der Arbeiter und Bauern« entwickelt werden. Nayif Hawatmeh verwandelte die Volksfront: Die »kleinbürgerliche« Organisation wurde zur Avantgarde des doktrinären Sozialismus. War die Volksfront eine Gruppierung von jungen Männern gewesen, die Sehnsucht hatten nach ihrer Heimat Palästina, so wurde ihr Kampfwillen nun ideolo-

gisch untermauert. Vorbild war Mao Tse-tung, der im Jahre 1926 in seiner Schrift »Analyse der Klassen der Chinesischen Gesellschaft« gefordert hatte, der Feind müsse zuerst im eigenen Denken präzise erfaßt werden.
So sah die Analyse der »Volksfront zur Befreiung Palästinas« zur Situation des palästinensischen Volkes aus:

»Politisches Denken der Revolutionäre beginnt mit der Frage: Wer sind unsere Feinde? Das palästinensische Volk hat diese Frage bisher nicht eindeutig beantwortet. Ohne klare Definition des Feindes ist eine klare Voraussicht auf den kommenden Kampf unmöglich. Unseren Gegner haben wir bisher nur durch unser Gefühl erkannt und beurteilt.
Die palästinensische Revolution hat drei Gegner:
1. Israel. Ein staatliches Gebilde mit zweieinhalb Million Einwohnern. Dieser Feind ist uns technisch überlegen. Er ist besser bewaffnet, besser ausgebildet, und er ist weit dynamischer als wir. Da dieser Feind das Gefühl hat, einen Kampf auf Leben und Tod führen zu müssen, hat er die Fähigkeit zur äußersten Mobilisierung seiner Kräfte entwickelt. Bei jeder Konfrontation mit diesem Feind müssen wir seine technische Überlegenheit und die Fähigkeit zur raschen Mobilisierung seiner Kräfte einkalkulieren. Nicht durch Zufall haben wir bisher alle Schlachten gegen diesen Feind verloren. Es ist ein großer Fehler für diese Niederlagen Entschuldigungen zu finden. Hier bleibt uns nur das offene Eingeständnis, daß wir diesem Gegner unterlegen sind.
2. Die weltweite Bewegung des Zionismus. Israel steht nicht allein. 14 Millionen Juden in der ganzen Welt unterstützen Israel. Sie finanzieren seine Aggression. Sie schicken Zuwanderer, und mit ihnen technologisches Wissen. Die volle Entfaltung der Hilfe wird allerdings durch interne Konflikte innerhalb des Rahmens des Weltzionismus behindert. Diese internen Konflikte müssen wir im Auge behalten, wenn möglich sogar verschärfen. Sie können uns auf Dauer nützlich sein.
3. Der Imperialismus. Er ist ein Verbündeter des Zionismus. Der Imperialismus hat das eine Ziel, die unterentwickelten Länder auszubeuten. Seine Methode: Aufkauf der Rohstoffe dieser Länder zu geringen Preisen. Die Rohstoffe werden veredelt und als Industrieprodukte zu Höchstpreisen wieder an

die unterentwickelten Länder verkauft. Durch dieses Verfahren gewinnen die Imperialisten Profit – auf unsere Kosten. Wir bleiben arm und unterentwickelt.
Arabien besitzt Rohöl, das sich die imperialistischen Staaten gesichert haben. Arabien ist gleichzeitig Konsument der Industrieprodukte. Der Imperialismus möchte, daß diese Situation so bleibt. Aus diesem Grunde ist der Imperialismus entschlossen, jede revolutionäre Bewegung zu ersticken, die das arabische Volk aus der Unwissenheit um diesen wirtschaftlichen Sachverhalt und aus der Fessel der Ausbeutung befreien will.
Israel ist das Werkzeug dieses Imperialismus. Israel kämpft für den Imperialismus gegen die befreiende Revolution in Arabien. Aus wirtschaftlichem Interesse werden die imperialistischen Länder Israel nicht im Stich lassen. Unsere Vorstellungen vom Imperialismus sind ganz konkret: Die Vereinigten Staaten von Amerika sind ein imperialistisches Land. Die USA unterstützen Israel durch Lieferung modernster Waffen, durch Übergabe der Baupläne für nukleare Anlagen, durch Absicherung der israelischen Wirtschaft gegen die Folgen der permanenten Kriegsbelastung.
Westdeutschland ist ein imperialistisches Land – auf amerikanischen Befehl zahlt Westdeutschland jedes Jahr viele Millionen DM an Israel. Diese Devisen nützt Israel zur Stärkung seiner Schlagkraft. Amerikanische und westdeutsche Hilfe müssen von uns als Faktor in diesem Krieg einkalkuliert werden. Daraus ist zu schließen: Die Vereinigten Staaten von Amerika und Westdeutschland sind unsere Feinde.«

Die Ideologen der Volksfront zur Befreiung Palästinas ziehen aus dieser Analyse die Konsequenz, daß der Krieg nicht allein gegen Israel geführt werden dürfe, sondern vor allem gegen die USA und gegen Westdeutschland. Jassir Arafat und Abu Ijad aber sind gegen die Ausweitung des Kreises der Feinde – Israel als Gegner genügt ihnen.
Der vermeintliche wissenschaftliche Ansatz der Analyse wirkt überzeugend auf junge palästinensische Intellektuelle. Die gedanklichen Schlüsse der Volksfrontideologen hinterlassen den Eindruck, zwingend zu sein. Die Analyse liefert ein ideologisches Gerüst für die Führung des Krieges – und sie leitet auf

den wichtigsten Schritt hin, auf die Erklärung des Krieges gegen die Vereinigten Staaten: »Die Zeit ist reif für diesen Krieg und die Umstände sind so günstig wie nie zuvor. Wir Araber besitzen eine unbezwingbare Waffe: Wir sind ungeheuer viele!«
Bei der Rückkehr aus syrischer Haft erkennt Dr. George Habash die Volksfront zur Befreiung Palästinas nicht mehr. Die marxistisch-leninistische Ausrichtung, die Nayif Hawatmeh durchgesetzt hat, stört ihn zunächst – doch sie ist nicht mehr rückgängig zu machen. Die Anhänger und die Fedajin sind überzeugte Marxisten-Leninisten geworden. Sie stammen meist aus christlichen Familien – wie George Habash auch. Moslems sind weniger anfällig für die kommunistische Ideologie.
Nach gründlicher Überlegung akzeptiert George Habash die revolutionäre Ausrichtung, schafft sie doch eine deutliche Abgrenzung zur mächtigen Al-Fatah. Von nun an stehen für nahezu zwei Jahrzehnte zwei palästinensische Persönlichkeiten an der Spitze von zwei Organisationen: Dr. George Habash, der Marxist-Leninist und Jassir Arafat, der die Meinung vertritt, es sei zu früh zu entscheiden, von welcher Ideologie sich das Volk der Palästinenser später einmal leiten lassen wolle, wenn seine Freiheit errungen sei. Arafats Grundsatz ist: Erst die Befreiung, dann die politische Ausrichtung. George Habash aber proklamiert: Erst die Ideologie gibt die Kraft zum Kampf um die Freiheit.

Die Spaltung ist erfolgt. Sie bestimmt für Jahre das Leben der palästinensischen Jugend. Arafat versucht mehrfach, die Kluft zu überwinden, doch die Mühen sind vergeblich. Er kann auch nicht verhindern, daß eine weitere Aufteilung stattfindet.
Nach seiner Rückkehr aus der Haft in Damaskus findet sich Habash zwar damit ab, daß die Volksfront zur Befreiung Palästinas marxistisch-leninistisch geworden ist, er will jedoch nicht dulden, daß Nayif Hawatmeh die höchste Autorität in der Organisation sein soll. Hawatmeh argumentiert, er habe jetzt sieben Monate lang die Volksfront geleitet, Habash aber habe in syrischer Haft jeden Kontakt zu den Problemen der Palästinenser verloren – Habash gehöre für einige Zeit ins zweite Glied. Habash wehrt sich geschickt: Er verlangt die Ein-

setzung eines Schiedsgerichts, das die Frage klären soll, wer der wahre Chef der Volksfront sei. Es gelingt dem Taktiker die Besetzung des Schiedsgerichts so zu beeinflussen, daß seine eigenen Freunde die Mehrheit haben. Die Entscheidung fällt in seinem Sinne: Nayif Hawatmeh wird als Abweichler aus der Volksfront zur Befreiung Palästinas ausgestoßen.

Das Ergebnis ist, daß der so geächtete sofort eine eigene Kampforganisation bildet, die *Demokratische Volksfront zur Befreiung Palästinas*. Der Ideologe Nayif Hawatmeh nimmt die überzeugten Marxisten-Leninisten aus der Volksfront mit. Ein Viertel der Volksfrontkämpfer folgt ihm. Die demokratische Volksfront beginnt ihre Existenz mit diesen fünfzig Fedajin.

Zur Führungsgruppe der neuen Organisation zählt ein Mann, der den militärischen Titel »Major« trägt. Er hatte in unterschiedlichen arabischen Armeen gedient, ehe er sich der palästinensischen Widerstandsbewegung anschloß. Dies war nicht aus freiem Willen geschehen: Ihn hatten die Mächtigen aus Damaskus ins Spiel gebracht. Sein Name: Ahmed Jebril. Ihn hatten die Chefs des Baathregimes darauf angesetzt, Jassir Arafat zu beschatten, ihn im Sinne Syriens zu beeinflussen – ihn zu beseitigen, wenn es den Interessen der Baathpartei diente. Arafat war jedoch den Fängen des Ahmed Jebril entgangen, da ihm hinterbracht worden war, wem der Major verbunden war. Arafat hatte Ahmed Jebril nicht an sich herangelassen; darauf hatte sich der Abgewiesene bei der Volksfront angedient, bis zur Ächtung des Nayif Hawatmeh.

Rasch zerbrach Jebrils Bindung an Hawatmeh. Die beiden verstanden sich letztlich doch nicht. Jebril verließ die Demokratische Volksfront und gründete seine eigene Organisation, die er *Generalkommando der Volksfront zur Befreiung Palästinas* nannte. Syrien übernahm die Finanzierung.

Am 20. März 1968 glaubte Jassir Arafat, es werde ihm gelingen, die Aufspaltung der Widerstandsbewegung zu überwinden. An jenem Tag trafen sich Verantwortliche der auseinanderstrebenden Gruppen in Amman. Arafat war eben dabei, einen gemeinsamen Aktionsplan darzulegen, da informierte ihn ein Offizier, der auf Befehl des jordanischen Generalstabschefs zu ihm kam, die israelische Armee bereite sich auf einen massiven Angriff im Jordantal vor – das Ziel seien Basen der Al-Fatah in der kleinen Stadt Karameh und deren Umgebung. Arafat beendete das Treffen mit den Verantwortlichen der Konkurrenzorganisationen, um sich mit dem Problem des israelischen Angriffs zu befassen.

Die Warnung des Generalstabschefs ist eine Überraschung für Arafat: Nie bisher hatte ein Kontakt zur königlich-jordanischen Armee bestanden. Es war immer Politik der Al-Fatah gewesen, Abstand zum Militär des Königs Hussein zu halten. Abu Ijad definierte die damalige Haltung so: »Wir waren eine revolutionäre Bewegung. Kontakte zu einem Organ der Monarchie hielten wir für falsch.« Von nun an änderte sich der Standpunkt der Fatah-Führung. Sie macht allerdings zwei Jahre später böse Erfahrungen: Das Vertrauen in die Führung der jordanischen Armee wird zerbrechen.

Am Nachmittag des 20. März 1968 begibt sich Arafat zu General Amer Khammash, dem jordanischen Generalstabschef. Der legt Arafat dar, daß er eine Warnung des amerikanischen Geheimdiensts CIA vor einer Attacke starker israelischer Panzerkräfte für den folgenden Tag erhalten habe. Er, Amer Khammash, sei der Meinung, Al-Fatah sei gut beraten, sich aus der Kleinstadt Karameh nach Osten in die Hügel oberhalb des Jordantals zurückzuziehen. Arafat bedankt sich für die Weitergabe der Warnung. Er lehnt jedoch den Rückzug seiner Kampfkräfte aus Karameh ab. Sein Argument: »Die Araber sind bisher fast immer vor den Israelis geflohen. Wir wollen zeigen, daß arabische Kämpfer auch Widerstand leisten können. Unsere Ehre steht auf dem Spiel!«

Karameh gibt den Palästinensern Selbstbewußtsein

Vorausgegangen waren rund 200 Anschläge der Fedajin von Al-Fatah gegen Einrichtungen der Israelis im besetzten Gebiet. Die für Israel schmerzhafteste Aktion hatte sich gegen einen Bus gerichtet, in dem sich Studenten aus Herzliyah befanden. Sie waren zu einer Studienfahrt unterwegs. Auf einer Nebenstraße, bei der Ortschaft Be'er Ora, detonierte eine Mine unter dem Bus. Zwei der Insassen waren sofort tot; zehn weitere wurden schwerverletzt in Krankenhäuser gebracht. Dies war am 18. März 1968 geschehen. Am selben Tag detonierte Sprengstoff in jüdischen Siedlungen, die damals in der Gegend von Nablus entstanden. Insgesamt hatten innerhalb weniger Wochen mehr als 100 israelische Soldaten und Zivilisten ihr Leben verloren. Die israelische Öffentlichkeit verlangte von Regierung und militärischer Führung ernsthafte Gegenmaßnahmen.

Der israelische Geheimdienst war darüber informiert, daß sich die Fedajin in der kleinen Stadt Karameh eingenistet hatten, die drei Kilometer ostwärts des Jordan liegt, abseits der Straße, die von Amman her die Hügel herunter zum Fluß, nach Jericho und weiter nach Jerusalem führt. Karameh besteht aus rund 100 einfachen, niederen Häusern, aus Lehmziegeln und Beton gebaut. In der Mitte des Ortes befindet sich die Moschee. Die Besonderheit von Karameh sind Grotten und Höhlen in den Hügeln ostwärts der Ortschaft. In diesen Löchern verbargen sich die Fedajin von Al-Fatah. Ihre Gruppe umfaßte damals etwa 2000 Männer.

Diese Fedajin kampfunfähig zu machen und ihre Basis zu zerstören, war am 21. März 1968 der Auftrag an 1000 Soldaten israelischer Eliteeinheiten. Sie überquerten bei Morgengrauen den Jordan und drangen in jordanisches Gebiet ein. Die Soldaten glaubten, eine leichte Aufgabe vor sich zu haben. Sie alle hatten am Junikrieg 1967 teilgenommen, in dem sie fulminante Siege errungen hatten – eine Terroristenbasis »auszuräuchern«, durfte für sie kein militärischer Problemfall sein.

Vorgesehen war, daß es um 5.30 Uhr von Hubschraubern aus Flugblätter auf Karameh herunterregnen sollte mit der Aufschrift: »Karameh ist umzingelt! Wer sich ergibt, dem geschieht nichts!« Doch die Hubschrauber kamen, wegen einer Übermittlungspanne im Befehlsweg, nicht zum Einsatz. Geplant war auch, daß die Masse der Fedajin, die – so glaubten die Planer der Israel Defence Forces – in die Hügel nach Osten fliehen würde, von israelischen Luftlandetruppen im Bergland abgefangen wird. Die Flucht der Fedajin aber fand nicht statt. Die Luftlandetruppen, sechs Kilometer ostwärts von Karameh abgesetzt, warteten vergeblich. Sie rückten schließlich nach Westen vor, herunter von den Hügeln in Richtung Stadt. Die Soldaten gerieten bald in starkes Maschinengewehrfeuer. Daß sie

selbst angegriffen wurden, war für sie eine ungewohnte Situation – im Junikrieg hatten immer sie die Initiative ergriffen. Oberst Moshe Betzer, am 21. März 1968 einer der Kommandeure der Elitetruppe, erinnert sich:»Alles ging schief. Es rächte sich bitter, daß wir es unterlassen hatten, das Gelände und die militärische Situation zu erkunden. Wir hatten gedacht, unsere Aktion käme als Überraschung für die Palästinenser, doch wir gerieten in ihre Falle.«
Keine Phase des Angriffs entwickelte sich nach dem Zeitplan. Die Fedajin kämpften mit Entschlossenheit und Ausdauer. Sie verloren viele Kämpfer, doch sie brachten auch dem IDF-Verband hohe Verluste bei. Oberst Moshe Betzer, einer der bewährten Elitesoldaten des IDF, berichtet:»Es war ein seltsames Gefühl, das uns beschlich. Die Offiziere wurden nervös. Unsere Männer, die umzingelt waren, meldeten ihre Lage über Funk, und es war zu merken, daß sie den Überblick verloren hatten.«
Das Kampfziel, die Stadt Karameh zu zerstören, wurde schließlich erreicht: Die einfachen Häuser wurden durch Sprengladungen zum Einsturz gebracht. Doch die israelischen Verluste waren ungewöhnlich hoch: Am Abend des 21. März 1968 hatte IDF 33 Tote zu beklagen; 161 Offiziere und Soldaten waren verwundet. 27 Panzer und zwei Hubschrauber waren zerstört worden. Die Fedajin der Al-Fatah hatten besser gekämpft als die offiziellen arabischen Armeen in den Konflikten zuvor.
Zu den Verwundeten zählte auch Oberst Moshe Betzer: Ein Geschoß hatte ihn am Kinn getroffen. Als er im Hadassah-Krankenhaus von Jerusalem lag, wunderte er sich, daß die israelische Armeeführung von ihm keinen Bericht anforderte über den Verlauf der Kämpfe von Karameh. Der Oberst hätte Aufschluß geben können über die Versäumnisse und Fehler der Planer und der Ausführenden. Er meinte:»Die Tatsache, daß wir nicht gesiegt haben, wurde rasch vertuscht und schließlich vergessen. Die Fehlleistungen wollte niemand zur Kenntnis nehmen. Die Ursache des Versagens ist leicht zu benennen: Der Wahn unserer eigenen Kraft hat unser Gehirn vernebelt. Wir hatten nicht die Absicht, uns zu ändern. Wir wollten auch nicht aus den Fehlern lernen. Am Abend des 21. März 1968 zogen wir uns über den Jordan zurück, angeschlagen und aus Wunden blutend.«

Der Oberst gibt zu, daß der Kampf, vom Standpunkt der Al-Fatah aus gesehen, für die Palästinenser erfolgreich verlaufen ist – auch wenn Al-Fatah mehr als 100 Männer verloren hat: »Al-Fatah konnte einen Sieg feiern!«
Abu Ijad zog dieses Fazit: »Die Schlacht von Karameh wurde in ganz Arabien als glänzender Sieg gefeiert. Vor allem die palästinensischen Massen waren außer sich vor Begeisterung. Die Palästinenser konnten von nun an den Kopf hoch erhoben tragen. Sie waren zuvor gedemütigt worden. Jetzt aber hatten sie die Würde Arabiens gerettet. Der Ortsname »Karameh« heißt »Würde«.
Am Vortag des Kampfes hatten sich 30 Kämpfer der Volksfront zur Befreiung Palästinas in der Stadt im Jordantal aufgehalten. Auch sie hatten die Warnung vernommen, ein israelischer Angriff stehe unmittelbar bevor. Dr. George Habash hatte in der Nacht zum 21. März entschieden, seine Kämpfer hätten sich in Richtung Amman abzusetzen. Sein Argument war: »Unsere Männer sind für den Guerillakrieg ausgebildet und nicht für die Konfrontation mit einer regulären Armee.«
Dr. Habash hatte militärisch gedacht; Arafats Entscheidung aber war politisch motiviert gewesen. Er behielt recht: Daß seine Männer nicht flohen, brachte ihm einen politischen Erfolg ein.
Mit der Rettung der Würde des palästinensischen Volkes war der Grundstein gelegt für das nationale Bewußtsein der Palästinenser. Niemand konnte künftig behaupten, dieses Volk existiere überhaupt nicht. Mit dem Ende der Schlacht von Karameh begann Arafats Hoffnung zu wachsen, es werde ihm gelingen, dem palästinensischen Volk Land und Staat zu erkämpfen.
Das unmittelbare Ergebnis der Schlacht aber war, daß Jassir Arafat zum absoluten Herrscher über Al-Fatah aufstieg. Der Erfolg wurde als sein Sieg gefeiert. War Arafats Führungsrolle am 20. März 1968 noch umstritten gewesen, hatten andere – wie Khaled al-Hassan – geglaubt, sie könnten ihn in einen kollektiven Commandorat hineinzwingen, so gab es am Abend des 21. März nur noch eine Autorität in Al-Fatah. Auch Abu Jihad und Abu Ijad mußten akzeptieren, daß allein noch das Wort des Chefs zählte.
Der Ausgang der Schlacht von Karameh bewirkte noch eine an-

dere wesentliche Veränderung. Bis dahin war Al-Fatah mit Absicht als Geheimorganisation geführt worden, deren Wesen, Struktur und deren Führungspersönlichkeiten vor der Öffentlichkeit verborgen gehalten worden waren. Jedes Mitglied der Führungsspitze hatte sich daran gehalten, sich nicht als prominentes Mitglied von Al-Fatah zu erkennen zu geben. Nach Möglichkeit waren Informationen wesentlicher Art sogar gegenüber arabischen Regierungen als Geheimnis bewahrt worden. Um nicht zu viel verraten zu müssen, waren – soweit als nur möglich – Kontakte zu den Mächtigen in Cairo und Amman reduziert worden.

Nur die Ergebnisse der Attacken und Sabotageakte waren öffentlich bekanntgemacht worden – durch anonyme Mitteilungen an Nachrichtenagenturen und an Redaktionsbüros. Diese Anonymität konnte nach dem Erfolg von Karameh nicht mehr aufrechterhalten werden.

Arafat wird »Sprecher« von Al-Fatah

Die Kampforganisation stand jetzt unter dem Druck der Medien und vor allem auch der Regierungen der arabischen Welt mit einer Persönlichkeit hervortreten zu müssen, die vorzeigbarer Repräsentant sein konnte für Al-Fatah und für den palästinensischen Widerstand insgesamt. Seit sich Ahmed Shukeiri im Juni 1967 als Chef der Palästinensischen Befreiungsorganisation PLO durch Prahlerei und Versagen samt seinem PLO-Apparat in Mißkredit gebracht hatte, gab es für das palästinensische Volk keine glaubwürdige Stimme mehr, die öffentlich für die Entrechteten sprach. Diesem Mangel konnte jetzt abgeholfen werden.

Die Verantwortlichen der Al-Fatah wußten, daß sie an einem Wendepunkt für sich und für die Mehrheit der Palästinenser angekommen waren. Trat ihr Chef aus dem Schatten der Anonymität, wurde ihm Verantwortung aufgebürdet für alle Taten und Unterlassungen der Al-Fatah. Damit aber war die palästinensische Bewegung auf dem Weg von einer revolutionären Gruppierung zur politisch tätigen Organisation. Der öffentlich bekannte Chef der Revolutionäre mußte zum Gesprächspart-

ner anderer politischer Kräfte werden – er würde zum Politiker werden.
Die Verantwortlichen von Al-Fatah wollten diese Entwicklung aufhalten. Jassir Arafat, Abu Jihad, Abu Ijad, Faruk al-Kaddumi und Khaled al-Hassan kamen auf den Gedanken, der vorzeigbare Repräsentant müsse nicht unbedingt der Chef von Al-Fatah sein. So entwickelte sich der Gedanke, die Autorität des Jassir Arafat müsse nicht voll ins Scheinwerferlicht gestellt werden. Uneinigkeit herrschte nur darüber, wer an seiner Stelle die Kampforganisation zu repräsentieren habe. Einige aus der bisherigen kollektiven Führungsschicht waren durchaus der Meinung, Abu Jihad sei der Richtige, um den Standpunkt der Palästinenser zu vertreten, schließlich sei er im Herzen Palästinas, in Ramallah geboren und habe das Schicksal der Vertreibung mitgemacht. Die Vorurteile der frühen Jahre wurden vorgebracht: Arafat ist gar nicht in Palästina geboren – und er spricht auch nicht wie ein Palästinenser.
Die lange Diskussion beendete Abu Ijad durch eine Art Staatsstreich innerhalb von Al-Fatah. Er nahm ein Gerücht zum Vorwand, ein unbekannter Kämpfer der Organisation habe zu erkennen gegeben, er werde öffentlich erklären, er leite die Kampfgruppe Al-Assifa. Dieses Gerücht hatte außer Abu Ijad niemand vernommen, und es war auch unwahrscheinlich, daß es überhaupt existierte. Abu Ijad behauptete, das Gerücht sei geeignet gewesen, Verwirrung in der gesamten Widerstandsbewegung zu stiften. Um es zu entschärfen, habe er den Nachrichtenagenturen und den Zeitungsredaktionen in Damaskus mitgeteilt, der »Sprecher« von Al-Fatah und von Al-Assifa heiße Jassir Arafat. Nur er sei berechtigt, im Namen der Widerstandsbewegung zu sprechen.
Dieser Alleingang des Abu Ijad geschah am 15. April 1968. Von diesem Tag an war Jassir Arafat in aller Augen der Mächtige des palästinensischen Widerstands. Übersehen wurde, daß die Mitteilung der Ernennung an die Medien auch weiterhin die Bemerkung enthielt, Al-Fatah und Al-Assifa unterstünden einer kollektiven Führung.

Als sich das Kollektiv schließlich in Damaskus traf, gab sich Arafat bescheiden: Er meinte, er verdiene die Position des Sprechers nicht. Die anderen Mitglieder des Gremiums akzeptierten, was geschehen war. Doch mancher spürte weiterhin die Furcht in sich, Arafat werde sich zum Diktator entwickeln. Die Befürchtung war nicht unberechtigt. Der »Sprecher« benahm sich bald wie der Chef einer palästinensischen Exilregierung. Widerspruch beeinflußte seine Entscheidungen kaum. Ohne lange Beratungen legte er fest, der Sitz der Führung von Al-Fatah sei fortan nicht mehr Damaskus, sondern die jordanische Hauptstadt Amman. Arafat begann tatsächlich als Politiker zu denken und zu handeln.

In Damaskus lebte die Al-Fatah noch immer mit einer »Erbsünde« aus früherer Zeit: Die Führung hatte sich mit dem Baathregime arrangieren müssen und konnte aus dieser Fessel nie mehr richtig entweichen. In der jordanischen Hauptstadt aber war zu jener Zeit eine derartige Entwicklung ausgeschlossen: Nach seiner Niederlage im Junikrieg von 1967 und nach dem Erfolg des palästinensischen Widerstands bei Karameh war König Hussein geschwächt. Die Bevölkerung seines Landes bestand damals schon zu 60 Prozent aus Palästinensern. Diese Mehrheit warf insgeheim dem König vor, er habe im Krieg versagt und habe kein Recht, dem Widerstand gegen Israel Fesseln anzulegen. Die Armeeführung hatte nach dem traumatischen Erlebnis der Katastrophe und der Blamage keine Kraft, um ihren Anspruch durchzusetzen, die einzigen legalen Waffenträger im Lande zu repräsentieren. Arafat war der Überzeugung, König Hussein werde der Widerstandsbewegung keine Schwierigkeiten in ihrer Entwicklung und in ihrem Kampf bereiten.

Der Umzug der Fatah-Führung von Damaskus nach Amman hatte allerdings eine bittere Konsequenz: Das Baathregime in Syrien schuf sich eine eigene Kampforganisation. Eine zweite Phase der Spaltung in der palästinensischen Widerstandsbewegung beginnt. Sie ist für Jassir Arafat deshalb besonders gefährlich, weil sie vom mächtigen syrischen Staatsapparat beeinflußt werden, die nicht daran denken, den Palästinensern einen eigenen Staat zu gönnen. Zu Arafats Ärger finden diese Staatsapparate Handlanger im palästinensischen Volk.

Die Gegner der Idee des Palästinenserstaates

Das Baathregime in Damaskus gibt seiner Kampforganisation die Bezeichnung *Tala'i Harb al-Tahrir as-Shabi*. Die Übersetzung lautet »Speerspitze des Volksbefreiungskrieges«. Der Name ist anspruchsvoll, doch in ihm kommt das Wort »Palästina« nicht vor – mit Absicht. Für das Regime der Baatpartei existiert Palästina nicht. Der Landstrich zwischen Mittelmeer und Jordangraben ist für die Mächtigen in der syrischen Hauptstadt Bestandteil von »Großsyrien«. Das Ziel ist, bei einem Zerfall des Staates Israel dessen Territorium in dieses Großsyrien einzugliedern.

Der erste Militärkommandeur von *Tala'i Harb al-Tahrir as-Shabi* heißt Mahmud al-Ma'ayta. Er definiert das Kampfziel so: »Natürlich kämpfen wir für die Befreiung Palästinas, doch es soll kein eigenständiger Staat werden. Wir in der Baathpartei treten ein für einen großen Staat der arabischen Einheit. Welchen Sinn sollte es haben, den Aufbau eines palästinensischen Kleinstaates zuzulassen. Wir kämpfen für ein einiges Arabien; was heute Israel und morgen Palästina heißt, wird darin aufgesogen!«

Dem Militärkommandeur gefällt die Bezeichnung »Tala'i Harb al-Tahrir as-Shabi« für seine Organisation nicht. Ihm behagt eher der Name *As-Saika*. Er läßt sich mit »Sturm« übersetzen. Die Kampforganisation der syrischen Baathpartei wird unter dem Namen *As-Saika* bekannt.

Mahmud al-Ma'ayta ist Jordanier von Geburt. Er besuchte die syrische Militärakademie. Er ist im Offizierskorps bis zum Generalleutnant aufgestiegen. Als fähiger und erfahrener Truppenkommandeur organisierte er As-Saika wie eine reguläre Militäreinheit mit Exerzieren, Drill und gründlicher Waffenausbildung. Über die ideologische Ausrichtung von As-Saika sagt das Mitglied der Baathpartei: »Sie folgt unserem Programm, das drei Ziele kennt: Einheit, Freiheit, Sozialismus – und zwar in dieser Reihenfolge. Zuerst muß das gespaltene arabische Volk vereinigt werden vom Atlantik bis zum Zusammenfluß von Euphrat und Tigris. Voraussetzung für die Einigung ist, daß alle fremden Einflüsse im arabischen Raum verschwinden. Zu Ende gehen muß die Zeit der Vorrechte der Großmächte, der internationalen Ölgesellschaften, der Konzerne. Sie sind schuld an unserer Aufspaltung. Arabien ist nach dem Ersten Weltkrieg aufgesplittert worden. Die Kolonialmächte haben damals die unnatürliche Trennung zu ihrer Bequemlichkeit vollzogen. Auf diese Weise war Arabien leichter zu beherrschen. Diese Trennung ist leider bis heute geblieben. Ist die Trennung erst überwunden, werden die Araber die Freiheit erleben dürfen. Dies bedeutet, daß sie die Gesellschaftsform wählen können,' die ihnen Gerechtigkeit bringt. Diese Gesellschaftsform darf nur sozialistisch sein. Doch Sozialismus in unserm Sinn heißt nicht Marxismus, heißt nicht Umverteilung des Reichtums, sondern Schaffung von Wohlstand aus dem Nichts. Den Weg zur Freiheit und Sozialismus wird uns der Volkskrieg öffnen. Um ihn zu führen, ist die Organisation As-Saika geschaffen worden.«

Der Volkskrieg, so meinte der Militärkommandant von As-Saika, richte sich nicht allein gegen Israel, sondern gegen alle Kräfte, die den Fortschritt hemmen: »Unsere Feinde sind auch die arabischen Staatschefs, die sich progressiv geben, die jedoch nur Opportunisten sind. Nasser zählt dazu – hat er doch noch kurz vor dem Junikrieg ein Bündnis mit König Hussein geschlossen. Der Sozialist Nasser hat sich mit dem Monarchen zusammengetan! Nasser hat den Sozialismus verraten. Er ist, wie Hussein, zum Feind geworden.«

Das politische Programm der Kampforganisation As-Saika folgt den Prinzipien der Baathpartei: »Die arabische Nation hat eine unsterbliche Mission zu erfüllen. Im Verlauf der Phasen der Menschheitsgeschichte trug die arabische Nation bei zum geistigen Fortschritt. Die unsterbliche Mission der arabischen Nation hat das Ziel, die menschlichen Werte zu erneuern, den Fortschritt der Menschheit voranzutreiben und Vorbild zu sein für das Zusammenleben der Völker. Aus diesen Grundsätzen erwächst die ideale Vision von der Einheit der gesamten Menschheit.« Das Parteiprogramm entfaltet den Gedanken an eine gemeinsame Zivilisation, die auch von Arabien mitgetragen und die sogar von den Arabern in die Zukunft geführt wird.

Die Kader der syrischen Baathpartei propagierten während des Jahres 1969 die Grundsätze ihrer politischen Organisation in den Palästinenserlagern bei Damaskus. Sie warben für den Eintritt in As-Saika. So wuchs unter dem Schirm der Baathpartei die Zahl der Mitglieder der Palästinenserorganisation, die keinen Wert auf ein unabhängiges Palästina legte, rasch an. Innerhalb weniger Monate erreichte diese Zahl die Marke 5000. Der Grund für das rasche Ansteigen war darin zu suchen, daß die Männer Geld bekamen und daß sie, durch die Schirmherrschaft der Staatspartei, einen respektierten Status besaßen. Sie waren keine »Freischärler« ohne Bindung an eine Staatsautorität – wie dies bei den Fedajin der Al-Fatah der Fall war. Für den Guerillakampf gegen Israel waren die Verbände der As-Saika nicht geeignet. Ihre Ausbildung war darauf ausgerichtet, die Männer auf den Dienst in einem politisch orientierten Kampfverband vorzubereiten. Die Funktion der As-Saika bestand von Anfang an vor allem darin, der Al-Fatah des Jassir Arafat Schwierigkeiten zu bereiten, ihr die Kämpfer abzuwerben. As-Saika hatte den Anspruch zu erheben, stärker als jede andere Kampforganisation zu sein. Daß dieser Anspruch tatsächlich glaubwürdig vorgebracht werden konnte, steigerte die Attraktion von As-Saika in den Lagern. Im Verlauf des Jahres 1969 entschied sich mancher junge Palästinenser in Syrien für die Zugehörigkeit zu As-Saika und nicht zu Al-Fatah – auch wenn er genau wußte, daß As-Saika ihn nicht zum Kampf für ein unabhängiges Palästina führen würde.

Die Führung von As-Saika entwickelte kaum Ehrgeiz zum Kampf gegen Israel. Die Bilanz der Einsätze war wenig eindrucksvoll. Bemerkenswert war allein das forsche Auftreten der As-Saika-Angehörigen in den Palästinenserlagern. Sie trugen schmucke Kampfanzüge und blickten mitleidvoll auf die Fatah-Kämpfer, die sich mit »Räuberzivil« begnügen mußten. Sie vertraten die Forderung, Al-Fatah habe sich As-Saika unterzuordnen.

Doch bald schon war zu bemerken, daß die Palästinenserorganisation des syrischen Baathregimes an einer entscheidenden Schwäche litt: Sie war zu stark an die Staatspartei gebunden. Diese war zu jener Zeit zerstritten. Zwei Parteiflügel bekämpften sich – und zwei Persönlichkeiten. Staatspräsident Dr. Nureddin Atassi wollte die syrische Politik am Moskauer Kurs orientieren, und er glaubte an die Kraft der marxistischen Ideologie. Die Gegengruppe in der Partei wurde angeführt von Generalleutnant Hafez al-Assad, dessen Machtbasis das Offizierskorps war. Hafez al-Assad kümmerte sich nicht um ideologische Ausrichtung. Er wollte praktische Ergebnisse erzielen in der wirtschaftlichen Entwicklung Syriens. Ihm schwebten auch Verbesserungen in den Beziehungen zu den arabischen Nachbarn vor. Dr. Nureddin Atassi aber hielt wenig von einer derart praktischen Politik. Der Konflikt zwischen ihm und Generalleutnant Hafez al-Assad spitzte sich zu.

As-Saika geriet in den Wirbel der Machtkämpfe zwischen den beiden Flügeln der Baathpartei. Sowohl Dr. Atassi als auch Hafez al-Assad wollten die Organisation für ihre Zwecke gebrauchen. Der Generalleutnant schickte sich an, Einfluß auf die libanesische Politik zu gewinnen. Er beorderte Einheiten der As-Saika in den Südlibanon und in die Palästinenserlager von Beirut. Die As-Saika-Gruppen sollten jedoch nicht vom Libanon aus gegen Israel aktiv werden. Der Zweck ihres Aufenthalts in dem kleinen Land war die Anstiftung von Unruhe mit dem Ziel, Politiker zur Macht zu verhelfen, die sich von Hafez al-Assad beeinflussen lassen wollten. Al-Assad hatte die Hoffnung, der Libanon könne zur Stärkung seiner eigenen Hausmacht beitragen.

Dr. Nureddin Atassi aber beorderte Kampfeinheiten nach Jordanien. Ihr Auftreten als Angehörige einer Organisation der revolutionären Baathpartei sollte König Hussein ärgern und in Verlegenheit bringen. Den Männern der As-Saika, die sich Palästinenserlager bei der jordanischen Stadt Irbid als Basis wählten, wurde befohlen, Propaganda gegen Hussein, »den Lakaien der Amerikaner« zu betreiben. Die Absicht war, einen Umsturz im Königreich Jordanien vorzubereiten. Zu ahnen war, daß ein Bürgerkrieg in Jordanien nicht zu vermeiden war.

Die Monate der Unruhe und Unsicherheit für As-Saika gingen erst zu Ende, als Hafez al-Assad die Macht über die syrische Politik an sich riß. Dr. Nureddin Atassi wurde verhaftet – Hafez al-Assad behielt ihn nahezu 30 Jahre lang im Gefängnis. Er wurde schließlich Ende der 90er Jahre aus der Haft entlassen, damit er wenigstens in Freiheit sterben konnte.

As-Saika bekam im Jahre 1970 vom Sieger der parteiinternen Auseinandersetzung einen Chef verordnet, der die Organisation behutsam von der Machtpolitik der Baathpartei abkoppelte. Sein Name: Zuhair Mohsen – ein Palästinenser von politischem Format. Er fühlte sich – obgleich er der Baathpartei verpflichtet war – wenigstens manchmal als Angehöriger des palästinensischen Volkes, das Sehnsucht hatte nach einem eigenen Staat.

Hatte sich der syrische Flügel der Baathpartei eine Palästinenserorganisation geschaffen, so war der irakische Flügel vom selben Ehrgeiz getrieben. Die beiden Flügel befanden sich in hartem Konkurrenzkampf – auch wenn die Parteiprogramme identisch waren. Die Mächtigen der Baathpartei in Damaskus und Baghdad schickten sich gegenseitig Mordkommandos zu. Für einen derartigen Zweck konnte eine palästinensische Kampforganisation immer nützlich sein. So schuf sich das irakische Baathregime im Mai 1969 die Gruppe *Jabbat al-Tahrir al-Arabiya* – die arabische Befreiungsfront. Auch in ihrem Fall fehlt im Namen der Hinweis auf Palästina. Angeworben wurden Palästinenser, doch sie sollten nicht für Palästina kämpfen. Vorgesehen war die Befreiung Arabiens insgesamt – von allen Regimen, die sich nicht den Mächtigen der Baathpartei in Baghdad unterordnen wollten. Im Visier befand sich vor allem der Parteiapparat von Damaskus. Auf diese Weise wurden Palästinenser hineingezogen in den Bruderkrieg der Araber. Arafat befürchtete zurecht, daß sie dabei verschlissen würden. Er verfluchte diese Aufspaltung der Kräfte, die seinen Kampf erschwerte.

Zum Glück für Al-Fatah erwies sich die Führung von *Jabbat al-Tahrir al-Arabiya* als völlig uneffektiv. Die Chefs Abdel Wahhab al-Kayyali und Abdel Rahim Ahmed blieben farblose Parteifunktionäre, die keine Faszination auf die Jugend in den Palästinenserlagern ausübten.

Arafat verwendete viel Energie darauf, die Aufspaltung der Palästinenser zu verhindern, oder wenigstens deren Auswirkung zu mindern. Er versuchte, durch Reden und Schriften deutlich zu machen, daß As-Saika und Jabbat al-Tahrir al-Arabiya von zwei unterschiedlichen arabischen Hauptstädten aus gesteuert wurden, daß beide nicht palästinensischen Autoritäten unterstellt waren. Doch die beiden Baathregime steckten viel Geld in ihre jeweiligen Machtinstrumente. Sie verschafften sich Anhänger durch einen üppigen Dollarregen und beanspruchten Respekt durch die Zahl der Anhänger.

Die Aufspaltung hatte eine wesentliche Auswirkung auf die Widerstandsbewegung: Ihre Aktionen im besetzten Gebiet wurden zur Nebensächlichkeit gegenüber der internen Auseinandersetzung. Für die Jahre 1968 und 1969 hatten die Strategieplaner von Al-Fatah vorgesehen, im von Israel besetzten Gebiet zwischen Nablus und Hebron einen Aufstand der Massen auszulösen, dessen Wucht die israelische Besatzungsmacht in Schwierigkeiten bringen und sie schließlich zerschlagen würde. Es war vorauszusehen, daß viele Palästinenser im Kugelhagel der israelischen Streitkräfte ihr Leben verlieren würden, aber es war auch einkalkuliert worden, daß diese »Märtyrer« den Volkszorn steigern würden. Die aufgebrachten palästinensischen Massen – so hatten Jassir Arafat, Abu Jihad und Abu Ijad geglaubt – müßten die Präsenz der israelischen Militärmacht im 1967 an Israel verlorenen Gebiet beenden können. Doch die dazu notwendige radikale Beeinflussung der palästinensischen Massen mißlang. Die Menschen ließen sich nicht auf die Straße treiben. Die Mehrheit begeisterte sich zwar für die Meldungen, die Palästinenser würden selbst gegen Israel kämpfen, doch die wirklichen Aktivisten blieben eine Minderheit. Schuld daran war auch, daß die Widerstandsbewegung infolge ihrer Spaltung nicht geschlossen auftrat.

Arafat rettet die PLO

Die Palästinensische Befreiungsorganisation PLO des Ahmed Shukeiri war nach dem Krieg von 1967 zur Bedeutungslosigkeit herabgesunken. Niemand nahm sie mehr ernst. Selbst Gamal Abdel Nasser hatte nur noch Verachtung für den verwahrlosten Apparat übrig. An eine Auflösung war jedoch nicht zu denken, da sie ein zu deutliches Zeichen der Kapitulation vor Israel gewesen wäre. Der ägyptische Staatschef improvisierte: Er präsentierte einen PLO-Chef, den bis dahin niemand gekannt hatte.
Ahmed Shukeiri war Jurist gewesen – zum Nachfolger bestimmte Nasser erneut einen Juristen. Sein Name: Jahya Hammuda. Nach eigenen Angaben hatte er erst seit Juni 1967 Kontakt zur Widerstandsbewegung.

Am 24. Dezember 1967 trat Jahya Hammuda sein Amt an. Der Auftrag, den Nasser formuliert hat, lautete, die PLO am Leben zu halten, ohne ihre militärische Stärke zu steigern.

Daß Nasser unschlüssig war, wie die Zukunft der PLO aussehen könnte, war an der Art zu erkennen, wie er seinen Schützling in das Amt eingeführt hat: Er betonte ausdrücklich, die Ernennung gelte nur für ein halbes Jahr – dann erst könne sie definitiv bestätigt werden. Die Folge war, daß Hammuda nur als provisorischer Chef der PLO angesehen wurde und wenig Respekt genoß.

Bemerkenswert war jedoch, daß der farblose Rechtsanwalt einen ersten Schritt unternahm, um die PLO aus Nassers Griff zu lösen: Er bezog sein Büro nicht in der ägyptischen Hauptstadt Cairo, sondern in Amman. Hammuda wollte, wie die Führung der Al-Fatah, von der Freiheit profitieren, die König Hussein notgedrungen nach der Schlacht von Karameh den Palästinensern gewähren mußte.

Bescheiden war der Amtssitz des provisorischen Chefs der PLO im Stadtteil Jebel Hussein von Amman. Jahya Hammuda empfing in einem kleinen Zimmer, wo er hinter einem unscheinbaren Schreibtisch saß. Der Rechtsanwalt hatte nichts von einem Kämpfer an sich. Er war dicklich und besaß ein schwammiges Gesicht. Er gab zu, während der 60 Jahre seines Lebens nie eine Waffe in der Hand gehabt zu haben. Er meinte, der Kampf mit der Kalaschnikow sei schließlich auch nicht seine Aufgabe.

Erkennbar war, daß Jahya Hammuda wenig zu arbeiten hatte. Sein Telefon schwieg. Niemand fragte ihn nach seiner Meinung und niemand erwartete seine Befehle. Das Hauptquartier des Chefs der PLO war offensichtlich keine Zentrale des palästinensischen Widerstands.

Über den Sinn der PLO drückte sich der designierte Generalsekretär vorsichtig aus. Ihm war bewußt, daß große Sprüche nicht mehr gefragt waren. Er kannte den Schaden, den Shukeiri durch seine Phrasen angerichtet hatte. Hammuda betonte ausdrücklich: »Wir werden niemand ins Meer treiben! Wir wollen zwar dafür sorgen, daß Palästina befreit wird, doch darunter soll kein einziger Jude zu leiden haben. Die Juden, die jetzt in Israel leben, können dort bleiben, wenn der Staat Palästina

entsteht. Sie müssen sich allerdings zur palästinensischen Staatsbürgerschaft bekennen. Wir haben nicht die Absicht, irgend jemanden auszurotten. Wir sind keine Nachahmer der Nazis!«
Jahya Hammuda war der Typ, den die palästinensischen Honoratioren damals schätzten. Er sagte zwar Sätze, zu denen er als Chef einer palästinensischen Widerstandsorganisation verpflichtet war, doch war deren Inhalt nicht ernst zu nehmen. Die Rechtsanwälte, Bürgermeister, Grundbesitzer und Geschäftsleute im besetzten Gebiet westlich des Jordan wußten, daß der Rechtsanwalt Jahya Hammuda zu ihnen gehörte, und daß er sich mit der Existenz und der Macht des Staates Israel längst abgefunden hatte – genauso wie sie selbst. Sie sahen sich als Realisten, die nicht daran glaubten, daß sich die Schlacht von Karameh als Wendepunkt der Entwicklung im Nahen Osten auswirken würde. Die Honoratioren waren überzeugt, der Prozeß der Auslöschung des Begriffs »Palästinenser« sei nicht mehr aufzuhalten. Sie gewöhnten sich daran, Jordanier und damit Untertanen des Königs Hussein zu sein. Wer als Palästinenser noch an Palästina dachte, der mußte ein Träumer sein.

Zu denen, die sich nicht mit der Realität abfinden wollten, zu den Träumern also, zählte der provisorische Generalsekretär der PLO auch die Verantwortlichen der Al-Fatah. Auf die Frage, ob er Jassir Arafat kenne, gab Hammuda zur Antwort, er sei ihm nie begegnet – »so viel ich weiß, lebt er in Damaskus!« Zu diesem Zeitpunkt befand sich das Hauptquartier des Sprechers der Al-Fatah nur wenige Häuser entfernt im Stadtteil Jebel Hussein in Amman. Arafat war dabei sich zu überlegen, ob es klug sei, die PLO zu übernehmen und ihr neues Leben zu geben. Jahya Hammuda aber sagte, er halte nichts von der »Splittergruppe« Al-Fatah, die immer abseits stehe.

Damals wollte Ahmed Shukeiri noch einmal Einfluß auf die Widerstandsbewegung gewinnen. In Beirut gab er Erklärungen ab, die seine Prahlerei in der Zeit vor dem Junikrieg rechtfertigen sollten. Er sagte die Wahrheit, als er in einer Pressekonferenz verkündete, die Phrasen seien ihm von Gamal Abdel Nasser vorgeschrieben worden. Er sei damals nur Nassers Sprachrohr gewesen. Jetzt aber sei er bereit und in der Lage, ernsthaft dem palästinensischen Widerstand zu dienen. Er forderte die arabischen Regierungen auf, ihm 50 Millionen Dollar zur Verfügung zu stellen, damit er den Kampf gegen Israel organisieren könne. Die Verantwortlichen in Cairo, Damaskus, Amman und Beirut reagierten überhaupt nicht. Shukeiri hatte besonders auf die Großzügigkeit des Königs Feisal von Saudi-Arabien gehofft, doch der interessierte sich insgeheim für Jassir Arafat.

Getreu dem Grundsatz seines Vaters Ibn Saud, die Palästinenser müßten selbst den Kampf um die Heimat führen, ermutigte König Feisal Al-Fatah zum Widerstand und gab vor allem das dazu nötige Geld. Es war Khaled al-Hassan, der den Monarchen überzeugt hatte, die Führung von Al-Fatah bestehe nicht aus Kommunisten, die Arabiens Regime durch Revolution stürzen wollten, um die Staaten an Moskau auszuliefern. Gerade Jassir Arafat, so hatte Khaled al-Hassan argumentiert, sei der Garant für die Nichteinmischung der Widerstandsbewegung in die inneren Angelegenheiten der arabischen Staaten. Das Resultat der Argumentation war, daß Al-Fatah nicht nur Geld bekam, sondern auch Rückendeckung für den Plan, die PLO zu »erobern«.

Khaled al-Hassan war es gelungen, durch seine diplomatische Art das Vertrauen der meist argwöhnischen königlichen Familie von Saudi-Arabien zu gewinnen. Er stellte den Gegenpol zum Kämpfer und Revolutionär dar – und er besaß die Klugheit, die den führenden Mitgliedern der königlichen Familie in Riyadh imponierte.

Die Übernahme des Apparats durch Mitglieder von Al-Fatah fiel leicht. Die Büros der PLO in Amman und Cairo standen leer, verlassen von den Vertrauten des Ahmed Shukeiri. Dem Nachfolger Hammuda war es nicht gelungen, für die freigewordenen Ämter Interessenten zu finden. So ließ Arafat die Büros durch seine Anhänger besetzen. Sie fanden keinen Widerstand, denn der bisherige Apparat der Palästinensischen Befreiungsorganisation war kraftlos und sinnlos geworden. Al-Fatah versprach ihn mit neuem Leben zu erfüllen. So gelang der kühne Handstreich. Es war Arafats Energie, die ihn ausgelöst und erzwungen hatte.

Nicht alle, die dem »Sprecher« der Al-Fatah zugeordnet waren, hielten den Schritt für richtig. Abu Jihad, zuständig für den militärischen Bereich, war der Meinung, die Übernahme der PLO

führe zu einer »Verwässerung der Widerstandsidee« – sie ende in der Bürokratisierung der Befreiungsbewegung. Der Apparat, so befürchtete Abu Jihad, werde den Willen zu Aktionen lähmen und der Kampf werde zu einer Angelegenheit zweiten Ranges. Seine Vorausschau auf die Zukunft erwies sich als richtig.
Abu Ijad war entgegengesetzter Ansicht. Er erkannte in der Übernahme der PLO eine gewaltige Chance. Die Organisation biete die Basis für eine wirkungsvolle politische Arbeit. Die PLO müsse das Vertrauen der arabischen Regierungen gewinnen um dann, im Rahmen der Arabischen Liga, zum alleinigen Vertreter des Volkes der Palästinenser aufzusteigen. Dieses Volk habe dann einen legitimen Repräsentanten – damit sei die Voraussetzung geschaffen für die Bestrebungen, die Vision vom eigenen Staat der Palästinenser Wirklichkeit werden zu lassen. Dieser Meinung war Jassir Arafat auch.

Die formlose Übernahme der PLO blieb Unrecht, so lange sie nicht vom »Palästinensischen Nationalrat« bestätigt wurde. Dieser PNC war eine Art von Exilparlament des palästinensischen Volkes. Seine Zusammensetzung konnte allerdings unter den Umständen der Vertreibung und der Besetzung von Rest-Palästina durch die Israelis nicht auf demokratische Weise bestimmt werden. Mitglied des PNC konnte werden, wer Gelegenheit hatte, an der Sitzung teilzunehmen – und wer sich einigermaßen mit Gamal Abdel Nasser verstand. Dem Palästinensischen Nationalrat gehörten damals 115 Persönlichkeiten an, deren Repräsentant Jahya Hammuda war. Sie waren fast alle behäbig, wie der Rechtsanwalt, und sie redeten gern viel. Mit Argwohn sahen sie die Entwicklung des Handstreichs, der die PLO ihres Geschmacks aufgelöst hatte. Viele der Persönlichkeiten mit Sitz und Stimme im PNC resignierten. Manche wurden abgeschreckt durch die revolutionäre Stimmung, die von Al-Fatah ausging. Andere ließen sich durch Geld und gute Worte überzeugen, daß sie ihren Platz im PNC einem jüngeren Mann übergaben.
Gamal Abdel Nasser duldete diese Umstrukturierung der Zusammensetzung des PNC. Wenn nötig half er mit Druck nach. Er hatte begriffen, daß Jahya Hammuda nicht zu halten war. Nasser schwenkte auf Arafat ein. So geschah es, daß zur 5. Sit-

zungsperiode dieses palästinensischen Parlaments viele Persönlichkeiten erschienen, die bei der 4. Sitzungsperiode nicht dabei gewesen waren. Zehn Delegierte blieben den Sitzungen fern. Von den 105 erschienenen Delegierten gehörten 40 zur Organisation Al-Fatah. Weitere 17 Sitze wurden von Männern eingenommen, die nicht zu den Honoratioren, sondern zu den Anhängern des aktiven Kampfes gegen Israel zählten. Die Kräfte, die im Sinne Arafats dachten, bildeten die Mehrzahl. Gamal Abdel Nasser war der Schirmherr der 5. Sitzungsperiode des PNC in Cairo. Unter seiner Aufsicht wählten die Delegierten Jassir Arafat zum Präsidenten des Exekutivkomitees der PLO.

Arafat war der Verwirklichung seiner Idee näher gekommen, er werde eines Tages Präsident von Palästina werden. Zur Diskussion stand die Frage, wie dieser Staat Palästina Wirklichkeit werden konnte.

Der Palästinensische Nationalrat sah die einzige Möglichkeit Palästina zu befreien im bewaffneten Kampf – und er beschloß, daß die Fedajin die Träger dieses Kampfes seien. Die Mitwirkung regulärer arabischer Armeen wurde nicht in Betracht gezogen.

Die Parole für den Kampf hatte Abu Jihad formuliert: »Nationale Einheit der Palästinenser, Mobilisierung der Kräfte und Befreiung des Landes Palästina.« Diese Parole stieß auf Bedenken derer, die für die nationale Einheit der Araber insgesamt kämpfen wollten. Sie wurde dennoch mit Mehrheit von den Delegierten des PNC angenommen.

Die Parole für die politischen Aktivitäten aber stammte von Abu Ijad: »Wir schaffen ein Palästina, in dem Moslems, Christen und Juden gleichberechtigt miteinander leben können.«

Diese Parole bedeutete zwar den Verzicht auf das Shukeiri-Schlagwort von der Vertreibung der Juden, doch konnte ihre Verwirklichung nur geschehen, wenn zuvor Israel, der Staat des jüdischen Volkes zu existieren aufgehört hatte. Das Ende des Staates Israel sollte durch Kampf erreicht werden.

Arafats wichtigste Aufgabe war die Zusammenfassung aller Kräfte des palästinensischen Widerstands. Ein Koordinationsrat wurde gebildet. Ihm war kein Erfolg beschieden. Die Volksfront zur Befreiung Palästinas, die Demokratische Volksfront und As-Saika wollten unbedingt ihre militärische und politische Handlungsfreiheit behalten. Ihren Führern mißfiel, daß Arafat sich jetzt als Autorität über den gesamten palästinensischen Widerstand stellen wollte. George Habash und Nayif Hawatmeh ärgerten sich bereits über Arafats Führungsstil. Der Präsident des Exekutivkomitees der PLO vermied es keineswegs, Widersacher niederzubrüllen.

Kaum hatte Gamal Abdel Nasser dafür gesorgt, daß Al-Fatah und Jassir Arafat die PLO und den Palästinensischen Nationalrat erobert hatten, da begann er selbst deren Autorität zu untergraben. Er befahl den Aufbau einer weiteren Splittergruppe. Sie erhielt den Namen *Association of the Arabs in Sinai* (AAS). Ihr war die Aufgabe gestellt, Anschläge gegen israelische Einrichtungen auf der von Israel besetzten Halbinsel Sinai durchzuführen. Zu Nassers Enttäuschung und zu Arafats Erleichterung blieb die AAS völlig erfolglos.

Die Übernahme der PLO durch Al-Fatah bewirkte keine Steigerung der Effektivität des palästinensischen Widerstands. Beruhigt stellte der israelische Generalstab fest, daß die Operationen der Fedajin weiterhin schlecht geplant, schlecht oder überhaupt nicht durchgeführt wurden. Die Abwehrmaßnahmen der israelischen Sicherheitsdienste am Jordan wurden ständig perfektioniert: Elektronische Überwachungsgeräte entdeckten meist die Fedajin, ehe sie das von Israel besetzte Gebiet betreten konnten. Nach israelischen Angaben verloren im Verlauf des Jahres 1968 nahezu 2700 Fedajin ihr Leben. Die Guerillas meldeten im selben Zeitraum 1000 Anschläge durchgeführt und ebenso viele Israelis getötet oder verwundet zu haben.

Der Weg zum Staatsmann ohne Staat

Die Aktionen der Guerilla jener Zeit hatten nie den Zweck, Israel wirklich zu schaden. Arafat wußte, daß dies nicht möglich war. Sie sollten vielmehr dazu dienen, den Palästinensern, den Arabern und der gesamten Welt zu demonstrieren, daß das palästinensische Volk wirklich existierte und um den Fortbestand seiner Existenz kämpfte. Es ist deshalb sinnlos, eine Chronik der Guerillatätigkeit zu erstellen.

Nach außen gab sich Arafat den Anschein, er räume dem Guerillakrieg eine Chance auf Erfolg ein. Die Erklärungen, die er in Amman abgab, wirkten manchmal durch Übertreibung komisch. Kenner der Situation wunderten sich, wenn er verkündete:»Die palästinensische Revolution erringt an jedem Tag einen Sieg!« Seltsam irreal war die Behauptung:»So wenig man das Sonnenlicht mit der Hand aufhalten kann, so wenig ist die Revolution der Palästinenser aufzuhalten!«
Der Realist Arafat hatte dabei längst eingesehen, daß zwei seiner Ziele gescheitert waren: Er hatte es nicht geschafft, die Massen im besetzten Gebiet zum Aufstand zu bewegen – und er hatte den Guerillakrieg nicht nach dem Muster des Vietcong entwickeln können. Arafat begann nach anderen, nach konventionellen Wegen zu suchen.
Seit Shukeiris Zeiten war eine Einheit der Palestine Liberation Army (PLA) in einer Stärke von 4000 Mann auf ägyptischem Gebiet bei Cairo stationiert. Diese Einheit besaß ein beachtliches Waffenarsenal, das auch leichte Geschütze umfaßte. Als militärisch nützlich hatte sich diese Truppe allerdings nie erwiesen. Sie war für Nasser, der für den Unterhalt sorgen mußte, eher eine Last. Als Arafat erfuhr, Nasser wolle den PLA-Verband auflösen, erklärte sich der PLO-Chef bereit, die Männer unter seine Obhut zu nehmen – in Jordanien. Seine Absicht war, sich den Kern einer eigenen palästinensischen Armee zu schaffen.
Er machte allerdings den entscheidenden Fehler, den König von Jordanien nicht um seine Zustimmung zu bitten. Als der Monarch erfuhr, Arafats Armee treffe demnächst in Jordanien ein, wurde er wütend. Er verbot der PLA-Einheit den Grenzübertritt.
Diese Reaktion überraschte Jassir Arafat. Er hatte angenommen, Hussein sei derart eingeschüchtert, daß er der Palästinenserorganisation nichts mehr verbieten würde. Der König aber hatte sich mit seiner Armeeführung beraten, und diese war nicht gewillt, eine Konkurrenzarmee im Lande zu dulden. Arafat mußte nachgeben. Er begriff, daß Hussein auf sich selbst gestellt schwach war, daß die jordanischen Streitkräfte jedoch die Niederlage im Junikrieg 1967 überwunden hatten. Den Gedanken an den Aufbau der eigenen Armee mußte Arafat vorläufig aufgeben.

Er hat die Gabe, Niederlagen rasch zu überwinden. Gegenüber dem König reagierte er, als habe er volles Verständnis für dessen Haltung. Er lud den Herrscher ein zu einer gemeinsamen Besichtigungstour durch die Ausbildungslager der PLO in der Nähe der Hauptstadt Amman. Der König und der PLO-Chef demonstrierten Einigkeit und Herzlichkeit.

Arafat legte Wert darauf zu zeigen, daß er als Repräsentant des palästinensischen Volkes gleichberechtigt neben Präsidenten und Königen im obersten Gremium der Arabischen Liga Platz nehmen kann. Er wollte als Staatschef gelten, auch wenn er nur über ein Volk und nicht auch über ein Land verfügte.

In seiner sich selbst übertragenen Eigenschaft als Repräsentant des palästinensischen Volkes verfügte Arafat die Schaffung des Palestine Armed Struggle Command (PASC) als oberstes Befehlsorgan des palästinensischen Widerstands. Es sollte alle Kampffaktionen unter seiner Leitung zusammenfassen. Die Volksfront zur Befreiung Palästinas aber ließ sich nicht in das PASC eingliedern. Dr. George Habash wollte nicht zulassen, daß Arafat die vom Volksfrontstrategen Dr. Wadi Haddad ausgedachten spektakulären Aktionen unterband. Die Volksfront spezialisierte sich darauf, israelische Flugzeuge auf Flughäfen anzugreifen und Flugzeuge westlicher Linien zu entführen. Mit derartigen Aktionen war Arafat aber nicht einverstanden: Er wollte das Ansehen der PLO in den Augen der Welt vor Schaden bewahren.

Dr. George Habash kritisierte Arafats Standpunkt als »konterrevolutionär«. Er sah in Al-Fatah und in der gesamten PLO einen »Haufen bourgeoiser Existenzen, die vom Freiheitskampf der Palästinenser die Finger lassen sollten«.

Arafat wiederum hielt nichts vom Slogan des George Habash: »Amman ist das Hanoi der Araber – Jerusalem wird unser Saigon!« Habash war berauscht vom Kampf der Vietnamesen. Er glaubte, deren Erfahrungen auf den Kampf der Palästinenser übertragen zu können. Arafat aber hielt inzwischen nichts mehr davon, ein fremdes Vorbild zu kopieren.

Arafat signalisierte dem König, er sei nicht damit einverstanden, daß irgendeine Gruppierung der Palästinenser den Interessen des haschemitischen Staates zuwiderhandle. Der PLO-Chef wurde allerdings stutzig, als ihm mitgeteilt wurde, König

Hussein habe Hadsch Amin al-Husseini beauftragt, eine politisch orientierte Palästinenserorganisation aufzubauen, die einen Gegenpol zur Kampforganisation Al-Fatah in der PLO bilden sollte. Der ehemalige Großmufti von Jerusalem – der einstige Bundesgenosse Hitlers – war inzwischen geistig und körperlich hinfällig geworden. Keiner der politischen Köpfe unter den Palästinensern respektierte diesen Greis, dessen Zeit längst vorüber war. Daß König Hussein Arafats verachteten Verwandten Hadsch Amin al-Husseini Vertrauen schenken wollte, löste bei Arafat und der PLO-Führung Verwunderung aus – bis klar wurde, daß ihm der Verwandte in seiner Kraftlosigkeit nicht gefährlich werden konnte. Erstaunlich für Arafat blieb nur die Tatsache, daß König Feisal von Saudi-Arabien offenbar bereit gewesen war, die Palästinenserorganisation des einstigen Großmufti zu finanzieren. Arafat hatte geglaubt, der Geldsegen aus dem Ölkönigreich komme allein ihm zugute.

Auf dem Weg, der Staatsmann der Palästinenser zu werden, gab sich Arafat Mühe, Kontakte in weltpolitischer Dimension zu knüpfen. Im Februar des Jahres 1970 reiste er auf Einladung der chinesischen Führung nach Peking. Er wurde von Abu Ijad begleitet. Da Arafat nicht auffallen wollte, zog er einen grauen Anzug an, wie ihn westliche Geschäftsleute zu tragen pflegen, und er setzte sich einen Filzhut auf, dessen breiter Rand sein Gesicht verdeckte. Ohne die traditionell palästinensische Kopfbedeckung fühlte er sich ziemlich unwohl im Flugzeug, aber er glaubte, die Verkleidung werde verhindern, daß die Führung des Kreml, deren Freundschaft er nicht verlieren wollte, durch Agenten über die Reise nach Peking informiert werden würde. Derartige Abstecher liebten die Kremlherren nicht.

Die Gesprächspartner, mit denen Arafat und Abu Ijad in Peking zusammentrafen, gaben zu verstehen, daß sie das Monopol besaßen, revolutionäre Bewegungen in der Welt zu unterstützen. Arafat und Abu Ijad wurden darauf hingewiesen, der Kreml betreibe »Sozialimperialismus«. Zu spüren war die Sorge der für China Verantwortlichen, die palästinensische Revolution werde sich in Richtung Moskau orientieren. Arafat gab die ehrliche Antwort, eine revolutionäre Bewegung, die sich im Anfangsstadium befinde, sei gezwungen, Unterstützung von jedem anzunehmen, der sie bieten könne. Der PLO-Chef fand Verständnis.

Es war Tschu En-Lai, der den beiden Besuchern die Möglichkeit gab, nach Nordvietnam weiterzureisen. Dieser Staat war damals Vorbild für alle revolutionären Bewegungen. Der Krieg zwischen Nordvietnam und Südvietnam faszinierte damals viele fortschrittlich denkenden jungen Menschen in der ganzen Welt. Viele glaubten, in Südostasien werde ein Krieg um Gerechtigkeit geführt – gegen »imperialistische Monopolinteressen«. Unter den jungen Palästinensern waren besonders diejenigen vom Kampf der Nordvietnamesen begeistert, die vom Marxismus-Leninismus beeinflußt waren. Dazu gehörten vor allem die Anhänger der Volksfront zur Befreiung Palästinas und der Demokratischen Volksfront. Tschu En-Lai, der merkte, daß auch Arafat und Abu Ijad vom Kampf der Nordvietnamesen beeindruckt waren, meinte, es sei sicher für die Gäste aus Palästina vorteilhaft, wenn sie sich selbst in Hanoi ein Bild von der Situation dort machten.

In Hanoi wurden Arafat und Abu Ijad vom legendären General Giap empfangen, dem »Helden des Volkskrieges«. Die beiden bewunderten seine Bescheidenheit und seine Klugheit. Sie waren überrascht, als er einen ihnen fremden Text aus dem Koran zitierte: »Wer dem Feind die Stirn bieten will, der muß Gewalt anwenden!« Arafat und Abu Ijad stimmten dem Inhalt des Zitats zu.

Dann allerdings öffnete General Giap den Gästen die Augen. Er sagte: »Ich weiß, daß Sie in den Palästinenserlagern Begeisterung auslösen mit Schlagworten wie ›Die Kalaschnikow bahnt uns den Weg in die Heimat!‹ und ›Nur der Volkskrieg kann uns Palästina wiedergeben!‹ Stellen Sie sich den Kampf nicht so einfach vor. Sicher ist die Kalaschnikow wichtig – doch sie genügt keineswegs. Um wirklich erfolgreich Krieg führen zu können, brauchen Sie Geschütze, Raketen, Panzer und sogar Kampfflugzeuge. Im Grunde brauchen Sie alles, was der Feind auch hat. Wenn Sie dann noch über den stärkeren Kampfwillen verfügen, dann gewinnen Sie den Volkskrieg. Wenn Sie die Waffen nicht haben, nützt ihnen das Schlagwort vom Volkskrieg überhaupt nichts!«

Die Worte des Generals bewirkten eine für die Zukunft wichtige Ernüchterung im Bewußtsein von Arafat und Abu Ijad. Aus der Ferne hatten beide den Eindruck gehabt, der nordvietnamesische Volkskrieg erringe Erfolge durch Begeisterung und Entschlossenheit der Massen. Jetzt aber wurden ihnen – nach diesem Gespräch – Erfahrungen vorgelegt und erläutert, die deutlich machten, daß die Parole vom Volkskrieg, dem der Sieg ganz selbstverständlich gegeben werde, eine hohle Phrase war. Sie begriffen, daß die Vorstellung vom »Sieg durch die Mobilisierung der Massen« ihnen bisher die Gehirne blockiert hatte.

Gründlich zerstörte General Giap die Illusion, der Kampf des palästinensischen und des nordvietnamesischen Volkes sei deckungsgleich, so daß aus dem Erfolg der Nordvietnamesen bereits der künftige Sieg der Palästinenser abzulesen sei. Jassir Arafat hatte in seinen Reden oft die Parallele gezogen – und den Sieg der palästinensischen Massen vorhergesagt. Der vietnamesische General löschte die Illusion mit den Worten aus: »Wir haben Vorteile, die Sie nicht besitzen. Die Palästinenser existieren in einer ihnen feindlichen Umwelt – nicht nur Israel ist ihr Feind, sondern auch die Regime in Jordanien, in Syrien, in Ägypten. Wir aber haben die Unterstützung des gesamten chinesischen Kontinents. Dazuhin stehen alle sozialistischen Länder auf unserer Seite. Sie beliefern uns mit den Waffen, über die wir zu Beginn gesprochen haben.«

Die beiden Palästinenser mußten zugeben, daß der erfahrene General recht hatte mit seiner schonungslosen Analyse der Situation ihres Volkes. Ein Vergleich mit der Position Nordvietnams war tatsächlich nicht möglich. Das kommunistische Regime in Hanoi verfügte über verläßliche Freunde, die ihm aktiv Hilfe leisteten. Die Palästinenser aber besaßen niemand, auf den sie sich unbedingt verlassen konnten. Wenn Arafat und Abu Ijad ihre Lage ehrlich beurteilten, so mußten sie feststellen, daß kein einziger Staatsmann in Arabien aufrichtiges Interesse daran hatte, Palästina auferstehen zu lassen. Die Herrschenden in Amman, Damaskus, Cairo und Beirut, ohne deren Hilfe sich der palästinensische Widerstand kaum entwickeln konnte, waren der PLO feindlich gesinnt, denn sie hatten sich mit der Existenz des Staates Israel längst abgefunden. Eigent-

lich waren Gamal Abdel Nasser, König Hussein und die israelische Regierung Verbündete: Sie wollten an Territorien behalten, was sie sich 1948 angeeignet hatten – der jordanische König hatte damals nicht die Absicht, das Westjordanland palästinensischer Selbstverwaltung zu übergeben.
Die Worte des Generals hatten Arafat und Abu Ijad nachdenklich gestimmt. Arafat wurde sich bewußt, daß er gefühlsmäßig zuvor schon die Sinnlosigkeit des Plans erkannt hatte, gegen Israel einen effektiven Volkskrieg führen zu können – obgleich sein militärischer Chef Abu Jihad entschlossen war, einen unkonventionellen Kampf zu führen. Arafat hatte Wochen zuvor versucht, durch Übernahme der PLA-Einheit aus Ägypten die Keimzelle eines palästinensischen Heeres zu schaffen, das über alle Waffenarten – außer der Luftwaffe – verfügte, die für den konventionellen Kampf notwenig waren. König Hussein hatte diese Absicht verhindert.
Nach dem Gespräch mit General Giap überlegte sich Abu Ijad zum erstenmal, ob den Palästinensern überhaupt jemals ein militärischer Erfolg beschieden sein würde, der zu einem politischen Durchbruch in Richtung eigenem Staat verhelfen könnte. Der günstige Ausgang der Schlacht von Karameh im Jordantal hatte nur vorübergehend für Aufsehen gesorgt. Die Wirkung war längst verpufft – und an eine Wiederholung des Erfolgs war nicht zu denken. Abu Ijad, der nie eingleisig ideologisch dachte, begann nach Alternativen zu suchen, die nicht auf militärischem, sondern auf politischem Gebiet lagen. Konnte es den Palästinensern nicht gelingen, wirklich mächtige Freunde in der Welt zu gewinnen, die sich für die Schaffung eines Staates der Palästinenser einsetzten? Abu Ijad war dabei vernünftig genug, nicht das gesamte Territorium des früheren Mandats Palästina für diesen Staat einzufordern – das Westjordanland und der Gazastreifen würden genügen. Abu Ijad war keineswegs bestürzt über seinen Gedankengang, der ja die Anerkennung der Existenz des Staates Israel innerhalb der Grenzen von 1967 einschloß.
Fern lag dem Denker der Al-Fatah zu diesem Zeitpunkt die Idee, in den USA um Verständnis und Unterstützung zu werben. Doch der Gedanke lag nahe, Kontakt zur Sowjetunion zu suchen, auch wenn die Erfahrungen der Palästinenser mit der UdSSR in der Vergangenheit eher negativ waren.

Die Geschichte der sowjetischen Beziehung zum Nahen Osten begann mit Enttäuschung für die Araber insgesamt. Am 15. Mai 1948 war die Gründung des Staates Israel verkündet worden. Drei Tage später hatte die Sowjetunion die Existenz des jüdischen Staates bereits anerkannt. Der Grund für die rasche Entscheidung ist darin zu finden, daß Stalins Außenministerium der Meinung war, es handle sich um ein sozialistisches Staatsgebilde – dazu hatte der Irrtum verleitet, die Kibutze würden sowjetischen Kolchosen entsprechen. Vom Augenblick der Gründung des Staates Israel an verurteilte die Sowjetregierung den Krieg der arabischen Armeen gegen den von ihr anerkannten und als gleichgesinnt betrachteten Staat. Moskau verlangte das sofortige Ende der Feindseligkeiten und den Rückzug der ägyptischen und jordanischen Truppen auf den Ausgangspunkt.

Daß der geographische Begriff »Palästina« von 1948 an ausgelöscht war, bekümmerte die Moskauer Außenpolitiker nicht – und damit existierte für die Führung der KPdSU das Volk der Palästinenser fortan nicht mehr. Die Menschen, die während des Konflikts der Jahre 1947/48 aus dem ehemaligen britischen Mandatsgebiet Palästina geflohen waren, wurden in Moskauer Erklärungen und Veröffentlichungen als »arabische Flüchtlinge« bezeichnet. Eine nationale Zuordnung wurde vermieden. Das Schicksal dieser Flüchtlinge stellte für Stalins Nahostfachleute kein politisches Problem dar, sondern eine momentane humanitäre Fehlentwicklung, die mit gutem Willen zu lösen war. Moskau vertrat den Standpunkt, diesen Flüchtlingen müsse das Recht auf Heimkehr oder auf materielle Entschädigung für das verlorene Eigentum zugestanden werden. Stalin hatte, um Ben Gurion einen Gefallen zu tun, die Palästinenser als Volk abgeschrieben.
Auch Stalins Nachfolger änderten diesen Standpunkt nicht: Auch nach der Eroberung des Westjordanlandes und des Gazastreifens blieben deren Bewohner – nach sowjetischer Auffassung – Untertanen des Landes, das einen Rechtsanspruch auf diese Territorien besaß. Das Moskauer Außenministerium konnte sich noch immer nicht dazu durchringen, von Palästinensern zu reden. Die Menschen, die während des Junikriegs 1967 vor den Israelis flohen, waren – wie die Flücht-

linge der vorigen Generation –»arabische Flüchtlinge«. Moskau forderte auch diesmal das Recht auf Heimkehr oder auf finanzielle Entschädigung – die Verlautbarungen vermieden jedoch jeden Hinweis darauf, wer für die Entschädigungen aufzukommen hatte. Israel jedenfalls nicht.

Erst als auch für die sowjetischen Außenpolitiker zu Breschnews Zeit deutlich wurde, daß Israel nicht bereit war, die Sicherheitsratsbeschlüsse zu respektieren, die den Rückzug aus dem Westjordanland und aus dem Gazastreifen forderten, rangen sie sich zu vorsichtigen proarabischen Formulierungen durch. Sie sprachen davon, das »Selbstbestimmungsrecht des vertriebenen arabischen Volkes«, müsse zugestanden werden. Worin dieses »Selbstbestimmungsrecht« bestehen sollte, wurde nicht definiert.

Moskau will nichts von Arafat wissen

Nach der Niederlage der ägyptischen Truppen im Junikrieg von 1967 war die UdSSR sofort bereit, die Armee aufzurüsten. Moskau lieferte moderne Raketen, Panzer, Kampfflugzeuge – unter der Bedingung, daß Gamal Abdel Nasser mit diesen Waffen nur die Befreiung des Gazastreifens vorbereite, nicht aber die Auslöschung des Staates Israel. Breschnews Propagandisten sprachen zwar vom »Zionismus« als dem »Verbündeten des amerikanischen Imperialismus«, doch Breschnew selbst garantierte weiterhin die Existenz Israels.
Jassir Arafat wunderte sich über diese Zweideutigkeit der sowjetischen Arabienpolitik. Er hielt sie für ein Mißverständnis, das durch ihn selbst in Moskau an Ort und Stelle leicht zu klären war. Zu diesem Zeitpunkt war für Arafat die UdSSR das einzige Reich auf Erden, das Verständnis bewies für unterdrückte Völker. Arafat war fest überzeugt, er könne Generalsekretär Breschnew und Außenminister Kosygin in persönlichem Gespräch vom Unrecht überzeugen, das Israel seit 1948 dem palästinensischen Volk antat. Er brannte darauf, vor allem dem Generalsekretär der KPdSU deutlich zu machen, daß bereits die Gründung des Staates Israel ein Verbrechen gegenüber den Palästinensern gewesen sei – und Schuld sei der »kapitali-

stische Erzfeind der Werktätigen, die sich die Erfüllung im Sozialismus ersehnten«. Arafat war fest überzeugt mit dieser Argumentation könne er die Sympathie der Kremlherren gewinnen.

Der PLO-Chef drängte Gamal Abdel Nasser dazu, den Kontakt zu Breschnew herzustellen. Die Gelegenheit war günstig: Nasser war auf dem Weg nach Moskau, um die künftigen Waffenlieferungen durch die Sowjetunion vertraglich zu untermauern. Ihm war bewußt, daß Generalsekretär Breschnew nicht im geringsten daran dachte, den »Sprecher der Palästinensischen Befreiungsbewegung« zu empfangen. Eine Begegnung auf direktem Wege war also nicht möglich. Nasser versuchte einen Trick: Er nahm Arafat in seine ägyptische Delegation für Gespräche in Moskau auf – allerdings unter dem falschen Namen Amin Mohsen. In der offiziellen Delegationsliste wurde Amin Mohsen als »Sachbearbeiter« geführt. Der PLO-Chef Arafat hätte gar kein Einreisevisum für die Sowjetunion bekommen.

Als Breschnew und Kosygin von diesem Schwindel erfuhren, reagierten sie ungnädig: Sie weigerten sich, mit Arafat auch nur ein Wort zu reden. Sie verwiesen ihn an ein untergeordnetes Organ der sowjetischen Außenpolitik, an das »Afro-Asiatische-Solidaritätskomitee«, das keinerlei offiziellen Status besaß. Die Angehörigen dieses Komitees hatten nicht das Recht zu verhandeln oder Versprechungen zu machen, sie waren nur verpflichtet, ihren Gästen den sowjetischen Standpunkt zu erläutern. Dessen Kernpunkt war die Aufrechterhaltung der unbedingten Garantie der Existenz des Staates Israel. Da blieb nicht die Spur einer Hoffnung, die Sowjetunion werde Position gegen Israel beziehen. Selbst in der Frage der Verpflichtung zur Rückgabe der im Junikrieg 1967 besetzten Gebiete erwies sich die Sowjetunion als äußerst israelfreundlich: Dieses, in Sicherheitsratsbeschlüssen festgelegte Ziel, sollte allein durch Verhandlungen mit Israel erreicht werden. Israel sollte entscheiden, welche Gebiete es zurückgeben wolle.

Arafat erfuhr, die Sowjetunion sei nicht an kriegerischen Aktionen irgendwelcher Art interessiert – da diese nur wieder in der Katastrophe für die Araber enden würden. Ihm wurde mitgeteilt, er sei klug beraten, wenn er sich nicht in die Geschäfte einmische, die Nasser mit der Sowjetunion abzuwickeln habe. Im übrigen sei in den Akten des sowjetischen Außenministeriums keine Unterlage über das »palästinensische Volk« zu finden. Ganz offen wurde die Frage gestellt, ob dieses Volk überhaupt existiere. Nichts schlimmeres als diese Frage konnte dem Vertreter des palästinensischen Volkes widerfahren. Er zog das Fazit: Die Sowjetunion ist ein Freund des Staates Israel. Wie unwichtig für die Sowjetregierung sein Aufenthalt in Moskau war, konnte er daran ablesen, daß die Presse keine Notiz über seine Anwesenheit veröffentlichte.

Dieselbe Erfahrung machten drei Wochen später Abu Jihad und Khaled al-Hassan. Sie reisten auf Einladung des »Afro-Asiatischen Solidaritätskomitees« in die sowjetische Hauptstadt – Arafat hatte zum Abschied um die offizielle Einladung der beiden gebeten. Er hatte die Hoffnung gehabt, es werde Khaled al-Hassan, der oft schon Verhandlungsgeschick bewiesen hatte, wieder einmal gelingen, Verständnis für die Palästinenser zu wecken. Doch auch Khaled al-Hassan und Abu Jihad wurden durch unbedeutende Solidaritätskomitees abgeblockt, der Kreml blieb ihnen verschlossen.

Die beiden Palästinenser hatten Grund, sich schlecht behandelt zu fühlen. Ihnen wurde deutlich gesagt, daß den Verantwortlichen der sowjetischen Außenpolitik die Kontaktaufnahme der PLO zu Peking mißfiel. Mit Verwunderung stellten Khaled al-Hassan und Abu Jihad fest, daß Moskau der PLO die Beziehung zu China übelnahm – und daß Peking wohl ihren Besuch in Moskau mit Argwohn zur Kenntnis nehmen werde. Khaled al-Hassan bemerkte, daß die PLO zwischen zwei Stühlen saß.

Den beiden wurde deutlich gemacht, daß es für die PLO einfacher sein würde, wenn sie sich der Moskauer Führung anvertrauen würden – ohne den »Abenteurer Arafat«. Khaled al-Hassan und Abu Jihad bekamen die Empfehlung zu hören, ihre Organisation in »Kommunistische Arabische Partei« umzubenennen. Als sie mit Entrüstung diese Zumutung von sich wiesen, wurden sie als »Hitzköpfe« bezeichnet, die eigensinnig einen Weg verfolgten, der in der Katastrophe für das gesamte arabische Volk enden müßte. Ihr Handeln sei unverantwortlich, weil es sich nicht einpassen lasse in den Gesamtrahmen der arabischen Politik.

Gamal Abdel Nasser hatte dieses Ergebnis des Moskaubesuches vorhergesehen und – es kam ihm nicht ungelegen. Eine Übereinstimmung zwischen Arafat und den Herren im Kreml hätte nicht in sein politisches Konzept gepaßt. Er war an einer Aufwertung des Sprechers der Palästinensischen Befreiungsbewegung nicht interessiert. Dazuhin sah es Nasser ungern, daß ein Verantwortlicher in Arabien eine ähnlich intensive Beziehung wie er selbst zu Moskau pflegen wollte. Für Nasser war die Bewahrung seiner Vorrangstellung innerhalb des Rahmens der sowjetisch-arabischen Freundschaft überlebenswichtig.

Eine für Arafat und die PLO folgenreiche Auswirkung hatte der Besuch in Moskau allerdings: Obgleich kein für ihn positives Resultat erzielt worden war, konnte der Eindruck entstehen, Arafat neige dem sowjetischen Lager in der Weltpolitik zu. Da vom Verlauf der Gespräche keine Details bekannt wurden, hatte Israel die Möglichkeit, seine Version zu publizieren. Arafat wurde als Freund des kommunistischen Blocks denunziert. Von nun an galt der Sprecher der PLO in der westlichen Welt als Verfechter revolutionärer Ideen. Er wurde als gefährlich eingestuft. Es sollte Jahrzehnte dauern, bis Jassir Arafat das Etikett »Freund der Sowjetunion« wieder verlor. Diese Korrektur der Charakterisierung Arafats wurde erst möglich mit der Auflösung der Sowjetunion.

Während der frühen 70er Jahre aber trennte die westliche Öffentlichkeit nicht zwischen Arafat und den wahren Sozial-revolutionären. Arafat und Dr. George Habash, der Chef der marxistisch-leninistischen Volksfront zur Befreiung Palästinas, wurden nicht als feindliche Brüder gesehen, die unterschiedliche Ansichten vertraten und mit unterschiedlichen Methoden kämpfen wollten. Die Volksfront zur Befreiung Palästinas verfolgte unbeirrt eine radikale Politik, und Arafat mußte dafür büßen.

Feinde wider Willen

Langsam entwickelte sich eine gefährliche Krise in Jordanien. Ausgelöst wurde sie durch Mitglieder der Volksfront zur Befreiung Palästinas, die ihren Hauptstützpunkt im Palästinenserlager Baka'a bei der jordanischen Hauptstadt Amman hatte.
Am 29. April 1969 entführten zwei Mitglieder der Volksfront ein Linienflugzeug der Gesellschaft TWA, das sich auf dem Flug nach Athen befand. Die Maschine landete schließlich in Damaskus.
Die Welt war auf einmal mit dem Phänomen der Flugzeugentführungen konfrontiert. Es sollte sie für lange Zeit beschäftigen.

Die Volksfront gab noch am 29. April 1969 bekannt, die Entführung sei als Vergeltung für die Lieferung von Phantomkampfflugzeugen durch die USA an Israel gedacht. Forderungen wurden keine gestellt – und so war der Vorfall bald erledigt und vergessen. Die Volksfront aber hatte in dieser Entführung eine Generalprobe für ähnliche Aktionen gesehen.
Während der nächsten Monate war eine Kette von Attacken gegen israelische Einrichtungen in Europa zu registrieren. Vor allem wurden Flugzeuge, Busse und Büros der Fluggesellschaft El Al mit Handfeuerwaffen und Handgranaten angegriffen. Die Kette riß während des Winters 1969/70 nicht ab. Der schlimmste der Vorfälle geschah am 21. Februar 1970: Eine Maschine der Swiss Air, die nach Tel Aviv unterwegs war, detonierte in der Luft. Siebenundvierzig Passagiere starben beim Absturz.
Die Volksfront hatte ihr Kampfmittel gefunden: Sie bestückte Fluggepäck mit Zündern, die auf eine bestimmte Flughöhe eingestellt waren. Da die Methoden der Gepäckdurchsuchung vor dem Start zur damaligen Zeit noch primitiv waren, gab es nur geringe Möglichkeiten, die Zünder zu finden und unschädlich zu machen.

Parallel zu diesen Aktionen nahm die demonstrative Ausbreitung der Machtbefugnisse der Volksfront in den Palästinenserlagern Jordaniens zu. Dr. George Habash wies seine Fedajin an, öffentlich ihre Waffen zu tragen – zunächst in den Lagern, bald schon in den Straßen der Hauptstadt. Am 10. Februar 1970 sah sich Hussein gezwungen, ein königliches Dekret zu erlassen, das den Kämpfern der Widerstandsbewegung insgesamt Beschränkungen auferlegte: Sie sollten Waffen nur im Trainingslager verwenden und tragen dürfen; für ihre Fahrzeuge waren reguläre Kennzeichen zu beantragen; die Fedajin hätten sich durch Ausweise zu identifizieren.

Die Volksfront zur Befreiung Palästinas sah in diesen Maßnahmen eine einschneidende Beschränkung ihrer Freiheit im Kampf gegen Israel. Dr. George Habash befahl seinen Männern, sich nicht um das königliche Dekret zu kümmern. Die Fedajin benahmen sich daraufhin provozierender als zuvor. Der König reagierte energisch: Er verlegte die 3. Panzerbrigade ins Zentrum von Amman. Die Konfrontation war nicht mehr zu vermeiden: Es kam zu ersten Gefechten zwischen Kämpfern der Volksfront und königlich-jordanischen Truppen.

Die Palästinensische Befreiungsbewegung PLO war genau zu diesem Zeitpunkt ohne Führung: Jassir Arafat befand sich in Moskau, in der Absicht bei den Sowjetherren um Verständnis für die Palästinenser zu werben. Es war in Amman niemand, der die Fedajin der Volksfront zur Vernunft bringen konnte. Sie durchzogen in Haufen die königliche Hauptstadt und fühlten sich als die Herren. Sie griffen mitten in der Stadt eine Polizeistation an, und sie ließen sich auf Straßenkämpfe ein. Innerhalb von drei Tagen kamen 80 Menschen ums Leben.

König Hussein hatte während dieser Tage die Erfahrung gemacht, daß er sich nicht unbedingt auf alle seine Truppen verlassen konnte. In der Armee dienten zahlreiche junge palästinensische Offiziere, denen er nicht zumuten konnte, auf Palästinenser zu schießen. Innerer und äußerer Druck veranlaßte ihn schließlich, das Dekret zur Beschränkung der Freiheiten für die Fedajin in Amman zurückzunehmen. Dies geschah in einer Rundfunkerklärung des Königs.

Das Resultat dieses Rückziehers ließ nicht lange auf sich warten: Die Offiziere der 3. Panzerbrigade, die zum königstreuen Beduinenstamm Bani Shaker gehörten, äußerten ihre Unzufriedenheit mit dem Monarchen. Die Sheikhs einiger Stämme trafen sich in der Wüste südlich der Hauptstadt zu einer Demonstration, die dem Herrscher deutlich machen sollte, daß

das Königreich nicht den Palästinensern gehörte. Die Sheikhs verlangten vom König eine energische Haltung.
Arafat befand sich noch immer in Moskau. Sein PLO-Stab fühlte sich machtlos ohne den »Sprecher«. Sie wurden nicht gefragt, als – auf Anregung des Dr. George Habash – ein »Unified Command« geschaffen wurde, das oberste Befehlsautorität sein sollte. Wie nicht anders zu erwarten, wurde Dr. George Habash zum Befehlshaber des Unified Command ernannt. In diesem Gremium waren weder Abu Jihad noch Abu Ijad vertreten – sie befanden sich nicht in Amman.
Am 22. Februar 1970 kehrte Arafat aus Moskau nach Amman zurück. Von den Mitgliedern des Unified Command wurde er sofort heftig kritisiert. Wäre er nicht mit leeren Händen in Amman angekommen, wäre die Kritik wohl sanfter ausgefallen. Der gescheiterte Bittsteller aber wurde angegriffen, er habe seine Aufgabe als Chef der PLO in kritischer Situation vernachlässigt. Innerhalb weniger Tage wuchs die Kritik an Arafat. Dr. George Habash warf ihm und Abu Jihad vor, sie seien absolute Laien auf dem Gebiet der Kriegführung.
Die Übernahme der Kontrolle im Unified Command durch die Volksfront zur Befreiung Palästinas hatte zur Folge, daß sich eine gegen die USA gerichtete Strömung innerhalb der PLO entwickelte. George Habash heizte diese Stimmung an. Ihm gelang es, die USA als Feind Nummer 1 der Palästinenser zu präsentieren. Damit verbesserte er jedoch keineswegs die Beziehungen zur Sowjetunion. Auch Habash hatte in Moskau keine Freunde.
Wie stark und aggressiv die antiamerikanische Stimmung geworden war, wurde deutlich, als bekannt wurde, Joseph Sisco werde Amman zu Gesprächen mit König Hussein aufsuchen. Sisco war damals Assistant Secretary of State. Der Zweck des Besuches war bekannt: Der amerikanische Außenpolitiker sollte den jordanischen Monarchen überzeugen, daß er eine aktive Rolle im Friedensprozeß zu spielen habe. Zwei Tage vor dem 15. April 1970, dem Besuchstermin, marschierte ein Demonstrationszug durch die Straßen der jordanischen Hauptstadt. Hunderte junger Männer schrien Parolen gegen die USA und gegen Israel. Die Demonstration hatte ruhig begonnen, entwickelte sich jedoch im Stadtzentrum zu einem gewaltigen Aufstand, der ein Ziel suchte, das er zerstören konnte. Am Weg

lag das amerikanische Kulturzentrum. Es wurde angezündet und niedergebrannt. Dann setzte sich der Zug in Richtung der amerikanischen Botschaft in Bewegung. Ehe sie erreicht wurde, griff die neugeschaffene Militärpolizei der Al-Fatah ein und drängte die Massen ab. Ganz offensichtlich war Jassir Arafat nicht an einem ernsthaften Konflikt mit den USA interessiert.

Schwerer zu beurteilen war die Haltung der Sicherheitskräfte des königlichen Regimes: Polizei und Streitkräfte hatten nicht eingegriffen. Die Frage war: Hatte Hussein Interesse daran, der amerikanischen Regierung zu zeigen, daß ihm die Menschen seiner Hauptstadt die proamerikanische Politik schwer machten – und daß er massive amerikanische Unterstützung brauchte?

Die Reaktion der US-Regierung bereitete dann allerdings dem König eine Enttäuschung: Joseph Sisco sagte seinen Besuch in Amman ab. Hussein reagierte zornig: Er verlangte die sofortige Abberufung des amerikanischen Botschafters – und er setzte sich durch.

Jassir Arafat kämpfte im Frühsommer 1970 um seine Position als oberster Befehlshaber aller Kampforganisationen. Noch immer war George Habash Chef des Unified Command in Amman. Ihm schwebte jetzt die Vertreibung des Königs vor – oder dessen Ermordung. Seine Fedajin wollten ihm den Wunsch erfüllen: An der Straßenkreuzung von Sweileh im Westen der Hauptstadt beschoß eine Gruppe von fünf Männern die Wagenkolonne des Königs. Durch Kaltblütigkeit überstand Hussein den Überfall, doch einer seiner Begleiter wurde getötet und fünf andere erlitten schwere Verletzungen.

Arafat erkannte, daß für Hussein das Maß dessen voll sein mußte, was er ertragen konnte. Der PLO-Chef erbat eine Audienz, die ihm auch gewährt wurde. Es gelang Arafat, den Monarchen zu überzeugen, daß allein die Splittergruppe der Volksfront zur Befreiung Palästinas den Frieden in Amman gebrochen habe. Der Monarch und Arafat schlossen Waffenstillstand.

Die Volksfront zur Befreiung Palästinas dachte nicht daran, den Waffenstillstand einzuhalten. Ihre Kämpfer besetzten das Hotel Intercontinental auf dem westlichen Hügel von Amman.

In diesem mehrstöckigen Gebäudeblock waren die Journalisten untergebracht, die über den Konflikt zwischen dem König und den Palästinensern berichteten. Die Absicht, die Journalisten als Geiseln, als Faustpfand zu benutzen, ließ Dr. George Habash auf Drängen von Jassir Arafat fallen. Der Chef der Volksfront gab dem Sprecher der Palästinensischen Befreiungsorganisation schließlich recht: Die palästinensische Widerstandsbewegung durfte sich die Journalisten nicht zum Feind machen.
König Hussein versuchte weiterhin Zeit zu gewinnen. Es entstand der Eindruck, er habe völlig die Macht im jordanischen Königreich verloren. Um die Volksfront zu besänftigen, entließ er den als Feind der Palästinenser bekannten Kommandeur der königlichen Streitkräfte. Auf Druck der zahlreichen Offiziere, die zu den königstreuen Beduinen gehörten, setzte Hussein den Kommandeur kurze Zeit später wieder in sein Amt ein.
Kaum war die Entscheidung des Königs in der Hauptstadt bekanntgeworden, schossen die Kämpfer der Volksfront im Stadtzentrum auf Patrouillen königlicher Streitkräfte. Wieder lagen Tote auf den Straßen von Amman.
Es zeigte sich, daß allein König Hussein die Entscheidungen für die jordanische Regierung traf. Zaid al-Rifai, lange Zeit jordanischer Ministerpräsident, bestätigt: »Wir haben ein personifiziertes System der Regierung. Institutionen und Regierungsorgane zählen nicht. Allein der König ist zuständig.«

Daß Hussein die Zeit durch schwankendes Taktieren überbrückte, zahlte sich für ihn aus. Von einem Tag auf den anderen veränderte sich die Situation im Nahen Osten. Am 25. Juni 1970 verkündete Secretary of State William Rogers, er werde eine Initiative zur Lösung des Nahostkonflikts vorantreiben. Die Grundlage sei ein Handel: Wenn sich Israel aus den im Junikrieg von 1967 besetzten Gebieten zurückziehe, würden die arabischen Frontstaaten die Existenz des Staates Israel anerkennen und in Friedensverhandlungen eintreten. Mit Spannung wurde die Reaktion des ägyptischen Staatspräsidenten erwartet. Sicher war, daß Hussein seine Entscheidung an der Nassers orientieren würde.
Jassir Arafat war in dieser Zeit der Meinung, Gamal Abdel Nasser werde ganz selbstverständlich die Rogers-Initiative zurück-

weisen. Die Enttäuschung war gewaltig, als der populäre Kopf Arabiens am 25. Juli 1970 bekanntgab, er werde die Bemühungen des amerikanischen Außenministers unterstützen. Am 29. Juli schloß sich König Hussein der Politik Nassers an. Jassir Arafat mußte zugeben, daß er von den Ereignissen überrollt worden war. Er hatte zu König Hussein gehalten, weil er fest überzeugt gewesen war, der König werde die Existenz des Staates Israel nie akzeptieren. Geplatzt war auch seine Illusion, Nasser sei im Grunde seines Herzens doch bereit, den Kampf der Palästinenser um Gesamtpalästina zu unterstützen. Arafat mußte feststellen, daß der ägyptische Staatschef und der jordanische Monarch längst beschlossen hatten, Israel in den Kreis der nahöstlichen Staaten aufzunehmen.

»Amman wird zum Friedhof für alle Verräter!«

Tausende der palästinensischen Kämpfer versammelten sich außerhalb des Palästinenserlagers auf Jebel Wahdat in Amman. Sie skandierten Parolen gegen die Vereinigten Staaten von Amerika. Sie verfluchten Nasser und Hussein als »Lakaien der Amerikaner«; sie riefen auf zur Fortsetzung des Kampfes gegen Israel »bis zum Sieg oder bis zum Tod!«
Die Volksfront beschränkte ihre Aktionen nicht auf Demonstrationen. Dr. George Habash wollte eine populäre Parole in die Wirklichkeit umsetzen – sie lautete »Alle Macht den Fedajin!« Er gab seinen Kämpfern Befehl, die Stützpunkte der königlichen Streitkräfte in Amman in Gefechte zu verwickeln. Seine Hoffnung war, daß die Palästinenser, die als Soldaten und Offiziere in der königlichen Armee dienten, ihren Einheiten den Rücken kehrten, um sich in die Reihen der Fedajin einzugliedern. Doch die Aufforderung an die Palästinenser in den Streitkräften, sich gegen König Hussein zu entscheiden, verhallte ohne Wirkung.
Schließlich schloß sich auch die israelische Regierung der Rogers-Initiative an. Um Mitternacht des 9. August 1970 trat Waffenruhe am Suezkanal ein. Bis zu diesem Zeitpunkt hatten seit Monaten entlang dieser Wasserstraße Artillerieduelle stattgefunden. Diesem »Abnützungskrieg« bereiteten nun Israel und

Ägypten gemeinsam ein Ende. Die Führer des palästinensischen Widerstands erkannten die Gefahr eines baldigen Friedensschlusses zwischen Ägypten, Jordanien und dem bisherigen Erzfeind Israel. Dr. George Habash glaubte, er besitze die Mittel, um diesen Friedensschluß zu verhindern. Als er seine Vorbereitungen getroffen hatte, verließ er Amman in Richtung Nordkorea in der Absicht, dort die Theorien des »revolutionären Kampfes gegen den amerikanischen Imperialismus« in der Praxis zu studieren. Damit war Jassir Arafat unbestritten Befehlshaber der palästinensischen Kampfverbände im Konflikt mit den Streitkräften des jordanischen Königs. In Vorahnung der Ereignisse ernannten die in Amman verbliebenen Commandochefs den Sprecher der PLO zum »General Commander of all the Armed Forces of the Revolution«. Er hatte die Situation zu bewältigen, die durch die Bemühungen der Volksfront zur Befreiung Palästinas entstand, den Friedensschluß mit Israel zu verhindern.

Am 6. September 1970 begann das Unheil: Zwei Flugzeuge der Gesellschaften TWA und Swissair wurden auf eine Wüstenpiste bei Amman entführt. Besatzungen und Passagiere – insgesamt 301 Personen – befanden sich damit in der Hand der Volksfront zur Befreiung Palästinas. Zwei Tage später landete eine Maschine der Fluggesellschaft BOAC auf der Wüstenpiste. Drei Flugzeuge waren nun in der Hand derselben Volksfront-Fedajin. Nach Freilassung von Frauen und Kindern bleiben der Kampforganisation 288 Geiseln. Dr. Wadi Haddad, der zweite Mann der Volksfront und Organisator der Entführungen, wollte sie nur freigeben, wenn Israel dieselbe Zahl an gefangenen Palästinensern aus der Haft entließ.
Arafat, der General Commander, war nicht informiert worden über die Absicht der Volksfront. Er war sich bewußt, daß König Hussein jetzt Stellung beziehen mußte gegen die palästinensische Widerstandsbewegung insgesamt. Der oberste Befehlshaber durfte nicht mehr unterscheiden zwischen seinen Anhängern und denen des Dr. George Habash. Er mußte alle in Jordanien verfügbaren Fedajin zusammenfassen. Günstig für ihn war, daß sich Habash in Nordkorea befand.
Es konnte für Arafat nur einen Feind geben: Die »Verräter«, die sich der Rogers-Initiative »gebeugt« hatten: Hussein und

Nasser. Wer in ihren Diensten stand, der sollte in Amman ein Grab finden. Hatte schon die Entführung von Flugzeugen internationaler Gesellschaften in die Wüste seines Reiches den König in Wut gebracht, so gelang es dem Palästinenser Hani al-Hassan, den königlichen Zorn noch zu steigern. Hani al-Hassan, der jüngste Bruder von Khaled al-Hassan, hatte sich Arafats Vertrauen erworben, als es ihm gelungen war, die palästinensischen Studenten in der Bundesrepublik Deutschland zu überzeugen, ihnen bleibe nur die Unterstützung der Al-Fatah als Perspektive für die Zukunft. Hani al-Hassan war jetzt zuständig für die Fatah-Verbände der Gegend der Stadt Irbid in Nordjordanien. Er erklärte die Stadt Irbid zum Gebiet des »Ersten Arabischen Sowjet«. Damit war die Kluft zwischen der palästinensischen Widerstandsbewegung und der Monarchie in Jordanien unüberbrückbar geworden. Hani al-Hassan war keineswegs Kommunist oder Marxist – doch er hielt den Begriff »Arabischer Sowjet« für griffig und wirkungsvoll.

Zur gleichen Zeit ließ der amerikanische Geheimdienst König Hussein wissen, die Regierung in Washington verlange die völlige Auslöschung der PLO und aller palästinensischen Teilorganisationen. Der Aufforderung zum Kampf war diese Bemerkung beigefügt: Sollte der König sich nicht in der Lage fühlen, Arafats Herrschaft zu brechen, sei dazu sicher Kronprinz Hassan, der Bruder des Königs, bereit. Diese Drohung mußte Hussein ernst nehmen.

In den Morgenstunden des 17. September 1970 rückte die 3. Königliche Panzerbrigade ins Zentrum von Amman ein. Jedes Haus wurde mit Panzergranaten beschossen, wenn sich dort auch nur ein Zeichen des Widerstands regte. Als die Panzer in den engen Straßen bei der Husseinmoschee steckenblieben, ordnete die Armeeführung den Beschuß der palästinensischen Stadtgebiete durch schwere Artillerie an. Doch erst der Einsatz der 60. Königlichen Panzerbrigade schaffte am 23. September den Durchbruch: Sie eroberte den Hügel der Zitadelle hoch über Amman.

Arafats Hilferufe an die arabische Welt, der »Vernichtung des palästinensischen Volkes Einhalt zu gebieten«, lösten keine Hilfsaktionen aus. Für kurze Zeit hatte der General Commander die Hoffnung, die Syrer würden Teile ihrer Panzertruppe zum Entsatz nach Amman schicken – doch die Panzer fuhren aus Sorge vor dem Eingreifen der israelischen Luftwaffe wieder über die Grenze nach Syrien zurück. Arabien ließ die palästinensische Widerstandsbewegung im Stich. Die Palästinenser fühlten sich, wieder einmal, völlig verlassen.

Am neunten Tag des Krieges, der bereits Tausende von Menschenleben gefordert hatte, kam es zur Wende: Der sudanesische Staatspräsident Jaafar al-Numeiri erschien im Hauptquartier des Jassir Arafat, das unter heftigem Beschuß lag. Der energische Offizier al-Numeiri begann sofort mit König Hussein zu verhandeln, und es gelang ihm tatsächlich der Abschluß eines Waffenstillstands. In ihm stand der bemerkenswerte Satz: »Die palästinensische Widerstandsbewegung ist der einzige rechtmäßige Vertreter des palästinensischen Volkes.« Ein Wunder war geschehen: Der jordanische König betrachtete die palästinensischen Flüchtlinge nicht mehr als seine Untertanen. Genaugenommen verzichtete der haschemitische Monarch mit seiner Signatur unter dem Dokument auf zwei Drittel seiner Untertanen: Über 60 Prozent der Bewohner seines Königreichs gehörten zum Volk der Palästinenser. Der vom sudanesischen Staatspräsidenten ausgehandelte Waffenstillstandsvertrag enthielt zum erstenmal das Eingeständnis des Königs Hussein, daß es überhaupt ein palästinensisches Volk gab.

Arafat, der in seinem Hauptquartier auf Jebel Hussein in Amman versuchte, den Widerstand zu koordinieren, erfuhr nichts vom Abschluß des Waffenstillstands. Seine Bemühungen, den König telefonisch zu erreichen, um selbst mit ihm eine Vereinbarung zu treffen, waren erfolglos. Der Adjutant im königlichen Palast teilte ihm mit, seine Majestät befinde sich beim Morgengebet – offenbar dauerte es Stunden.

Unaufhörlich lagen die palästinensischen Stadtteile von Amman unter Artilleriebeschuß. Bekannt wurde in Arafats wenig sicherem Unterstand allerdings, daß Gamal Abdel Nasser die arabischen Monarchen und Staatspräsidenten in Cairo zu einer Gipfelkonferenz zusammenrief. Zu erfahren war auch, daß der jordanische König nicht die Absicht habe, seine Hauptstadt zu verlassen. Arafat aber wußte, daß seine einzige Chance, die palästinensische Widerstandsbewegung zu retten darin lag, auf der Cairoer Konferenz die Situation der Palästinenser in

Amman drastisch vor Augen zu führen. Die Telefonverbindung zur ägyptischen Botschaft funktionierte noch, und Gamal Abdel Nasser wurde informiert, daß Arafat an der Gipfelkonferenz teilnehmen wolle. Nasser schickte sofort ein Flugzeug, das, trotz Beschuß, auf dem Flughafen Amman landete. Mit Hilfe ägyptischer Diplomaten gelang es Jassir Arafat – als kuwaitischer Sheikh verkleidet – das auf ihn wartende Flugzeug zu besteigen und den Ort der Gipfelkonferenz zu erreichen. Kaum hatte König Hussein erfahren, daß der PLO-Chef in den Kreis der Könige und Staatspräsidenten aufgenommen worden war, flog auch er eilends nach Cairo. Er wurde mit Beschimpfungen empfangen. Es war Gamal Abdel Nasser, der vom haschemitischen Monarchen Rechenschaft forderte. Der aber verteidigte sich geschickt mit dem Argument, es seien die Palästinenser gewesen, die ihn zum Handeln gezwungen hätten. Arafat selbst habe ihn als Verräter bezeichnet – und Arafat habe vorausgesagt, Amman werde zum Friedhof für die Verräter. Nun sei eben Amman zum Friedhof für die Feinde des jordanischen Königreichs geworden. Dieser Argumentation des jordanischen Königs konnte niemand ernsthaft widersprechen. Ihm wurde das Recht zugestanden, sein Königreich auf der Konferenz zu verteidigen.

Dem PLO-Chef aber wurde bestätigt, seine Organisation sei der legitime Vertreter des palästinensischen Volkes. Über die Konsequenz dieser Aussage wurde nicht geredet: Der Verzicht des Königs auf die Palästinenser als seine Untertanen wurde nicht ausdrücklich angesprochen.

Als der letzte arabische Staatschef von Gamal Abdel Nasser auf dem Flughafen Cairo verabschiedet worden war, fuhr der ägyptische Staatspräsident im sicheren Gefühl in die Stadt zurück, die palästinensische Widerstandsbewegung vor dem Untergang gerettet zu haben. Vor seinen Augen hatten sich Arafat und Hussein die Hand gegeben und ein 14-Punkte-Abkommen, das einen Waffenstillstand vorsah, unterzeichnet. Doch die Anspannung der Septembertage war zu gewaltig gewesen für die Kraft des 52jährigen arabischen Staatsmannes.

Als Arafat, der sich bereits wieder in Damaskus befand, am 28. September Nachricht von Nassers Tod erhielt, war er außer sich vor Trauer. Vergessen war, daß sowohl er als auch der palästinensische Widerstand häufig vom ägyptischen Staatschef mit Mißachtung behandelt worden waren, daß Nasser die PLO für seine egoistischen Interessen mißbraucht hatte. Arafat sah in der Person des Toten jetzt nur noch das Symbol der Zusammengehörigkeit aller Araber – ihnen allen hatte Nasser das Gefühl gegeben, zu einem Volk zu gehören. Arafat war sich bewußt, daß den Arabern künftig die einigende Klammer fehlte, die sie verband – auch wenn diese Klammer in der Vergangenheit nicht hatte verhindern können, daß die arabischen Völker untereinander zerstritten waren und sich häufig genug mit Waffen bekämpft hatten.

Arafats Trauer hatte auch damit zu tun, daß er voraussahnte, König Hussein werde den Tod Nassers ausnützen, um sich nicht länger an das Waffenstillstandsabkommen vom 27. September 1970 zu halten. Unter Nassers Schutzschild war das Abkommen geschlossen worden und Nasser hätte seine Einhaltung durchsetzen können; ohne seinen Einfluß war das Waffenstillstandspapier ein wertloses Dokument.

Arafats Scheinstaat im Libanon

Am 28. Oktober 1970 übergab König Hussein das Amt des Ministerpräsidenten im Königreich an Wasfi Tal, einen ehemaligen Armeeoffizier, der keinen Hehl daraus machte, daß er die Palästinenser insgesamt nicht mochte. Er verachtete die Guerillas, die nach seiner Meinung wenig Stehvermögen im Kampf um Amman bewiesen hätten. Wasfi Tal meinte, wenn die Palästinenser schon kämpfen wollten, dann sei das von Israel besetzte Gebiet der richtige Platz dafür.

Der neue Ministerpräsident hatte ein offenes Ohr für Offiziere die von Beduinen abstammten und die den Inhalt des Waffenstillstandsabkommens als schmählich für den König sowie für sich empfanden. Diese Offiziere waren der Meinung, das Abkommen hätte sie um den Sieg für die Sache des Königs gebracht. Sie verlangten von Wasfi Tal, er möge vor allem dafür sorgen, daß die letzten Einheiten der PLO aus der Hauptstadt Amman abrückten.

Mit Geschick gelang es dem Ministerpräsidenten das Waffenstillstandsabkommen auszuhöhlen. Er interpretierte den Inhalt nach seinen Interessen: Er forderte die Fedajin auf, in allen Städten Jordaniens ihre Waffen abzugeben. Arafat, darauf bedacht, keinen neuen Konflikt mit der Autorität des Königs entstehen zu lassen, gab Befehl, die bewaffneten Verbände der Fedajin aus den Städten Amman, Irbid, Salt und Zerka abzuziehen. Wasfi Tal schlug vor, die Kämpfer in den bewaldeten Hügeln bei der römischen Ruinenstadt Jerash und bei Ajlun zu versammeln. Arafat, der oberste Befehlshaber, fügte sich auch diesmal wieder.

Sein Ansehen bei den Fedajin nahm immer mehr ab. Sie warfen ihm vor, daß er mit Wasfi Tal verhandelte. Sie beschimpften und verfluchten ihn als Verräter am palästinensischen Volk. Eine Fedajin-Gruppe beschloß sogar, Arafat zu töten – doch sie beschossen aus Versehen das falsche Fahrzeug.

Aus den Städten vertrieben, hausten die Fedajin im Winter 1970/71 in freiem Gelände im Gebietsdreieck von Jerash, Ajlun, Irbid. Ihnen standen im kalten Klima nur Höhlen und primitive Hütten zur Verfügung. Ihre Moral sank auf den Tiefpunkt. Um dieser Entwicklung entgegenzuwirken, gab Arafat am 1. April 1971 bekannt, das Hauptquartier der PLO befinde sich nun bei Jerash. Er selbst werde dort den Widerstand gegen die königlich-jordanische Armee leiten. Doch einen Monat später war die Illusion, gegen die Panzerverbände des Königs standhalten zu können, geplatzt: Die PLO-Kämpfer wurden aus Jerash verdrängt. Der Bewegungsraum der 3000 Fedajin verengte sich deutlich. Gleichzeitig verlor Jassir Arafat weiter an Einfluß. Dr. George Habash sprach aus, was die Kämpfer hören wollten: »Das Regime des Königs muß verschwinden! Tod dem Verräter Hussein!« Die Propagandisten der Volksfront zur Befreiung Palästinas beschimpften auch Arafat. Selbst innerhalb der Al-Fatah bildete sich eine Gruppe, die sich »Freie Offiziere« nannte, und die Arafats Absetzung verlangte, mit der Begründung, er sei von Israel und von amerikanischen Juden gekauft worden.

Mitte Juli 1971 entschloß sich König Hussein, dem letzten Rest des palästinensischen Widerstands in seinem Lande ein Ende zu bereiten. Der Angriff seiner Panzertruppe richtete sich gegen die Region von Ajlun. Das Kommando führte dort Abu Ijad, der politische Kopf, der nichts von moderner Kriegführung, wie sie von der jordanischen Armee angewandt wurde, verstand. Er konnte nicht verhindern, daß die Fedajin nach verlustreichen Kämpfen in die trockenen Seitentäler des Jordan abgedrängt wurden. Sommerhitze und Durst machten den Männern dort zu schaffen.

Arafat, der sich an der syrischen Grenze bei Ramtha aufhielt, proklamierte jetzt den umfassenden Krieg der Palästinenser gegen die Herrschaft der Haschemiten. Diese Proklamation war eine sinnlose Aktion – sie überzeugte niemand.

Der Sieg der haschemitischen Panzerverbände war nicht aufzuhalten. Am 19. Juli 1971 konnte Wasfi Tal verkünden, der Kampf gegen die Palästinenser im Königreich sei erfolgreich abgeschlossen.

Den Fedajin blieben nur zwei Möglichkeiten, sich zu retten: Sie konnten sich den Israelis ergeben – dazu entschlossen sich erstaunlich viele – oder in den Libanon auszuweichen. Am 5. Oktober 1971 befand sich Arafat in einem geländegängigen Fahrzeug auf dem Weg in den Libanon. Er kam von Nordjordanien und fuhr auf syrischem Gebiet des Golanplateaus der Waffenstillstandslinie entlang. Aus Gebüschen heraus wurde das Fahrzeug beschossen. Der Fahrer, schwer verwundet, verlor die Herrschaft über das Steuer. Arafat wurde aus dem offenen Wagen geschleudert, doch er blieb unverletzt. Der Fahrer aber starb.

Arafat wurde im Libanon keineswegs herzlich aufgenommen. Ministerpräsident Saeb Salam hatte aus den jordanischen Erfahrungen der Jahre 1968 und 1969 gelernt: Er wollte in seinem Lande den Anfängen wehren und war fest entschlossen, den palästinensischen Kampforganisationen so wenig Freiheit wie möglich zu lassen. Hatte die PLO bis zu Arafats Ankunft 40 Büros in Palästinenserlagern unterhalten dürfen, so wurden alle im Herbst 1971 geschlossen – bis auf Arafats eigenes Büro in Beirut. Der Ministerpräsident reagierte damit auf Warnungen des israelischen Verteidigungsministers Moshe Dayan, der dringend davon abgeraten hatte, den »palästinensischen Terrororganisationen« eine Heimat zu geben.

Arafat war sich bewußt, daß, nach dem Verlust Jordaniens, der Libanon die letzte Chance bot, den Kampf gegen Israel weiterzuführen. Von ägyptischem und syrischem Staatsgebiet aus war dies nicht mehr ungestört und unbehindert möglich: Sowohl Gamal Abdel Nasser als auch Hafez al-Assad hatten ihren Grenzsicherungstruppen befohlen, die Fedajin am Eindringen in israelisches Gebiet zu hindern. Arafat wußte, daß er im Libanon geduldig und vorsichtig vorgehen mußte, wenn er die Verantwortlichen in Beirut nicht gegen sich aufbringen wollte. Der christlich-maronitische Staatspräsident Suleiman Frangieh hatte bereits mahnend verkündet, ihm liege die Sicherheit des Libanon mehr am Herzen als die Interessen der Palästinenser, die auf ihr Gastgeberland Rücksicht zu nehmen hätten. Arafat nahm diese Aussage ernst. Er verordnete den Fedajin Zurückhaltung. Daran hielt sich auch die Volksfront zur Befreiung Palästinas, deren Chef, Dr. George Habash, sich jetzt ebenfalls in Beirut aufhielt.

Die Palästinenser besaßen bereits starke Basen im Libanon: Im Küstenland befanden sich Lager der Flüchtlinge von 1948 und von 1967. Flüchtlingslager umgaben auch die libanesische Hauptstadt Beirut. Der Boden war bereitet für die Aufnahme der aus Jordanien vertriebenen Kämpfer.

Ungefähr 10 000 Fedajin waren den Beduinentruppen des Königs Hussein entkommen. Sie richteten sich im Süden des Libanon ein, dort wo die Moslems in der Mehrheit waren. Die Bewohner der Lager und der Kleinstädte und Dörfer im islamischen Gebiet nahmen die palästinensischen Kämpfer gern bei sich auf, denn die kampferfahrenen Bewaffneten versprachen Schutz gegen israelische Angriffe und gegen Übergriffe der christlich-maronitischen Milizen. Die Palästinenser konzentrierten sich im Hügelland westlich der Hermonausläufer, das bald *Fatah-Land* hieß. Es unterstand Jassir Arafat. Er sah darin die Urstufe eines künftigen eigenständigen Staates der Palästinenser – auch wenn das Fatah-Land keineswegs als Teil von Palästina bezeichnet werden konnte.

Die Eigenständigkeit des Fatah-Landes wurde von der libanesischen Armee in keiner Weise beeinträchtigt. Es lag weitab von den Bevölkerungszentren des Libanon – was dort geschah, störte kaum einen Libanesen.

Die Freiheit der Fedajin im Südlibanon hatte jedoch einen Preis:

Den Kämpfern war dafür untersagt, sich mit Waffen in den Städten und außerhalb des südlichen Staatsgebiets im Kampfanzug zu zeigen. Allein im Fatah-Land war demonstrative Propaganda für die Heimat Palästina erlaubt.

Im Frühjahr 1972 wurde Fatah-Land zum Ausgangspunkt wirkungsvoller Angriffe der Fedajin auf israelische Siedlungen und Militärposten. Zahlreiche Israelis verloren dabei ihr Leben. Moshe Dayan sah sich veranlaßt, Panzertruppen über die Grenze des Libanon zu schicken, die den Auftrag hatten, Basen der PLO im Fatah-Land zu vernichten. Israelische Luftstreitkräfte griffen Dörfer im Süden des Libanon an. Dabei wurde auch die Zivilbevölkerung in Mitleidenschaft gezogen. Daß Libanesen starben und verwundet wurden, zwang wiederum die libanesische Armee zum Eingreifen – sie versuchte das Fatah-Land einzuengen.

Im April 1972 hielt die Palästinensische Befreiungsorganisation den 10. Nationalkongreß der Palästinenser in Cairo ab. Unter den Augen von Anwar as-Sadat, dem Nachfolger Nassers, bot Jassir Arafat eine blamable Veranstaltung. Nur wenige der Delegierten hatten Interesse gezeigt, überhaupt an diesem Nationalkongreß teilzunehmen. Die jordanischen Delegierten hatten es abgelehnt, der Einladung Arafats zu folgen. Israel hatte den Palästinensern ihres Landes und der besetzten Gebiete die Ausreise untersagt.

Wer nach Cairo kam, übte Kritik an Arafat. Ihm wurde vorgeworfen, er treibe eine verfehlte Politik. Die Delegierten gaben ihm die Schuld an den Niederlagen; sie prangerten seinen eigenwilligen Führungsstil an; sie verlangten die Einführung einer Entscheidungsstruktur im politischen und im militärischen Bereich und forderten, Arafat möge aufhören, sich des Apparats der PLO wie ein autokratischer Herrscher zu bedienen.

Der einzige Trost für Arafat war, daß es Dr. George Habash nicht besser erging. Der Kongreß der Volksfront zur Befreiung Palästinas, der in der nordlibanesischen Stadt Tripoli stattfand, machte den Niedergang dieser Organisation deutlich. Die Delegierten mußten zur Kenntnis nehmen, daß die »revolutionäre Kampfführung« gescheitert war: Die Flugzeugentführungen hatten dem palästinensischen Volk keinen Nutzen gebracht – im Gegenteil: Die Palästinenser hatten weltweit an Sympathie verloren, sie galten als »terroristische Verbrecher«.

Die libanesische Regierung wollte im Sommer 1972 den Prestigeverlust der beiden palästinensischen Persönlichkeiten ausnützen, um die Position der PLO entscheidend zu schwächen. Nach wochenlanger Abriegelung des Fatah-Landes verkündete der libanesische Ministerpräsident, die Fedajin seien aus dem Südlibanon abgezogen. Der Libanon insgesamt sei nicht mehr die Heimat des palästinensischen Widerstands. In seiner verzweifelten Situation bat Arafat die Moskauer Führung, sie möge ihn empfangen. Lange mußte er auf eine Einladung warten. Als diese dann endlich eintraf, glaubte er in einer guten Position zu sein, denn kurz zuvor hatte Moskau seine bisher starke Basis in Ägypten verloren: Die sowjetischen Militärberater waren durch Anwar as-Sadat ausgewiesen worden. Arafat war zu diesem Zeitpunkt durchaus bereit, dem Generalsekretär der KPdSU den Apparat der PLO als politischen Stützpunkt zur Verfügung zu stellen. Doch wieder wurde Arafat enttäuscht: Kein Kremlführer von Rang empfing ihn. Wieder beschränkten sich seine Kontakte auf Mitglieder des Afro-Asiatischen Solidaritätskomitees. Arafat mußte erneut die abfällige Bemerkung hören, er kommandiere einen Haufen von Abenteurern, die sich nicht verantwortungsvoll in den Rahmen gesamtarabischer Politik einpassen ließen. Arafat erfuhr keine Ermutigung zur Fortsetzung des Kampfes. Die Ereignisse der darauffolgenden Monate sollten der Moskauer Führung Recht geben.

Am 5. September 1972 überfielen acht Palästinenser das Quartier der israelischen Teilnehmer an den Olympischen Spielen in München. Der Überfall war lange und gründlich geplant gewesen. Ausgeführt wurde er von einer Gruppe, die sich »Schwarzer September« nannte, in Erinnerung an den Monat der Auslöschung des palästinensischen Widerstands in Jordanien. Die Absicht war, die israelischen Sportler so lange als Geiseln festzuhalten, bis Israel 200 palästinensische Gefangene freiließ. Golda Meir aber wollte sich nicht auf Verhandlungen einlassen. Die Last, mit dem Ereignis fertig zu werden, war den deutschen Behörden auferlegt. Nicht zuletzt der Mangel an Erfahrung führte zum schlimmen Ende: Während einer Schießerei auf dem Militärflughafen Fürstenfeldbruck bei München starben neun Israelis, fünf Araber und ein Deutscher.

Jassir Arafat verurteilte in seinen Äußerungen die harte Haltung der Israelis und der deutschen Bundesregierung: Ihre Unnachgiebigkeit sei schuld am Blutvergießen. Den Überfall selbst verteidigte Arafat mit der Begründung, das Olympische Komitee habe die Palästinenser schwer beleidigt: In zwei Briefen habe er darum gebeten, eine palästinensische Mannschaft an den Spielen in München teilnehmen zu lassen. Beide Briefe seien unbeantwortet geblieben. Und Abu Ijad folgerte: »Das Opfer der Helden von München war nicht umsonst. Zwar hatten sie nicht die Freilassung ihrer Kameraden aus israelischer Haft bewirkt, dafür aber hatten sie die Weltöffentlichkeit dank des weltweiten Interesses an den Olympischen Spielen auf die Tragödie der Palästinenser hingewiesen. Dazuhin hatte das palästinensische Volk gezeigt, daß es sich aus einer internationalen Veranstaltung nicht ausschließen läßt.« Von nun an verfolgte Israel die PLO-Führung systematisch.

Ein Jahr später, in der Nacht vom 9. zum 10. April 1973, mußte Arafat die Erfahrung machen, daß der Ort unsicher war, an dem er seinen Stützpunkt aufgebaut hatte. Der Chef der Palästinensischen Befreiungsbewegung wohnte in einem unauffälligen Gebäude in der Nähe der Rue Verdun in Beirut. In einem Haus ganz in der Nähe hatte sich Abu Ijad eingemietet. Gleich daneben wohnten die führenden Mitglieder der Al-Fatah: Jussef al-Najjar, Kamal Adwan und Kamal Nasser. Die Wohnung von Kamal Adwan lag in der zweiten Etage, die von Kamal Nasser im dritten Stock und die von Jussef al-Najjar im sechsten. Um Mitternacht sind aus diesem Haus Schüsse und leichtere Detonationen zu hören. Abu Ijad, der eben von einer Sitzung des Zentralrats der PLO heimgekehrt ist, begibt sich, als wieder Ruhe herrscht, hinüber zum Haus der drei Fatah-Mitglieder. Kamal Nasser liegt in einer Blutlache – 15 Schüsse hatten seinen Kopf getroffen, und Kamal Adwan war tot neben seinem Schreibtisch zusammengebrochen. Die Kugeln hatten sein Herz zerfetzt. Jussef al-Najjar hatte sich zu verteidigen versucht, doch dafür war ihm keine Zeit geblieben. Er und seine Frau sind aus nächster Nähe erschossen worden.

Die Untersuchung ergibt, daß eine Gruppe bewaffneter Israelis mit Schlauchbooten zu einer Uferstraße in der Nähe der Tau-

bengrotten in Beirut gebracht worden war, wo Fahrzeuge mit libanesischen Kennzeichen auf sie warteten. Die Fahrer, christlich-maronitische Libanesen, hatten dann die israelischen Commandos zum Haus in der Rue Verdun gebracht. Nach der Tat waren die Israelis auf demselben Weg, wie sie gekommen waren, verschwunden. Der Kommandeut des für die Israelis erfolgreichen Unternehmens war Oberst Moshe Betzer, der fünf Jahre zuvor in Karameh schwer verwundet worden war. Erschreckend für Jassir Arafat war die Tatsache, daß Libanesen den Überfall ermöglicht hatten. Christlich-maronitische Milizionäre hatten sich mit bewaffneten Israelis drei Stunden lang im islamischen Teil der Stadt frei bewegen können. Die Schüsse waren weit zu hören gewesen, mit denen sich die Israelis den Eingang ins Haus der drei Fatah-Führer freigeschossen hatten. Arafat hatte vom Dach seines Hauses die Vorgänge auf der Straße und drüben im Gebäude der drei beobachten können. Er verfluchte die Unvorsichtigkeit der eigenen Leute, die sich mitten in Beirut in Sicherheit geglaubt hatten: Jussef al-Najjar, Kamal Nasser und Kamal Adwan hatten sich nicht durch bewaffnete Kämpfer schützen lassen, da sie der Meinung waren, im Libanon von arabischen Freunden umgeben zu sein. Doch niemand hatte anläßlich der israelischen Aktion reagiert, niemand hatte die Commandos behindert oder verfolgt – die Israelis hatten sich bewegen können, als ob die libanesische Hauptstadt ihnen gehörte.
Arafat und Abu Ijad mußten am folgenden Morgen konstatieren, daß die Al-Fatah drei ihrer wichtigsten politischen Persönlichkeiten verloren hatte – nur weil dem palästinensischen Widerstand kein Schlupfwinkel zur Verfügung stand, in dem sie sich hätten verbergen können. Abu Ijad schlug vor, die Widerstandsbewegung müsse sich im Libanon einen eigenen Schutz schaffen. Jassir Arafat zog die Konsequenz: »Wir brauchen einen Freiraum im Libanon, für dessen Sicherheit wir selbst verantwortlich sind. Die Keimzelle des palästinensischen Staates soll hier entstehen!«
Zuvor war das Problem zu lösen, wo die drei Toten beerdigt werden konnten. Jussef al-Najjar, Kamal Nasser und Kamal Adwan hatten sich für Palästina eingesetzt – ein letzter Ruheplatz in palästinensischer Erde stand ihnen zu, doch die Heimat blieb ihnen verschlossen. Arafat klagte: »Wohin gehören

wir? Vom Augenblick unserer Geburt an stellt sich diese Frage. Und sie stellt sich auch noch bei unserem Tode. Wo werden wir begraben?« Der PLO-Chef gab Befehl, in Beirut müsse ein Viereck des Pinienhains im Süden der Stadt abgesteckt werden für die Toten der palästinensischen Widerstandsbewegung: »Dieser Friedhof wird der Mittelpunkt unserer Ersatzheimat im Libanon sein!«
Der Stadtteil von Beirut, den Arafat zum Zentrum seiner Staatszelle im Libanon auswählte, heißt *Fakhani*. Er liegt im islamischen, im südlichen Teil der Stadt. Er besteht aus mehrstöckigen Gebäuden unterschiedlicher Höhe, die eng aneinandergebaut sind. Schmal sind die Straßenschluchten. Jedes Gebäude besitzt im Untergeschoß eine Tiefgarage, die bei Luftangriffen Schutz bieten konnte, dort war auch Platz, um Munition zu stapeln.
Die Hausbesitzer von Fakhani waren Moslems, die nicht zu den Reichen des Libanon zählten. Der Bau der Häuser war von Großfamilien gemeinsam finanziert worden, die auf finanzstarke Mieter angewiesen, gerne bereit waren, an die PLO zu vermieten, die hohe Vorauszahlungen leistete. So wurde Fakhani zur eigenen Stadt der Palästinenser. Viele verließen die Flüchtlingslager und bezogen Wohnungen in Fakhani.

Parallel zur räumlichen Etablierung in Beirut erfolgte die politische Absicherung der territorialen Basis. Arafat wußte jetzt, wer die radikalen Feinde der Palästinenser waren: Die christlich-maronitischen Politiker und Milizchefs hatten bewiesen, daß sie rücksichtslos-mörderische Gegner waren.
Die Freundschaften zur Absicherung mußten erst geknüpft werden. Bereit zum Bündnis waren die Führer militanter islamischer Gruppen, die verhindern wollten, daß die christlich-maronitischen Kampfverbände die Übermacht bekamen. Die Moslems des Südlibanon stellten sich unter den Schutz der Bewaffneten des Jassir Arafat. Er konnte sich fortan auf ihre politische Unterstützung verlassen. Versuchte die libanesische Regierung die Palästinenser zu zügeln, bekam sie Ärger mit der Führung der islamischen Massen. Wollte die Regierung den Palästinensern Vorschriften machen, wie sie sich in Fakhani zu verhalten hatten, wurden die Massen zu Protestdemonstrationen aufgerufen: Da wurden die Straßen durch Barrikaden und

brennende Autoreifen blockiert. Die Regierung war jedesmal gezwungen, ihre Maßnahmen rückgängig zu machen.

Arafat war das Bündnis mit der islamischen Linken nicht angenehm: Es engte seine Eigenständigkeit ein. Er fürchtete auch zu engen Kontakt mit Kamal Jumblat, dem Chef der Drusen im Libanongebirge. Arafat sah die Zuspitzung des internen libanesischen Konflikts voraus – er glaubte, daß der Bürgerkrieg nicht zu vermeiden war. War er zu sehr mit der islamischen Linken verbündet, würde er und seine Organisation in diesen Bürgerkrieg hineingezogen werden. Er mußte deshalb unter allen Umständen zu einem Einverständnis mit der legalen Autorität im Libanon kommen. Er nahm Kontakt auf zu Staatspräsident Suleiman Frangieh.

Das Staatsoberhaupt des Libanon machte jedoch deutlich, daß er die Aktivitäten der PLO in seinem Land nicht billige: »Wir haben Sie nicht eingeladen, zu uns zu kommen! Sie gehören nicht in den Libanon! Ich kann Sie nicht schützen! Wenn Sie sich selbst schützen wollen, kann ich dies nicht verhindern!« Ein größeres Maß an Zugeständnis, war für Arafat nicht zu erreichen.

Der Jom-Kippur-Krieg und die Idee vom Ministaat

Innerhalb von neun Monaten des Jahres 1973 verloren Arafat und die Palästinensische Befreiungsbewegung an Bedeutung. Diese Entwicklung hatte damit zu tun, daß das Interesse der Weltöffentlichkeit am Nahostkonflikt nachließ. Den palästinensischen Kampforganisationen gelangen keine spektakulären Aktionen – parallel dazu waren sämtliche Friedensinitiativen eingeschlafen. Weder die Mächtigen in Arabien noch die Minister der Regierung Golda Meir hatten eine Idee, wie ein Fortschritt auf dem Weg zur Lösung des Nahostkonflikts zu erreichen sei. Allein der amerikanische Außenminister Henry Kissinger entwickelte eine Initiative – allerdings streng geheim. Außenminister war er offiziell erst im September 1973 geworden, doch er hatte zuvor schon als Sicherheitsberater des Präsidenten Nixon die Fäden der amerikanischen Außenpolitik gezogen.

Jassir Arafat ist der Meinung, die arabische Seite habe rund um den Jom-Kippur-Krieg in Henry Kissinger einen effektiven Verbündeten besessen. Arafats Zeuge ist Mohammed Hassanein Heikal, der frühere Chefredakteur der Cairoer Tageszeitung »Al Ahram«, der – wie kein anderer – die Interna arabischer Politik kennt. Arafat und Heikal stimmen darin überein, daß Henry Kissinger den Anstoß zum Ausbruch des militärischen Konflikts zumindest zwischen Ägypten und Israel gegeben habe. Dies sei bewußt und in voller Absicht geschehen.
Von Heikal ist zu erfahren, daß Emissäre aus Washington seit Herbst 1972 Kontakt zwischen Henry Kissinger und Anwar as-Sadat aufrechterhielten. Ihre Botschaft lautete, der Verantwortliche für die amerikanische Außenpolitik sei an einem Aufflammen der Kämpfe entlang der ägyptisch-israelischen Waffenstillstandslinie, am Suezkanal, interessiert. Diese Botschaften seien im Verlauf der Monate immer drängender geworden. Kissinger habe ausrichten lassen, er sehe im Krieg am Suezkanal das einzige Mittel, um aus der diplomatischen Sackgasse herauszukommen. Er könne keinen vernünftigen Ansatz für Verhandlungen finden, wenn der Konflikt schlummere. Erst wenn der Krieg die Welt aufgeschreckt habe, sei er als Verhandler gefragt und könne eine diplomatische Lösung finden. Für den Nahostkonflikt gelte der Grundsatz: »Die Diplomatie ist die Fortsetzung des Krieges mit anderen Mitteln.«
Zeuge für Kissingers Druck auf Anwar as-Sadat, Krieg am Suezkanal zu führen, ist der damalige ägyptische Generalstabschef Saaeddin Shazhi. Zu ihm hatte Anwar as-Sadat gesagt: »Wenn wir Krieg führen, gibt uns Kissinger den gerechten Frieden!«

Sadat hatte am 12. September 1973 Arafat empfangen und ihm mitgeteilt, er habe den Befehl zum Angriff über den Suezkanal gegeben – der Zeitpunkt stehe unmittelbar bevor. Nach Arafats Aussage habe er den ägyptischen Präsidenten ungläubig angeschaut, denn er hatte immer angenommen, Sadat bluffe nur und habe nie die Absicht, die Israelis wirklich anzugreifen. Bei diesem Treffen erfuhr Arafat auch, daß Anwar as-Sadat Rückendeckung durch die amerikanische Regierung besitze – allerdings nicht für einen Krieg mit weitgesteckten Zielen. Israel dürfe unter keinen Umständen in Gefahr geraten. Ägypti-

sche Offensiven müßten spätestens an den Sinaipässen Giddi und Mitla gestoppt werden. Arafat wurde informiert, Henry Kissinger wünsche sich eigentlich nur eine ordentliche »Aufheizung« am Suezkanal, und dieser Wunsch werde in Erfüllung gehen.
Arafat verbarg seine Enttäuschung über diese Begrenzung des Kriegsziels nicht. Er wandte ein, ein Feldzug mit derart beschränkten Perspektiven sei zum Scheitern verurteilt, weil ihm der nötige Schwung fehle – die Generäle wüßten ja im voraus, daß der Vorstoß nicht weit führen dürfe. Sadat aber entgegnete, er führe keinen Vernichtungskrieg gegen Israel. Er führe Krieg, um den Verhandlungsprozeß in Gang zu bringen; und er fügte hinzu, die PLO-Führung sei gut beraten, wenn sie sich rasch dazu entschließe, an den Verhandlungen teilzunehmen. Er wisse zwar von Henry Kissinger, daß dieser eine Beteiligung der PLO an Friedensgesprächen ablehne, doch es werde ihm gelingen, den US-Außenpolitiker zu überzeugen, daß der wahre Friede im Nahen Osten erst dann erreichbar sei, wenn auch die Ansprüche der Palästinenser berücksichtigt werden könnten. Der Krieg der nächsten Tage, so sagte Anwar as-Sadat, biete auch dem palästinensischen Volk die Chance, Forderungen zu stellen.

Arafat, der geglaubt hatte, er werde vom ägyptischen Staatspräsidenten aufgefordert, seine Kampfverbände in die Front gegen Israel einzufügen, mußte feststellen, daß der Oberkommandierende am Suezkanal daran überhaupt nicht interessiert war. Offensichtlich empfand er die Teilnahme der Palästinenser an den Kämpfen als störend, als Unsicherheitsfaktor im Ablauf des Feldzugs. Zum Abschied sagte Sadat deutlich: »Ihr würdet einen Fehler machen, wenn ihr jetzt Krieg führen würdet. König Hussein aber macht einen entscheidenden Fehler, wenn er nicht am Kampf teilnimmt!«
Jassir Arafat hatte damals, im September 1973, nicht verstehen können, was diese Aussage beinhaltete. Am Ende des Krieges aber begriff er rasch, daß Sadat recht gehabt hatte. Sein Kriegsplan war konsequent durchgeführt worden: Den ägyptischen Truppen war der Übergang zum Ostufer des Suezkanals gelungen. Israel hatte diesen Erfolg nicht verhindern können. Anwar as-Sadat war für Arabien zum Kriegshelden geworden

– er hatte die Schmach vergangener Niederlagen ausgelöscht. Als dann im Verlauf der Kämpfe die israelischen Verbände zum Gegenschlag ausholen wollten, sorgte Henry Kissinger durch Verzögerung amerikanischer Nachschublieferung an Israel, daß der ägyptische Erfolg nicht geschmälert wurde. Sadat blieb in der starken Position, die es ihm ermöglichte, mit Israel in Verhandlungen einzutreten: Als »Gewinner« konnte er Gespräche anbieten, ohne den Zorn der arabischen Nation zu erregen.

Der parallel erfolgte Verlauf der syrischen Offensive war als weniger glücklich anzusehen. Nach Gebietseroberungen auf dem Golanplateau, die in der Anfangsphase erfolgt waren, hatten sich die syrischen Panzerverbände unter großen Verlusten wieder in Richtung Damaskus zurückziehen müssen. Allein die Forderung des Weltsicherheitsrats, sofortiger Waffenstillstand müsse eintreten, hatte die Israelis am Durchbruch zur syrischen Hauptstadt gehindert.

König Hussein von Jordanien aber hatte tatsächlich, wie von Anwar as-Sadat vorausgesagt, gar nicht am Krieg teilgenommen. Sadats Prognose, Hussein würde einen Fehler begehen, hat sich als wahr erwiesen.

Ezer Weizman, einst Verteidigungsminister und dann Staatspräsident von Israel, hat Husseins Versagen analysiert. Er meint, der jordanische König habe zwei entscheidene Fehler begangen: Er habe sich 1967 durch Gamal Abdel Nassers falsche Siegesbotschaften in einen bereits verlorenen Krieg hineinziehen lassen – und er habe seine Truppe aus den Kämpfen im Oktober 1973 herausgehalten, weil er nicht an den Erfolg der Araber glaubte. Nach Ansicht von Ezer Weizman hat der König damit das Recht verspielt, für die Palästinenser insgesamt zu handeln und zu sprechen. Er hatte sich selbst ausgeschlossen aus den Verhandlungen, die Henry Kissinger bald nach Abschluß der Kampfhandlungen zu führen begann. Die Verhandlungspartner des amerikanischen Außenministers waren Anwar as-Sadat und Hafez al-Assad. Kissinger hatte keinen Anlaß, mit König Hussein zu reden. Ägypten bekam als Ergebnis der ersten Verhandlungen den Westteil der Sinaihalbinsel zurück – Syrien erhielt die Stadt Quneitra. Jordanien erhielt nichts.

Da Hussein sich disqualifiziert hatte, für die Palästinenser sprechen zu können, fühlte sich Arafat berufen, ganz offiziell die Verantwortung für das palästinensische Volk zu übernehmen. Der Gedanke reifte heran, die Schaffung eines palästinensischen Staates unter der Führung der PLO sei möglich. Abu Ijad begann den Begriff »Ministaat« zu gebrauchen. Er erinnerte sich daran, daß König Hussein selbst in einem Interview mit »Le Nouvel Observateur« davon gesprochen hatte, ein von Jordanien getrennter Staat der Palästinenser sei denkbar. Allerdings hatte der Monarch hinzugefügt, diesem Schritt müsse eine Volksabstimmung der Bewohner des Gebiets am Jordanwestufer vorausgehen.

Bedeutungsvoll an diesem Interview war nach Ansicht von Abu Ijad, daß Hussein sich schon vor dem Krieg des Jahres 1973 mit dem Gedanken befaßt hatte, auf das Gebiet westlich des Jordan zu verzichten. Der Verdacht lag nahe, Husseins Entschluß, sich nicht am Krieg zu beteiligen, habe seine Ursache in diesem Verzicht.

Arafat war überrascht, daß die politische Entwicklung in Richtung auf Verhandlungen kurz nach Ende des Krieges mit schnellem Tempo begann. Am 16. Oktober 1973 – da schwiegen die Waffen nur vorübergehend – redete Anwar as-Sadat über den Rundfunk zu seinem Volk. Er teilte mit, jetzt sei die Zeit gekommen, die Vertreter der Palästinenser in den Friedensprozeß zu integrieren. Obgleich er dieses Thema nicht weiter ausbaute, war aus der Bemerkung abzulesen, daß er für die Zukunft die Entstehung eines autonomen palästinensischen Gebiets für möglich hielt. Zehn Tage später wollte Sadat die Meinung der PLO-Führung erfahren. Er empfing Faruk al-Kaddumi und Abu Ijad in seinem Amtssitz in Cairo. Kaum hatte er die beiden begrüßt, stellte er die Frage nach der Bereitschaft der PLO, sich an den Verhandlungen zu beteiligen.

Abu Ijad drückte sich um die direkte Antwort. Er meinte, wenn die Verhandlungen unter dem Schirm der Vereinten Nationen stattfänden, werde bestimmt der Sicherheitsratsbeschluß Nummer 242 als Gesprächsgrundlage angenommen – dies aber würde bedeuten, daß wieder einmal nicht vom palästinensischen Volk die Rede sein werde, sondern nur von »arabischen Flüchtlingen«. Damit könne die PLO nicht einverstanden sein.

Anwar as-Sadat konnte in der Antwort nur schwer seine Worte zügeln. Er begriff nicht, daß Abu Ijad die Veränderungen nicht verstand, die der Oktoberkrieg eingeleitet hatte. Er herrschte die beiden Palästinenser an, sie sollten endlich diese Sicherheitsresolution vergessen; jetzt hätten sie die Chance, dem Standpunkt der Palästinenser Gehör zu verschaffen. Sadat schloß dann seine Erklärung in ruhigem Ton. Er meinte, die Palästinensische Befreiungsorganisation habe jetzt die Möglichkeit, überholte Visionen aufzugeben und realistischere Ziele zu verfolgen. Es sei an der Zeit, die Zerstörung des Staates Israel aus dem Programm zu streichen. Er selbst verfolge eine Politik der kleinen Schritte. Er wolle »Miniabkommen« mit Israel schließen. Darin habe er die Unterstützung von Henry Kissinger. Der amerikanische Außenminister sei wohl auch dafür zu gewinnen, derartige Miniabkommen für die Palästinenser auszuhandeln.

Allerdings bekam Arafat schon wenige Tage später zu spüren, daß Anwar as-Sadat im Begriff war, seine Meinung zu ändern. Der PLO-Chef wunderte sich über Sadats wachsende Zurückhaltung. Er und Abu Ijad wurden nicht mehr gedrängt, sich positiv zu möglichen Verhandlungen zu äußern. Arafat erfuhr schließlich, Henry Kissinger habe dem ägyptischen Staatspräsidenten persönlich gesagt, er sei gegen die Teilnahme der Palästinenser an den Friedensgesprächen. Die Erweiterung des Teilnehmerkreises schaffe nur unnötige Komplikationen. Arafat stellte fest, daß Sadat dem amerikanischen Außenminister hörig geworden war. Sein Fazit: Der Krieg von 1973 hat den amerikanischen Einfluß im Nahen Osten verstärkt. Er sah voraus, daß die Palästinenser darunter zu leiden haben werden.

1974: Der Begriff »Palestinian National Authority« entsteht

Jassir Arafat propagierte zwar weiterhin die Vision eines Staates Palästina, der Israel ersetzen sollte und der als Heimat gedacht war für Juden, Moslems und Christen – doch insgeheim hatte er auf die große Lösung des Palästinenserproblems ver-

zichtet. Er nahm den Standpunkt an, den König Hussein bereits seit 1968 vertrat: »Israel existiert – Israel wird bleiben!« Seinen Sinneswandel gestand er nur im kleinsten Kreis ein.
Arafat ging behutsam vor, seine Verzichtpolitik der Führung in Al-Fatah und PLO deutlich zu machen. Zu oft hatte er den Gremien der Kampforganisationen erklärt, allein der Kampf mit der Waffe schaffe die Voraussetzung für die Rückkehr in die Heimat. Nun rächte es sich, daß er lautstark verkündet hatte, Verhandlungen mit Israel seien undenkbar. In Reden hatte er manchmal vehement den Satz in den Raum gestellt: »Wenn ich eines Tages aufhören wollte zu kämpfen, hat jeder aufrechte Palästinenser die Pflicht, mich zu erschießen!« Arafat mußte damit rechnen, daß sich seine Vertrauten an diesen Satz erinnerten.
Schwierig war die Aufgabe, den Chefs anderer Commando-Organisationen die Änderung der politischen Zielsetzung deutlich zu machen. Widerstand war von der Volksfront zur Befreiung Palästinas zu erwarten. Doch Dr. George Habash, der Chef der Volksfront, gab sich überraschend aufgeschlossen. Im Frühjahr 1974 signalisierte er Bereitschaft, sich mit dem Aufbau eines Ministaates auf dem Gebiet des Jordanwestufers und des Gazastreifens abzufinden.

Sorge hatte Arafat vor dem Verhalten des Chefs der Organisation As-Saika, Zuhair Mohsen. Er war von Hafez al-Assad eingesetzt worden. Von ihm verlangte der Mächtige in Damaskus absolute Linientreue. Hafez al-Assad hatte zum damaligen Zeitpunkt in der Öffentlichkeit immer die Forderung erhoben, der Staat Israel dürfe von den Arabern nicht geduldet werden. Zur Verblüffung von Jassir Arafat erwies sich Zuhair Mohsen, der Mitglied der syrischen Baathpartei war, in den Gesprächen als einsichtig. Er äußerte keine Einwände, daß sich die PLO mit der Planung für die Struktur eines palästinensischen Ministaates befasse. Dr. George Habash und Zuhair Mohsen unterstützten die Fixierung eines 10-Punkte-Programms, das eine Diskussionsgrundlage sein sollte.
Die Schärfe der Textformulierung hatte den Zweck, die Nachgiebigkeit und die Flexibilität des Programminhalts zu verbergen. Die Worte sollten Kampfwillen vortäuschen. Im Zentrum des Programms stand die Forderung an alle arabischen

Regierungen, sich für das eine Ziel der Schaffung einer »Palästinensischen Nationalen Autorität« einzusetzen, die zuständig sein würde für »jeden Zipfel palästinensischen Gebiets, der der zionistischen Besatzungsmacht abgerungen werden kann.«
Im 10-Punkte-Programm des Jahres 1974 verwendet die PLO zum erstenmal den Begriff der *Palestinian National Authority*, der allerdings erst ab 1993 mit Leben erfüllt werden konnte. Von 1974 an stand dieser Begriff für das offenere Wort *Ministaat*. Die Verwendung des Begriffes *Palestinian National Authority* schloß das stillschweigende Einverständnis ein, daß die PLO-Führung auf 70 Prozent der ursprünglich anvisierten Heimat verzichtete.
Arafat und Abu Ijad gaben später zu, sie seien so naiv gewesen, anzunehmen, die Zustimmung der Verantwortlichen der Volksfront und von As-Saika zum 10-Punkte-Programm bedeute Sicherheit für den Beginn der politischen Arbeit. Beide waren überrascht, eines Morgens Plakate an den Hauswänden im islamischen Teil von Beirut zu entdecken, deren Parolen »Abrechnung mit den Verrätern« forderten, die »palästinensisches Land an Israel verschachern« wollten. Auf einem besonders wirkungsvollen Plakat war die Landkarte Palästinas zu erkennen in den Grenzen des einstigen britischen Protektorats. Diese Landkarte wurde von zehn Kugeln durchlöchert – sie symbolisierten die zehn Punkte des Programms zur Schaffung der *Palestinian National Authority*.
Abu Ijad übernahm die Aufgabe, in den Palästinenserlagern des Libanon für die *Palestinian National Authority*, für den Ministaat zu werben. Überall wurden ihm Plakate entgegengestreckt, die ihn anklagten, ein Verräter zu sein. Er hielt vor aufgebrachten Massen Reden und sprach davon, daß die Rückkehr in einen Teil der Heimat dem Leben in der Enge der Lagerhütten vorzuziehen sei. Ihm schlug wütende Ablehnung entgegen.
Es dauerte Wochen, bis Arafat und Abu Ijad begriffen, daß die Idee des Ministaates auf dem Gebiet des Jordanwestufers für die Menschen nicht bedeutsam sein konnte, die 1948 aus dem Territorium des Staates Israel geflohen waren. Sie wollten nach Haifa, Lydda und Ashkalon zurückkehren und nicht nach Jericho und Ramallah. Mehr als die Hälfte der Geflohenen

stammte aus der Küstenebene zwischen Tulkarem und Ramla – ihre Heimat war nicht das rauhe Bergland nördlich und südlich von Jerusalem. Abu Ijad mußte feststellen, daß die Flüchtlinge, die bereits 25 Jahre als palästinensische Vertriebene lebten, nur die eine Sehnsucht kannten, in ihre eigene Stadt, in ihr eigenes Dorf zurückzukehren. Wer ihnen die Erfüllung dieser Sehnsucht verweigerte, der war ein Verräter, ein Feind. Am Beispiel Jordaniens wurde Abu Ijad deutlich, daß drei Arten palästinensischer Flüchtlinge existierten:
1. Die Flüchtlinge, die bereits vor 1948 das damalige Palästina verlassen hatten.
2. Die Flüchtlinge aus der Zeit der Gründung des Staates Israel im Jahr 1948.
3. Die Flüchtlinge nach dem Junikrieg von 1967.

Die drei Arten hatten unterschiedliche Erwartungen im Hinblick auf einen möglichen Frieden. Arafat hatte darauf keine Rücksicht genommen.

Arafat war in Gefahr zu stürzen. Seine Idee von der *Palestinian National Authority* konnte ihn zu Fall bringen. Er verlor innerhalb weniger Wochen an Popularität. Die Lagerbewohner – zu ihnen gehörte die Mehrheit aller Palästinenser – waren allein durch Kampfparolen aufzurütteln; an mögliche Verhandlungserfolge glaubten sie nicht. Der PLO-Chef fühlte sich gezwungen, wieder vom Volkskrieg zu reden, von Gefechten, die das Ziel hätten, Israel in die Knie zu zwingen. Er redete viel und laut vom Krieg der Waffen gegen Israel. In Wahrheit führte er von nun an fünf Jahre Kampf zur Durchsetzung eines Kompromisses. Abu Ijad war sein wichtigster Berater und Verbündeter.

Voraussetzung für den Durchbruch in Richtung einer politischen Lösung, die zur Schaffung der *Palestinian National Authority* führen sollte, war die Festigung der Position der Palästinensischen Befreiungsbewegung und ihres Chefs im Bewußtsein des palästinensischen Volks und der arabischen Welt. Als entscheidend sahen Arafat und Abu Ijad die Beschlußfassung auf der Gipfelkonferenz der Monarchen und Staatspräsidenten, die zum 26. Oktober 1974 nach Rabat einberufen wurde. Auf der Tagesordnung stand ein Thema, das von diesem Gremium schon häufig behandelt worden war: Festlegung der Vertretung des palästinensischen Volkes. König Hussein

hatte dieses Thema wieder auf die Tagesordnung setzen lassen. Es war zu erkennen, daß der Monarch von Jordanien erneut entschlossen war, das Gebiet am Westufer des Jordan und dessen Bewohner für sich zu beanspruchen.
Sobald diese Absicht des Königs bekannt wurde, kursierten Gerüchte über ein Mordkomplott radikaler Palästinenser gegen König Hussein. Der Monarch soll in Rabat getötet werden. Der Mord wird sorgfältig vorbereitet – und doch mißlingt der Plan. Einer der Beteiligten verrät die Mordabsicht dem marokkanischen Sicherheitsdienst. Das Resultat ist, daß 14 Palästinenser in Rabat verhaftet werden. Arafat weist zunächst jede Mitwisserschaft von sich, Abu Ijad übernimmt allerdings einige Wochen später die Verantwortung für diesen Anschlag. König Hassan II. von Marokko war bisher ein aufgeschlossener und hilfsbereiter Freund der PLO gewesen, doch die Aufdeckung des Mordkomplotts machte ihn zu Feind. Er empfand es als persönliche Beleidigung, daß auf einen seiner Gäste, für deren Sicherheit er verantwortlich war, ein Anschlag verübt werden sollte. Dazuhin glaubte der König, die Vernehmungsprotokolle machten deutlich, daß nicht allein König Hussein als Opfer ausersehen war, sondern auch König Feisal von Saudi-Arabien, der ägyptische Präsident Anwar as-Sadat – und er selbst auch. König Hassan II. informierte aus Vorsicht sämtliche Delegationen, die zur Arabischen Gipfelkonferenz in der marokkanischen Hauptstadt eintreffen sollten.

Das Ergebnis war verblüffend: Kein König und kein Staatspräsident Arabiens wagte es, gegen die Interessen der Palästinensischen Widerstandbewegung Position zu beziehen. Einstimmig wurde bestätigt, daß allein die PLO das Recht habe, in Gegenwart und Zukunft für die Palästinenser zu sprechen. Diesmal hatte die Angst der arabischen Staatschefs der PLO geholfen.
Alle Monarchen und Präsidenten bestätigten, die PLO sei vor allem berechtigt, die Voraussetzungen für die *Palestinian National Authority* zu schaffen. Sie habe die Aufgabe, »befreite Gebiete« zu verwalten. Ausdrücklich betonte der Konferenzbeschluß, »jedes Fleckchen Erde von Palästina« werde der *Palestinian National Authority* unterstellt. Schließlich wird im

Beschlußtext sogar der Begriff »Staat der Palästinenser« gebraucht. Jede arabische Regierung wird aufgefordert, diesem Staat zu helfen.

»Ermöglichen Sie den Aufbau der Palestinian National Authority!«

Diese Aufforderung richtete Arafat an die Delegierten der UN-Vollversammlung in New York. Sie waren zusammengekommen, um eine Debatte über das »Palästinenserproblem« zu führen. Sie gaben dem PLO-Chef am 13. November 1974 – zwei Wochen nach dessen Triumph auf der Gipfelkonferenz von Rabat – Gelegenheit, seine Idee vom Ministaat darzulegen. Aus Vorsicht blieb seine Botschaft jedoch weiterhin verschlüsselt. Arafats Auftritt vor der UN-Vollversammlung hatte eine Vorgeschichte. Vorausgegangen waren Kontakte zwischen der PLO-Führung und der amerikanischen Regierung. Präsident Richard Nixon selbst hatte die Kontakte angeregt. Seine Berater hatten begriffen, daß die Idee von der palästinensischen National Authority logischerweise die Anerkennung der Existenz des Staates Israel einschloß. Der Präsident verstand sehr wohl die Gründe Arafats, diese Anerkennung noch nicht in aller Deutlichkeit auszusprechen. Nixon sah die Chance, die sich ihm bot: Arafat brauchte die Unterstützung aus Washington, um den entscheidenden Sprung zu wagen, der Öffentlichkeit bekanntzugeben, die PLO habe nicht die Absicht, Israel durch den Palästinenserstaat zu ersetzen – der palästinensische Ministaat werde neben Israel entstehen. Nixon sah bereits eine mögliche Partnerschaft zwischen der National Authority und der israelischen Regierung voraus. Er glaubte, Israel werde die Formel »National Authority = Anerkennung des jüdischen Staates« akzeptieren, da nur sie allein den wirklichen Frieden garantiere.

Im März 1974 hatte Nixon einen seiner Geheimdienstmitarbeiter, den General Vernon A. Walters nach Beirut geschickt, damit er mit Jassir Arafat über die Schaffung der National Authority spreche. Arafat wollte sich zu jenem Zeitpunkt noch nicht direkt in dieser Angelgenheit engagieren. Er beauftragte Khaled al-Hassan mit dem General zu sprechen. Der Palästinenser machte zum Beginn des Treffens deutlich, es sei überaus brisant für Arafat auf 70 Prozent der palästinensischen Erde zu verzichten, um sich mit 30 Prozent zu begnügen.

Khaled al-Hassan erläuterte dieses brisante Thema: »Die Palästinenser sind das einzige Volk in Arabien, das demokratische Prozeduren entwickelt hat. Arafat ist demokratisch gewählt, und die Organe der PLO stehen auf demokratischer Basis. Die Konsequenz ist, daß Arafat nicht befehlen kann, die Palästinenser müßten auf 70 Prozent von Palästina verzichten. Hafez al-Assad kann befehlen. Er ist Diktator. Arafat aber muß Überzeugungsarbeit leisten. Wir sind dabei der National Authority eine demokratische Grundlage zu geben.«

Der Besucher aus Washington war beeindruckt. Er meinte, der Wille, eine demokratische Struktur zu schaffen, werde es dem amerikanischen Präsidenten erleichtern, sich für die National Authority einzusetzen. Zerstreut werden konnten auch Nixons Bedenken, der Ministaat könne von Moskau beeinflußt werden. General Walters reiste nach Washington zurück unter Hinterlassung des Versprechens, ein zweites Treffen werde innerhalb einer kurzen Frist vereinbart werden.

Der General kam jedoch kein zweites Mal nach Beirut. Der Grund für den Abbruch der Gespräche wurde bald bekannt: Henry Kissinger wollte keinen Dialog zwischen der PLO-Führung und dem amerikanischen Präsidenten. Sein Argument: Die Palästinenser werden sich nie mit dem Ministaat begnügen; sie werden das Westufergebiet des Jordan und den Gazastreifen als Ausgangsbasis für Anschläge und Attentate der Fedajin benützen – so wie es vor 1967 geschehen war.

Richard Nixon war jedoch politisch nicht mehr in der Lage, seinen Willen durchzusetzen: Die Watergateaffäre zwang ihn am 9. August 1974 sein Amt aufzugeben. Jassir Arafat ist überzeugt, der Skandal sei von Kreisen hochgespielt worden, die Israel freundlich gesinnt seien. Die Watergateaffäre habe die Fortführung des Dialogs zwischen PLO-Führung und Nixon verhindert.

Den Schock des Scheiterns konnte Arafat leicht überwinden, denn es öffnete sich ihm eine gleichwertige Perspektive: Zwei

arabische Könige setzten ihren Einfluß ein, um dem PLO-Chef den Auftritt vor der UN-Vollversammlung zu ermöglichen. König Feisal von Saudi-Arabien und König Hassan II. von Marokko »empfahlen« auf vielerlei Kanälen, den Repräsentanten des palästinensischen Volkes zur Debatte über das Palästinenserproblem einzuladen. Da die Gipfelkonferenz von Rabat dem Chef der PLO den Status eines Regierungschefs der National Authority verliehen hatte, wurde er im Gebäude der Vereinten Nationen in New York mit hohen Ehren empfangen. Allein Israels Botschafter Tekoah verließ den Saal. Die Delegierten erhoben sich von den Plätzen – nur die Vertreter der USA blieben sitzen.
Über eineinhalb Stunden dauerte Arafats Rede. Lange Zeit hatte er darauf verwandt, den Text auszuarbeiten, auszufeilen, zu verändern. Er nennt den Staat Israel nicht mit Namen – er verwendet den Begriff »das zionistische Gebilde«. Er gibt diesem »Gebilde« die Schuld am Konflikt in Vergangenheit und Gegenwart. Nahezu am Schluß sagte er den wesentlichen Satz: »Herr Präsident, ermöglichen Sie den Aufbau der unabhängigen ›National Authority‹ auf palästinensischem Boden!«
Der Auftritt war ein Erfolg. Der Beifall der Delegierten war stark und hielt lange an. Arafat mußte jedoch auch zur Kenntnis nehmen, daß vor dem UN-Gebäude in New York eine gewaltige Demonstration gegen die PLO und gegen ihn selbst stattfand. Eine Organisation, die sich Jewish Defence League nannte, drohte mit der Ermordung Arafats auf amerikanischem Boden. Die amerikanischen Sicherheitsbehörden, die kein Risiko eingehen wollten, schützten den Gast effektiv.
Henry Kissinger sah darin, daß Arafat eine Rede vor der UN-Vollversammlung hatte halten dürfen, eine persönliche Niederlage. Der spektakuläre Auftritt des PLO-Chefs lief den Plänen des amerikanischen Außenministers zuwider, der PLO jede Anerkennung und Aufwertung zu verweigern. Mißlungen war das Vorhaben, Arafat und seine Organisation vom politischen Geschehen fernzuhalten.

203

Henry Kissinger contra Jassir Arafat

Kissingers Ziel war die völlige Ausschaltung der Palästinensischen Befreiungsbewegung – und damit die Löschung des Begriffs »palästinensisches Volk«. Es sollte sich zurückverwandeln in Araber, die in Israel, Jordanien, Syrien und Ägypten lebten. Mit den Herrschern dieser Länder glaubte der US-Außenminister zurechtzukommen – waren erst die unberechenbaren Palästinenser ausgeschaltet.

Kissinger entschloß sich, das Problem an der Wurzel anzupacken – im Libanon. Dort befand sich jetzt die Basis der PLO. Allein im Libanon besaß Arafat die Freiheit zu ungehinderter und unbeeinflußter politischer Aktivität.

Kissinger war fasziniert von den Ereignissen des Sommers 1970 in Jordanien: König Hussein hatte auf rigorose, blutige Weise Arafats Organisation aus seinem Königreich gefegt. Kissinger wollte erreichen, daß Ähnliches im Libanon geschah.

Die Schlüsselpersönlichkeit des Jahres 1974 im Libanon war Präsident Suleiman Frangieh, ein maronitischer Christ, der vom Syrer Hafez al-Assad gestützt wurde. Zu ihm schickte Kissinger im Herbst 1974 einen Emissär, mit der Aufforderung, er möge so handeln, wie König Hussein gehandelt hatte. Suleiman Frangieh war empört über das Ansinnen. Er ließ dem amerikanischen Außenminister mitteilen, er sei für ein Land zuständig, in dem ein zahlenmäßig starker Bevölkerungsteil mit der Palästinenserorganisation sympathisiere. Ein Angriff auf die PLO werden den Libanon spalten.

Kissingers Antwort war kurz und herrisch: »Wenn Sie und Ihr Land allein nicht fähig sind, Ordnung zu schaffen, werden wir Ihnen helfen!« Der amerikanische Außenminister versprach dem libanesischen Staatspräsidenten Hilfe durch die US-Armee. Suleiman Frangieh hatte den Eindruck, dem Chef der amerikanischen Außenpolitik sei das Schicksal des Libanon völlig gleichgültig – Kissinger habe nur ein Ziel im Visier, die Ausschaltung Arafats.

Bezeugt ist, daß Henry Kissinger noch Wochen nach Arafats Auftritt vor der UN-Vollversammlung derart wütend war, daß er offen über seine Absicht sprach, Arafat und die PLO als Faktor der Politik im Nahen Osten auszuschalten. Um ein Ziel zu erreichen, suchte und fand er Verbündete in Beirut. War der Clan des Suleiman Frangieh nicht gefügig, so war der Clan Gemayel aufgeschlossen für die Idee, den Einfluß der Palästinenser im Lande auf Null zu reduzieren. Chef dieses Clans war Sheikh Pierre Gemayel. Sein politischer Grundsatz hieß: »Gott, das Vaterland, die Familie«. Da er diesen Grundsatz strikt beachtete, konnte er kein Verständnis für die Palästinenser empfinden, die das libanesische Vaterland als Basis für ihre Zwecke »mißbrauchten«. Im Gegensatz zu Suleiman Frangieh war Sheikh Pierre Gemayel durchaus bereit, auf Kissingers Vorschlag einzugehen. Er sah eine Chance, mit Hilfe des amerikanischen Außenministers nicht nur die verhaßten und aufmüpfigen Palästinenser zu zügeln, sondern auch den Konkurrenz-Clan des Suleiman Frangieh zu überrunden. Pierre Gemayel wollte seinem eigenen maronitischen Clan die Macht sichern – jedoch nicht für sich selbst, sondern für seinen machtbewußten Sohn Beshir – gegen den maronitischen Frangieh-Clan, der bisher, dank syrischer Hilfe, mächtiger gewesen war. Die Gemayel-Familie sicherte sich amerikanische Unterstützung, die ganz von selbst Beistand durch Israel einschloß.

Daß Sheikh Pierre Gemayel auf die amerikanische Linie einschwenkte, hatte für Staatspräsident Frangieh Konsequenzen: Er konnte die Kontakte zu den USA nicht Vater und Sohn Gemayel überlassen – so nahm auch Frangieh über die amerikanische Botschaft in Beirut Gespräche mit dem State Department in Washington auf. Dabei mußte er sich allerdings mit seinem Protektor, dem Mächtigen in Damaskus absprechen. Es traf sich günstig, daß Hafez al-Assad auch daran interessiert war, die Machtbasis der PLO zu schwächen. Hafez al-Assad war insgeheim bereit, einen Frieden mit Israel auszuhandeln – nach dem Beispiel des Anwar as-Sadat, der nach und nach die 1967 verlorengegangene Sinaihalbinsel zurückerhielt. Mit Unbehagen stellte sich Hafez al-Assad vor, Arafat sitze bei den Verhandlungen neben ihm und vertrete die Ansprüche der Palästinenser. Hafez al-Assad konnte schon zum damaligen Zeitpunkt Arafat nicht ausstehen. Ihn störte, daß er bei Begegnungen den Stachelbart des PLO-Führers zu küssen hatte.

Unter diesen Umständen war es für Suleiman Frangieh leicht, das Einverständnis des syrischen Staatspräsidenten zur Besetzung der Palästinenserlager um Beirut durch die libanesische

Armee zu erlangen. Frangieh hatte die Absicht, vor allem den Beiruter Stadtteil Fakhani in die Hand zu bekommen. In Fakhani befand sich Arafats Hauptquartier.

Frangieh verbrämte seinen Entschluß mit der Begründung, allein die libanesische Armee könne dafür sorgen, daß die Palästinenserlager und der Stadtteil Fakhani gegen israelische Angriffe geschützt werden. Arafat protestierte sofort gegen den Einmarsch der libanesischen Verbände in den »Lebensraum« der Palästinenser. Er wußte Bescheid über die Kontakte des amerikanischen Außenministers zu den maronitischen Clans, und er kannte die Wünsche und Absichten seines Gegners. Arafat und Abu Ijad durchschauten die amerikanisch-maronitische Verschwörung: Kissinger, Frangieh und Gemayel wollten den offenen Konflikt und nahmen sogar den Bürgerkrieg in Kauf. Wie dieser interne Krieg enden würde, darüber waren sich die drei völlig einig: Die PLO mußte der Verlierer sein, und mit ihr der islamische Bevölkerungsteil des Libanon.

Arafat, der genau wußte, daß sich in dieser Allianz ein vierter Beteiligter versteckte – Israel und seine Armee – rechnete realistischerweise nicht damit, sich gegen diese mächtigen Kräfte behaupten zu können. Er versuchte deshalb, den internen Konflikt zu verhindern. Er befahl seinen Bewaffneten äußerste Zurückhaltung. Die Vorsicht erwies sich als wirkungslos, da die Gegner entschlossen waren, den Kampf aufzunehmen.
Am 13. April des Jahres 1975 ergriff Sheikh Pierre Gemayel die Gelegenheit zum Kriegsbeginn. Er behauptete, während der Einweihung einer Kirche im christlichen Beiruter Stadtteil Ain al-Rumaneh seien seine Leute auf ungehörige Weise durch Palästinenser provoziert worden. Er ordnete die Beschießung eines Busses an, in dem unbewaffnete palästinensische Zivilisten saßen. Seine Begündung war, die Fahrt dieses Busses auf der Straße vor der Kirche von Ain al-Rumaneh sei Teil der Provokation. Über zwanzig palästinensische Frauen und Männer starben im brennenden Bus.

Für Arafat stellte sich an jenem 13. April 1975 die Frage, war das grausige Ereignis von Ain al-Rumaneh nur ein Zwischenfall wie andere, die es schon gegeben hatte, oder markierte dieses Geschehen den Beginn der offenen militärischen Auseinandersetzung zwischen den Maroniten des Libanon und der PLO? Jassir Arafat neigte noch immer zur Auffassung, es handle sich auch diesmal um einen Vorfall, der nicht überbewertet werden dürfe. Er verlangte, daß ein Gespräch mit Staatspräsident Frangieh stattfinden müsse zur Klärung des Sachverhalts. Zu diesem Treffen begab sich Arafat mit seinem politischen Denker Abu Ijad. Es fand am 23. Juni 1975 im Präsidentenpalast im Beiruter Vorort Baabda statt.

Suleiman Frangieh begann das Gespräch mit einem Angriff auf Arafat. Der Präsident beschuldigte den PLO-Chef, seine Leute würden sich im Gastgeberland Libanon unverschämt benehmen. Die Bevölkerung könne dieses Verhalten nicht länger ertragen. Arafat brauche sich deshalb keineswegs zu wundern, wenn solche Massaker wie in Ain al-Rumaneh passierten.

Arafat, der sich bei diesem Gespräch nur mühsam beherrschen konnte, beschuldigte den christlich-maronitischen Präsidenten, seine Miliz und die des Gemayel-Clans werde derzeit mit amerikanischer Hilfe aufgerüstet. Diese Behauptung wies wiederum Frangieh entrüstet zurück.

Das Gespräch endete nach vier Stunden mit einem Mittagessen im Präsidentenpalast. Am Schluß konnten Arafat und Abu Ijad den Eindruck haben, in Ain al-Rumaneh habe nur ein Zwischenfall stattgefunden, für den untergeordnete Milizfunktionäre verantwortlich zu machen waren. Abu Ijad wollte nicht glauben, daß sich die Maroniten dazu hergaben, Werkzeug des amerikanischen Außenministers zu sein.

Abu Ijad machte jedoch bald die Erfahrung, daß die führenden Köpfe der Maroniten und Henry Kissinger tatsächlich Verbündete mit gleichen Interessen waren: Beide wollten die Vertreibung der Palästinensischen Befreiungsorganisation aus dem Libanon.

Pater Naaman, der Rektor der Philosophischen Fakultät der Universität Kaslik, ein maronistischer Geistlicher, schockierte Abu Ijad mit der Bemerkung, er habe mit eigenen Händen einen Palästinenser erwürgt. Er habe damit den Maroniten ein Beispiel geben wollen. Den maronitischen Milizionären habe er zeigen wollen, daß es die Pflicht eines jeden sei, zumindest einen Palästinenser zu töten.

Und als Grund für diese Mordlust definierte Pater Naaman die besondere Bindung der Maroniten an das Libanongebirge:

»Wir haben die Berge und Täler in Besitz genommen, weil sie uns von Gott geschenkt worden sind als unser heiliges Land. Wir haben uns schon vor Jahrhunderten das Libanongebirge untertan gemacht, weil uns Gott dies als Pflicht auferlegt hat. Durch Hartnäckigkeit und Mut – oft auch durch den Mut der Verzweiflung – haben wir uns die Berge gegen den islamischen Ansturm sichern können. Oft genug wollten uns die Moslems vertreiben. Wir haben uns zu wehren gewußt – nicht durch Demut, sondern durch Kraft und durch Gewalt. Die christlichen Ideale des Abendlandes sind nicht unsere Richtlinie für das Überleben im Libanongebirge. Sie sind auch jezt nicht maßgebend im Kampf gegen die Palästinenser, die wir daran hindern werden, sich maronitisches Land anzueignen!«

Trotz der Verhärtung der Fronten zwischen Maroniten und Palästinensern, trotz der täglichen Überfälle, Raketenangriffe und Gefechte, glaubte Arafat noch immer, der brutale offene Krieg um Beirut und um das Libanongebirge könne verhindert werden. Er war überzeugt, daß Gespräche zwischen Frangieh, Sheikh Pierre Gemayel und der bei den Drusen führenden Familie Jumblat unter Einbeziehung sunnitischer und schiitischer Politiker zur Beilegung des internen Konflikts führen müßten.

Ein Erfolg konnte jedoch nur dann erreicht werden, wenn fremde Einflüsse ausgeschaltet wurden. Vor allem mußte die enge Beziehung zwischen der amerikanischen Botschaft und den Chefs der Maronitenmilizen neutralisiert werden.

Ab Januar 1976 war zu spüren, daß Botschafter Godley die amerikanische Waffenhilfe für diese Milizen verstärkte. Moderne Maschinengewehre, Raketenwerfer und Geschütze wurden im Hafen Junieh nördlich von Beirut ausgeladen. In Junieh wurde damals auch Shimon Peres von Beshir Gemayel empfangen. Sie stimmten Politik und Militäraktionen miteinander ab. Die Kontakte hatten die amerikanischen Botschaften in Beirut und Tel Aviv geknüpft.

Jassir Arafat konnte sein Wunschdenken nicht mehr aufrecht halten, der Konflikt sei noch aufzuhalten oder zu steuern. Die rasche Aufrüstung seiner Miliz gab Beshir Gemayel die Möglichkeit, Palästinenserlager im maronitischen Gebiet nördlich von Beirut zu belagern, auszuhungern und schließlich zu erstürmen. Hunderte von Palästinensern verloren das Leben beim Kampf um die Lager Tel al-Zaatar, Dbaje und Qarantina.

Die Bewohner wurden vertrieben; ihre Hütten dem Erdboden gleichgemacht. Jetzt mußten Arafat und Abu Ijad ihre Zurückhaltung aufgeben – sie konnten nicht mehr die Augen verschließen vor den brutalen und systematischen Vertreibungsaktionen. Für ihren Gegenschlag wählten Abu Ijad und die PLO die Stadt Damour, die 20 Kilometer südlich von Beirut an der Mündung des Damourflusses ins Mittelmeer liegt. Damour, eine christliche Enklave im islamischen Gebiet, wurde beschossen, geplündert und zerstört. Später siedelten sich dort Palästinenser an, die aus den Lagern Tel al-Zaatar und Qarantina vertrieben worden waren.

Die PLO-Führung wunderte sich zu dieser Zeit über die Haltung des syrischen Staatschefs Hafez al-Assad. Arafat hatte gehofft, der Mächtige in Damaskus werde sich auf die Seite der Palästinenser stellen, doch zu seiner Verblüffung erfuhr Arafat, daß am 6. Dezember 1975 Sheikh Pierre Gemayel im Präsidentenpalast der syrischen Hauptstadt mit allen Ehren empfangen worden war. Hafez al-Assad hatte sogar Ehrenwachen für den Führer christlicher Milizen des Libanon antreten lassen. Es blieb kein Geheimnis, daß der syrische Staatspräsident dem christlichen Politiker weitgehende Zugeständnisse gemacht hatte: auf keinen Fall durfte die PLO zum maßgebenden Faktor der libanesischen Politik werden – ihr Einfluß sollte sogar reduziert werden. Hafez al-Assad dachte an die künftigen Friedensverhandlungen. Für ihn war wichtig, daß sie ohne Arafat stattfanden.

Im Verlauf der nächsten Monate ließ sich Syrien in den Konflikt im Libanon hineinziehen. Die PLO war gezwungen, gegen eine syrische Militärintervention Stellung zu beziehen. Syrische Soldaten und PLO-Kämpfer schossen gegeneinander. Panzerverbände rückten gegen Beirut vor und besetzten von Süden her die Vororte. Verbündet mit den syrischen Truppen waren die Chefs der prosyrischen palästinensischen Kampforganisation As-Saika. Sie hatten von ihrem Befehlshaber Zuhair Mohsen den Befehl erhalten, in Beirut die Büros der Al-Fatah und der PLO zu besetzen und den Apparat der Commando-Organisationen zu übernehmen. Dieser Putsch gegen die oberste Autorität der Palästinenser schlug fehl, weil die Kämpfer der

As-Saika sich weigerten, auf andere Palästinenser zu schießen. Hafez al-Assad hatte geglaubt, er könne auf einfache Weise im Handstreich Arafat »liquidieren«.

Für Arafat stand nach diesem Ereignis fest, daß auch der syrische Staatschef von Henry Kissinger für den Gedanken gewonnen worden war, der Friedensprozeß werde erst in Gang kommen, wenn die PLO keine Ansprüche mehr stellen könne. Der PLO-Chef war überzeugt, Damaskus unterhalte Kontakte nach Washington und vertraue dem Verhandler Henry Kissinger.

Die Gefechte in und um Beirut und die Auseinandersetzung mit Hafez al-Assad und dessen Beiruter Statthalter Zuhair Mohsen beschäftigten Jassir Arafat und Abu Ijad so sehr, daß beide tatsächlich kaum mehr Einfluß auf den Fortgang der arabischen Politik nehmen konnten. In Vergessenheit geriet der Beschluß der arabischen Gipfelkonferenz vom 28. Oktober 1974, der Arafat die alleinige legitime Vertretung der Rechte und Ansprüche des palästinensischen Volkes zugesprochen hatte. König Hussein von Jordanien nützte seine Chance. Er traf sich bei der südjordanischen Stadt Aqaba insgeheim mit hohen Persönlichkeiten der israelischen Regierung, und er stellte erneut die Forderung, der Ostteil von Jerusalem und das besetzte Gebiet westlich des Jordan müsse ihm übergeben werden. Er glaubte, mit dem Argument Erfolg zu haben, Israel werde das Land eher Jordanien anvertrauen als der Palästinenserführung, die dort den Palästinenserstaat gründen wolle als Basis für die Fortsetzung des Kampfes gegen Israel. Auch die Honoratioren der besetzten Gebiete sprachen über Pläne zur Lösung des Konflikts, und sie erwähnten dabei mit keinem Wort die PLO. Rashid al-Schanwar, der Bürgermeister von Gaza, schlug vor, die Israelis sollten sich bis zur Siedlung Maaleh Adumim östlich von Jerusalem zurückziehen – dann könne die Stadt Jericho an Jordanien zurückgegeben werden. Der Bürgermeister fand Unterstützung durch Sheikh Jaberi, der in Hebron einflußreich und geachtet war. Die israelische Regierung beachtete diese Vorschläge nicht. Sie war überzeugt, Verzögerung und Zeitgewinn bringe für sie nur Vorteile. Die Likudpartei verlangte, mit Unterstützung durch Moshe Dayan, das Gebiet westlich des Jordan müsse besiedelt werden – es gehöre für alle Zeit zu Israel.

Ohne daß die PLO Einfluß nahm auf die Entwicklung der Meinung der Palästinenser im besetzten Gebiet, war bei den jungen Menschen eine starke Radikalisierung zu spüren. Sie lehnten jedes Arrangement mit Israel ab. Ihre Parole war, wir wollen ein »Arabisches Palästina! Zionisten verschwindet!« Angeheizt wurde ihre Stimmung durch den Bürgermeister von Al-Bireh bei Ramallah und durch den Jerusalemer Rechtsanwalt Abu Meisar. Beide verkündeten lautstark: »Wir werden nicht eher ruhen, bis der letzte Zionist die besetzten Gebiete verlassen hat!«
Die Honoratioren der Städte des Westjordanlandes traten für die Idee ein, einen »Ministaat Palästina« zu gründen. Sie sahen ihn als souveräne und unabhängige Einheit. Kaum jemand dachte an einen Anschluß an Jordanien. Die Überlegungen, wie ein solcher Staat zu organisieren sei, führten ganz von selbst dazu, daß die Honoratioren begriffen, allein die Palästinensische Befreiungsbewegung sei in der Lage, dem Ministaat Struktur und Ordnung zu geben. Dieser Meinungsumschwung zugunsten der PLO schlug sich bei den Bürgermeisterwahlen im Westjordanland nieder: Kandidaten, die sich rühmen konnten, Beziehungen zur PLO zu unterhalten, wurden mit beachtlicher Mehrheit gewählt.
Das Ergebnis überraschte die israelische Regierung. Eine Verlautbarung des Verteidigungsministeriums stellte fest: »Die Gemeindevorsteher müssen künftig als Vertreter der PLO angesehen werden. Sie werden daher an künftigen Friedensverhandlungen nicht teilnehmen können. Die PLO ist für immer von derartigen Gesprächen ausgeschlossen.«
Die Bürgermeister von Ramallah, Tulkarem, Nablus und Al-Bireh bildeten ein Komitee als Vorstufe der Selbstverwaltung. Als Grundlage der Zusammenarbeit verfaßten sie ein Manifest, das die Leitlinie enthielt: »Es wird keinen Frieden geben ohne den vollständigen Rückzug Israels aus den besetzten Gebieten und ohne Gewährung des Rechts für das palästinensische Volk über sich selbst zu bestimmen und einen autonomen Staat zu gründen.«
Am 28. September 1978 proklamierte ein Kongreß palästinensischer Akademiker: »Ständiger Friede ist erst dann möglich, wenn die arabisch-palästinensische Souveränität über Jerusalem, das Westufergebiet des Jordan, den Gazastreifen unter Lei-

tung der PLO hergestellt ist. Die PLO ist die einzige legitime Vertretung des palästinensischen Volkes.«
Ereignisse, die in Israel geschehen waren, hatten die Festigung der Stellung der PLO im Bewußtsein der Palästinenser im Gebiet nördlich und südlich von Jerusalem unterstützt. Das erste Ereignis war die Wahl in Israel am 17. Mai 1977: Menachem Begin besiegte die Arbeitspartei. Der einstige Kommandeur der jüdischen Kampforganisation Irgun Zwai Leumi, der verantwortlich gewesen war für das Massaker von Deir Jassin im Frühjahr 1948, wurde Regierungschef des Staates Israel.
Das zweite Ereignis veränderte die nahöstliche Welt ein halbes Jahr später: Der ägyptische Staatspräsident Anwar as-Sadat hatte sich dazu durchgerungen, nach Israel zu fliegen, mit der Regierung Begin zu reden und eine Ansprache vor dem israelischen Parlament zu halten.

Für die Ankündigung der Reise nach Jerusalem hatte sich as-Sadat eine List ausgedacht, wie es ihm möglich sein könnte, Jassir Arafat in die Reiseabsicht einzubinden. Er forderte den PLO-Chef auf, nach Cairo zu kommen, um an einer wichtigen Parlamentssitzung teilzunehmen. Ohne zu ahnen, was Anwar as-Sadat vorhatte, flog Arafat am 8. November in die ägyptische Hauptstadt. Kurze Zeit nach der Ankunft saß er als Ehrengast im Saal des ägyptischen Parlaments und hörte zu, wie der Präsident Ägyptens davon sprach, die Friedensverhandlungen in Gang zu bringen. Arafat glaubte schon, die Rede sei eine Routineangelegenheit, da vernahm er die Bemerkung – fast nebensächlich ausgesprochen –, Sadat sei bereit für die Sache des Friedens den Teufel aufzusuchen, und wenn es sein müsse, auch nach Jerusalem zu reisen.
Arafat nahm diese Bemerkung sofort ernst, und er wußte, daß Anwar as-Sadat ihn hereingelegt hatte. Die Fernsehkameras hatten ihn im entscheidenden Augenblick gezeigt: Arafat war auf den Bildschirmen zu sehen, als Anwar as-Sadat seine Reisepläne verkündete. Da war absichtlich der Eindruck erweckt worden, der PLO-Chef sei Komplize in der radikalen Kursänderung, in der Hinwendung zu Israel. Arafat glaubte, er sei Opfer einer perfiden Intrige geworden, die sich Henry Kissinger ausgedacht hatte in der Absicht, den führenden Kopf der

Palästinensischen Befreiungsorganisation dem eigenen Volk als Verräter vorzuführen. Arafat hatte zu befürchten, daß sämtliche wichtigen Persönlichkeiten der PLO nun glaubten, er habe sie hintergangen und sei sogar der Anstifter zum Überlaufen ins feindliche Lager. Arafat erkannte noch während Sadats Rede schlagartig, daß er von einem Augenblick zum anderen unglaubwürdig geworden war. Er sah die Konfrontation mit den Delegierten der PLO-Gremien voraus – und er hielt sich für erledigt. Sobald Anwar as-Sadat seine Rede unter frenetischem Beifall der ägyptischen Parlamentarier beendet hatte, sprang Arafat von seinem Platz auf und verließ den Saal.

»*Ich bin nicht der Komplize des Verräters Sadat*«

Vizepräsident Husni Mubarak, der neben Arafat gesessen hatte, versuchte den Empörten aufzuhalten. Mubarak wollte erklären, Sadat habe sich hinreißen lassen, von einer Reise nach Israel zu reden – im Redemanuskript finde sich die entsprechende Wendung nicht. Sie müsse ein Einfall des Augenblicks gewesen sein.
Arafat läßt sich nicht beruhigen; er rennt weiter in Richtung des Prominentenparkplatzes. Mubarak folgt ihm. Im Laufen entwickelt sich ein heftiger Wortwechsel. Arafat brüllt, ihm sei Schreckliches angetan worden. Die Welt müsse glauben, er habe vor Israel kapituliert. Arafat erreicht sein Fahrzeug und läßt Mubarak stehen. Eine Stunde später verläßt der PLO-Chef Cairo im Flugzeug.
In Beirut trat das Zentralkomitee der PLO zusammen. Einziger Programmpunkt war Sadats Rede. Der ägyptische Staatspräsident wurde nur noch »der Überläufer« genannt. Keiner der Teilnehmer war ernsthaft der Meinung, Arafat habe von Sadats »Coup« gewußt. Vorgeworfen wurde ihm, er habe sich übertölpeln lassen.
Sadats Rede wurde von jedem der zwölf anwesenden Mitgliedern des Zentralkomitees verurteilt. Gespalten war das Gremium in der Frage, welche Position die PLO offiziell beziehen solle. Stark war die Gruppe derer, die meinten, einen Bruch mit

Ägypten könne sich die Organisation nicht leisten. Ägypten sei schließlich das bedeutendste Land Arabiens. Abu Ijad aber betonte, gerade in diesem Fall dürfe die PLO als Vertreter des palästinensischen Volkes die Empörung nicht verbergen. Es müsse deutlich gesagt werden, daß Anwar as-Sadat Verrat geübt habe am politischen Erbe des Gamal Abdel Nasser, das den Arabern insgesamt jede Kapitulation gegenüber Israel verbiete. Der Inhalt der Rede und das Verhalten gegenüber Arafat mache deutlich, daß Anwar as-Sadat den Palästinensern und der PLO im besonderen habe Schaden zufügen wollen. Es dürfe ihm nicht gelingen, die Gremien der PLO zu spalten. Abu Ijad forderte zur Geschlossenheit in der Ablehnung der Kapitulation vor Menachem Begin, Moshe Dayan – und vor Henry Kissinger. Sadat müsse zur Rechenschaft gezogen werden. Abu Ijad schloß die Verurteilung von Sadats Reiseplänen mit der Bemerkung, er sei überzeugt, daß der Verräter durch das ägyptische Volk mit dem Tode bestraft werde.

Die PLO-Führung hoffte bis zum Schluß, Sadat werde nach gründlicher Überlegung und auf Drängen des Königs von Saudi-Arabien und des syrischen Präsidenten Hafez al-Assad die Idee aufgeben, »zur Kapitulation« nach Israel zu fliegen. Noch bis zum Augenblick von Sadats Ankunft auf dem Flughafen Ben Gurion lebte die Hoffnung, er werde, zur Vernunft gekommen, das Flugzeug nicht verlassen.

Resignation machte sich breit im Kreis um Arafat. Niemand hatte die Kraft Entschlüsse zu fassen. Abu Ijad prüfte den Text der Reden, die in Jerusalem gehalten wurden. Vor allem war die Ansprache vor dem israelischen Parlament von Wichtigkeit. Abu Ijad stellte fest, daß der Text nicht den Ausverkauf arabischer Rechte und Ansprüche bedeutete: Anwar as-Sadat verlangte die Rückgabe der besetzten Gebiete; er forderte die israelische Regierung auf, die arabische Souveränität über den Ostteil von Jerusalem anzuerkennen. Anwar as-Sadat vertrat vehement den arabischen Standpunkt – und er bekam höflichen Beifall dafür.

Als Sadats Knesseth-Rede zu Ende war, konnte König Hussein von Jordanien zufrieden sein, denn der ägyptische Staatspräsident hatte den Anschein erweckt, das Westufergebiet des Jordan müsse an das haschemitische Königreich zurückgege-

ben werden. Sadat hatte wohl das palästinensische Volk erwähnt, er hatte jedoch kein Wort gesagt über die Palästinensische Befreiungsbewegung – auch war der Ministaat kein Thema gewesen.
Abu Ijad erfuhr bald darauf, der ägyptische Staatspräsident habe die PLO und Arafat erwähnen wollen, doch habe ihm Moshe Dayan dringend geraten, die entsprechenden Textstellen aus dem Redemanuskript zu streichen. Ohne zu protestieren habe as-Sadat den Rat befolgt.
Über diese Nachgiebigkeit war Arafat empört. Er hatte zwar die Reise nach Jerusalem als Verrat gebrandmarkt, doch er hatte die Hoffnung gehabt, as-Sadat werde wenigstens über den Entschluß der PLO-Führung reden, sich mit 30 Prozent von Palästina zu begnügen, um auf diesem Territorium den Ministaat der Palästinenser zu errichten.

Arafat war der Meinung, hinter dem »Verrat« des »Überläufers« stecke der Chef der amerikanischen Außenpolitik. Arafat war noch immer darauf fixiert, Henry Kissinger wolle der PLO schaden, sie bedeutungslos machen im Kräftespiel des Nahen Ostens. Doch es war Henry Kissinger, der aus dem Kräftespiel ausgeschieden worden war.
Im Frühjahr 1977 hatte Cyrus Vance die Leitung des State Department übernommen. Sein Präsident hieß Jimmy Carter. Er war ein Politiker, der die Fehler von Richard Nixon vermeiden wollte. Als ehrlicher Makler aufzutreten, war seine Absicht. Ohne Winkelzüge und ohne Geheimabsprachen dem Nahen Osten den Frieden zu bringen, hatte er sich vorgenommen, und er sah sich mit Außenminister Cyrus Vance auf dem richtigen Weg. Beide dachten an einen umfassenden Frieden für alle am Konflikt Beteiligten – auch für die Palästinenser.
In das Konzept eines umfassenden Friedens paßten die Bemühungen des ägyptischen Präsidenten nicht, mit Israel einen Separatfrieden zu schließen. Carter und Vance wollten in einem alle Probleme einbeziehenden Friedensprogramm eine Lösung finden, die alle Seiten befriedigte. Dieser Weg konnte nur beschritten werden, wenn sich die arabische Seite nicht aufspalten ließ, wenn sie sich geschlossen an den Verhandlungstisch setzte. Sadats Alleingang störte die Planung von Carter und Vance.

Ein weiteres Problem erschwerte die Arbeit des amerikanischen Außenministers: Er durfte keine Kontakte zur Palästinensischen Befreiungsorganisation aufnehmen, solange diese nicht die Resolution 242 anerkannte. Noch immer war Kissingers Versprechen gültig, er werde mit der PLO nicht verhandeln, und er werde keine Gespräche mit Jassir Arafat und dessen Verbindungsmännern führen. Henry Kissinger hatte dieses Versprechen auch im Namen seiner Nachfolger abgegeben. Die israelische Regierung pochte auf die Erfüllung der Zusage – und trotzdem bezog Cyrus Vance die Schaffung eines palästinensischen Ministaats in seine Überlegungen ein. Grundlage dieser Überlegungen war der Beschluß des Palästinensischen Nationalrats (PNC) vom März 1977.
Der PNC hatte nach langwierigen und heftigen Debatten der Gründung eines Ministaats der Palästinenser ohne Wenn und Aber zugestimmt. Voraussetzung war der israelische Rückzug aus den besetzten Gebieten westlich des Jordan. Die vordergründige Absicht des PNC war, zu verhindern, daß König Hussein von Jordanien die Hoffnung haben konnte, Gebiete, die Israel freigab, wieder in Besitz nehmen zu können.

Israel verhindert den Ministaat

Unmittelbar nach der Sitzung des Palästinensischen Nationalrats hatte Jassir Arafat Präsident Carter das Ergebnis mitgeteilt. Sein Memorandum brachte die Hoffnung zum Ausdruck, es werde Carter gelingen, die Regierung Begin zu überzeugen, daß einzig die Rückgabe des Gebiets am Jordanwestufer die Voraussetzung schaffe für einen dauerhaften Frieden.
Die Sowjetunion zeigte sich damals bereit zu helfen. Breschnew, der mächtige Generalsekretär der KPdSU, wollte in Zusammenarbeit mit dem amerikanischen Präsidenten die Unantastbarkeit der Grenzen des Staates Israel garantieren. Beide Großmächte wollten für die Sicherheit des jüdischen Landes bürgen. Alle Beteiligten sollten sich bald schon in Genf zu ersten Gesprächen treffen.

Um das Friedensprojekt nicht schon vor dem Beginn der Umsetzung in die Praxis scheitern zu lassen, hatten sich die Berater von Breschnew und Carter darauf geeinigt, in ihrer gemeinsamen Erklärung die PLO gar nicht zu nennen. Darüber waren Jassir Arafat und Abu Ijad keineswegs betrübt. Sie übersahen absichtlich, daß von ihrer Organisation zunächst nicht gesprochen wurde. Die Perspektive, daß beide Großmächte sich des Friedensprozesses annahmen, machte sie zufrieden, auch wenn sich Breschnew und Carter gehütet hatten, den künftigen Ministaat der Palästinenser zu erwähnen. Arafat und Abu Ijad waren überzeugt, die beiden Mächtigen würden für Gerechtigkeit im Nahen Osten sorgen. Tatsächlich war auch der amerikanische Präsident fest der Meinung, im Zusammenwirken mit Breschnew werde ihm die Konfliktlösung gelingen.

Jimmy Carter zog später dann das Fazit seiner Bemühungen im ersten Amtsjahr: »Wir waren nie zuvor näher an einer Lösung! Wir wurden dann weit von unserem Ziel abgetrieben!«

Gewaltig war der Glaube der PLO-Führung in die Durchsetzungskraft der gemeinsamen amerikanischen und sowjetischen Außenpolitik. Es konnte und durfte nicht sein, daß Carter und Breschnew vor Menachem Begin zurückwichen. Doch Arafat und Abu Ijad mußten diese Erfahrung machen. Zu ihrer Enttäuschung war es nicht die Sowjetunion, die auf einmal das Interesse am zuvor optimistisch verkündeten Friedensprozeß verlor – es war Jimmy Carter, der von einem Tag zum anderen seine Meinung änderte.

Jimmy Carter und Cyrus Vance hatten in naivem Hochgefühl geglaubt, mit unverbrauchtem Schwung den Durchbruch erzielen zu können. Beiden hatte das Gespür gefehlt für die tiefsitzende Angst der Israelis insgesamt, von einer stärkeren Macht unter Druck gesetzt zu werden. Menachem Begin wußte sich zu helfen.

Er war sich mit Moshe Dayan darin einig, daß allein die israelische Regierung unbeeinflußt darüber zu entscheiden habe, zu welchen Bedingungen der Frieden erreicht werden soll. Begin und Dayan wollten kein Diktat der beiden Großmächte akzeptieren. Um diese Gefahr abzuwenden, flog Moshe Dayan nach Washington. In energischem Ton forderte er Jimmy Carter auf, das Friedenskonzept zu »modifizieren«. Dayan wies Carter darauf hin, daß die USA durch die Kooperation mit der Sowjetunion seine Freundschaft mit Israel gefährde. Von Breschnew sei kein Verständnis für den jüdischen Staat zu erwarten. Es sei wohl für Präsident Carter klüger, eine unabhängige Initiative zu entwickeln. Als Carter nicht auf dem mit Breschnew abgesprochenen Friedensprojekt bestand, wurde Dayan kühner. Er diktierte die Rahmenvorgabe für einen amerikanisch-israelischen Vorschlag. Jimmy Carter und Cyrus Vance wehrten sich nicht dagegen. Dayans Text vermied jegliche Verpflichtungserklärung für einen israelischen Rückzug. Das palästinensische Volk wurde nicht erwähnt. Dayan benützte die Formulierungen der Resolution 242, die neun Jahre zuvor erlassen worden war: Sie schrieb vor, daß eine Lösung für das Problem der »arabischen Flüchtlinge« gefunden werden müsse. Da war mit keinem Wort die Pflicht zur Gewährung der Selbstbestimmung für das betroffene Volk erwähnt.

Jetzt erst wandte der amerikanische Außenminister ein, auf der Grundlage dieses Papiers sei wohl kein dauerhafter Frieden zu erreichen. Sein Argument war, die Palästinenser seien erst dann kein gefährlicher Unruhefaktor mehr, wenn sie die Gewißheit hätten, als Volk anerkannt zu werden.

Diese Einwände änderten die Haltung von Moshe Dayan nicht. Er bemerkte, die israelische Regierung, die von Menachem Begin geführt werde, sei nur unter den von ihm genannten Bedingungen bereit, an der Genfer Friedenskonferenz für den Nahen Osten teilzunehmen. Die Möglichkeit der Gründung eines Ministaats der Palästinenser dürfe kein Tagesordnungspunkt sein.

Jassir Arafat erfuhr auf dem Umweg über Anwar as-Sadat, der amerikanische Präsident habe mit traurigen Gefühlen die eigene Machtlosigkeit empfunden. Carter habe dem ägyptischen Präsidenten mitgeteilt, die Möglichkeiten eines amerikanischen Staatschefs, gegenüber Israel seinen Willen durchzusetzen, seien nur gering. Arafat und Abu Ijad aber erlebten Stunden der Verzweiflung. Die Vereinigten Staaten von Amerika gehörten auch weiterhin zum politischen Lager, das den Palästinensern feindlich gesinnt war.

Die PLO-Führung zögerte deshalb keinen Augenblick, als sie zu entscheiden hatte, ob sie den Kampf gegen den Schah von

Iran, den wichtigen Verbündeten der USA, unterstützen sollte. Die PLO lieferte den Revolutionären des Ayatollah Khomeini Waffen und Sprengstoff. Mitglieder der Al-Fatah sorgten dafür, daß durch ihre Kommunikationstechnik die Verbindung nicht abriß zwischen dem geistlichen Führer, der sich in Neauphle le Château bei Paris aufhielt und den Revolutionären vor Ort in der heiligen Stadt Qum. Als dann der Schah aus seinem Reich floh, konnte Arafat triumphieren: »Ein Wunder ist geschehen! Die USA haben ihren stärksten Verbündeten in der Region verloren! Das große Volk von Iran sitzt mit uns im selben Schützengraben!«
Nach der Flucht des Schahs wurden die Palästinenser in Teheran als Helden gefeiert. Arafats Delegation wurde mit dem Ruf empfangen: »Khomeini – Arafat!« Vor der einstigen diplomatischen Vertretung des Staates Israel versammelten sich Frauen und Männer – sie schrien »Falestine! Falestine! Falestine!« Die Mitglieder von Arafats Delegation meldeten ins Hauptquatier nach Beirut, die Sache der Palästinenser habe einen großen Sieg errungen.
Doch die Begeisterung hielt nicht lange an. Das Regime der Ayatollahs war eindeutig religiös ausgerichtet und erwartete auch von seinen Partnern, daß für sie der islamische Glaube oberste Richtlinie des politischen und persönlichen Verhaltens war. Arafat aber war nicht bereit, die Palästinensische Befreiungsorganisation islamisch auszurichten. Zu seiner Organisation gehörten auch Christen wie Dr. George Habash von der Volksfront zur Befreiung Palästinas und Nayif Hawatmeh von der Demokratischen Volksfront. Beide sahen mit Mißtrauen auf die Allianz wischen Arafat und Khomeini. Sie dachten nicht daran, einen islamischen Staat Palästina erkämpfen zu wollen – und Arafat merkte schließlich auch, daß ihn das enge Bündnis mit Khomeini innerhalb der PLO in Mißkredit brachte. Auch ihm schwebte kein islamisches palästinensisches Staatsgebilde vor.
Zur Zeit, als der Schah seine Macht über die Bevölkerung seines Kaiserreiches verlor, als er sich jedoch noch am Gedanken festklammerte, er könne seinen imperialen Thron behalten, gaben sich Jimmy Carter und Cyrus Vance in Camp David Mühe, dem Separatfrieden zwischen Israel und Ägypten eine feste Form zu verleihen. Sie konzentrierten alle Energie darauf und

verloren die übrige Welt nahezu aus den Augen. Das Resultat war, daß das ägyptisch-israelische Spannungsproblem bewältigt wurde, doch eine Steuerung der Ereignisse in Persien unterblieb. Carter und sein Außenminister hätten mit Hilfe des amerikanischen Geheimdienstes den Sturz des Schahs wenn nicht verhindern, so doch wenigstens mildern können. Doch was am östlichen Rande des Persischen Golfs geschah, hatte für den amerikanischen Präsidenten und seinen Außenminister keinen Vorrang. Diese Vernachlässigung der Ereignisse im wichtigsten Ölgebiet der Welt rächte sich bitter binnen eines Jahrzehnts.
Im bindenden »Framework« der Verhandlungen zwischen Israel und Ägypten war festgelegt worden, daß dem palästinensischen Volk Selbstbestimmung zuerkannt wurde. Die Klauseln des endgültigen Friedensvertrags vom 26. März 1979 bestätigten die Abmachungen des »Frameworks« als Rahmenbedingungen für kommende Verhandlungen. Der Vertragspartner des Camp-David-Abkommens Anwar as-Sadat konnte darauf hinweisen, daß er die Palästinenser nicht im Stich gelassen habe – im Gegenteil: Er habe schriftlich fixieren lassen, daß die Festschreibung der Rechte der Palästinenser in künftigen Verträgen erfolgen müsse. Er sah im ägyptisch-israelischen Friedensabkommen eine Grundlage für die Ausweitung der Friedensvereinbarungen. Die Ermordung von Anwar as-Sadat am 6. Oktober 1981 setzte dieser Entwicklung ein Ende. Anwar as-Sadat war der letzte arabische Staatschef gewesen, der wenigstens hin und wieder an Schicksal und Zukunft der Palästinenser dachte.
Arafat hatte die Politik des ägyptischen Präsidenten so interpretiert, daß ihm Hoffnung geblieben war, auch Sadats behutsamer Weg führe doch letztlich zur Gründung des palästinensischen Ministaats.
Als Sadat ermordet worden war, trauerte Jassir Arafat – und er war damit eine Ausnahme in Arabien. Er sagte damals: »Anwar as-Sadat war im Grunde seines Herzens doch ein Freund der Palästinenser, auch wenn er diese Haltung nicht immer zeigen durfte!«
Dazu paßte es auch, daß die Attentäter nie damit argumentierten, Sadat habe einen frevelhaften Frieden mit Israel geschlossen und dabei angestammte arabische Rechte verschenkt. Sie

haben den Mord damit begründet, er habe den Versuch unternommen »Moschee und Staat zu trennen«, und habe damit den Geist des Islam verraten. Festgeschrieben sei durch den Propheten Mohammed die enge Verkoppelung von Glaube und Politik. Die Trennung, die Anwar as-Sadat beabsichtigt hatte, sollte in Ägypten eine Ordnung einführen, die den religiösen Glauben zur Privatsache des Menschen machte. Die Beziehung der Menschen Europas zu ihrer Religion war dabei das Vorbild. Gegen diese Trennung von Moschee und Staat hatten sich die Offiziere und Soldaten gewandt, die in ihrem Bewußtsein die drängende Verpflichtung gefühlt hatten, »den Verräter am Glauben« zu ermorden.

Anwar as-Sadat hatte die Erfahrung machen müssen, daß dem israelischen Ministerpräsidenten Menachem Begin die Erfüllung der Bestimmung des Friedensabkommens vom 26. März 1979, die Ägypten betrafen, schwerfiel. Unmöglich aber erschien den Israelis die Umsetzung der Vorgaben des »Frameworks«, die sich auf die Palästinenser bezogen. Er wollte und konnte nicht daran denken, dem palästinensischen Volk im Westufergebiet des Jordan die Selbstverwaltung zu gewähren, oder ihm Gebiete zu überlassen, damit darauf der »Ministaat« nach der Vorstellung der PLO entstehe.

Unmittelbar nach Sadats Tod wußte Jassir Arafat, daß der israelische Generalstab einen massiven Angriff auf die Position der PLO im Libanon plante. Husni Mubarak, as-Sadats Nachfolger, besaß nicht dessen persönliche Stärke, Menachem Begin deutlich die Meinung zu sagen, wenn ihm die israelische Politik mißfiel. Vorauszusehen war, daß Husni Mubarak sich im Ernstfall an den Wortlaut des Camp-David-Abkommens hielt, und der sah kein ägyptisches Eingreifen auf der Seite der PLO vor, wenn ihre Kämpfer durch einen israelischen Angriff in Bedrängnis gerieten.

Arafat erkannte zu Beginn des Jahres 1982, daß der General und Politiker Ariel Sharon zur treibenden Kraft wurde innerhalb des Kreises der israelischen Politiker, die endlich Schluß machen wollten mit der Idee vom palästinensischen Ministaat am Westufer des Jordan mit der Hauptstadt Jerusalem. Wer die Vision von der eigenen Heimat der Palästinenser auslöschen wollte, der mußte die Verantwortlichen der Palästinensischen Befreiungsorganisation in der libanesischen Hauptstadt Beirut vernichten. Genau dieses hatte sich Ariel Sharon vorgenommen. Zur Verwirklichung brauchte er nur einen amerikanischen Präsidenten, der aufgeschlossen war für israelische Absichten »Revolutionäre und Terroristen« ein für allemal unschädlich zu machen. Ariel Sharon hatte Glück: Schon wenige Monate nach Sadats Ermordung zog ein Staatschef ins Weiße Haus ein, der öffentlich erklärt hatte, er wolle »das Böse« in der Welt bekämpfen – und für ihn gehörte die PLO-Führung ganz ohne Zweifel zum bösen Teil der Welt.

Jimmy Carter meinte nach der Wahlniederlage von 1981, er habe sie der Rache derer zuzuschreiben, die ihm den Versuch zur Schaffung einer Grundlage für den Ministaat der Palästinenser übelnahmen. Die Strömung, die zu seinem Sturz geführt habe, sei von Sympathisanten des Ariel Sharon erzeugt worden. Sie hätten ihn und Cyrus Vance schließlich scheitern lassen. Derselben Meinung war Jassir Arafat. Er sah Jimmy Carter und Cyrus Vance als Opfer israelischer Machenschaften.

Die Gegner 1982: Ariel Sharon und Jassir Arafat

Drei Jahre zuvor war die Aktion zur Zerschlagung der PLO im Libanon bereits geprobt worden – genau zehn Tage nach der Unterzeichnung des Abkommens von Camp David. Zu diesem Zeitpunkt konnte sich die israelische Führung zum erstenmal sicher sein, daß sich Ägypten nicht – auch verbal nicht – einmischen würde.

Getestet wurde ab 6. April 1979 die Kampfkraft der palästinensischen Verbände am Litanifluß im Süden des Libanon. Der Litani durchzieht die Bekaa-Hochebene zwischen den Gebirgszügen des Libanon und des Antilibanon und wendet sich vor der israelischen Grenze dem Mittelmeer zu. Für die Landwirtschaftsexperten der israelischen Regierung war die Existenz des reichlich Wasser führenden Flusses in Grenznähe immer Anlaß, Beteiligung an der Nutzung des Litaniwassers zu fordern. Die Landwirtschaftsexperten von Nordisrael glaubten, ohne dieses Wasser ihre umfangreichen Entwicklungsprogramme nicht durchführen zu können. So diente der Vorstoß in den Südlibanon nicht nur der Sicherung von Erkenntnissen über Bewaffnung und Kampfmoral der PLO-Streikräfte, sondern auch der Erprobung von Möglichkeiten der Ableitung des Litaniwassers.

Jassir Arafat hatte der libanesischen Regierung den Aufbau von Verteidigungsstellungen an der Grenze zu Israel abgetrotzt, mit dem Argument, die PLO schütze dadurch die libanesische Bevölkerung vor israelischen Angriffen. Die Verantwortlichen in Beirut hatten unter dem Druck der Palästinenser und weiter Teile der islamischen Bevölkerung des Landes zugestimmt. Sie wußten wohl, daß die Anwesenheit der PLO-Fedajin die israelische Armee überhaupt erst zu Angriffen herausforderte. Vor allem die christlichen Politiker sahen voraus, daß die PLO durch die Fedajin-Konzentration im Hügelland vor der israelischen Grenze für die Israelis einen perfekten Vorwand zum Einmarsch in den Libanon ergab. Diese Entwicklung wurde von der Führung der christlich-maronitischen Milizen sogar erwünscht. Beshir Gemayel wollte Ariel Sharon veranlassen, der Präsenz der PLO im Libanon ein Ende zu bereiten.

Das Ergebnis der Invasion vom April 1979 war zufriedenstellend gewesen für die israelischen Organisatoren. Ihre Luftwaffe hatte innerhalb kurzer Zeit Erfolge erzielt, die den Himmel über dem Südlibanon für sie sicher machte. Der Flakpanzer, der an der Brücke über den Litani postiert gewesen war, hatte keine Gelegenheit gehabt, auch nur einen Schuß abzugeben. Die Wucht eines Raketeneinschlags hatte ihn über die Böschung in den Fluß hinuntergeworfen. Weitere Geschosse hatten die Stahlkonstruktion der Brücke zum Einsturz gebracht. Auf gleiche Weise waren zahlreiche strategisch wichtige Positionen der Verteidigungsstellungen der PLO durch Raketen israelischer Kampfflugzeuge vernichtet worden. Einige Stunden später hatten Panzerstreitkräfte und Infanterie den Fluß erreicht. Das Resultat der Invasion war eine gewaltige Fluchtbewegung der Zivilbevölkerung in Richtung Norden. Nahezu eine Viertelmillion Menschen erreichten auf Lastkraftwagen und Fuhrwerken die Gegend von Beirut. Der PLO war es nicht gelungen, die Bevölkerung des Südlibanon zu schützen. Arafat hatte sein Versprechen nicht halten können, seine Verbände würden zu leisten vermögen, was der libanesischen Armee nie gelungen war – sie würden die Grenzen sichern. Trotz der offensichtlichen Unterlegenheit brachte es der PLO-Chef fertig, der Öffentlichkeit – auch der des Libanon – einen Erfolg zu präsentieren: Daß sich die Israelis wieder vom Litani auf eine schmale Sicherheitszone an ihrer Grenze zurückgezogen haben, war – nach Arafats Darstellung – auf das vehemente Abwehrfeuer der Fedajin zurückzuführen, die dem Angreifer hohe Verluste beigebracht hätten. Die islamischen Bewohner, die südlich der Straße von Beirut nach Damaskus lebten, waren – trotz eigener schlechter Erfahrung – bereit, Jassir Arafat zu glauben. Die maronitischen Christen aber ließen sich nicht täuschen. Sie erfuhren durch ihre Führung rasch, daß die Streitkräfte der PLO nur geringe Kampfkraft besaßen, daß Hoffnung bestand, sie bald mit Hilfe der israelischen Verbündeten aus dem Lande zu treiben.

Zwei Bunker mit dicken Mauern entstanden in Beirut: Im Osten der Stadt, direkt am Meer, ließ sich Beshir Gemayel einen Befehlsstand bauen, von dem aus er den Endkampf für die »Befreiung des Libanon von palästinensischer Pest« führen wollte. Im islamischen Teil der Stadt, mitten im Häusergewirr des Fakhani-Viertels, wurde Arafats Betonbunker errichtet, ebenfalls mit Mauern, die Flugzeugraketen standhalten konnten. War der Bunker von Beshir Gemayel vom Meer her zu sehen, war Arafats Gefechtszentrale durch Hochhäuser geschützt. Zu diesem Zeitpunkt konnte sich Arafat als die oberste Autorität im libanesischen Gebiet südlich der Straße von Beirut nach Damaskus fühlen. Seine Gefechtszentrale wurde zum Mittelpunkt dieses Gebiets. In Zeiten der Anerkennung seiner Souveränität neigt Arafat gern zur Übertreibung – so auch in diesem Fall. Er meinte: »Von Fakhani aus regiere ich den ganzen Libanon!«

Was das Selbstbewußtsein des PLO-Chefs noch mehr gesteigert hätte, blieb ihm verborgen: Er erfuhr nicht, daß Verteidigungsminister Ariel Sharon mit dem Angriff auf die Region nördlich des Litani zögerte, weil er der Meinung war, die Fedajin hätten bei der Abwehr des Angriffs in Richtung Litani nicht ihre volle Kampfkraft eingesetzt. Sie seien zu einer effektiveren Abwehrleistung fähig, die den israelischen Verbänden gefährlich werden könnte.

Im Kabinett Menachem Begin setzte Ariel Sharon am 16. Juli 1981 die Strategie durch, die Befehlsstruktur der PLO müsse zunächst durch gezielte Luftangriffe zerstört werden. Bereits am nächsten Tag wurde das Beiruter Stadtviertel Fakhani durch israelische Kampfflugzeuge angegriffen. Einige Hochhäuser stürzten in sich zusammen. Etwa 100 Menschen starben in den Trümmern. Unter den Toten befanden sich nur wenige PLO-Angehörige. Arafats Befehlsbunker erhielt keinen Treffer. Zerstört wurde dagegen das Hauptquartier der zu diesem Zeitpunkt bereits unbedeutenden Demokratischen Volksfront zur Befreiung Palästinas des Nayif Hawatmeh.

Ronald Reagan, der Nachfolger Carters im Präsidentenamt der USA, ernannte Philip Habib zum Vermittler im Libanonkonflikt. Die Familie des Philip Habib stammte ursprünglich aus dem Libanon. Er fand die richtige Sprache für die Verhandlungen zwischen den Beteiligten des Konflikts in der Heimat seiner Vorfahren. Als nach dem 17. Juli 1981 die Serie von Luftangriffen auf Beirut nicht abriß, bezog er die israelische Regierung in seine Verhandlungen mit ein – und Philip Habib vollbrachte das Wunder, einen ersten Waffenstillstand zwischen Israel und der PLO zu vermitteln. Jassir Arafat und Abu Ijad empfanden diesen Waffenstillstand, der am 24. Juli 1981 um 13.30 Uhr Ortszeit in Kraft trat, als politischen Sieg. Waffenstillstand bedeutete Anerkennung der PLO als gleichberechtigten Partner. Nichts Besseres konnte Arafat geschehen. Die israelische Regierung nahm ihn endlich als Gegner offiziell zur Kenntnis und behandelte seine Organisation entsprechend.

Doch nicht allein Respekt vor der Kampfkraft der PLO veranlaßte den israelischen Generalstabschef, sich einen Waffenstillstand mit der Palästinensischen Befreiungsorganisation zu wünschen; ein Grund dafür war auch sein Mißtrauen gegenüber den »Forces Libanaises«, den christlich-maronitischen Milizen des Libanon. Ariel Sharon wollte erreichen, daß die Verbände des Beshir Gemayel gleichzeitg mit den israelischen Truppen militärisch aktiv wurden. Von Norden und Süden her sollte die PLO in die Zange genommen werden. Beshir Gemayel hatte Sharon mitgeteilt, da seine Absicht ebenfalls die Ausschaltung der PLO im Libanon sei, würden die »Forces Libanaises« mit Israel zusammenarbeiten, doch seien deren Vorbereitungen noch nicht abgeschlossen. Ariel Sharon gestattete darauf den »Forces Libanaises«, 200 Offizierskandidaten zur Ausbildung nach Israel zu schicken.

Mitte Januar 1982 traf der Verteidigungsminister selbst im Hubschrauber beim Befehlsstand des Beshir Gemayel in Ostbeirut ein. Er wollte sich informieren lassen über den Stand der Vorbereitungen der »Forces Libanaises«. Bald aber mußte Beshir Gemayel zu seinem Mißfallen feststellen, daß Ariel Sharon dabei war, ihm Befehle zu geben. Der bullige israelische General hatte Kartenmaterial von Beirut aus Israel mitgebracht; darin waren bereits die Positionen festgelegt, die von den christlichen Milizen im Fall »X« zu besetzen waren. Ariel Sharon verlangte Schulterschluß zwischen den »Forces Libanaises« und der israelischen Armee beim Präsidentenpalast von Baabda im Süden der libanesischen Hauptstadt.

Beshir Gemayel erhielt die Aufgabe zugewiesen, mit seinen Milizverbänden den Beiruter Stadtteil Fakhani einzunehmen, und damit den Befehlsbunker des Jassir Arafat. Das strategische Ziel war, die Befehlsstruktur der PLO zu vernichten, die Fedajin dadurch zu demoralisieren – und Arafat »unschädlich zu machen«. Dem Chef der christlich-maronitischen Milizen gefiel diese Aufgabenverteilung nicht. Er wollte nicht in die Geschichte der arabischen Welt als der Mörder Arafats und als der Vernichter des palästinensischen Nationalbewußtseins eingehen. Diese Aufgabe hätte Beshir Gemayel gerne dem Verteidigungsminister des Staates Israel überlassen.

Zum Abschluß des Besuchs erläuterte Ariel Sharon die weiteren Perspektiven seiner Politik: Er glaubte nicht daran, daß das palästinensische Nationalbewußtsein mit der Vernichtung der PLO im Libanon ausgelöscht sein werde. Dieses Ziel sei nur zu erreichen, wenn die führenden Köpfe der Palästinenser nirgendwo in den Staaten rings um Israel ein Schlupfloch finden würden, von dem aus sie ihre Vision vom palästinensischen Ministaat weiterverfolgen und propagieren konnten. Mit Verblüffung vernahm Beshir Gemayel, was Ariel Sharon wirklich beabsichtigte.

Auf sein Betreiben hin war wenige Wochen zuvor Menachem Milson, der israelische Administrator der besetzten Gebiete von Menachem Begin angewiesen worden, in den Bezirken

Gaza, Hebron, Jericho, Ramallah, Nablus und Tulkarem die Honoratioren dafür zu interessieren, eine einheimische Organisation zu schaffen, die die Interessen der Palästinenser vertreten könnte. Vom Anspruch auf den Ministaat des palästinensischen Volkes im Gebiet des Westjordanlandes war allerdings nicht die Rede. Nach Ariel Sharon sei jedoch das wahre Ziel der Organisation, Überzeugungsarbeit zu leisten: Die Palästinenser der besetzten Gebiete sollten dazu gebracht werden, sich entweder dem Staat Israel unterzuordnen – der künftig für alle Zeiten sämtliche Gebiete westlich des Jordan umfaßte – oder über den Jordan nach Osten auszuwandern. Beshir Gemayel erfuhr, daß Ariel Sharon das Gebiet Transjordanien als die künftige Heimat der Palästinenser betrachte. Der israelische Verteidigungsminister sagte: »Im Osten des Jordan besteht die Bevölkerung zu mehr als 60 Prozent aus Palästinensern. Jordanien ist doch der Palästinenserstaat. Da brauchen wir keinen lächerlichen Ministaat zu gründen. Die Problemlösung »Ministaat« läßt doch jeden unbefriedigt: Für die Palästinenser ist er zu klein und für uns ist er zu groß. Für alle Palästinenser gibt es Platz genug in Transjordanien. Dort existiert nur ein einziger nicht palästinensischer Fremdkörper – und das ist König Hussein. Er muß verschwinden!«

Beshir Gemayel und die Kommandeure der »Forces Libanaises« vernahmen mit Erstaunen, daß Ariel Sharon gerade den arabischen Staatschef vernichten wollte, der als erster verkündet hatte, Israel sei ein unabänderlicher Bestandteil des Nahen Ostens. Keiner vor Hussein hatte daran gedacht, die Existenz des Staates Israel zu akzeptieren. Auf dieses Entgegenkommen wollte der israelische Verteidigungsminister keine Rücksicht nehmen: »Israel ist klein und verwundbar – es kann sich keine sentimentalen Gefühle leisten!«

Beshir Gemayel vernahm diese Erläuterungen mit Unbehagen. Er durchschaute die Triebkräfte der Verantwortlichen in Israel: Sie halfen dem, der ihnen nützlich werden konnte – sie ließen denjenigen fallen, der ihnen nützlich gewesen war. Wenige Monate später sollte Beshir Gemayel, der junge christlich-maronitische Politiker, selbst ein Opfer der Undankbarkeit der Verantwortlichen in Israel werden.

Jassir Arafat wurde sich der Bedrohung nach und nach bewußt.

Er spürte, daß ihm die »Forces Libanaises« gefährlich wurden. Er wollte den Konflikt nicht. Er pflegte die Hoffnung auf Verständigung, doch alle seine Versuche, direkt mit Beshir Gemayel zu sprechen, schlugen fehl. Gemayels Telefon blieb für ihn stumm.
Doch es waren auch »Gesten der Kameradschaft« zu registrieren. Mitarbeiter aus dem Stab des Jassir Arafat erhielten manchmal überraschend Einladungen in Ausbildungscamps der »Forces Libanaises«. Die Mitglieder des Spitzenkaders der PLO waren jedesmal erstaunt über den hohen Standard der Ausbildung. Und häufig bekamen sie auch deutlich gesagt: »Wir bereiten uns auf den Kampf gegen euch vor!«
Arafats Mitarbeiter kehrten ins Hauptquartier von Fakhani zurück, mit dem Gefühl, die Kommandeure der »Forces Libanaises« hätten ihnen mitteilen wollen, daß sie Partner suchten zum Kampf gegen die syrischen Truppenverbände, die sich seit 1976 im Libanon aufhielten – und die sich so benahmen, als seien sie die Herren im Lande. Palästinenser und Maroniten konnten sich nicht ausstehen, doch sie fühlten sich in einem verbunden – in der Ablehnung der beherrschenden syrischen Präsenz im Libanon. Die PLO-Führung und Beshir Gemayel fürchteten, unter die Fuchtel des syrischen Machtpolitikers Hafez al-Assad zu geraten. Beiden drohte der Verlust jeglicher militärischer und politischer Handlungsfreiheit. Weder Beshir Gemayel noch Jassir Arafat wollten zu Vasallen des Syrers werden.
Beide hatten von Anfang an gegen den syrischen Einmarsch im Libanon Widerstand geleistet. Die syrischen Panzer- und Infanterieverbände waren 1976 in Richtung Beirut vorgestoßen mit dem Auftrag, den Bürgerkrieg zu beenden – in Wahrheit hatte sie Staatspräsident Hafez al-Assad in den Libanon geschickt, damit sie den Anschluß des kleinen Landes an Syrien vorbereiteten.
Diese Doppeldeutigkeit des militärischen und politischen Auftrags hatte zur Folge, daß weder das eine noch das andere Ziel wirklich erreicht wurde. Die Syrer fanden« keine Partner, die den Anschluß willkommen hießen, und sie beendeten den Bürgerkrieg nicht. Im Gegenteil: Sie sorgten selbst dafür, daß er immer wieder aufflammte. Sie wechselten, je nach ihrem Interesse, die Fronten. Ihre Führung glaubte eine Balance der Kräfte

im Libanon aufrecht halten zu müssen. Gerieten die christlichmaronitischen Milizen durch die Angriffe palästinensischer und moslemisch-libanesischer Verbände in Bedrängis, half die effektive syrische Artillerie den »Forces Libanaises«. Drang die Christenmiliz in islamische Stadtviertel ein, wurden die Verteidiger durch syrische Infanterie unterstützt. Der syrische Verteidigungsminister Mustapha Tlass glaubte, aus einem Abnützungskrieg im Libanon den größten Nutzen für das syrische Regime ziehen zu können.
Der syrische Geheimdienst aber sorgte durch Gewalt dafür, daß die libanesischen Politiker auf den Kurs einschwenkten, den Damaskus vorschrieb. Zum Opfer wurden Persönlichkeiten, die international hoch geachtet waren. Am 16. März 1977 wurde der Leninpreisträger Kamal Jumblat, die oberste Autorität der libanesischen Drusen, an einem syrischen Checkpoint in der Nähe seines Stammsitzes im Libanongebirge erschossen. Er hatte es gewagt, die syrische Libanonpolitik zu kritisieren.
Jassir Arafat hatte in Kamal Jumblat einen Freund verloren, der oft der PLO geholfen hatte. Der Sheikh der Drusenminderheit im Shufgebirge südöstlich der Hauptstadt Beirut hatte sich oft, wenn das christliche Establishment des Landes den Fedajin Beschränkungen auferlegen wollte, mit seinem Einfluß und seinem Ansehen für die Freiheit der PLO eingesetzt, im Libanon ihre Kämpfer bewaffnen und trainieren zu dürfen. Während der kommenden kritischen Monate wird Kamal Jumblat der PLO-Führung fehlen.
Die interne Auseinandersetzung im Libanon hält die Fedajin weitgehend davon ab, Guerillakrieg gegen Israel zu führen. Die Kämpfer werden im Raum Beirut zum Schutz des Stadtviertels Fakhani gebraucht. Diese Situation erleichtert Arafat die Aufgabe, seine Bewaffneten zur Einhaltung des Waffenstillstands mit Israel zu veranlassen. Wären sie nicht in Beirut beschäftigt gewesen, hätten sie sich kaum um die »schmähliche Kapitulation« gekümmert, die der Middle East Peace Envoy Philip Habib im Auftrag des amerikanischen Präsidenten im Jahr 1981 ausgehandelt hatte. Dieser Waffenstillstand gab beiden Seiten Zeit und Gelegenheit, sich auf die entscheidenden Kämpfe vorzubereiten.
Beshir Gemayel festigte in dieser Zeit die innere Front der Ma-

roniten. Neben den »Forces Libanaises« bestand eine weitere christliche Kampforganisation, die dem früheren Präsidenten Camille Chamoun unterstand. In einer Nacht vernichteten die »Forces Libanaises« die Konkurrenzorganisation. Niemand machte mehr Beshir Gemayel die Position streitig, absoluter und unangefochtener Kriegsherr der Christen im Libanon zu sein.
Jassir Arafat, der zunächst geglaubt hatte, die maronitischen Milizen würden sich gegenseitig zerfleischen, mußte feststellen, daß die Situation durch die Niederlage des Camille Chamoun für ihn gefährlicher geworden war. Da gab es im maronitischen Lager niemand mehr, der Beshir Gemayel in seinem Ehrgeiz bremsen konnte.

Trotz der drohenden Gefahr aus seiner eigenen Organisation wollte Jassir Arafat die Versuche nicht aufgeben, einen Anstoß zu geben für eine politische Entwicklung, die den Weg zum Ministaat der Palästinenser öffnen konnte. Dem PLO-Führer war bewußt, daß jede Initiative, die von ihm oder von einer anderen Persönlichkeit der PLO ausging, in den USA und in Europa ohne Beachtung blieb. Resonanz fand sicher allein ein Lösungsvorschlag, der von einer international anerkannten arabischen Gestalt kam.
Arafat wandte sich an den saudiarabischen Kronprinzen Fahd und bat ihn, die Autorschaft für einen Friedensplan zu übernehmen, der von der amerikanischen Regierung akzeptiert werden konnte. In Wahrheit war Khaled al-Hassan der Verfasser. Er schreib den Text nieder, den Kronprinz Fahd im August 1981 der Öffentlichkeit vorstellte. Diese Initiative trug bald schon die Bezeichnung »Fahd-Plan«. Er scheiterte allerdings nur wenige Wochen später. Dafür gab es zwei Gründe: Zum einen hatte Jassir Arafat von einem Tag zum anderen das Interesse an der Verwirklichung verloren – zum anderen sahen die arabischen Könige und Präsidenten, ohne deren Unterstützung der Plan keine Chance hatte, die Entwicklung voraus, daß für die Existenz der PLO eine schwierige Phase bevorstand. Daß Ariel Sharon beabsichtigte, die Organisation zu zerschlagen, war kein Geheimnis in den arabischen Hauptstädten. Die Verantwortlichen in Cairo, Damaskus, Khartum und Baghdad sahen keinen Sinn darin, gerade zu diesem Zeitpunkt der Unge-

wißheit eine Friedensinitiative zu unterstützen. Alle warteten darauf, daß die PLO zerschlagen würde. Keiner zweifelte am Erfolg des israelischen Verteidigungsministers. Existierten Arafat und seine Organisation nicht mehr, konnte der »Fahd-Plan« unter völlig neuen Voraussetzungen zur Diskussion gestellt werden. So geschah es, daß selbst das saudiarabische Königshaus den Plan des eigenen Kronprinzen Fahd nur noch mit halbem Herzen vertrat.

Der »Fahd-Plan« ging davon aus, daß sich die israelischen Besatzungstruppen gemäß den Beschlüssen des Sicherheitsrats aus den besetzten Gebieten westlich des Jordan zurückzogen, um das Territorium für ein Jahr der Verwaltung durch eine spezielle Kommission der Vereinten Nationen zu unterstellen. Während dieses Jahres sollten Vorbereitungen getroffen werden für eine Volksabstimmung in den freigegebenen Gebieten. Die Einwohner sollten entscheiden dürfen, ob sie einem autonomen Ministaat der Palästinenser oder dem haschemitischen Königreich des jordanischen Monarchen Hussein angehören wollten.

Die Beteiligung der Palästinensischen Befreiungsbewegung am Prozeß der Meinungsbildung vor dem Volksentscheid war im Text des Acht-Punkte-Friedensplans nur indirekt angesprochen.

Daß die PLO nicht als Träger der palästinensischen Autorität im Fahd-Plan verankert war, störte Arafat nicht – war doch diese Zurückhaltung durch Khaled al-Hassan, dem Vertrauten des PLO-Chefs, in den Friedensplan eingebracht worden, damit dessen Chancen größer wurden. Als schwerwiegenden Mangel aber empfand Arafat plötzlich, daß die Sowjetunion in keiner Weise in den Plan einbezogen war. Arafat hatte inzwischen die Empfindlichkeit der Kremlherren kennengelernt. Er hatte begriffen, daß jeder Friedensplan scheitern werde, auf dessen Verwirklichung sie keinen Einfluß nehmen konnten. Vom Augenblick an, da er diese Erkenntnis gewonnen hatte, hielt Arafat es für klug, den Friedensplan nicht zu propagieren. Der geschickte Taktiker Arafat wollte sich jedoch auch nicht dagegen aussprechen. Er wußte, daß er in der kritischen Zeit, die ihm bevorstand, die Sympathie des saudiarabischen Königshauses, und ganz besonders dessen Kronprinzen benötigte, wenn seine Kampforganisation durch die israelische Offensive in Bedrängnis geriet. Er brauchte dann eine Per-

231

sönlichkeit, die vermitteln konnte zwischen ihm, dem State Department und dem Weißen Haus. Diese Persönlichkeit konnte nur Kronprinz Fahd sein, dessen Ölkönigreich für die Wirtschaft der USA überaus wichtig war. Arafat durfte Fahd deshalb nicht vor den Kopf stoßen. So schwieg er zum Fahd-Plan.

Die Wochen des Wartens auf die israelische Offensive wirkten deprimierend auf Jassir Arafat. Eine arabische Regierung nach der anderen warnte ihn vor den Plänen des israelischen Verteidigungsministers Sharon. Doch die Könige und Präsidenten ließen ihm mitteilen, sie seien leider derzeit überhaupt nicht in der Lage, ihm Hilfe zuzusagen. Es war, als ob Arafat und die PLO in der arabischen Welt bereits totgesagt waren.

Aus Washington erfuhr Arafat durch den libanesischen Botschafter, Präsident Ronald Reagan denke daran, eine eigene Friedensinitiative zu entwickeln, hinter der das volle Gewicht des Präsidentenamtes und des State Departments stehen sollte. Niederdrückend war für Arafat, daß Ronald Reagan offenbar dem libanesischen Botschafter mitgeteilt hatte, er warte mit seiner Initiative ab, bis die PLO nicht mehr existiere. Ohne Jassir Arafat sei wohl eine Lösung für alle Fragen des Konflikts leichter zu erreichen.

Trotz des allgemeinen Zögerns war für den 25. November 1981 eine arabische Gipfelkonferenz vom König Hassan II. in die marokkanische Stadt Fez einberufen worden. Wichtigster Tagesordnungspunkt war die Diskussion und die Verabschiedung des Fahd-Plans. Hassan II., der nie davor zurückschreckte, heiße Eisen anzupacken, wollte die Probe aufs Exempel wagen. Er kannte die Tücke des Texts der Vorlage für die arabischen Staatschefs: Punkt VII des Fahd-Plans sah vor, daß alle Staaten und Völker der Region das Recht hätten, »in Frieden zu leben innerhalb gesicherter Grenzen«. Punkt VII besagte also, daß auch der Staat Israel das Recht besaß »in Frieden zu leben innerhalb gesicherter Grenzen«. Dieser Punkt VII bedeutete die offene Anerkennung der Existenz des Staates Israel – und gerade darum hatten sich die arabischen Staatschefs bisher immer gedrückt.

Die arabische Gipfelkonferenz scheiterte, noch ehe sie begonnen hatte. Der syrische Staatspräsident Hafez al-Assad blieb dem Treffen fern.

In Arabien gilt der Grundsatz: »Ein Krieg gegen Israel ist nicht möglich ohne die Beteiligung Ägyptens – ein Frieden mit Israel aber ist nicht möglich ohne die Beteiligung Syriens.« Da Hafez al-Assad sich an diesem Friedensplan nicht beteiligen wollte, brauchte dieser in Fez erst gar nicht diskutiert zu werden. Die Zeit des Abwartens ging zu Ende, als Ariel Sharon am 20. Mai 1982 nach Washington reiste. Arafat ahnte, was hinter den Besprechungen mit der amerikanischen Regierung steckte: »Sharon bekommt grünes Licht für den Angriff gegen uns und gegen den Libanon!« Sharons Gesprächspartner war der US-Außenminister Alexander Haig – ein Mann mit weitreichenden politischen Zielen. Alexander Haig plante zu diesem Zeitpunkt seine eigene politische Karriere: Er hatte die Absicht, Präsident der Vereinigten Staaten von Amerika zu werden. Er sah sich als zweiter Eisenhower. Haigs Vorbild hatte seine Karriere als Offizier und Oberbefehlshaber der Streitkräfte durch die Präsidentschaft gekrönt. Haig eiferte ihm nach.

Auf dem steilen Weg zu Kandidatur konnte ihm die Unterstützung durch jüdische Kreise nützlich sein. Er bemühte sich, das Vertrauen jüdischer Bankiers und einflußreicher Medien zu gewinnen. Seine Kalkulation war einfach: Half er Israel, waren mächtige jüdische Zirkel in den USA sicher bereit, ihm auf dem Weg zur Spitze des Staates zu helfen. Haig glaubte, seinem Wahlkampf am 20. Mai 1982 eine stabile Grundlage verschaffen zu können. Der amerikanische Außenminister setzte Hoffnung auf sein Gespräch mit Ariel Sharon. Der israelische Verteidigungsminister kannte die ehrgeizigen Interessen seines Gastgebers – und er nützte sie aus.

Aber auch Sharon setzte Hoffnung auf dieses Gespräch, denn auch er brauchte einen Erfolg. Vier Wochen zuvor hatten die israelischen Truppen im Sinai die Räumung der letzten israelischen Siedlungen veranlaßt. Dieser Rückzug war von der israelischen Bevölkerung insgesamt als schweres Opfer betrachtet worden. Er hatte das Ansehen von Menachem Begin und Ariel Sharon geschmälert. Dieser Verlust des Ansehens mußte ausgeglichen werden.

Die beiden israelischen Politiker hatten argumentiert, der Rückzug aus Sinai sei ein entscheidender Schritt in Richtung Frieden. Begin hatte den Menschen des Staates Israel eine Epoche der Sicherheit zugesagt. Ariel Sharon fühlte sich verpflichtet, dem Ministerpräsidenten bei der Erfüllung dieser Zusage zu helfen. Die Ruhe der israelischen Bürger konnte zu jenem Zeitpunkt nur vom Norden, vom Libanon her, bedroht werden. Die Existenz der PLO im Libanon bedeutete eine latente Gefahr und sie wollte der Verteidigungsminister beseitigen. An der libanesisch-israelischen Grenze herrschte allerdings seit Monaten Waffenstillstand, den Philip Habib ausgehandelt hatte. Dieser Waffenstillstand stellte für Ariel Sharon ein ernsthaftes Problem dar. Alexander Haig war damit einverstanden, daß die Panzerverbände und die Luftwaffe der Israel Defence Forces zum entscheidenden Schlag gegen die PLO ausholen – er hatte jedoch ausdrücklich verlangt, dieser Schlag dürfe nur nach ernsthafter Provokation durch die Palästinenser erfolgen. Alexander Haig war schon bei ersten Vorgesprächen der Meinung gewesen, diese Provokation müsse derart offensichtlich und eindeutig sein, daß sie vor den Augen der Weltöffentlichkeit den Vergeltungsschlag rechtfertige. Der amerikanische Außenminister hatte vor allem immer verlangt, eine Provokation könne nur dann Anlaß zum Vernichtungsschlag auf libanesischem Gebiet sein, wenn sie vom Libanon aus erfolgt sei.

Eine schriftliche Übereinkunft zwischen Ariel Sharon und Alexander Haig wurde an jenem 20. Mai 1982 in Washington nicht getroffen. Ariel Sharon reiste dennoch befriedigt aus den USA nach Jerusalem zurück. Haig hatte immerhin zugesagt, die USA würden im Fall des israelischen Einmarsches in den Libanon der Regierung Menachem Begin die Unterstützung nicht versagen. Als Außenminister der USA hatte Haig versprochen, er werde nicht in den Chor der Kritiker einstimmen, die Israel wegen der völkerrechtswidrigen Invasion eines fremden Landes verurteilen würden. Voraussetzung für diese Haltung war allerdings, daß die israelische Armee ihr Ziel bald erreichte.

Unausgesprochen war im Gespräch vom 20. Mai die Definition des Zieles geblieben. Der amerikanische Außenminister nahm an, Ariel Sharon wolle die Struktur und die Kampfkraft der PLO im Süden des Libanon zerstören. Er hatte verstanden, Israel wolle nur einen begrenzten Krieg führen. Ariel Sharon aber dachte von Anfang an daran, Beirut zu besetzen, um dort

Arafat aufzuspüren und zu »liquidieren«. Der israelische Verteidigungsminister ging davon aus, Alexander Haig habe diese Zielsetzung verstanden und ihr zugestimmt.

Noch vor dem Ausbruch des militärischen Konflikts war der PLO-Führung bekannt, was Ariel Sharon plante. Abu Jihad, Arafats Militärspezialist, entdeckte im islamischen Teil von Beirut ein Agentennetz, das nur die eine Aufgabe hatte, Arafats Wege und Aufenthaltsorte zu überwachen. Die Agenten besaßen Funkgeräte zur Weitergabe ihrer Beobachtungen an eine spezielle Einsatzzentrale in Nordisrael. Eine weibliche Agentin hatte sich selbst Abu Jihad gestellt – sie war Palästinenserin – und hatte so die Aufdeckung eines Teils dieses Agentenrings ermöglicht, der ungefähr 200 Frauen und Männer umfaßte. Abu Jihad war allerdings überzeugt, ihm gehörten doppelt so viele Agenten an.

Jassir Arafat, der wußte, daß Ariel Sharon auf einen Vorwand wartete, um endlich die Invasion des Libanon beginnen zu können, hatte seinen Fedajin Befehl gegeben, den Waffenstillstand auf jeden Fall einzuhalten. Auch wenn die israelische Artillerie feuerte, durften keine Raketen gegen israelische Siedlungen abgeschossen werden. Der PLO-Chef hoffte, Zeit gewinnen zu können. Ariel Sharon hielt einen hohen Standard an Mobilmachung der Israel Defence Forces aufrecht. Die Einberufung vieler Männer belastete die Wirtschaft des Staates Israel. Nach Arafats Kalkulation mußte der israelische Verteidigungsminister die meisten der Einberufenen bald nach Hause schicken – wenn die palästinensische Provokation ausblieb.

Arafat machte jedoch den Fehler, seiner Lieblingsbeschäftigung nachzugehen: Er vermittelte gern zwischen zerstrittenen islamischen Staaten. Der Konflikt war entbrannt zwischen Irak und Iran. Nach Arafats Meinung war der Kampf zwischen den beiden Ländern eine Verschwendung von Kräften, die eigentlich dem Kampf der Palästinenser gegen den Staat Israel zur Verfügung stehen sollten. Arafat wollte Spannungen am Persischen Golf abbauen. Er besuchte die Hauptstädte Teheran, Baghdad und Riyadh. Der Chef der PLO befand sich nicht im Libanon, als die israelische Offensive losbrach. Anwesend im Befehlsbunker im Beiruter Stadtteil Fakhani waren Abu Jihad und Abu Ijad.

Als Vorwand für die Auslösung der Offensive nahm Ariel

Sharon den Mordversuch an Shlomo Argov, dem israelischen Botschafter in London. Er wurde am Abend des 3. Juni 1982 beim Verlassen des Dorchester Hotels angeschossen und am Kopf verletzt. Als Täter wurden drei Mitglieder der Gruppe Abu Nidal in England verhaftet.

Nach Absprache zwischen dem israelischen Verteidigungsminister und dem US-Außenminister konnte dieser Mordversuch eigentlich nicht als Vorwand gelten – abgemacht war, daß allein eine Provokation von Israel geltend gemacht werden. Als Vorwand für den isrelischen Angriff kam nur eine Provokation in Frage, die vom Libanon ausgegangen war. Der Mordversuch an Shlomo Argov war als Vorwand ungeeignet. Doch Ariel Sharon konnte nicht länger warten.

Arafat und Abu Ijad waren nach dem Mordversuch sofort der Meinung, Ariel Sharon habe in seiner desperaten Situation den Anschlag durch den israelischen Geheimdienst ausführen lassen. Die Untersuchung durch britische Behörden ergab allerdings zweifelsfrei, daß die Terrororganisation, die von Abu Nidal geführt wurde, für die Schüsse auf den israelischen Botschafter Shlomo Argov verantwortlich war.

Ariel Sharon verschwendete keine Zeit. Am 4. Juni griff die israelische Luftwaffe den Beiruter Stadtteil Fakhani an. Ziele waren der Befehlsbunker Arafats und die Vorratslager der PLO im Sportstadion »Camille Chamoun«, das zwischen Fakhani und dem Flughafen lag. In mehreren Wellen erfolgten die Luftangriffe. Da die Kampfflugzeuge am Nachmittag attackierten, aus der Sonne heraus, die im Westen über dem Meer stand, konnte keinerlei Vorwarnung erfolgen. Getroffen wurde vor allem die Zivilbevölkerung des islamischen Teils von Beirut. Als die Angriffswellen am Abend des 4. Juni 1982 abflauten, bestand Hoffnung, daß es nur ein Vergeltungsschlag der Israel Defence Forces für den Mordversuch an Shlomo Argov war. Im Befehlsbunker der PLO aber waren Meldungen eingetroffen vom Aufmarsch israelischer Panzerverbände an der libanesischen Südgrenze. Die Offensive der IDF wurde für den frühen Morgen erwartet. Jassir Arafat befand sich mit seiner Autokolonne auf dem Rückweg von Saudi-Arabien nach Beirut.

»Die Idee vom Palästinenserstaat ist nicht umzubringen«

Als die oberste Autorität der Palästinenser in seinem Befehlsbunker eintraf, war die Front im Süden nicht mehr zu stabilisieren. Die Kreuzritterfestung Beaufort, die Bastion der PLO über dem Litanital, war, trotz heftiger Gegenwehr, von israelischen Stoßtrupps, die von Kampfhubschraubern abgesetzt worden waren, erobert worden. Menachem Begin und Ariel Sharon hatten an Ort und Stelle den Erfolg gefeiert. Jahrelang war die Trutzburg das Symbol der palästinensischen Präsenz an der israelischen Grenze gewesen. Die Quadermauern von Beaufort hatten jedem israelischen Feuerüberfall und Luftangriff widerstanden. Jetzt war die Bastion gefallen.
Abu Jihad, der Verantwortliche im Befehlsbunker der PLO, erkannte, daß von diesem Ereignis an die Absetzbewegung der Fedajin nicht mehr aufzuhalten war. Die Kämpfer glaubten Schutz zu finden im Häusergewirr und in den Straßenschluchten von Beirut. Aus Dörfern und Kleinstädten fuhren die palästinensischen Bewaffneten in Jeeps und auf Lastwagen aus der unmittelbaren Gefahrenzone. Ihre Fahrzeuge mischten sich unter die Wagenkolonnen der fliehenden Zivilbevölkerung, die ebenfalls nordwärts strebte. Niemand versuchte Ordnung in das Chaos zu bringen. Kopflos drängten die Verängstigten voran, getrieben von der Angst vor Angriffen der israelischen Luftwaffe und von der Sorge, von den Panzerverbänden des Feindes überrollt zu werden.
Ein Teil der libanesischen Bevölkerung aber blieb in der Heimat im Süden: die Schiiten. Sie glaubten, nichts mehr verlieren zu können durch die israelischen Eroberer. Sie besaßen ohnehin fast nichts. Ihr Gebiet war das Armenhaus des Libanon. Dort befanden sich kaum Schulen und nur wenige medizinische Versorgungsstellen. Die Straßen waren in miserablem Zustand. Die maronitischen und die sunnitischen Herren des kleinen Landes hatten sich nie um die Schiiten gekümmert. Von der PLO aber waren sie völlig mißachtet worden. Ihre Dörfer waren zu Stützpunkten der Fedajin ausgebaut worden; auf den Feldern der Schiiten hatten die Kämpfer Raketenbatterien aufgestellt; in ihren Häusern hatten sich die Bewaffneten einquartiert. Deshalb wurden die vorrückenden israelischen Truppen in den Dörfern der Schiiten herzlich begrüßt. Die Soldaten und

Offiziere waren überrascht – es dauerte bis sie verstanden, daß sie für einen Teil der Libanesen tatsächlich als Befreier kamen. Die Zeit der Verbrüderung war allerdings von kurzer Dauer.

Als Abu Jihad im Befehlsbunker von Fakhani die Situation im Süden unter Kontrolle zu bringen versuchte, mußte er feststellen, daß die Verbindungen zu den Einheiten im Süden nach und nach abbrachen. Kaum eine Gruppe meldete sich noch per Funk mit der Nachricht, sie leiste weiterhin Widerstand. Was Abu Jihad von der Haltung der UN-Streitkräfte erfuhr, die eigentlich die Aufgabe hatten, »Grenzzwischenfälle« zu verhindern, war kaum zu glauben: Die UN-Soldaten hatten die israelischen Panzer an sich vorüberrollen lassen, ohne gegen diese Verletzung der Waffenstillstandslinie zu protestieren.

An Hand des Materials, das ihm zur Verfügung stand, stellte Abu Jihad fest, daß der Feind die Technik des »Blitzkrieges« perfekt beherrschte. Die Panzer fuhren auf der Küstenstraße nach Norden und belegten die Hügel, die vom Meer aus anstiegen, mit massivem Raketenfeuer. Das Resultat waren Tote. Palästinenser, die noch hatten kämpfen wollen, wurden durch diese Taktik völlig demoralisiert. Sie bestiegen ihre Fahrzeuge und fuhren los in Richtung Beirut.

Nachrichtensendungen der amerikanischen und europäischen Fernsehstationen zeigten von der ersten Stunde der israelischen Invasion an Bilder der Zerstörungen und der Verletzten im Krankenhaus von Saida. Selten zuvor war die Brutalität eines Krieges so unverhüllt dargestellt worden. Wer die Berichte sah, erkannte, daß vor allem die Zivilbevölkerung betroffen war. Die Fernsehbilder schreckten auf. Sie zeigten, daß Israel einen Vernichtungskrieg führte. Die Israel Defence Forces unterschieden dabei nicht zwischen Kämpfern der PLO und Zivilisten – nicht einmal zwischen Palästinensern und Libanesen. Sie hatten nur die eine Absicht, Schrecken zu verbreiten und die Bewohner des Südlibanon zu vertreiben.

Die Fernsehbilder lösten eine Reaktion aus in Washington. Als berichtet wurde, die israelischen Truppen hätten die Küstenstadt Saida erobert, begannen sich die Berater des amerikanischen Außenministers zu fragen, welches Ziel sich Ariel Sharon jetzt wohl gesteckt habe. Das ursprüngliche Invasionsziel, »Frieden für Galiläa« zu sichern, war erreicht. Jetzt waren alle

PLO-Batterien vernichtet, die zuvor den israelischen Siedlungen in Galiläa hätten gefährlich werden können. Nach Meinung von Haigs Mitarbeitern war der Zeitpunkt gekommen für mahnende Worte des Außenminsters in Richtung Tel Aviv. Doch Alexander Haig schwieg. Ariel Sharon deutete dieses Schweigen als Einverständnis der amerikanischen Regierung mit der Fortsetzung des Libanonkrieges.

Im Befehlsbunker in Fakhani bemerkte Abu Jihad, daß die Israel Defence Forces einen zweiten Stoßkeil nach Norden vorantrieben. Er zielte auf die Bekaa-Ebene zwischen den Gebirgen Libanon und Antilibanon. Dort befanden sich syrische Panzer- und Infanterieverbände, aus deren Verhalten allerdings abzulesen war, daß sie keinen Befehl hatten, in den Kampf zugunsten der PLO einzugreifen. Sie setzten sich nach Norden ab, um die libanesische Stadt Shtora nahe der syrischen Grenze zu erreichen. In Bodenkämpfe wurden sie dabei kaum verwickelt. Doch waren die Panzer und Lastkraftwagen heftigen Attacken der israelischen Luftwaffe ausgesetzt. Südlich von Shtora gingen zahlreiche syrische Panzer in Flammen auf. Um diesen Attacken ein Ende zu bereiten, gab Hafez al-Assad Befehl zum Eingreifen der syrischen Luftwaffe. Das Resultat war allerdings verheerend. Die israelischen Kampfflugzeuge zerstörten zunächst innerhalb eines Vormittags das gesamte elektronisch gesteuerte Luftabwehrsystem Syriens. Die von der Sowjetunion gelieferten Boden-Luft-Raketen waren danach funktionsunfähig. Dann erst befaßten sich die israelischen Piloten mit den syrischen Kampfflugzeugen, die sich in der Luft befanden. Die syrischen Piloten erwiesen sich als weit unterlegen, und ihre Luftwaffe verlor 92 Flugzeuge. Sämtliche israelischen Maschinen kehrten unbeschädigt auf ihre Feldflughäfen zurück.
Diese blamable Niederlage der syrischen Luftstreitkräfte, deren Oberbefehlshaber der jetzige Staatspräsident bis 1970 selbst gewesen war, veranlaßte Hafez al-Assad der israelischen Regierung zu signalisieren, daß sich seine Streitkräfte ab sofort aus dem Konflikt im Libanon heraushalten würden. Die zuvor mit vielen Worten beschworene Kampfgemeinschaft zwischen Syrien und der PLO zerbrach bei der ersten Belastung.

Als Jassir Arafat endlich seinen Befehlsbunker in Fakhani erreichte, war entschieden, daß tatsächlich kein arabischer Staat der Palästinensischen Kampforganisation zu Hilfe kommen würde. Arafat konnte nur hoffen, daß sich zwei libanesische Milizen auf die Seite der PLO stellten. Die sunnitischen »Murabitun« und die Kämpfer der schiitischen Organisaton »Amal«. Arafat erfuhr von Abu Jihad die geschätzten Zahlen der israelischen Kampfstärke. Nach den Erkenntnissen des Militärspezialisten der PLO hatten ungefähr 95 000 israelische Soldaten die Grenze in den Libanon überschritten. Die Schätzung für die Panzerstreitmacht sah so aus: Die Israel Defence Forces hatten 1300 Panzer und 11 000 Truppentransporter und Lastkraftwagen im Einsatz. Schwieriger war die Abschätzung der israelischen Luftstreitkräfte: Anzunehmen war, daß sämtliche Flugzeuge der Israelis zum Einsatz bereitstanden. Ihre Zahl betrug 620. Winzig war dagegen die Zahl der Kämpfer, die Jassir Arafat zur Verfügung standen: Er verfügte über nicht ganz 15 000 Fedajin. An Panzern waren zehn veraltete T-34-Modelle zum Einsatz bereit. Doch Arafat hatte eine »Geheimwaffe«: moderne Raketenwerfer sowjetischer Bauart, die in den südlichen Vororten von Beirut in Tiefgaragen zahlreicher Hochhäuser verborgen waren.

Innerhalb kurzer Zeit war eine südlibanesische Stadt nach der anderen von den Israel Defence Forces eingenommen worden: Tyr, Saida und schließlich auch Damour – die Stadt aus der zu Beginn des Bürgerkrieges im Libanon die Christen vertrieben worden waren und die später von palästinensischen Flüchtlingen aus dem Beiruter Vorort Qarantina besetzt wurde. An den vielen persönlichen Dingen, die die Fedajin in Damour zurückgelassen hatten, konnte abgelesen werden, daß die Verteidiger Hals über Kopf aus ihren Stellungen geflohen waren. Drei der zehn Panzer vom Typ T-34 standen nach der Flucht der Besatzungen unbenützt neben der einstigen Kirche von Damour.

Nach den leichten Siegen im Südlibanon konnten die Israel Defence Forces überzeugt sein, daß der Zusammenbruch der Palästinensischen Befreiungsbewegung auch in Beirut unmittelbar bevorstand. Ariel Sharon glaubte, Arafat »erledigt« zu haben, wenn erst der Befehlsbunker in Fakhani erobert war.

Dieses Ziel schien am achten Tag der Offensive nahe zu sein. Die Israel Defence Forces erreichten die Ebene beim Flughafen von Beirut. Sie besetzte die Hügel im Osten der Ebene und postierte dort ihre schwere Artillerie. Die Hochhäuser um den Bunker lagen im Schußfeld der Geschütze.
Am nächsten Tag erlebte Ariel Sharon die erste Enttäuschung dieses Feldzugs: In den Straßen zwischen Flughafen und Stadt wartete niemand am Straßenrand, um die einfahrenden israelischen Panzerbesatzungen zu begrüßen. Der israelische Verteidigungsminister hatte die Hoffnung gehabt, seine Truppen würden zumindest von den Schiiten der südlichen Beiruter Stadtteile als Befreier angesehen werden – er hatte an eine Kluft geglaubt zwischen Libanesen und Palästinensern. Doch die israelischen Soldaten wurden nicht als Befreier vom palästinensischen Joch empfangen. Im Gegenteil: Aus Hochhäusern schlug den Panzerfahrern und Infanteristen Maschinengewehrfeuer entgegen. Sandbarrieren versperrten die Straßen zwischen den Hochhäusern. Gezielte Schüsse der Rocket Propelled Grenades (RPG), der Infanteriegranaten, brachten den Besatzungen der Panzer das Fürchten bei.
Der Vorstoß zum PLO-Hauptquartier scheiterte. Abu Jihads Taktik erwies sich als richtig: Die beste Chance der Palästinenser bestand in dicht bebautem Gebiet. Der Erfolg der Schlacht mußte in Beirut erzwungen werden.
An diesem neunte Tag der Offensive erlebte Jassir Arafat eine positive Überraschung: Die »Forces Libanaises« schossen nicht. Im Befehlsbunker traf keine einzige Meldung von Gefechten zwischen christlichen Milizen und PLO-Kämpfern ein. Arafat hatte gefürchtet, in Beirut einen Zweifrontenkrieg führen zu müssen. Zwar fand beim Präsidentenpalast von Baabda südöstlich der Stadt tatsächlich der »Schulterschluß« zwischen den Israel Defence Forces und den »Forces Libanaises« statt, doch dies war mehr eine Pflichtdemonstration der Gemeinsamkeit politischer Ziele als eine militärische Maßnahme. Arafat und Abu Jihad stellten mit Befriedigung fest, daß Beshir Gemayel offenbar nicht bereit war, seine Milizionäre aktiv an der Belagerung von Beirut zu beteiligen. Denn er, Beshir Gemayel, war zu diesem Zeitpunkt dabei, die Grundlage für seine eigene politische Zukunft zu festigen: Er hatte die Absicht, Präsident aller Libanesen zu werden – eine zu intensive

Unterstützung der israelischen Invasion würde seine Kandidatur in den Augen der Moslem unmöglich machen. Seinem Land Libanon gehörten auch Schiiten und Sunniten an; er wollte auch für sie das Symbol des gemeinsamen Staates sein.

Arafat empfand die Haltung des Chefs der Christenmilizen als günstig für seine eigene Zukunftsperspektive. Er begann wieder politische Pläne zu entwickeln. Erneut beschäftigte ihn der Gedanke an den Ministaat der Palästinenser. Er hatte immer im Sinn gehabt, die Präsenz der PLO im Libanon als eine Art Faustpfand zu betrachten, das gegen die Freigabe der besetzten Gebiete einzuhandeln war. Ihm hatte schon längere Zeit ein Tauschgeschäft vorgeschwebt: Abzug aus Beirut gegen Einzug in den arabischen Teil von Jerusalem.

Zu Beginn der israelischen Offensive hatte Arafat geglaubt, dieses Tauschgeschäft habe sich für immer zerschlagen – weil er nicht mehr in der Lage war, seinen Teil in den Handel einzubringen. Auf einmal aber sah er doch eine Chance – und er bemerkte, daß es ein Vorteil für ihn war, den Konflikt ohne Syrien, ohne jede fremde Hilfe durchzustehen. Er brauchte bei seinen Entscheidungen auf niemand Rücksicht zu nehmen.

Seine Gedanken wurden in Unterhaltungen gefördert, die er mit islamischen Politikern des Libanon führte, vor allem mit dem Sunniten Saeb Salam, dem einstigen Ministerpräsidenten des Libanon. Saeb Salam hatte zwar die Interessen seines Landes im Auge, war jedoch auch darauf bedacht, eine vorteilhafte Lösung für die Palästinenser zu finden. Er vertrat die Ansicht, die PLO sollte auf keinen Fall vor Ariel Sharon kapitulieren, sondern auf Verhandlungen drängen. Saeb Salam war bereit, als Vermittler zu wirken zwischen Philip Habib, dem Special Middle East Peace Envoy des amerikanischen Präsidenten Ronald Reagan, und dem Kommandeur der Forces Libanaises, Beshir Gemayel. Saeb Salam hatte keine Bedenken, im Notfall selbst mit Ariel Sharon in Verbindung zu treten – auf Umwegen.

Arafat konnte sich auch auf das Wohlwollen von Nabih Berri verlassen, der obersten Autorität der disziplinierten Schiitenmiliz »Amal«. Hatte sie bei Invasionsbeginn zunächst die Entwicklung abgewartet, so hatten neun Tage israelischer Besetzung im Süden des Libanon genügt, die Sympathie der Schiiten insgesamt für die Israel Defence Forces auszulöschen. Durch Härte und Arroganz hatten die israelischen Soldaten die Schiiten abgestoßen. Nabih Berris Parole:»Die PLO ist uns lieber als IDF« wurde akzeptiert. Das Resultat war, daß sich »Amal« tatsächlich in den südlichen Beiruter Stadtteilen der PLO zur Seite stellte.

Zusammen mit Abu Jihad und Abu Ijad dachte sich Jassir Arafat einen militärisch-politischen Plan aus, um aus der schwierigen Situation einen Vorteil für die Palästinenser herauszuschlagen. Die drei Männer waren überzeugt, daß die Zeit für sie arbeite. Sie kalkulierten, daß eine lang andauernde Belagerung des islamischen Teils der Stadt Beirut, in dem sich mehr als 600 000 Menschen zusammendrängten, die Sympathie der Massen in Arabien auf die Seite der Belagerten und der Verteidiger ziehen werde. Unter dem Druck der Massen müßten dann die Regierungen in Damaskus, Cairo und Amman politisch und militärisch aktiv werden. Hunger und Wassermangel in der Stadt würden in der ganzen Welt Mitleid erregen. König Khaled von Saudi-Arabien würde sich gezwungen sehen, der amerikanischen Regierung mit dem Einsatz der »Waffe Öl« zu drohen – wenn sie nicht Menachem Begin zum Einlenken zwänge. Jassir Arafat, Abu Jihad und Abu Ijad waren sich darin einig, daß ihre Chance in der Ausdauer läge. Ein langer Krieg im Libanon mußte Ariel Sharon in Bedrängnis bringen. Am Ende, so glaubten sie am zehnten Tag des Krieges, würde Israel – um dem Dilemma zu entkommen – der Gründung des Ministaats der Palästinenser zustimmen.
Die Welt werde begreifen, so meinte Arafat, daß »die Idee vom Palästinenserstaat nicht durch israelische Granaten umzubringen ist«.

»*Ich fühle das Wehen der Winde des Paradieses*«

Die Vorwarnzeit hatte acht Wochen betragen. Sie reichte für Abu Jihad aus, Lebensmittel im Beiruter Stadtgebiet südlich der Straße nach Damaskus einzulagern. In Tiefgaragen der Hochhäuser des Stadtteils Fakhani befanden sich Vorratsdepots für Mehl, Öl, Zucker, Milchkonserven und Rindfleischdosen, mit denen 50 000 Menschen ein Vierteljahr lang ernährt werden konnten.

Die Munitionslager befanden sich in einem Tunnelsystem, das eigens unter der Erde der ausgedehnten Pinienhaine beim Hippodrom angelegt worden war. Geschosse für Kalaschnikows, für schwere Maschinengewehre und leichte Feldgeschütze waren in gewaltigen Mengen bei Waffenhändlern in der ganzen Welt beschafft worden. Zur wichtigsten Waffe waren inzwischen die Rocket Propelled Grenades geworden – auch diese »RPG« waren in befriedigender Zahl vorhanden. Während der letzten Wochen vor der israelischen Invasion hatten die Waffenkäufer des Abu Jihad auch Raketenwerfer erwerben können, eine modernere Version der einstigen Stalinorgel.

Beruhigt konnte Jassir Arafat seine politischen Pläne weiterspinnen. Er nahm sich vom zehnten Tag der israelischen Militäroperation an Zeit, sich mit der Person seines Gegenspielers Ariel Sharon zu befassen. Sein Geheimdienst besorgte dazu das Material.

Bei der Durchsicht der Unterlagen stellte Arafat fest, daß dem Offizier Ariel Sharon in seiner gesamten Laufbahn die Geduld gefehlt hatte. Im Krieg des Jahres 1956 mißachtete der Brigadekommandeur Sharon als Befehlshaber einer Eliteeinheit von Fallschirmjägern die ihn bindenden Befehle. Aus Ehrgeiz und Ungeduld befahl er während des Sinaifeldzugs einen Angriff gegen ägyptische Verbände. Die sinnlose Aktion erbrachte wenig Gewinn, aber hohe Verluste. Sein Verhalten wurde damals als unverantwortlich eingestuft, und Vermerke in seinen Personalakten waren künftig hinderlich für die weitere militärische Karriere. Es dauerte neun Jahre, bis ihm ein wichtiger Posten in der Militärhierarchie zugewiesen wurde; die Freundschaft mit Yitzhak Rabin verhalf ihm dazu: Generalstabschef Rabin ernannte Ariel Sharon zum Leiter der Truppenausbildung innerhalb der Israel Defence Forces. Diese Position gab ihm Gelegenheit, sein Draufgängertum der jüngeren Generation als Vorbild hinzustellen. Während des Junikrieges des Jahres 1967 zeichnete sich Brigadegeneral Sharon durch einen wagemutigen aber erfolgreichen Angriff auf eine wichtige Hügelposition im Sinaigebiet aus. Wieder hatte er sich nicht an Befehle und an Zeitvorgaben gehalten. Ungeduld hatte ihn zum Angriff veranlaßt. Sein Verhalten wurde vom Generalstab nicht als vorbildlich empfunden. Seine Soldaten aber waren begeistert. Sie nannten ihren Kommandeur fortan »Arik – König der Juden«.

Die Dokumentensammlung über Ariel Sharon, die Arafat vorlag, umfaßte auch die Zeit ab 1969. Ariel Sharon war zum Kommandeur der Streitkräfte im Süden Israels ernannt worden. Ihm unterstand auch der Gazastreifen am Mittelmeer, den die israelische Armee im Juni 1967 den Ägyptern abgenommen hatte. Das schmale Gebiet zwischen Eretz und Rafah war ein Flüchtlingslager rings um die Stadt Gaza. Die Bewohner, mehr als eine Million Menschen, waren eingesperrt, ohne Möglichkeit das Lager verlassen zu können. Die Israel Defence Forces kontrollierten den Gazastreifen. Die Mehrheit der Bevölkerung bestand aus Jugendlichen, die sich nicht einsperren lassen wollten. Sie rebellierten gegen die Patrouillen der Besatzungsmacht. Sie bewarfen die israelischen Soldaten mit Steinen und mit Molotowcocktails. Ariel Sharon, als der zuständige Kommandeur, hatte Befehl gegeben, jeden Ansatz eines Aufstands durch Gewalt niederzukämpfen. Befehlsgemäß schossen die Soldaten auf die gewalttätigen Demonstranten. Starben dabei Palästinenser, wurden die Vorfälle auf israelischer Seite nicht untersucht. Hatte ein israelischer Soldat einen palästinensischen Jugendlichen umgebracht, wurde er von Ariel Sharon gelobt. Eine stehende Redewendung des Oberbefehlshabers war: »Es gibt noch genug Palästinenser! Da kommt es auf einen oder auch mehrere nicht an!«

Das harte Vorgehen der IDF im Gazastreifen wurde schließlich auch vom israelischen Generalstab als unangemessen verurteilt. Selbst Yitzhak Rabin konnte den General nicht mehr vor heftiger Kritik schützen. Ariel Sharon verabschiedete sich von der Armee und befaßte sich aktiv mit Politik. Der rechtsorientierte Likudblock verdankte ihm seine Existenz.

Aus Sharons Haltung als Oberkommandierender in Südisrael las Arafat ab, daß nicht allein Ungeduld ein Charaktermerkmal seines Gegners war, sondern auch rücksichtslose Härte – besonders gegen Palästinenser. Der General sah offensichtlich in den Palästinensern »Untermenschen«, die nicht am Leben gelassen werden dürften.

Im Gespräch mit Abu Ijad zog Arafat damals im belagerten

Beirut die Parallele zwischen dem israelischen General und SS-Offizieren des Dritten Reiches: »Die Israelis haben von den Nazis gelernt – die Palästinenser sind die Juden von heute!« Arafat setzte die israelische Invasion des Libanon dem deutschen Überfall auf Polen im Jahre 1939 gleich. Der PLO-Chef war sich allerdings bewußt, daß er mit dieser Sicht der Ereignisse allein war in der Welt, daß insbesondere Ronald Reagan und sein Außenminister Alexander Haig völlig anderer Ansicht waren.

Die Materialien zu Sharons Biographie, über die Arafat in seinem Befehlsbunker in Fakhani verfügte, machten deutlich, daß sich der Ruhm dieses Gegners erst im Herbst 1973 wirklich gefestigt hatte – im Verlauf des Oktoberkrieges, als die israelische Position am Suezkanal höchst ungünstig war.

Am 6. Oktober um 14 Uhr hatten ägyptische Stoßtrupps den Suezkanal in Richtung Sinai überquert. Sie hatten Brückenköpfe gebildet im Stellungsnetz der israelischen Bar-Lev-Linie, die von nachfolgenden Infanterieverbänden ausgebaut wurden. Innerhalb weniger Stunden befanden sich die 2. und die 3. Ägyptische Armee auf der Ostseite des Suezkanals. Die israelischen Verteidiger waren zurückgedrängt. Die Ägypter hatten einen beachtlichen Sieg errungen.

Der ungestüme Ariel Sharon – der bei Kriegsbeginn vom Politiker wieder zum General geworden war – wollte die Niederlage nicht hinnehmen. Er stieß mit seiner Truppe in die Zone am Suezkanal hinein, in der sich die Befehlsbereiche der 2. und der 3. Ägyptischen Armee überlagerten. Unbemerkt gelang der israelische Vorstoß zum Suezkanal. Sharons Division setzte südlich von Ismailia über die Wasserstraße – nachdem zuvor ein Sanddamm quer zum Kanal aufgeschüttet worden war. Es gelang Ariel Sharon die Nachschublinien der 3. Ägyptischen Armee zu durchschneiden.

Wieder einmal jubelten Sharons Panzerfahrer und Infanteristen. Wieder riefen sie ihm zu: »Arik – König der Juden!« Dieser Triumph lähmte Sharons Verstand. Er glaubte tatsächlich, unumstrittener Herr über Israel zu sein. Gefragt, warum er auch in gefährlichen Situationen seinen Stahlhelm nicht aufsetze, antwortete der Divisionskommandeur: »Den Helm muß ich schonen – damit schlage ich zu Hause einigen Politikern die Köpfe ein!« Er meinte Golda Meir und Moshe Dayan.

Als die Politiker von ihm verlangten, er habe die Versorgung der 3. Ägyptischen Armee am Ostufer des Suezkanals zuzulassen, weigerte er sich. Sharon wollte die Kapitulation der eingeschlossenen 3. Armee erzwingen. Doch genau dies wollte Henry Kissinger nicht zulassen, der nur dann erfolgreich zwischen Israel und Ägypten verhandeln konnte, wenn es im Konflikt am Suezkanal keinen Verlierer gab. Die Kapitulation der 3. Ägyptischen Armee hätte eine Niederlage Sadats dokumentiert und bedeutet, daß Sadat nicht als Gleichberechtigter am Verhandlungstisch hätte Platz nehmen können. Vom übergeordneten politischen Zwang überzeugt, hatte Ariel Sharon schließlich nachgegeben. Daß er die 3. Ägyptische Armee nicht hatte vernichten dürfen, schmerzte Ariel Sharon noch lange. Daß er sich der politischen Vernunft hatte beugen müssen, zählte für ihn als persönliche Niederlage. Er wurde zum Hardliner, besonders als er im Dezember 1973 erneut in die Politik einstieg. Ariel Sharon entwickelte sich zum hauptsächlichsten Verfechter einer expansiven israelischen Siedlungspolitik: Er begann die besetzten Gebiete mit einem Netz von Siedlungen zu überziehen, die israelische Festungen im arabischen Land darstellten.

Über den Zweck dieser Festungssiedlungen machte sich Jassir Arafat keine Illusionen. Sie sollten die Vision vom Ministaat der Palästinenser zunichte machen. Als Ariel Sharon Landwirtschaftsminister in der Likudregierung geworden war, machte er kein Hehl daraus, daß diese Siedlungen nicht landwirtschaftlichen Zwecken zu dienen hatten, sondern militärpolitischen. Die Siedlungen entstanden auf Hügeln, an Durchgangsstraßen, an den Rändern palästinensischer Städte. Durch die Siedlungen wollte Ariel Sharon die besetzten Gebiete beherrschen. Der Bau der Siedlungen bedrohte die Idee vom Ministaat. Waren das Land westlich des Jordan und der Gazastreifen erst mit Siedlungen durchzogen, war die Idee vom palästinensischen Staatsgebilde völlig hinfällig.

In der belagerten Stadt Beirut sah der PLO-Chef Ende Juni 1982 Sharons politisches Konzept in aller Deutlichkeit: Die Besiedlung der besetzten Gebiete und die Zerschlagung der PLO im Libanon waren gleichberechtigte Bestandteile der israelischen Vernichtungspolitik. Am Ende des Libanonkrieges sollte es keine Hoffnung auf den Ministaat und möglichst auch kein palästinensisches Volk mehr geben.

Nach Studium der Person und der Absichten seines Gegners bestimmte Arafat das Kriegsziel der PLO: Ein Sieg über die Israelis war nicht möglich, doch es war durch kluge Verteidigung zu erreichen, daß die Israelis nicht siegten. Die Palästinensische Befreiungsbewegung mußte als Hoffnungsträger des palästinensischen Volkes überleben. Nur dann lebte auch die Idee des eigenständigen Staates der Palästinenser in den bisher besetzten Gebieten weiter.

Nachdem das eigene Kriegsziel klar definiert war, machte sich Abu Ijad daran, die PLO-Kämpfer, die Verbündeten der sunnitischen Miliz »Murabitun« und der schiitischen Kampfgruppe »Amal« zu informieren. Er sprach auch mit dem libanesischen Politiker Saeb Salam – und fand Verständnis. Durch Saeb Salam erfuhren wichtige Persönlichkeiten im islamischen Teil der Stadt von der Haltung der palästinensischen Führung.

Die Moslemviertel der libanesischen Hauptstadt bereiteten sich auf eine lange Belagerungszeit vor. Ihr Gebiet war ungefähr acht Quadratkilometer groß und wurde Ende Juni noch von rund einer halben Million Menschen bewohnt. Eigenartig war die Situation: Im christlichen Osten der Stadt lebten die christlichen Menschen im Frieden – betroffen vom Krieg waren nur die Stadtteile, die an islamische Viertel angrenzten. Im Westen der Stadt aber duckten sich die Bewohner aus Angst vor der israelischen Artillerie und vor Luftangriffen.

Arafat besaß ein feines Gespür dafür, wie er die Opferbereitschaft der PLO-Kämpfer und ihrer Verbündeten anstacheln konnte. Er fand die auf islamische Emotionen überaus wirksame Parole »Ich fühle das Wehen der Winde des Paradieses«. Arafat wollte damit zum Ausdruck bringen, daß der Kampf um Beirut das Opfer des Lebens wert ist – und daß mit diesem Opfer der Eintritt ins Paradies verbunden ist.

Daß der Kampf Ende Juni bereits drei Wochen dauerte, ohne daß Ariel Sharon einen Sieg verzeichnen konnte, war ein Erfolg für Jassir Arafat. Am 3. Juli begann eine harte Phase der Belagerung: Auf Befehl von Ariel Sharon stellten israelische Pioniere die Wasserversorgung der islamischen Stadtteile ab. Gleichzeitig wurden die Stromleitungen unterbrochen. Davon waren alle Bewohner betroffen – gleichgültig ob sie Palästinenser waren oder libanesische Moslems. In der Dunkelheit und in der Not, ohne Wasser leben zu müssen, wuchs die Schicksalsgemeinschaft der Palästinenser und Moslems zusammen. Das Ergebnis war negativ für Ariel Sharon. Unmittelbar nach der Verschärfung der Belagerungsmaßnahmen ließ die israelische Luftwaffe Hunderttausende von Flugblättern auf die eingeschlossenen Stadtteile vom Himmel regnen. Der Text forderte die Bevölkerung auf, die Stadt zu verlassen. Zu diesem Zweck werde der Belagerungsring an der Straße nach Damaskus geöffnet. Dem sicheren Tod sei verfallen, wer nicht die Flucht ergreife.

Unmittelbar nach der Flugblattaktion berieten sich Saeb Salam und Jassir Arafat per Telefon über die Konsequenzen des israelischen Aufrufs. Der libanesische Politiker hatte gute Nachrichten für den PLO-Chef. Er meinte, kaum ein Sunnit würde Wohnung und Stadt verlassen – die Moslems in Beirut seien nicht feige. Die Schiiten aber seien schon einmal geflohen – aus dem Süden des Libanon. Sie blieben jetzt in Beirut und würden sich nicht auf den Weg ins Ungewisse machen.

Tatsächlich waren zur Stunde der Öffnung des Belagerungsrings kaum ein Kraftfahrzeug und nur wenige Fußgänger auf der Damaskusstraße unterwegs. Die von Ariel Sharon gewünschte Flucht der Massen aus dem islamischen Beirut fand nicht statt.

Jassir Arafat wußte, daß die PLO damit einen wichtigen Erfolg erreicht hatte. Hätte sich die Mehrheit der Bewohner von Westbeirut aus der Stadt begeben, hätte Ariel Sharon massiv mit Artilleriebeschuß und Luftangriffen zuschlagen können – Opfer wären »nur« die Fedajin der PLO und die Kämpfer der Organisationen »Murabitun« und »Amal« gewesen. Es hätte dann keine Fernsehbilder gegeben von toten und verletzten Zivilisten. Der israelische Verteidigungsminister hätte den Kampf um Beirut als Schlacht der zivilisierten Welt gegen die palästinensischen Terroristen präsentieren können – und alle Welt hätte Verständnis für Israel geäußert. Diese Chance war Ariel Sharon genommen. Jeder tote oder verwundete Zivilist wurde nun den Israelis angerechnet. Das Resultat war, daß der Krieg mit jedem Tag mehr zur Belastung für das Ansehen der Regierung Menachem Begin und des Staates Israel wurde.

Nach Schätzungen der libanesischen Krankenhäuser und der Rotkreuz-Organisation sind während der ersten 20 Tage der israelischen Invasion mehr als 14 000 Menschen ums Leben gekommen – meist Zivilisten. Diese Zahl wurde auch in Washington bekannt, und sie löste Bestürzung aus. Ronald Reagan und Politiker beider Seiten des Senats stellten die Frage, ob Außenminister Alexander Haig über Kriegsziele und über Art der Kriegführung der Israel Defence Forces informiert worden war. Alexander Haig wurde bedrängt, er möge sich darüber äußern, ob ihm Ariel Sharon am 20. Mai mitgeteilt habe, er werde bis Beirut vorstoßen und den islamischen Teil durch Artilleriebeschuß und Luftangriffe in die Knie zwingen. Der Druck wurde schließlich so stark und die Unterstützung durch Ronald Reagan so gering, daß Außenminister Haig zurücktrat. Seine eigenen politischen Ambitionen mußte Haig für immer aufgeben.

Ariel Sharon hatte seinen verläßlichsten Partner in der US-Regierung verloren. Da war niemand mehr, der seine Art der Kriegführung deckte. Nachfolger wurde George Shultz, ein Geschäftsmann, der als Repräsentant der in Arabien tätigen amerikanischen Bechtel Company Erfahrungen im Umgang mit arabischen Monarchen und Präsidenten besaß. George Shultz verfügte über ausgezeichnete Beziehungen zur Königsfamilie Saudi-Arabiens. Er hatte sich das Gespür erworben für die Mentalität arabischer Politiker. Er wußte, daß dieser Krieg im Libanon vor allem dem Ansehen der USA in der arabischen Welt schadete. Shultz verstand es, seinen Präsidenten dazu zu bringen, er möge persönlichen Druck ausüben auf Menachem Begin mit dem Ziel, der Beschießung Westbeiruts ein Ende zu setzen. Die täglichen schrecklichen Bilder von Tod und Zerstörung in den Berichten der amerikanischen Fernsehstationen bedrückten Shultz und Reagan.

Am 7. Juli rief der Präsident den israelischen Ministerpräsidenten an. Nie zuvor war der politisch für den jüdischen Staat Verantwortliche derart deutlich von einem Mächtigen des Weißen Hauses zu einer Kurskorrektur aufgefordert worden. Reagan verlangte, die Israel Defence Forces müßten gezügelt werden. Er, der Präsident der USA, könne sich nicht mehr länger schützend vor die israelische Regierung stellen. Die ameri-

kanische Öffentlichkeit, aufgeschreckt durch die Bilder von Toten und Verwundeten, rücke deutlich von Israel ab. Reagan nahm keine Rücksicht auf Gepflogenheit und Konventionen im Umgang der Regierenden untereinander: Er beschimpfte Menachem Begin, er protegiere einen wild gewordenen General in seiner Regierungsmannschaft. Diese starken Worte blieben nicht ohne Wirkung: Ariel Sharon ließ Beschießungen und Luftangriffe einstellen – Waffenruhe trat ein. Der Belagerungsring aber blieb geschlossen.
Ariel Sharon mochte gespürt haben, daß er diesen Krieg nicht mehr gewinnen konnte. Doch an Flexibilität, an Nachgeben dachte er nicht. Er versuchte den Erfolg durch Änderung der Taktik zu erzwingen. Er gab Befehl, ein Stoßtrupp habe sich zum Befehlsbunker der PLO im Stadtteil Fakhani durchzuschlagen und die Commandozentrale zu zerstören. Sharon hoffte, der Spezialtruppe der IDF werde es gelingen, Arafat, Abu Jihad und Abu Ijad zu töten. Doch der Bereich Fakhani war gut geschützt. Der Vorstoß scheiterte.
Die Fedajin spürten, daß sich ihr Widerstand zu lohnen begann. Arafats Parole »Ich fühle das Wehen der Winde des Paradieses« entflammte noch immer die Emotionen der Kämpfer. In ihrer Begeisterung brachen sie am 9. Juli durch zielgenaues Raketenfeuer die Waffenruhe. Sie trafen eine Reparaturwerkstatt der IDF beim Präsidentenpalast von Baabda. Die Israel Defence Forces reagierten durch wütendes Bombardement der Umgebung von Fakhani.

So verliefen die Kämpfe des Monats Juli 1982 im Wechsel zwischen israelischem Luftangriff, palästinensischem Raketenfeuer, Abschluß eines Waffenstillstands durch Philip Habib, Bruch der Vereinbarungen, Beschießung durch israelische Schnellboote.
Die Sommerhitze legte sich auf die Stadtteile. Hohe Luftfeuchtigkeit machte Tage und Nächte unerträglich. Der Wassermangel wurde dadurch etwas gemildert, daß sich die Bewohner eigene Brunnen gruben. Das brackige Wasser war kaum zum Trinken geeignet. Es löste wenigstens das Problem der Spülung von den Toiletten.
Hunger litt niemand in der belagerten Stadt. Auf Schlupfwegen kamen Lebensmittel jeder Art in die Stadt. Am Schmuggel

durch den Belagerungsring verdienten israelische Offiziere und Soldaten. Die Libanesen fanden rasch eine Erklärung für das Verhalten der israelischen Belagerer: »Wer sich 14 Tage bei uns im Libanon aufhält, der vergißt seine bisherigen Lebensprinzipien – der verhält sich wie wir!«
Während der Tage, an denen keine Raketen in den islamischen Stadtvierteln detonierten, arrangierten sich die Bewohner mit den schwierigen Lebensumständen. Auf geheimnisvolle Weise waren Tausende von handlichen Stromgeneratoren in die Stadt gelangt und zu günstigen Preisen verkauft worden. Sie ratterten in Straßen und Tiefgaragen und erzeugten den Strom für Läden, Büros und Haushalte.
Manchmal besuchten Honoratioren aus den islamischen Stadtvierteln den PLO-Befehlshaber, um ihre Besorgnis über die Entwicklung des Krieges zum Ausdruck zu bringen. Sie hatten Sorge, Westbeirut würde bei längerer Dauer in Schutt und Asche gelegt werden. Keiner setzte jedoch den obersten Kommandeur der Fedajin unter Druck. Jeder glaubte seiner Versicherung, er betrachte Beirut nicht als das Stalingrad der Palästinenser. Er werde rechtzeitig eine Lösung finden, die Beirut vor der Zerstörung bewahre.

So sicher konnte sich Arafat seiner Sache nicht sein. Der Konflikt dauerte inzwischen acht Wochen – und niemand hatte sich ernsthaft bemüht, eine auch für die Palästinenser akzeptable Lösung zu finden. Mitte Juli hatte George Shultz vorgeschlagen, die Streitkräfte der Palästinenser sollten aus Beirut abziehen. Dieser Vorschlag nannte kein Zielort des Abzugs. Er war deshalb ziemlich sinnlos. Er war auch von Ariel Sharon sofort abgelehnt worden, weil von »palästinensischen Streitkräften« die Rede war, und nicht von »Terroristen«.
Hatte George Shultz die Hoffnung gehabt, Syrien werde bereit sein, die »palästinensischen Streitkräfte« aufzunehmen, so wurde er enttäuscht: Hafez al-Assad ließ verkünden, sein Land nehme keine »fighter« auf, denn ihr Platz sei nicht in Syrien, sondern dort, wo der israelische Feind bekämpft werde – also im Libanon.
Der Diskussion um den Zielort des Abzugs der PLO aus der libanesischen Hauptstadt machte Arafat mit einem Satz ein Ende, den er zu Saeb Salam sprach: »Wenn ich Beirut verlasse,

dann nur, um in Palästina einzuziehen!« Saeb Salam, dem derartig griffige Formulierungen imponierten, nickte zustimmend – auch wenn ihm, dem Libanesen, der Inhalt mißfiel.

In dieser Zeit, da niemand in Arabien voll auf seiner Seite stand, empfand der PLO-Chef Trost durch Worte des Papstes. Am Tag »Peter und Paul« hatte die oberste Autorität der katholischen Kirche öffentlich verkündet, den Palästinensern müsse ein Vaterland gegeben werden. Dieses Volk habe derart viel gelitten, daß ihm eine Heimat zugestanden werden müsse.

Dieses Papstwort war von Mitarbeitern des israelischen Verteidigungsministers sofort mit den Worten disqualifiziert worden, der Vatikan zeige wieder einmal seine unfreundliche Haltung gegenüber Israel.

Genau eine Woche später traf im Befehlsbunker von Fakhani eine persönliche Nachricht des libyschen Revolutionsführers Moammar al-Kathafi ein – darin wurde dem Kommandeur der Palästinensischen Befreiungsbewegung dringend empfohlen, er möge Selbstmord begehen. Durch diese heroische Geste werde Arafats Ruhm für alle Zeiten in die Herzen aller Araber eingegraben werden. Arafats Ruhm werde, als Symbol der palästinensischen Opferbereitschaft, über Generationen hin erstrahlen.

Arafat dachte nicht daran, dieser Empfehlung zu folgen. Er ließ dem libyschen Revolutionsführer mitteilen, das palästinensische Volk, das sich im entscheidenden Abwehrkampf seiner Geschichte befinde, hätte wenig Verständnis dafür, daß sein Führer es im Stich lasse. Das palästinensische Volk sei dabei, durch seine Standhaftigkeit ein Beispiel zu geben für künftige Generationen; er selbst werde bestimmt kein Beispiel geben für Feigheit.

Belegt ist durch Äußerungen des Special Middle East Peace Envoy Philip Habib, daß es Ariel Sharon war, der zeitweise die Nerven verlor. In Zornesausbrüchen soll der israelische Verteidigungsminister gefragt haben: »Wer sind diese Palästinenser überhaupt? Woher haben sie die Kühnheit, derart lange Widerstand zu leisten?« Philip Habib erinnert sich daran, daß Ariel Sharon mit wutverzerrter Miene geschrien habe, ihm bleibe bald nur noch die Atombombe, um die PLO und diesen Arafat auszulöschen.

Die konventionellen Waffen reichten allerdings aus, um Schrecken in Beirut zu verbreiten. Anfang August 1982 flog die israelische Luftwaffe Tag für Tag Angriffe gegen die islamischen Stadtviertel. Jetzt zeigten die Fernsehbilder schwarze Rauchschwaden, die vom Häusergewirr aufstiegen. Der Eindruck entstand, Westbeirut brenne. Ronald Reagan, der darunter litt, daß sein einstiger Außenminister Alexander Haig sich nicht hatte vom Verdacht befreien können, er habe diesen Krieg, der nun vor aller Augen stattfand, angezettelt, gab sich ernsthafte Mühe, die israelische Angriffswut zu stoppen. Der amerikanische Präsident wollte selbst in den Konflikt eingreifen. Er ordnete an, daß eine ständige Telefonleitung eingerichtet werde zwischen dem Weißen Haus in Washington und der Residenz des amerikanischen Botschafters im Ostbeiruter Vorort Jarze. Reagan schuf sich so die Möglichkeit, ständig in Verbindung zu stehen mit seinem Special Envoy Philip Habib.

Die Situation in der belagerten Stadt verschlechterte sich. Saeb Salam, der Verbindungsmann zwischen der libanesischen Regierung und der PLO-Führung, verlangte von Arafat die Freigabe seiner Vorräte für die Bevölkerung. Arafat entsprach der Bitte: Er stellte vor allem Benzin zur Verfügung damit die Einsatzfahrzeuge der Feuerwehren beweglich bleiben konnten. Saeb Salam teilte dem Verantwortlichen der PLO auch mit, in der eingeschlossenen Stadt würden täglich 185 Tonnen Mehl gebraucht – die Israel Defence Forces weigerten sich, diese Menge Mehl passieren zu lassen. Abu Jihad erhielt darauf die Anweisung, den Bäckern in Westbeirut Mehl zur Verfügung zu stellen. Der Zuständige für die Verteidigung murrte allerdings: Sind wir jetzt eine Wohlfahrtsorganisation für die Zivilbevölkerung?

Am 12. August um 7.00 Uhr begann die schlimmste Bombardierung der islamischen Stadtteile. In den Vierteln rechts und links der Verkehrsader, der Rue Masra, brachen Flächenbrände aus. In Wellen griffen die Kampfflugzeuge an – zwölf Stunden lang. Die Luftabwehr der PLO besaß nur veraltete Boden-Luft-Raketen, denen die Flugzeuge leicht ausweichen konnten.

Doch mit seinem Befehl zum Terrorangriff gegen Westbeirut hatte Ariel Sharon einen Fehler begangen. Menachem Begin mußte es sich gefallen lassen, von Ronald Reagan beschimpft zu werden, seine Truppe führe »terroristische Akte« durch: Er

sei verantwortlich für sinnlose Zerstörung und Blutvergießen.
Begin war außer sich, von Ariel Sharon in die unwürdige Lage
gebracht worden zu sein, sich vom amerikanischen Präsidenten beschimpfen lassen zu müssen. Er ordnete an, daß die Entscheidung über den Einsatz der israelischen Luftwaffe künftig
bei im selbst liege. Ariel Sharons Stern verblaßte. Er war künftig vorsichtig in der Verwendung des Begriffs »Terroristen« für
die Palästinenser.

Arafat setzte jetzt sein politisches Faustpfand ein: Die Anerkennung des Staates Israel durch die PLO: Schon am 25. Juli
hatte er im Gespräch mit Mitgliedern des Kongresses der USA,
die ihn in Beirut besuchten, die bisherige Haltung aufgegeben,
die Existenz rundweg und prinzipiell abzulehnen. Als ihm
jetzt der Kongreßabgeordnete Paul McCloskey ein Papier
vorlegte, auf dem dieser eine Satz stand »Chairman Arafat
accepts all United Nations Resolutions relevant to the Palestinian Question«, war Arafat sofort bereit zu unterschreiben.
McCloskey erklärte daraufhin, damit stehe definitiv fest, daß
eine wichtige Vorbedingung für Verhandlungen zwischen den
Vereinigten Staaten vom Amerika und der Palästinensischen
Befreiungsorganisation erfüllt sei.

Der Optimismus, dem McCloskey und Arafat verfallen waren,
erwies sich als verfrüht, denn Menachem Begin zerstörte wenig später die Hoffnung auf einen politischen Durchbruch mit
der Bemerkung: »Wir brauchen keine Anerkennung durch die
Palästinenser – wir existieren schon seit viertausend Jahren!«

»Alle Wege führen nach Palästina«

Immer wieder versuchte Arafat die Aufmerksamkeit des amerikanischen Präsidenten auf die Bereitschaft der PLO zu lenken, in direkte Verhandlungen mit den USA und Israel einzutreten. Mit Recht wies er darauf hin, daß der Umweg über Philip Habib zeitraubend und anfällig für Mißverständnisse war.
Die Hoffnung, er könne gegen den Abzug aus Beirut die Zusage der Gründung des Ministaates einhandeln, hatte Arafat
aufgegeben. Es ging ihm jetzt nur noch darum, die Anerken-

nung der PLO als politischer Vertretung des palästinensischen Volkes durchzusetzen. Er war bereit, Beirut zu verlassen, wenn der amerikanische Außenminister George Shultz der PLO-Führung die Hand reiche. Doch von dieser Geste wurde Shultz durch seinen Präsidenten abgehalten, der zwar im Weißen Haus dem israelischen Außenminister Yitzhak Shamir böse Worte ins Gesicht geschleudert hatte, der aber dennoch nicht bereit war, Arafat politisch aufzuwerten.
Gegen eine zu deutliche Annäherung an die amerikanische Regierung gab es ohnehin Widerstand innerhalb der PLO-Führung. Abu Jihad, der PLO-Militärspezialist, verdächtigte Arafat, er denke daran, den Kampf aufzugeben, um eine politische Lösung im Konflikt mit Israel zu suchen. Im Verzicht auf die Idee vom Volkskrieg sah Abu Jihad Verrat am Konzept der Aufgabe, die sich die palästinensische Kampforganisation am Anfang ihrer Existenz gestellt hatte. Der Ausgangspunkt war die Vernichtung des »zionistischen Gebildes« gewesen, »das sich Israel nennt«. Jetzt aber war dieselbe Organisation dabei, den Kampf aus ihrem Programm zu streichen, und die USA samt Israel anzuflehen, die Gründung eines Ministaates zu gestatten. In diesem Wandel sah Abu Jihad eine schmachvolle Entwicklung. Aus Protest gegen Arafats »Politik der Kapitulation« erklärte Abu Jihad, es sei Pflicht eines jeden Palästinensers, den »heiligen Krieg gegen den Zionismus« zu führen.
Der Zeitpunkt dafür war allerdings verstrichen. Philip Habib traf bereits feste Vereinbarungen mit arabischen Staaten, die bereit waren, palästinensische Kämpfer nach dem Abzug aus Beirut aufzunehmen. Syrien weigerte sich nicht länger, seine Grenzen für abziehende Fedajin zu öffnen. Auch Südjemen und Tunesien wollten Lager eröffnen für Bewaffnete der PLO. Arafat selbst hatte eine Einladung vom tunesischen Staatspräsidenten Habib Bourguiba erhalten, sein Hauptquartier in Tunis aufzuschlagen. Bourguiba garantierte der PLO-Führung Schutz und politische Unabhängigkeit. Daß sein Versprechen, den Schutz betreffend, wenig wert war, zeigte sich später.
Am 16. August 1982 gelang es dem Special Middle East Peace Envoy, den israelischen Ministerpräsident Menachem Begin zu überzeugen, daß Israel dem ehrenvollen Abzug der Palästinensischen Befreiungsorganisation zustimmen müsse. Voraus-

gegangen waren verzweifelte Versuche der Israel Defence Forces, mit der geballten Macht ihrer Panzerstreitkräfte den Durchbruch zum Zentrum des palästinensischen Widerstands zu erzwingen. Auf der breiten Straße beim Museum und beim Hippodrom hatten die Panzerangriffe stattgefunden, doch sie waren im Abwehrfeuer der palästinensischen Verteidiger gescheitert.
Der Plan, der schließlich von Menachem Begin und Jassir Arafat gebilligt wurde, hatte diesen Wortlaut:
1. Beginn eines stabilen und endgültigen Waffenstillstands.
2. Abzug der Fedajin aus Beirut auf friedliche Weise.
3. Der Rückzug wird überwacht von Truppen der Vereinten Nationen.
4. Für nichtbewaffnete Palästinenser, die in den Lagern leben, gelten die Gesetze des Libanon.
5. Am Tag des Abzugs der Fedajin bezieht eine multinationale Streitmacht Position, um die Sicherheit der Palästinenser und der Libanesen im westlichen Teil der Stadt zu garantieren.
6. Diese multinationale Streitmacht wird dem libanesischen Staat bei der Ausdehnung seiner Souveränität über die Gesamtheit des nationalen Gebiets behilflich sein. Die multinationale Streitmacht besteht aus 800 amerikanischen »Marines«, aus 800 französischen und 400 italienischen Soldaten. Ihnen zur Seite stellen sich 3000 libanesische Soldaten.
7. Der Zeitraum des Aufenthalts der multinationalen Streitmacht ist auf einen Monat festgelegt. Die libanesische Regierung kann diesen Zeitraum in Übereinstimmung mit den Regierungen verkürzen, deren Soldaten sich an der Streitmacht beteiligen.
8. Das Komitee des Internationalen Roten Kreuzes beteiligt sich an der Überwachung des Abzugs der Fedajin.
9. Die Palästinenser verlassen Beirut auf dem Seeweg über den Hafen oder auf dem Landweg in Richtung Syrien. Die israelische Armee entfernt sich von der Straße Beirut–Damaskus, die von den Abziehenden benützt wird.
10. Der Abzug der Fedajin dauert zwei Wochen und findet jeweils am hellen Tag statt. Die Fedajin behalten ihre leichten Waffen und übergeben ihre schweren Waffen der libanesischen Armee.

11. Wird eine der Vertragsklauseln nicht eingehalten, endet die Aufgabe der multinationalen Streitmacht.
12. Die Führer des palästinensischen Widerstands verlassen Beirut in aller Öffentlichkeit. Der Zeitpunkt ihrer Abreise wird bekanntgegeben.
13. Das Problem der Gefangenen wird überprüft.
14. Der israelische Pilot, der sich in palästinensischer Gefangenschaft befindet, und die sterblichen Überreste neun israelischer Soldaten, die im Jahre 1978 bei einem israelischen Angriff ihr Leben verloren haben, werden an Israel übergeben.
15. Die Palästinensische Befreiungsarmee wird nach Syrien verlegt. Die syrischen Truppen bleiben in den Positionen, die sie derzeit besetzt halten.

Der Wortlaut dieses Abkommens konnte von Jassir Arafat als Erfolg gewertet werden – Ariel Sharon mußte ihn als Niederlage betrachten. Der israelische Verteidigungsminister hatte den PLO-Führer vernichten und die Struktur der PLO zerschlagen wollen. Nun zogen Führung und Fedajin unter ehrenvollen Bedingungen ab.

Daß er gesagt hatte, er werde Beirut nur verlassen, um in Palästina einzuziehen, brachte Arafat nicht in Verlegenheit – er formulierte eine neue Parole: sie hieß »Alle Wege führen nach Palästina«.

Der PLO stellte sich ein Problem: Sie wollte nicht, daß ihre großen Munitionsvorräte den Israelis oder den Forces Libanaises des Beshir Gemayel in die Hände fielen. Den Fedajin wurde befohlen, die Munition der Kalaschnikows in die Luft zu feuern. Tag für Tag war in Westbeirut das Krachen der Salven zu hören. Dazwischen mischten sich dumpfe Schläge der Rocket Propelled Grenades. Nervenzerfetzend war das Getöse in der Luft.

Am 21. August 1982 begann der geregelte Abzug der PLO-Kampfverbände aus Beirut. Per Schiff und per Lastkraftwagen verließen die Kämpfer diszipliniert die Stadt, die ihnen zur Heimat geworden war. Arafat verabschiedete sich von Saeb Salam und von Walid Jumblat, dem Sheikh der Drusen. Er versuchte mit Beshir Gemayel über Telefon ins Gespräch zu kommen, doch der Kommandeur der christlichen Milizen hatte kein Interesse an einem Dialog.

Arafat hatte die Absicht, sich bei Beshir Gemayel dafür zu bedanken, daß die Forces Libanaises sich nicht am Kampf gegen die Palästinenser beteiligt hatten. Der libanesische Maronit Gemayel war – aus Kalkül – nicht zum Kampfpartner von Ariel Sharon geworden. Die Zurückhaltung hatte sich gelohnt: Am 23. August 1982 wählten die Abgeordneten des libanesischen Parlaments Beshir Gemayel zum Staatspräsidenten. Zweiundsechzig von den noch lebenden 92 Abgeordneten stimmten für den Chef der Forces Libanaises. Da hatte zuvor viel Geld die Taschen gewechselt – und da war viel Druck ausgeübt worden. Aber für die Christen des Libanon war ein Wunder geschehen: ihr Wunschkandidat war Präsident des Landes geworden.
Jassir Arafat fuhr auf dem Seeweg über Griechenland in Richtung Tunis, um dort sein Hauptquartier einzurichten. Seinen Bunker in Fakhani hatte er ungern verlassen.
Auf Einladung von König Hassan II. traf sich bald darauf die Arabische Liga zur Gipfelkonferenz in der marokkanischen Stadt Fez. Sie verlief enttäuschend für den PLO-Führer. Er hatte geglaubt, dafür bewundert zu werden, daß die Palästinenser länger als jeder andere arabische Staat gegen die israelische Armee standgehalten hatten. Seine Rede vor der Versammlung der Staatschefs war entsprechend angelegt: »Wir haben Widerstand geleistet gegen 190 000 israelische Soldaten, gegen die gesamte Panzertruppe des jüdischen Staates. Wir sind als Sieger abgezogen!«
Die Präsidenten und Monarchen, die ihm nicht die geringste Hilfe während des Konflikts geleistet hatten, spendeten nur geringen Beifall. Ein wichtiger Staatschef war überhaupt nicht nach Marokko gekommen: Der syrische Präsident Hafez al-Assad. Er hatte keine Zeit, sich Festreden anzuhören: Er bereitete eine Verschwörung vor zur endgültigen Auslöschung der Idee vom Ministaat der Palästinenser. Jetzt betrieb Hafez al-Assad das Geschäft der »Liquidierung« des Jassir Arafat.
Wie beabsichtigt legte Ronald Reagan nach Abschluß des Krieges im Libanon seinen Plan für eine friedliche Lösung des Nahostkonflikts vor. Der amerikanische Präsident hatte mit der Verkündung gewartet, in der Hoffnung, die PLO werde bei der Verwirklichung des Plans keine Rolle mehr spielen. Nun aber war ihre Autorität in der Person des Jassir Arafat noch immer

gewahrt – und an dieser Entwicklung war der amerikanische Präsident selbst nicht unbeteiligt gewesen. Der Plan, den Reagan vorlegte, war einfach und enthielt nichts neues: Selbstverwaltung der besetzten Gebiete auf Gemeindeebene unter Aufsicht des Königs von Jordanien – keine politische Souveränität der Palästinenser; keine Selbstbestimmung; kein eigener Staat. Offenbar war Reagan selbst nicht vom Wert seines Plans überzeugt, denn er verlangte nicht, daß sein Außenminister George Shultz ihn vehement vertrat.

Das vorläufige Ende der Karriere des Ariel Sharon

Kaum war Beshir Gemayel zum Präsidenten des Libanon gewählt worden, wurde er zu Menachem Begin zitiert. Ein Hubschrauber der israelischen Luftwaffe holte ihn von der Mole des Hafens Junieh im christlichen Teil des Landes ab.
Die Begegnung zwischen Menachem Begin und Beshir Gemayel begann mit einer Umarmung und endete mit finsteren Mienen. Der israelische Ministerpräsident begann das Gespräch mit dem Hinweis darauf, Israel habe Opfer gebracht, damit der Libanon befreit werde von der »palästinensischen Pest«. Israel habe deshalb das Recht, den Preis für diese Opfer einzufordern. Sein Land, so meinte Menachem Begin, verlange den sofortigen Abschluß eines Freundschaftsvertrages zwischen Libanon und Israel.
Beshir Gemayel hatte mit dieser Forderung gerechnet – er hatte die Absicht, sie abzulehnen. Er hatte sich mit Argumenten vorbereitet. Inzwischen lagen offizielle Zahlen vor über die libanesischen Opfer des Krieges, und er verwendete sie: 19 085 Menschen hatten ihr Leben verloren; 31 915 waren verwundet worden. Die palästinensischen Opfer waren in diesen Zahlen nicht enthalten. Beshir Gemayel wollte ausdrücken, daß diese Libanesen durch israelische Waffen gestorben seien, in einem Konflikt zwischen Israel und der PLO, er kam jedoch nicht mehr zu Wort. Menachem Begin überhäufte ihn mit Vorwürfen, die Forces Libanaises hätten sich feige verhalten. Ariel Sharon, der ebenfalls anwesend war, schrie laut, Israel habe ganz allein die »Terroristen« vertrieben. Die Christen seien eben undankbar.

Das Resultat der vierstündigen Auseinandersetzung war, daß Beshir Gemayel sich weigerte, jetzt einen offiziellen Friedensvertrag mit Israel abzuschließen. Der Libanon sei ein arabisches Land, das Handel treiben müsse mit den Nachbarn. Wenn er jedoch zu diesem Zeitpunkt Frieden schließe, werde der Libanon isoliert sein, von den Nachbarn geächtet. Dazuhin sei der Libanon darauf angewiesen, seine landwirtschaftlichen Produkte zu verkaufen. Als Abnehmer kämen nur die arabischen Staaten am Persischen Golf in Frage – Israel sei ganz sicher kein Kunde für libanesische Äpfel.

Nach der Rückkehr in sein Heimatdorf Bikfaya im Libanongebirge verbarg Beshir Gemayel seinen Ärger und seine Enttäuschung über die Behandlung durch Menachem Begin und Ariel Sharon nicht. Der Ministerpräsident und der Verteidigungsminister Israels hatten nicht das geringste Verständnis empfunden für seine Situation und für die Lage seines Landes. Beshir Gemayel hatte bald darauf das Gefühl, der rachsüchtige Ariel Sharon wolle ihn »aus der Welt schaffen«.

Der gewählte Präsident des Libanon hatte Israel mit dem sicheren Gefühl verlassen, der Abstecher in das Gebiet des Nachbarlandes werde geheim bleiben. Doch Ariel Sharon verkündete am 3. September, Ministerpräsident Menachem Begin habe das künftige Staatsoberhaupt des Libanon in Israel empfangen. Damit war offenkundig, daß bisher schon eine enge Beziehung zwischen der israelischen Regierung und den Forces Libanaises bestanden hatte. Durch die Indiskretion des israelischen Verteidigungsministers fühlte sich Beshir Gemayel »politisch erledigt« – zumindest in der arabischen Welt.
Elf Tage später, am 14. September 1982, zerreißt eine Detonation das Gebäude im christlichen Beiruter Stadtteil Ashrafiyeh, in dem sich der künftige libanesische Staatschef von den Kameraden der Forces Libanaises verabschiedet. Die schwere Betondecke stürzt ein und erschlägt 50 Männer – zu ihnen gehört auch Beshir Gemayel. Seine Leiche kann nur anhand seines seltsam geformten Eherings identifiziert werden.
Sheikh Pierre Gemayel, der Vater des Toten, spricht noch in der Nacht nach dem Bombenanschlag die Überzeugung aus, der israelische Geheimdienst trage die Verantwortung dafür. Er

meint: »Seit dem Tod von Anwar as-Sadat gilt bei uns die Regel: Gibt Menachem Begin einem Araber die Hand, so ist damit zu rechnen, daß dieser Araber bald stirbt!«
Und der weitere Ablauf des Geschehens in der Nacht des Attentats bestärkt den Chef der Gemayel-Sippe in seiner Ansicht. Um Mitternacht rücken israelische Verbände in Beirut ein. Weder die reguläre libanesische Armee noch die Milizen Murabitun und Amal geben auch nur einen einzigen Schuß ab. Ohne auf Widerstand zu stoßen besetzen die Truppen die Hauptstadt des Libanon. Beirut ist die erste arabische Hauptstadt, die in die Hand der Israelis fällt.

Für Sheikh Pierre Gemayel steht fest, daß noch vor dem Mord an Beshir der israelische Einmarsch vorbereitet und in Gang gesetzt worden war. Ariel Sharon hat, nach Meinung von Sheikh Pierre, Beshir ermorden lassen, um einen Vorwand zu haben, in die islamischen Stadtteile einzurücken. Der Verteidigungsminister selbst betont ausdrücklich die Verknüpfung der beiden Sachverhalte: »Wir haben Westbeirut besetzt, um die Moslems vor Racheaktionen der Forces Libanaises zu schützen!«
Das State Department protestiert gegen die Besetzung der libanesischen Hauptstadt unter Hinweis darauf, daß sich der israelische Verteidigungsminister verpflichtet habe, Beirut unangetastet zu lassen. Außenminister George Shultz muß sich jedoch von Ariel Sharon belehren lassen, eine solche Zusage sei nie schriftlich festgehalten worden – es habe sie folglich nie gegeben.
Als Präsident Reagan zu drängen beginnt, die israelischen Verbände hätten sich auf die Positionen zurückzuziehen, in denen sie sich zum Zeitpunkt der Ermordung von Beshir Gemayel befunden hätten, ändert Ariel Sharon seine Taktik: Er teilt dem State Department mit, die israelischen Truppenverbände in Beirut hätten die Aufgabe, 2000 »PLO-Terroristen« aufzuspüren, die sich – entgegen allen Abmachungen – noch immer in den Palästinenserlagern Sabra und Shatila aufhielten. Jassir Arafat habe diesen »Terroristen« befohlen, nicht am Abzug teilzunehmen. Arafat habe damit die Vereinbarungen, die Philip Habib ausgehandelt habe, gebrochen. Ariel Sharons Argument: »Auch die Amerikaner müssen einsehen, daß sich Israel seine

Sicherheit nicht durch 2000 Terroristen gefährden läßt. Israel sorgt selbst für seine Sicherheit!«
Der israelische Verteidigungsminister hatte tatsächlich die Information erhalten, die Lager Sabra und Shatila seien noch immer Stützpunkte der Fedajin. Der Informant war Fadi Frem gewesen, der Nachfolger von Beshir Gemayel als Kommandeur der Forces Libanaises. Fadi Frem verfolgte eine eigene Politik: Er wollte die Palästinenserlager insgesamt auflösen. Die Lagerbewohner sollten zur Auswanderung in andere arabische Staaten veranlaßt werden. Diese Politik konnte jedoch nur in die Tat umgesetzt werden, wenn die Libanesen – und er meinte die Maroniten – die Kontrolle über die Lager ausübten. Diese Kontrolle sei im Jahre 1969 an die PLO verlorengegangen. Sie müsse jetzt zurückerobert werden. Die Gelegenheit dazu sei günstig.

Verteidigungsminister Sharon und der christlich-maronitische Milizkommandeur waren sich bald einig: Die Forces Libanaises übernahmen, in Abstimmung mit dem israelischen Generalstabschef Raphael Eytan, die Aufgabe der »Säuberung« der Palästinenserlager Sabra und Shatila am Südrand der islamischen Stadtviertel.

Fadi Frem, der Kommandeur der christlichen Melizen, konnte sich mit seiner Meinung, 2000 Fedajin befänden sich noch immer in Palästinenserlagern, auf eine Äußerung von Abu Ijad berufen, der – unverantwortlicherweise – genau dies vor Journalisten behauptet hatte.

Am frühen Abend des 16. September 1982 drangen Milizionäre der Forces Libanaises in die Lager ein, die aus primitiven Hütten und einfachen Betonbauten bestanden. Zwei Nächte und einen Tag lang störte niemand die Mordarbeit. Israelische Truppen sorgten dafür, daß Sabra und Shatila abgeriegelt blieben. Die Soldaten konnten von außen beobachten, was in den Lagern geschah, doch ihnen war befohlen worden, sich nicht darum zu kümmern.

Nach Schätzungen des libanesischen Roten Kreuzes wurden mindestens 1000 Menschen auf bestialische Weise getötet. Die Toten wurden im Lager selbst in Massengräbern verscharrt. Berichte über das Massaker von Sabra und Shatila entsetzten die Welt – sie lösten auch in Israel Betroffenheit aus. Ein Un-

tersuchungsausschuß unter Vorsitz des Obersten Richters Yitzhak Kahen überprüfte den Ablauf des Geschehens. Sein Abschlußbericht gab dem Verteidigungsminister die Schuld am Massaker, Richter Kahen verurteilte jedoch auch das Verhalten von Menachem Begin:
»Der Verteidigungsminister hatte den Ministerpräsidenten nicht vom Vorhaben informiert, den Forces Libanaises die Säuberung der Palästinenserlager zu übertragen. Als er Bescheid wußte, hat der Ministerpräsident während der Kabinettssitzung dieser Tage keinen Einspruch gegen die Aktion erhoben. Der Ministerpräsident hat nicht auf die Bemerkung des stellvertretenden Ministerpräsidenten David Levy reagiert, der die Warnung aussprach, die Forces Libanaises könnten Massaker verüben. Der Ministerpräsident bemerkt dazu, niemand habe ahnen können, daß derartige Scheußlichkeiten geschehen würden. Die Kommission sieht sich nicht in der Lage, diesen Einwand des Ministerpräsidenten zu akzeptieren. Der Ministerpräsident kannte die Kette von gegenseitigen Massakern, die während es Bürgerkriegs im Libanon begangen worden sind. Er wußte Bescheid über den Haß der Forces Libanaises gegen die Palästinenser.«
Und diese Sätze im Bericht der Kahen-Kommission beendeten vorläufig Ariel Sharons Karriere:
»Man benötigte keine prophetische Begabung, um zu ahnen, was geschehen wird – gerade nach Beshirs Ermordung – wenn die Forces Libanaises die Möglichkeit erhalten, in die Lager einzudringen. Das Bewußtsein dieser Gefahr hätte den Verteidigungsminister leiten sollen. Als überraschend empfinden wir, daß der Verteidigungsminister den Ministerpräsidenten nicht informiert hat. Der Verteidigungsminister hat versagt, als er die Entscheidung traf, die Forces Libanaises sollten in die Lager eindringen.«
Der Generalstabschef Raphael Eytan wurde ähnlich scharf und deutlich kritisiert. Der Bericht der Kahen-Kommission veranlaßten Sharon und Eytan zum Rücktritt von ihren Ämtern.
In seinem Hauptquartier in Tunis bemerkte Jassir Arafat, der Abzug aus Beirut sei ein Fehler gewesen – wehrlos zurückgeblieben seien Frauen und Kinder. Der PLO-Führer warf der amerikanischen Regierung vor, Schutzversprechungen gegenüber den Palästinensern nicht eingehalten zu haben.

Siedlungspolitik soll Ministaat verhindern

Das Hauptquartier Arafats außerhalb von Tunis war ein schlichter Hotelkomplex am Meer. Die Räume und Gänge waren wenig gepflegt. In der Hotelhalle standen ausladende Polstersessel. In ihnen verbrachten Arafats Mitarbeiter ihre Zeit. Langeweile herrschte in der Umgebung des PLO-Chefs. Die Gedanken gingen zurück nach Beirut. Arafat zog das Fazit der vergangenen zwölf Jahre: »Es war eine gute Zeit!« Wie die Zukunft aussehen wird beschäftigt ihn. Von Tunis aus blieben ihm wenig Einflußmöglichkeiten auf das Geschehen im besetzten Gebiet. Die Idee der Gründung des Ministaats der Palästinenser wurde zwar noch diskutiert, doch niemand glaubte mehr an eine Verwirklichung.

Berichte, die aus den besetzten Gebieten eintrafen, veranlaßten Arafat zur Frage, wieviel Boden überhaupt noch in palästinensischer Hand war. Da entstand offenbar eine »Siedlung« nach der anderen – auf Land, das in arabischem Besitz war. Beunruhigend waren in diesem Zusammenhang Äußerungen israelischer Politiker. Bei der Einweihung der Siedlung Maale Adumim ostwärts von Jerusalem sprach David Levy, der stellvertretende Ministerpräsident, davon, daß es nie einen Staat der Palästinenser geben werde. Israels Antwort auf jede Absicht der Staatsgründung sei der Aufbau neuer Siedlungen. Wörtlich hatte David Levy gesagt: »Wir lassen uns nicht entwurzeln. Das ganze Land gehört uns – es ist das Land unserer Vorväter!« Der Zorn israelischer Politiker richtete sich nach dem Ende des Konflikts im Libanon gegen den amerikanischen Präsidenten Ronald Reagan, der es gewagt hatte, von der Regierung Menachem Begin das »Einfrieren der Siedlungsbauten« zu verlangen. Begin reagierte durch Schaffung neuer Ansiedlungen im Gazastreifen – wobei besonders Bauern mit Boden und Geld bedacht wurden, die ein Jahr zuvor die Halbinsel Sinai hatten verlassen müssen. Ihnen wurde erlaubt, die Siedlung Yamit neu zu gründen.

Menachem Begin machte deutlich, daß alle besetzten Gebiete rechtlich zu Israel gehörten, trotz der Sicherheitsratsbeschlüsse, die sofortige Rückgabe in arabische Hände forderten. Er sprach jeder fremden Regierung das Recht ab, sich in Angelegenheiten einzumischen, die »israelische Territorien« betrafen. Vor dem israelischen Parlament sagte der Ministerpräsident:»Es darf nicht geschehen, daß die Regierung in Washington uns vorschreibt, welche Politik in unserem eigenen Land angebracht sein soll! Wir lassen uns nicht die Regeln unseres Verhaltens vorschreiben. Ronald Reagan ist nicht berechtigt und ermächtigt, die Grenzen des Staates Israel festzulegen. Wir wollen, daß der Jordan unsere östliche Grenze darstellt, und wir lassen uns durch niemand davon abbringen.« Menachem Begin beteuerte, Israel werde nie mehr auf Judäa, Samaria und Gaza verzichten; es handle sich um jüdisches Land, und deshalb müsse es jüdisch besiedelt werden.

Diese eindeutige Aussage hatte weiterreichende Konsequenzen, die jedoch in den Hauptstädten der wichtigen Mächte nicht zur Kenntnis genommen wurden: Durch seine Erklärung hatte Begin eine klare Absage an sämtliche Friedenspläne erteilt, die sich mit Judäa, Samaria und Gaza befaßten. Es gab für Begin keine »besetzten Gebiete« mehr – folglich hatte keine fremde Regierung das Recht, dafür einen Friedensplan vorzulegen. Daß Ronald Reagan im September 1982 es gewagt hatte, einen Plan zur Lösung des Nahostkonfliktes auszuarbeiten, bezeichnete der israelische Ministerpräsident nun als Unverschämtheit. Er beschimpfte den Präsidenten, politisch naiv zu sein. Er meinte:»Wenn wir uns nach dem Willen der USA richten, wird es bald einen palästinensischen Staat geben – und dieser Staat wird eine Basis der Sowjetunion im Nahen Osten sein. Mit Hilfe der Sowjetunion wird der Palästinenserstaat unsere Existenz bedrohen. Ronald Reagan begreift nicht, daß er zum Handlanger der Kommunisten wird!«

Eine erstaunliche Wende war eingetreten in der Beziehung zwischen den Regierungen in Washington und Jerusalem. Ariel Sharon, der ehemalige Verteidigungsminister, skizzierte die Situation so:»Frühere Regierungen Israels fühlten sich abhängig von der amerikanischen Politik. Da sie sich am Weißen Haus orientierten, herrschte Harmonie zwischen den beiden Hauptstädten. Jetzt ist jedoch eine tiefe Kluft entstanden. Die Ursache ist darin zu suchen, daß sich Ronald Reagan auf die Seite der Palästinenser gestellt hat. Er will den Palästinensern einen Staat schenken – auf unsere Kosten!« Außenminister Yitzhak Shamir spitzte den Konflikt noch zu:»Wir können die USA nicht mehr als unvoreingenommenen Vermittler betrachten. Der

amerikanische Präsident nimmt eine feindliche Haltung gegen uns ein!«
Um auch für die Zukunft jeden zu entmutigen, der die Absicht hatte, einen Friedensplan vorzulegen, entschied sich das israelische Kabinett im Juli 1983, sämtliche Gebiete, die dem israelischen Staat angegliedert worden waren, mit einem Netz von Siedlungen zu überziehen. Über keinen Quadratkilometer Land sollte noch durch Verhandlungen entschieden werden können. Unabänderliche Fakten zu schaffen, war Begins Ziel. Die Siedlungsstrategie wurde zum wesentlichen Faktor israelischer Politik.

Festzustellen war schon zu diesem frühen Zeitpunkt, daß die Regierung Begin in der Frage der Siedlungsstrategie nicht die Meinung aller Bürger des jüdischen Staates vertrat. Eine starke Oppositionsströmung – vertreten durch die Arbeitspartei – war mit Begins starrer Haltung nicht einverstanden. Shimon Peres vertrat den Standpunkt, eine israelische Regierung könne es sich nicht leisten, den amerikanischen Präsidenten vor den Kopf zu stoßen. Die Regierung in Washington entscheide schließlich über Umfang und Preis der Waffenlieferungen, die für die Existenz Israels wichtig waren. Vom Präsidenten der USA abhängig war auch die Gewährung von Krediten durch die Weltbank. Ronald Reagan verfügte über manches Mittel, den Interessen Israels zu schaden.

Der Streit mit Ronald Reagan trieb – nach Ansicht von Peres – einen Keil zwischen die jüdischen Bürger der USA und den Staat Israel. Die amerikanischen Juden stünden auf Reagans Seite: Sie wollten, daß endlich Frieden herrsche im Nahen Osten – und dieser Frieden sei nicht zu erreichen ohne Rückgabe der besetzten Gebiete. Peres glaubte nicht, daß die Strategie der dichten Besiedlung Israel auf Dauer eine ruhige Zukunft sichern könne.

Arafat verfolgte vom fernen Tunis die Auseinandersetzung im israelischen Parlament. Die Äußerungen von Shimon Peres gaben ihm Rätsel auf; boten sie doch Ansatzpunkte für eine Verständigung zwischen Palästinensern und Israelis. Die Brücke konnte der amerikanische Präsident bilden. Peres strebte offenbar Übereinstimmung in der Friedenspolitik mit Ronald Reagan an. War der Präsident für einen Friedensplan zu ge-

winnen, der Rücksicht auf die Interessen der Palästinenser nahm, dann war damit zu rechnen, daß er von Shimon Peres mit Wohlwollen geprüft wurde. Doch soweit gingen die Gedanken des PLO-Chefs nicht, in Peres einen möglichen Partner für Verhandlungen zu sehen. Er konnte nicht daran glauben, in Israel einen Politiker in verantwortlicher Position zu finden, der es wagen durfte, mit einem Palästinenser Gespräche zu führen mit dem Ziel, verbindliche Absprachen zu erreichen. Den Gedanken an Verhandlungen weiterzuspinnen, davor schreckte Arafat zurück. Zu sehr befand er sich noch im Banne seines Militärspezialisten Abu Jihad, der den Standpunkt vertrat, in der Auseinandersetzung mit Israel helfe nur Gewalt.
Zum Gegenpol zu Abu Jihad hatte sich Abu Ijad entwickelt. Der stets grimmig blickende, nachdenkliche Mann war zur Erkenntnis gekommen, durch Guerillakrieg könne Israel nicht zum Einlenken gebracht werden. Der Ministaat der Palästinenser sei allein durch geduldiges Verhandeln zu erreichen. Dazu werde ein Vermittler gebraucht, der – wenn er nur wolle – Druck auf die israelische Regierung ausüben könne. Für die Aufgabe, Gespräche zwischen Israelis und Palästinenser in Gang zu bringen, käme allein der amerikanische Außenminister George Shultz in Frage.
Abu Ijad hatte sich vorgenommen, Arafats Gedanken aus dem Bann Abu Jihads zu lösen. Aus dem Chef einer Kampforganisation sollte ein Politiker werden, der durch Verhandlung zu erreichen suchte, was durch den Guerillakrieg unerreichbar blieb.

Von nun an standen Abu Jihad und Abu Ijad im Wettstreit gegeneinander. Beide wollten Arafat beeinflussen; beide verfügten innerhalb der PLO über Anhänger, die ihnen ergeben waren. Die Auseinandersetzung wurde nicht nur mit Worten geführt. Zu den Mitteln des sich eskalierenden Streits gehörte auch heimtückischer Mord. Und beide, Abu Jihad und Abu Ijad, wurden ermordet.
Der Richtungsstreit in der PLO wurde durch eine Entwicklung überlagert, die Arafats politische Existenz und sogar sein Leben bedrohte.

Meuterei gegen Arafat

Daß sich das Hauptquartier des PLO-Chefs in Tunis befand, erwies sich als mißlich, wenn Entscheidungen personeller Art anstanden, die das Konfliktgebiet betrafen. Arafat verfügte über die höchste Befehlsgewalt für sämtliche Einheiten der Fedajin: Er beförderte Kommandeure – und er setzte sie ab. Auf weite Entfernung war es zeitweise schwer, die Betroffenen vom Sinn derartiger Maßnahmen zu überzeugen.

Wichtige Verbände der Fedajin begannen sich auf libanesischem Gebiet in der Bekaa-Ebene neu zu formieren. Für diese Einheiten ernannte der PLO-Chef im Frühjahr 1983 zwei Offiziere zu Regionalkommandeuren. Der Befehl zur Umbesetzung war in Tunis ausgestellt worden – bei den Einheiten an der syrischen Grenze aber löste er Ärger aus. Unter den Offizierskollegen wurde der Vorwurf laut, die zwei Offiziere seien befördert worden, obgleich bekannt sei, daß sie in Beirut feige versagt hätten. Auch der PLO-Chef wisse um die Feigheit, und trotzdem habe er die beiden ausgewählt. Sie hätten es eben verstanden, ihm zu schmeicheln. Die Ernennung der beiden sei ein Beispiel dafür, daß Arafats Herrschaft korrupt und innerlich verfault sei.

Berichte, die das Hauptquartier in Tunis erreichten, wurden von Tag zu Tag beunruhigender. Kommandeure, die sich zurückgesetzt fühlten, kritisierten Arafats Führungsstil: Sie bemängelten, daß er alle Entscheidungen allein traf. Sie verlangten die Einführung des Prinzips der »kollektiven Führung«. Ein Stab von erfahrenen Offizieren und politischen Köpfen müsse gebildet werden, der dann die Aufgabe habe, bindende Entscheidungen zu treffen. Arafat habe sich darauf zu beschränken, repräsentative Galionsfigur der palästinensischen Bewegung zu sein. »Schluß mit Arafats Diktatur!« Dieses Schlagwort kursierte unter den Fedajin an der syrischen Grenze.

Nur wenige Tage später richteten sich die Angriffe gegen Arafats persönliche Integrität. Er habe von der königlichen Familie Saudi-Arabiens 57 Millionen Dollar zur freien Verfügung erhalten. Mit diesem Geld besteche er die Leute, die er an sich binden wolle. Es handle sich dabei durchweg um Leute, die keine eigene Meinung hätten. Das Resultat sei – so lauteten die

Gerüchte –, daß sich nur noch Jasager am »Hof in Tunis« befänden. Anstoß erregten Angaben über Arafats Gehalt als Chef der PLO. Aus Tunis war durchgesickert, er beziehe 13 000 Dollar im Monat; davon habe er jedoch keine Ausgaben zu bestreiten. Als skandalös wurde empfunden, daß ein gewöhnlicher Fedajin nur einen Sold von 175 Dollar erhielt.

Berichte über die Stimmung der PLO-Verbände in der Bekaa-Ebene erwähnten auch sehr direkte Vorwürfe gegen den PLO-Chef: Er sei während des Krieges in Beirut feige gewesen und habe sich in seinem Bunker mit einer Polin vergnügt. Abu Jihad erfuhr aus den Stimmungsberichten, die Truppe sei der Meinung, er selbst verstehe gar nichts von moderner Kriegführung; es sei im jedoch gelungen, aus der Kriegskasse der PLO Millionen für sich abzuzweigen.

Arafat begriff, daß diese Vorwürfe gefährliche Munition waren für ehrgeizige Offiziere, die bereit waren, gegen den »Hof in Tunis« zu rebellieren. Von Tunis aus war der Schwelbrand nicht zu löschen. Arafat entschloß sich nach Damaskus zu fliegen. Die Absicht sich den putschverdächtigen Offizieren zu stellen, konnte der PLO-Chef nicht verwirklichen. Am 24. Juni 1983 wurde er auf Anweisung von Hafez al-Assad unter Bewachung zum Flughafen Damaskus gebracht und mit der nächsten Maschine aus dem Land geschickt.

Der Hinauswurf aus der syrischen Hauptstadt traf Arafat hart. Nicht mehr von Hafez al-Assad gestützt zu werden, war ein schwerwiegender Prestigeverlust. Damaskus war die letzte arabische Hauptstadt im Konfliktgebiet gewesen, in der er sich hatte aufhalten können. Nirgends war er geduldet: Der ägyptische Präsident Husni Mubarak lebte im Frieden mit Israel; der jordanische König Hussein ließ der PLO keine Gelegenheit, wieder Fuß in seinem Land zu fassen; aus dem Libanon war er vertrieben worden – und jetzt hatte ihn Hafez al-Assad wissen lassen, daß er auch in seinem Staat unerwünscht sei.

Der von arabischen Staatschefs Verstoßene reagierte rasch und entschlossen. Er hielt sich nur wenige Stunden im Hauptquartier in Tunis auf, dann flog er weiter nach Prag. Dort trafen sich eben wichtige Staatsmänner des Ostblocks. Sie wollte Arafat für sich aktivieren. Tatsächlich wurde er von ihnen herzlich begrüßt. Die Mächtigen des Ostblocks gaben ihm Gelegenheit, in einer Rede sein Problem zu schildern. Er stellte sich als Opfer einer Verschwörung des syrischen Präsidenten dar, der sich die PLO unterwerfen wolle, um aus ihr ein Werkzeug seiner Politik zu machen. Arafat betonte, daß er die palästinensische Nationalbewegung immer freigehalten habe von fremden Einflüssen, und er werde dafür kämpfen, daß die PLO palästinensisch ausgerichtet bleibe. Er appellierte an seine Zuhörer, ihren Einfluß darauf zu verwenden, Hafez al-Assad davon abzubringen, die PLO zerstören zu wollen.

Die Rede hatte die gewünschte Wirkung: Aus Moskau kam die Anweisung, die sowjetische Führung verlange die sofortige Beendigung des Streits innerhalb der PLO und mit der syrischen Führung.

Hafez al-Assad aber folgte den sowjetischen Wünschen keineswegs. Er gab Anweisung, eine palästinensische Gegenorganisation zur PLO aufzubauen. Sein Kandidat als PLO-Chef war Oberst Saeed Musa. Er war damals 56 Jahre alt und war bis 1970 Offizier der jordanischen Armee gewesen. Während der Kämpfe zwischen den Truppen des Königs und der Al-Fatah war der Oberst zu Arafats Commando-Organisation desertiert. In Beirut hatte er sich bei der Verteidigung des Stadtviertels Fakhani hervorgetan. Er war dann an den »Hof in Tunis« gekommen – und hatte dort giftige Bemerkungen gegen Arafats Führungsstil gemacht. Bei dieser Gelegenheit war ihm von Arafats Wache ins linke Bein geschossen worden. Er war dann nach Prag gebracht worden zur ärztlichen Behandlung. Seither hinkte der Oberst.

Der Grund für die Loslösung vom »Hof in Tunis« aber war darin zu suchen, daß der PLO-Chef sein Versprechen nicht erfüllen wollte, Oberst Saeed Musa zum Generalstabschef aller Fedajin-Verbände zu ernennen. Hafez al-Assad hatte sich kaum anstrengen müssen, den Beleidigten zu sich nach Damaskus zu holen.

Die Basis im Bekaa-Tal an der syrischen Grenze ging für Arafat verloren, denn dort kommandierte Oberst Saeed Musa. Die wenigen Einheiten, die dem bisherigen PLO-Chef treu bleiben wollten, wichen in die Palästinenserlager Badawi und Nahr al-Bared nördlich der libanesischen Küstenstadt Tripoli aus. Dort wollte sich Arafat eine neue Basis im Libanon schaffen. Er und Abu Jihad machten sich von Tunis aus auf den Weg nach

Tripoli an der libanesischen Mittelmeerküste. Sie waren bereit, Krieg zu führen gegen Oberst Musa und gegen Hafez al-Assad. Von Zypern aus erreichten sie in einem schäbigen Fischkutter den libanesischen Hafen. In einem Koffer, zwischen Abu Jihads Knien festgeklemmt, befand sich die Kriegskasse in Höhe von 50 Millionen Dollar. Dieses Geld sollte verwendet werden, um die Sheikhs der Bevölkerung von Tripoli für die Sache der Palästinenser geneigt zu machen. Die Bewohner waren sunnitische Moslems, die ohnehin Haß empfanden gegen die syrischen Nachbarn, deren Führung – nach ihrer Meinung – der ketzerischen Sekte der Alawiten angehörte, deren Glaubensprinzipien ihnen fremd waren. Mit Hilfe des Geldes, das Arafat und Abu Jihad mitgebracht hatten, organisierten die Sheikhs den Widerstand gegen die alawitischen Ungläubigen, die anrückten, um Tripoli für Syrien zu erobern. Die Problematik des Konflikts um Tripoli im Herbst 1983 war, daß zwei kurzfristig miteinander verbündete Kräfte für jeweils andere Ziele kämpften: Die sunnitischen Sheikhs glaubten, von alawitischen Syrern bedroht zu werden – Jassir Arafat aber sah sich meuternden Palästinensern gegenüber, die von den syrischen Freunden von einst gegen ihn aufgehetzt worden waren.

Als Truppenkommandeure standen sich Oberst Saeed Musa auf der Seite des Hafez al-Assad und Abu Jihad, Arafats Militärspezialist gegenüber. Sie waren eigentlich Freunde, und in wichtigen Fragen derselben Ansicht. Der Oberst bezeichnete sich als Anhänger des Abu Jihad – als Jihadist. Beide hatten sich schätzen gelernt während der Wochen des Abwehrkampfes um Beirut. Sie hatten die Zeit gemeinsam im Befehlsbunker von Fakhani zugebracht. Der Oberst hatte dabei begriffen, daß Abu Jihad nur wenig von Strategie und Taktik verstand – aber eine ganze Menge von palästinensischem und arabischem Nationalismus.

Dem Oberst hatte der Gedanke imponiert, die palästinensische Revolution müsse zur Brandfackel werden für die arabische Revolution. Nächtelang hatte Saeed Musa dem eigentlich eher schüchtern wirkenden Abu Jihad zugehört, dessen Reden immer flammender geworden waren. Da hatte Abu Jihad vom revolutionären Geist der Palästinenser gesprochen, der zum kompromißlosen Kampf gegen Israel antreibe. Da war der »Volkskrieg« gepriesen worden als Mittel, um Israel niederzuringen. Der Brand, der Israel verzehre, werde sich weit ausbreiten, und er werde die verfaulten und morschen Regime Arabiens verbrennen. Der revolutionäre Geist schaffe sich dann das Regime, das ein geeintes, stolzes Arabien erkämpfen werde.

Als der Oberst Saeed Musa in den Dienst des syrischen Staatschefs getreten war, hatte er gehofft, Abu Jihad auch nach Damaskus holen zu können. Hafez al-Assad hätte den bisherigen Vertrauten Arafats gerne bei sich aufgenommen. Doch die Bemühungen des Oberst waren gescheitert. Abu Jihad wollte sich nicht von Arafat lösen. Ein solcher Schritt hätte auch Verzicht bedeutet auf beachtliche Geldbeträge, die seine Frau Intissar – genannt Umm Jihad – auf europäischen Bankkonten angesammelt hatte.

Seit der Gründung von Al-Fatah hatte Intissar Einfluß gehabt auf die Finanzverwaltung der Organisation. Sie war eine kluge und aparte Frau und zugleich eine entschlossene Kämpferin gewesen. Jetzt aber war ihr nur noch wichtig, Mann und Wohlstand nicht zu verlieren. Als Abu Jihad mit Arafat nach Tunis abreiste, beschwor Intissar Arafat, er möge unbedingt dafür sorgen, daß ihr Mann wohlbehalten zu ihr zurückkehre.

Der Oberst Saeed Musa aber hatte nie Reichtümer besessen – und Hafez al-Assad konnte ihm keine in Aussicht stellen. Eine Geldquelle, wie sie Arafat mit der Staatskasse von Saudi-Arabien besaß, stand dem Oberst nicht zur Verfügung. Der reiche Dollarsegen der Ölstaaten floß in Arafats Kasse. Aussicht auf reiche Entlohnung zog deshalb viele an »Arafats Hof«. Saeed Musa aber wollte in der palästinensichen Revolutionsbewegung kein Institut für eigene Bereicherung sehen.

Von vornherein war die Verteilung der Kräfte in Tripoli ungleich: Auf der Seite des Oberst stand die syrische Artillerie, die sich auf die Palästinenserlager Badawi und Nahr al-Bared einschoß. Die präzisen Granateinschläge veranlaßten Abu Jihad, das Hauptquartier der PLO-Führung in die Stadt Tripoli zu verlegen. Die Lagerbewohner protestierten gegen den damit verbundenen Abzug der Elitestreitkräfte, denn nun waren sie den Syrern hilflos ausgeliefert. Arafat bezog in der Stadt ein Gebäude, das geschützt zwischen Hochhäusern lag. Die syrische Artillerie beschoß nun das Stadtzentrum von Tripoli, die Bewohner flohen aus ihren Häusern.

Am 7. Oktober 1983 mußte Abu Jihad feststellen, daß viele seiner Kämpfer nicht mehr daran glaubten, in der nordlibanesischen Stadt ausharren zu können. Einige der Einheiten wollten sich nicht länger dem wirkungsvollen Artilleriebeschuß durch die Syrer aussetzen: Sie wechselten die Fronten. Arafat erkannte, daß Aussicht auf finanzielle Belohnung nicht alle Fedajin in seinem Lager hielt. Die auf der Landseite komplett eingeschlossene Küstenstadt wurde für ihn zur Falle. Er mußte damit rechnen, daß israelische Schnellboote ihm den Seeweg abschnitten. Jetzt war wieder sein Geschick als Verhandler gefragt.

Er wandte sich an Juri Andropow, der jetzt der starke Mann der UdSSR war. Doch der Generalsekretär der KPdSU war alt und kränklich. Seine Meinung war in Damaskus nicht sonderlich gefragt. Als Andropow von den Syrern verlangte, mit Jassir Arafat müsse verhandelt werden, reagierte der syrische Außenminister Abdel Halim Khaddam mit der Bemerkung, er habe keine Zeit, sich mit Arafat auseinanderzusetzen.

Nicht die Sowjetunion erwies sich in dieser kritischen Zeit als Helfer, sondern das Ölkönigreich Saudi-Arabien. Im Gespräch mit Bundeskanzler Helmut Kohl, der sich damals als Staatsgast in Djedda aufhielt, sagte König Fahd, allein die PLO unter Führung von Arafat sei der Repräsentant des palästinensischen Volkes. Eine Friedenslösung im Nahen Osten habe nur dann Aussicht, wenn Arafat an den Verhandlungen beteiligt werde. König Fahd – das war aus seinen Worten zu entnehmen – war darum bemüht, den PLO-Chef aus der Falle Tripoli zu befreien.

Dem Einfluß des saudiarabischen Monarchen verdankte Arafat, daß ihm Syrien eine Frist gewährte. Oberst Saeed Musa erhielt aus Damaskus keine Genehmigung zum Sturm auf Tripoli. Um die Verteidiger einzuschüchtern, schoß die syrische Artillerie, die auf der Hügelkette im Osten der Stadt Position bezogen hatte, die Raffinerie in Brand. Gewaltig war die fettigschwarze Rauchwolke, die das Sonnenlicht von Tripoli abhielt; Angst herrschte vor giftigen Gasen, die durch den Brand freigesetzt werden konnten.

Tripoli ist Anfang November 1983 zur Geisterstadt geworden. Ein Gebäude nach dem anderen wird durch Einschläge schwer beschädigt. Die sunnitischen Sheikhs, die Arafat und Abu Jihad sieben Wochen zuvor zu ihrem Schutz geholt hatten, begriffen, daß die Anwesenheit dieses Arafat den Untergang ihrer Stadt bedeutet. Am 8. November treffen sich die Sheikhs mit dem PLO-Chef und bitten ihn, er möge die Stadt verlassen – nur durch seinen Abzug könne sie noch gerettet werden. Am Abend desselben Tages geht das Gerücht in Tripoli um, Arafat sei in einem französischen Armeehubschrauber abgeflogen – er habe seine Streitkräfte schmählich verlassen. Am folgenden Tag zeigt sich Arafat im Krankenhaus von Tripoli. Er besucht Verwundete.

Im Palästinenserlager Nahr al-Bared hatte Abu Jihad über eine Radiostation verfügt, die zwar nur mit schwacher Leistung ausstrahlte, die aber trotzdem im nördlichen Libanon Arafats Meinung verbreitete. Diese Radiostation war den Rebellen in die Hände gefallen und sofort in Betrieb genommen worden. Sie sendeten nun die Aufforderung an die »Arafatisten«, sich zu ergeben.

Das Drängen der Sheikhs von Tripoli wird heftiger. Ihr Sprecher, Sheikh Mohammed Shaban sagt: »Unsere Stadt gehört nicht Arafat – aber auch nicht Oberst Musa. Sie gehört allein den Menschen, die hier wohnen!« Arafat weiß, daß er momentan diesem Sheikh ausgeliefert ist. Er antwortet: »Ich begebe mich unter den Schutzschirm der islamischen Stadt Tripoli!«

Oberst Musa sieht sich am 11. November als Sieger. Er verkündet: »Arafat muß seine Waffen niederlegen, dann kann er in Tripoli bleiben – wie jeder andere palästinensische Flüchtling!« Der Oberst gibt der Organisation, die er offenbar zum Sieg geführt hat, die Bezeichnung *Al-Fatah at-Tashik* – Die »Reformierte Al-Fatah«.

Am 21. November befiehlt der Oberst seinen Einheiten, den Stadtteil Zahrie zu erobern – dort befindet sich Arafats Hauptquartier –, doch dazu kommt es nicht mehr. Waffenruhe tritt in Tripoli ein. Bekannt wird, daß der syrische Präsident, von König Fahd gebeten, Oberst Musa neuerlich Zurückhaltung auferlegt hat, bis eine Verhandlungslösung gefunden wird. Aus

der Waffenruhe wird Waffenstillstand. Er ist in Damaskus ausgehandelt worden. Daß für die »Reformierte Al-Fatah« der jetzt von Damaskus geforderte Verzicht auf die Vernichtung der PLO des Jassir Arafat ein Problem darstellt, ist offensichtlich. In seinem Befehlsstand vor Tripoli erklärt Oberst Musa: »Wir wissen, daß sich König Hussein von Jordanien und Arafat zusammengetan haben, um auf amerikanische Friedenspläne einzugehen. Verhindert werden muß, daß die beiden Erfolg haben!« Sein Stellvertreter Abu Saleh greift Arafat direkt an: »Wir können ihm nicht mehr vertrauen. Er und Abu Jihad sind verweichlicht. Wir aber sind die Reinen und die Harten von Al-Fatah. Wir brauchen nicht die Millionen, über die Arafat verfügt!«
Doch auch in diesem Konflikt siegt das Geld: Mit finanziellen Zuwendungen kann König Fahd den Mächtigen in Damaskus dazu bringen, einem Lösungsplan für den Konflikt in Tripoli zuzustimmen. Er trägt die Bezeichnung »Saudi-syrischer Plan«. Sein Kernsatz ist: »Alle palästinensischen Kämpfer ziehen aus Tripoli ab.«
Erst am 20. Dezember 1983 verläßt Arafat mit 4000 seiner Kämpfer die nordlibanesische Stadt. Griechische Schiffe transportieren die Palästinenser in verschiedene arabische Länder. Französische Kriegsschiffe überwachen und schützen die Aktion. Die »Reformierte Al-Fatah« und die syrischen Artillerieverbände ziehen sich von Tripoli zurück. Obgleich Arafat ihnen entwischt ist, feiern Oberst Musa und Abu Saleh einen Erfolg: Arafat und seine Anhänger sind aus dem Libanon vertrieben. Sie besitzen keine Basen in der Bekaa-Ebene mehr.
Kaum ist der PLO-Chef aus Tripoli entwischt, fliegt er nach Cairo zu Husni Mubarak. Der ägyptische Präsident weiß nur noch den einen Rat, Arafat möge sich mit König Hussein verbünden. Gemeinsam könnten sie es schaffen, die US-Regierung zu überzeugen, daß Israel der Gründung des Ministaats der Palästinenser zustimmen müsse.

König Hussein – Geburtshelfer des Palästinenserstaats?

Schon einmal, am 5. April 1983, lag ein unterschriftsreifes Dokument vor, das die Partnerschaft zwischen König Hussein und Arafat besiegeln sollte. Es war nach Verhandlungen zustande gekommen, die ein halbes Jahr gedauert hatten. Zu überwinden gewesen war die Kluft, die der jordanische Bürgerkrieg ein Dutzend Jahre zuvor aufgerissen hatte: Damals hatte die Beduinenarmee des Königs nach brutalen und blutigen Kämpfen die Kampforganisationen der Palästinenser aus Jordanien vertrieben. Auf die Frage, wie er es fertiggebracht hatte, zu vergessen, daß Hussein für den Tod von mindestens zehntausend Palästinensern verantwortlich war, antwortete Arafat: »Im Interesse der Zukunft haben wir die Vergangenheit vergessen!«

Am 5. April 1983 hat Arafat die jordanische Hauptstadt verlassen, mit dem Versprechen, rasch zurückzukommen, um das Dokument der Partnerschaft zu unterzeichnen. Doch der PLO-Chef kehrte nicht wieder; starke Kräfte innerhalb der PLO – und dazu gehörte Abu Jihad – verhinderten damals, daß König Hussein im Namen der Palästinenser Verhandlungen mit den USA und mit Israel aufnahm mit dem Ziel, die Voraussetzungen zu schaffen für die Gründung des Palästinenserstaats im bisher noch besetzten Gebiet.

Arafat stellte bald fest, wer die Gremien der PLO zur Ablehnung der Partnerschaft angestachelt hatte: Hafez al-Assad wollte nicht zulassen, daß König Hussein die Interessen der Palästinenser vertrat. Diese Aufgabe hatte sich der syrische Präsident selbst vorbehalten.

Diese Episode hatte sich vor dem Hinauswurf des PLO-Chefs aus Damaskus und vor dem Ausbruch des palästinensischen Bruderkriegs in Tripoli abgespielt.

Hussein hätte nach der Blamage der Unterschriftsverweigerung durch Arafat die »Liquidation« des PLO-Chefs in Tripoli gerne gesehen. Sie hätte dem König die unangefochtene Position eines Vertreters der Palästinenser bei internationalen Verhandlungen eingebracht. Arafats Errettung schmälerte Husseins politische Basis wieder: Er mußte – auf Drängen von Ronald Reagan – Bereitschaft zu neuen Verhandlungen mit Arafat zeigen.

Mitte Februar 1984 lud der amerikanische Präsident Reagan König Hussein und Präsident Mubarak ins Weiße Haus nach Washington ein. Mubarak hatte dabei die Aufgabe übernommen, dem König die Zusammenarbeit mit Arafat doch noch schmackhaft zu machen. Der Ägypter pries den Palästinenserführer mit den Worten: »Mister Arafat ist ein Führer seines Volkes, der sich seiner Verantwortung bewußt ist. Er hat dazuhin unter schwierigsten Umständen beachtlichen Mut bewiesen.«
Doch König Hussein war vorsichtig, denn sein Botschafter in Washington berichtete ihm von seltsamen Vorgängen: Da waren Treffen beobachtet worden zwischen Mitgliedern der PLO-Delegation bei den Vereinten Nationen mit Mitarbeitern des State Departments. Die amerikanische Regierung führte offenbar verdeckt Gespräche mit der Palästinenserorganisation. Sie standen im Widerspruch zur bindenden Zusage des State Departments, es werde prinzipiell nicht mit der Palästinenserorganisation gesprochen.
Da der König über Monate hin keine Bereitschaft zeigte zur Kontaktaufnahme mit der PLO, setzte Arafat – auf Anregung des amerikanischen Präsidenten – ein unmißverständliches Zeichen: Er berief den Palästinensischen Nationalrat zu seiner 17. Sitzungsperiode in die jordanische Hauptstadt ein. Er wollte damit dem Monarchen signalisieren, er begebe sich und die PLO unter königliche Obhut.
Arafat rechnete damit, für seine Geste der Aussöhnung mit Hussein von einer Vielzahl der Delegierten des Nationalrats beschimpft zu werden. Er kam allen Angriffen zuvor: Am frühen Morgen des 28. November 1984 – noch vor Sitzungsbeginn – erklärte er seinen Rücktritt von der Position als PLO-Chef. Um zu zeigen, daß ihm dieser Schritt ernst war, setzte er sich unter die Delegierten. Er trat dabei betont bescheiden auf.
Sofort waren Sprechchöre zu hören, die Arafat aufforderten, an der Spitze der palästinensischen Bewegung zu bleiben. Männer, in der traditionellen Kleidung der Palästinenser, traten zu ihm und holten ihn auf die Bühne. Arafat benahm sich so, als ob er alle Ehrungen abwehren wolle. Schließlich aber setzte er sich doch wieder auf den Platz des Präsidenten der Palästinensischen Befreiungsbewegung.
In kleinem Kreis bekräftigte Arafat am Abend, er habe den

Rücktritt ernstgemeint. Seine Absicht sei es gewesen ein anderes Leben führen zu wollen. Alles habe er der palästinensischen Bewegung geopfert. Er sei jetzt 56 Jahre alt und habe keine Familie. Sein Privatleben sei völlig arm. Jetzt aber habe er genug erduldet. Daß er angeklagt werde, ein Verräter zu sein, brauche er sich nicht gefallen zu lassen.

Er täuschte sich, wenn er glaubte, die Akklamation durch die Masse der Nationalratsdelegierten habe die Kritiker in den eigenen Reihen zum Schweigen gebracht. Außerhalb des Sitzungssaals verlangten sie, er habe sich für Kontakte zur amerikanischen Regierung zu rechtfertigen. Zu Arafats Verblüffung gehörten auch Abu Jihad und Abu Ijad zu denen, die eine offene Diskussion der Politik des PLO-Chefs forderten. Die Nacht begann, die als »Nacht ohne Schlaf« in die Annalen der PLO einging.

Die Auseinandersetzung wurde eröffnet mit dem Vorwurf, die Szene der Akklamation habe Arafat inszenieren lassen, um jede Opposition im Keim zu ersticken. Arafat wurde lautstark beschuldigt, er herrsche durch einsame Beschlüsse, die er erst nachträglich billigen lasse. Wieder wurde verlangt, eine »kollektive Führung« müsse eingesetzt werden, um zu verhindern, daß der Vorsitzende Absprachen nicht einhalte. Besonders aggressiv im Streit waren Mitglieder des Zentralkomitees der Organisation Al-Fatah. Wichtige Persönlichkeiten der eigenen Organisation forderten eine grundlegende Reform der Struktur von Al-Fatah. Abu Jihad meinte, Entscheidungen müßten wieder vom Exekutivkomitee getroffen werden – wie dies am Anfang des gemeinsamen Kampfes üblich gewesen sei. Die Parole hieß plötzlich »Rückkehr zu den Anfängen«.

Arafat gab sich kompromißbereit und versprach, kollektive Führung praktizieren zu wollen. Den beiden bisher getreuen Mitarbeitern Abu Jihad und Abu Ijad aber vergab er den Aufstand vom 25. November 1984 nie.

Der Palästinensische Nationalrat genehmigte die Politik der Annäherung an König Hussein und an die USA. Diese Resolution des Nationalrats ermöglichte wiederum den Abschluß des »Ammaner Abkommens« vom 11. Februar 1985, das gemeinsames Vorgehen der jordanischen Regierung und der PLO-Führung in Richtung einer Friedenslösung vorsah. König Hussein versprach, sich für die Schaffung des Ministaats der Palästinenser einzusetzen. Israel sollte die Chance erhalten, die besetzten Gebiete gegen die Sicherheit des Friedens einzutauschen. Die griffige Formel hieß: »Land gegen Frieden«. Die freigegebenen Gebiete sollten sich autonom verwalten dürfen. Vorgesehen war jedoch eine Föderation mit dem transjordanischen Königreich.

Das »Ammaner Abkommen« erhielt sofort die Zustimmung der USA und der UdSSR. Beide Regierungen fanden die Idee einer palästinensisch-jordanischen Delegation für künftige Friedensverhandlungen erfolgversprechend. Der amerikanische Präsident schickte Richard Murphy als seinen Sondergesandten in Nahostfragen nach Cairo, Riyadh, Amman und Damaskus. Er stieß bei König Hussein auf überraschenden Widerstand – der jordanische Monarch weigerte sich plötzlich, in direkte Gespräche mit Israel einzuwilligen. Diese Haltung war deshalb seltsam, weil bekannt war, daß Hussein sich schon seit geraumer Zeit mit israelischen Politikern traf.
Es brauchte die persönliche Anstrengung des amerikanischen Präsidenten, um Hussein wieder umzustimmen. Erst am 31. Mai 1985 hatte Ronald Reagan Erfolg: Der König erklärte sich bereit zu direkten Verhandlungen. Nun aber bereitete die israelische Regierung Schwierigkeiten. Shimon Peres war Ministerpräsident geworden – er stand einem Kabinett der Nationalen Einheit vor. Er war einverstanden, daß an künftigen Friedensgesprächen eine jordanisch-palästinensische Delegation teilnahm, doch sollten ihr keine Vertreter der PLO angehören.
Arafat war durchaus bereit, auf die Forderung von Shimon Peres einzugehen. In den besetzten Gebieten lebten genügend palästinensische Persönlichkeiten, die Nationalisten waren aber keine PLO-Mitglieder. Ende Juli 1985 übergab Arafat dem jordanischen König eine Liste mit 22 Namen von Männern und Frauen, die als palästinensische Delegationsmitglieder in Frage kamen. Bemerkenswert war diese Liste deshalb, weil die Zusammensetzung zwischen Abu Jihad und Abu Ijad ausgeklügelt worden war. Beide hatten Namen ihrer Vertrauensmänner auf der Liste untergebracht. Sie enthielt einerseits folglich politische Köpfe, die für einen Verhandlungsfrieden eintraten, und andererseits Vertreter der Idee des revolutionären Volkskrieges.

Die Namensliste wurde von der jordanischen Regierung vor der Weitergabe an die Bevollmächtigten der Vereinigten Staaten von Amerika drastisch verändert. Sie enthielt schließlich nur noch sieben Namen. Gestrichen wurden sämtliche Anhänger von Abu Jihad. Die Beauftragten von Ministerpräsident Peres akzeptierten schließlich zwei Persönlichkeiten: Die eine war der Chefredakteur einer palästinensischen Zeitung, die andere war der Vorsitzende der Rechtsanwaltskammer von Gaza. Mit dieser Endfassung der Namesliste waren wiederum die jordanische Regierung und Jassir Arafat nicht einverstanden. Die Verhandlungen steckten in der Sackgasse.

Nach dem 7. Oktober 1985 drohte der völlige Abbruch der Gespräche mit der PLO. An jenem Tag hatten vier Palästinenser das italienische Kreuzfahrtschiff *Achille Lauro* entführt. Gefordert wurde von den Entführern die Freilassung von 50 palästinensischen Gefangenen aus israelischer Haft. Die Entführung wurde vor allem deshalb weltweit verurteilt, weil die vier Palästinenser einen behinderten amerikanischen Juden getötet und ins Meer geworfen hatten.

Die Affäre *Achille Lauro* war für Hussein Anlaß, Arafat aufzufordern, öffentlich den Schwur zu leisten, daß die Palästinenser auf jede Form von Gewalt verzichteten. Eine entsprechende Erklärung abzugeben, war für den Chef der PLO unmöglich – er hatte Rücksicht zu nehmen auf radikale Kräfte innerhalb seiner Organisation. König Hussein teilte daraufhin am 19. Februar 1986 der PLO-Führung mit, er sei nicht länger in der Lage, mit ihr zusammenzuarbeiten. Die Voraussetzung für eine künftige Zusammenarbeit könne erst dann gegeben sein, wenn Jassir Arafat glaubwürdig und verbindlich versichere, seine Organisation habe der Gewalt abgeschworen.

Von nun an war der »palästinensische Terrorismus« ein Argument für jeden, der den Friedensprozeß aufhalten wollte. Sprengstoffanschläge, die in Israel verübt wurden, lösten Verzögerungen der Verhandlungen aus. Diese Verzögerungen wiederum steigerten die Entschlossenheit radikal-nationalistischer Palästinenser zu Terroranschlägen. Wesentlich daran beteiligt waren die »Jihadisten«, die Anhänger des Abu Jihad. Er sah schon lange keine Chance mehr für die friedliche Annäherung zwischen der PLO und Israel. Abu Jihad plante den

Kampf – längst dachte er an *Intifada*, an den Aufstand im besetzten Gebiet.
Abu Ijad aber setzte auf eine internationale Konferenz. Sie sollte den Palästinensern die Anerkennung ihrer Rechte bringen. Diese Konferenzlösung wurde vor allem von Ronald Reagan und seinen Beratern favorisiert. Der amerikanische Botschafter in Israel wurde beauftragt, zu sondieren, welcher Konferenzrahmen von Jordanien, Israel und Ägypten akzeptiert werden könnte. Er kam rasch zur Erkenntnis, daß die israelische Regierung an keiner Friedenskonferenz teilnehmen würde, die dem jüdischen Staat die Akzeptierung eines Mehrheitsbeschlusses aufzwingen würde.
Richard Murphy setzte die Vorbereitungsarbeit des amerikanischen Botschafters in Israel fort. Ihm gelang es die Zusage zu erhalten, daß direkte Gespräche und Verhandlungen Auge in Auge das wesentliche Element der Friedenskonferenz sein sollten. Schließlich räumte Murphy als Sondergesandter des amerikanischen Präsidenten den letzten Stolperstein aus dem Weg zur internationalen Nahostkonferenz: Die israelische Regierung erhob keine Einwände mehr gegen eine palästinensische Beteiligung im Rahmen der jordanischen Delegation. Die Palästinenser sollten frei entscheiden dürfen, wer sie vertreten solle.
Übereinstimmung bestand auch darüber, daß König Hussein die Funktion des Delegationsleiters übernahm. Schweren Herzens übertrug Jassir Arafat dem jordanischen Monarchen die Verantwortung für das Schicksal des palästinensischen Volkes.

Im Oktober 1986 hatte sich in Israel eine Veränderung vollzogen, die nicht ohne Auswirkungen auf den Friedensprozeß bleiben konnte: Gemäß einer Absprache innerhalb der Regierungskoalition war Shimon Peres durch Yitzhak Shamir im Amt des israelischen Ministerpräsidenten abgelöst worden. Peres hatte die Funktion des Außenministers übernommen. Shamir war weniger überzeugt als Peres, daß eine internationale Friedenskonferenz eine für Israel annehmbare Lösung erarbeiten würde. Er brachte deshalb die Diskussion um eine palästinensische Beteiligung erneut in Gang. Mit der Politik der Verzögerung gab Shamir dem Druck konservativer Parteien in der Knesset nach. König Hussein registrierte mit Mißfallen die geringe Bereitschaft der israelischen Regierung, sich mit einer jordanisch-palästinensischen Delegation an einen Tisch zu setzen. Auch er verlor daraufhin das Interesse an einer internationalen Friedenskonferenz.

Wie miserabel der Zustand des Friedensprozesses war, zeigte sich am Verlauf der Sondersitzung der Außenminister der in der Arabischen Liga zusammengeschlossenen Staaten. Sie fand vom 8. bis zum 11. November 1987 in der jordanischen Hauptstadt statt. Geplant war die Offenlegung der Bilanz des Verlaufs der Vorbereitung der internationalen Konferenz. Doch diese Thematik interessierte bereits nicht mehr – sie wurde kaum behandelt. Den Teilnehmern der Sondersitzung war die Entwicklung des Konflikts am Persischen Golf wichtiger. Arafat mußte zur Kenntnis nehmen, daß die Schaffung einer Heimat für sein Volk den Verantwortlichen der arabischen Staaten gleichgültig war. Sie dachten nur daran, wie sie dem arabischen Bruderstaat Irak in seinem Kampf gegen Iran helfen konnten.

Der Verlauf der Sondersitzung in Amman machte den Führern des palästinensischen Widerstands deutlich, daß sie sich mehr als fünf Jahre lang hatten täuschen lassen. Monat für Monat und Jahr für Jahr waren sie auf amerikanische Friedenspläne und Initiativen hereingefallen. Profitiert von den Verzögerungen hatten allein die Israelis. Die besetzten Gebiete waren in ihrer Hand geblieben – Israel hatte die Besitzverhältnisse für den Boden nach eigenem Interesse verändern können. Gewaltsam war die Siedlungsstrategie, die Ariel Sharon erfunden hatte, vehement durchgesetzt worden. Da ihr Gewalt angetan worden war, hatte die Bereitschaft der Bevölkerung im Gebiet um Ramallah, Hebron, Jericho, Bethlehem und Ostjerusalem zugenommen, mit Gewalt zurückzuschlagen. Israel hatte diese Bereitschaft zum erstenmal am 2. Mai 1980 kennengelernt: Fedajin der Al-Fatah waren damals bis zum Haddasa-Haus in Hebron vorgedrungen – zur Bastion der jüdischen Siedler in dieser palästinensischen Stadt. Sechs Siedler waren getötet und 16 verwundet worden.
Verantwortlich für diese Aktion war Abu Jihad, Arafats Militärspezialist. Er war damals noch Kommandeur im Befehlsbunker von Fakhani gewesen. Die nächste markante Operation steuerte Abu Jihad vom Hauptquartier der PLO in Tunis aus. Am

15. Oktober 1986 warfen junge Palästinenser Handgranaten unter eine Einheit der Israel Defence Forces, die am Dung Gate im Ostteil von Jerusalem aufmarschiert war. Einer der israelischen Soldaten starb – 69 erlitten Verletzungen. Zum ersten Mal war eine palästinensische Kampforganisation aktiv geworden, die sich *Jihad al-Islamija* nannte – »Islamischer Heiliger Krieg«. Sie war von Abu Jihad aufgebaut worden, vom »Vater des Heiligen Krieges«.

»Den Boden unter den Füßen der Eroberer verbrennen«

Als Abu Jihad im Dezember 1982 auf einem griechischen Schiff nach verlorenem Kampf gegen PLO-Rebellen und Syrer aus der nordlibanesischen Stadt Tripoli geflohen war, rang er sich zum Entschluß durch, keine Versuche mehr zu unternehmen, von außerhalb der besetzten Gebiete den Kampf gegen Israel organisieren zu wollen. Zweimal waren Bemühungen gescheitert, in Ländern rings um Israel Sprungbretter zu schaffen für Guerilla-Aktionen: Jordanien und der Libanon waren verlorengegangen, weil die Interessen beider Staaten nicht mit denen der Palästinenser in Übereinstimmung zu bringen gewesen waren. War erst der Ausgangspunkt des Kampfes das besetzte Gebiet selbst, war kein kräftezehrender Konflikt mit den Interessen anderer Staaten zu erwarten.

Die Analyse der damaligen Situation der PLO, die Abu Jihad vornahm, führte ihn zu der Erkenntnis, daß die Führung des Kampfes »von außen« kein Ergebnis bringen konnte. Die Guerilla-Aktionen mußten »von innen«, vom palästinensischen Gebiet aus gesteuert und durchgeführt werden. Nicht daran zu denken war allerdings, daß Abu Jihad sich selbst in Ramallah, Hebron oder im Gazastreifen aufhielt – er wäre von den israelischen Sicherheitbehörden aufgespürt und verhaftet worden. Es blieb ihm nichts anderes übrig, als dort eine Organisation aufzuziehen, die seinen Absichten entsprach. Im Frühjahr 1984 begann die Vorbereitung zum Kampf, der in den von Israel kontrollierten Palästinensergebieten zu führen war. Abu Jihad hatte bereits den Namen für seine Art des Volkskriegs gefunden: *Intifada* – der Aufstand.

Abu Jihad, der jetzt in Tunis lebte, benötigte Personen seines Vertrauens, die in seinem Auftrag handelten. Er fand sie nicht im Gebiet westlich des Jordan; dort war die Stimmung der Bevölkerung kaum revolutionär angeheizt. In Ostjerusalem, Hebron,Ramallah und Jericho gaben die Honoratioren der traditionellen Palästinenserfamilien den Ton an. Sie befanden sich in der zweiten Hälfte der 80er Jahre eher auf der Seite von Abu Ijad – sie waren überzeugt, die Verhandlungslösung werde zur Gründung der »Miniheimat« führen. Im Gazastreifen aber lebten die Entwurzelten, die Nachkommen derer, die 1948/49 bei der Gründung Israels vertrieben worden waren und die es nicht geschafft hatten, außerhalb der alten Heimat zu leben. Sie besaßen nichts und hatten damit auch nichts zu verlieren. Diese Nachkommen waren jung: Fast die Hälfte der Bewohner des riesigen Flüchtlingslagers am Mittelmeer war unter 15 Jahren. Die Jugend besaß Kraft und Spontaneität. Sie wollte nicht in jammernde Lethargie verfallen. Wenn ihnen schon niemand half, dann waren sie bereit, selbst ihr Schicksal in die Hand zu nehmen.

Seit 1967 – seit 20 Jahren – lebten die Menschen des Gazastreifens unter der rigorosen Aufsicht der israelischen Besatzungsmacht, die jeden Ausdruck des Freiheitswillens unterdrückte. Die Alten und die Jungen hatten Tag für Tag die Patrouillen der Israel Defence Forces vor Augen, die jede Ansammlung mit Härte auseinandertrieben, die jeden verhafteten, der in Verdacht geriet, nationalistische Parolen der Palästinenser zu verbreiten. Die Lagerbewohner, die im Dreck hausten, lebten unter gewaltigem emotionalen Druck. Sie haßten die Soldaten der Israel Defence Forces – und die jungen israelischen Männer, die zum Dienst im Gazastreifen verpflichtet waren, fühlten sich durch die haßerfüllten Gesichter der Jugendlichen bedroht. Zur Entladung dieser Hochspannung fehlte nur ein Funke. Und die Voraussetzung dafür, daß die Detonation die beabsichtigte Wirkung hatte, schuf Abuz Jihad.
Er war sich bewußt, daß die verzweifelte Wut auf die Israelis als Triebkraft des Guerillakrieges nicht ausreichte. Die Organisation, die *Intifada* auszulösen und zu steuern hatte, brauchte eine handfeste ideologische Basis. In der Anfangszeit der Palästinensischen Befreiungsorganisation war der Sozialismus die

Ideologie gewesen, die auseinanderstrebende nationalistische Kräfte gebunden hatte. In der zweiten Hälfte der 80er Jahre besaß der Sozialismus keine Attraktivität mehr. Der Islam aber war zur faszinierenden Ideologie geworden. Abu Jihad hatte schon zu seiner Beiruter Zeit erkannt, daß ihm die Kraft dieser Glaubensbewegung dienlich sein könnte. Nicht umsonst hatte er für sich Ende der 70er Jahre den Kampfnamen Abu Jihad gewählt – der Vater des Heiligen Krieges. Jetzt lohnte es sich, diesen Namen zu tragen. Vom Islam inspiriert sollte der Kampf sein, den Abu Jihad zu führen gedachte.

Abu Jihad erinnerte sich, daß er als Khalih al-Wazir einst der Moslembruderschaft angehört hatte. Als führender Kopf von Al-Fatah und PLO hatte er den Gedanken aufgegeben, der Islam könne als Ideologie dem Kampf der Palästinenser nützlich sein – der Islam war von der Überzeugung abgelöst worden, der arabisch-palästinensische Nationalismus gebe der Bewegung den nötigen Schwung. Der Nationalismus hatte versagt – der Gedanke an den Islam wachte wieder auf.

Der Militärspezialist der PLO arbeitete an Plänen, deren Ziel über die Auslösung einer palästinensischen Revolution zur Gründung des Nationalstaats der Palästinenser weit hinaus ging. Abu Jihad wollte, daß ganz Arabien vom revolutionären Feuer überzogen und verändert werde. Ihm schwebte die panarabische Revolution vor zur Beseitigung der Monarchen und Präsidenten, die sich an ihrer Herrschaft festklammerten, um aus ihr möglichst viel Profit zu ziehen. Er dachte dabei vor allem an die Monarchen reicher Ölstaaten, aber auch an König Hussein von Jordanien und an den syrischen Präsidenten Hafez al-Assad. Abu Jihads Revolution sollte ein einiges Arabien schaffen – unter Führung eines jungen Idealisten. Der Typ des libyschen Revolutionsführers Moammar al-Kathafi schien dafür geeignet zu sein. Doch auf genau diese Person festgelegt hatte sich Abu Jihad nicht.

Moammar al-Kathafi, Jahrgang 1942, bot einige Vorteile: Er wirkte noch überaus jung und war geeignet, die arabische Jugend zu faszinieren. Er war, als Revolutionär, den meisten arabischen Regierungschefs verhaßt; sie bezeichneten ihn im freundlichsten Fall als unreif. Er war der Vorkämpfer eines einigen arabischen Großreiches, das vom Persischen Golf bis nach Marokko reichen sollte. Er wurde von der amerikanischen

Regierung als Feind der westlichen Welt eingestuft. Ronald Reagan hatte ihn dadurch in den Augen arabischer Revolutionäre aufgewertet, daß er seine Residenz in der Hauptstadt Tripolis durch die US-Luftwaffe hatte angreifen lassen. Moammar al-Kathafi war durch diesen, nach seiner Meinung »völkerrechtswidrigen Angriff« zum erbitterten und zähen Feind der Vereinigten Staaten von Amerika geworden.

Darüber hinaus hatte Moammar al-Kathafi einen weiteren Vorteil: Er bekannte sich ausdrücklich zur moralischen und politischen Kraft des Islam.

Abu Jihad nahm Kontakt auf zum mächtigen Mann des Ölstaats Libyen, von dem bekannt war, daß er revolutionäre Bewegungen in aller Welt großzügig unterstützte. Moammar al-Kathafi zeigte Interesse an einer Begegnung mit dem Palästinenser, der offenbar einen anderen Kurs einschlagen wollte, als Jassir Arafat. Der PLO-Chef und der libysche Revolutionsführer hatten kein Wort mehr miteinander gewechselt, seit Arafat während der israelischen Belagerung von Beirut aus der libyschen Hauptstadt die Empfehlung zu hören bekommen hatte, er möge sich, im Interesse des Nachruhms, das Leben nehmen. Die Bitte des Mitarbeiters von Arafat um einen Gesprächstermin, bot al-Kathafi die Gelegenheit, wieder Beziehungen zur palästinensischen Befreiungsbewegung aufzunehmen – ohne mit dem »verachtungswürdigen« Arafat reden zu müssen.

Die Begegnung zwischen Abu Jihad und Moammar al-Kathafi fand am 1. Februar 1987 in Tripolis statt. Sie wurde kaum beachtet, da Abu Jihad keine Persönlichkeit war, die für Zeitungsreporter und Fernsehteams interessant zu sein schien. Vom Hauptquartier der PLO in Tunis aus war Tripolis auf dem Landweg innerhalb weniger Stunden unauffällig zu erreichen.

Abu Jihad war nach Tripolis gekommen, um den Sponsor mancher revolutionären Bewegung darauf hinzuweisen, daß er sein Geld durch das Gießkannenprinzip der Spende verschwende. Der Besucher machte den Revolutionsführer auf seine eigene Volkszugehörigkeit aufmerksam: Al-Kathafi sei schließlich Araber und habe damit in erster Linie die Bewegung zu unterstützen, deren Ziel die Schaffung eines einigen Staates Arabien sei. Abu Jihad erinnerte daran, daß in Tripolis zwar das Schlagwort »Arabija Wahda!« in aller Munde sei, daß jedoch genau dort derzeit nichts unternommen werde, um dieses Vereinte Arabien Wirklichkeit werden zu lassen.

Der Libyer, der eine Periode der Frustration durchzumachen hatte, weil seine zahlreichen Bemühungen fehlgeschlagen waren, sein Land durch Vereinigung mit anderen arabischen Staaten zur Keimzelle der arabischen Einheit werden zu lassen, hörte dem Gast aufmerksam zu. Er hatte während der vergangenen Jahre der palästinensischen Befreiungsbewegung keine revolutionäre Kraft mehr zugetraut. Nach seiner Meinung hatte sich Arafat zum Partner des Westens entwickelt, der Israel akzeptiert hatte und sich mit dem Ministaat der Palästinenser zufriedengeben wollte. Abu Jihad hingegen berichtete Moammar al-Kathafi nun, daß im unterdrückten palästinensischen Volk noch Begeisterungsfähigkeit für weitgesteckte Ziele zu entdecken sei.
An jenem 1. Februar 1987 wurde in Tripolis ein Pakt geschlossen zur Vereinigung der Anstrengungen in der Absicht, Arabien durch eine gewaltige Revolution zu verändern. Festgelegt wurde, daß der Widerstand der Palästinenser im besetzten Gebiet aufgeputscht werden sollte. Der Volkskrieg der Palästinenser würde dann revolutionären Enthusiasmus in allen arabischen Staaten auslösen.
Palästina sollte zum Beispiel werden für die Befreiung der Völker und für die Vernichtung der »Unterdrücker«. Das Schlagwort wurde geboren, das bald darauf überall im Westjordanland und im Gazastreifen zu hören war: »Wir werden den Boden unter den Füßen der Eroberer verbrennen.«
Moammar al-Kathafi und Abu Jihad waren sich darin einig, daß der Islam die Ideologie der Revolution sein müsse. Der Libyer hatte sich bereits sehr intensiv mit dem Gedanken befaßt, wie die Glaubensprinzipien des Koran in politische Grundsätze umzumünzen waren. Das Ergebnis seiner Analyse und seines Nachdenkens war die »Dritte Theorie«, die den Kapitalismus und den Kommunismus als Basis der menschlichen Gesellschaftsordnung ablösen sollte. Moammar al-Kathafi war der Ansicht, sowohl der Kapitalismus als auch der Kommunismus hätten darin versagt, den Menschen Gerechtigkeit zu bringen. Al-Kathafis Analyse gipfelt in der Feststellung: »Der Kommunismus macht die Menschen zu Schafen – der Kapitalismus

macht sie zu Schweinen. Allein der Islam gibt ihnen Menschenwürde.«
Dem libyschen Revolutionsführer gefiel der Gedanke, seine »Dritte Theorie« mit dem revolutionären Geist der Palästinenser zu verbünden. Er erinnerte daran, daß vor vielen Generationen ein Prediger in der Wüste seine Erkenntnisse vom reinen Glauben an Allah mit der Kampfkraft des Stammes As-Saud verknüpft hatte und daß diese Kombination revolutionär und unschlagbar war: Dem Prediger und den Kriegern war es damals gelungen, das Reich Allahs auf der arabischen Halbinsel zu errichten, das im Westen fälschlich als »Wahabitenstaat« bezeichnet wurde. Abu Jihad und Moammar al-Kathafi sahen für ihre Revolution eine glänzende Zukunft voraus.

Nach Tunis zurückgekehrt intensivierte Abu Jihad den Aufbau revolutionärer Zellen im Gazastreifen. Er ließ Männer anwerben, die religiös orientiert waren. Das Flüchtlingslager war immer ein Nährboden gewesen für islamische Ausrichtung. Die besondere Notlage der Bewohner öffnete ihr Gemüt für Predigten, die den Anbruch einer Zeit der Gerechtigkeit prophezeiten.

Sheikh Yassin und die Hamas

Sechzehn Jahre alt war Ahmad Yassin, als er zum Flüchtling wurde. Bis zum Frühjahr 1948 hatte er im Dorf Jourah in der Nähe von Ashkalon gelebt. Sein Vater war gestorben als Ahmad noch ein Kind war; ein älterer Bruder hatte für ihn gesorgt. Ihm war Ahmad gefolgt, als die palästinensischen Familien vor den Verbänden der Haganah und der Palmach nach Süden flohen, den ägyptischen Truppen an der Mittelmeerküste entgegen. Bei der Kleinstadt Gaza entstanden Auffanglager, die Schutz boten. Im Lager Ash-Shati erhielt die Familie Yassin ein Zelt zugewiesen. Sie wartete wie mehrere tausend andere Familien auf die Möglichkeit zur Heimkehr in ihre Heimat. Die Hoffnung blieb, auch wenn es kein Anzeichen gab, daß sich die politische Situation veränderte. Allein die »Moslembruderschaft« sorgte sich um die männliche Jugend der

Flüchtlinge. Sie konnte ihnen zwar keine Arbeit verschaffen, doch sie sorgte dafür, daß sie ihre Zeit sinnvoll verbrachte: Die Moslembruderschaft stellte Betreuer, die Kenntnisse in der islamischen Glaubenslehre vermittelten – und die als Sportlehrer tätig waren. Ahmad Yassin schloß sich der Moslembruderschaft im Lager Ash-Shati an. Ein anderes Angebot an Betreuung existierte nicht. Arafat machte zur selben Zeit eine ähnliche Erfahrung: »Nur die aus ägyptischen Spendengeldern finanzierte Moslembruderschaft sorgte für die Flüchtlinge im Gazastreifen.«
Siebzehn Jahre alt war Ahmad Yassin, als er sich intensiv mit dem Koran zu beschäftigen begann. Er wurde auch sportlich aktiv. Allerdings war sein Körper seinem sportlichen Ehrgeiz nicht gewachsen: Er wollte beweisen, daß er länger auf dem Kopf stehen konnte als andere junge Männer – und er beschädigte dabei seine Wirbelsäule. Die Folge waren Lähmungen der Beine und der Finger. Sein Gehirn aber funktionierte: Ahmad Yassin schulte seinen Verstand durch Beschäftigung mit Glaubensfragen. Der Behinderte studierte mit Zähigkeit an der Ein-Shams-Universität in Cairo. Er schloß die Ausbildung als Grundschullehrer ab und kehrte nach Gaza zurück. Er wollte als Prediger tätig werden, doch seine Betonung der engen Verbindung von Religion und Politik brachte ihm Ärger ein. Die Prediger der älteren Generation waren bald gegen den jungen Geistlichen, der revolutionäre Gedanken verbreitete. Sie sorgten dafür, daß er keine offizielle Anerkennung als Prediger erhielt.
Ahmad Yassin wußte sich zu helfen: Er versammelte in einer unbedeutenden Moschee junge Männer um sich, denen er seine Überzeugung vermittelte, der Islam sei in der Gegenwart vor allem eine politische Kraft zur Neuordnung der menschlichen Gesellschaft. Er hatte mit seinen Reden Erfolg bei den jungen Menschen, deren Leben bisher ohne Sinn gewesen war. Yassin fand besonders bei Studenten Gehör.
Dr. Haidar Abdul Shafi, der palästinensische Aktivist, erinnert sich: »Als sich der palästinensisch-arabische Nationalismus als wirkungslos erwies, da predigte Ahmad Yassin die Kraft des Islam.«
Im Flüchtlingslager Gaza war bald schon nach 1948 ein Ableger der Cairoer Al-Azhar-Universität gegründet worden, als re-

ligiös orientiertes Lehrinstitut. Den Lehrkräften stand Sheikh Mohammad Awwad vor, ein Geistlicher ohne politische Ambitionen, der die traditionelle Lehre vertrat.
Das konservative Institut zu reformieren, gelang Sheikh Yassin nicht. Ihm kam deshalb der Einfall, eine zweite islamische Hochschule zu gründen. Anfang der 70er Jahre wandte er sich deshalb an die königliche Familie von Saudi-Arabien. Sie sah in der Neugründung eine Chance, Einfluß zu gewinnen auf die junge Generation – als Gegenpol zur ägyptisch ausgerichteten Moslembruderschaft. Sie genehmigte Gelder zum Aufbau der Islamischen Universität Gaza.
Zu Beginn des Jahres 1974 lag dafür die Genehmigung der israelischen Regierung vor. Sie glaubte durch eine Erziehung im religiösen Geist werde es gelingen, unter den Palästinensern eine Balance zu schaffen gegen die Macht der Al-Fatah. Der Hintergedanke war, die jungen arbeitslosen Männer mit religiösen Fragen zu beschäftigen, um sie von den Zirkeln fernzuhalten, die das Gedankengut der Al-Fatah verbreiteten. Sheikh Ahmad Yassin durfte sich mit israelischer Erlaubnis zum »Gegenpol« des Jassir Arafat entwickeln. Die Absicht der Israelis war, beide gegeneinander auszuspielen.
Die Islamische Universität Gaza und der Ableger der Cairoer Al-Azhar-Universität waren Konkurrenzinstitute, doch sie ergänzten sich, da sie unterschiedliche Typen von Studenten anzogen. Wer ein normaler Geistlicher werden wollte, der ließ sich von der Al-Azhar-Zweigstelle ausbilden. Wer sich für Palästina und für ein starkes und einiges Arabien einsetzen wollte, der meldete sich zu den Kursen des Sheikhs Ahmad Yassin an.
Erstaunlich war, daß die saudiarabische Finanzhilfe dem Institut trotz der revolutionären Ausrichtung erhalten blieb. Zurückzuführen ist diese Bindung auf die stetige Kooperation mit der saudiarabischen Universität Al-Medina. Die Lehrpläne entsprachen sich. Die Islamische Universität konnte als Ableger der Medina-Hochschule gelten.
Vom Jahr 1985 an spürte auch die traditionelle Hochschule vermehrt den Einfluß der Palästinenser, die frustriert waren durch die vorgetäuschten und folglich vergeblichen Versuche der amerikanischen und israelischen Regierungen, Friedenspläne zu initiieren. Die Al-Azhar-Zweigstelle konnte sich unter dem

Druck der wachsenden Unzufriedenheit nicht mehr länger unpolitisch verhalten. Sheikh Mohammad Awwad mußte zulassen, daß Lehrkörper und Studenten Sympathie für die Palästinensische Befreiungsorganisation bekannten. Sie diskutierten, wie der Ministaat trotz aller Widerwärtigkeiten doch noch verwirklicht werden könnte. Die Islamische Universität aber, deren Gebäudekomplex direkt neben dem Ableger von Al-Azhar erbaut worden war, propagierte den bewaffneten Kampf gegen die israelische Besatzungsmacht. Die Islamische Universität wurde Heimat der sehr aktiven Kampforganisation *Jihad al-Islamija* – Heiliger Islamischer Krieg.

Ihre Mitglieder führten nur selten spektakuläre Anschläge aus, die in den Medien weltweit Beachtung fanden. Sie verübten Morde durch Messerstiche. Ihre Opfer waren israelische Soldaten im Gazastreifen und palästinensische Kollaborateure, die der Besatzungsmacht halfen. Der führende Kopf von Jihad al-Islamija war Abu Hasan Qasem, der sich »Emir des Heiligen Krieges« nennen ließ. Er galt als überzeugter Moslem und als gnadenloser Feind der Israelis. Abu Hasan Qasem sagte über sich selbst: »Ich habe nur einen Beruf, den eines Kämpfers für das unterdrückte Volk der Palästinenser!«

Der »Emir des Heiligen Krieges« starb im Februar 1988 in der Stadt Limasol auf Zypern, zusammen mit zwei anderen Organisatoren der Jihad-Organisation. Beim Anlassen des Motors war eine Sprengladung unter ihrem Kraftfahrzeug detoniert. Die Täter wurde nie gefunden.
Sheikh Ahmad Yassin sympathisierte mit Jihad al-Islamija, doch er setzte keine Hoffnung auf sie. Er glaubte nicht, daß ihre Aktionen dem israelischen Gegner wirklich schaden konnten. Der Sheikh war der Meinung, allein eine Massenbewegung werde Israel in Schrecken versetzen können. Er war entschlossen, mit den vielen jungen Männern, die auf ihn hörten, eine schlagkräftige Organisation zu gründen.
Als Basis entstand zunächst eine Gruppierung, die wohltätigen Zwecken dienen sollte. Sie wurde *Mujama* genannt – das Wort läßt sich mit »Religiöse Vereinigung« übersetzen. Muajama verbreitete sich mit Unterstützung der israelischen Behörden und hatte bald überall im Gazastreifen Stützpunkte. Die Keimzellen für die Widerstandsbewegung wurden geschaffen. Den

Namen fand Sheikh Ahmad Yassin rasch: Islamische Widerstandsbewegung – Harakat al-Mugawama al-Islamija. Aus Lauten der arabischen Bezeichnung formte er das Namenskürzel *Hamas*. Im Stadtteil Jawarat asch-Schams in Gaza steht das unscheinbare Haus, in dem der Sheikh seinen Anhängern von der Pflicht zum heiligen Kampf predigte. Das Haus und ein kleines Stück Land hatten sie ihm geschenkt. Der gelähmte Ahmad Yassin lag bei solchen Gelegenheiten auf einer Matratze. Er konnte sich nicht bewegen, doch seine Rede war feurig. Scharf waren seine Angriffe auf die israelische Besatzungsmacht, die er als den Feind des Islam bezeichnete. Aufschlußreich war seine Analyse der Situation des palästinensischen Widerstands. Der Sheikh erkannte, daß nach der Spaltung der PLO in die Fraktionen des Jassir Arafat und des Obersten Musa die militärische Schlagkraft dieser Organisation schwach war, daß auch ihre politische Durchsetzungsfähigkeit gelitten hatte. Arafat, so meinte der Sheikh, sei zwar aus dem Nordlibanon entkommen, doch sei sein Abgang nicht ruhmvoll gewesen. Arafats Schwäche erzeuge ein Vakuum auf militärischer und politischer Ebene – dieses Vakuum müsse vom Islam ausgenützt werden. Al Fatah habe den Kampf aufgegeben; die islamische Kampforganisation werde den Krieg fortsetzen. Der Gazastreifen sei dazu bestimmt, Schauplatz des Krieges zu werden.
Der Sheikh hatte die Polarisierung der PLO-Politik erkannt. Er sah, daß zwei Persönlichkeiten der Organisation jeweils ihren Willen aufzwingen wollten: Da war der Kämpfer Abu Jihad und auf der anderen Seite der zum Diplomaten gewordene frühere Kämpfer Abu Ijad. Sheikh Yassin erklärte, es dürfe nicht geschehen, daß Abu Ijad die Palästinenser zur Kapitulation vor Israel und vor den USA führe. Der Sheikh war zum Verbündeten von Abu Jihad geworden. Sie koordinierten ihre Interessen, als der »Aufstand der steinewerfenden Jugendlichen« losbrach.

Intifada

Ein Autounfall auf der israelischen Schnellstraße beim Grenzpunkt Erez löste den Aufstand aus: Ein Lastwagen der Israel Defence Forces fuhr in eine Kolonne entgegenkommender Autos und tötete vier palästinensische Arbeiter, die im Flüchtlingslager Jabalia bei Gaza zu Hause waren. Die Bewohner der primitiven Quartiere von Jabalia glaubten nicht daran, daß die vier Männer durch einen Unglücksfall ihr Leben verloren hatten. Alle waren überzeugt, der Lastwagenfahrer habe sie bewußt getötet.

Der 9. Dezember 1987 war der Tag der Beerdigung. Wütend demonstrierten die Massen auf den Lagerstraßen von Jabalia. Mit Steinwürfen vertrieben sie israelische Patrouillen, die versuchten, den Massenprotest einzudämmen. Die Wütenden kamen auch bei Nacht nicht zur Ruhe.

Am folgenden Tag entwickelte sich die Demonstration zum organisierten Aufstand. Er weitete sich von Jabalia nach Gaza aus. Der lang angestaute Druck entlud sich. Die jungen Palästinenser befreiten sich vom Gefühl der Wehrlosigkeit. Sie hatten Erfolg. Aus der Stadtmitte wurden die israelischen Soldaten vertrieben. Jabalia und Gaza wurden zum Höllenkessel für die Israel Defence Forces.

Die Organisatoren des Aufstands blieben zunächst verborgen. Die Kommandeure der IDF in Gaza ahnten, wer dahintersteckte. Da waren in der Nacht zum 7. Mai 1987 sechs Palästinenser aus dem streng bewachten Militärgefängnis in Gaza in einer tollkühnen Aktion ausgebrochen. Ihr Anführer hieß Imad Sawtawi. Es gelang ihm in Gaza unterzutauchen – zusammen mit vier Männern, die mit ihm Bewacher, Gefängnistore und Stacheldraht überwunden hatten. Einer der Ausbrecher war von den Verfolgern gefaßt worden.

Imad Sawtawi war der Einpeitscher, der fortan Tag für Tag die Emotionen anheizte. Ihm zur Seite standen schon am zweiten Tag nach Ausbruch der *Intifada* die Anhänger des Sheikhs Ahmad Yassin: Er hatte am 10. Dezember 1987 beschlossen, daß die jungen Männer, die zu seinem Kreis gehörten, die Aktivisten des Aufstands sein sollten. Jetzt trat die Organisation an die Öffentlichkeit, die bis zu jenem Tag nur in der Vorstellung des Geistlichen exisiert hatte: die Kampforganisation *Hamas*.

Erstaunlicherweise blieben die Kontakte zwischen Hamas und den israelischen Behörden erhalten. Verwunderung erregte, daß Hamas-Aktivisten über Monate des Aufstands hin nicht verhaftet wurden.

Im Hauptquartier in Tunis wurde die PLO-Führung von den Ereignissen in Jabalia und Gaza überrascht. Weder Jassir Arafat noch Abu Jihad hatten den Befehl zum Aufstand gegeben. Die aufgeheizte Stimmung in den Flüchtlingslagern des Gazastreifens war ihnen vertraut – insbesondere nach dem Scheitern der Gipfelkonferenz der arabischen Präsidenten und Könige, die vom 8. bis zum 11. November 1987 in der jordanischen Hauptstadt Amman stattgefunden hatte. Daß dort das Thema »Palästinenser« als unwichtig abgetan worden war, hatten die Lagerbewohner durch die Prediger der Moscheen rasch erfahren. Daß Frustration und Verzweiflung allerdings derartige Ausmaße angenommen hatten, war den Verantwortlichen in Tunis unbekannt.

Abu Jihad begriff sofort, daß der Aufstand die Gelegenheit bot, seine Absicht eines Volkskrieges zu verwirklichen, der zuerst Palästina befreien und dann ganz Arabien mit revolutionärem Feuer überziehen sollte. Für Abu Jihad war *Intifada* der Schock, der den gesamten Nahen Osten erschüttern sollte. Er fürchtete nur, daß die Welle der wütenden Demonstrationen wieder abflauen könnte. Er mußte die Organisation von *Intifada* in seine Hände bekommen. Der eben erst entstandenen Hamas-Organisation traute er die Fortführung des Aufstands bis zum Sieg über die israelische Besatzungsmacht und bis zum Ausbruch der Revolution in Arabien nicht zu.

Abu Jihad hatte vorgesorgt. Mit den Geldern, die er vom libyschen Revolutionsführer Moammar al-Kathafi erhalten hatte, waren nach seinen Plänen in den besetzten Gebieten »Jugendkomitees« entstanden, die als Kader gedacht waren für die Stunde des Volksaufstands. Diese Jugendkomitees wurden nun aktiviert und sofort in Volkskomitees umbenannt. Abu Jihad befolgte damit Ratschläge, die ihm Moammar al-Kathafi gegeben hatte. Die Volkskomitees für den Aufstand sollten in allen Palästinensersiedlungen eingerichtet werden. Am 20. Dezember 1987 erging per Kurier der entsprechende Befehl aus dem PLO-Hauptquartier in die besetzten Gebiete.
Von nun an versuchte Abu Jihad aus der Ferne *Intifada* zu steu-

ern. Er selbst verfaßte Flugblätter, die im Gazastreifen verteilt wurden. Er formulierte Parolen, die dem Aufstand Dauer verleihen sollten. Diese Parolen wiesen in die Zukunft: »Aus dem Krieg der steinewerfenden Jugendlichen muß sich ein Feuerbrand entwickeln. Die ständige Eskalation des Kampfes muß den Feind verunsichern, muß ihn demoralisieren. Der Feind darf keine Minute zur Ruhe kommen bis er erschöpft zusammenbricht!«
Sheikh Ahmad Yassin verfolgte mit Betroffenheit, daß *Intifada* von Tunis aus Befehle bekam, die auch weitgehend befolgt wurden. Ihn störte gewaltig das Fehlen islamischer Bezüge in den Anweisungen aus dem PLO-Hauptquartier. Der Gründer der islamischen Organisation *Hamas* wollte sich die Führung des Aufstands nicht aus der Hand nehmen lassen.
Sheikh Ahmad Yassin hatte zwei entscheidende Vorteile gegenüber Abu Jihad: Er befand sich vor Ort in Gaza, während Abu Jihad weit entfernt »vom Schuß« in Tunis lebte und arbeitete. Wichtiger aber war noch, daß Ahmad Yassin direkten Einfluß nehmen konnte auf das Geschehen. Dank seiner jahrelangen Vorarbeit kontrollierte er die Prediger von rund 100 Moscheen in Gaza und in den Palästinenserlagern zwischen Eretz und Rafah. Von der Al-Abbas-Moschee aus teilte er den Predigern mit, was sie während des Freitagsgebets den Gläubigen zu verkünden hatten. Es erwies sich als vorteilhaft, daß der Sheikh vom Beginn seiner politisch-religiösen Tätigkeit an die Moschee als Instrument der Lenkung und Beeinflussung betrachtet hatte. Die Moschee war für ihn nicht der Ort der Erbauung und der moralischen Stärkung. Die Moschee diente dazu, die Gläubigen auf den rechten Weg zur Veränderung der menschlichen Gesellschaft im Sinne der islamischen Regeln zu führen. Sheikh Ahmad Yassin war überzeugt, er folge damit dem Willen des Propheten Mohammed, der die Moschee in Medina zum Zentrum der politisch-militärischen Ausbreitung des Glaubens gemacht hatte. Seit der Zeit des Propheten waren die Gläubigen bereit, sich von Predigern leiten zu lassen – wenn diese Prediger Meister der Überzeugung waren.
Die von den arabischen Politikern enttäuschten Palästinenser der Elendsviertel des Gazastreifens, die auch nichts mehr zu erwarten hatten von internationalen Friedenskonferenzen, nahmen willig Parolen an, die verkündeten, der Kampf führe zum

Sieg des Islam über die Unterdrücker. Das Vorbild sei der Prophet selbst, der einst den Gläubigen vorangeschritten sei auf dem Weg zum Sieg. Hundert begabte und überzeugte Prediger vermochten an den Freitagen die Gemüter der gläubigen Jugend anzuheizen.

Dem Sheikh stand das unmittelbare Wort zur Verfügung, das er an die Menschen von Gaza richten konnte. Abu Jihad aber mußte schriftlich mitteilen, was er den Palästinensern in den Lagern sagen wollte. Der Umweg der Mitteilung war lang, zeitraubend und schmälerte die Überzeugungskraft.

Doch Abu Jihad hatte dem Sheikh etwas voraus: Er verfügte über beachtliche Geldbeträge, die ihm Moammar al-Kathafi zur Verfügung stellte, und ließ der revolutionäre Druck nach, hatte Abu Jihad immer noch materielle Anreize zu bieten. Mit Geld konnten seine Vertrauten im Gazastreifen junge Männer dafür gewinnen, Tag für Tag Steine gegen isarelische Patrouillen zu schleudern. Abu Jihads »Volkskomitees« existierten vom libyschen Geld.

Abu Jihad reiste im Herbst 1987 und im Frühjahr 1988 mehrmals von Tunis nach Tripolis. Er stattete seinem Geldgeber, dem libyschen Revolutionsführer, Bericht ab über die Entwicklung der Intifada. Er teilte mit, daß er an einer »Verfassung« für den Aufstand arbeite, die der Revolution Bestand geben werde, und die das Geschehen im Jabalia und Gaza in einen Rahmen stelle, der ganz Arabien umfasse. Abu Jihad gab sich nach Wochen noch überzeugt, die Rebellion werde die Stacheldrahtgrenzen des Gazastreifens überspringen und ganz Arabien in den Taumel der Revolution versetzen. Zweifelhaft ist, ob Moammar al-Kathafi auch nach acht Wochen Dauer der Intifada noch an ihren weitergreifenden Erfolg glaubte. Sicher ist allein, daß er die Bemühungen des Abu Jihad weiterhin finanziell unterstützte.

Der Revolutionsführer in Tripoli bekam Flugblätter vorgelegt, deren Texte auf den Leser fern vom Ort der Ereignisse durchaus überzeugend wirken konnten. Da hatte Abu Jihad in Tunis Parolen formuliert, wie:
»Unsere Kämpfer werden die Schnellstraßen im besetzten Gebiet blockieren. Versperrt werden die Wege für die Truppen der Besatzungsmacht. Unsere Kämpfer werden die feigen Zionisten daran hindern, in die Lager und in unsere Ansiedlungen

einzudringen. Brennende Autoreifen werden Barrikaden bilden – Palästinensische Barrikaden, nicht die Sperren der Zionisten. Palästinensische Steine werden auf die Köpfe der Israelis niederprasseln. Die Feinde werden sich erschreckt zurückziehen vor der Entschlossenheit palästinensischer Kämpfer!« Auf die Aktivisten der Intifada in Jabalia und Gaza wirkten solche Texte eher seltsam. Die Flugblätter aus Tunis fanden nur geringe Resonanz am Ort der Intifada.

Die Geistlichen, die auf Sheikh Ahmad Yassin hörten, sorgten dafür, daß die Palästinenserlager die Hölle blieben für die Soldaten der Israel Defence Forces. Die Schwerbewaffneten konnten sich nur noch auf eigens abgesicherten Plätzen hinter Stacheldraht und Betonwällen aufhalten. Hagel von Steinen prasselten auf sie nieder, wenn sie sich auf den Straßen zeigten.

Die israelischen Politiker in Regierung und Opposition waren sich zu diesem frühen Stadium von Intifada darin einig, daß dieser Aufstand der steinewerfenden Jugendlichen bald schon erlahmen werde. Yitzhak Shamir, der Ministerpräsident meinte:»Wir haben den längeren Atem. Wenn wir durchhalten, werden die Steinewerfer wie ein Spuk von der Straße verschwinden. Yitzhak Rabin gab den Soldaten der Israel Defence Forces den brutalen Rat:»Brecht den Steinewerfern die Knochen!« Und häufig genug ist dieser Rat befolgt worden – Fernsehaufnahmen lieferten den Beweis. Das Resultat war, daß selbst in den USA jüdische Bürger von ihren Nachbarn gefragt wurden, ob das alles richtig sei, was da in den von Israel besetzten Gebieten geschehe.

Wer diese Bilder sah in Europa und in den USA, der traute oft seinen Augen nicht: Mit Steinbrocken zertrümmerten israelische Soldaten die Armknochen palästinensischer Jugendlicher, die geschnappt worden waren. Schüsse wurden abgefeuert auf Kinder, die Steine warfen. Zehnjährige brachen getroffen zusammen; mit Stiefeln traten IDF-Soldaten auf junge Männer und Mädchen ein, die am Boden lagen.
Bis zum Ausbruch der Intifada hatte Israel das Image aufrecht halten können, seine Kämpfer seien zwar zur Härte fähig, aber nicht zur unmenschlichen Brutalität. Nun aber bewiesen die Israel Defence Forces, daß sie nicht die Kraft hatte, mit angemes-

senen Mitteln gegen Jugendliche vorgehen, die Steine schleuderten. Den Soldaten fehlten die Nerven, um standhaft aber gelassen zu reagieren. Die Wut war ihnen ins Gesicht gezeichnet über die Provokation durch Kinder. Es geschah, daß sie aus Frustration schossen.

Vergangen war die Zeit, da Israel – in Erinnerung an die biblische Geschichte von David und Goliath – sich selbst mit dem flinken, intelligenten David vergleichen konnte, der den Kampf mit dem aufgeblasenen, schwerfälligen und dummen Goliath gewann. Jetzt glichen die überbewaffneten und unbeweglichen israelischen Soldaten dem Tölpel Goliath – während die jungen Palästinenser die flinken Steinewerfer waren. Die Israel Defence Forces überraschten die Welt nicht allein duch Brutalität – sie waren auch noch in Gefahr, sich lächerlich zu machen.

Daß Intifada propagandistisch für die Sache der Palästinenser auszuwerten war, erkannte Jassir Arafat während der ersten Wochen des Aufstands. Ihm wurde deutlich, daß die Palästinenser mit jedem Tag mehr die Gewinner dieser Auseinandersetzung wurden. Arafat hatte nur die eine Sorge, daß das revolutionäre Feuer tatsächlich die Grenzen der besetzten Gebiete übersprang. Intifada durfte nicht zum Flächenbrand werden, der die politische Situation Arabiens veränderte. Um die Gefahr einzudämmen, mußte eine personelle Veränderung an der Führungsspitze der PLO eintreten. Die Umstände dafür waren dem PLO-Chef günstig.

Der Tod des Abu Jihad

Jassir Arafat hatte sich über Abu Jihads Eigenmächtigkeit geärgert: Die Reisen nach Tripolis waren nicht in seinem Sinne gewesen. Moammar al-Kathafi hatte sich in der Zeit davor geweigert, Arafat in der libyschen Hauptstadt zu empfangen. Daß Abu Jihad es trotzdem gewagt hatte, mit dem Revolutionsführer ein Bündnis einzugehen, konnte Arafat nicht verzeihen. Das Ziel dieses Bündnisses paßte nicht zu seinen Absichten. Arafat dachte nicht daran, die arabische Welt durch revolutionäres Feuer zu verändern. Er wollte mit den bestehenden Regimen zusammen die Voraussetzung schaffen, daß eine für die Palästinenser annehmbare Lösung des Nahostkonflikts gefunden werden konnte. Arafat sah deshalb keine Notwendigkeit, König Hussein von Jordanien, den ägyptischen Präsidenten und die königliche Familie von Saudi-Arabien durch eine Revolution zu gefährden. Er sah sich als Partner dieser Staatschefs und nicht als ihr Feind. Auch gehörte die Zerstörung des Staates Israel nicht mehr zu den Zielen seines Kampfes. Seine Erklärung, Palästina werde neben Israel in friedlicher Koexistenz leben, war nicht ein wertloses Lippenbekenntnis, sondern war ernst zu nehmen. Diese Erklärung stand in absolutem Widerspruch zu den von Abu Jihad formulierten Kampfzielen.

Arafat begriff, daß die Eigenmächtigkeit seines Militärspezialisten letztlich zu dessen Eigenständigkeit führen mußte. Abu Jihad baute sich im besetzten Gebiet ein Netz von »Volkskomitees« auf, das dem Einfluß des PLO-Führers entzogen war. Es entstand in Palästina eine andere Palästinensische Befreiungsbewegung, die sich voraussichtlich schon in kurzer Zeit nichts mehr von Arafat befehlen ließ. Es war nur eine Frage der Zeit, bis die PLO der besetzten Gebiete ihre Unabhängigkeit erklärte von der PLO in Tunis. Schmerzlich empfand der PLO-Führer seine eigene räumliche Entfernung von Palästina.

Seit seiner Anfangszeit als Anführer einer Commando-Organisation lebte Arafat in der Sorge, irgend jemand werde ihn beiseite schieben; einer werde kommen, um die Führung über die Fedajin an sich zu reißen. Argwohn war in dieser Zeit zu einem wesentlichen Element seiner Existenz geworden. In Amman und in Beirut hatte er darauf geachtet, daß keine Persönlichkeit seines Stabes zu mächtig wurde – niemand durfte »eigenmächtig« werden. Er duldete seither nur zwei Mitarbeiter neben sich: Abu Jihad und Abu Ijad. Sie vertraten unterschiedliche Ansichten – sie waren von gleichgewichtigem Einfluß und sie neutralisierten sich gegenseitig.

Arafat konnte sicher sein vor Auswüchsen des Ehrgeizes der einen oder der anderen Persönlichkeit, wenn er sie um sich hatte, wenn er beide kontrollieren konnte. Nun aber hatte Abu Jihad – der sich wohl weiterhin in Tunis aufhielt – es gewagt, die von Arafat gesteckten Grenzen zu überschreiten. Er hatte sich mit Moammar al-Kathafi verbündet, und er baute sich ein eigenes revolutionäres Kadernetz in Palästina auf.

Arafats Unruhe über diese Entwicklung steigerte sich, als er zu erkennen glaubte, daß sie eine Stärkung der Position von Persönlichkeiten förderte, die nicht abseits in Tunis lebten, sondern im besetzten Gebiet, das durch Intifada in den Blickwinkel der Welt gerückt war.

Als gefährlich für seine eigene Position mußte der PLO-Chef auch Faisal Husseini einstufen, einen entfernten Verwandten.

Faisal Husseini ist – wie Arafat – ein Mitglied des Husseini-Clans, der stolz darauf war, verwandt zu sein mit Hadsch Husseini, dem einstigen Großmufti von Jerusalem, der während der ersten Hälfte dieses Jahrhunderts als Vorkämpfer für den palästinensischen Nationalstaat galt.

Faisal Husseinis Ansehen im palästinensischen Volk wurde noch gesteigert durch die Tatsache, daß er der Sohn jenes Volkshelden Abd al-Kader al-Husseini war, der 1948 den Widerstand gegen die Gründung des jüdischen Staates angeführt hatte und in den Kämpfen um das Dorf Kastel westlich von Jerusalem gefallen war. Faisal Husseini stand seit seiner Jugendzeit unter dem Druck, in die Fußstapfen des Vaters treten zu müssen. Als junger Mann sammelte er militärische Erfahrungen in der von Syrien kontrollierten Palästinensischen Befreiungsarmee PLA. Als Artillerist nahm er, allerdings ruhmlos, am Junikrieg des Jahres 1967 teil. Nach der Niederlage gehörte er zu den Aktivisten der PLO im besetzten Gebiet. Er kam dabei auch mit Jassir Arafat in Kontakt, als dieser vergeblich versuchte, Widerstandszellen in der Gegend von Ramallah aufzubauen. Mehrmals wurde er von der israelischen Besatzungspolizei verhaftet; doch sein Name schützte ihn vor zu strenger Behandlung.

Faisal Husseini sah ein, daß der bewaffnete Kampf seine Sache nicht war und war fortan darauf bedacht, sich eine politische Basis zu schaffen. Er gründete in Jerusalem das *Center for Arab Studies*, das zum Archiv werden sollte für Veröffentlichungen über die aktuelle palästinensische Situation. Die Gründung des *Center for Arab Studies* war durch finanzielle Zuwendungen ermöglicht worden, die Abu Jihad vermittelt hatte. Das Center stand fortan in enger Verbindung zu Abu Jihad.

Die Kooperation zwischen Faisal Husseini und Abu Jihad blieb den israelischen Behörden nicht verborgen. Rechtliche Schritte gegen das Center konnten von den Behörden nicht eingeleitet werden, weil sich Faisal Husseini klugerweise hütete, von Jerusalem aus Agitation für die PLO zu betreiben. Daß der Nachkomme des Abd al-Kader al-Husseini aber durchaus politisch wirksam sein konnte, zeigte sich, als er im Juli 1986 im arabischen Teil von Jerusalem einen Generalstreik organisierte gegen den Besuch des amerikanischen Vizepräsidenten George Bush. Der Gast aus den USA war nach Israel gekommen mit der Botschaft, der amerikanische Präsident unterstütze die Gründung eines Staates der Palästinenser auf keinen Fall. Die Anweisung zum Generalstreik hatte Abu Jihad von Tunis aus gegeben – und Faisal Husseini fühlte sich verpflichtet, sie zu befolgen, denn er war zu jenem Zeitpunkt, 1986, bereits »Jihadist«. Er hatte sich überzeugen lassen, daß der Kampf »von innen«, vom besetzten Gebiet selbst aus, zu führen sei. Faisal Husseini fühlte sich damals als Abu Jihads Vertreter in der Heiligen Stadt Jerusalem.

Der Generalstreik war auch als Protestdemonstration gedacht, gegen palästinensische Persönlichkeiten, die eine Begegnung mit dem amerikanischen Vizepräsidenten für nützlich hielten. Sie galten als »Ijadisten«, weil sie die Anweisungen von Abu Ijad befolgten. Sie wurden durch Faisal Husseinis Aktion im Juli 1986 tatsächlich davon abgehalten, George Bush zu begrüßen. Als George Bush dann Präsident der Vereinigten Staaten von Amerika wurde, erinnerte er sich mit Widerwillen an die Unfreundlichkeit der Palästinenser in Jerusalem.

Ein Jahr später verhinderte Faisal Husseini erneut die Begegnung zwischen einem führenden amerikanischen Politiker und palästinensischen Persönlichkeiten. Außenminister George Shultz kam in die Heilige Stadt, um seine eigene Friedensinitiative zu propagieren. Sie war im Inhalt nicht ungünstig für die Palästinenser, denn sie versprach ihnen Autonomie in den von Israel zu räumenden besetzten Gebieten – allerdings erst nach einer Übergangszeit von drei Jahren. Wieder handelte Faisal Husseini auf Anweisung von Abu Jihad: Er verhinderte die Begegnung zwischen dem Außenminister und palästinensischen Honoratioren. George Shultz wartete umsonst im American Colony Hotel: Niemand kam, um sich seine Vorschläge anzuhören.

Abu Jihads politische Aktionen durchkreuzten die Pläne des PLO-Chefs Jassir Arafat. Er war zu diesem Zeitpunkt mit Abu Ijad darin einig, daß allein die Vereinigten Staaten Israel veranlassen könnten, die Schaffung einer Heimat für die Palästinenser zu ermöglichen. Wollte er seine Politik konsequent fortsetzen, durfte es sich Arafat nicht gefallen lassen, daß Abu Jihad die Kontakte zu wichtigen Amerikanern störte, daß er die Verantwortlichen in Washington verärgerte.

Als schlimmer für die Friedenspolitik, die Arafat verfolgte, erwies sich jedoch Abu Jihads Strategie, unmittelbar vor dem Zeitpunkt wichtiger Gespräche, Begegnungen, Verhandlungen Sprengstoffanschläge in Israel ausführen zu lassen. Sie hatten meist zur Folge, daß die geplanten Ereignisse nicht stattfanden, weil amerikanische Gesprächspartner infolge der blutigen Ereignisse vor Kontakten zu »palästinensischen Terroristen« zurückschreckten. Genau dies zu erreichen, war die Absicht des Abu Jihad. Er mußte seinem Namen »Vater des Heiligen Krieges« treu bleiben. Er war durch die Wahl des Kriegsnamens festgelegt für die Zeit seines Lebens. Wer den Störfaktor Abu Jihad beseitigen wollte, der mußte dessen Leben beenden.

Der Aufstand in Jabalia und Gaza war noch kein halbes Jahr alt, da wurde Abu Jihad erschossen – von vier Tätern, die unerkannt entkommen konnten. An der Aufdeckung des Täterkreises war niemand interessiert.

In jener Nacht zum 16. April 1988 hatte Abu Jihad noch in seinem Arbeitszimmer im obersten Stockwerk eines villaähnlichen Gebäudes im Touristenort Sidi Bou Said bei Tunis gearbeitet. Auf seinem Schreibtisch lagen Anweisungen zur Fortführung der Intifada. Sie waren an seine Vertreter in Gaza gerichtet.

Abu Jihad muß ungewohnte Geräusche gehört haben, denn er verließ das Arbeitszimmer und trat ins Treppenhaus. Seine Pistole hatte er in der Hand. Er feuerte, doch er verfehlte sein Ziel. Dann fielen die Schüsse, die Abu Jihad töteten. Seine Frau Intissar »Umm Jihad« stürzte aus dem Schlafzimmer herbei. Sie sah vier maskierte Männer, die rasch verschwanden.

Das Haus des Militärspezialisten der PLO war in jener Nacht nicht bewacht gewesen. Dies hatte Abu Jihad offenbar gar nicht bemerkt. Er hatte sich allein mit seiner Frau, der dreizehnjährigen Tochter und dem dreijährigen Sohn im Haus aufgehalten. Der Mordanschlag war gründlich vorbereitet worden. Die Perfektion des Anschlags ließ den Verdacht entstehen, Eliteeinheiten der IDF hätten den Mord verübt.

Von Bedeutung war, was Intissar im Schreibtisch ihres Mannes fand: Da lagen in einer verschlossenen Schublade handschriftliche Notizen zu einem Buch, das sich mit den Anfängen der palästinensischen Befreiungsbewegung befassen sollte. Die Seiten enthielten herbe Kritik an der PLO-Führung und besonders an Jassir Arafat. Er habe, zusammen mit schwachen Charakteren, die er von sich abhängig gemacht habe, die Ideale des Anfangs verraten. Sie seien einst ohne Wenn und Aber dem Kampf gegen den Zionismus gewidmet gewesen. Der Zionismus sei in den Jahren nach der Gründung des zionistischen Gebildes Israel als Ideologie der Unterdrückung erkannt worden. Gegen diese Unterdrückung mit dem Einsatz des Lebens zu kämpfen, sei als Verpflichtung empfunden worden. Im Laufe der Jahre aber habe sich im Bewußtsein Arafats ein Wandel vollzogen: Der Zionismus sei allmählich immer weniger als gefährlich eingestuft worden. Nun aber habe Arafat den ungeheuerlichen Schritt vollzogen, Partner und Verbündeter des Zionismus zu werden. Damit aber habe Arafat zu erkennen gegeben, daß er selbst Unterdrücker sei.

Für Abu Jihad war die Konsequenz aus dieser Analyse eindeutig: Arafat konnte nicht länger höchste Autorität der palästinensischen Widerstandsbewegung bleiben. Er mußte beseitigt werden zugunsten einer Persönlichkeit, die noch revolutionäres Feuer in sich fühlte. Er dachte dabei wohl vor allem an sich selbst. Möglich ist, daß Jassir Arafat von derartigen Gedanken des Abu Jihad gewußt hatte.

Arafat gab sich in den Tagen der Ermordung Abu Jihads Mühe, zu erklären, daß er persönlich einen großen Verlust erlitten habe: »Wir haben uns ergänzt zu einem Wesen. Wir waren einig im Geiste!«

Annäherung der PLO an die USA

Der Tod des Abu Jihad brachte Intifada nicht zum Erliegen. Der Einfluß des Berufsrevolutionärs auf die steinewerfenden Jugendlichen war letztlich doch nicht so bedeutend gewesen, wie Abu Jihad selbst angenommen hatte – er hatte eher bei Honoratioren wie Faisal Husseini Gehör gefunden. Sheikh Ahmad Yassin hatte sich nicht von den Schreiben des Strategen, der in Tunis lebte, beeindrucken lassen. Die Fortdauer des Aufstands wirkte sich auf die internationale Politik aus. Die Fernsehanstalten in Europa und in den USA berichteten Abend für Abend von schießenden Soldaten und verwundeten Jugendlichen. Offenbar waren die Soldaten der Israel Defence Forces nicht in der Lage, Intifada einzudämmen. In Washington und in den europäischen Hauptstädten entwickelte sich eine anti-israelische Stimmung. Die israelischen Botschafter bekamen den Rat zu hören, ihre Regierung möge doch rasch dem Aufstand durch unblutige Methoden ein Ende bereiten. Damit war gemeint, Israel möge den Palästinensern entgegenkommen. Eine politische Lösung des Palästinenserproblems müsse gefunden werden.
Unter dem Einfluß der Intifada veränderten sich die Formulierungen der Friedensinitiativen, die von den USA vorgelegt wurden. Von Text zu Text steigerte sich das Entgegenkommen in Fragen von Wahlen und Selbstbestimmung. Nur das Thema »Gründung des Palästinenserstaats« wurde konsequent vermieden – um nicht den Zorn der israelischen Regierung herauszufordern.
Einen dieser nichtssagenden Friedenspläne legte Außenminister Baker im Herbst 1989 vor. Zum Jahreswechsel 1989/90 wurde von der PLO-Führung eine Stellungnahme verlangt. Daß der Baker-Plan abgelehnt wurde, war eigentlich selbstverständlich, erwähnte er doch mit keinem Wort die Möglichkeit einer Autonomie für die palästinensischen Gebiete. Der amerikanische Außenminister schlug vor, in den besetzten Gebieten des Westjordanlandes und des Gazastreifens sollten freie Wahlen stattfinden – unter ägyptischer Aufsicht. Die Gewählten sollten dann als Vertreter des palästinensischen Volkes an Friedensgesprächen mit Israel teilnehmen.
Bakers Friedensplan spiegelt das Dilemma der amerikanischen

Regierung jener Jahre: Nicht nur das Wort »Palästinenserstaat« durfte im Text nicht vorkommen, auch die Erwähnung der Palästinensischen Befreiungsorganisation war verpönt. Ihre Existenz durfte vom State Department offiziell nicht zur Kenntnis genommen werden – und trotzdem wurde von der PLO-Führung eine Stellungnahme zu einem Dokument erwartet, das die Existenz ihrer Organisation leugnete.
Arafat brachte bei einer Sitzung seiner Führungsspitze in Tunis sein Problem zum Ausdruck. Er meinte, er könne nicht einfach »nein« sagen zu den Vorschlägen des Amerikaners. Er habe Lust »nein« zu sagen, doch damit sei die Tür zu Washington wieder für längere Zeit zugeschlagen. Genau dies aber könne er sich derzeit nicht leisten. Er sei dazu gezwungen, mit James Baker »zu arbeiten«.
Arafat spürte, daß er seit dem Tod des Abu Jihad den Vertretern der Annäherung der PLO an die Regierung der USA ausgeliefert war. Die Balance zwischen den Flügeln des Abu Jihad und des Abu Ijad hatte ihm die Herrschaft an der Spitze der PLO erleichtert. Jetzt aber fehlte ein Flügel – und Abu Ijads Einfluß war gestiegen.

Das Fatah-Mitglied Abu Mazen (Mohammed Abbas) führte dem PLO-Chef die Veränderung deutlich vor Augen: Er meinte, es sei für die Verantwortlichen in Tel Aviv und in Washington sicher schwer, die Palästinensische Befreiungsorganisation in ihrer bestehenden Form zu akzeptieren. Und er fügte hinzu: Wenn diese Feststellung stimme, dann sei es sicher klug, die Palästinensische Befreiungsorganisation zu ändern.
Diese Bemerkung des Abu Mazen schreckte Arafat auf. Sein Standpunkt blieb, die PLO dürfe nicht verändert werden. Sie habe durch ihre Beharrlichkeit in schwierigen Zeiten überlebt. Sie könne sich nur durch Standfestigkeit vor kommenden Anschlägen schützen.
Es war allerdings Arafat selbst, der die Annäherung der PLO an die USA erschwerte, und der damit die bestehende Struktur der Palästinensischen Befreiungsorganisation gefährdete. Arafat allein trug die Verantwortung dafür, daß sich die Führung der PLO im Golfkrieg 1990/91 auf die Seite von Saddam Hussein schlug.

Eigentlich hatte ihn niemand dazu veranlaßt, eine enge Verbindung mit dem irakischen Staatschef aufzunehmen. Da war eben nur das Gefühl gewesen, von allen anderen Mächtigen Arabiens im Stich gelassen worden zu sein. Im Frühjahr 1990 hatte er an jeden arabischen Außenminister einen Brief geschrieben zur Erläuterung seiner schwierigen Position im Friedensprozeß. Niemand hatte ihm geantwortet außer dem irakischen Ministerpräsidenten Taha Jassin Ramadan. Als er dann von Saddam Hussein nach Baghdad eingeladen wurde, nahm er gerne an – vor allem, weil ihm für die Reise ein Flugzeug zur Verfügung gestellt wurde. In Baghdad befand sich die PLO-Abteilung für militärische Planung. Sie war auf Druck der tunesischen Regierung von Tunis ausgelagert und nach Baghdad verlegt worden. Seither war sie allerdings bedeutungslos.

Die freundliche Aufnahme durch Saddam Hussein in Baghdad veranlaßte Arafat zu Reden, deren Inhalte nicht zu verantworten waren. Vor palästinensischen Studenten sprach er davon, Palästina stehe ganz auf der Seite des Irak – ohne zu wissen, was Saddam Hussein im Schilde führte. Geschickt versprach ihm der Iraker, er werde Mittel und Wege finden, um die Israelis zum Abzug aus den besetzten Gebieten zu veranlassen – und Arafat glaubte ihm. Er mußte seine politische und persönliche Isolation als bitter empfunden haben – auf andere Weise ist nicht zu erklären, daß er damit einverstanden war, sein Hauptquartier nach Baghdad zu verlegen. Bald entstand tatsächlich am Tigris ein System von Betonbunkern, bereit, das Hauptquartier der PLO zu beherbergen. Dankbar nahm Arafat auch eine Spende von 25 Millionen Dollar an, die zur Organisation der Intifada bestimmt waren. Baghdad stellte auch einen Rundfunksender zur Verfügung, der zur Steuerung der Intifada eingesetzt werden konnte. Arafat wurde hineingezogen in einen Konflikt, in dem Saddam Hussein der Verlierer sein mußte. Als Arafat spät erkannte, das Emirat Kuwait werde das Opfer der Ambitionen des Irakers sein, versuchte er zu vermitteln, um die Katastrophe abzuwenden. Er traf sich mit Saddam Hussein, und es entstanden dabei Fernsehaufnahmen, die Arafat und den irakischen Staatspräsidenten in herzlicher Umarmung zeigten.

Für den amerikanischen Präsidenten George Bush war Arafat damit zum Verbündeten eines Verbrechers geworden, der – entgegen den Gesetzen des Völkerrechts – brutal fremde Staaten überfiel.

Die royalen Herrscherfamilien von Kuwait und Saudi-Arabien waren sogar überzeugt, Arafat habe im voraus gewußt, daß der Plan bestand, Kuwait in den Irak einzugliedern. Der Vorwurf blieb an Arafat hängen, er sei Komplize des »Hitler von Baghdad«.

Ariel Sharon triumphierte, endlich zeige Arafat sein wahres Gesicht. Nun werde es gelingen, der Welt deutlich zu machen, daß Arafat und die gesamte PLO ungeeignet seien, Verantwortung im Gebiet des Jordanwestufers zu übernehmen. Als unsinnig und sogar als gefährlich sei jetzt der Plan entlarvt, einen »zweiten« palästinensischen Staat zu gründen – womit Ariel Sharon sagen wollte, es existiere bereits ein Palästinenserstaat drüben über dem Jordan – in Transjordanien.

So verheerend die Verbindung mit Saddam Hussein im Hinblick auf die Annäherung an die USA war, so günstig wirkte sie sich auf Arafats Verknüpfung mit dem eigenen palästinensischen Volk aus: Die Palästinenser in den Lagern verehrten Saddam Hussein, war er doch der erste arabische Staatschef, der Israel mit »moderner Technologie« bekämpfte – gemeint waren die Scudraketen. Zogen sie am Nachthimmel ihre leuchtende Bahn gen Israel, war der Jubel groß in den Palästinenserlagern in Transjordanien.

Hoch angerechnet wurde dem Iraker auch durch Palästinenser aller Schichten, daß er den Konflikt um Kuwait mit dem Palästina-Problem verband: Saddam Hussein erklärte, er werde seine Truppen dann aus Kuwait zurückziehen, wenn die Israel Defence Forces die besetzten Gebiete verlasse. Für die Palästinenser war da doch wenigstens ein Mächtiger in Arabien, der an sie dachte.

Daß die Palästinenser wirksame Unterstützung benötigten – und daß die Idee des Saddam Hussein, die Problemfelder Kuwait und Palästina zu koppeln, gar nicht abwegig war, wurde am 8. Oktober 1990 deutlich: An diesem Tag ging die israelische Polizei mit besonderer Härte gegen Demonstranten vor, die empört waren über Versuche jüdischer Extremisten, einen »Grundstein zum Dritten Tempel der Juden« zu legen. Die Polizei schoß scharf: 17 Palästinenser wurden getötet und über 100 verletzt.

Der 8. Oktober 1990 lag mitten in der Zeit der Vorbereitung der heißen Phase des Golfkriegs durch die Allianz der Amerikaner, Engländer und Franzosen. Die Gemüter der Menschen im Nahen Osten waren angespannt – da wurden ganz von selbst im Bewußtsein parallel laufende Ereignisse direkt miteinander verknüpft. Der irakische Staatspräsident sprach damals aus, was die meisten der Araber dachten: Erst wenn sich Israel aus den besetzten Gebieten des Westjordanlandes und des Gazastreifens zurückzieht, werden solche blutigen Ereignisse nicht mehr geschehen. Vernünftig erschien den Arabern die Idee des Tauschgeschäfts Palästina gegen Kuwait.
Aber Vernunft war nicht gefragt während der Wochen und Monate des Golfkrieges. Weder Israel noch die Vereinigten Staaten von Amerika zogen einen derartigen Tausch überhaupt in Betracht. George Bush war nicht an einer diplomatischen Lösung des Konflikts am Persischen Golf interessiert: Er wollte Saddam Hussein vernichten.

Der Krieg endete nicht mit der Vernichtung des Saddam Hussein, aber doch mit seiner Niederlage. Nicht nur er wurde in den Augen der Welt gedemütigt, sondern auch Jassir Arafat. Die arabischen Regime sahen im PLO-Führer den wahren Verlierer – das arabische Volk insgesamt aber teilte die Ansicht der Regierenden nicht. Aus dieser Kluft zwischen Volk und Mächtigen konnte Arafat allerdings keinen Nutzen ziehen: Das Volk war machtlos gegen die herrschenden Regime. Sympathie des Volkes ließ sich nicht ummünzen in handfeste Unterstützung des PLO-Chefs.
Als der Krieg am Persischen Golf zu Ende war, beunruhigte Intifada die israelische Regierung noch immer. Sheikh Ahmad Yassin war von den israelischen Sicherheitsbehörden im Jahr 1989 verhaftet worden. Israel hatte im April 1989 seine positive Haltung gegenüber Hamas aufgegeben, nachdem Hamas-Aktivisten zwei israelische Soldaten, Avi Sasportas und Ilan Sadon, ermordet hatten. Die israelische Regierung hatte begriffen, daß die Förderung von Hamas ein schlimmer Irrtum gewesen war.

Daß Sheikh Yassin hinter Gittern saß, hinderte ihn nicht daran, den Aufstand auch weiterhin zu leiten. Da der Gelähmte täglich Betreuung brauchte, war es dem Aufsichtspersonal nicht möglich, ihn völlig von der Außenwelt zu isolieren. Seine Anhänger besuchten ihn. Das Gefängnis war umlagert von den Getreuen. Da standen Schüler, Studenten, Kaufleute, Ingenieure, Lehrer vor dem Tor. Die meisten waren gläubige Moslems, doch auch palästinensische Christen suchten Kontakt. Von der Matratze in der geräumigen Gefängniszelle aus schlichtete er Streit in Familien und Stadtvierteln; er sprach Recht nach islamischer Tradition; er gab Ratschläge. Vor allem aber ließ er verkünden, der Gläubige sei verpflichtet, gegen Ungerechtigkeit und Unterdrückung zu kämpfen. Die jungen Männer von Jabalia und Gaza verstanden, daß Intifada nicht zu Ende sei.

Sheikh Ahmad Yassin bezog von Beginn des Golfkrieges an eine Haltung, die sich von der offiziellen PLO-Linie unterschied. Er unterstützte Saddam Hussein nicht. Er griff ihn sogar an als Störer des Friedens. Der Geistliche hielt nichts von einer Koppelung der Problemfelder Kuwait und Palästina. Seine Macht über die Anhänger war so gewaltig, daß er eine Meinung äußern durfte, die beim palästinensischen Volk überhaupt nicht populär war. Er fühlte sich durch seine enge Bindung an Saudi-Arabien dazu veranlaßt. Die königliche Familie war sein wichtigster Geldgeber gewesen – und sie finanzierte ihn auch weiterhin. Er durfte nicht Stellung beziehen gegen die Interessen des Königs von Saudi-Arabien. Daß Yassin Saddam Hussein verurteilte, lohnte sich für ihn finanziell. Alle Forderungen, die er in Riyadh unterbreiten ließ, wurden erfüllt. Hätte Sheikh Yassin während der Wochen der Golfkrise zu erkennen gegeben, daß er Kontakt zu den Vereinigten Staaten von Amerika suchte, hätte der König von Saudi-Arabien seine Vermittlung angeboten, doch der Geistliche blieb bei seiner Ablehnung der Regierenden in Washington. Sie waren verantwortlich für die Existenz des Staates Israel; sie waren damit auch verantwortlich für die Unterdrückung des palästinensischen Volkes durch Israel. Die unterschiedliche Einstellung zu den USA zwischen Arafat und Yassin erweist sich als Kluft, die nicht zu überbrücken ist.

Die schroffe und beständige Ablehnung der USA durch Hamas

ermöglichte dem PLO-Chef das Entkommen aus der politischen Sackgasse, in die er sich durch seine Stellungnahme für Saddam Hussein gebracht hatte. Sheikh Ahmad Yassin konnte kein Gesprächspartner für den amerikanischen Präsidenten George Bush sein. Doch dieser Sieger des Golfkrieges begriff im Jahr 1991 rasch, daß kein Friedensprozeß im Nahen Osten möglich war ohne die PLO und ohne Jassir Arafat. An Arafat kam niemand vorbei, denn es existierte kein Mitstreiter mehr von Format in der Führungsspitze der Palästinensischen Befreiungsorganisation – dafür hatte ein weiterer Mordfall gesorgt.

Der Tod des Abu Ijad

Am Abend des 14. Januar 1991 saß Abu Ijad, der eigentlich Salah Khalaf hieß, beim Abendessen im Haus des Sicherheitschefs der PLO Abu al-Hol, der eigentlich Hajil Abdul Hamid hieß. Das Haus befand sich im Villenort Carthago bei Tunis. Abu Ijad und Abu al-Hol saßen allein am Eßtisch. Es ist anzunehmen, daß wenig gesprochen wurde, denn der Sicherheitschef galt als Schweiger. Das Eßzimmer befand sich im Erdgeschoß. Vor der Tür hielt Hamza Abu Zaid Wache – ein Mann, dem Abu al-Hol vertraute. Es war gerade 23 Uhr, da riß Hamza Abu Zaid die Tür auf und feuerte ein Magazin seiner Kalaschnikow leer. Die Geschosse trafen Abu Ijad, Abu al-Hol und Fakhri al-Omari, ein Mitglied des Stabes von Abu Ijad.
Der Mörder wurde gefaßt. Er gab an, zur Gruppe Abu Nidal zu gehören, die im Auftrag unterschiedlicher arabischer Regime Männer beseitigte, die den Auftraggebern nicht ins Konzept ihrer Politik paßten.
Der Lebenslauf des Hamza Abu Zaid ist bekannt: Als junger Mann war er aufgenommen worden in den Verband »Force 17«, der die Aufgabe hatte, die führenden Persönlichkeiten der PLO zu schützen. Hamza Abu Zaid gehörte bald zu denen, die für den Schutz des Sicherheitschefs Abu al-Hol zuständig waren. Er wurde von Leuten kontaktiert, die auf Abu Nidals Befehle hörten. Gegen Geld ließ sich Hamza Abu Zaid anheuern. Ihm wurde gesagt, er habe irgendwann in absehbarer Zukunft

eine Person zu töten – aus Rache für die Ermordung des Abu Jihad im Jahr 1988.
Die Lebensspur des Hamza Abu Zaid führte weiter nach Libyen. Dorthin wurde er von Abu Nidals Leuten geschickt. In Tripolis wurde ihm dann mitgeteilt, er habe Abu Ijad zu töten. In der libyschen Hauptstadt waren einige Palästinenser damit beschäftigt, die Rache für Abu Jihad vorzubereiten. Hamza Abu Zaid bekam von ihnen Schriftstücke vorgelegt, die beweisen sollten, daß Abu Ijad ein Verräter gewesen sei an der Sache der Palästinenser – er allein trage die Schuld an der mißlichen Lage des palästinensischen Volkes. Der hauptsächliche Vorwurf lautete: Er habe darauf hingearbeitet, die palästinensische Revolution scheitern zu lassen.
Ein Dokument, so gab Hamza Abu Zaid an, habe ihn von der Schuld Abu Ijads überzeugt. Darin stand, Abu Ijad habe durch seine prahlerische Bemerkung, in den Lagern von Sabra und Shatila seien nach dem Abzug der Palästinenser aus dem Libanon noch 2000 Kämpfer zurückgeblieben, den israelischen Verteidigungsminister Ariel Sharon erst auf den Gedanken gebracht, diese Lager »säubern« zu lassen.
Die Analyse der Anklage ergibt, daß der libysche Revolutionsführer der Gruppe Abu Nidal die Argumente geliefert haben muß, die Abu Ijad zum Verräter stempelten. Hamza Abu Zaid verließ, auftragsgemäß, die libysche Hauptstadt Tripolis und kehrte nach Tunis zurück. Im Hauptquartier Arafats wurden ihm offenbar keine Fragen über sein wochenlanges Wegbleiben gestellt. Der Heimkehrer wurde wieder aufgenommen in die Eliteeinheit Force 17 – und er gehörte zu den Leibwächtern des Sicherheitschefs Abu al-Hol. So brauchte er nur darauf zu warten, bis Abu Ijad das Haus des Abu al-Hol zum Abendessen aufsuchte.
Mit Abu Ijads Tod war eine Entwicklung unterbrochen, die Jassir Arafat aufs äußerste mißfallen hatte: In der saudiarabischen Hauptstadt war der Gedanke ausgeheckt worden, Abu Ijad solle an Stelle von Arafat Chef der Palästinensischen Befreiungsbewegung werden. Ausgelöst hatte Arafat die Entstehung dieses Gedankens selbst – durch seine enge Verbindung mit Saddam Hussein. Die königliche Familie war nicht bereit, Arafat den Handschlag mit dem erbitterten Feind der Monarchien auf der arabischen Halbinsel zu verzeihen. Die Gelder

aus Riyadh, die zuvor üppig geflossen waren, blieben aus. Die saudiarabische Politik war zunächst darauf ausgerichtet, Arafat finanziell »auszutrocknen«. Mit dieser Phase sollte jedoch nur Zeit gewonnen werden, bis die Entwicklung reif war für Arafats Ablösung.

Der Argwohn, er werde irgendwann beiseite geschoben, oder sogar von den eigenen Leuten ermordet, hatte den PLO-Führer nie verlassen. Zuletzt war dieser Argwohn im Frühjahr 1990 aufgebrochen, als das Fatah-Mitglied Abu Mazen (Mohammed Abbas) der Meinung gewesen war, es sei wohl klug, die Struktur der PLO den veränderten Umständen in der globalen Politik anzupassen. Diese Bemerkung hatte Arafats Position im Visier – dies stand für den Betroffenen fest. Doch Arafat begriff erst später, daß Abu Mazen andeuten wollte, es sei an der Zeit, Abu Ijad an die Spitze der Palästinenserorganisation zu stellen. Mit Schrecken wurde ihm bewußt, daß er als das Hindernis auf dem Weg zur politischen Friedenslösung angesehen wurde.

Während der Wochen vor der Ermordung des Abu Ijad hatte sich Arafat in bitterer Isolation empfunden. Said Kamal, sein Vertreter in Cairo, hatte es gewagt, den »Bruderkuß« zwischen Arafat und Saddam Hussein zu kritisieren. Arafats Verteidigung in dieser Angelegenheit war schwach: Er gab die Schuld an diesem öffentlichen und spektakulären Kuß den Kameramännern von CNN, die ihn dazu gedrängt hätten, weil sie ein international wirksames Bild haben wollten.

Die größte Sorge bereitete dem PLO-Führer während der deprimierenden Wochen vor dem Tod des Abu Ijad die Haltung der Brüder Khaled und Hani al-Hassan, die beide zu den Gründungsmitgliedern der Al-Fatah gehörten. Sie besaßen zwar Residenzen und Büros in Tunis, doch dort fühlten sie sich nicht zu Hause. Sie entzogen sich Arafats Einfluß durch Aufenthalte in der saudiarabischen Hauptstadt Riyadh, und das brachte sie den Ansichten der königlichen Familie näher.

Während der letzten Monate des Jahres 1990 war in Riyadh laut über ein »Triumvirat« nachgedacht worden, das die Führung der PLO übernehmen sollte. Die drei dafür benannten Persönlichkeiten waren Abu Ijad, Khaled al-Hassan und Abu Mazen. Die »Triumviratslösung« fand rasch die Zustimmung der königlichen Familie. Die entscheidende Frage war jetzt, wie Arafat gestürzt und abgelöst werden konnte. An einen Putsch durch bewaffnete Kräfte war nicht zu denken, die Force 17 hätte eine derartige Aktion verhindert. Arafat erschießen zu lassen, wie dies erfolgreich in den Fällen Abu Jihad und Abu Ijad geschehen war, schien schwierig zu sein: Arafat hatte sein Leben so eingerichtet, daß kein Begleiter und kein Bewacher jeweils wußte, wohin sich der PLO-Chef begab, wo er die Nacht verbringen und wo er seine Mahlzeiten einnehmen werde. Ein Netz von Geheimnissen umgab Jassir Arafat, das ihn vor Anschlägen schützte.

Bald schon nach dem Ende des Golfkonflikts wurde deutlich, daß die Regierung der Vereinigten Staaten von Amerika mehr und mehr Anteil nahm am Schicksal des PLO-Chefs. Arafat selbst hatte diese behutsame Kursänderung eingeleitet durch die Ernennung eines Mannes zum Beauftragten für die Beziehungen zu den USA, der zuvor – als Mitarbeiter von Dr. George Habash – zu den entschiedensten Streitern gegen den »amerikanischen Imperialismus« gehört hatte. Sein Name war Bassam Abu Sherif. Er hatte bereits im Juni 1988 für Arafat einen Versuchsballon gestartet.

Bei einem Treffen arabischer Staatschefs verteilte Bassam Abu Sherif ein Schriftstück, das den Titel trug: »PLO View: Prospects of a Palestinian-Israeli Settlement«. Der Inhalt des Schriftstücks war eine eindeutige Anerkennung der Existenz des Staates Israel durch die PLO und das Angebot der Aufnahme direkter Gespräche und Beziehungen.

Das Schriftstück trug keine Unterschrift; allein der Titel »PLO View« wies es als originale Äußerung der palästinensischen Widerstandsbewegung aus. Auf die Frage nach dem Autor nannte sich Bassam Abu Sherif damals selbst. Da er als enger Mitarbeiter von Arafat bekannt war, konnte angenommen werden, daß der Chef selbst die Abfassung und die Verteilung des Dokuments abgedeckt hatte.

Der Inhalt des Schriftstücks fand im Jahr 1988 weite Beachtung. Die ägyptische Regierung lobte den Entschluß, endlich das »nein« zu Israel aufzugeben. Die Reaktion in Jerusalem war günstig – die israelische Regierung hatte zu diesem Zeitpunkt heftige internationale Kritik wegen der Härte des Durchgreifens der IDF im Gazastreifen zu ertragen; die Verantwortlichen in Israel erkannten deshalb willig die Chance, mit den Palästinensern zu einer Einigung zu kommen. Zurückhaltend war die Reaktion in Washington gewesen. Kaum jemand glaubte, daß der Wunsch echt sei, mit Israel zu einer Verständigung zu kommen. Erreicht worden war immerhin, daß auch in der amerikanischen Hauptstadt erstarrte Gedanken und Vorstellungen in Bewegung gerieten.

Hatte sich Arafat 1988 einen Durchbruch auf dem Weg zur offenen Anerkennung der PLO durch die Vereinigten Staaten erhofft, so wurde er enttäuscht. Unter der Hand aber wurden seit dem Zeitpunkt der Präsentation des veränderten PLO-Standpunkts die Kontakte zwischen Tunis und Washington dichter. Verantwortlich dafür war Abu Ijad gewesen, der Promotor der Anlehnung an die amerikanische Regierung. Spürbar für Arafat war vor allem, daß die Force 17 mit dem US-Geheimdienst in Fragen des Personenschutzes für Arafat insgeheim zusammenarbeitete.

Durch diese Entwicklung ermutigt, hatte Arafat am 15. November 1988 durch den Palästinensischen Nationalrat in Algier den Beschluß zur Ausrufung des Palästinensischen Staates fassen lassen. Abu Ijad hatte damals den Text entworfen:

»Im Namen Gottes und im Namen des palästinensischen Volkes proklamiert der Palästinensische Nationalrat die Errichtung des Staates Palästina auf palästinensischem Boden mit Jerusalem als Hauptstadt.«

Die schlimmsten Monate des Jassir Arafat

Veränderungen in der amerikanischen Politik nach dem Ende des Golfkrieges sorgten für eine neue Verhandlungsbasis. George Bush, der Sieger, sah sich als Architekt einer neuen Weltordnung, in der Gerechtigkeit herrschen sollte. Am 6. März 1991 erklärte der amerikanische Präsident öffentlich, es müsse für den Nahen Osten eine umfassende Friedenslösung gefunden werden unter Beachtung der Sicherheitsratsresolutionen 242 und 338. Das Prinzip der Friedenslösung müsse heißen »Rück-

gabe der besetzten Gebiete durch Israel gegen das Versprechen, Frieden zu halten«.
Der amerikanische Präsident war noch immer vorsichtig in seinen Formulierungen. Er sprach von »Selbstbestimmung der Palästinenser«, doch wozu sie führen sollte, sagte George Bush nicht. Den Begriff »Staat der Palästinenser« vermied er hartnäckig.
Im Mai 1991 wurde in Arafats Hauptquartier in Tunis ein beachtliches Umdenken in der offiziellen amerikanischen Politik registriert: George Bush wage es, sich gegen existentielle Interessen des Staates Israel zu stemmen.
Yitzhak Shamir hatte bei der Weltbank einen Kredit über zehn Milliarden Dollar beantragt zum Bau jüdischer Siedlungen im besetzten Gebiet. Die Weltbank konnte diesen Kredit nur gewähren, wenn ihn die amerikanische Regierung garantierte. George Bush hütete sich, die Garantie zu verweigern, doch die amerikanische Regierung ließ durchblicken, Israel könne die Entscheidung erleichtern, wenn es auf eine Erweiterung des Bauprogramms für Siedlungen im arabischen Gebiet verzichte. Ein derartiges Verlangen war allerdings problematisch, denn Israel benötigte den Weltbankkredit ausdrücklich für den Bau von Siedlungen – in sie sollten Einwanderer aus dem zerbrechenden Sowjetimperium einziehen.
Die Freigabe der Auswanderung jüdischer Menschen durch Gorbatschow hatte bewirkt, daß die Bevölkerungszahl des Staates Israel um nahezu 400000 zunahm. Die Weigerung des amerikanischen Präsidenten, das Dokument der Garantie sofort zu unterzeichnen, mußte den israelischen Ministerpräsidenten hart treffen. Seine Kritik an George Bush war deutlich. James Baker, der US-Außenminister konterte: »Nach meiner Ansicht gibt es kein größeres Hindernis auf dem Weg zu einer friedlichen Lösung als die Siedlungsprojekte.« Yitzhak Shamir verbarg seinen Zorn nicht – doch er mußte vorsichtig sein: Er benötigte dringend das Geld in Höhe von zehn Milliarden Dollar.
George Bush glaubte, das Mittel gefunden zu haben, um die israelische Regierung auf den Friedenspfad zu zwingen. Im September 1991 verlangte er vom Kongreß, die Debatte über die Gewährung der Garantie erneut hinauszuschieben. Es gelang

ihm wieder auf behutsame Weise deutlich zu machen, daß der Betrag zur Verfügung stünde, wenn Israel auf sein ehrgeiziges Siedlungsbauprogramm verzichte.

Die Frage der Garantiegewährung wurde auch verknüpft mit einem Entgegenkommen der israelischen Regierung auf diplomatischem Gebiet: Israel möge sich bereit erklären, an einer internationalen Konferenz zur Beilegung des palästinensisch-israelischen Konflikts teilzunehmen. Yitzhak Shamir erhielt die Zusage, er brauche dabei nicht zu befürchten, daß ihm Jassir Arafat am Verhandlungstisch gegenübersitze. James Baker war der Meinung, er habe das Problem der palästinensischen Delegation für die internationale Konferenz gelöst. Er verfügte über zwei Kandidaten. Ihre Namen waren Faisal Husseini und Hanan Ashrawi.

Das Mitglied der Honoratiorenfamilie Husseini hatte nach der Ermordung des Abu Ijad einen Standortwechsel vollzogen – vom Jihadisten war er zum Nachfolger Abu Ijads geworden. Der Außenminister, den Faisal Husseini zunächst boykottiert hatte, war nun wichtiger Gesprächspartner und Verbündeter im Bemühen, Arafat zu entmachten.

Faisal Husseini und die palästinensische Politikerin Hanan Ashrawi waren sich mit James Baker darin einig, daß Arafat keine Kraft mehr besitze, um das Ruder zu seinen Gunsten herumreißen zu können. Bei einem persönlichen Treffen in Jerusalem sagte Baker zu Husseini und Ashrawi: »Sie beide müssen jetzt die Chance nützen, um die Führung der Palästinenser an sich zu ziehen. Wenn Sie diese einmalige Chance nicht nützen, wird Sie Arafat wieder überholen!« Dazu schien er allerdings kaum eine Möglichkeit zu haben, denn das Gespann Husseini-Ashrawi gewann rasch an internationalem Ansehen – und dies war der Erfolg der Frau in diesem Gespann.

Im Jahre 1946, zwei Jahre vor der Gründung des Staates Israel, war sie als Hanan Mikhail geboren worden, als Tochter einer reichen Familie in Nablus. Ihr Vater war ein angesehener Arzt. Er war Christ. Als ihre Heimatstadt Nablus im Jahr 1967 von den Israel Defence Forces besetzt wurde, befand sich die einundzwanzigjährige Frau zum Studium an der American University in Beirut. Ihr Studienfach war englische Literatur. Nach Abschluß des Studiums in Beirut bildete sie sich an der University of Virginia in den USA weiter. Dort machte sie sich mit

Geschichte und Schicksal des palästinensischen Volkes vertraut. Sie bekannte sich zur Organisation Al-Fatah. Im Jahre 1973 kehrte sie in die Heimat zurück. Sie bekam einen Lehrauftrag an der Bir-Zeit-Universität im besetzten Gebiet. Weil die israelischen Sicherheitsbehörden zurecht der Meinung waren, dieses Institut sei ein Zentrum des palästinensischen Aufstandes, mußte der Lehrbetrieb im Jahr 1986 eingestellt werden. Die Bir-Zeit-Universität blieb bis 1992 geschlossen. Während dieser vier Jahre trafen sich Studenten und Lehrpersonal regelmäßig in der Wohnung von Hanan Ashrawi in der nördlich von Jerusalem gelegenen Stadt Ramallah. Sie entwickelte sich dabei zu einer blendenden Rednerin – und sie wurde von amerikanischen und europäischen Fernsehkorrespondenten als geschickte und zugleich attraktive Interpretin des Standpunkts der PLO entdeckt.

Durch Hanan Ashrawi lernte die Weltöffentlichkeit eine andere Seite des palästinensischen Volkes kennen. Bisher war Jassir Arafat für die Fernsehzuschauer der Welt das Abbild des Palästinensers gewesen – ungepflegt, bärtig, mit ewig demselben Kopftuch. Hanan Ashrawi aber war adrett, modebewußt, mit flottem Haarschnitt. Arafat hatte es nie verstanden, sich in komplizierten Sachverhalten auf englisch auszudrücken – er hatte deshalb häufig platte Schlagworte gebraucht. Hanan Ashrawi aber sprach ein elegantes Englisch. Durch diese Frau repräsentierte sich das palästinensische Volk als intelligent und modern. Hatte Arafat Antipathien bei vielen Amerikanern und Europäern ausgelöst, so wirkte diese offenbar warmherzige Intellektuelle ausgesprochen charmant. Arafat wußte, daß Hanan Ashrawi nahe daran war, zur Symbolfigur der Palästinenser in den Medien zu werden. Mit Geschick gelang es ihm, diese Aufwertung zu verhindern. Die Entwicklung des Friedensprozesses verhalf ihm dazu.

Im Sommer 1991 entschied sich Präsident Bush – der als Sieger des Golfkrieges zu dieser Zeit ein beachtliches Prestige besaß –, seine Aufmerksamkeit ganz dem Nahen Osten zuzuwenden. Sein Außenminister bereitete eine internationale Konferenz vor. Als Tagungsort war Madrid vorgesehen. Die Einladung dazu sprachen er und Gorbatschow aus. Die beiden wichtigsten Großmächte trugen diese Initiative gemeinsam. Außenminister Baker hatte in persönlichen Verhandlungen den Regie-

rungen in Syrien, Jordanien und Israel die Zusage zur Teilnahme an der Konferenz abgerungen. Im Falle der Regierung Yitzhak Shamir war Baker in der günstigen Position gewesen, mit der Freigabe der Garantie für den Weltbankkredit locken zu können.
Arafat hatte sich den Wünschen des amerikanischen Außenministers ebenfalls beugen müssen. Nach dem Debakel des Golfkrieges war sein Ansehen derart angeschlagen, daß ihm keine andere Wahl blieb: Er hatte zustimmen müssen, daß weder er selbst, noch jemand aus seinem engeren Kreis an der geplanten Friedenskonferenz in Madrid teilnahm. Er hatte versucht, sich gegen seinen Ausschluß zu wehren. Er hatte sogar seinen Mitarbeiter Abu Mazen zu einem geheimen Treffen mit Shimon Peres geschickt, mit dem Auftrag, die Verantwortlichen in Israel zu überzeugen, allein die PLO und ihr Vorsitzender seien berechtigt, die Interessen des palästinensischen Volkes zu vertreten. Die Bemühungen blieben ohne Erfolg. Am 10. Oktober 1991 hat die amerikanische Regierung gegenüber Israel die Verpflichtung abgegeben: »In der jordanisch-palästinensischen Delegation dürfen sich keine Personen befinden, die durch ein israelisches Veto abgelehnt werden könnten. Alle jordanisch-palästinensischen Delegationsmitglieder müssen überzeugt sein, mit Israel in Frieden leben zu können. Niemand wird veranlaßt, mit irgend jemand am Verhandlungstisch zu sitzen, mit dem er nicht verhandeln will.«

Ursprünglich wollte sich der israelische Ministerpräsident weigern, die Aufnahme von Faisal Husseini in die jordanisch-palästinensische Delegation zuzulassen mit der Begründung, die Familie Husseini sei in Jerusalem ansässig – im arabischen Ostteil der Stadt. Aber auch dieser Ostteil gehöre voll und ganz zur Hauptstadt des Staates Israel. Ein Bewohner der Hauptstadt Israels könne nicht Delegierter der Palästinenser sein. Erst unter massivem Druck des Königs Hussein gab Yitzhak Shamir nach.
Die völlige Ausschaltung vom Gang der Vorbereitungen für die Madrider Friedenskonferenz war für Arafat eine schlimme Demütigung. Er und die PLO, die dazu bestimmt waren, für die Palästinenser insgesamt einzustehen, wurden nicht gehört bei Verhandlungen, die das Schicksal des palästinensischen

Volkes betrafen. Jassir Arafat brachte, wo und wann er nur konnte, seinen Protest zum Ausdruck:»Die Konferenz in Madrid hat nur den einen Zweck, der PLO jegliche Bedeutung zu nehmen. Man hat uns die Ehre genommen. Die Konferenz in Madrid findet gegen unseren Willen statt.« Noch vor Konferenzbeginn war Arafat entschlossen, diese Stufe des Friedensprozesses scheitern zu lassen. Faisal Husseini aber wollte die Madrider Konferenz zum Erfolg führen – vor allem für sich selbst. Bei einem persönlichen Treffen mit Yitzhak Shamir im September 1991 versprach Husseini, er werde nichts unternehmen, was dem »amtierenden PLO-Chef« nützen könne. Shamir hatte den Eindruck, Husseini sei zum Gegner Arafats geworden und habe die Absicht, sich selbst als Vertreter der Palästinenser zu präsentieren. Husseini wiederum glaubte nach diesem Treffen, er könne im Falle der Machtübernahme mit weitgehenden Zugeständnissen der israelischen Regierung rechnen.

Die vierzehnköpfige palästinensische Delegation, die unter jordanischem Schirm nach Madrid reisen sollte, ließ sich in der Vorbereitungsphase nicht durch Arafat in die Methoden der Verhandlung einweisen, sondern durch ägyptische Diplomaten, die Erfahrung im Umgang mit israelischen Verhandlungspartnern hatten. Der damalige ägyptische Außenpolitiker Boutros-Ghali und der ägyptische Botschafter in Israel übernahmen die Aufgabe der Schulung. Sie legten Wert darauf, den Palästinensern beizubringen, daß israelische Diplomaten viel Zeit für die präzise Festlegung von Details verwendeten; während arabische Amtskollegen sich damit begnügten, den allgemeinen Rahmen einer Abmachung zu umreißen.

Während dieser Vorbereitungsphase bemühte sich Arafat, die jordanisch-palästinensische Delegation durch eine spektakuläre Aktion völlig zu entwerten: Er bat König Hussein darum, die Schaffung einer Föderation zwischen Jordanien und Palästina zu proklamieren. Damit wäre eine völlig veränderte politische Situation entstanden. Der König hätte aktiv in die Madrider Verhandlungen eingreifen müssen, und er hätte, ganz selbstverständlich, Arafat, den Partner in der Föderation, an seiner Seite gehabt. Arafat wäre nicht als Chef der Palästinen-

sischen Befreiungsbewegung nach Madrid gekommen, sondern als Vizepräsident der jordanisch-palästinensischen Föderation. Hussein aber lehnte diesen Vorschlag ab mit der Bemerkung, er wolle in seinem ganzen Leben nie wieder für das palästinensische Volk verantwortlich sein. Dieser bemerkenswerten Feststellung fügte Hussein eine ebenso bemerkenswerte Erkenntnis an: Sein Großvater Abdallah habe 1948 den Fehler begangen, einen Teil von Palästina in sein Herrschaftsgebiet einzugliedern. Er, Hussein, sei froh, dieses mißliche Erbe los zu sein. Arafats Absicht war gescheitert.
Am 30. Oktober 1991 wurde die Madrider Konferenz eröffnet. Präsident Bush glaubte, er könne die Richtung der Verhandlungen bestimmen, als er sagte, die Gespräche müßten in fairem Geist geführt werden – und Fairneß müsse jetzt vor allem dem palästinensischen Volk zuteil werden, das Stürme auszuhalten gehabt habe.
Zur bitteren Enttäuschung des amerikanischen Präsidenten ließ Yitzhak Shamir den Geist der Fairneß vermissen. Er verweigerte dem Prinzip »Land gegen Frieden« seine Zustimmung, und er behielt für Israel das Recht vor, weitere Siedlungen zu bauen. Der amerikanische Präsident war nicht in der Lage, die Verhandlungen in Gang zu bringen. Als unangebracht empfand George Bush die hartnäckig vorgebrachte Attacke des israelischen Ministerpräsidenten, die PLO sei eine Ansammlung gemeiner Terroristen.
Hanan Ashrawi, die Sprecherin der Delegation, aber vermied jeden Angriff gegen Israel. Sie beschrieb am Verhandlungstisch und vor Fernsehkameras die Bereitschaft des palästinensischen Volkes, mit dem israelischen Volk in Frieden leben zu wollen. Ihre Erscheinung und ihre Worte fanden nicht nur in den USA und in Europa Anklang, sie wirkten sich auch in den besetzten Gebieten aus: »Der Aufstand der steinewerfenden Jugendlichen« klang ab. Die Bewohner des Gazastreifens schöpften offenbar neue Hoffnung. Die islamische Kampforganisation Hamas gab die Parole aus, das Resultat der Madrider Verhandlungen müsse in Ruhe abgewartet werden.
Schon nach wenigen Tagen hatte Arafat das Gefühl, er werde keineswegs der Verlierer in dieser Verhandlungsrunde sein, denn er merkte, daß – außer ihm selbst – ein anderer kein Interesse daran hatte, daß in Madrid überhaupt ein Resultat er-

zielt wurde: Yitzhak Shamir war ebenfalls darauf aus, die Konferenz scheitern zu lassen. Shamir wollte nur Zeit gewinnen. Er registrierte das Abflauen der Intifada und war überzeugt, der Aufstand könne jetzt völlig zum Erliegen gebracht werden. Die Teilnahme der israelischen Delegation an den Verhandlungen, auch wenn sie keine Zugeständnisse machte, beruhigte den amerikanischen Präsidenten. Shamir kalkulierte, daß Bush den Israelis bald entgegenkommen werde.

Wäre ein rascher Fortschritt der Verhandlungen erzielt worden, hätten Faisal Husseini und Hanan Ashrawi die Chance gehabt, ihren Einfluß auf die Bevölkerung der besetzten Gebiete zumindest am Westufer des Jordan so auszubauen, daß sie dort als Führer des palästinensischen Volkes anerkannt worden wären. Der machtlose Arafat, der in Tunis saß, hätte sich kaum wehren können, weil ihm jegliche Einwirkung auf das politische Geschehen verwehrt blieb. Yitzhak Shamir sorgte durch seine Verzögerungstaktik dafür, daß der Absturz des PLO-Chefs ein Ende fand.

Zunächst aber dauerte Arafats Ärger über seine Machtlosigkeit an – auch als die Verhandlungen dann nicht mehr in Madrid, sondern in Washington stattfanden. Die Delegation, die ihm nicht unterstellt war, schickte ganz selbstverständlich ihre Rechnungen für Hotel und Reisespesen an das PLO-Hauptquartier in Tunis. Die PLO-Kasse aber war leer zu dieser Zeit: Die königliche Familie von Saudi-Arabien hatte ihre Überweisungen eingestellt. Die Beträge für Reisen und Unterhalt der vierzehnköpfigen Palästinenserdelegation aufzubringen, fiel Arafat schwer. Er fühlte sich doppelt gedemütigt: Er hatte nichts zu sagen und durfte dafür auch noch bezahlen. Ihm mißfielen ganz besonders die Aufwendungen von Hanan Ashrawi und Faisal Husseini für Repräsentation und Bewirtung. Beide wurden von Arafat ermahnt, nicht nur ihre Rechnungen nach Tunis zu schicken, sondern auch regelmäßige Berichte über den Konferenzverlauf.

Schließlich gelang Arafat ein erster Erfolg am Ende des Jahres 1991: König Hussein kam zur Erkenntnis, es sei besser, wenn sich die jordanisch-palästinensische Delegation aufteilte in jordanische und palästinensische Mitglieder. Der Monarch wollte überhaupt keine Verantwortung mehr tragen für das palästinensische Volk. Yitzhak Shamir sah in dieser Aufteilung einen Vorteil für sich selbst: Daß seine Delegation jetzt mit zwei arabischen Delegationen zu reden hatte, zog die Diskussionen und Verhandlungen in die Länge. Sein größter Wunsch erfüllte sich: Er gewann Zeit. Er gab die vertrauliche Devise aus: »Für die nächsten zehn Jahre werden wir verhandeln!« Diese Phase der sinnlosen Konferenzen hatte für Arafat immerhin den Vorteil gebracht, daß die palästinensische Delegation Eigenständigkeit erhalten hatte. Sie stand nicht mehr unter jordanischer Aufsicht. Dazuhin versäumten Faisal Husseini und Hanan Ashrawi jetzt die Chance, ihre Selbständigkeit auch gegenüber der PLO-Führung in Tunis zu beweisen. Dieses Wagnis gingen beide nicht ein. Für Arafat zahlte es sich nun aus, daß er die Rechnungen der palästinensischen Delegation beglichen hatte: Die Delegierten waren auf sein Geld angewiesen – sie waren, nach dem Ende der jordanischen Schirmherrschaft, auch bereit, Anordnungen aus Tunis zu befolgen. Für die nächste Phase des israelisch-palästinensischen Konflikts wurde die enge Beziehung Arafats zur Verhandlungsdelegation von großer Bedeutung. Arafat begriff, daß ihm Möglichkeiten offenstanden: In Israel begann der Wahlkampf. Im Sommer 1992 mußten sich die Israelis entscheiden, ob sie Shamir oder Rabin als Regierungschef haben wollten. Schon frühzeitig zeichnete sich die Möglichkeit ab, daß Yitzhak Shamir die Wahl verlor. Die Arbeitspartei machte sich Hoffnung.

Auch Jassir Arafat setzte auf Veränderung – und er hatte guten Grund dazu. Am 19. Januar 1992 hatte sich sein Mitarbeiter Nabil Shaath im Cairoer Ramses Hilton Hotel mit Yossi Beilin getroffen, der damals außenpolitischer Berater von Shimon Peres war. Beilin war aus Jerusalem an den Nil gekommen, um der Palästinensischen Befreiungsorganisation zu signalisieren, daß Peres ernsthaft daran denke, mit den Palästinensern Frieden zu schließen – wenn die Arbeitspartei die Mehrheit im israelischen Parlament besitze. Die PLO könne sich darauf verlassen, daß der Bau von Häusern im besetzten Gebiet eingestellt werde.

Yossi Beilin machte dem PLO-Aktivisten deutlich, daß es klug sei, den Friedensprozeß bis nach den Wahlen einschlafen zu lassen. Rabin und Peres würden dann ab Herbst die Zurückhaltung honorieren.

Die Stagnation der Verhandlungen bewirkte allerdings, daß Arafat innerhalb der eigenen Organisation zu hören bekam, er habe keine Kraft mehr, um Politik zu betreiben. Die Forderung wurde erhoben, der Vierundsechzigjährige müsse einem jüngeren Platz machen. Die Verschwörer gegen Arafat gaben sich im Juni 1992 zu erkennen: An ihrer Spitze standen die Brüder al-Hassan. Da Khaled al-Hassan unheilbar krank war – er litt an Krebs –, mußte er seinem Bruder Hani den Vortritt im Kreis der Rebellen lassen. Hani al-Hassan verlangte, die PLO-Führung müsse aufhören, orientierungslos und inaktiv zu sein. Es sei ein Fehler, daß Arafat das Problem der Palästinenser völlig isoliert vom Geschehen in der übrigen arabischen Welt sehe. Das Resultat sei Beziehungslosigkeit zu wichtigen arabischen Herrschern – es sei längst an der Zeit, Kontakt zu Saudi-Arabien aufzunehmen. Die königliche Familie in Riyadh besitze den Schlüssel, der in Washington die Türen zu den dort Mächtigen aufsperre. Ohne die Fürsprache des saudiarabischen Königs könne Präsident Bush nicht ernsthaft für die Idee des Palästinenserstaats gewonnen werden. Hani al-Hassan stellte Arafat vor die Alternative: Entweder radikale Änderung der Politik oder Rücktritt.

Hani al-Hassan trug seinen Standpunkt energisch, aber doch mit ruhiger Stimme vor. Gerade diese Beherrschung reizte Arafat.

Der PLO-Chef benahm sich, als ob er ernsthaft beleidigt sei. Er brüllte die al-Hassan-Brüder an. Er beschimpfte sie als Rebellen – sie seien auch nicht besser als der Oberst Musa, der ihn einst in Tripoli habe vernichten wollen. Oberst Musa, so schrie Arafat, habe sich durch seine Rebellion selbst erledigt. Niemand rede mehr von ihm. Dasselbe Schicksal sei Khaled und Hani zugedacht. Arafats Lautstärke überzeugte nicht, doch sie brachte die Rebellen zum Schweigen.

Die von Arafat ersehnte Ablösung des israelischen Ministerpräsidenten Yitzhak Shamir geschah am 23. Juni 1992: Der Likudblock verlor die Knessethwahlen. Yitzhak Rabin wurde sein Nachfolger. Ein Mann war nun an der Macht in Israel, der im Wahlkampf versprochen hatte, er werde dem Land Frieden bringen – durch Verleihung der Autonomierechte an die Palästinenser. Rabin und Peres, die zwei Rivalen im Streit um die Macht in der Arbeitspartei, teilten unter sich die wichtigsten Ämter auf. Rabin wurde nicht nur Ministerpräsident, sondern auch Verteidigungsminister. Peres wurde Außenminister.

Nach dem 13. Juli 1992, dem Tag der Machtübernahme durch die Arbeitspartei, blieb der erwartete Anstoß zum Friedensprozeß allerdings aus. Die Ursache war eine Lähmung der amerikanischen Politik: Die Präsidentschaftswahlen waren für den 4. November 1992 angesetzt – vor diesem Termin wagte George Bush keine Aktivität, die Unruhe in Israel und damit bei der jüdischen Wählerschaft in den USA auslösen könnte. Nur einen Schritt hatte George Bush unternommen, genau einen Monat vor dem Wahltermin: Er gab der Weltbank die Garantie für den Kredit in Höhe von zehn Milliarden Dollar an Israel. Wenn er geglaubt hatte, mit diesem Schritt seine Wahlchancen zu verbessern, so mußte er eine herbe Enttäuschung erleben: Bill Clinton wurde gewählt.
Es war die Zeit der achten Runde der Friedensverhandlungen in Washington. Außenminister James Baker war in den Wahlkampf geschickt worden, doch er hatte gewußt, daß George Bush nicht mehr Präsident werden würde. Er hatte den Verhandlungen keinen Schwung mehr geben können. So geschah es, daß sich die Delegationen gegenübersaßen und über Belangloses redeten. Ein Thema war schließlich die Taubenplage im Hafen Eilath. Die israelische Delegation beschwerte sich, die Tauben würden in Aqaba nisten und den Mist in Eilath hinterlassen.

Kurz vor dem Ende des Jahres 1992, in einer Phase der völligen politischen Lethargie, schien Yitzhak Rabin mit einem Schlag sämtliche Hoffnungen auf Frieden zwischen Palästinensern und Israelis zerstören zu wollen: Auf seine Anordnung hin wurden am 17. Dezember 415 Aktivisten der islamischen Kampforganisation Hamas aus den besetzten Gebieten ausgewiesen und über die Grenze in Richtung Libanon abgeschoben.
Diese Aktion stellte sich für die israelische Regierung als schlimmer Fehler heraus. Arafat, der sofort begriff, daß ihm Rabin unfreiwillig ein Geschenk gemacht hatte, forderte durch seinen Verbindungsmann in Beirut die libanesische Regierung auf, die 415 Männer nicht ins Land zu lassen. Darüber waren die Deportieren keineswegs unglücklich, denn sie waren sich bewußt, daß sie zu einem wichtigen Propagandafaktor für die Sache der Palästinenser insgesamt wurden.

Winter herrschte im kargen Hügelland zwischen Israel und Libanon. Im Grenzgebiet befand sich weit und breit keine Ansiedlung, die den 415 Deportierten Schutz gegen Kälte, Regen und Schnee bieten konnte. Vor den Fernsehkameras der Welt richteten sich die Männer notdürftig ein. Sie bauten Nothütten, machten Feuer – und sie beteten. Sie wählten sich einen Sprecher, der die Situation der Ausgesetzten und der Palästinenser insgesamt erläuterte. Die 415 bärtigen Gestalten hielten im kalten Wind aus, diszipliniert und selbstbewußt. Sie wurden für die Welt zum Symbol für das Schicksal des palästinensischen Volkes.

Zur gleichen Zeit flammte der Aufstand der steinewerfenden Jugendlichen wieder auf. Rabin wies seine Sicherheitskräfte an, mit Härte gegen die Steinewerfer vorzugehen. Die Fernsehkameras hielten Szenen der israelischen Brutalität fest. Der Staat Israel verlor erneut die Sympathie vieler Menschen in Europa und in den USA.

Doch es gelang Jassir Arafat nicht, aus dieser für Israel negativen Entwicklung Nutzen für die PLO zu ziehen. In dieser Zeit der Stagnation wurde ihm deutlich, daß ein Fortschritt in Richtung Frieden ihm keineswegs unbedingt erwünscht sein konnte. Es waren wiederum die Brüder al-Hassan, die ihm die Augen öffneten. Sie lebten nicht in Tunis, sondern in Saudi-Arabien. Sie wußten, was die Herrscher der ölreichen Staaten am Persischen Golf dachten. Im Kreis der Ölemire war der Gedanke diskutiert worden, daß nach der Erreichung der Autonomie für den Ministaat Palästina die Palästinensische Befreiungsorganisation keine Existenzberechtigung mehr besitze, denn sie habe ihr Ziel, die Befreiung Palästinas, erreicht. Damit sei auch Jassir Arafat selbst an seinem Ziel angekommen – er werde folglich nicht mehr gebraucht. Die Ölemire hatten auch schon darüber gesprochen, wer Nachfolger Arafats als Galionsfigur der Palästinenser sein konnte: Sie favorisierten Faisal Husseini. Sie waren bereit, ihn finanziell zu unterstützen.

Arafat, der noch immer in Tunis saß, bemerkte mit Mißfallen, daß Husseini an Selbstbewußtsein gewann und seine Basis im besetzten Gebiet ausbaute. Der Sohn des »Märtyrers von Kastel« nutzte seine Zugehörigkeit zur mächtigen Husseini-Familie. Im Ostteil von Jerusalem bezog er eine würdige Residenz

im »Orient House«, einem Gebäude aus Sandstein, errichtet im traditionellen Jerusalemer Stil. Seine Absicht war, das »Orient House« nach und nach, mit stillschweigender Duldung der israelischen Politiker Rabin und Peres, zum Amtssitz einer palästinensischen Selbstverwaltung auszubauen, die unabhängig war von der PLO-Führung in Tunis.
Faisal Husseini hatte, im Gegensatz zu Arafat, keine finanziellen Probleme. Die Zuwendungen aus der Kasse der königlichen Familie von Saudi-Arabien flossen reichlich. Im »Orient Hause« trafen auch die Gelder ein, die zur Verteilung an die palästinensischen Familien vorgesehen waren, die unter den Folgen der Intifada zu leiden hatten. König Fahd hatte angeordnet, daß diese Beträge nicht mehr über die PLO-Verwaltung in Tunis geleitet wurden. Noch immer rächte sich Arafats »Bruderkuß« für Saddam Hussein. Die reichen Golfstaaten insgesamt weigerten sich, die Entschuldigung des PLO-Führers anzunehmen.
Arafat verbesserte seine Situation keineswegs, als er im Februar 1993 erneut eine Einladung nach Baghdad annahm, obgleich ihm fast alle Mitarbeiter abgeraten hatten. Er bekam aus der Hand des irakischen Staatspräsidenten den Orden *Umm al-Ma'arik*, den Orden der »Mutter aller Schlachten«.

Tunis reißt die Initiative an sich

Für Faisal Husseini und Hanan Ashrawi war die Überraschung groß, als sie zu spüren bekamen, daß sie vom Hauptquartier in Tunis Fesseln angelegt bekamen. Sie hatten, als Leiter der palästinensischen Delegation bei den Friedensverhandlungen in Washington, Verhandlungsvollmacht besessen. Arafat hatte ihre Berichte erhalten – eine Reaktion aus Tunis war selten erfolgt. Husseini hatte aus diesen Erfahrungen heraus, nach seiner Ansicht richtig gehandelt, als er am Verhandlungstisch zu erkennen gab, daß die palästinensische Delegation bereit sei, dem Sicherheitsratsbeschluß Nummer 242 zuzustimmen. Diesen Schritt hatte zuvor schon Arafat unternommen, zum Beispiel 1982, während er in Beirut belagert worden war. Jetzt aber, elf Jahre später, empörte er sich, als er von Husseinis Anerkennung des Sicherheitsratsbeschlusses hörte. Arafats Vorwurf: Faisal Husseini habe voreilig gehandelt.

Hanan Ashrawi, die sich 1992/93 als Außenministerin der künftigen Selbstverwaltung der besetzten Gebiete fühlte, mußte sich sagen lassen, palästinensische Außenpolitik werde in Tunis gemacht. Mit einer administrativen Maßnahme wurde diese Mitteilung bekräftigt: Hanan Ashrawi durfte sich fortan nur noch im Beisein des PLO-Vertreters Abu Mazen mit nichtpalästinensischen Diplomaten und Politikern treffen. Arafat demonstrierte, daß er der offiziellen Delegation Palästinas nicht mehr traute. Seinen Besuchern in Tunis sagte der PLO-Chef, Husseini und Ashrawi hätten in Washington miserable Arbeit geleistet. Nur wenige Tage später teilte der saudiarabische Außenminister dem Herrn des »Orient House« mit, sein Land komme künftig für die Finanzen des Instituts nicht mehr auf. Überlegungen seien in Riyadh im Gange, die Gelder für Intifada-Opfer wieder über die PLO in Tunis zu leiten. Faisal Husseini begriff, daß Veränderungen im Gange waren, die er noch nicht durchblicken konnte.

Ausgangspunkt der Veränderungen war die Unzufriedenheit aller Beteiligten am Fortgang der Friedenskonferenz. Daß verhandelt wurde, hatte bisher keine dauerhafte Auswirkung gehabt auf den Aufstand im Gazastreifen. Nur zu Beginn der Konferenz hatte Optimismus die Intifada-Bewegung abflauen lassen. Enttäuschungen hatten die jungen Palästinenser der besetzten Gebiete erneut zu Gewalttaten getrieben. Intifada belastete die israelische Innenpolitik in steigendem Maße: Politiker aller Parteien waren sich darin einig, daß kein Interesse bestand, den Unruheherd Gaza noch länger unter israelischer Kontrolle zu halten. Der Gazastreifen sollte schon bald abgegeben werden – die Frage war nur, an wen? Der ägyptische Präsident Husni Mubarak hatte signalisiert, daß sein Land keine Besitzrechte an diesem bis 1967 ägyptischen Landstrich beanspruche. Mubarak hatte deutlich ausgesprochen, daß er »die Palästinenser« selbst als Besitzer von Gaza betrachte. Wer aber waren zu diesem Zeitpunkt »die Palästinenser«? Wurden sie durch Faisal Husseini vertreten oder durch Jassir Arafat? Oder durch Hamas?

Obgleich Sheikh Ahmad Yassin in isreaelischer Haft saß, leitete er die Organisation Hamas. Er wartete auf den Zusammen-

bruch der PLO, die kein Geld mehr besaß und orientierungslos war. Sheikh Yassin verfügte über einen unschätzbaren Vorteil: Ihm gehorchten die Prediger in den Moscheen. Über sie gab Yassin die Parole aus: »Die Seele Palästinas ist der Islam!« Hamas jagte der israelischen Regierung Furcht ein. Sie wollte Gaza so rasch als möglich los werden.
Die Bewohner des Gazastreifens hatten die Wahl zwischen dem Hamaschef Sheikh Ahmad Yassin und Jassir Arafat. Für die israelische Regierung, die rasch handeln mußte, gab es nur eine Lösung: Gaza mußte an Arafat übergeben werden. Faisal Husseini wurde so zum Verlierer. Ausschlaggebend war, daß sowohl der amerikanische Außenminister Warren Christopher als auch Rabin und Peres wußten, wer Intifada stoppen konnte: Dazu waren weder Husseini noch Sheikh Yassin in der Lage. Allein Jassir Arafat und seine Organisation konnten den steinewerfenden Jugendlichen Einhalt gebieten. Das Problem war nur, daß dieser Jassir Arafat bisher in Israel als blutrünstiger Terrorist galt, mit dem man nicht reden, und dem man nicht die Hand geben durfte. Rabin und Peres hatten die schwierige Aufgabe, den Israelis deutlich zu machen, daß es ohne Arafat keine Lösung des Gazaproblems gab. Die Öffentlichkeit mußte davon überzeugt werden, daß israelische Soldaten erst dann vom Dienst in der Hölle des Gazastreifens befreit werden konnten, wenn Arafat dort die Herrschaft übernahm.
Zum Glück für Rabin, Peres und Arafat mußte mit den Kontakten zwischen israelischen Politikern und der PLO nicht bei Punkt Null begonnen werden. Schon zur Zeit der Likudregierung hatten geheime Kanäle bestanden zum Austausch vernünftiger und praktikabler Vorschläge zur Lösung aktueller Konflikte zwischen Israelis und Palästinensern. Die Schwierigkeit hatte allerdings immer darin bestanden, daß ein gültiges Gesetz des Staates Israel jeden Bürger des Landes, der mit einem PLO-Mitglied Kontakt hielt, mit einem Jahr Gefängnisstrafe bedrohte. Trotz dieser Gesetzeslage hatten sich immer wieder Mitglieder des PLO-Stabes mit israelischen Politikern und Geheimdienstleuten in London, Genf und Paris getroffen.
Auch zum Zeitpunkt, als mit Arafat verhandelt werden sollte, bestanden geheime Kanäle, die aktiviert werden konnten. Seit den Wochen vor den israelischen Parlamentswahlen des Jahres

1992 bestand eine Verbindung zwischen der Arbeitspartei und dem in Nablus für die PLO Verantwortlichen. Dieser Kanal sollte dazu dienen, ein Gespräch mit dem israelischen Ministerpräsidenten und dem PLO-Funktionär Abu Mazen zu ermöglichen. Abu Mazen (Mohammed Abbas) war in seiner Vorbereitung zu diesem Treffen schon weit fortgeschritten, als ihn eine Entwicklung zwang, die auch er als ungewöhnlich empfand, sich um einen anderen geheimen Kanal zu kümmern. Er war eher beiläufig entstanden.

Ein norwegischer Soziologe, Terje Larsen, untersuchte im Auftrag des Forschungsinstituts FAFO (Institute for Applied Social Sciences) die wirtschaftliche Lage der Bewohner der besetzten Gebiete – wobei er sich vor allem auf den Gazastreifen konzentrierte. Noch vor den Wahlen im Sommer 1992 traf er sich mit Yossi Beilin, der damals ein junger Abgeordneter der Arbeitspartei in der Knesseth war. Beilin war darum bemüht, mit der PLO ins Gespräch zu kommen: Er hatte sich am 19. Januar 1992 im Cairoer Ramses Hilton Hotel mit Arafats Mitarbeiter Nabil Shaath getroffen. Nun sprach Beilin mit dem Norweger, der die Situation im Gazastreifen und einige hochrangige PLO-Führer kannte. Terje Larsen hatte Kontakte geknüpft zu Fathi Arafat, dem Bruder des PLO-Chefs. Fathi Arafat war zuständig für das palästinensische Krankenhaus in Cairo und für den »Palästinensischen Roten Halbmond«, der Partnerorganisation des Roten Kreuzes. Der israelische Abgeordnete, der überzeugt war, daß seine Arbeitspartei die Wahlen gewinnen werde, wollte erfahren, wie sich Israel das Problem Gaza vom Hals schaffen könnte. Yossi Beilin zweifelte am positiven und schnellen Verlauf der Friedenskonferenz in Washington. Er war der Ansicht, nur der Ausstieg aus den Verhandlungen unter amerikanischer Schirmherrschaft könne aus der Sackgasse herausführen. Terje Larsen bemerkte dazu, die Konferenz sei deshalb gescheitert, weil sie in Washington vor Fernsehkameras stattgefunden habe – jede Seite habe »Kamerareden« gehalten. Die wahren Verhandlungen müßten an verschwiegenen Orten, hinter verschlossenen Türen stattfinden. Yossi Beilin und Terje Larsen beschlossen, ihre Unterhaltung nach den Wahlen in Israel fortzusetzen.

Es war die Zeit, da Faisal Husseini an Bedeutung gewann. Yossi Beilin informierte den norwegischen Soziologen über seine Absicht, diesen palästinensischen Politiker in die Gespräche einzubeziehen. Treffen zwischen Beilin, Larsen und Husseini fanden damals im American Colony Hotel in Ostjerusalem statt. Doch sie führten erst dann zu einem Resultat, als es dem Norweger gelang, seine Regierung an den Gesprächen zwischen Israel und der PLO zu interessieren.

Insgeheim hatte sich die norwegische Regierung schon früher um Überbrückung der Kluft zwischen Israelis und Palästinensern bemüht. Ein Versuch war im April 1983 auf brutale Weise beendet worden. Unter norwegischer Aufsicht sollten Gespräche stattfinden im Rahmen eines Treffens internationaler Sozialisten im portugiesischen Ort Albufeira. Auf der Seite der Palästinenser sollte der Arzt Dr. Issam al-Sartawi mit der israelischen Delegation zusammentreffen. Doch ehe diese Absicht verwirklicht werden konnnte, wurde Dr. Issam al-Sartawi vor dem Konferenzgebäude erschossen.

Der Soziologe Terje Larsen brauchte sich nur geringe Mühe zu geben, seine Regierung zu überzeugen, daß sie, besser als jede andere, geeignet war, zwischen Israel und den Palästinensern zu vermitteln, da für sie keine eigenen politischen Interessen im Spiel seien. Wohl aber gab es beachtliche wirtschaftliche Interessen. Im Januar 1992 hatte Arafats Finanzspezialist Abu Alaa Oslo besucht, um Kooperationsvereinbarungen zwischen der PLO-Finanzverwaltung und norwegischen Finanzinstituten ins Auge zu fassen. Abu Alaa vertrat dabei die palästinensische Organisation Samed, die unter anderem Unterstützungsgelder für die Familien der Intifada-Opfer zu verwalten hatte. Bei dieser Gelegenheit hatte Abu Alaa auch norwegische Regierungsmitglieder getroffen und angeregt, ob nicht die Sozialistische Partei Norwegens politisch vermittelnd tätig werden wollte.

Sobald Yossi Beilin, nach dem Wahlsieg seiner Partei, zum Stellvertretenden israelischen Außenminister ernannt worden war, erlahmte sein Schwung im Bemühen um Verhandlungen mit der PLO. Sein Chef Yitzhak Rabin stellte fest, daß es einfacher war in der Eigenschaft des Oppositionspolitikers, Kontakte mit Nabil Shaath und Faisal Husseini zu unterhalten, als sich in offizieller Regierungsfunktion mit ihnen zu treffen. Einmal war Yossi Beilin in Gefahr geraten als geheimer Verhandler entdeckt zu werden: Eines späten Abends war sein Kraftfahrzeug vor Husseinis Haus am Ölberg eingeschneit gewesen. Mit Hilfe der Israel Defence Forces wurde der Wagen abgeschleppt. Zum Glück für Beilin sprach niemand darüber.

Nur langsam überwand Yossi Beilin sein Zögern. Da er nicht selbst mit einem PLO-Vertreter reden wollte, schaltete er einen Bekannten ein, den Professor für Angelegenheiten des Mittleren Ostens an der Universität Haifa, Yair Hirschfeld. Er war bereit, Abu Alaa im Londoner Cavendich Hotel zu treffen. Bei dieser Begegnung wurde vereinbart, die Gespräche in Norwegen fortzusetzen, an einem unauffälligen Ort, doch unter Protektion der norwegischen Regierung. Abgesprochen wurde die Vereinbarung, die Gespräche besäßen einen »rein inoffiziellen Charakter und seien rein privater Natur«.

Die Möglichkeit, geheime Treffen abzuhalten, bot das norwegische »Institute for Applied Social Sciences« – in Abkürzung der norwegischen Bezeichnung FAFO genannt. Das wissenschaftliche Institut bot einen hervorragenden Schutz vor neugierigen Ohren und Augen. Es war nichts Ungewöhnliches, daß sich bei FAFO Persönlichkeiten unterschiedlicher Nationen trafen. Finanziert wurde das Institut zum Teil aus privaten Mitteln. So war weder die PLO noch die israelische Regierung gezwungen, sich mit offiziellen Geldern an den Kosten der Geheimtreffen zu beteiligen. Um die Begegnung israelischer Bürger mit Angehörigen der PLO überhaupt zu ermöglichen, mußte erst das Gesetz aufgehoben werden, das derartige Kontakte mit Gefängnisstrafe belegte. Am 19. Januar 1993 wurde die entsprechende Rechtsvorschrift gestrichen. An diesem Tag versicherte Rabin dem Parlament, es werde nie offizielle Gespräche zwischen seiner Regierung und der PLO geben. Einen Tag später begannen die Geheimtreffen bei Oslo.

Der Tagungsort war sehr abgelegen: Die Papierhersteller Borregard hatten dafür ihr Hofgut zur Verfügung gestellt, das 110 Kilometer südöstlich von Oslo liegt. Die Veranstaltung machte den Eindruck eines akademischen Meetings, das sich rein theoretisch mit dem Palästinenserproblem befaßte. Marianne Heilberg, eine Mitarbeiterin des wissenschaftlichen Instituts FAFO und zugleich Ehefrau des norwegischen Verteidigungsministers Holst, sprach zu Beginn über die Probleme der Menschen in den besetzten Gebieten. An ernsthafte Verhandlungen wurde zunächst nicht gedacht. Keine Seite traute der anderen zu, daß sie wirklich im Sinne habe, irgendwann bindende Vereinbarungen abzuschließen. Yossi Beilin, der sich in Jerusalem täglich über den Fortgang der Gespräche berichten ließ, war der Meinung, das »akademische Meeting« werde mit allgemeiner Diskussion enden. Da unterschätzte er allerdings den palästinensischen Politiker Abu Mazen, der, von Tunis aus, die Anstöße gab.

Abu Mazen hatte den Finanzspezialisten Abu Alaa, der eigentlich Ahmed Qrei heißt, zum Gesprächspartner bestimmt. Ein Mann, der Wert auf eine elegante Erscheinung legt. Maßgeschneidert sind seine dunklen Anzüge; die Krawatten passen im Farbton; leicht getönt sind die Brillengläser. Ahmed Qrei macht den Eindruck, kompetent in Politik und Wirtschaft zu sein.

Ahmed Qrai gehört zum Jahrgang 1941. Geburtsort ist die kleine Stadt Abu Dis im Osten von Jerusalem. Der Vater war Geschäftsmann. Er blieb auch nach der Flucht der Familie aus Abu Dis im Juni 1967 wohlhabend. Der Vater hatte nicht unter israelischer Besatzung in Abu Dis bleiben wollen. Ahmed Qrai aber kehrte ins besetzte Gebiet zurück und studierte Wirtschaftswissenschaften an der Bir-Zeit-Universität. In der Mitte der 70er Jahre wurde er Banker in Beirut mit guten Kontakten zur saudiarabischen Finanzwelt.

Als Arafat dort vom Hauptquartier im Stadtviertel Fakhani aus Politik betrieb und Krieg gegen Israel führen wollte, benötigte er einen Palästinenser mit Sachverstand in der Finanzverwaltung. Er fand Ahmed Qrei, der sich fortan Abu Alaa nannte. Dieser sorgte dafür, daß die Gelder der PLO in internationalen Aktienwerten angelegt wurden. Er organisierte die finanzielle Absicherung der Palästinensischen Befreiungsorganisation. Durch Abu Alaa (Ahmed Qrei) wurde die PLO zu einem beachtlichen Finanzimperium – dessen oberste Instanz Arafat war.

Zusammen mit Arafat verließ Abu Alaa Beirut und verlegte sein Büro nach Tunis. Hauptamtlich verwaltete er die PLO-Finanzen. Er stieg auch auf in die politischen Gremien der PLO: Abu Alaa wurde Mitglied des Palästinensischen Nationalrats – nachdem er zuvor schon in das Zentralkomitee der Kampforganisation Al-Fatah eingerückt war. Der Mann mit dem kahlen runden Kopf, der stets eine schmale Aktentasche bei sich trug, entwickelte sich zu einer zentralen Gestalt im Hauptquartier in Tunis.

Da nach dem Verlust der libanesischen Basen kaum mehr an einen Guerillakrieg gegen Israel gedacht werden konnte, drängten sich Verwaltungsfragen in den Vordergrund. Dazu gehörten Verteilung der Gelder an notleidende Familien in den Palästinenserlagern, Finanzierung der Intifada in Jabalia und Gaza, Bezahlung der nahezu 100 diplomatischen Vertretungen der PLO in der ganzen Welt, Überwachung der Geldanlagen.

Abu Alaa hatte zu denen gehört, die Jassir Arafat rechtzeitig auf die schwierige finanzielle Lage der Palästinenserorganisation während der Monate nach dem Golfkrieg hingewiesen und der argumentiert hatte, daß die Politik der PLO Rücksicht zu nehmen habe auf die Finanzlage. Abu Alaa mit der Gesprächsführung zu betrauen, war eine unter diesen Umständen fast selbstverständliche Entscheidung.

Ihm gegenüber saß Professor Yair Hirschfeld, der Fachmann für den Nahen Osten aus Tel Aviv. An Hirschfelds Seite befand sich Ron Pundik, ebenfalls ein Gelehrter. Er war Fachmann für Jordanien und für die Palästinenser am Truman Institut der Hebrew University.

Nicht beteiligt an den Vorbereitungen des »akademischen Meetings« im Hofgut Borregard bei Oslo waren Faisal Husseini und Hanan Ashrawi. Sie glaubten beide, die Verhandlungen in Washington würden fortgesetzt werden – unter ihrer Führung. Sie hatten zwar Veränderungen bemerkt in der Einstellung der Zentrale in Tunis zu ihnen, doch die wahre Ursache war ihnen verborgen geblieben. Sie wußten zu diesem Zeitpunkt auch nicht, wer hinter den seltsamen Veränderungen steckte. Es war keineswegs Jassir Arafat, der in Tunis die Fäden zog. Es war Abu Mazen, der eigentlich Mahmud Abbas heißt.

Abu Mazen war Lehrer von Beruf und hatte zu der Gruppe von Palästinensern gehört, die zu Beginn der 60er Jahre in den ölreichen Staaten am Persischen Golf gearbeitet und die das Elend ihres Volkes beschäftigt hatte. Abu Mazen war dabei, als die Gruppe um Jassir Arafat den Gedanken entwickelte, sie müßten als Revolutionäre um die Freiheit der Palästinenser kämpfen. Hinter Abu Jihad und Abu Ijad stand er über lange Jahre im zweiten Glied der PLO. Nicht weil er von Arafat zurückgesetzt wurde, sondern weil er fühlte, seine Zeit werde kommen, wenn sich die Politik von Abu Jihad und Abu Ijad abgenützt habe. Abu Mazen hielt sich abseits von »Arafats Hof« in Syrien auf. Er ließ sich auch nicht in die Wirren der Auseinandersetzungen im Libanon hineinziehen. Zu den Scharfmachern gegenüber Israel zählte er nicht. Nie hat Abu Mazen Reden gehalten, in denen er die Vernichtung Israels forderte. Er bewies dadurch Mut, daß er in Damaskus, im Bereich des schroffen Israelgegners Hafez al-Assad, darauf hinwies, daß die Ablehnung des Dialogs mit Verantwortlichen in Israel ein Fehler sei, der es dem jüdischen Staat leichtmache, die Palästinenser zu verteufeln.

Bei einem Studienaufenthalt in Moskau befaßte er sich genauer mit Material, das die Struktur des Staates Israel analysierte, das sich mit den Eigentümlichkeiten seiner Bevölkerung befaßte. Er war das erste Mitglied der PLO-Führung, das darüber nachdachte, wie das Staatsgebilde, das man bekämpfen wollte, überhaupt beschaffen war. Das Resultat der Moskauer Studien war eine wissenschaftlich zu nennende Untersuchung über das Verhalten der Juden, die aus arabischen Staaten nach Israel gezogen sind. Seine Feststellung war, daß viele dieser Juden gute Erinnerungen an ihre frühere Heimat bewahrten, und daß diese Menschen offen waren für den Dialog mit den Palästinensern. Abu Mazen begriff, daß es »die Israelis« nicht gab. Die Zuwanderer aus Arabien waren als Ansatzpunkt der Beeinflussung der öffentlichen Meinung und schließlich der Politik in Israel zu nutzen. Abu Mazen traf die verblüffende Feststellung, es sei nicht möglich, Israel auf dem Umweg über Washington zu beeinflussen – doch es sei denkbar, Washington auf dem Umweg über Israel zu beeinflussen.

Als Arafat die Gedanken des Abu Mazen gehört hatte, sank das Ansehen seines bisherigen Beraters – Bassam Abu Sharif – in Angelegenheiten der Vereinigten Staaten. Abu Mazen übernahm die Funktion des programmatischen Denkers im Hauptquartier in Tunis. Nach dem Ende des Golfkrieges verfügte Arafat über zwei Berater von Format: Abu Mazen leistete politische Vorarbeit – Abu Alaa war der Fachmann für Finanzen.

Abu Mazen überredete Arafat dazu, ihm die Funktion des Kontaktmannes zu israelischen Persönlichkeiten zu übertragen. Es gelang Abu Mazen in kurzer Zeit, das Vertrauen von Rabin und Peres zu gewinnen. Abu Mazen hatte eigenmächtig gehandelt, als er Abu Alaa nach Oslo geschickt hatte. Arafat war bis zum Tag des Verhandlungsbeginns nicht von den Kontakten zu Yossi Beilin, Yair Hirschfeld und Ron Pundik informiert gewesen. Erst nach dem 20. Januar 1993 hielt es der verschwiegene PLO-Politiker für richtig, seinen Chef zu unterrichten. Arafat nahm diese Initiative zunächst nicht sonderlich ernst. Daß sich Terje Larsen, ein Soziologe, für Verständigung zwischen Israelis und Palästinensern einsetzen wollte, erschien ihm keineswegs vielversprechend. Er war sogar der Ansicht, der PLO werde von israelischer Seite eine Falle gestellt, um Informationen für die Bereitschaft der PLO zu Zugeständnissen zu erhalten. Ihn machte auch stutzig, daß Yair Hirschfeld nicht ausdrücklich zu erkennen gegeben hatte, daß er im Auftrag von Rabin oder Peres nach Oslo gereist sei. Nach längerem Zögern gab Arafat Abu Mazen die Erlaubnis, das »akademische Meeting« im Hofgut Borregard weiter zu unterstützen. Abu Mazen war entschlossen, die Gespräche zu einem Erfolg werden zu lassen.

Er gab den Tenor der Diskussionen an: Es werden keine Vorwürfe wegen Ereignissen erhoben, die in der Vergangenheit geschehen sind – wir arbeiten an der Basis für eine friedliche Zukunft. Dank Abu Mazens Unterstützung konnte Abu Alaa zum Treffen am 12. Februar 1993 schriftlich fixierte Vorschläge für die Konfliktlösung vorlegen. Die Grundlage war die Vereinbarung über den israelischen Rückzug aus Gaza und über die stufenweise Übernahme der Verantwortung durch die PLO im gesamten Gazastreifen. Das Erstaunliche geschah: Yair Hirschfeld stimmte, nach Rücksprache mit Yossi Beilin, den Vorschlägen zu. Beilin wiederum hatte die Zustimmung von Shimon Peres erlangt.

Außenminister Peres war inzwischen zur Erkenntnis gelangt, daß eine Beruhigung der Situation in Gaza erst eintreten würde, wenn sich Arafat persönlich dort befinde. Von Tunis aus, so argumentierte er mit Rabin, könne der PLO-Chef wenig bewirken. Es müsse ihm vor Ort Verantwortung übertragen werden,

dann werde er den Aufstand der steinewerfenden Jugendlichen rasch beendet haben. Vor allem brenne doch das Problem »Intifada in Gaza« auf den Nägeln. Dieses Problem müsse endlich gelöst werden. Bezeugt ist, daß Yitzhak Rabin diese Bemerkung geäußert hat: »Ich wünsche mir nur das eine, daß Gaza im Meer versinkt!« Adressat der Bemerkung war eine Delegation des Washingtoner Instituts für Nahostpolitik.
Am 14. April 1993 ist Arafat bereit, der israelischen Regierung die Verantwortung für den Gazastreifen abzunehmen – doch er verlangt mehr.

»Die Lösung heißt Gaza und Jericho«

Angestachelt von Abu Mazen zögerte der PLO-Chef mit der Zustimmung zur Übernahme des Gazastreifens. Die Gefahr bestand – nach seiner Meinung –, daß Rabin und Peres nach der Übergabe des ihnen verhaßten Flüchtlingslagers die weiteren Verhandlungen zur Schaffung von autonomen Gebieten abbrechen mit der Begründung, die PLO möge zunächst einmal beweisen, daß sie in der Lage sei, überhaupt eine Gebietsverwaltung einzurichten. Es mußte deshalb gelingen, eine wichtige Stadt im besetzten Gebiet westlich des Jordan in einen Autonomievertrag einzubeziehen. Arafat entschied sich für Jericho.
Zwei Gründe sprachen für diese Stadt im Jordantal: Ihr Name ist jedem Bibelleser bekannt; der Name übt Faszination aus durch die Erinnerung an die Geschichte von den Mauern, die durch den Klang von Widderhörnern einst zum Einsturz gebracht worden sind. Arafat war sich des Symbolwerts von Jericho durchaus bewußt. Die Stadt am Jordan war die erste Siedlung, die von den jüdischen Stämmen nach dem Zug durch die Wüste Sinai zu Beginn der »Landnahme« erobert wurde. Sie sollte nun auch die erste Stadt sein, deren Kontrolle die Israel Defence Forces abtreten mußten. Um diesen Symbolwert voll auszukosten, hätte es Arafat vorgezogen, Jericho noch vor dem Gazastreifen zu übernehmen. Diesen verwegenen Gedanken mußte er sich aus dem Kopf schlagen.
Der zweite Grund, der für die Übernahme von Jericho sprach,

war praktisch-strategischer Art. Unweit der Stadt, im Osten, überquert die Allenby-Brücke den Jordan. Sie stellte die wichtigste Verbindung zwischen der »Westbank« und Transjordanien dar. In Arafats politischer Kalkulation für die Zukunft war die Tatsache bedeutungsvoll, daß die Mehrheit der Bewohner Transjordaniens Palästinenser sind. Die Palästinenser an beiden Ufern des Jordan miteinander zu vereinigen, war für Arafat durchaus eine realistische Zukunftsperspektive. Ministerpräsident Rabin lehnte Arafats Wunsch der Übernahme von Jericho zunächst rundweg ab. Das »autonome Gebiet der Palästinenser« sollte sich auf den Gazastreifen beschränken. Außenminister Peres argumentierte, es habe doch schon im Jahr 1968 – kurz nach der Eroberung der »Westbank« – einen Plan gegeben, Jericho rasch wieder zu verlassen. Der Politiker und Militär Yigal Allon hatte diesen Plan damals formuliert – auf Drängen von Henry Kissinger. Obgleich Rabin der Schützling von Allon gewesen war, wollte er sich nicht beeindrucken lassen. Er meinte, Yigal Allon habe damals wohl nicht bedacht, wie wichtig gerade die Kontrolle des Verkehrs auf der Allenby-Brücke ist. Die Israel Defence Forces müßten die Möglichkeit haben, den Transport von Waffen über den Jordan ins palästinensische Gebiet zu unterbinden. Man dürfe nicht vergessen, daß die Palästinenser Neigung zum Terrorismus bewiesen hätten.

Der schleppende Verlauf der Verhandlungen in Washington zwang den israelischen Ministerpräsidenten zum Einlenken. In der US-Hauptstadt fanden weiterhin Gesprächsrunden statt, die jedoch keinerlei Ergebnisse brachten. Verantwortlich dafür war Jassir Arafat, der Faisal Husseini angewiesen hatte, jeden Verhandlungsfortschritt zu unterbinden. Der PLO-Chef wollte ein Scheitern der Washingtoner Konferenz. Auf diese Weise wollte er Rabin zwingen, den *Oslo Channel* stärker zu aktivieren. Faisal Husseini hatte inzwischen jeglichen Mut zum eigenständigen Handeln eingebüßt. Daß er Arafats Untergebener war, konnte an der Seltenheit seines Aufenthalts in Washington abgelesen werden: So oft es möglich war, hielt sich der Unterhändler in Tunis auf.
Der amerikanische Außenminister Warren Christopher wunderte sich, daß die Delegation der Palästinenser offenbar nicht

an positiven Verhandlungsergebnissen interessiert war. Christopher gab der Kraftlosigkeit des Faisal Husseini die Schuld daran: Der Außenminister war nun der Ansicht, sich gründlich in den Fähigkeiten dieses Palästinensers getäuscht zu haben – eine Führungspersönlichkeit sei Faisal Husseini eben nicht. Aus dieser Erkenntnis zog Warren Christopher nicht die Konsequenz, das Verhandlungsinteresse müsse auf Arafat verlegt werden. Noch immer galt das Versprechen, das Henry Kissinger fast zwei Jahrzehnte zuvor im Namen der USA gegeben hatte: Es verpflichtete die amerikanische Regierung, nicht in direkte Gespräche mit Arafat einzutreten. Der absolute Wille, diese Verpflichtung einzuhalten, machte die amerikanische Regierung blind für die Entwicklung, die sich in Oslo vollzog.

Dabei wurde dem State Department keineswegs verschwiegen, daß in Oslo Gespräche stattfanden – es wurde eben nur nicht die volle Wahrheit ausgesprochen. Der norwegische Außenminister informierte bereits im Februar 1993 während einer Nato-Tagung in Brüssel den amerikanischen Außenminister, er sei Sponsor eines »akademischen Meetings« zwischen Israelis und Palästinensern. Die letzteren hätten Kontakte zur PLO, während die israelischen Wissenschaftler in lockerem Dienstverhältnis zu ihrer Regierung stünden. Christopher beachtete diesen Hinweis nicht. Die Äußerungen seines norwegischen Kollegen waren für ihn kein Anlaß zu fürchten, in Oslo tage ein Konkurrenzunternehmen zur Washingtoner Konferenz. Christopher blieb überzeugt, die wirkliche Politik finde allein in der amerikanischen Hauptstadt statt.

Auch Shimon Peres gab dem State Department Signale, daß israelische Unterhändler dabei seien, mit PLO-Vertretern Vereinbarungen zu treffen. Doch diese Signale wurden in Washington nicht ernstgenommen. Wenn Peres eine Antwort aus dem State Department erhielt, dann war es die Warnung vor Arafat: Er sei als Verhandlungspartner unzuverlässig.

Als die Unterredungen in Oslo schon zu greifbaren, schriftlich fixierten Ergebnissen geführt hatten, glaubte Peres, er müsse jetzt die amerikanische Regierung unterrichten, wenn er sich spätere Vorwürfe ersparen wolle. Für die ersten Tage des Monats Juli hatte sich Dennis Ross zu Besuch im Nahen Osten angesagt. Dennis Ross hatte die Funktion des Special Middle East

Coordinators und war direkt Präsident Clinton zugeordnet. Da Dennis Ross als ausgesprochen israelfreundlich galt, wollte Peres ihm gegenüber besonderes Vertrauen beweisen. Noch vor der Ankunft des Special Middle East Coordinators informierte Peres den amerikanischen Geschäftsträger, die israelische Regierung habe sich entschlossen, einer Verständigung mit der PLO zuzustimmen. William Brown, der Geschäftsträger, versprach dem israelischen Außenminister, diese bedeutsame Nachricht dem State Department zuzuleiten. Peres wunderte sich dann, daß Dennis Ross das Thema der Osloer Gespräche überhaupt nicht anschnitt. Offenbar war der Special Middle East Coordinator nicht darüber informiert worden. Peres unterließ es, ihn zu unterrichten.

Als nur kurze Zeit später Warren Christopher eine Nahostreise unternahm, wurde er von Peres in die Situation der Verhandlungen eingeweiht. Doch wiederum wurde diese Information nicht ernstgenommen, da Ministerpräsident Rabin dem Gast aus den USA erklärte, der *Oslo Channel* habe sich als Flop erwiesen – wie viele andere Versuche mit Geheimverhandlungen zuvor.

Zu diesem Zeitpunkt hatte Rabin der Übergabe Jerichos zugestimmt. Er hatte eingesehen, daß es tatsächlich allein Arafat gelingen konnte, den Aufstand der steinewerfenden Jugendlichen in Jabalia und Gaza zu beenden. Arafat aber hatte gedroht, er werde den *Oslo Channel* schließen, wenn er nicht auch die Verantwortung über Jericho zugesprochen erhalte. Diesem Druck hatte Rabin nachgeben müssen.

Längst waren die Verhandlungen nicht mehr Yair Hirschfeld und Abu Alaa überlassen. Auf beiden Seiten waren Rechtsberater eingeschaltet worden, die Vertragstexte zu formulieren hatten. Die Autorität der Gesprächspartner war von Rabin und Arafat gesteigert worden. Schließlich entschieden die beiden Spitzenpolitiker selbst.

Je höher die Verhandlungspartner in der jeweiligen Hierarchie angesiedelt waren, desto intensiver kümmerten sie sich um das Thema »Sicherheit« – auf Wunsch von Ministerpräsident Rabin. Er war bis in den Sommer hinein besorgt, es werde Arafat nicht gelingen, Intifada zu beenden und der islamischen Kampforganisation Hamas die Auflösung zu befehlen. Arafat ließ durch Abu Mazen mitteilen, allein sein Erscheinen im

Gazastreifen werde Hamas veranlassen, sich selbst aufzulösen. Schließlich war sogar Rabin überzeugt, Arafat habe recht.

Rabin war vor allem um die Sicherheit der jüdischen Siedlungen in den Gebieten besorgt, die einer palästinensischen Autonomieverwaltung unterstellt werden sollten. Er fürchtete den Vorwurf jüdisch-nationalistischer Kräfte, er habe vor allem die Siedler im Gazastreifen verraten. Arafat verzichtete auf seinen Wunsch, in den Autonomen Gebieten müßten auch die jüdischen Siedler palästinensischer Rechtsprechung unterworfen werden.

Streit löste hingegen Arafats Forderung aus, ein »Korridor« müsse geschaffen werden zwischen Gaza und Jericho, eine für Palästinenser sichere Straße, die rechtlich zum autonomen Gebiet gehören müsse. Die israelische Delegation wurde von Rabin angewiesen, dieser Forderung nicht nachzugeben, da eine derartige Straße den Staat Israel von Jericho bis Gaza durchschneiden würde. An der Hartnäckigkeit beider Seiten in dieser Frage drohten die Oslo-Verhandlungen im Sommer 1993 zu scheitern.

Diesmal gab Arafat nach. Er ließ mitteilen, er verzichte auf die »exterritoriale Straße«; der Korridor könne israelischer Aufsicht unterstellt werden.

Es war Ende Juli geworden, und noch immer hatte die Geheimhaltung des *Oslo Channels* gewahrt werden können. Darüber waren sowohl Arafat als auch Rabin und Peres überrascht. Die Presse der Vereinigten Staaten berichtete nur über die Washingtoner Konferenz. Selbst den klügsten Reportern waren die Vorgänge in Oslo verborgen geblieben. Daß in Israel nicht der geringste Hinweis durchsickerte, war Rabins übergroßer Vorsicht zuzuschreiben. Er hatte zwar hochrangige Mitglieder seines eigenen Stabes nach Oslo delegiert – doch er hatte auch darauf geachtet, daß kein Entsandter im Scheinwerferlicht der Medien stand. Unauffällig geschahen die Reisen nach Norwegen.

Rabin war in Sorge um die Reaktion der israelischen Öffentlichkeit am Tag der Bekanntgabe einer Vereinbarung mit der PLO. Die Bürger des Staates Israel waren nicht auf eine derartige Entwicklung vorbereitet. In ihrer Vorstellung war Arafat noch immer der »blutrünstige Terrorist«, der darauf aus war,

Juden zu töten und den Staat Israel zu vernichten. Wie sollten die Menschen begreifen, daß dieser Palästinenser,»dem das Blut von den Händen troff«, nun ein Partner war bei der Suche nach einer friedlichen Lösung eines Konflikts, der schon seit 1948 andauerte? Doch für eine public relation action blieb keine Zeit. Langsam begriffen die Reporter der amerikanischen Fernsehstationen, daß sich eine Sensation anbahnte. Jetzt mußte die US-Regierung ohne Verschleierung informiert werden. Peres flog am 27. August 1993 zusammen mit dem norwegischen Außenminister Holst nach Südkalifornien, um Warren Christopher und Dennis Ross zu treffen, die gerade dort Urlaub machten.

Peres machte kein Hehl daraus, warum er die amerikanische Regierung zurückhaltend informiert hatte: Er sagte zu Warren Christopher, er traue keinem Verantwortlichen in Washington die Fähigkeit und den Willen zur Geheimhaltung zu – was die amerikanische Regierung wisse, das erfahre bald die Presse. Offenlegung der Verhandlungen hätte ihr Scheitern bedeutet. Der Außenminister der USA und der Special Middle East Coordinator nahmen diese Bemerkung hin.

Noch einmal glaubte Peres gegenüber den Regierenden der Vereinigten Staaten vorsichtig sein zu müssen. Als Dennis Ross erfahren hatte, daß Arafat den Gazastreifen und Jericho verwalten sollte, fragte er nach, ob damit die gegenseitige Anerkennung zwischen der PLO und Israel verbunden sei. Er hielt diese Anerkennung nun für selbstverständlich. Peres aber drückte sich um die präzise Antwort. Er teilte nur mit, von Jassir Arafat sei ein Schreiben zu erwarten, dessen Text die PLO verpflichte, auf jegliche Form des Terrorismus zu verzichten.

Nun war es Warren Christopher, der das Eis brach. Er erklärte, die Unterzeichnung des Abkommens, das die Basis bilde für ein friedliches Nebeneinander zwischen dem Volk von Israel und den Palästinensern, müsse in Washington in aller Öffentlichkeit stattfinden. Dazu müsse Arafat in die amerikanische Hauptstadt kommen. Dies verbiete jedoch eine amerikanische Rechtsverordnung aus dem Jahr 1989. Sie aber könne nur außer Kraft gesetzt werden, wenn die PLO von Israel offiziell als Vertreter des palästinensischen Volkes anerkannt werde. Peres versprach, sich dafür einzusetzen.

Er fügte seinem Versprechen hinzu, psychologische Schwierigkeiten bei der Bevölkerung in Israel und in den besetzten Gebieten könnten wohl vermieden werden, wenn man der Öffentlichkeit mitteile, das Abkommen sei vom State Department ausgearbeitet worden und stelle einen amerikanischen Vorschlag dar. Diese Idee wurde jedoch von Dennis Ross verworfen. Ihm mißfiel, daß sich Peres hinter dem State Department verstecken wollte.

Peres formulierte eine andere Idee, die helfen sollte, das Abkommen für die israelische Öffentlichkeit verdaulicher zu machen. Er bat darum, Warren Christopher möge Saudi-Arabien veranlassen, den Staat Israel anzuerkennen. Wenn dies geschähe, würde Jubel herrschen in Israel – und der Abzug aus den besetzten Gebieten wäre vergessen. Warren Christopher sah jedoch keine Möglichkeit, das saudiarabische Königshaus zu dieser Geste zu veranlassen.

Die Palästinenser in den besetzten Gebieten jubelten nicht, als der Inhalt des Abkommens bekannt wurde. Für alle war das Erreichte zu unbedeutend. Hanan Ashrawi war außer sich. Sie beschimpfte Abu Mazen, er habe Rechte der Palästinenser verschenkt. Sie kritisierte das Abkommen als Ergebnis der Unwissenheit der Osloer Verhandlungsdelegation: »Ihr habt keine Ahnung von den Zuständen und von der Stimmung im Gazastreifen. Ihr habt nie im besetzten Gebiet gelebt. Ihr lebt in den weichen Polstern von Tunis. Nichts habt ihr erreicht!«
Hanan Ashrawi brachte die Verachtung zum Ausdruck, die Männer und Frauen aus den besetzten Gebieten gegenüber den Palästinensern empfanden, die nicht unter dem Druck der israelischen Besatzungsmacht gelitten hatten, die in Tunis den Aufstand der steinewerfenden Jugendlichen aus der Ferne beobachtet hatten. Zu spüren ist die Sorge der Intifada-Generation, daß Arafat und die Mannschaft, die er aus Tunis mitgebracht hat, künftig den Bewohnern von Gaza und des Gebiets westlich des Jordan ihren Willen aufzwingen werden.
Hanan Ashrawi verbarg auch ihren Zorn nicht über die Art, wie sie und Faisal Husseini von Arafat behandelt worden waren: »Die Konferenz von Washington bildete nur den Vorhang, der den *Oslo Channel* verbarg. Wir waren die ›Narren für Arafat‹.«

Sie klagte über die Laienhaftigkeit der palästinensischen Verhandlungsführung in Oslo. »Wir hätten weit mehr erreichen können, als der *Oslo Channel*, wenn die palästinensische Delegation wirklich hätte verhandeln dürfen. Uns war aus Tunis Untätigkeit verordnet worden. Arafat hatte Angst, wir würden ihm die Entscheidungen aus der Hand nehmen!«
Hanan Ashrawi stand nicht allein mit ihrer Kritik. Erstaunlich war, daß Abu Mazen, der wichtigste Motor des Abkommens, seinen Austritt aus dem Zentralkomitee der PLO erklärte – weil er mit der Endfassung des Abkommens nicht einverstanden sein konnte. Er gab zu, empört zu sein über die Zugeständnisse, die Arafat in der letzten Phase der Verhandlungen eigenmächtig gemacht hatte – getrieben von der Sorge, die israelische Regierung würde sich doch noch aus den Autonomieverhandlungen zurückziehen.
Nach Abu Mazens Meinung wich der endgültige Text der Vereinbarung von den grundlegenden palästinensischen Forderungen weit ab. Vereinbart war zwischen Arafat und Abu Mazen gewesen, daß die Kontrolle über die Allenby-Brücke Angelegenheit der palästinensischen Behörden sein müsse. Im Abkommen stand kein Wort über die Rechte der Palästinenser, die Grenze nach Jordanien zu überwachen. Arafat hatte in dieser Frage offensichtlich vor Rabin kapituliert.
Zum Ärger von Abu Mazen war auch der Umfang des Gebietes von Jericho undefiniert geblieben, das autonom werden sollte. Abu Mazen hatte angenommen, der gesamte Bezirk Jericho, der 378 Quadratkilometer umfaßte, sei mit dem Begriff »Jericho« gemeint. Das Abkommen aber betraf in Wirklichkeit nur die 37 Quadratkilometer des eigentlichen Stadtgebiets. Abu Mazen, der den Verlauf der Verhandlungen in der Endphase dem PLO-Vorsitzenden hatte überlassen müssen, klagte, Arafat sei übertölpelt worden. Seine Austrittserklärung aus dem PLO-Exekutivkomitee nahm er schließlich wieder zurück. Er meinte, er könne Arafat zwar nicht mehr folgen, doch er dürfe nach 30 Jahren der Treue den Vorsitzenden kaum im Stich lassen.

Widerstand in den eigenen Reihen

Das Exekutivkomitee der PLO traf sich am 2. September 1993 in Tunis. Ihm gehörten 18 Mitglieder an – nur 13 erschienen zur Sitzung. Der Vorsitzende bekam Enttäuschung und Wut zu spüren. Da außer Abu Mazen kein einziges Mitglied des Exekutivkomitees in die Verhandlungen eingeschaltet gewesen war, fühlte sich fast jeder Anwesende berechtigt, das Resultat für unannehmbar zu halten. Das Mitglied Mahmud Darwish, der populäre Dichter des palästinensischen Widerstands, trat zurück – und blieb bei seinem Entschluß. In seiner Abschiedserklärung warf er Arafat vor, mehr Zugeständnisse an Israel gemacht zu haben, als jeder andere arabische Politiker vor ihm. Mahmud Darwish stimmte am Schluß der Sitzung gegen das Abkommen – und gegen Arafat. Vier weitere Mitglieder schlossen sich ihm an. Faruk al-Kaddumi, der über zehn Jahre lang Arafats Berater in außenpolitischen Angelegenheiten gewesen war, enthielt sich der Stimme. Mit zwei Stimmen Mehrheit nahm das Exekutivkomitee das Osloer Abkommen an. Ausdrücklich bemerkten diejenigen, die sich auf Arafats Seite gestellt hatten, sie wollten nur das politische Ende Arafats und der PLO insgesamt verhindern. Mit Arafats Politik aber sei keiner von ihnen einverstanden.
Genauso verheerend für die PLO waren die Reaktionen der arabischen Staatschefs. König Hussein war vom Abschluß des Osloer Abkommens völlig überrascht worden. Nach der Lektüre des Vertragstextes sagte der jordanische Monarch, Arafat habe künftig kein Recht mehr, den toten Anwar as-Sadat als Verräter zu bezeichnen, denn Arafat habe mehr unnötige Zugeständnisse gemacht als der Ägypter. König Hussein erinnerte sich daran, daß ihn Arafat erst kurz zuvor in Amman besucht hatte, um seine künftige Politik mit Jordanien abzustimmen – da habe Arafat kein Wort davon gesagt, daß er knapp davor sei, mit Israel ein Abkommen zum schließen. Daß Arafat auf wesentliche Prinzipien der PLO-Politik verzichtet hatte, war für den König eine unbegreifliche Entwicklung. Er glaubte, an seinem Verstand zweifeln zu müssen.
Hafez al-Assad war außer sich vor Zorn, als ihm Arafats Handstreich mitgeteilt wurde. In Hafez al-Assads Vorstellung war nun die politische Situation des Nahen Ostens völlig verändert.

Bis zur Unterzeichnung des Oslo-Abkommens hatte der syrische Staatschef glauben können, Verhandlungen mit ihm hätten für Ministerpräsident Rabin und Außenminister Peres Priorität. Nun aber mußte Hafez al-Assad erkennen, daß er ins zweite Glied der israelischen Interessen abgerutscht war. Die Ereignisse hatten ihn überrollt. Es blieb dem geschickten Taktiker ein Rätsel, wie es geschehen konnte, daß er nichts vom *Oslo Channel* erfahren hatte.

Hafez al-Assad war auch der Ansicht gewesen, durch Standfestigkeit gegenüber Israel die Interessen der Palästinenser gut vertreten zu haben. Nun aber war ihm Arafat in den Rücken gefallen. Dies war für den Syrer ein Vergehen, das er nicht verzeihen konnte.

Weniger eindeutig war die Stellung, die der saudiarabische König bezog – hatte er doch im Jahre 1982 selbst einen Friedensplan vorgelegt, der darauf beruhte, daß die PLO den Sicherheitsratsbeschluß 242 akzeptierte, der die Anerkennung des Lebensrechts des Staates Israel bedeutete. Arafat hatte im Prinzip nicht anders gehandelt: Er hatte Israel anerkannt – auch wenn darüber noch kein Dokument existierte – und hatte dafür die Zusage der Zuständigkeit der PLO für einige Gegenden der bisher besetzten Gebiete erhalten. König Fahd war trotz dieser Erinnerung an seinen eigenen Friedensplan der Meinung, Arafat habe zu wenig an israelischen Konzessionen erreicht. Arafat schickte dem Monarchen des wichtigen arabischen Ölstaats mehrere Botschaften, die seine Handlungsweise erläuterten. Eine Antwort erhielt er nicht. Die Verbindung zwischen Riyadh und Tunis blieb unterbrochen.

Die Palästinensische Befreiungsorganisation litt weiterhin darunter, daß Gelder aus Saudi-Arabien ausblieben. Arafat befand sich in denkbar schlechter finanzieller Situation. Aus dieser Tatsache versuchte er politischen Vorteil für sich herauszuschlagen. Er argumentierte, daß die Regierung der Vereinigten Staaten von Amerika die Friedensabsicht der PLO honorieren werde – daß die Europäische Gemeinschaft jetzt den günstigen Augenblick erkennen werde, um ihre Kassen für den entstehenden Staat der Palästinenser zu öffnen. Seine Berater aber meinten, die USA und Europa würden sich nun dem Irrglauben hingeben, der Nahostkonflikt sei so gut wie beendet – sie würden ihr Interesse an den Palästinensern ver-

lieren – sie würden zögern, namhafte Beträge zur Verfügung zu stellen.
Es war Abu Mazen, der Arafat recht gab, der ihn im Glauben bestärkte, die USA und Europa seien jetzt hilfsbereit. Aber Mazen wußte, wie dringend die PLO Geld brauchte, hatte er doch selbst seit einem halben Jahr persönlich keine Überweisung mehr bekommen. Da er die Telefonrechnung nicht hatte bezahlen können, war sein eigener Anschluß in Tunis unterbrochen.
Abu Mazen erklärte sich bereit, das Abkommen in Washington für die PLO zu unterzeichnen. Noch aber war nicht sicher, ob überhaupt eine Übereinkunft zustande kommen würde, denn jede Seite versuchte in Nachverhandlungen Verbesserungen für sich selbst durchzusetzen. Jassir Arafat präsentierte Anfang September 1993 seinen Wunsch, den palästinensischen Anspruch auf Ostjerusalem in der Abmachung zu verankern. Bisher war eine ernsthafte Auseinandersetzung über dieses Thema vermieden worden.

Arafat sieht den Felsendom in greifbarer Nähe

Hätten sich die Delegationen festgebissen an der Diskussion über den Status der Heiligen Stadt, wären die Verhandlungen gescheitert. Jede Seite war sich wohl bewußt, daß der Verhandlungsgegner Absichten verfolgte, die mit den eigenen Vorsätzen in keiner Weise zu vereinbaren waren.
Die israelische Delegation ging ganz selbstverständlich davon aus, daß Jerusalem die ungeteilte Hauptstadt des Staates Israel bleibe. Jede bisherige Regierung hatte sich feierlich verpflichtet, nie mehr eine Teilung der Stadt zuzulassen und nie mehr auf die Klagemauer und auf das Areal des einstigen Tempels der Juden zu verzichten.

Der PLO-Aktivist Abu Mazen aber hatte seinen Verhandlern eingeschärft, sie hätten – bei aller Zurückhaltung – nie aus dem Auge zu verlieren, daß die Ansprüche des palästinensischen Volkes auf den arabischen Teil der Stadt, in dem sich der Felsendom befindet, gewahrt bleiben müssen. Abu Mazen wußte, welchen Wert der PLO-Chef auf den Felsendom legte. Einen Verzicht auf das Bauwerk mit der die Stadt weithin dominierenden Goldkuppel hätte Arafat nie hingenommen.

Im ursprünglichen Entwurf des Vertragstextes der palästinensischen Delegation über die Selbstverwaltung der bisher besetzten Gebiete war vorgesehen gewesen, neben Gaza und Jericho auch Ostjerusalem in die künftige autonome Zone einzubeziehen. Dieser Vorschlag war von Yair Hirschfeld nach Rücksprache mit Yossi Beilin energisch zurückgewiesen worden mit der Bemerkung, Jerusalem bleibe für immer Teil des Staates Israel.

Die palästinensische Delegation beim *Oslo Channel* legte daraufhin eine Variante des Vorschlags auf den Tisch. Er sah vor, die zu gründende Autonomieverwaltung in einem genau definierten, abgegrenzten Stadtteil von Ostjerusalem zu konzentrieren – ohne mit dieser Abmachung den Status von Jerusalem in Frage zu stellen. Zu erfahren war, daß Arafat selbst für diesen Vorschlag verantwortlich war. Ihm lag daran, auf irgendeine Weise sein häufig abgegebenes Versprechen wahrzumachen, er werde Palästina von Jerusalem aus regieren. Yair Hirschfeld konnte sich auch auf diesen Vorschlag nicht einlassen. Er wies wiederum darauf hin, Jerusalem sei ungeteilte Hauptstadt von Israel und könne deshalb nicht zugleich Zentrale des Palästinensergebietes sein.

Ministerpräsident Rabin erkannte, daß das Feilschen um Ansprüche auf Ostjerusalem den einen Sinn hatte, Jassir Arafat zu gestatten, in der Nähe des Felsendoms heimisch zu werden. Rabin aber hatte ohnehin schon Angst, der israelischen Öffentlichkeit zu sagen, er habe dem »Terroristen« erlaubt, nach Gaza und Jericho zu kommen. Er durfte es einfach nicht wagen, dem »Mörder der Juden« zu gestatten, in direkter Nähe zur Klagemauer zu residieren. War es doch den Anhängern der radikalen religiösen Organisationen schon ein Dorn im Auge, daß das »Orient House« in Ostjerusalem durch Faisal Husseini zum Symbol palästinensischer Selbstverwaltung geworden war.

Doch der israelische Ministerpräsident konnte es auch nicht wagen, den PLO-Chef in der Frage des Status der Heiligen Stadt erneut allzuhart vor den Kopf zu stoßen – waren doch die Verhandlungen in Washington, die noch im Sommer 1993 ge-

führt worden waren, ständig an der unverrückbaren Haltung der israelischen Delegation gescheitert. Die Verhandlungen des *Oslo Channels* durften nicht scheitern – Rabin hatte für das Gelingen zuviel seines eigenen Prestiges eingesetzt. Das Abkommen mit der PLO mußte unter Dach und Fach gebracht werden. Rabin beauftragte deshalb den in derartigen Angelegenheiten überaus geschickten Yossi Beilin, eine Lösung auszuarbeiten, die Arafat und Abu Mazen beruhigen sollte, ohne die israelischen Zeitungsleser und Fernsehzuschauer zu beunruhigen. Yossi Beilin fand eine elegante Form der Ergänzung des Abkommens mit der PLO. Er schrieb an den norwegischen Außenminister Johan Jørgen Holst einen Brief – in der Annahme, Holst – der die schützende Hand über den *Oslo Channel* gehalten hatte, werde diesen Brief, der die Unterschrift von Shimon Peres trug, an Jassir Arafat weiterleiten. Der Brief hatte diesen Wortlaut:
»Lieber Minister Holst,
Mit diesem Schreiben bestätige ich, daß die palästinensischen Einrichtungen in Ostjerusalem von großer Wichtigkeit sind und beibehalten werden müssen. Sie dienen den Interessen und dem Wohlergehen des palästinensischen Volkes.
Wir sind der Meinung, daß sämtliche palästinensischen Einrichtungen in Ostjerusalem, die wirtschaftlicher, sozialer und kultureller Art sind, oder die das Erziehungswesen betreffen, eine wesentliche Aufgabe erfüllen – genauso wie die heiligen Einrichtungen der Christen und der Moslems. Sie alle dienen dem palästinensischen Volk.
Es ist unnötig zu betonen, daß wir diese Aktivitäten nicht behindern. Im Gegenteil: Sie müssen ermutigt werden, auch weiterhin ihre wichtige Aufgabe zu erfüllen.«
Als Jassir Arafat diesen Text endlich in Händen hielt, war das Abkommen über die Errichtung einer Autonomieverwaltung für palästinensische Gebiete längst unterzeichnet – und doch war der Wortlaut für den »Präsidenten der Autonomiebehörde« wichtig. Der Text war wenig präzise, doch gerade darin sah Arafat einen Vorteil. Die Worte boten viele Möglichkeiten, Einrichtungen der PLO in Ostjerusalem zu etablieren. Arafat konnte eine Chance erkennen für die Schaffung der »defacto-Hauptstadt« des palästinensischen Ministaates. Mit gutem Recht konnte Arafat glauben, er selbst werde bald Herr

einer Residenz sein, von der aus ein Blick auf die strahlende Goldkuppel des Felsendoms möglich ist.

»Das ist der Neubeginn der palästinensischen Geschichte!«

Nicht was am 13. September 1993 bei der feierlichen Zeremonie der Besiegelung des »Oslo-Abkommens« geredet wurde, ist von Bedeutung, sondern was am 20. August in Oslo von den wahren »Baumeistern der Versöhnung« zum Ausdruck gebracht wurde. Kurz nach der Paraphierung des Vertragstextes, die ebenso geheim vollzogen wurde wie die Verhandlungen zuvor, wurden Worte der Freude und der Hoffnung gesagt. Sie waren von der Zuversicht geprägt, von nun an werde die Geschichte der Israelis und der Palästinenser nicht mehr eine Chronik des Blutvergießens sein. Hinter den verschlossenen Türen war Zuversicht zu spüren. Die wahren Architekten der Aussöhnung waren überzeugt, gute Arbeit geleistet zu haben. Abu Alaa, der nüchterne Finanzfachmann der Palästinensischen Befreiungsorganisation, konnte seine Gefühle nicht zügeln: »Ich habe geheult heute morgen um fünf Uhr, als die letzten Formulierungen abgeschlossen waren. Ich war mit Jassir Arafat zusammen und mit Abu Mazen. Wir haben wirklich geheult. Dann haben wir uns beglückwünscht. Wir sagten zu uns, daß jetzt der Kampf um die Entwicklung und für den Aufbau Palästinas beginne. Wir sagten: Jetzt fängt die Geschichte Palästinas an. ›Ich wende mich an Sie, Exzellenz, Herr Peres. Ich heiße Sie willkommen! Es ist eine große Ehre für mich! Ich habe Ihre Erklärungen studiert und Ihre Schriften. Ich habe darin bestätigt gefunden, daß Sie den gerechten und umfassenden Frieden wollen. Im Namen des palästinensischen Volkes und seines Führers Jassir Arafat heiße ich Sie willkommen – an Ihrem 70. Geburtstag. Wir beginnen heute gemeinsam die Reise in die Zukunft. Die Welt wird anders aussehen. Wir werden nur dann erfolgreich sein, wenn wir die Ängste der Vergangenheit überwinden. Aus der Vergangenheit müssen wir lernen: Aus Feindschaft muß Zusammenarbeit erwachsen. Keiner darf den anderen beherrschen. Vertrauen muß geschaffen werden. Ver-

trauen wird die Waffen ersetzen. Wir haben uns in Feindschaft gegenübergestanden. Wir werden in Frieden beieinander stehen. Ich sage: Die Schlacht um den Frieden beginnt jetzt. Wir müssen gemeinsam siegen!‹«
Von Gefühlen überwältigt war auch Uri Savir, der enge Mitarbeiter des Ministerpräsidenten Rabin: »Ich möchte der palästinensischen Delegation sagen, daß wir Sie in Oslo schätzen gelernt haben – weit entfernt von der Region, aus der wir kommen. Wir sind uns zuerst als Feinde begegnet. Wir kamen zwar mit gutem Willen, aber mit vielen Vorurteilen. Wir trafen Männer, die der Wahrheit verpflichtet sind und die Mut besitzen. Ich sage Ihnen, Abu Alaa, daß wir mit Ihnen zusammenleben wollen. Wir verdanken diese Übereinkunft der Führungskraft einiger, die sich entfernt haben vom Weg der politischen Routine. Sie haben sich über die Bedenken derer hinweggesetzt, die von der Vergangenheit gelähmt waren. Wir können uns deshalb heute gemeinsam auf den Weg machen – in der Hoffnung, daß Argwohn, Gewalt, Haß und Angst ein Ende finden. Haß und Gewalt sind, über Nacht, zu den gemeinsamen Feinden der Israelis und der Palästinenser geworden. Eine geschichtliche Dämmerung bricht an für zwei Völker, die eine Tragödie durchlebt haben. Das jüdische Volk hat zwei Jahrtausende des Exils durchlitten und hat schließlich auf historischem Boden seine sichere Heimat gefunden – doch ihm begegnete gewalttätige Ablehnung. Dem palästinensischen Volk aber war es nie vergönnt, in Freiheit auszudrücken, was sein Wille ist. Der Zusammenstoß der zwei historischen Vergangenheiten hat den bitteren Konflikt zwischen uns geschaffen. Heute überwinden wir Vergangenheit und Konflikt. Wir ermöglichen, daß der Wunsch der Palästinenser nach Selbstregierung in Einklang gebracht wird mit den Interessen der Israelis, die nach Sicherheit verlangen. Wir Israelis haben nicht das Verlangen, Leben und Schicksal der Palästinenser zu beherrschen. Ich glaube, daß unsere beiden Völker in Frieden, Demokratie und in wirtschaftlichem Wohlstand zusammenleben werden.«
Zum Abschluß der Gespräche in Oslo wurde eine Idylle beschworen, deren Umsetzung in die Wirklichkeit schwierig wenn nicht unmöglich ist. Die Delegierten aus dem Stab des israelischen Außenministers Peres waren der ehrlichen Meinung, es werde tatsächlich eine historische Aussöhnung statt-

finden zwischen dem israelischen und dem palästinensischen Volk. Yair Hirschfeld und nach ihm Uri Savir hatten der Beteuerung von Abu Alaa und Abu Mazen geglaubt, Arafat sei der Garant des Friedens: Er werde den Terror der islamischen Kampforganisation Hamas beenden und er werde die Bewohner der Autonomen Gebiete veranlassen, ein friedliches und arbeitsames Leben zu führen. Die Schaffung des autonomen Gebietes der Palästinenser ermögliche das Zusammenleben der beiden Völker ohne Terror und Gewalt.

Yitzhak Rabin aber machte sich keine Illusion, daß die Unterschrift von Oslo, die Paraphierung eines Vertrags, Frieden und Freundschaft schaffen werde. Die Osloer Reden vom 20. August 1993 nahm er mit Gefühlen der Skepsis zur Kenntnis. Noch ehe die Abschlußzeremonie in Washington am 13. September stattfand, bezweifelte der israelische Ministerpräsident, daß Arafat wirklich in der Lage war, die Autonomiebehörde, eine Art von Regierung also, zu führen. Daß er selbst für eine wesentliche Minderung von Arafats Autorität sorgte, war ihm dabei wohl bewußt: Rabin hatte ausdrücklich verlangt, Arafat dürfe sich nicht Präsident, sondern nur Vorsitzender der Autonomiebehörde nennen.

Rabin hielt es für Zeitverschwendung, eine Verbrüderung zwischen Israelis und Palästinensern anzustreben. Hatte Uri Savir in Oslo gesagt, beide Völker würden in wirtschaftlichem Wohlstand zusammenleben, so gab sich der Ministerpräsident gar nicht erst mit diesem Gedanken ab. Seine politische Perspektive war nicht das Nebeneinander des jüdischen und palästinensischen Volks, sondern die Trennung. Sie allein konnte, nach Rabins Vorstellung, die Reibungsflächen vermeiden, die bisher zu Gewalt und Terrorismus geführt hatten. So bedeutete »Trennung« die Reduzierung der Kontakte zwischen Palästinensern und Israelis. Nur diese Reduzierung, so meinte Rabin, könne in Zukunft Streit zwischen Israelis und Palästinensern vermeiden.

Diese Perspektive hatte für die PLO-Führung überraschende Konsequenzen: Zu Beginn der Verhandlungen des *Oslo Channels* benützten täglich rund 50 000 palästinensische Arbeiter den Grenzübergang Eretz, um zu ihrem Arbeitsplatz in Israel zu gelangen. Sie besaßen nur die Erlaubnis, sich von morgens bis abends außerhalb des Gazastreifens aufzuhalten. Ihr Aufenthalt in Israel war zwar Beschränkungen unterworfen, doch sie verdienten dabei gutes Geld zum Unterhalt ihrer Familien. Jetzt aber, im Hinblick auf die »Trennung«, ordnete Ministerpräsident Rabin die allmähliche Verminderung der Zahl palästinensischer Arbeiter an. Sie sollten nach und nach durch asiatische Arbeitskräfte ersetzt werden, für die längerfristige Arbeitsverträge vorgesehen waren.

Die Nachricht, Rabin beabsichtige die »Trennung« der beiden Völker, war ein ernüchternder Schlag für Jassir Arafat. Er hatte fest daran geglaubt, Israel werde gegenüber den Palästinensern die Tore zur Zusammenarbeit weit öffnen. Er hatte gehofft, die Zahl der Grenzgänger könne sogar erhöht werden. Jetzt mußte er feststellen, daß die Kooperation gar nicht erwünscht war.

Während der wenigen Tage zwischen dem 20. August 1993 und dem 13. September setzte bei Arafat selbst die Ernüchterung ein – sie brauchte nicht erst durch die Kritik führender PLO-Mitglieder und arabischer Staatschefs angestachelt zu werden. Der PLO-Chef begriff, daß die absichtliche Beschränkung der Tagesordnung der Gespräche des *Oslo Channels* im nachhinein ihre Tücken hatte. Die Beschränkung war erfolgt in der Absicht, die Verhandlungen nicht durch Behandlung brisanter Themen zum Scheitern zu bringen. So war das Thema »Jerusalem« ausgegliedert worden – aber auch das Thema der jüdischen Siedlungen in den bisher besetzten Gebieten. Zum Zeitpunkt der Gespräche in Oslo existierten bereits rund 100 Gebäudekomplexe auf arabischem Boden, die für israelische Familien errichtet worden waren. Arafat selbst hatte einer Verschiebung der Behandlung der Siedlungsfrage zugestimmt bis zum Termin, an dem über den »definitiven Status« des Autonomiegebiets verhandelt werden sollte.

Bedrückend war für Jassir Arafat zu dieser Zeit vor allem, daß ihm immer wieder gesagt wurde, die PLO werde überflüssig, sobald die Autonomieverwaltung der Palästinenser in ihre Funktion eingesetzt sei. Der »Vorsitzende« befand sich noch immer in Tunis. Dort sagten ihm Besucher aus den besetzten Gebieten, die Palästinensische Befreiungsbewegung habe ihre Aufgabe erfolgreich erfüllt – der Kampf sei vorüber. In Ehren könne die PLO abtreten.

Der Gedanke war nicht unlogisch und nicht unvernünftig, die Kampforganisation durch eine politische Organisation zu ersetzen, die unbefangen von der Vergangenheit die Interessen der Palästinenser im Frieden vertreten konnte. Doch rechtliche Auflösung der PLO hätte eben nicht nur Schließung des Hauptquartiers in Tunis bedeutet, sondern die Liquidierung des gesamten Apparats. Die Konsequenzen waren weitreichend: Da waren die »diplomatischen Vertretungen« der PLO überall in der Welt in andere Hände überzuführen. Aufzulösen waren die palästinensichen Geheimdienste, die für Arafat arbeiteten. Außerdem verlor der Vorsitzende seine Befehlsgewalt über die Kader der Guerilla-Organisationen, die das Exil in arabischen Ländern nach dem Abzug aus Beirut überlebt hatten. In Tunis befand sich der Verwaltungsapparat für die Versorgung der Opfer der militärischen Auseinandersetzungen in Jordanien, Libanon, Syrien, im besetzten Gebiet, in Israel. Bei einer Auflösung der PLO würde Arafat die Aufsicht über die finanziellen Verflechtungen des Finanzimperiums der PLO verlieren. Der »Neubeginn der palästinensischen Geschichte« durfte für Arafat nicht mit dem Verlust der Macht verbunden sein. Er konnte sich nur vorstellen, daß seine PLO den politischen Kern des Autonomiegebietes bildete. Er selbst aber mußte im Kern des zu schaffenden Ministaates stehen. Die wichtigste Aufgabe Arafats war die Rettung des Machtapparates PLO in die neue Zeit.

Wenig ermutigend waren für den Vorsitzenden die Texte der Reden über die Zukunft, die Yitzhak Rabin in der Zeit der Geheimverhandlungen von Oslo gehalten hatte. Während der *Oslo Channel* im verborgenen Ergebnisse erarbeitete, sprach Rabin öffentlich davon, daß die Palästinensische Befreiungsbewegung keine Zukunft haben werde. Der israelische Ministerpräsident hatte im November 1992 das Schicksal der PLO mit dem der World Zionist Organization verglichen. Die mächtige jüdische Organisation hatte viel zur Schaffung des Staates Israel beigetragen. Doch als die Regierung dieses Staates ganz von selbst die Aufgabe übernommen hatte, die Interessen der Juden insgesamt zu vertreten, verlor die World Zionist Organization an Einfluß, an Bedeutung. Sie verschwand nach und nach völlig aus dem politischen Leben.

Arafat mußte einen Weg finden, um die PLO fest in der zukünf-

tigen Entwicklung zu verankern. Yitzhak Rabin selbst hatte die Funktion der PLO in der Zukunft zu definieren. Die Basis dafür sah der Vorsitzende in den *Briefen der gegenseitigen Anerkennung*, die zwischen Rabin und Arafat ausgetauscht werden mußten, ehe die Zeremonie des Vertragsabschlusses vor dem Weißen Haus in Washington stattfinden konnte.
Um den Wortlaut dieser Briefe wurde über Tage und Nächte hin zwischen Jerusalem und Tunis gerungen. Der Brief, den Arafat schließlich unterzeichnete, ist lang. Er enthält Verpflichtungen für die Zukunft, deren Einhaltung dem Vorsitzenden das Leben schwer machen werden. Dies ist der Wortlaut des Arafat-Briefes.

»Herr Ministerpräsident,
Die Unterzeichnung der Declaration of Principles kennzeichnet den Beginn einer neuen Ära in der Geschichte des Mittleren Osten. Überzeugt davon möchte ich für die PLO die folgenden Verpflichtungen bestätigen:
Die PLO erkennt das Recht des Staates Israel auf Existenz in Frieden und Sicherheit an.
Die PLO nimmt die Beschlüsse 242 und 338 des Weltsicherheitsrates an.
Die PLO ist dem Friedensprozeß für den Mittleren Osten und zur friedlichen Beilegung des Konflikts zwischen beiden Seiten verpflichtet. Sie erklärt, daß alle Sachverhalte, die noch nicht geklärt sind, und die den endgültigen Status betreffen, durch Verhandlungen zu einer Lösung geführt werden.
Die PLO ist der Meinung, daß die Unterzeichnung der Declaration of Principles ein historisches Ereignis darstellt, das eine neue Epoche der friedvollen Koexistenz beginnen läßt, die frei ist von Gewalt und allen anderen Akten, die Frieden und Stabilität gefährden. Die PLO verpflichtet sich folgerichtig auf Terrorismus und auf jede andere Form von Gewalt zu verzichten.
Sie übernimmt die Verantwortung über alle Elemente und über alle Personen der PLO, um abzusichern, daß die Übereinkunft erfüllt, Gewalttaten verhindert und jeder zur Rechenschaft gezogen wird, der sich nicht daran hält.
Im Hinblick auf den Beginn einer neuen Zeit mit der Unterzeichnung der Declaration of Principles und auf der Grundlage der Annahme der Sicherheitsratsbeschlüsse 242 und 338 be-

kräftigt die PLO, daß Artikel der »Palästinensischen Charta«, die Israels Recht auf Existenz leugnen, nicht länger wirksam und gültig sind. Dasselbe gilt auch für alle Bestimmungen der »Palästinensischen Charta«, die mit den Verpflichtungen dieses Briefes nicht im Einklang sind. Als Konsequenz dieser verbindlichen Zusage wird die PLO dem Palästinensischen Nationalrat den Antrag auf formale Zustimmung für die Veränderungen in bezug auf die »Palästinensische Charta« vorlegen.
Sincerely,
Jassir Arafat
Chairman, The Palestine Liberation Organization«

Am selben 9. September 1993 schreibt der israelische Ministerpräsident Yitzhak Rabin diesen kurzen Brief:
»Jassir Arafat
Chairman, The Palestinian Liberation Organization
Mr. Chairman,
als Antwort auf ihren Brief vom 9. September 1993 möchte ich Ihnen bestätigen, daß die israelische Regierung, im Hinblick auf die Verpflichtungen, die in Ihrem Brief enthalten sind, entschieden hat, die PLO als Vertretung des palästinensischen Volkes anzuerkennen, und daß sie bereit ist, mit der PLO im Rahmen des Friedensprozesses für den Mittleren Osten Verhandlungen aufzunehmen.
Sincerely,
Yitzhak Rabin
Prime Minister of Israel.«

Bemerkenswert ist, daß Arafat zwar die ihm auferlegte Amtsbezeichnung »Chairman« verwendet, dann aber in der letzten Briefzeile den in Israel verpönten Begiff »Palästina« einfließen läßt: »The Palestine Liberation Organization«. Rabin aber benützt die korrekte Formulierung »The Palestinian Liberation Organization«. Arafat versucht mit dem Begriffswechsel, den Staatsnamen »Palästina« zu präjudizieren.
Am 9. September 1993 hat Arafat – so glaubt er – sein Ziel erreicht: Die PLO war von der israelischen Regierung anerkannt worden; ihre Zukunft scheint abgesichert zu sein. Der Vorsitzende hat die Absicht, diesen Erfolg auszukosten. Er hat sich zwar dafür entschieden, daß Abu Mazen das Abkommen un-

terzeichnet, doch er will sich dabei vor den Fernsehkameras der Welt als der wahre Schöpfer des Friedens im Nahen Osten präsentieren.
Yitzhak Rabin aber hatte gezögert mit seiner Zusage, nach Washington zu reisen. Ungern will er sich zusammen mit Jassir Arafat photographieren lassen – er fürchtet die Reaktion seiner Wählerschaft. Erst, als absolut feststand, daß Arafat sich auf den Weg machte, entschloß sich der israelische Ministerpräsident, dem Vorsitzenden nicht das Feld zu überlassen.

Arafat muß seine Frau zu Hause lassen

Obgleich sie verärgert war, weil sie zu recht glaubte, von Arafat im Verlauf der Washingtoner Verhandlungen hintergangen worden zu sein, war Hanan Ashrawi bereit, an der Zeremonie vor dem Weißen Haus teilzunehmen. Sie wollte nicht, daß dort unter den Ehrengästen die palästinensische Frau in der ersten Reihe sitzen sollte, die Suha Arafat heißt – und Arafats Ehefrau ist.
Hanan Ashrawi war nicht die einzige Persönlichkeit der palästinensischen Führungsspitze, die Frau Suha vom Weißen Haus fernhalten wollte: Abu Mazen verkündete lautstark, er werde das Abkommen nicht unterzeichnen, wenn in seinem Blickfeld Arafats Frau sitze. Er sagte sogar, wenn Suha ihren Mann begleite, werde er überhaupt nicht nach Washington fliegen. Der Vorsitzende wäre wahrscheinlich der einzige Palästinenser von Rang vor dem Weißen Haus gewesen, wenn er nicht nachgegeben hätte.
Suha Tawil, die junge Frau aus christlichem palästinensischem Hause, war seit 1989 wichtig für Jassir Arafat. In Paris hatte er sie kennengelernt, im Haus ihre Mutter Raymonda, die seit langem zu den einflußreichen Propagandisten des Jassir Arafat gezählt hatte – im besetzten Gebiet und in Frankreich. Für Raymonda war Arafat der anbetungswürdige Führer der Palästinenser – sie hat der Tochter vorgeschwärmt, Arafat sei dem palästinensischen Volk vom Schicksal als Retter aus der Vergessenheit geschenkt worden.
Die Schwärmerei übertrug sich auf Suha. Als sie Arafat traf,

wußte sie, daß dieser Mann für sie bestimmt war. Er zögerte, doch sie drängte. Sie wollte zunächst für ihn arbeiten. Arafat stimmte schließlich zu und holte sie in sein Hauptquartier nach Tunis. Dort entstand bald das Gerücht, Jassir und Suha seien ein Liebespaar.
Der PLO-Chef hatte zuvor schon in Liebesbeziehungen gelebt, doch hatte er immer sorgfältig darauf geachtet, daß sie verborgen blieben. Er war zurecht der Meinung gewesen, daß die Kämpfer, die Fedajin, kaum Verständnis dafür hätten, daß er, wie jeder andere, mit einer Frau zusammenlebte. Arafat hatte immer wieder betont, der palästinensischen Revolution gehöre seine gesamte Lebenskraft – er habe nicht die Zeit, sich einer Frau zu widmen.
Seine Freundschaften zu Frauen blieben ein Geheimnis. Ein Gerücht besagt, seine Seele sei durch eine Frau verletzt worden, die er habe heiraten wollen – in noch recht jungen Jahren sei dies geschehen. Dies sei der Grund, warum er sich auffällig lange von Frauen ferngehalten habe.
Nachweisbar ist die enge Beziehung zu Nada Jashruti, der Frau des Beiruter Bauunternehmers Khaled Jashruti, der ein großzügiger Förderer der Kampforganisation Al-Fatah war. Nada Jashruti war auch eng verbunden mit dem einflußreichen maronitischen Politiker Suleiman Frangieh, dem Herrn des nördlichen Libanongebirges. Nada besaß Einfluß auf diesen Mächtigen, der im August 1970 Präsident des Libanon wurde. Nada Jashruti, die aus einer christlichen Palästinenserfamilie stammte, bot dem PLO-Chef, den sie verehrte, an, zwischen ihm und Suleiman Frangieh zu vermitteln. Sie war tatsächlich erfolgreich: Der maronitische Politiker, der zuvor wenig hatte wissen wollen von den Problemen der Palästinenser im Libanon, änderte seine Meinung. Die Kampforganisation Al-Fatah bekam mehr Bewegungsfreiheit außerhalb der libanesischen Städte, in denen sich die Bewaffneten nicht zeigen durften.
Khaled Jashruti, der Bauunternehmer, starb durch einen Betriebsunfall. Bei der Besichtigung einer Baustelle in Beirut fiel ein Zementsack aus großer Höhe direkt auf seinen Kopf – er war sofort tot. Daß der Unfall Zufall war, wollte kaum jemand glauben. Aufgeklärt wurde der Vorfall nie.
Die Witwe Nada lebte zwar zeitweise mit Arafat zusammen,

doch die Gedanken an Heirat wies sie von sich – sie blieb mit dem Herzen bei Suleiman Frangieh.

Auch Nada starb keines natürlichen Todes. Eines Nachts, im Jahre 1973, als sie mit dem Auto unterwegs war von Ehden, Frangiehs Heimatstadt im Nordlibanon, nach Beirut, wurde sie von drei Männern auf dunkler Waldstrecke angehalten und erschossen. Aufgeklärt wurde auch dieser Mord nie. Angenommen wurde, es stecke Eifersucht dahinter. Präsident Suleiman Frangieh unterlag als Herr des Nordlibanon nicht der gewöhnlichen Rechtsprechung.

Während der ersten Jahre nach der Vertreibung aus Beirut lebte Arafat mit Rashida Mahwan zusammen, einer Dozentin für arabische Literatur. Die Ägypterin Dr. Rashida Mahwan war eine beachtliche Schönheit. Von ihr ist bekannt, daß sie ihre Zunge nicht gehütet hat: Sie soll damit geprahlt haben, Arafat gehorche ihr aufs Wort. Im Hauptquartier in Tunis war lange Zeit bekannt, daß derjenige am meisten beim PLO-Chef erreichen könne, der das Ohr der Frau Dr. Mahwan finde. Es ist anzunehmen, daß Arafat von diesem Gerede erfuhr. Er beendete die Beziehung im Herbst 1987.

Sicher waren auch im Fall Suha Tawil die Gerüchte schneller als die Entwicklung der Liebesbeziehung. Sicher hat die weltgewandte junge Frau – sie gehört zum Jahrgang 1963 – den um 35 Jahre älteren Mann beeindruckt. Sie hatte in Frankreich gelebt und in den USA. Sie hatte Zeit gehabt, sich mit Kunst und Kultur zu beschäftigen – ihm hatte dazu völlig die Gelegenheit gefehlt. Zu spüren war, daß ihr Musikverständnis bei ihm Interesse weckte: Ihm gefiel auf einmal die »Unvollendete« von Franz Schubert.

Die Anregung zur Hochzeit stammte von ihr. Sie fand im Sommer 1990 statt, nachdem Suha Tawil zum Islam übergetreten war.

Abu Mazen hatte versucht, die Hochzeit zu verhindern. Er war der Meinung, sie zerstöre Arafats Prestige nicht nur innerhalb der PLO und in der arabischen Welt, sondern vor allem bei den Regierungen des Westens. Abu Mazen meinte, der Führer der Palästinensischen Befreiungsbewegung werde zur lächerlichen Figur des alternden Mannes mit der jungen Frau – zu einer Buffo-Figur der italienischen komischen Oper. Abu Mazen wurde von Khaled al-Hassan unterstützt, dem Arafat viel zu

verdanken hatte. Khaled al-Hassan hielt die Hochzeit für unmoralisch. Sein Bruder Hani al-Hassan stimmte ihm zu. Arafat verteidigte sich: Er habe auch das Recht auf ein Privatleben, und wenn es im Alter von 60 Jahren sei. Er habe seine Existenz bisher restlos aufgeopfert. Abu Mazen hielt ihm entgegen, er habe sich vom Revolutionär zum bürgerlichen Ehemann entwickelt.
Als abschreckendes Beispiel wurde der Untergang von Hassan Salama in die Diskussion eingebracht. Er war in Jordanien ein außergewöhnlich mutiger Fatah-Kämpfer und Kommandeur gewesen. Der gutaussehende junge Mann hatte in Beirut das bequeme Leben kennengelernt – und die freizügigen Sitten der westlich orientierten christlichen Libanesinnen. Hassan Salama heiratete die libanesische Schönheitskönigin Georgina Rizk – und aus dem Kämpfer und Sohn eines hochverehrten palästinensischen Sheikhs wurde ein Weichling, der eine schöne Wohnung, Geld und Autos besaß. Hassan Salama starb 1979, als sein Auto in einer Beiruter Geschäftsstraße explodierte.
Da die Diskussion im Thema der Toten der Fatah-Führung angelangt war, wurde Arafat an seine Verpflichtung gegenüber denen erinnert, die ihr Leben gelassen hatten für die Befreiungsbewegung – vom inneren Kreis der Fatah-Gründer lebten zum Zeitpunkt des Abschlusses der Oslo-Verhandlungen nur noch Khaled al-Hassan, Abu Mazen und Faruk al-Kaddumi. Zusammen, so lautete das Argument, hätten sie das Vermächtnis zu erfüllen, das Ansehen der PLO zu wahren. Keinem sei es erlaubt, an Privatleben zu denken.

Als dann doch die Hochzeit zwischen dem PLO-Chef und Suha Tawil stattgefunden hatte, wurde zwischen den Beteiligten Geheimhaltung vereinbart. Dies gelang für einige Monate überraschend gut. Aus dem Hauptquartier in Tunis drang nichts an die Öffentlichkeit. Dann aber verlangte Mutter Raymonda von ihrem Schwiegersohn, er möge wenigstens gegenüber der Verwandtschaft eingestehen, daß er und Suha rechtmäßig verheiratet seien. Der Revolutionär geriet in die Mühle des bürgerlichen palästinensischen Ehelebens – doch er blieb hartnäckig: Die Ehe wurde weiterhin verschwiegen.
Erste Hinweise darauf, Arafat sei verheiratet, erschienen im Jahr 1992 in israelischen Zeitungen. Es ist möglich, daß sie von

Suhas Vater angeregt worden sind. Die Zeitungsartikel veranlaßten Arafat jedoch nicht, seine Ehe in einer Presseerklärung der Öffentlichkeit mitzuteilen. Auf Anfragen antworteten seine Mitarbeiter im Hauptquartier von Tunis, sie wüßten nichts von einer Hochzeit ihres Chefs, die Zeitungsartikel enthielten üble Erfindungen.

Die Ehe verändert Arafats Leben nicht

Frau Suha bemüht sich nur kurze Zeit, Ordnung in Arafats Unterkunft zu bringen. Sie scheitert. Der PLO-Chef läßt sich die Lebensführung, die er sich als Befehlshaber einer Commando-Organisation eingeübt hat, nicht mehr abgewöhnen. Er lebt weiterhin aus dem Koffer, auch wenn er sich im Hauptquartier in Tunis aufhält.
Suha hat Arafat gewollt – aber er fügt sich nicht ihrem Willen. Er entzieht sich jeder Betreuung und jeder Festlegung von Terminen. Auch als die Ehe kein Geheimnis mehr ist. Es gelingt Suha nicht, ihren Mann auch nur zu einer bescheidenen Form des gesellschaftlichen Lebens zu überreden.
Die ersten Jahre der Ehe fallen zusammen mit Arafats schlimmster Zeit als Chef der Palästinensischen Befreiungsbewegung. Seine wichtigsten Kampfgefährten werden getötet. Aus dem Kreis der Alten bleibt er allein zurück. Er muß dazuhin feststellen, daß sich das politische Gewicht aus dem Hauptquartier in Tunis ins »Orient House« nach Jerusalem verlagert. Das Schlimmste aber sind die finanziellen Sorgen: Nach dem Golfkrieg bleiben die Zahlungen aus, die Saudi-Arabien bislang geleistet hatte.
Suha, die elegante junge Frau, die sich in der Pariser Gesellschaft wohl fühlt, kann ihm nicht die Sorgen erleichtern. Sie hält sich deshalb oft in Paris bei Mutter Raymonda auf.
Suha kann ihm auch keine Sicherheit geben. Er hat es sich aus Sicherheitsgründen angewöhnt, jede Nacht in einem anderen Raum zu schlafen – er bleibt auch jetzt dabei. Er macht kein Hehl daraus, daß er nachts lange wach bleibt, daß ihm nur Halbschlaf vergönnt sei. Er meint: »Ein Auge ist auch in der Dunkelheit immer offen!«

Arafat lebt in der Sorge vor seiner eigenen Leibwache. Er gibt zu, oft an die Freunde und Mitkämpfer zu denken, die nachts ermordet worden sind.

Am sichersten fühlt sich Arafat, wenn er unterwegs ist, wenn er reist. Er befindet sich in jeder Woche mindestens einmal in der Luft, in Flugzeugen, die ihm der irakische Präsident zur Verfügung stellte oder die sudanesische Regierung. Arafat nimmt jede Einladung zum Besuch einer Hauptstadt der islamischen Welt an. Er ist stolz darauf, von europäischen Regierungen zum Kontaktgespräch gebeten zu werden. Er genießt es, als Staatsmann, als Regierungschef des palästinensischen Volkes empfangen zu werden. Vor allem aber glaubt er, der Sache der Palästinenser zu dienen, wenn er überall dafür werbe. Suha aber weiß meist nicht, wo sich ihr Mann befindet.

Aus Sicherheitsgründen bleibt auch den Besatzungen der Flugzeuge bis zum letztmöglichen Augenblick das Ziel der Reise verborgen. Arafats Sorge ist, das Flugzeug werde in der Luft abgefangen und abgeschossen.

Seine extensiven Reisen führten am Abend des 7. April 1992 nahezu zur Katastrophe. Während eines Sandsturms über der Libyschen Wüste geriet die kleine Maschine, in der er von Khartum nach Tunis flog, in Schwierigkeiten. Der Pilot hatte Probleme mit der Navigation und mit der Treibstoffzufuhr. Er beherrschte die Antonov-26 in der Turbulenz des Sturmes schließlich nicht mehr. Die Maschine stürzte in den Wüstensand. Arafat überlebte – während der Pilot und der Kopilot in den Trümmern der Antonov-Maschine starben.

Von einem seltsamen Erlebnis im Augenblick des harten Aufsetzens des Flugzeugs in der Dunkelheit erzählt Arafat später: Er habe, als er mit dem eigenen Tod rechnete, die Gestalt des Abu Jihad gesehen. Abu Jihad habe ihm zugewunken und ihn aufgefordert, zu ihm ins Paradies zu kommen. Arafat habe geantwortet: »Ich bin bereit! Ich komme!«

Arafats Begleiter hatten sich vor dem Aufprall eng an den PLO-Vorsitzenden gepreßt, um ihn zu schützen. Er glaubte zunächst, den Absturz unbeschadet überlebt zu haben, doch es zeigte sich, daß sich am Rand des Gehirns kleine Blutgerinnsel gebildet hatten. Arafat mußte sich in Amman operieren lassen. Um ihm zu gratulieren, flogen Hanan Ashrawi und Faisal Husseini in die jordanische Hauptstadt.

Daß er dem Ruf des Abu Jihad ins Paradies nicht hatte folgen müssen, war für Jassir Arafat ein Zeichen für Allahs Willen, ihn weiterhin im Sinne der Palästinenser wirken zu lassen. Trotzdem verläßt ihn die Sorge nicht, er werde sterben, ohne sein Leben durch eine historische Leistung gekrönt zu haben. Arafat erinnert sich an das bittere Ende des Hadsch Muhammad Amin al-Husseini, des Großmuftis von Jerusalem, der – nach Jahren des Kampfes für Palästina und der geschichtlichen Fehlleistungen – in Beirut starb, ohne seinem Ziel im geringsten näher gekommen zu sein. Während der 30er Jahre war der Großmufti, ein Verwandter Arafats, der Held der Palästinenser gewesen. Dann aber war die Entwicklung über ihn hinweggegangen. Die jüngere Generation, zu der Arafat gehörte, hatte dann nicht einmal mehr den Rat des Hadsch Muhammad Amin al-Husseini eingeholt.

Seine für immer gültige historische Leistung, davon ist Arafat am 13. September 1993 überzeugt, ist die Schaffung einer Basis für die Aussöhnung zwischen dem israelischen und dem palästinensischen Volk. Die Zeremonie auf dem Rasen vor dem Weißen Haus ist für ihn Erfüllung seines Lebenswerkes. Er hat Grund, stolz zu sein: Er, der einstige Terrorist, wird von Präsident Clinton hofiert. Er ist zum Helden des Friedens geworden. Unter seiner Aufsicht unterzeichnet Abu Mazen das Abkommen. Ihm nimmt Arafat die Aufsässigkeit gegen die Reisepläne seiner Frau nicht übel. Er weiß, daß sie sich – als Palästinenserin großbürgerlicher Abstammung – gerne in Washington neben Hillary Clinton der Gesellschaft und den Fernsehkameras gezeigt hätte. Er hatte ihr – als er den hartnäckigen Widerstand Abu Mazens spürte – den Wunsch nach Repräsentation im Weißen Haus rasch ausgeredet. So ergibt es sich, daß Frau Suha Arafat an jenem 13. September 1993 die Ereignisse in Washington am Fernsehgerät in der Pariser Wohnung ihrer Mutter Raymonda verfolgt. Arafat aber brauchte die Aufmerksamkeit der Medien nicht mit seiner Frau zu teilen.
Auch Frau Suha verfiel dem Irrtum – wie alle Fernsehzuschauer –, Präsident Clinton habe Rabin und Arafat auf dem Rasen vor dem Weißen Haus zum Handschlag gedrängt. In Wahrheit hatten sie sich schon zuvor im Amtszimmer des Prä-

sidenten die Hand gereicht. Die Zeremonie auf dem Rasen war zuvor geprobt worden.

Zu bemerken war, daß Jassir Arafat für diese Zeremonie seinen alten Kampfanzug trug. Abu Mazen hatte ihm geraten, den neueren Anzug anzuziehen. Arafat aber war der Meinung gewesen, der Stoff des alten sei doch noch ganz gut. Zu bemerken war auch, daß der Vorsitzende ausnahmsweise auf seinen Revolver vom Typ Smith & Wesson verzichtet hatte. Die Waffe im Hotel zu lassen, war ihm schwergefallen. Der Protokollchef des Weißen Hauses hatte ihn nur mühsam zum Verzicht überreden können.

Rabin: »Arafat ist ein Tagträumer«

Der Text des Abkommens, das eben so feierlich unterzeichnet worden ist, macht mit keinem Wort Hoffnung auf die Gründung eines eigenständigen palästinensischen Staates – nicht einmal vom Ministaat ist die Rede. Ministerpräsident Rabin und Außenminister Peres wiesen bei jeder sich bietenden Gelegenheit darauf hin, die Schaffung eines Palästinenserstaates sei nie und nimmer vorgesehen. Arafat aber betonte genauso hartnäckig, der Geist der Verhandlungen im *Oslo Channel* habe immer die Staatsgründung zum Ziel gehabt.

Jassir Arafat steckte in einem bedrückenden Dilemma: Durch den Abschluß des Vertrags über die beschränkte Selbstverwaltung seines Volkes unter israelischer Oberaufsicht hatte er ein Ereignis, das fünf Jahre zurücklag, zur lächerlichen Farce entwertet. Unter Beachtung durch die Weltöffentlichkeit hatte er damals, im Jahre 1988, die Existenz des Palästinenserstaates verkündet – mit dem ausdrücklichen Zusatz, Jerusalem sei seine Hauptstadt. Stolz hatte Arafat, und mit ihm viele Palästinenser damals erfüllt, auch wenn nicht der Schimmer einer Hoffnung bestand, von den Israelis auch nur ein kleines Stück Land für diesen fiktiven Staat zu erhalten. Arafat, und viele mit ihm, hatten das Gefühl genossen, durch die Staatsproklamation eine Heimat zu besitzen.

Nun aber, fünf Jahre danach, ist die feierliche Proklamation von

1988 hinfällig. Ihr Inhalt läßt sich mit dem Ergebnis der Verhandlungen des *Oslo Channels* nicht in Übereinstimmung bringen. Arafat weiß, daß er mit der Unterzeichnung der Abmachungen von 1993 der stolzen Idee von 1988 den Todesstoß versetzt hat – und daß er nun darauf angewiesen ist, von Rabin und Peres kleine Fetzen des palästinensischen Landes zu erbetteln. Von der Vision des Jahres 1988 ist Arafat auf den Boden der Realität abgstürzt.

Um diesen Absturz zu vertuschen, hielt der Vorsitzende, der sich seit 1988 »Präsident des Palästinensischen Staates« genannt hatte, flammende Reden. Kaum war er aus Washington zurück, verkündete er: »Auf dem Felsendom wird bald die Fahne Palästinas wehen! Der Felsendom in Jerusalem wird der Mittelpunkt unseres palästinensischen Staates sein!« Und manchmal ließ sich Arafat dazu hinreißen, vom Heiligen Krieg zu reden, der zur Befreiung Jerusalems führt.

Rabin und Peres begriffen wohl, daß der Vorsitzende mit derartigen Worten den eigenen Massen vorgaukeln wolle, ein Sieg sei errungen, der zu neuen Siegen die Grundlage biete – und doch konnten sie kein Verständnis für diese Phrasen aufbringen. Die Angeberei reizte vor allem die national-religiösen Kräfte in der israelischen Politik – sie fanden ihre schlimmsten Befürchtungen bestätigt. Die Gegner von Rabin und Peres – Netanyahu und Sharon – besaßen nun einen guten Grund zu polemisieren, der vom Ministerpräsidenten und vom Außenminister gehätschelte Arafat plane jetzt erst recht den Krieg zur Vernichtung des jüdischen Staates.

Eigentlich war zu erwarten gewesen, daß der Vorsitzende der künftigen Autonomieverwaltung so rasch als nur möglich die Übernahme seiner Amtsgeschäfte an Ort und Stelle vorbereite. Arafat mußte sich entscheiden, ob er in Jericho amtieren wollte oder in Gaza. Dazu waren Detailgespräche mit Außenminister Peres nötig – zur Festlegung der Amtsgebäude und zur Regelung der damit verbundenen Sicherheitsprobleme. Doch Arafat reiste zu »Staatsbesuchen« in weit entfernte Hauptstädte und hielt Reden. Wenn er nicht reiste, vergrub er sich in seinem tunesischen Hauptquartier. Die Verantwortlichen in Israel wunderten sich. Rabin bat schließlich den ägyptischen Präsidenten Husni Mubarak, er möge den Vorsitzenden an seine Pflichten erinnern.

Der Ägypter nahm die Aufgabe ernst: Er lud Arafat und Rabin für den 6. Oktober 1993 zu einer Besprechung nach Cairo ein. Beide folgten der Einladung. Ministerpräsident Rabin war der Meinung, jetzt sei der Zeitpunkt gekommen für ernsthafte Gespräche über die Formierung, Ausrüstung und Ausbildung der Polizeitruppe der Autonomiebehörde und über die Finanzierung der Gebiete von Gaza und Jericho. Doch Rabin erlebte eine Überraschung. Er saß dem Vorsitzenden gegenüber, der es nicht gewohnt war, wirkliche Verhandlungen zu führen, der auswich auf allgemeines Gerede über seine eigene schwierige Situation. Es rächte sich jetzt, daß der PLO-Chef die harte Verhandlungsführung immer anderen überlassen hatte. Diesmal aber waren weder Abu Alaa noch Abu Mazen anwesend. Daß Verhandlungen auf höchster Ebene geführt wurden, war eine neue Entwicklung in der Folge des *Oslo Channels*. Arafat kam mit dieser Situation nicht zurecht; er hielt Monologe über die leere Kasse der PLO und über die Schwierigkeit der Auseinandersetzung mit der islamisch ausgerichteten Kampforganisation Hamas. Rabin hörte eine Zeitlang zu und verlor dann die Geduld. Der Ministerpräsident drängte, es müsse über den Aspekt der Sicherheit für Israel gesprochen werden. Rabin erinnerte Arafat daran, daß die Polizeistreitkräfte der Autonomiebehörde nur deshalb so zahlreich sein dürften, weil sie die Aufgabe hätten, der islamischen Organisation Hamas Zügel anzulegen und sie zu hindern, Anschläge auf jüdische Menschen und Einrichtungen zu verüben. Die Polizeistreitmacht habe in erster Linie Israel zu schützen. Der Vorsitzende der künftigen Autonomiebehörde aber war der Ansicht, das wichtigere Thema sei die Übertragung der Grenzaufsicht an der Allenby-Brücke im südlichen Jordantal an palästinensische Organe der Grenzsicherung – es müsse für jeden Reisenden, der von Jordanien her den Fluß überquere, sofort deutlich werden, daß er sich auf palästinensischem Gebiet befinde. Direkt an der westlichen Seite der Brücke müsse sich eine palästinensische Fahne und ein palästinensischer Posten befinden. Rabin entgegnete ungehalten, darüber sei in Oslo lange gesprochen worden, und man habe sich darauf geeinigt, daß die Grenzkontrolle am Jordan in israelischer Hand bleibe.
Rabin vermutete, der Vorsitzende spiele nur den Uninformier-

ten – in Wahrheit wolle Arafat das Problem deshalb noch einmal aufrollen, um für sich selbst ein besseres Resultat zu erzielen. Rabin verbarg sein Erstaunen über Arafats Verhalten nicht. Er verschwieg auch nicht, daß er den Vorsitzenden für einen »Tagträumer« hielt, der darauf vertraute, eine für die Palästinenser günstige Lösung werde sich irgendwie ergeben. Arafat bekam wenigstens zum Teil recht: Eine Kommission wurde eingesetzt, die den Knoten der Detailfragen aufzulösen hatte. Diskutiert werden sollte eine mögliche palästinensische Beteiligung an der Grenzkontrolle im Jordantal.

Baruch Goldstein will die Verständigung verhindern

Trotz aller Mißverständnisse war der Prozeß der Annäherung der israelischen und palästinensischen Standpunkte nicht aufzuhalten. Die Kommissionen zur Lösung der Detailfragen arbeiteten erfolgreich. Am 23. Februar 1994 erreichten sie eine Übereinkunft zur Abwicklung der »Umgruppierung« der israelischen Truppen im besetzten Gebiet. Vermieden wurde dabei der Begriff »Rückzug«; verwendet wurde der Begriff »redeployment«. Vereinbart wurde der Beginn der »Umgruppierung« aus Gaza und Jericho am 17. März 1994. Die Israel Defence Forces und alle israelischen Sicherheitskräfte sollten beide Gebiete bis zum 12. April 1994 verlassen haben.
Für religiös orientierte Israelis galt das Versprechen, Gebiete zu räumen, die das jüdische Volk in Besitz genommen hatte, als ein Verbrechen gegen die von Gott gesetzte Ordnung. Viele konnten sich nur schwer von der Vorstellung trennen, Gott habe alles Land zwischen Mittelmeer und Jordan dem jüdischen Volk versprochen – wer Stücke davon einem fremden Volk, den Arabern, überantworte, mache sich schuldig. Der Propagandist dieser Ansicht war Rabbi Meir Kahane gewesen. Ihn hatte ein Araber 1990 in New York ermordet. Ein junger Mann, der Dr. Baruch Goldstein hieß, entschloß sich, diesen Mord zu rächen.
Rabbi Meir Kahane war im Jahre 1932 in Brooklyn geboren worden, als Sohn eines Rabbi. Meir Kahane wurde Jurist und ebenfalls Rabbi. Er entwickelte politische Ideen und pflegte be-

sonders die Vorstellung, Araber und die Kommunisten der Sowjetunion seien in einer Verschwörung gegen die Juden verbunden. Dies sei schon daran zu erkennen, daß Moskau die Ausreise der Juden nach Israel verhindere. Der Rabbi war schließlich überzeugt, er könne seine antiarabische Einstellung nur in Israel wirkungsvoll zur Geltung bringen. Im Jahre 1971 emigrierte Meir Kahane von Brooklyn nach Jerusalem. Nach dem Krieg von 1973, der nicht mit einem unbestrittenen Sieg der Israel Defence Forces endete, gründete der Rabbi eine politische Gruppierung, die den Standpunkt vertrat, im geheiligten Land zwischen Mittelmeer und Jordan hätten nur Juden ein Lebensrecht. Rabbi Meir Kahane predigte, alle Araber seien aus dem Land Israel zu vertreiben. Er verlangte die gewaltsame Übersiedlung der Araber aus Israel, dem Westjordanland und dem Gazastreifen nach Transjordanien.
Rabbi Meir Kahane beschränkte sich nicht auf Worte und Drohungen. Er veranlaßte seine Aktivisten zu Überfällen auf Araber, zur Zerstörung von arabischem Eigentum. Er wurde unzählige Male wegen dieser Gewalttaten verhaftet, doch nie rechtskräftig verurteilt. Davor schützte ihn zeitweilig sein Status als Knessethabgeordneter.
Die israelische Regierung – dies muß deutlich gesagt werden – hat sich hartnäckig gegen den Einfluß des Rabbi zur Wehr gesetzt. Er und seine politische Gruppierung wurden schließlich von der Teilnahme an Parlamentswahlen ausgeschlossen – mit der beachtenswerten Begründung, die Gruppierung vertrete rassistische Ansichten.
Den Tod fand Rabbi Meir Kahane während einer Rede, die er in New York hielt. Die Untersuchungsbehörden waren zunächst der Ansicht, der Ägypter Al-Sajjid Nusair habe die Schüsse abgefeuert. Er konnte jedoch nicht überführt werden.
Nach seinem Tod wuchs die Zahl der Anhänger des Rabbi. Zu ihnen gehörte Dr. Baruch Goldstein. Auch er war in Brooklyn geboren worden – im Jahr 1957. Er hatte am Albert Einstein College of Medicine in New York seine Studien mit Erfolg abgeschlossen und war 1983 nach Israel eingewandert. Er ließ sich als Arzt in der Siedlung Kiryat Arba bei Hebron nieder. Dr. Goldstein wurde zum Bewunderer des Rabbi Meir Kahane und tat den Schwur, den Tod des Rabbi zu rächen.
Dr. Goldstein gehörte zu denen, die mit Empörung zur Kennt-

nis nahmen, daß Ministerpräsident Rabin und Außenminister Peres bereit waren, Land, das Juden in Besitz genommen hatten, an Araber zu übergeben. Er kannte die Stichdaten: Am 17. März 1994 sollte die »Umgruppierung« der Israel Defence Forces beginnen – am 12. April 1994 sollte sie abgeschlossen sein. Dr. Goldstein wollte rechtzeitig handeln. Der Tag, den er sich für seine Tat aussuchte, war der 25. Februar 1994. Es war Freitag, der islamische Feiertag mitten im Fastenmonat Ramadan. Zum Anbruch des Tages hatten sich fast 700 Männer, Frauen und Kinder in der Ibrahim-Moschee mitten in der palästinensischen Stadt Hebron versammelt. Ihr Gebet sollte den neuen Fastentag eröffnen. Männer und Frauen knieten getrennt. Sie waren dabei sich dem Willen Allahs zu unterwerfen, als das Unglück über sie hereinbrach.

Mohammed Suleiman Abu Sarah, der Moscheewächter, hatte den Mann erkannt, der in israelischer Uniform, mit einem Galil-Sturmgewehr in der Hand, die Moschee betreten wollte. Abu Sarah wollte verhindern, daß Dr. Baruch Goldstein während des Gebets die heilige Stätte betrat, denn er wußte um die Abneigung dieses Mannes gegen die Palästinenser, doch er wurde mit dem Gewehrkolben zur Seite gestoßen. Der Moscheewächter sah, wie Dr. Goldstein hinter die Betenden trat und auf sie feuerte. Die meisten Opfer wurden in den Kopf getroffen. War ein Magazin leergeschossen, klickte Dr. Goldstein ein neues an seine Waffe. Zehn Minuten lang jagte er die Geschoßgarben in die Leiber der Gläubigen, die aufgesprungen waren um zu fliehen. Da die Moscheetüren eng waren, entkamen nur wenige. Die Schießerei endete erst, als der Attentäter von beherzten Moslems niedergeschlagen und schließlich erschlagen wurde.

39 Tote und 70 Verwundete wurden aus der Ibrahim-Moschee getragen. Offiziere der Israel Defence Forces zählten die leergeschossenen Magazine und stellten fest, daß, nach militärischer Erfahrung, Dr. Baruch Goldstein nicht genügend Geschosse abgefeuert hatte, um 39 Menschen zu töten und 70 zu verwunden. Die Berechnung der Wahrscheinlichkeit von Treffern unterstützte die Beobachtung des Moscheewächters, der gesehen haben wollte, daß mindestens zwei weitere Israelis in Uniform auf die Palästinenser geschossen hätten. Jassir Arafat schloß aus dieser Beobachtung, daß die Betenden ei-

nem Komplott der Israel Defence Forces mit den Siedlern von Kiryat Arba zum Opfer gefallen sind. Von israelischer Seite wurde zugegeben, daß Soldaten der IDF geglaubt hatten, einer der ihren sei in der Ibrahim-Moschee in Bedrängnis geraten – und deshalb habe es mehrere uniformierte Schießende gegeben.
Noch am Morgen des 25. Februar 1994 brachen Unruhen in den besetzten Gebieten aus. Intifada lebte erneut auf. Besonders im Gazastreifen war die Empörung über die Morde gewaltig. Israelische Patrouillen gerieten in Bedrängnis. Sie schossen auf die steinewerfende Menge. Die Zahl der toten Palästinenser erhöhte sich um weitere 19. Nahezu 250 Männer wurden durch Geschosse verletzt.
In der jüdischen Siedlung Kiryat Arba aber tanzten Frauen und Männer auf den Straßen. Sie bejubelten den »Helden Dr. Baruch Goldstein«. Die Meinung war, er habe nur einen Fehler gemacht: »Statt nur 50 zu töten, hätte er 500 umbringen sollen!«

Ministerpräsident Rabin aber fühlte sich veranlaßt, Jassir Arafat in Tunis anzurufen, um sich für das Verbrechen am palästinensischen Volk zu entschuldigen. Er betonte ausdrücklich, das Massaker dürfe nicht dazu führen, daß die Verhandlungen abgebrochen werden. Der Weg zur Verständigung dürfe nicht in der Sackgasse enden, weil ein Fanatiker namens Goldstein das Zusammenleben von Juden und Palästinensern habe vereiteln wollen. Arafat weigerte sich zu sagen, ob er die Verhandlungen fortsetzen werde oder nicht.
Präsident Clinton rief Arafat in Tunis und Rabin in Jerusalem an: Er bat beide inständig, sich rasch an den Verhandlungstisch zu setzen. Sein Argument: »Wir müssen verhindern, daß durch Fanatiker die Hoffnungen der Menschen zweier Völker auf ein Leben in Sicherheit zerstört werden!«
Arafat, der weitab vom Geschehen in Tunis saß, machte auch gegenüber dem amerikanischen Präsidenten keine Zusage, am Friedensprozeß festzuhalten. Ihm war bewußt, daß die Bevölkerung der besetzten Gebiete nach dem Massaker von Hebron keinen Sinn mehr darin sah, die Israelis um territoriale Zugeständnisse zu bitten. Die Entschlossenheit der Menschen von Gaza, Hebron und Ramallah war groß, Intifada ernsthaft fortzusetzen. Die Führung der Kampforganisation Hamas ließ

Arafat wissen, man werde ihn als Zionisten betrachten, wenn er nicht sofort das Paktieren mit den Juden abbreche. Viele Bewohner der Palästinenserlager Jabalia und Gaza waren nach dem 25. Februar 1994 der Meinung, Hamas vertrete jetzt die wahre Meinung des Volkes. Die Stimmung im Volk spürte auch Faisal Husseini an jenem Tag hautnah. Er begab sich zum Freitagsgebet in den Felsendom und auf dem Weg zum Heiligtum wurde er mit Steinen beworfen. Die Masse schrie: »Du bist genauso ein Sohn eines Affen und eines Schweines wie Arafat.« Faisal Husseini mußte den Platz vor dem Felsendom verlassen.

Töten nach dem Willen Allahs

Betende an einem Freitag des Fastenmonats Ramadan hinterrücks zu erschießen, wurde von allen Moslems als schlimmes Verbrechen angesehen – für viele aber war es eine Pflicht, dieses Verbrechen zu rächen. Die Hamas-Führung fand weite Zustimmung als sie verkündete, sie werde die Toten von Hebron rächen, gemäß dem Willen Allahs. Gemeint ist Rache, verbunden mit dem Märtyrertum: Der Gläubige opfert sich, um die Feinde in den Tod zu reißen. Er stirbt nach dem Willen Allahs – um nach dem Willen Allahs zu töten. Die Verantwortlichen der Kampforganisation beriefen sich dabei auf den Koran – auf die Sure 3 Al-Imran, Textabschnitt 157ff:
»Und wenn du erschlagen wirst, oder du stirbst
Nach dem Willen Allahs,
Wird dir Vergebung und Gnade zuteil
Dies ist mehr wert,
Als aller Reichtum, den sie ansammeln können.
Und wenn du erschlagen wirst, oder stirbst,
Wirst du zu Allah gebracht.«

Zu sterben und gleichzeitig die Feinde zu töten, wird von Sheikh Ahmad Yassin, dem Begründer der Organisation Hamas, als Gnade Allahs angesehen. Der ist Märtyrer in der edelsten Form, der möglichst viele Feinde Allahs im Augenblick des eigenen Todes umbringt.

371

Das Beispiel gab ein Hamas-Mitglied sechs Wochen nach dem Hebron-Massaker. Am 6. April 1994 bestieg ein junger Mann in der nordisraelischen Stadt Afula einen Linienbus. Er fuhr so lange mit, bis der Bus mit Fahrgästen gefüllt war, dann brachte er den Spengstoff, den er am Leibe trug, zur Explosion. Sieben Israelis waren auf der Stelle tot. Die nächste Explosion ereignete sich eine Woche später in Hadera, einer Stadt, die zwischen Caesarea und Netanya liegt. Der Selbstmordattentäter tötet an der Busstation fünf Israelis.
Er wurde identifiziert als Ammar Armaneh. Er war zweiundzwanzig Jahre alt und stammte aus dem Dorf Yabad bei Jenin. Er hat einen Brief hinterlassen mit diesen Worten: »Die Welt ist ein Gefängnis für den Gläubigen. Der Märtyrer, der dem Pfad Allahs folgt, kann sich daraus befreien.«
Nicht ganz ein Vierteljahr später übernahm Jassir Arafat die Kontrolle über Gaza und Jericho. Seine Polizeistreitkräfte hatten die Aufgabe, die Aktivisten der Hamas daran zu hindern, Anschläge in Israel auszuführen. Die Polizei der Autonomiebehörde hatte die Funktion zu erfüllen, die zuvor den Israel Defence Forces zugefallen war, wenigstens wurde dies von Ministerpräsident Rabin erwartet.
Arafat aber war sich von vornherein bewußt, daß er seiner Polizei nicht zumuten konnte, Nachfolger der Israel Defence Forces im Gazastreifen zu werden. Bei der steigenden Popularität der Hamas hätte er einen Bürgerkrieg provoziert, der blutig verlaufen wäre und dessen Ausgang ungewiß war. Er mußte deshalb vorsichtig vorgehen.
Zu seinem Sicherheitschef in Gaza ernannte Arafat einen Kenner der Örtlichkeit und der Menschen; den erst 30jährigen Mohammed Dahlan. Er war in Gaza zur Zeit der israelischen Besatzung aufgewachsen. Schon im Alter von 15 Jahren hatte er Widerstand gegen die IDF organisiert. Er war verhaftet und nach Jordanien abgeschoben worden. Dort hatten ihn die Behörden allerdings sofort festgenommen. Erneut abgeschoben, fand er den Weg nach Tunis, zu Arafats Hauptquartier. Dort kam er in Kontakt zu Abu Jihad, dem Propagandisten und Praktiker des Volkskrieges gegen Israel. Mohammed Dahlan arbeitete bald im Stab von Abu Jihad als einer der Organisatoren von Intifada. Arafat nahm ihn dann mit nach Gaza.
Als Anhänger der Theorien des Abu Jihad fiel dem Sicherheits-

chef die Aufgabe nicht leicht, Hamas-Aktivisten, die den von Abu Jihad einst so geschätzten Volkskrieg führen wollten, zu verhaften Nach dem Überfall auf die Siedlung Gush Qatif im Gazastreifen, war Mohammed Dahlan zum Handeln gezwungen. Er ließ zehn Hamas-Mitglieder verhaften. Mohammed Dahlan war allein Jassir Arafat verantwortlich, der wiederum unter Rabins Druck stand. Der israelische Ministerpräsident aber wurde von religiös-nationalistischen Politikern bedrängt, die ihm vorwarfen, er gebe den Palästinensern überhaupt erst die Möglichkeit, Anschläge auszuführen, denn er habe dafür gesorgt, daß die Israel Defence Forces den Gazastreifen den radikalen Palästinensern überlassen habe.
Als am 27. August 1994, zwei Monate nach Arafats Ankunft in Gaza, Hamas-Mitglieder mitten in der israelischen Stadt Ramla, die fast ein Vorort von Tel Aviv ist, zwei israelisch Bürger töteten, begann Rabin der Autonomiebehörde ernsthafte Vorwürfe zu machen. Er stellte öffentlich die Frage, ob es überhaupt einen Sinn habe, Absprachen mit Arafat zu treffen, die dieser offenbar gar nicht einhalten wolle.
Am 11. Oktober 1994 entführten Hamas-Aktivisten den israelischen Soldaten Nachson Wachsman im Jordanwestufergebiet. Wachsman, 19 Jahre alt, war in Uniform per Autostop unterwegs gewesen. Zwei Männer, die zu Hamas gehörten, nahmen ihn mit – und brachten ihn in ein Versteck. Hamas hatte eine Geisel. Am nächsten Morgen stellte die Organisation Bedingungen für die Freilassung: Verlangt wurde vor allem die Freigabe des gelähmten Hamas-Begründers Sheikh Ahmad Yassin, der sich seit Mai 1989 in israelischer Haft befand. Mit Sheikh Yassin sollten weitere 200 Hamas-Mitglieder die Freiheit erhalten.
Daß sich ein Soldat seiner Streitkräfte als Geisel in der Hand der islamischen Kampforganisation befand, reizte den Zorn des Ministerpräsidenten. Rabin behauptete, er besitze die Information, daß Nachson Wachsman in Gaza festgehalten werde. Mit dieser Aussage zwang er Arafat, seiner Polizeitruppe die Suche nach dem Versteck zu befehlen. In Jabalia und Gaza wurden Häuser durchsucht und Checkpoints errichtet. In Haft genommen wurden Männer, die als Sympathisanten der Hamas bekannt waren. Systematisch wurden Stadtviertel durchgekämmt – ohne Erfolg.
Daß sich Hamas nicht einschüchtern ließ, bewies sie wenige

Stunden später mitten in Jerusalem: Zwei Hamas-Aktivisten beschossen Fußgänger auf einer belebten Straße in der Nähe des Hotels King David. Zwei Personen wurden getötet. Die Attentäter starben durch Kugeln der israelischen Polizei. Die Hamas-Führung feierte die toten Mitglieder als Märtyrer.
Gerade zu diesem Zeitpunkt tagte in Oslo das Komitee für die Verleihung des Friedensnobelpreises. Entschieden wurde, daß Rabin, Peres und Arafat die Preisträger für das Jahr 1994 sein sollten. Der israelische Ministerpräsident ließ sich durch die Ehrung nicht beeindrucken. Er unterbrach die Verhandlungen über die Fortsetzung des Friedensprozesses und befahl die Schließung der Islamischen Universität in Gaza. Auf Arafats Proteste, das Versteck des israelischen Soldaten befinde sich nicht in Gaza, sondern in Israel selbst, hörte Rabin nicht.
Am 13. Oktober 1994 erfuhren Arafats Sicherheitskräfte, daß Nachson Wachsman in einem abgelegenen Haus der Ortschaft Bir Nabala im besetzten Gebiet am Jordanwestufer festgehalten werde. Sie gaben die Information an die israelischen Sicherheitsdienste weiter.
Die Hamas-Führung zeigte sich gesprächsbereit. Eine kleine Geste der israelischen Regierung hätte genügt, und der Soldat wäre freigelassen worden. Doch Rabin ordnete die Erstürmung des Hauses an. Sie gelang schließlich und war trotzdem ein Fehlschlag: Während des Gefechts wurde Nachson Wachsman getötet. Die drei Bewacher des Soldaten wurden ebenfalls getötet. Rabin mußte zugeben, daß die Befreiungsaktion ein Fehlschlag war.
Die Hamas-Führung entschloß sich, den Tod der »drei Märtyrer von Bir Nabala« zu rächen. Am 19. Oktober 1994 detonierte in Tel Aviv auf der breiten Geschäftsstraße Dizengoff in einem Bus eine Sprengstoffladung, die der 27jährige Salah Abdel Rahim Nazal am Leibe getragen hatte. Sie soll aus zehn Kilogramm TNT bestanden haben. Die Wirkung der Detonation war schrecklich: 22 Fahrgäste des Busses wurden zerfetzt.
Arafat reagierte betroffen. Noch Tage später war ihm anzumerken, daß ihm Hamas einen schweren Schlag versetzt hatte: Hamas hatte ihn und seinen Friedenswillen treffen wollen – und die Organisation hatte dies erreicht. Der Vorsitzende der Palästinensischen Nationalbehörde mußte sich von Rabin sagen lassen, er sei nicht in der Lage, die ihm gestellte Aufgabe

zu erfüllen. Rabins Drohung machte ihm zu schaffen, die Israel Defence Forces würden wieder die Kontrolle über die Autonomen Gebiete übernehmen.
Zum Unglück für Arafat mußten die radikal-religiösen Kampforganisationen am 2. November 1994 einen weiteren Märtyrer bestatten. Hani Abed, der Aktivist der Gruppierung *Jihad al-Islamija* war durch eine Sprengstoffexplosion beim Öffnen seiner Autotür getötet worden. Die Organisation machte für den Anschlag den israelischen Geheimdienst verantwortlich.
Als der 27jährige bestattet wurde, strömten Massen in der Großen Moschee von Gaza zusammen, um dem Toten das letzte Geleit zu geben. Auch Arafat begab sich zur Moschee. Doch schon an der Türe wurde er von jungen Männern abgefangen und abgedrängt. In wenigen Augenblicken war er von Hunderten von Anhängern des Hani Abed umgeben. Sie schrien: »Tod dem Verräter Arafat!« Seine Leibgarde konnte nicht verhindern, daß der Vorsitzende geschlagen wurde, daß ihm sein Kopftuch heruntergerissen wurde. Geprügelt und gedemütigt verließ Arafat den Trauerort.
Derartiges war ihm nie zugestoßen: Sein palästinensisches Volk hatte ihn abgelehnt, beschimpft, bedroht. Offenbar war die Identifikation verlorengegangen zwischen dem Volk und ihm. Da war eine Kluft aufgebrochen. Er fand keinen Glauben mehr für seine Parole, auf dem Felsendom in Jerusalem werde bald die Fahne Palästinas wehen. Ein anderer stahl ihm die Sympathie der Massen: König Hussein von Jordanien. Es sah so aus, als werde der Monarch das Heiligtum in Besitz nehmen.

König Hussein läßt die Kuppel des Felsendoms
neu vergolden

Genauso geheim, wie die Verhandlungen des *Oslo Channels* waren die Gespräche zwischen dem König von Jordanien und Ministerpräsident Rabin geblieben. Nach gründlicher Vorbereitung hatten sie am 8. Juni 1994 begonnen. Die beiden hatten sich insgeheim in London getroffen. Dabei waren sie zum Entschluß gekommen, den Kriegszustand zwischen Israel und Jordanien endlich und endgültig zu beenden.

Hussein hatte lange gezögert, mit seiner Unterschrift einen Friedensvertrag abzuschließen. Er hatte sich vorgenommen, nicht zu den ersten zu gehören, die den Staat Israel offen mit Siegel und Unterschrift akzeptierten. Selbst als Anwar as-Sadat im September 1978 das Abkommen von Camp David unterzeichnet hatte, war Hussein seinem Beispiel nicht gefolgt. Er wollte sich nicht dem Vorwurf aussetzen, die arabische Abwehrfront gegen Israel geschwächt zu haben. Er fürchtete vor allem, von den Palästinensern als Verräter beschimpft zu werden. Erst als Jassir Arafat durch schriftliche Abmachungen den Weg zum Frieden mit Israel beschritten hatte, glaubte auch König Hussein, ungefährdet dem israelischen Ministerpräsidenten die Hand reichen zu dürfen.

Seit Hussein auf das Land westlich des Jordan verzichtet hatte, waren die Probleme, die zwischen seinem Königreich und Israel zu lösen waren, gering: Im Wadi Araba zwischen dem Toten Meer und dem Golf von Aqaba hielt Israel einen schmalen Landstreifen von 60 Kilometern Länge besetzt – Hussein wollte ihn seinem Land wieder angliedern.

Wichtiger noch war die Regelung der Wasserverteilung im Jordantal. Durch Abpumpen des kompletten Jordanwassers, noch ehe es den See Genezareth verließ, war der Jordanfluß zur Kloake geworden: Die israelischen Städte und Siedlungen im Bereich des Flusses benutzten ihn zur Beseitigung des Abwassers.

Hussein fühlte sich nicht stark genug, von Israel die Wiederherstellung des natürlichen Flußzustands zu verlangen – doch er wollte, daß Israel dem jordanischen Bewässerungssystem 55 Millionen Kubikmeter Wasser pro Jahr aus dem See Genezareth zuleite. Nutznießer sollten die Landwirtschaft am jordanischen Jordanufer sein, aber auch die Trinkwasserversorgung der Hauptstadt Amman.

Die Verhandlungen des Königs mit dem israelischen Ministerpräsidenten waren derart zügig verlaufen und abgeschlossen worden, daß am 26. Oktober 1994 in einer feierlichen Zeremonie im Wadi Araba bei Aqaba die Friedensdokumente unterzeichnet werden konnten. Jordanien bekam sein Land zurück – doch es nahm den Boden nicht in Besitz: die fruchtbaren Gebiete wurden für fünf Jahre an Israel verpachtet – mit einer Option für weitere 25 Jahre.

Diese Lösung brachte dem jordanischen König allerdings herbe Kritik aus Damaskus ein. Der syrische Staatspräsident meinte, arabisches Land dürfe aus religiösen Gründen nicht an Juden verpachtet werden. Hussein habe dem Geist des Islam zuwidergehandelt. Deswegen, so fügte Hafez al-Assad seiner Kritik hinzu, werde er jedoch »keinen Wirbel veranstalten«.

Schwerwiegender, so klagte der Syrer, sei die Unterlassung des Versuchs im Vertrag wenigstens eine Entschädigung für die palästinensischen Flüchtlinge durchzusetzen, die um die Zeit der Gründung des Staates Israel ihre Heimat hatten verlassen müssen. Die Flüchtlinge des Jahres 1948 lebten bei Amman, Irbid und Jerash noch immer in lagerähnlichen Städten, zusammengedrängt und ohne Perspektive für die Zukunft. Diese Menschen fühlten sich vom Friedensvertrag des Jahres 1994 ganz einfach vergessen. Hafez al-Assad wurde zum Verteidiger der Ansprüche der Vergessenen – nicht Jassir Arafat, der sich zu diesem Thema nicht äußerte. Der Vorsitzende wollte keinen Streit mit dem König.

Doch da war ein Punkt, den Arafat nicht hinnehmen konnte: Yitzhak Rabin hatte Hussein zugestanden, die höchste Autorität über den Felsendom zu sein. Diese Geste wurde damit begründet, Hussein sei das Oberhaupt der Familie Haschem, aus der einst der Prophet Mohammed hervorgegangen sei. Es sei deshalb angebracht, den Felsendom, den der Prophet durch die »Nachtreise« geheiligt habe, der Aufsicht des Herrn der Haschemiten zu unterstellen. Mit diesem Zugeständnis war Hussein äußerst zufrieden, wertete es doch seine Person und seine Familie gegenüber der Sippe As-Saud auf, die nach dem Ersten Weltkrieg die Haschemiten aus Mekka und damit aus der Position des »Beschützers der Kaaba« vertrieben hatte.

Jassir Arafat empfand das Zugeständnis an Hussein als bittere persönliche Niederlage. Er hatte sich eingeredet, ihm werde es vergönnt sein, den Felsendom der israelischen Kontrolle zu entreißen und der islamischen Welt zurückzugeben. Nun mußte er feststellen, daß der israelische Ministerpräsident andere Pläne hatte: »Israel respektiert die besondere Rolle, die dem Haschemitischen Königreich Jordanien in bezug auf die Heiligen Stätten Jerusalems zukommt. Sobald Verhandlungen geführt werden über den endgültigen Status von Jerusalem, wird Israel die historische Funktion der Haschemiten für diese Heiligen Stätten mit hoher Priorität beachten.«

Träumte Arafat davon, Israel werde Teile von Jerusalem an die Araber zurückgeben, so gab es für den Realisten Hussein nicht den Schimmer einer Hoffnung, daß Israel auch nur auf einen Quadratmeter der Stadt verzichtet. Wer Einfluß gewinnen wollte auf das Geschehen in Jerusalem, der konnte sein Ziel nur auf religiöser Ebene erreichen. Mitbestimmung war nur für denjenigen zu erringen, der vorgab, er kümmere sich um das Wohl der Gläubigen und um den baulichen Zustand des Felsendoms. Hussein, der Angehörige der respektierten Haschemitenfamilie, ergriff diese Chance.

Um zu zeigen, daß er seine Verantwortung ernst nahm, stiftete Hussein acht Millionen Pfund Sterling für die Vergoldung der Kuppel des Felsendoms. Der Monarch ließ mitteilen, der Betrag stamme aus dem Verkauf eines Hauses in London.

Bald schon strahlte die Kuppel glanzvoller als je zuvor über der Altstadt von Jerusalem. Jedem, der die strahlende Helligkeit sah, war bewußt, daß dies dem König Hussein zu verdanken war. Die Gedankenverbindung war hergestellt: Wer auf die Kuppel blickte, dachte an Hussein – und nicht an Arafat.

Der Vorsitzende wandte sich an die arabischen Staatschefs mit der Bitte, den Anspruch der Palästinenser auf den Felsendom zu unterstützen. Die Reaktion der königlichen Familie von Saudi-Arabien war positiv. König Fahd als Oberhaupt der Sippe As-Saud, wollte verhindern, daß die Haschemitensippe ihr Ansehen in der islamischen Welt durch die Schirmherrschaft über das Heiligtum steigerte. König Fahd erklärte, der Felsendom unterstehe dem Schutz durch das palästinensische Volk.

König Hussein begriff, daß die traditionelle Feindschaft des Hauses As-Saud gegen das Haus Haschem ein Faktor der Politik blieb, der nicht zu unterschätzen war: Reizte er König Fahd zu heftig, dann war eine enge Bindung Saudi-Arabiens an die PLO die Folge. Diese Entwicklung aber war nicht im Sinne des jordanischen Monarchen, der es gern sah, daß Arafat nur wenig Rückhalt bei den Mächtigen unter den arabischen Staatschefs hatte. Um den Eindruck zu verringern, er fühle sich als Herr über den arabischen Ostteil von Jerusalem, legte er rasch einen Plan vor zur Regelung der Machtverhältnisse in der Heiligen Stadt – er vergaß dabei absichtlich seine eigenen Interessen. König Hussein schlug vor, der Westen von Jerusalem sollte zu Israel gehören, der Osten zu Palästina. Die Altstadt mit Felsendom, Klagemauer und Grabeskirche müßte einem Komitee unterstellt werden, das aus hervorragenden Persönlichkeiten der drei Religionsgruppen, Juden, Moslems und Christen, gebildet werden sollte. Weder Ministerpräsident Rabin noch der Vorsitzende der Palästinensischen Autonomiebehörde nahmen Hussein Vorschlag ernst.

Der mühsame Weg zum Abkommen Oslo II.

Am 12. Mai 1995 analysiert der Vorsitzende in einer Rede vor geladenen Gästen die Situation des Friedensprozesses: »Was wir in Oslo ausgemacht haben, ist nicht verwirklicht worden. Wir streiten noch immer über »redeployment« der israelischen Truppen, über den Rückzug aus unseren Gebieten. Die Israelis wollen zwar die Städte verlassen, doch sie wollen das Land ringsum behalten. Sie wollen die Straßen kontrollieren. Dies bedeutet, daß sie unsere Städte belagern können. Vorgesehen ist auch der Rückzug aus Hebron, doch allem Anschein nach wird er nicht stattfinden: Die Israelis werden die Kontrolle über das Abraham-Grab behalten wollen. Die Übereinkunft von Oslo ist wertlos. Wir haben geglaubt, es handle sich um einen Neuanfang, doch da haben wir uns gründlich getäuscht. Israel war unser Feind in der Vergangenheit – es ist unser Feind in der Gegenwart – Israel wird unser Feind in der Zukunft sein!«

Jassir Arafat hat sich mit diesen Worten dem Standpunkt der islamischen Kampforganisation Hamas angenähert. Er war schon vorsichtig gewesen in der Beurteilung des Hamas-Anschlags vom 22. Januar 1995, durch den bei Netanya 19 israelische Soldaten getötet worden sind. Zwei junge Männer aus Gaza hatten Sprengstoff, den sie am Körper trugen, zur Explosion gebracht. Der Anschlag war an einer Bushaltestelle erfolgt, an einem Sonntagmorgen. Die Soldaten hatten sich dort nach dem Sabbaturlaub versammelt um zu ihren Einheiten zu fahren. Da Soldaten Opfer des Anschlags waren, hielt sich Arafat zurück mit einer Verurteilung: Anschläge gegen militärische Ziele hielt er für einen legitimen Akt der Auseinandersetzung mit Israel, die noch nicht abgeschlossen war. Arafat wandte sich jedoch entschieden gegen Attentate, durch die Zivilisten getötet wurden. Seine Versuche, Hamas zur Aufgabe derartiger Anschläge zu veranlassen, schlugen fehl. Am 24. Juli 1995 detonierte Sprengstoff im Ort Ramat Gan ostwärts von Tel Aviv; fünf Israelis wurden dabei getötet. Bei diesem und beim nächsten Attentat ereigneten sich die mörderischen Detonationen in Bussen. Israelis in Bussen zu töten, darauf hatte sich Hamas nun spezialisiert. Ein Fahrzeug der Linie 26 in Jerusalem war am 21. August 1995 das Ziel. Diesmal verloren sechs Fahrgäste das Leben. Im Bus und auf der Straße wurden 107 Personen verletzt.

In Israel machte sich Angst breit vor der Benutzung öffentlicher Verkehrsmittel. Die Unsicherheit löste Unzufriedenheit mit der Regierung aus, die versprochen hatte, der Abschluß der Oslo-Vereinbarung beende das Blutvergießen. Rabin und Peres wurde der Vorwurf gemacht, sie ermutigten mit ihren Zugeständnissen an Arafat die Kühnheit der Palästinenser, Anschläge mitten in Israel auszuführen. Die Folge war, daß der Ministerpräsident und der Außenminister aus Rücksicht auf die öffentliche Meinung keine Nachgiebigkeit mehr zeigten.

Am 9. September 1995 beklagte sich Arafat bitter, daß keinerlei Fortschritt in der Frage des israelischen Rückzugs erzielt werde. Er bestand darauf, Israel müsse sich aus allen bewohnten Regionen der besetzten Gebiete zurückziehen – auch aus Hebron. Die Verhandlungen über ein »redeployment« der Israel Defence Forces verliefen nur schleppend. Dies war jedoch nicht allein der Taktik der israelischen Verhandlungsdelegation zuzuschreiben – auch Arafat bewirkte Verzögerungen. Er wollte unbedingt eine Lösung durchsetzen für das Problem der israelischen Siedlungen, vor allem im Gazastreifen.

Die Verhandlungen zogen sich im Jahr 1995 nahezu neun Monate lang hin. Arafat war der Meinung, er könne mehr erreichen, wenn er die Verhandlungspartner ermüde. Die Verzögerungen aber hatten zur Folge, daß die Mitglieder der palästinensischen Delegation unzufrieden wurden und schließlich resignierten. Der erfahrene Verhandler Dr. Haidar Abdul Shafi drückte seine Unzufriedenheit durch die Forderung aus, Jassir Arafat dürfe nicht den Führungsstil, mit dem er die Al-Fatah und die PLO geleitet hätte, auf die Autonomiebehörde übertragen – der Vorsitzende müsse endlich daran denken, Macht und Einfluß mit anderen Persönlichkeiten zu teilen. Der 75jährige Dr. Haidar Abdul Shafi konnte es sich leisten, den Vorsitzenden durch Kritik zu ärgern. Ihn verehrten viele Bewohner des Gazastreifens. Er schlug vor, die Autonomiebehörde und deren Chef müßten künftig dem zu wählenden Palästinenserparlament verantwortlich sein. Ohne Zustimmung dieses Parlaments dürfe vor allem kein Abkommen mit Israel Gültigkeit haben. Dr. Haidar Abdul Shafi hatte sich vorgenommen, für einen Sitz in diesem Parlament zu kandidieren.

Doch an die Stelle des erfahrenen Verhandlers setzte Arafat Nabil Shaath, der seit seiner Tätigkeit im Planungsstab der PLO in Beirut dafür bekannt war, daß er gegenüber Arafat keinen eigenen Standpunkt vertrat. Nabil Shaath geriet während der Verhandlungen prompt in Schwierigkeiten, da er in Sicherheitsfragen dem erfahrenen Stellvertretenden Generalstabschef Ammon Shahak nicht gewachsen war. Arafat hatte wohl die Unterlegenheit seines Mitarbeiters in sein Kalkül einbezogen, denn sie gab ihm Gelegenheit, selbst in die Verhandlungen einzugreifen.

Am 24. September 1995 war die Ausarbeitung des zweiten Vertragswerks abgeschlossen. Die Dokumente *Oslo II* (Oslo-B-Abkommen) konnten am 28. September in Washington durch Rabin und Arafat unterzeichnet werden. Die Außenminister der USA und der Russischen Föderation setzten ebenfalls ihre Signatur unter das Vertragswerk, das 400 Seiten umfaßt. Seine offizielle Bezeichnung: »Israeli-Palestinian Interim Agreement on the West Bank and Gaza.« Geregelt werden die Beziehungen zwischen Israel und der PLO in den Bereichen Sicherheit, Gesetzgebung, Wirtschaft, Wahlen und Befugnisse der Palästinensischen Autonomiebehörde.

Der für Jassir Arafat wichtigste Teil des Abkommens Oslo II bestimmt das Verfahren der Umgruppierung (redeployment) der israelischen Streitkräfte im bisher besetzten Gebiet. Der Ver-

tragstext bestimmt drei Zonen mit unterschiedlichen Zeitabläufen der Umgruppierung:
Die Zone A umfaßt die Städte Bethlehem, Ramallah, Jericho, Nablus, Tulkarm, Jenin und Hebron. Diese sieben Städte sind räumlich nicht miteinander verbunden. Aus sechs dieser Städte zieht sich die israelische Armee innerhalb von sechs Monaten nach Unterzeichnung des Abkommens zurück auf eine Linie außerhalb der Vorstädte. Beispielhaft soll die Umgruppierung im Fall Jericho sein, die bereits vollzogen ist. Eine Sonderregelung gilt für Hebron zum Schutz von 400 jüdischen Siedlern, die in einer gefährlichen Nachbarschaft zu 150 000 Palästinensern leben. Vorgesehen ist, daß die Israel Defence Forces weiterhin 25 Prozent des Stadtkerns kontrollieren – dazu zählt vor allem die Ibrahim-Moschee.
Die Zone B umfaßt 450 Dörfer und kleinere Städte in ländlichen Bezirken. Diese Zone besteht aus 27 Prozent des Territoriums im Jordanwestufergebiet; sie wird von zwei Dritteln der Bevölkerung dieses Gebiets bewohnt. Die Zone B soll gemeinsam von Israelis und Palästinensern kontrolliert werden. Israel Defence Forces und Palästinenserpolizei bilden gemeinsame Patrouillen, wobei IDF oberste Instanz in Sachen Sicherheit bleibt. Den Palästinensern untersteht die Verwaltung.
Die Zone C umfaßt rund 70 Prozent des Westufergebiets. Dazu gehören unbesiedelte Regionen, militärisch von IDF genutztes Terrain und die jüdischen Siedlungen. Die Zone C bleibt im wesentlichen unter israelischer Aufsicht – wobei der »zivile Bereich« in die Souveränität der Autonomiebehörde übergehen kann. Von dieser Übergaberegelung bleiben die jüdischen Siedlungen ausgenommen.

In nüchternen Zahlen ausgedrückt, spricht das Abkommen Oslo II der palästinensischen Selbstverwaltungsbehörde in den Zonen C und B 30 Prozent der 5600 Quadratkilometer des Westufergebiets zu. Sie ist verantwortlich für 250 000 Palästinenser. Interessant ist die Kalkulation, die Außenminister Peres unmittelbar nach Vertragsabschluß hat veröffentlichen lassen: »Wir behalten 73 Prozent des Landes, 97 Prozent der Sicherheit und 80 Prozent des Wassers in der Hand.«

Das Resultat der langwierigen Verhandlungen mußte auch für kompromißbereite Palästinenser enttäuschend wirken. In einem schmerzhaften Entwicklungsprozeß hatten sich Arafat und Abu Ijad nach dem verlorenen Krieg des Jahres 1967 dazu durchgerungen, auf 70 Prozent des palästinensischen Territoriums zu verzichten, um auf 30 Prozent einen Palästinenserstaat errichten zu können. Das Abkommen *Oslo II* aber spricht der Autonomiebehörde nur einen Teil des einstigen Gebietes zu.

Der schlimmste Fehler der territorialen Regelung ist, daß die Städte der Zone A keine Verbindung miteinander haben – und daß diese Verbindung auch nicht durch die Landflächen der Zone B hergestellt wird. Das Abkommen *Oslo II* verhindert durch Aufsplitterung des Autonomiegebiets die Verwirklichung der Idee vom Staat der Palästinenser. Die Aufsplitterung macht sogar den Aufbau der Verwaltung eines Ministaats unmöglich.

Der Gewinner der Entwicklung ist Israel. Hat es bisher über das palästinensische Gebiet geherrscht mit dem Makel eine Besatzungsmacht zu sein, so übt es, bei Beachtung des Abkommens *Oslo II*, die Herrschaft auf vertraglicher Basis und mit Zustimmung der Palästinensischen Befreiungsbewegung aus. Jassir Arafat hat mit seiner Unterschrift zugestanden, daß die Israel Defence Forces die Möglichkeit haben, die Einzelsplitter der Zonen leicht abzuriegeln. Die israelische Regierung hat das palästinensische Land, wie zuvor, im Griff.

Jihad al-Islamija: »Zimmert den Sarg für Rabin«

Niemand war zufrieden mit dem Resultat der Verhandlungen. Hanan Ashrawi sagte: »Das Land von Palästina ist in eine Art Schweizerkäse verwandelt worden. Die Löcher darin sind die Palästinensergebiete! Wir haben so gut wie nichts erhalten. Das Abkommen ist eine Schande!«
In Israel hingegen drückt auch niemand seine Zufriedenheit über *Oslo II* aus. Kaum jemand will begreifen, daß Israel der Sieger ist im Kampf um Verhandlungsergebnisse. Rabin und Peres werden beschimpft, sie würden durch die Rückgabe des Landes an die Palästinenser ehrwürdiges jüdisches Recht ver-

letzen. Auf Plakaten an Jerusalemer Hauswänden sind Karikaturen zu sehen, die Rabin und Peres als Nachfolger der nationalsozialistischen Verbrecher zeigen. Der Gipfel der Aggressivität ist die Karikatur, die Rabin in SS-Uniform darstellt. In Israel wird ein Klima der Gewalttätigkeit gegen die für *Oslo II* Verantwortlichen erzeugt.

Ministerpräsident Rabin will zeigen, daß er entschlossen ist zum Kampf gegen die Feinde Israels. Auf seine Anordnung erschießen zwei Mossad-Agenten am 29. Oktober 1995 in Malta den Jihad-Aktivisten Dr. Fathi Abdul Aziz Shikaki vor seinem Hotel. Er war kurz zuvor aus Libyen gekommen – er hatte den libyschen Revolutionsführer Moammar al-Kathafi besucht. Malta ist seine Zwischenstation vor dem Weiterflug nach Damaskus. Für Rabin gehört Dr. Fathi Abdul Aziz Shikaki zu den führenden Köpfen der islamischen Kampforganisation Jihad al-Islamija.
Auf den Mord angesprochen, sagt Rabin: »Was soll die Aufregung? Es gibt jetzt eben einen weniger von denen!«
Acht Tage später sagen Rabins Feinde dieselben Worte: »Es gibt jetzt eben einen weniger von denen!« – und sie meinen, daß es einen weniger aus der Führungsschicht des jüdischen Staates gibt. Yitzhak Rabin ist tot. Der junge Israeli Jigal Amir hat ihn in Tel Aviv erschossen, am Ende einer Friedensveranstaltung. Zur Begründung seiner Tat sagte Jigal Amir: »Ich habe im Auftrag des Himmels gehandelt!« Jigal Amir berief sich auf ein uraltes jüdisches Gesetz, das bindend vorschreibt, ein Jude sei zu töten, der Schuld ist am Tod von Juden. Yitzhak Rabin habe durch seine weiche Politik gegenüber den Palästinensern diesem Volk die Möglichkeit gegeben, Juden umzubringen. Er habe deshalb, gemäß dem Willen Gottes, getötet werden müssen.
Die Geistlichen der Islamischen Universität von Gaza sind ebenfalls der Meinung, der junge Israeli habe im Auftrag des Himmels gehandelt; es sei schließlich gleichgültig, wer den göttlichen Beschluß, Rabin müsse sterben, ausgeführt habe. Es sei der Wille Allahs gewesen, den Tod des Dr. Fathi Abdul Aziz Shikaki zu rächen. Der Wille Allahs sei erfüllt worden.
Rabins Tod steigerte die Popularität der Geistlichkeit der Islamischen Universität in Gaza, hatte sie doch nach dem Tod des

Jihad-Aktivisten Shikaki verkündet, der israelische Ministerpräsident, der den Befehl zum Mordanschlag auf Malta unterschrieben hatte, werde sterben. In der Moschee der Universität waren die Israelis aufgefordert worden: »Zimmert den Sarg für Rabin!« Arafat aber pries den Toten als einen Tapferen, der es gewagt hatte, den Palästinensern die Hand zu geben. Das Schlagwort entstand vom »Frieden der Tapferen« – gemeint waren Rabin, Peres und Arafat selbst. Der Vorsitzende glaubte, Rabins Tod werde den Friedensprozeß vorantreiben, denn jetzt würden auch die Israelis insgesamt begreifen, daß rasch gehandelt werden müsse.
Die Ermordung Rabins am 4. November 1995 brachte den Nachdenklichen in der Welt die Erkenntnis, daß nicht nur junge Palästinenser Terroristen sein können, sondern auch junge Israelis. In Israel herrschte Bestürzung über die Tat. Die Trauerfeier auf dem Herzlberg schien ein eindrucksvoller Beweis dafür zu sein, daß die Mehrheit der Bevölkerung des jüdischen Staates die Fortsetzung des Friedensweges wollte, den Rabin eingeschlagen hatte. Ministerpräsident wurde nun Shimon Peres.

Im Alter von 13 Jahren war er ins Heilige Land gekommen – im Jahre 1936. Bis dahin hatte er in Polen gelebt, und er hatte Shimon Persky geheißen. Der Vater war Händler gewesen. Den Entschluß nach Palästina auszuwandern hatte der Vater in weiser Voraussicht der Entwicklung der Beziehung zwischen Polen und Deutschland gefaßt. Der junge Peres arbeitete zunächst in der Landwirtschaft: Er besuchte eine Fachschule und trat dann einem Kibbutz bei. Mit 18 Jahren begann ihn die Politik zu interessieren. Er wurde im Jahr 1941 Sekretär einer zionistisch-sozialistischen Jugendgruppe. Als in Europa der Zweite Weltkrieg zu Ende ging, organisierte sich die jüdische Jugend Palästinas für den Kampf zur Einlösung des Versprechens der Balfour-Declaration aus dem Jahr 1917. Damals hatte die britische Regierung zugesagt, sie werde die Gründung einer »Heimstätte« für das jüdische Volk ins Auge fassen. Shimon Peres trat der Kampforganisation Haganah bei.
Doch im Gegensatz zu Yitzhak Rabin wurde Peres kein Spezialist auf militärischem Sektor. Zur gleichen Zeit, als Peres der

Haganah angehörte, war Rabin Mitglied der weit aggressiveren Organisation Palmah. Als Peres Personalchef von Haganah war, kommandierte Rabin bereits eine Brigade. Rabin wurde Generalstäbler im jüdischen Staat – Peres wurde Generaldirektor im Verteidigungsministerium; er hatte sich mit der Beschaffung von Waffen zu befassen. Seine Aufgabe war es, das über den Nahen Osten verhängte Waffenembargo zu umgehen. Zur Zeit der Präsidenten Kennedy und Johnson war er darin besonders erfolgreich. Nach der Gründung der Arbeitspartei im Jahre 1968 wurde Peres einer ihrer wichtigen Organisatoren. Er unterstützte den Militärspezialisten Rabin beim Übertritt in die Politik. Sie wurden Verbündete und Konkurrenten zugleich. Als Rabin im März 1977 für einige Zeit aus dem politischen Rennen wegen der illegalen Bankbeziehungen seiner Frau ausscheiden mußte, wurde Peres mächtigster Mann der Arbeitspartei – doch er verlor noch im selben Jahr die Parlamentswahlen. Der Likudblock übernahm die Regierung. Es war die Zeit des Menachem Begin. Sie dauerte bis zum Ende des israelischen Libanonabenteuers im Jahre 1984. Von da an bestimmten Rabin und Peres wieder die israelische Politik.

Am 4. November 1995 mußte Peres allein die Verantwortung in Israel übernehmen. Er setzte die Politik der vorsichtigen Schritte in Richtung Frieden fort – wobei immer deutlicher wurde, daß dieser Frieden nicht enge Zusammenarbeit zwischen dem Autonomen Gebiet der Palästinenser und Israel bedeuten sollte, sondern strikte Trennung der beiden Völker. Peres gab zu erkennen, daß er die palästinensischen Arbeitskräfte aus dem Gazastreifen nun endgültig nicht länger in Israel beschäftigt sehen wollte. Die Konsequenzen waren schwerwiegend: Das Pro-Kopf-Einkommen der Bewohner des Gazastreifens, das ohnehin niedrig war, sank im Jahre 1994 um nahezu zehn Prozent. Unter diesen schwierigen Umständen setzte Arafat die Festigung des Einflusses der PLO auf Gaza und auf das palästinensische Gebiet westlich des Jordan fort. Die nächste entscheidende Stufe der Entwicklung waren die Wahlen, die für den 20. Januar 1996 vorgesehen waren.

Palästina wählt demokratisch

Arafat hatte vorausgesehen, daß mit der Schaffung der Autonomiebehörde die Frage nach der Legitimität der Palästinensischen Befreiungsbewegung an der Spitze dieser Behörde in den Vordergrund rückt. Das Problem war, daß die PLO ganz selbstverständlich die Führung der Autonomieverwaltung übernommen hatte – mit Zustimmung der israelischen Regierung. Auf Dauer konnte diese Grundlage, die allein auf dem Prestige des Vorsitzenden ruhte, für den Bestand der Behörde nicht ausreichen. Deshalb sah das Oslo-Abkommen vor, daß durch freie und demokratische Wahlen eine legitime und legale Basis für den Aufbau des palästinensischen Gemeinwesens geschaffen werde. Die gewählten Persönlichkeiten sollten den »Gesetzgebenden Rat« bilden als oberste Autorität der Autonomieverwaltung.

Voraussetzung für die Festlegung des Wahltermins war der Abschluß der »Umgruppierung« der israelischen Streitkräfte im bisher besetzten Gebiet. Diese Umgruppierung in der Zone A hatte am 13. November 1995 mit dem Abzug der israelischen Truppen aus der Stadt Jenin begonnen, war mit der Räumung von Ramallah, Tulkarm, Nablus fortgesetzt worden und wurde am 21. Dezember mit der Freigabe von Bethlehem vorläufig abgeschlossen. Zu diesem Zeitpunkt folgt Arafat der durch das Oslo-Abkommen festgelegten Regelung, das Kabinett der Autonomieverwaltung aufzulösen. Der Sinn der Vorschrift ist, mit den Wahlen einen Neubeginn bei Null zu ermöglichen. Das Abkommen sah vor, daß vier Fünftel der Mitglieder des künftigen Kabinetts aus gewählten Abgeordneten des Gesetzgebenden Rates zu bestehen haben.

Diese Vereinbarung war für den geschickten Taktiker Arafat Anlaß, die Auswahl der Kandidaten nicht dem Zufall zu überlassen. Er wollte, daß die Kandidatenliste möglichst viele Persönlichkeiten an aussichtsreicher Stelle enthielt, die sein Vertrauen besaßen. Eine Kandidatenaufstellung, die zu viele Namen von Palästinensern aus den besetzten Gebieten enthielt, lehnte der Vorsitzende ab. Er wollte im künftigen »Gesetzgebenden Rat« zahlreiche Persönlichkeiten sehen, die sich mit ihm in Tunis aufgehalten hatten, zum Beispiel Nabil Shaath und Intissar Wazir, die Frau des einstigen Militärspezialisten

Abu Jihad. Die Kandidatenliste bestand schließlich aus 644 Männern und aus 28 Frauen. Die Prominenteste unter den Frauen war Hanan Ashrawi aus Ramallah.
Gleichzeitig mit dem »Gesetzgebenden Rat« sollte der Chef der Autonomiebehörde gewählt werden. Dieses Amt hatte Arafat für sich selbst vorgesehen. Er hatte bei den Verhandlungen zum Abkommen Oslo II allerdings hinnehmen müssen, daß für den Chef der Titel »Präsident« noch immer nicht vorgesehen war. Gegen diesen Titel hatte die israelische Delegation Einspruch erhoben, da er auf politischer Ebene nur dem Oberhaupt eines Staates zustehe – das Autonome Gebiet aber sei nun einmal kein Staat. Arafat wollte jedoch nicht länger als »Vorsitzender« angesprochen werden. Die Lösung bestand dann darin, den Leiter der Autonomiebehörde *Rais* zu nennen – das arabische Wort bedeutet Chef, Anführer, Boß.
Zur Wahrung des demokratischen Ansehens der Wahlen wurde auch eine Gegenkandidatin für Arafat gefunden. Eine Dame von 73 Jahren bewarb sich um den Posten des *Rais*. Ihr Name: Samiha Khalil. Sie war die Vorsitzende der Palästinensischen Frauenorganisation. Ihr Wahlkampf wurde jedoch kaum zur Kenntnis genommen.
Die islamischen Organisationen Hamas und Jihad al-Islamija hatten sich zu Beginn des Wahlkampfes darauf geeinigt, sich am demokratischen Prozeß nicht zu beteiligen. Da ihre Führungen die Oslo-Abkommen ablehnten, war es nur logisch, daß sie auch gegen die Wahlen waren.
Hamas hatte einen guten Grund, den Prozeduren des Friedensprozesses den Rücken zu kehren: Zwei Wochen vor dem Wahltermin detonierte in Gaza das Mobiltelefon 050 507 487 am Ohr des Jahya Ayyash (Deckname: »der Ingenieur«). Es war den israelischen Sicherheitsdiensten gelungen, den Erfinder der Sprengladungen, die Selbstmordattentäter am Leibe trugen, zu töten. Zur Bestattung des Jahya Ayyash strömte eine halbe Million Menschen zusammen. Sie schrien: »Peres, laß dir deinen Sarg zimmern!« In den Reden aus Anlaß der Bestattungsfeier bekräftigte die Hamas-Führung ihren Entschluß, die Wahl am 20. Januar 1996 zu boykottieren: Wer zur Wahlurne gehe, der verrate den Märtyrer Jahya Ayyash und der helfe Arafat, Palästina an Israel zu verkaufen.
Doch während der zwei Wochen bis zum Wahltermin gelang

es der PLO den Palästinensern deutlich zu machen, daß die Chance, frei und demokratisch wählen zu dürfen, einen gewaltigen Fortschritt für das palästinensische Volk bedeute auf dem Weg zur Freiheit. Noch am Tag vor der Wahl demonstrierten in Gaza und im Gebiet am Westufer des Jordan Anhänger der Hamas-Organisation gegen die Wahl. Ihre Parole war, diese Wahl diene nur Israel. Vor dem Wahlzentrum im Rathaus der Stadt Al-Bire bei Ramallah zogen Kinder und Jugendliche auf, um mögliche Wähler vom Betreten des Wahllokals abzuhalten. Doch die Angst vor Arafats Polizei schüchterte die Demonstranten ein: Ihre Warnung vor der Wahlbeteiligung blieb kraftlos.
Trotzdem war im Kreis des Vorsitzenden die Überraschung groß, als nach Schließung der Wahllokale die wahre Höhe der Wahlbeteiligung durch das Gremium der internationalen Wahlbeobachter bekanntgegeben wurde: Im Gazastreifen – gerade dort, wo Hamas und Jihad al-Islamija besonders aktiv waren – hatten sich nur 14 Prozent vom Gang zum Wahllokal abhalten lassen. Dieses Ergebnis wurde von Arafat als Sieg über Hamas und Jihad al-Islamija gefeiert.
Im Gebiet westlich des Jordan war die Wahlbeteiligung geringer: Sie betrug dort nur 68 Prozent. Arafat hat für dieses Ergebnis eine schlichte Erklärung: »Wahlberechtigt waren auch die Einwohner des arabischen Teils von Jerusalem – sie bildeten sogar die Mehrheit der gesamten Wählerschaft. Das Zugeständnis, die Palästinenser von Jerusalem wählen zu lassen, hat die israelische Regierung nachträglich bereut. Sie gab den Israel Defence Forces den Befehl, die Wahlberechtigten abzuschrecken. Schwerbewaffnete Soldaten umringten die Wahllokale. Da unsere Leute Angst vor den Truppen der IDF haben und ihnen aus dem Weg gehen, blieben sie dem Wahllokal fern.«
In der Tat hatten die internationalen Wahlbeobachter – zu ihnen hatte der amerikanische Expräsident Jimmy Carter gehört – festgestellt, daß sich viele Palästinenser durch die starke israelische Militärpräsenz rings um die Wahllokale eingeschüchtert fühlten. Sie waren deshalb übereingekommen, der Wählerschaft des arabischen Teils von Jerusalem bis in die Nacht des Wahltages hinein in der palästinensischen Kleinstadt Abu Dis im Osten der Heiligen Stadt die Chance zur ungestörten Stimmabgabe zu ermöglichen. Vor dem improvisierten

Wahllokal in Abu Dis war dann tatsächlich der Wählerzustrom beachtlich. Dennoch blieb die Wahlbeteiligung der Einwohner von Ostjerusalem unter 40 Prozent.

Die von der Europäischen Gemeinschaft entsandten Wahlbeobachter beaufsichtigten die Auszählung der Stimmen und die Akkumulation der Einzelergebnisse im Computer. Sie unterbrachen die Arbeit im Wahlzentrum von Al-Bire bei Ramallah um 2.25 Uhr in der Nacht weil die Rechner falsche Ergebnisse lieferten: Die Summierung der Einzelergebnisse prophezeite zu diesem Zeitpunkt für Jassir Arafat einen Wahlsieg von 180 Prozent.

Als der Computerfehler am Morgen korrigiert war, wurde die Auszählung – wieder unter Aufsicht – erneut begonnen. Am Abend des 21. Januar 1996 stand fest, daß Jassir Arafat mit 87,1 Prozent Sieger der Wahl zum *Rais* der Palästinensischen Autonomieverwaltung war. Die aussichtslose Kandidatin Samiha Khalil beglückwünschte Arafat zum Erfolg

Auch die Wahl zum »Gesetzgebenden Rat« verlief nach Wunsch des *Rais*. Es war ihm bei der Vorauswahl der Kandidaten gelungen, viele Mitglieder und Anhänger der Organisation Al-Fatah auf die Listen zu setzen. Al-Fatah hatte die Wandlung von einer Kampforganisation zur politischen Gruppierung vollzogen. Al-Fatah bildete nun seit 30 Jahren Arafats Hausmacht – und sie war auch jetzt ein ideales Instrument zur Steuerung des künftigen »Gesetzgebenden Rates«. 88 Sitze waren zu vergeben – auf Al-Fatah entfielen 50 dieser Sitze. Ein Sitz ging an die winzige Fida-Partei, die im Prinzip Arafat in der Frage *Oslo Channel* unterstützte. 37 Sitze gehörten fortan unabhängigen Abgeordneten, von denen kein wesentlicher Widerstand gegen die Politik des *Rais* zu erwarten war.

Die Unabhängigen im »Gesetzgebenden Rat« gehörten meist zur Gruppe der Geschäftsleute und Unternehmer im Westufergebiet des Jordan. Sieger waren diejenigen, die das ökonomische Leben in Ramallah, Jericho und Nablus in der Hand hatten. Sie waren eng verbunden mit der israelischen Wirtschaft und wußten genau, wie sie mit israelischen Geschäftsleuten in guter Beziehung bleiben konnten. Sie waren nicht am Konflikt mit dem jüdischen Staat interessiert – er würde ihre Geschäftsbeziehungen stören.

Bemerkenswert ist, daß das palästinensische Parlament nicht aus Mitgliedern von Parteien besteht, wie sie dem Europäer vertraut sind. Da sind keine Sozialisten unter ihnen und keine Liberalen. Da existiert keine Gruppierung, die durch ein fixiertes Programm zusammengehalten wird. Bindend für alle ist allein die positive Einstellung zu Jassir Arafat: Er kontrolliert den »Gesetzgebenden Rat« – nicht umgekehrt. Die Kontrolle besteht darin, daß der *Rais* die Finanzen der Autonomieverwaltung weiterhin sich selbst unterstellt. Er genehmigt die Ausgaben – dem Parlament steht dafür keine Befugnis zu. Arafat allein bildet die Autonomieverwaltung, und niemand sonst.

Trotz diesem Defizit an demokratischem Selbstverständnis des Parlaments der Autonomiegebiete haben die Wahlen bedeutsame Auswirkungen. Die Beteiligung der Palästinenser aus Ostjerusalem an der Abstimmung hatte zur Folge, daß Arafat mit gutem Recht sagen konnte, der arabische Teil der Heiligen Stadt sei auf keinen Fall Bestandteil des Staates Israel. Er meinte, es wäre doch unlogisch, die Bewohner als Palästinenser wählen zu lassen, wenn sie ihren Wohnsitz in einem Stadtviertel der Hauptstadt des Staates Israel besäßen und diesem Staat angehörten.

Der Likudpolitiker Jehud Olmert, der Teddy Kollek als Bürgermeister von Jerusalem ablöste, erkannte als erster, daß die Regierung Rabin-Peres mit der Öffnung von Ostjerusalem für die Wahl zum palästinensischen Parlament der PLO ein gewaltiges Zugeständnis gemacht hatte. Er sprach seine Bedenken deutlich aus: »Damit ist der Palästinensischen Autonomiebehörde das Recht zugesprochen, die Übernahme des Ostteils der Stadt vorzubereiten.« Und sarkastisch fügte er hinzu: »Der Unterhändler Yair Hirschfeld ist sicher schon dabei, irgendwo in Europa im Oslo-Stil eine Vereinbarung über Ostjerusalem zu treffen. Yossi Beilin hat ihn bestimmt damit beauftragt!«

Der Likudpolitiker polemisierte gegen den toten Rabin und gegen den lebenden Peres. Der Tote konnte sich nicht mehr wehren – Peres aber bekommt die Entschlossenheit seiner politischen Gegner zu spüren, die nur das eine Ziel haben, Peres zu stürzen, um den »verhängnisvollen Osloer Weg« verlassen zu können.

Wie Jehud Olmert dachten im Frühjahr 1996 viele israelische Bürger. Die Stimmung gegen die Verhandlungsergebnisse des *Oslo Channels* nahm zu. Immer weniger Israelis wollten den Frieden zu dem Preis, der ihnen durch das Oslo-Abkommen diktiert wurde.

Arafat verliert den letzten Partner für den »Frieden der Tapferen«

Shimon Peres war sich jedoch seiner Sache sicher. Die Meinungsumfragen zu Jahresbeginn 1996 waren zu seinen Gunsten. Der gegnerische Block wurde von Benyamin Netanyahu geführt, einem Politiker, dem die Meinungsforschungsinstitute keine Chance gaben. Peres wollte die Gunst der Stunde nützen: Bald nach Arafats Wahlerfolg setzte der Ministerpräsident vorgezogene Neuwahlen durch. Sie sollten am 29. Mai 1996 stattfinden. Dabei wurde eine Neuerung ins israelische Wahlsystem eingeführt: Auch der Regierungschef sollte vom Volk bestimmt werden und nicht mehr vom Parlament.

Die erste Erschütterung seiner Position erlitt Peres am 25. Februar – es war der zweite Jahrestag des Massakers in der Ibrahim-Moschee von Hebron, das Dr. Baruch Goldstein ausgeführt hatte. Am frühen Morgen jenes Sonntags brachte der junge Palästinenser Majid Abu Wardah in einem Bus auf der Jaffa-Road in Jerusalem Sprengstoff, den er am Leib trug, zur Explosion. Wenige Minuten später sterben am Stadtrand von Ashkalon israelische Soldaten durch einen Anschlag des Palästinensers Ibrahim Hussein Sarahneh. Er hatte sich, als israelischer Soldat verkleidet, unter die Gruppe gemischt, die auf einen Bus wartete. Die Detonation des Sprengstoffs, den er bei sich getragen hatte, tötete zwei Soldaten. Insgesamt starben durch diese zwei Anschläge 25 Menschen.

Ministerpräsident Peres ordnete die sofortige Abriegelung des Gazastreifens und des Gebiets am Jordanwestufer an. Kein Palästinenser durfte die Grenzen der besetzten Gebiete passieren. Selbst die Mittelmeerküste wurde durch Schnellboote überwacht. Um die Abriegelung vollkommen zu machen, wurde jeglicher Verkehr, auch für Fußgänger, zwischen den autonomen Städten unterbunden. Nun wurde Arafat vom Peres aufgefordert, alle bekannten Persönlichkeiten der Organisation Hamas zu verhaften. Diese Aktion brachte jedoch nicht den gewünschten Erfolg: Am 4. März detonierte Sprengstoff in Tel Aviv, der 13 Menschen tötete und viele verletzte. Hamas verfügte offenbar über eine größere Zahl von jungen Männern, die bereit waren, ihr Leben einzusetzen. Festzustellen war, daß die Selbstmordattentäter einem Verhaltensmuster gefolgt waren: Sie hatten ausgesehen wie junge Israelis; die Haare waren modisch gefärbt und sie trugen Ringchen in den Ohrläppchen. Die Sprengladung bestand aus einem Gemisch von hochexplosivem Sprengstoff und Dutzenden von Nägeln unterschiedlicher Größe, die durch die Wucht der Explosion den menschlichen Körper regelrecht zerfetzen.

Die palästinensischen Sicherheitsdienste waren nach gründlicher Überprüfung der Städte und Dörfer des autonomen Gebiets der Ansicht, das Ausbildungszentrum der Selbstmordattentäter befinde sich nicht in Gaza und nicht in den autonomen Städten – es müsse im israelisch besetzten Gebiet liegen. Arafat selbst hatte den Verdacht, die Hamas-Führung und die Opposition gegen Peres arbeiteten zusammen mit dem Ziel, die Arbeitspartei bei der Wählerschaft in Mißkredit zu bringen und zu stürzen. Auf diese Weise, so argumentierte Arafat, würden Hamas und der Likudblock gemeinsam den ihnen verhaßten Friedensprozeß scheitern lassen wollen.

An Arafats Theorie von der Kooperation zwischen Hamas und Likud glaubte kaum jemand in Israel und im autonomen Gebiet; als sicher aber wurde angenommen, daß Arafat und Peres durch gemeinsame Interessen verbunden waren: Beide wollten, daß die Arbeitspartei weiterhin die Politik in Israel bestimmte. Arafat war sich der Folgen eines Machtwechsels bewußt: Von Benyamin Netanyahu, dem starken Mann der Opposition, konnte er keine Fortsetzung des Friedensprozesses in Richtung palästinensischem Ministaat erwarten.

Auch der amerikanische Präsident war daran interessiert, Peres an der Macht zu halten. Ein spektakuläres Ereignis sollte dessen Wahlchancen vergrößern. Außenminister Warren Christopher hatte die Idee, eine »Gipfelkonferenz der Friedensmacher« einzuberufen. Um den gewünschten Effekt zu vergrößern, sollte sie im Nahen Osten stattfinden. Der ägyptische

Präsident Husni Mubarak bot Sharm al-Sheikh an der Südspitze der Sinaihalbinsel als Tagungsort an. Die Gipfelkonferenz fand Mitte März 1996 statt. 29 Regierungen nahmen daran teil – darunter auch die palästinensische Autonomiebehörde. Bemerkenswert war, daß weder Syrien noch der Libanon eine Delegation nach Sharm al-Sheikh entsandten.
Alle Teilnehmer der Gipfelkonferenz waren sich darin einig, daß der Terrorismus bekämpft werden müsse. Mit dieser Erklärung war allerdings wenig erreicht. Einig waren sich die Teilnehmer auch im Willen, den Friedensprozeß fortzusetzen. Aber der Effekt der Konferenz war gleich Null.
Gewaltig war der Aufwand gewesen für die Organisation der Gipfelkonferenz, doch die Erinnerung an die Beschlüsse verflog rasch. Der Konflikt im Südlibanon zog die Aufmerksamkeit auf sich. Dort hatte sich schon seit mehr als einem Jahrzehnt die Kampforganisation *Hisb'Allah* – die »Partei Allahs« eingenistet mit dem Zweck, die israelischen Truppen im Gebiet des Litanflusses zu bekämpfen. Eine Absprache, die Mitte des Jahres 1993 durch amerikanische Vermittlung getroffen worden war, verpflichtete *Hisb'Allah* dazu, keine Raketen auf nichtmilitärische Ziele in Nordisrael abzufeuern. An diese Absprache hielt sich die islamische Kampforganisation bis März 1996.
Die neuerliche Beschießung israelischer Siedlungen durch *Hisb'Allah* veranlaßte Peres Mitte April zu einem massiven Militärschlag gegen den Südlibanon und das Bekaa-Tal. Diese Aktion sollte vor allem eine innenpolitische Wirkung erzielen: Die Wählerschaft in Israel war zu überzeugen, daß Peres der richtige Politiker sei, um die Sicherheit des jüdischen Staates und seiner Bewohner zu garantieren.
Peres hatte unter einem Defizit seiner Karriere zu leiden: Er hatte nie Ruhm und Ehre beim Militär erringen können. Nahezu jeder, der in Israel Einfluß besaß, hatte sich während der vergangenen Feldzüge ausgezeichnet. Das beste Beispiel war Yitzhak Rabin gewesen – und auch sein Konkurrent Benyamin Netanyahu hatte sich bei einer Eliteeinheit hervorgetan.
Benyamin Netanyahu gehört zum Jahrgang 1950. Er ist in Jerusalem geboren. Die Familie Netanyahu zog in die Vereinigten Staaten als Benyamin 14 Jahre alt war; der Vater hatte eine gute Position als Lehrer gefunden. Um Militärdienst zu leisten,

kehrte der junge Mann nach Israel zurück. Er stieg rasch in den Offiziersrang auf bei einer Kommandotruppe für Sondereinsätze. Hochangesehen als Kommandeur setzte er in Cambridge, Massachusetts, seine Ausbildung zum Betriebswirtschaftler fort. In dieser Zeit wurden Politiker des Likudblocks auf den jungen Mann, der ihre Ansichten vertrat, aufmerksam. Menachem Begin ernannte ihn zum Vertreter Israels bei den Vereinten Nationen. Netanyahu nutzte diese Zeit, um wohlhabende jüdische US-Bürger zu veranlassen, für Israel ansehnliche Beträge zu spenden. Der Likudblock aktivierte Netanyahu im Jahre 1988 als Knessethabgeordneten. Im März 1993 gewann er eine innerparteiliche Abstimmung gegen den erfahrenen Politiker David Levy. Netanyahu hatte die Unterstützung von Ariel Sharon gewonnen, der durch das Bündnis mit dem Jüngeren die Chance sah zur Rückkehr an die Macht. Seit seiner Ablösung nach dem Libanonabenteuer des Jahres 1982 war der ehrgeizige Sharon ohne einflußreiche Funktion gewesen.
Daß die Kombination Netanyahu-Sharon für ihn gefährlich werden konnte, begriff Peres rasch. Er mußte die beiden in der Funktion des Wahrers der Sicherheit für die Menschen von Israel übertreffen – unter dieser Voraussetzung begann Mitte April 1996 die Militäraktion gegen den Südlibanon. Sie trug die Bezeichnung »Früchte des Zorns«, nach einem Roman von John Steinbeck, dessen Held der Meinung ist, Gerechtigkeit werde sich durchsetzen.
Die Folgen der Aktion für den Libanon sind verheerend: 500 000 Menschen fliehen vor dem israelischen Artilleriebeschuß, vor Raketenangriffen und Luftattacken nach Norden.
Die Flucht der Libanesen wurde vom amerikanischen Außenminister Warren Christopher mit Gelassenheit registriert, doch was am 18. April geschah, darauf reagierte er mit Empörung: israelische Granaten trafen die UN-Stellung Qana im Südlibanon. Dort hatten 869 libanesiche Flüchtlinge Zuflucht gesucht. Die israelischen Geschosse, die den UN-Stützpunkt trafen, waren so konstruiert, daß sie über dem Boden detonierten, wobei ihr Stahlmantel in Tausende von kleinen Splittern zerplatzte, die Menschen töteten und verletzten. 102 Lagerbewohner starben und 218 wurden verletzt. Opfer des Angriffs waren Menschen, die nicht zur Kampforganisation Hisb'Allah gehörten.

Präsident Clinton und sein Außenminister reagierten rasch: Sie verlangten von Peres die Einstellung der Aktion gegen den Libanon. Es nützte dem Ministerpräsidenten nichts, daß er einwandte, vom Befehl zur Beschießung der UN-Stellung Qana nichts gewußt zu haben, er mußte die Verantwortung tragen. In der Tat hatte die Militärführung eigenmächtig und absichtlich gehandelt. Sie hat mit dem Beschuß der Position Qana zum Sturz des Politikers Peres beigetragen.
Warren Christopher flog in den Nahen Osten, um dem Krieg im Südlibanon ein Ende zu bereiten. Der syrische Staatspräsident Hafez al-Assad vermied zwar die direkte Begegnung mit Clintons Außenminister, doch er wirkte auf Hisb'Allah mäßigend ein. Am 27. April vereinbarte Christopher Waffenstillstand zwischen Israel und der islamischen Kampforganisation – damit hat Hisb'Allah die Anerkennung durch Israel und durch die Vereinigten Staaten erreicht. Für Peres war dies eine bittere politische Niederlage. Peres hatte sich mit diesem Krieg, den IDF mit dem Einsatz von 25 000 Granaten geführt hatte – verbunden mit 600 Luftwaffeneinsätzen – blamiert. Er hatte versprochen, erst dann den Kampf einzustellen, wenn Hisb'Allah geschlagen und zerschlagen sei. Nun mußte er sich vom libanesischen Ministerpräsidenten sagen lassen, Hisb'Allah sei noch immer eine intakte Organisation und habe dazuhin einen beachtlichen Prestigeerfolg erzielt. Benyamin Netanyahu nützte die Blamage aus. Er verkündete, Peres vernachlässige die Sicherheitsbedürfnisse des Staates Israel.
Um dem Ministerpräsidenten zu nützen, unternahm Arafat, was er nur konnte. So lud er den Palästinensischen Nationalrat nach Gaza ein zur Aufhebung der Charta, die einst Ahmed Shukeiri verfaßt hatte, und die den Kampf der Palästinenser bis zum Sieg über Israel vorschrieb. Der Palästinensische Nationalrat, das Parlament des gesamten palästinensischen Volkes, hatte die Charta einst beschlossen – nur dieses Gremium konnte sie wieder aufheben. Dies geschah mit großer Mehrheit am 24. April 1996.

In der Nacht vom 29. zum 30. Mai 1996 zeigt es sich, daß Benyamin Netanyahu der Sieger der Wahl ist: 1 501 023 Wähler stimmten für ihn – 1 471 566 für Peres. Dem bisherigen Ministerpräsidenten fehlten 30 000 Stimmen.

Analysen ergaben, daß rund 80000 arabische Israelis, wütend über den Tod der Flüchtlinge von Qana, ihre Stimme nicht für Peres abgegeben hatten. Von ihrem Protest hat Netanyahu profitiert, denn sein Vorsprung betrug 29 457 Stimmen.
Am 2. Juni hielt der neue israelische Ministerpräsident eine Dankesrede an seine Wähler. Er betonte, daß er Frieden wolle. Daß sein Name nicht erwähnt wurde, hielt Jassir Arafat für ein schlechtes Zeichen. Die Mitglieder des Kabinetts, das Netanyahu am 18. Juni 1996 vorstellte, waren sich in einem einig: einen Palästinenserstaat durfte es nicht geben.
Einen Monat später erhielt Ariel Sharon das wichtige Ministerium für Nationale Infrastruktur zugewiesen. Er sieht sich damit in der Position, den Siedlungsbau im besetzten Gebiet ausweiten zu können. Ariel Sharon vertritt jetzt offen den Standpunkt, der Platz der Palästinenser befinde sich ostwärts des Jordan: Dort bestehe doch bereits der Palästinenserstaat –»Wir brauchen auf keinen Fall einen zweiten!«. Ariel Sharon betont, Israel benötige das Gebiet am Westufer des Jordan nicht allein aus Sicherheitsgründen, sondern auch aus wirtschaftlichen Zwängen.

Autonomie und Ökonomie

Daß Ariel Sharon recht hat mit seiner Feststellung, Israel brauche die Wirtschaftseinheit mit den besetzten Gebieten, hatte sich zur Zeit der Intifada gezeigt: Der Aufstand der steinewerfenden Jugendlichen war begleitet worden von einem Steuerstreik der Kaufleute, Handwerker, Unternehmer; beabsichtigt war die Lostrennung der palästinensischen von der israelischen Wirtschaft. Die Auswirkungen waren für Israel schmerzhaft: Die Steuereinnahmen sanken um ein Drittel. Die Regierung Rabin sah sich gezwungen, mit Polizeigewalt die Steuern einzutreiben.
Wichtig waren die besetzten Gebiete auch über lange Zeit für die Regulierung des Arbeitsmarkts in Israel. Palästinenser wurden gebraucht im Bereich der Landwirtschaft und des Baugewerbes. Zwar besaß die israelische Wirtschaft ein »Arbeitskräftereservoir« von 100000 unbeschäftigten Männern, doch es

gab Arbeiten, die sie nicht verrichten wollten – die übernahmen lange Zeit 70 000 Palästinenser. Für die israelische Wirtschaft war es nicht leicht, die häufig langen Wochen der Abriegelung der besetzten Gebiete zu überbrücken. Die Aufhebung der Aussperrung geschah meist nach Protesten der Unternehmer, die auf palästinensische Arbeitskräfte angewiesen waren. Die Abhängigkeit hat sich im Verlauf der Jahre verringert – zu oft waren die Grenzen abgeriegelt gewesen. Doch für die Bewohner des Gazastreifens gibt es keine Alternative: Ihr einziger Nachbar, an den sie sich ökonomisch anlehnen können, ist Israel. Dieser Staat aber handelt nur im eigenen Interesse. Dafür hat nicht erst Ministerpräsident Netanyahu gesorgt – die Abhängigkeit der Wirtschaft der Autonomen Gebiete ist schon im Verhandlungsergebnis des *Oslo Channels* festgelegt.

Gedacht ist an eine Zollunion, die jedoch der palästinensischen Seite Restriktionen auferlegt. Die Abkommen öffnen den palästinensischen Markt für israelische Waren, beschränken jedoch die Ausfuhr der Waren des Autonomen Gebiets nach Israel. Die Regelungen ermöglichen sogar der israelischen Wirtschaft, auf dem Umweg über Palästina, das Eindringen in die arabischen Märkte. Dabei ist nicht nur an Warenverkehr gedacht, sondern auch an Firmengründungen auf der Basis von joint ventures. Für die israelische Wirtschaft stehen viele Möglichkeiten offen; den Palästinensern bieten die Verträge keine vergleichbaren Chancen.

Hatten schon Rabin und Peres in den Texten der Abkommen darauf geachtet, daß die Wirtschaft der Autonomen Gebiete den Rahmen der israelischen Volkswirtschaft nicht verließ, so war die Fortsetzung dieses Bestrebens für Netanyahu eine Selbstverständlichkeit. Im Gegensatz zu Peres, der nach dem Verlust der Macht die Theorie entwickelte, Frieden könne nur dann entstehen, wenn die Palästinenser einen Aufschwung erleben, ist Netanyahu nicht daran interessiert, den Palästinensergebieten wirtschaftlichen Fortschritt zu ermöglichen. Vom Sommer 1996 an hatte sich der einstige Ministerpräsident dafür eingesetzt, daß sich die europäische Industrie für Investitionen in den Autonomen Gebieten interessierte. Peres schwebte der Gedanke vor, im Grenzland zwischen Israel und dem Gazastreifen könne ein »Industriepark« entstehen, der Palästinensern und Israelis Arbeitsplätze biete. Für den neuen

Ministerpräsidenten war dieser Gedanke kaum bedenkenswert.

Nabil Shaath, in Arafats Autonomiekabinett mit dem Posten des Ministers für Planung und Internationale Zusammenarbeit betraut, beginnt im Sommer 1996 am guten Willen der Regierung Netanyahu zu zweifeln. Shaath macht die Erfahrung, daß die Israel Defence Forces Anlaß suchen, den Grenzübergang Erez zu schließen und die autonomen Städte am Jordanwestufer abzuriegeln. Als am 26. Juli 1996 zwei Israelis bei Jerusalem einem Attentat zum Opfer fallen, läßt Netanyahu an den Straßen zwischen den palästinensischen Städten Checkpoints errichten, die jeglichen Verkehr auf den Verbindungsstraßen unterbrechen. Die Abriegelung unterbindet den Waren- und Güterverkehr; die wirtschaftliche Entwicklung wird weit zurückgeworfen. Da die Abriegelung nicht aufgehoben wird, wendet sich Arafat an den israelischen Präsidenten Ezer Weizman; der zeigt Verständnis für die wirtschaftlichen Nöte der Palästinenser, doch er besitzt keine Macht und keine Befugnis, in den, von der Regierung bestimmten, politischen Prozeß einzugreifen.

Ahmed Qrei, genannt Abu Alaa, – seit den 70er Jahren als Finanzspezialist eng mit Arafat verbunden – war zum Sprecher des Autonomieparlaments gewählt worden. Der Wirtschaftfachmann versteht, welche ökonomische Politik Netanyahu betreibt. Er meint, Israel handle wie eine Kolonialmacht. Die in Tel Aviv und Jerusalem herrschende Schicht beute das palästinensische Volk aus, wie einst Großbritannien seine afrikanischen Kolonien ausgebeutet habe. Die Kolonialmacht Israel habe sich alle Vorteile gesichert – und sich sogar noch das Recht vorbehalten, das kolonisierte palästinensische Volk nach eigenem willkürlichen Gutdünken zu bestrafen. Das Züchtigungsmittel für Verhalten, das den Mächtigen in Israel mißfällt, sei die Abriegelung der Autonomiegebiete. Israel beherrsche auf diese Weise Wirtschaft und Politik der Palästinenser.

Ahmed Qrei begreift, daß die PLO sich während der Verhandlungen in Oslo dazu hergegeben hat, durch Zugeständnisse die Kolonisierung des eigenen Volkes zu ermöglichen. Der Wirtschaftsfachmann, der selbst an den Verhandlungen beteiligt war, hat jedoch die Hoffnung, die geschickten Kaufleute und Händler in Ramallah, Jericho, Bethlehem und Nablus würden

das ihre tun und schließlich eine ökonomische Wirklichkeit schaffen, die ihnen nützt.
Arafat ist Realist. Er sagt: »Es blieb uns doch gar nichts anderes übrig, als anzunehmen, was die Israelis uns anboten. Ich weiß sehr wohl, von wem sie gelernt haben, schwächere Völker zu beherrschen. Das weiße Regime in Südafrika hat es ihnen vorgemacht. Wir werden behandelt wie einst die Schwarzen des Bantustammes von den weißen Herren beherrscht wurden!«
Arafat ist der Meinung, Netanyahu erzeuge durch die Abriegelung mit Absicht eine hohe Arbeitslosigkeit in den Autonomiegebieten. Die Unzufriedenheit der Bewohner schaffe Unruhe, bewirke Gewalt – und schaffe damit neue Möglichkeiten zum Eingreifen. Arafat erinnert an die Tumulte im Juli 1994: »Unsere Arbeiter wollten zu ihren Arbeitsplätzen in Israel – und die Israel Defence Forces hat sie in Erez zurückgetrieben. Unseren Leuten ging es nur um einen Laib Brot für ihre Familien. Netanyahu weiß, daß die Wut der Menschen in Gaza auf mich zurückschlägt. Daß dies geschieht, ist ihm sicher recht!«
Die Autonomen Gebiete sind auf Wirtschaftshilfe von außen angewiesen – so wie Israel ohne Unterstützung durch die Vereinigten Staaten nicht existieren kann. Solange Rabin und Peres Arafats Partner im »Frieden der Tapferen« gewesen waren, hatten die Staaten der europäischen Gemeinschaft finanzielle Hilfe für die Palestinian National Authority (PNA) zugesagt. Solange der Weg des Friedens eben und breit zu sein schien, weckten die Spender den Eindruck, sie seien großzügig. Das Stocken des Friedensprozesses aber machte die Geldgeber vorsichtig. Von nahezu 600 Millionen Dollar, die für den Zeitraum von Sommer 1996 bis Sommer 1997 zugesagt worden waren, trafen bei der PNA nur 60 Millionen Dollar ein.
Am Ausbleiben der Gelder ist jedoch nicht allein die »Kolonisationspolitik« der Israelis schuld, sondern auch das Unvermögen, ein Regierungsinstitut zu schaffen, das in der Lage ist, eingehende Gelder so in die richtigen Kanäle zu leiten, daß der Weg der Gelder auch für den Geldgeber erkennbar bleibt. Auf Drängen der Weltbank war schließlich der Palestine Economic Council for Development and Reconstruction (PECDAR) gegründet worden. Die möglichen Geldgeber jedoch klagen darüber, die Leitung von PECDAR besitze weder Kompetenz noch

Autorität. Der Finanzchef der Autonomiebehörde ist und bleibt Arafat – wie zur Zeit, als er die Al-Fatah geleitet hatte. Attraktiv wurden die Autonomen Gebiete auch nicht für wohlhabende Palästinenser, die in den USA, in Europa und in den Ländern Arabiens leben. Um ihnen einen Anreiz zu geben, wurde die Palestine Development und Investment Co, Ltd. geschaffen (PADICO). Doch die Wohlhabenden, die außerhalb des nahöstlichen Konfliktgebiets leben, zeigen keine Neigung, in der alten Heimat zu investieren. Der christliche palästinensische Wirtschaftsfachmann George Abed kritisiert dafür nicht die zögernden Reichen, sondern das Versagen der Autonomieverwaltung in der Schaffung der Voraussetzungen, die Geldgeber zu Investitionen anreizen könnten: »Kaum etwas ist geschehen, um Gesetze und Regeln aufzustellen, auf die sich private Investoren verlassen können. Vergeblich suchen wir ein Entwicklungsprogramm. Damit hätte man schon im Winter 1993/94 beginnen können.«

George Abed, der nicht zum Kreis um Jassir Arafat gehört, hat Verständnis für die Abneigung des *Rais*, Kompetenzen aus der Hand zu geben: »Er hat sein Leben lang alles kontrolliert. Er kann nicht delegieren. Er hat die alte, verbrauchte PLO-Organisation, die er kennt, und der er vertraut, von Tunis nach Gaza mitgebracht. Sie können die Aufgaben eines Staatsapparats nicht erfüllen!«

Arafat müßte ein Palästinenser von übermenschlichen Kräften sein, wenn es ihm gelänge, die Probleme zu meistern. Wohlmeinende Kritiker beschwichtigt er: »Ich habe zwölf Jahre lang den Libanon vom Beiruter Stadtviertel Fakhani aus regiert – mir macht niemand etwas vor!« Doch er täuscht sich. Allein der Kampf um die Einhaltung der Abmachungen des *Oslo Channels* belastet seine Nerven. Rabin und er haben im September 1995 Verträge unterschrieben, und die Außenminister Rußlands und der USA haben sie durch Signatur bezeugt – doch seit Sommer 1996 sind die Verträge, trotz amerikanischer und russischer Garantie, nichts mehr wert. Ein einziges Mal hat Arafat Hoffnung schöpfen können, als Einigung erzielt wurde über die Zukunft der Stadt Hebron.

Hebron – die Stadt der drei Patriarchen

Am 1. Januar 1997 stand ein israelischer Soldat auf der Kreuzung mitten in der Altstadt von Hebron. Er hob sein Schnellfeuergewehr M-16 an und schoß auf palästinensische Fußgänger. Als er schließlich von einem israelischen Leutnant überwältigt und abgeführt wurde, lagen sieben Verletzte am Boden. Zum Glück für die Fußgänger war der Schütze, der 22jährige Noam Friedman, stark kurzsichtig: Er hatte seine Opfer nur unscharf vor sich gesehen.

Noam Friedman gab zu, es sei seine Absicht gewesen, viele Palästinenser zu töten. Er war darin nicht so erfolgreich, wie Dr. Baruch Goldstein, der am 25. Februar 1994 in derselben Stadt Hebron Betende in der Ibrahim-Moschee verwundet und getötet hatte. Wie Dr. Goldstein hatte auch der Soldat Friedman durch ein Massaker den Friedensprozeß vernichten wollen. Der Soldat wollte verhindern, daß Hebron, eine Stadt der Zone C, gemäß dem Oslo-Abkommen, der palästinensischen Autonomiebehörde unterstellt wird.

Seit Ende 1996 lag die Vereinbarung zum teilweisen Rückzug der Israel Defence Forces in Netanyahus Büro zur Unterschrift bereit – nach einer Verhandlungsdauer von sechs Monaten. Der Ministerpräsident zögerte mit der Unterschrift, denn er spürte, daß er in Gefahr war. Die Stimmung im Lande war wie vor jenem 4. November 1995 an dem Yitzhak Rabin ermordet wurde. Diesmal war es Netanyahu, dem Plakattexte und Zeitungsanzeigen verkündeten, daß er gehaßt wurde. Die Parolen lauteten: »Wenn du Hebron räumen läßt, wirst du im Leben keine ruhige Stunde mehr haben!«

Auch wenn sich der Ministerpräsident über diese Drohungen hinwegsetzte, blieb ihm das ganz praktische politische Problem der Rettung seiner Koalition. Die religiös orientierten Parteien wollten der Aufgabe auch nur eines Teils von Hebron nicht zustimmen.

Drei Tage nach dem Anschlag des Soldaten Noam Friedman in Hebron treffen sich Netanyahu und Arafat bei Nacht am Grenzübergang Erez zwischen Israel und dem Gazastreifen. Der israelische Ministerpräsident will die Unterschrift verzögern um Zeit zu gewinnen. Der *Rais* hat dafür durchaus Verständnis, denn eines seiner persönlichen Schlagworte heißt »Geduld ist

der Schlüssel zu Glück« – doch auch er braucht einen Erfolg. Den Wunsch des Ministerpräsidenten, die Regelung weiterer »Umgruppierungen« der IDF um zwei Jahre zu verschieben, lehnt Arafat ab. Er fragt nach dem Sinn von Verträgen. Eine Antwort erhält er nicht.
Der Mann im State Department, der die meiste Erfahrung in Verhandlungen mit Palästinensern besitzt, Dennis Ross, bringt es am 14. und 15. Januar 1997 fertig, Netanyahu zum Abschluß des Hebron-Abkommens zu bewegen. Der Text sieht vor, daß sich die »Umgruppierung« auch auf »ländliche Gebiete« im Westjordanland erstrecken soll.
Bei seiner Amtsübernahme hatte Netanyahu den amerikanischen Außenminister Warren Christopher – der geglaubt hatte, nun entwickle sich der Friedensprozeß weiter – daran erinnert, daß im State Department 1977 dieselbe pessimistische Stimmung für den Frieden geherrscht habe: Damals sei Menachem Begin der Wahlsieger gewesen, ein Politiker, der als harter Gegner der Ägypter galt, und der doch zwei Jahre später Frieden mit Ägypten schloß. Die Verantwortlichen im State Department schlossen 1996, Netanyahu wolle sich zum zweiten Menachem Begin entwickeln. Das Hebron-Abkommen ließ in Washington die Hoffnung wachsen, der Frieden im Nahen Osten sei auch mit diesem bisherigen »Hardliner« zu erreichen. Was die Besonderheit des Hebron-Abkommens ausmachte, war, daß damit ein Verantwortlicher des Likudblocks Vertragspartner des Jassir Arafat geworden war. Für diesen Vertrag waren nicht die »Verräter« Rabin und Peres verantwortlich, sondern ein Mann der Partei, die den Verzicht auf biblisches Land ablehnt – Hebron aber gehört ausdrücklich zum biblischen Land.
Rabbi Moshe Levinger, der in Hebron wohnt, erklärt den hohen Stellenwert Hebrons für das jüdische Volk: »Unsere Stadt war die Heimat von drei Patriarchen. Hier lebten Abraham, Isaak und Jakob. Diese drei Patriarchen bestimmen das jüdische Leben bis heute. Hebron liegt im Herzen des Landes, das Gott den Juden zugeteilt hat.«
Der Rabbi erinnert daran, daß im Jahr 1928 in Hebron ein Massaker stattgefunden hat, das den Juden unvergeßlich bleiben wird: »Araber fielen über die Juden her. Die jüdische Gemeinde bestand damals aus 900 Menschen, 67 davon wurden von den

arabischen Banditen getötet. Die Häuser der jüdischen Viertel wurden verwüstet. Danach hat die britische Mandatsmacht alle Juden aus Hebron evakuiert. Wir kamen wieder nach dem Krieg von 1967. Wir kehrten zurück in unsere Heimat. Wir lassen uns nie wieder vertreiben.«
Die Worte machen verständlich, warum Netanyahu Schwierigkeiten bekam, als er nach dem 15. Januar 1997 seinem Kabinett das Hebron-Abkommen zur Bestätigung vorlegte. Der Ministerpräsident konnte sich durchsetzen, elf Minister stimmten für die Aufgabe eines wesentlichen Teils von Hebron – sieben Minister waren dagegen. Benyamin Begin, der Sohn des Politikers, der Frieden geschlossen hatte mit Anwar as-Sadat, verließ das Kabinett.
Das israelische Parlament aber billigte das Abkommen mit großer Mehrheit. Die Abgeordneten der Arbeitspartei verhalfen Netanyahu zum Sieg.

Mit dem Hebron-Abkommen beginnen die Schwierigkeiten

Dennis Ross hatte den Durchbruch zum Abschluß der Vereinbarung nur durch das Zugeständnis an Netanyahu erreichen können, daß der israelische Ministerpräsident von nun an nicht mehr unter Druck gesetzt werde: Es sei ab jetzt der israelischen Regierung freigestellt zu entscheiden, wie das künftige »redeployment« der Israel Defence Forces aussehen werde. Die Fomulierung lautete, Israel könne ohne Verhandlungen mit der palästinensischen Autonomieverwaltung festlegen, welche Größe die Gebiete haben sollen, die von der IDF als »Specified Military Locations« betrachtet werden – als Gebiete, die militärisch für Israel wichtig sind. Damit war der Israel Defence Forces und der israelischen Regierung freie Hand gegeben, selbst zu entscheiden, welche Gebiete »ländlichen Charakters« an Arafat zu übergeben waren. Eigentlich hatte der *Rais* von nun an kein Recht mehr, israelische Entscheidungen für »Umgruppierungen« der IDF anzufechten.
Vor den Abgeordneten der Knesseth rühmte sich Netanyahu, ein Abkommen erreicht zu haben, das besser ist als jede Ab-

machung, die von Rabin und Peres abgeschlossen worden war. Jetzt läge der »dunkle Tunnel von Oslo« hinter Israel – überwunden sei die Zeit des Zwanges, den Absprachen des *Oslo Channels* folgen zu müssen. Umfrageergebnisse bewiesen, daß die Öffentlichkeit in Israel mehrheitlich der Meinung war, Netanyahu habe den besseren Weg in die Zukunft gefunden.
Am 17. Januar 1997 ziehen sich die israelischen Truppen aus 80 Prozent des Stadtgebiets von Hebron zurück. 400 jüdische Bewohner leben weiterhin unter dem Schutz der Israel Defence Forces. Sie hat 100 000 Palästinenser von den 400 Siedlern zu trennen. 400 PLO-Polizisten schützen die palästinensische Mehrheit in Hebron.
Am 19. Januar 1997 nimmt Arafat Besitz von den 80 Prozent der Stadt. 60 000 Menschen strömen zusammen, um mit dem *Rais* den Erfolg des Hebron-Abkommens zu feiern. In seiner Ansprache sagt Arafat nichts von den Schwierigkeiten, die ab jetzt in Verhandlungen mit der Regierung Netanyahu zu erwarten sind. Seine Worte strahlen Optimismus aus. Er verspricht, die Gründung des Staates der Palästinenser stehe unmittelbar bevor. Einen Tag später spricht Benyamin Netanyahu die Warnung aus, Arafat möge es sich nicht einfallen lassen, einen Staat der Palästinenser zu proklamieren, oder gar eine Armee aufzubauen. Der israelische Ministerpräsident fügte hinzu, es existiere bereits ein Palästinenserstaat – in Transjordanien. Wer im Palästinenserstaat leben wolle, der könne nach Transjordanien ziehen.
Daß sich Netanyahu nicht mehr in seine Souveränität über die »ländlichen Gebiete« des Westjordanterritoriums dreinreden lassen will, zeigt sich schon am 27. Januar 1997: Die israelische Regierung beschließt auf Jebel Abu Ghoneim, auf einer Erhebung im Osten der Straße Jerusalem–Bethlehem, die Siedlung Har Homa zu bauen. Das Projekt gehört zum Bauprogramm, das strategisch wichtige Plätze für die Israel Defence Forces sichern will. Die Siedlung Har Homa wird nicht gebraucht, damit israelische Bürger Wohnraum fänden. Har Homa ist von strategischer und symbolischer Bedeutung. Sie reiht sich ein in die Festungskette ostwärts der Region Jerusalem. Die Kette umfaßt die Siedlungen Newe Jaakov im Norden, Ramat Eshkol, Talpiot und Kfar Eldaol im Osten von Jerusalem und Gilo

im Süden. Har Homa liegt einen Kilometer von der Südspitze Jerusalems entfernt.
Die Ankündigung des Siedlungsbaus löst wütende Protestdemonstrationen in Hebron aus. Die PLO-Sicherheitskräfte werden der Situation nur mit Mühe Herr. Arafat ordnet an, Übergriffe gegen die Siedler müßten unter allen Umständen verhindert werden. Er weiß, daß die Israel Defence Forces nur auf einen Vorwand warten, um wieder in Hebron einzurücken.
Am 7. März 1997, als sich der deutsche Außenminister Kinkel zu einem Kurzbesuch bei der palästinensischen Stadtverwaltung von Hebron befindet, gibt Netanyahu bekannt, Israel werde nur noch 7 Prozent der Zone B freigeben und 2 Prozent der Zone C. Diese Aussage bedeutet, daß dem palästinensischen Autonomiegebiet nur noch weitere 9 Prozent des Westjordanlandes übergeben wird. Auf Arafats Proteste antwortet der israelische Ministerpräsident: »Unsere Entscheidung ist definitiv!«
Wieder erhält die islamische Kampforganisation Hamas Aufwind. Ihr Militärchef Ibrahim al-Makadmeh sagt als Antwort auf Netanyahus Entscheidung: »Machen wir uns nichts vor, Verhandlungen und Verträge bringen uns nicht weiter! Weder Parolen noch poetische Beschwörungen führen zur Befreiung von Jerusalem. Die Heilige Stadt wird allein durch den Heiligen Krieg befreit!«
Anfang April 1997: Noch immer rotten sich die palästinensischen Massen in Hebron zusammen. Die israelischen Sicherheitskräfte schießen scharf. Palästinenser sterben. Dennis Ross trifft Arafat in Marokko und beschwört ihn, er möge diese »neue Intifada-Bewegung« stoppen. Der *Rais* entgegnet, dazu habe er die Macht nicht. Allein Israel könne diese Intifada beenden – durch Einstellung der Bauarbeiten auf Jebel Abu Ghoneim. Dennis Ross meint resigniert: »Und mir fehlt die Kraft, Netanyahu davon zu überzeugen.«

Netanyahus Argumente

Die Siedlungpolitik ist für den israelischen Ministerpräsidenten Bestandteil der militärischen Strategie. Er hat am Krieg von 1973 teilgenommen und daraus Lehren gezogen. Als der Krieg ausbrach studierte der Reserveoffizier am Massachusetts Institut of Technology. Mit dem Einberufungsbefehl in der Tasche, machte er sich auf, um sofort aus den USA nach Israel zurückzukehren. Als er den Kennedy Airport in New York erreichte, warteten dort Hunderte von jungen Männern auf Transportmöglichkeiten. Benyamin Netanyahu konnte seine Spezialeinheit erst 48 Stunden nach Kriegsausbruch erreichen. In dieser Zeit hatte die Offensive der ägyptischen und syrischen Panzertruppen die Israel Defence Forces in Bedrängnis gebracht. Hätten die israelischen Streitkräfte nicht an beiden Fronten über strategische Vorfelder verfügt, wäre der jüdische Staat ernsthaft in Gefahr geraten. Netanyahu zieht daraus das Fazit: Die Mobilisierung der Israel Defence Forces braucht im Ernstfall Zeit – Zeit aber kann allein durch Raum gewonnen werden. Sein Grundatz lautet: Raum bringt Zeit und damit Sicherheit.

Die ägyptischen und syrischen Armeen brauchen nach Netanyahus Ansicht solche Vorfelder nicht. Ihre Streitkräfte sind stehende Heere; ihre Offiziere und Soldaten sind ständig in Garnisonen versammelt und deshalb in kurzer Zeit einsatzbereit. Israel aber muß Reservisten mobilisieren, sie in Einheiten zusammenfassen, sie mit Waffen und Fahrzeugen versorgen. Die Erfahrung des Krieges von 1973 lehrt den Reserveoffizier Netanyahu, daß dafür mindestens 48 Stunden gebraucht werden.

Den Feind der Zukunft sieht Netanyahu nicht in den Staaten mit direkten Grenzen zu Israel. Er glaubt nicht an Konflikte mit Syrien, Ägypten, Libanon und Jordanien. Er ist überzeugt, Irak bilde eine Bedrohung, und in späteren Jahren der Gottesstaat Iran. Die Notwendigkeit des Vorfelds besteht für den Ministerpräsident und Offizier deshalb im Osten des israelischen Kernlands.

Ein ideales Vorfeld, so sagt er, bilde das Jordantal. Der Jordan fließt am tiefsten Punkt der Erde. Vom Fluß aus steigen Berge 1500 Meter hoch auf. Nur wenige Straßen führen zu den Hochebenen hinauf. Sie sind durch Artilleriefeuer leicht abzusperren. Die jordanischen Panzerverbände, die im Krieg von 1967 die Stadt Jerusalem hatten entsetzen sollen, waren in kurzer Zeit durch Artillerie und Luftwaffe zerstört. Der Jordan und die Berge bilden die perfekte Panzersperre.

Netanyahu kann sich dabei auf eine Studie berufen, die von den Vereinigten Stabschefs der amerikanischen Streitkräfte auf Wunsch des damaligen Verteidigungsminister Robert McNamara wenige Tage nach der Eroberung des Jordanwestufers erstellt worden ist. Die Aufgabe der Stabschefs war, zu ergründen, auf welche Gebiete Israel bei einem Rückzug auf keinen Fall verzichten kann. Die Untersuchung ergab, daß nahezu das gesamte Gebiet westlich des Flusses in der Hand Israels bleiben muß. Nur die Sohle des Flußtals war unter Sicherheitsrücksichten dazu bestimmt, an die arabische Seite zurückgegeben zu werden.

Im Verlauf der Verhandlungen über eine Revision des Abkommens Oslo II war diese Studie immer wieder Netanyahus schlagkräftigstes Argument. Geriet der israelische Ministerpräsident unter Druck des amerikanischen Verhandlers Dennis Ross, so konnte er darauf verweisen, daß es Militärspezialisten aus den USA und nicht aus Israel waren, die den Rat gegeben hatten, Israel möge sich, zur eigenen Sicherheit, ein strategisches Vorfeld am Jordanwestufer sichern.

Verwies Dennis Ross darauf, daß die Studie immerhin 30 Jahre alt sei, so hatte Netanyahu eine perfekte Entgegnung bereit: Im Jahre 1988 hätten 100 pensionierte US-Generäle die Gültigkeit der Studie überprüft. Das Ergebnis sei der Rat gewesen, Israel müsse sich die besetzten Gebiete sichern. Befolgt das Land den Rat nicht, werde es sich großen Gefahren aussetzen. Sein Territorium werde zum »Ziel arabischer Abenteurer und Terroristen«.

Sie könnten durch die Winzigkeit dieses Territoriums zu einem Schlag verleitet werden. Israels Existenz würde aufs Spiel gesetzt werden. Wenn seine Regierung das Westufergebiet aufgibt – das war das Fazit der militärischen Beratungen im Jahr 1988 – bleibt den Israel Defence Forces kein Raum, und damit keine Zeit, einen Angriff aus dem Osten abzufangen.

Immer wieder, so sagt Netanyahu, hätten ihn hohe amerikanische Offiziere davor gewarnt, die Hügel von Samaria und

Judäa aufzugeben. Ohne sie könnte Jerusalem nicht verteidigt werden. Netanyahu beklagte, daß die Politiker in Washington den Sachverstand der Generäle mißachteten. Die Zivilisten im Weißen Haus seien der Ansicht, Raum habe im heutigen Krieg der Raketen keine Bedeutung mehr – und überhaupt seien die Israel Defence Forces in der Lage, mit jeder Herausforderung fertig zu werden. Vor dieser Überschätzung der IDF warnte Netanyahu.

Häufig wird Netanyahu vorgehalten, in der Epoche der Raketen und der Überschallflugzeuge hätten die Faktoren Raum und Zeit bei den strategischen Planungen jegliche Funktion verloren. Besonders König Hussein von Jordanien neigte dazu, der israelischen Militärführung vorzuwerfen, sie halte starr an veralteten Konzepten fest. Gegen diesen Vorhalt argumentiert Netanyahu: »Durch Raketen und Flugzeuge wurde noch nie ein Krieg wirklich gewonnen. Die Vereinigten Staaten haben im Golfkrieg 1991 Irak massiv durch Raketen und Kampfflugzeuge attackiert – sie haben viel verwüstet, doch einen Sieg haben sie dadurch nicht errungen. Die Anstrengungen waren umsonst, weil der Zivilist George Bush den Streitkräften die Erlaubnis verweigert hatte, mit ihren Panzertruppen Baghdad einzunehmen. Panzerverbände gewinnen den Krieg – und gegen den Angriff arabischer Panzerverbände bieten Jordantal und die Berge am Jordanwestufer vortrefflichen Schutz.«

Im Verlauf der Verhandlungsmonate hat Netanyahu seine Argumentation erweitert. Er sagt jetzt, daß gerade in der Epoche der Raketen und Überschallflugzeuge der Schutz durch ein strategisches Vorfeld wichtig sei. Man könne sich doch leicht vorstellen, daß die Bevölkerungszentren Israels von einem Geschoßhagel überschüttet würden, die von weit entfernten Raketenstellungen abgefeuert wurden. Denkbar sei auch, daß gerade die Mobilisierungszentren der Armee getroffen werden würden. Dies bedeute, daß sich die Mobilisierungszeit verlängert. Gerade in diesem Fall sei ein vom Feind schwer überwindbares Vorfeld notwendig. An diesem Leitsatz orientiert sich Netanyahus Politik: Für ein kleines Land wie Israel ist in unserer Zeit die Größe des Territoriums wichtig.

Eine Schreckensvorstellung in der Phantasie des israelischen Ministerpräsidenten entwickelte sich aus dem Gedanken, die

palästinensischen jungen Männer, die an Intifada beteiligt waren, am »Aufstand der steinewerfenden Jugendlichen«, besäßen handliche Luftabwehrraketen vom Typ »Stinger«. Die von der Schulter abzuschießenden Raketen waren von den Vereinigten Staaten während der 80er Jahre an die islamischen Kämpfer in Afghanistan verteilt worden. Sie hatten den sowjetischen Truppen die Luftüberlegenheit geraubt. Ein sowjetischer Kampfhubschrauber nach dem anderen war abgeschossen worden. Netanyahu befürchtet, daß die jungen Palästinenser, wenn sie nicht mehr unter der Kontrolle der IDF stünden, als Raketenschützen zur Gefahr für Israel werden könnten: »They will use rockets and no longer rocks.«
Aus dieser Überlegung heraus zieht Netanyahu das Fazit: Es darf keinen Staat der Palästinenser geben – seine Gründung würde bedeuten, daß die Israel Defence Forces keine Kontrolle mehr hätten über mögliche Waffenlager in Ramallah, Tulkarm, Gaza und Hebron. Die Absprachen des *Oslo Channels* lassen eine solche Kontrolle noch zu, weil der Autonomiebehörde die alleinige Souveränität über die Autonomen Gebiete verwehrt ist. Die IDF darf jederzeit die Autonomen Gebiete betreten.
Der israelische Ministerpräsident hat Sorge vor einer Übertragung weiterer Souveränitätsrechte an Jassir Arafat. Er argumentiert: »Arafat verfolgt beharrlich die Strategie, das Autonomiegebiet zu vergrößern. Verfügt er über ein ausreichend großes Territorium, wird er den Palästinenserstaat ausrufen. Ist dies geschehen, baut er Streitkräfte auf. Da er das Oberhaupt eines souveränen Staates ist, können wir ihn an der Bewaffnung seines Volkes nicht hindern. Seine Armee wird dann eine Bedrohung für Israel darstellen!«
Netanyahu versucht zu beweisen, daß Jassir Arafat im Grunde seines Herzens noch immer der Terrorist ist, der von der Absicht getrieben wird, den Staat Israel und seine Menschen zu vernichten. Für den israelischen Ministerpräsidenten gelten immer noch die Sätze, die der PLO-Vorsitzende im Jahr 1990 ausgesprochen hat – zur Zeit der Einwanderung einer beachtlichen Zahl von Juden aus der zerfallenden Sowjetunion:
»Ich sage es mit aller Deutlichkeit: Schießt auf diese neuen Einwanderer. Es wäre eine Schande für uns, wenn wir zulassen würden, daß Herden von Fremden unseren Boden besetzen, daß sie unser Land besiedeln ohne daß wir auch nur einen Fin-

ger rühren. Ich verlange von den Palästinensern, daß sie auf die Einwanderer schießen, wo sie sich auch aufhalten. Jeder Einwanderer muß wissen, daß er sich nicht auf einer Erholungsreise befindet. Ich befehle euch ausdrücklich, das Feuer zu eröffnen!«
Netanyahu gibt zu, daß dieser Aufruf nicht beachtet worden ist. Den Grund für die fehlende Reaktion sieht der israelische Ministerpräsident in der Ablenkung der Palästinenser durch die Ereignisse des Golfkrieges – die Phantasie der Anhänger des PLO-Vorsitzenden war fasziniert vom Gedanken, Saddam Hussein werde sich der Probleme der Palästinenser annehmen und werde Israel derart zusetzen, daß es die Rechte des palästinensischen Volkes respektiere. Die Hoffnung auf den »Retter Saddam Hussein« hat sich zerschlagen. Jassir Arafat aber hat sich fortan gehütet, zur Erschießung von Einwanderern aufzufordern.
Offiziell plagte Arafat die Angst, Israel werde durch Zuwanderung von Juden aus der Sowjetunion eine derart hohe Bevölkerungszahl haben, daß die Palästinenser im Gebiet zwischen Jordan und Mittelmeer auf ewig Minderheit blieben. Insgeheim aber hatte er sich ausgerechnet, daß durch eine verstärkte Zuwanderungsbewegung das Problem des Konflikts zwischen Juden und Palästinensern sich während der nächsten Jahre durch demographische Verschiebungen verändern würde – zugunsten der Palästinenser. Dabei kann er sich auf Feststellungen stützen, die seine eigenen Prognosen untermauern. Der Autor Michael Wolffsohn, Professor an der Bundeswehruniversität in München, präsentiert Zahlenverhältnisse: »In Palästina lebten kurz vor der Gründung des Staates Israel 900 000 Juden – aber knapp 1,3 Millionen Palästinenser. Nach der Flucht und Vertreibung lebten im jüdischen Staat gerade noch 15 000 Palästinenser.« In diesem Zusammenhang betont Professor Wolffsohn, daß zur Zeit der israelischen Staatsgründung eine Vertreibung der Palästinenser stattgefunden habe.
Aufschlußreich ist die Betrachtung der Zahlenverhältnisse in der Gegenwart: Aus den 15 000 Palästinensern des Jahres 1948 wurden wieder 900 000. Dabei sind die 200 000 Bewohner des Ostteils von Jerusalem nicht mitgezählt.
Zieht Arafat Hoffnung aus der hohen Geburtenzahl des palästinensischen Volkes, so ist sie für Netanyahu Ursache von Be-

fürchtungen. Doch sie führen nicht dazu, daß er Sorge hat, die zwei Millionen Palästinenser der besetzten Gebieten könnten, bei anhaltend hoher Geburtenrate, die Bedrohung für Israel steigern.

Die demographische Bedrohung Israels

Der israelische Ministerpräsident spricht sich selbst Mut zu und verwendet dafür Prognosen, die nicht eingetroffen sind. So macht er gern Professor Arnon Sofer lächerlich, der als führender Fachmann für Demographie in Israel galt. Professor Sofer habe im Jahr 1988 festgestellt, daß die israelische Bevölkerung im Jahr 2000 zu 46 Prozent aus Arabern bestehen werde. Netanyahu registriert, daß diese Prognose offensichtlich falsch gewesen sei – vor allem deshalb, weil der Professor nicht einkalkuliert habe, daß sich eine Flut von Einwanderern aus der zerfallenden Sowjetunion nach Israel ergossen habe: Im Verlauf von zwei Jahren habe die Zahl der jüdischen Bewohner Israels um 400 000 zugenommen. Auf diese Weise konnte der Unterschied in der Geburtenrate zwischen jüdischen und arabischen Familien ausgeglichen werden.

Netanyahus Betrachtung der Zukunft des jüdischen Staates geht davon aus, daß in vielen Ländern ein beachtliches Potential an Juden besteht, die unter bestimmten Umständen bereit sind, Israel als neue Heimat zu betrachten. Er rechnet damit, daß allein in der einstigen Sowjetunion zwei bis drei Millionen Menschen eine Auswanderung nach Israel in Betracht ziehen – und er kalkuliert, daß mit diesem Potential die Gesamtheit der Moslems im Westufergebiet des Jordan und im Gazastreifen aufgewogen werden kann.

Der israelische Ministerpräsident sieht durchaus eine Chance, die zwei bis drei Millionen Juden aus Rußland und den anderen einst sowjetischen Staaten wirklich zur Auswanderung in die »jüdische Heimat« zu veranlassen. Er meint, dazu würden im wesentlichen die wachsende Armut und der aufblühende Antisemitismus beitragen. Immer weniger könnte das Territorium des einstigen sowjetischen Großreichs Heimat für die Juden sein.

Israel aber müsse zur Attraktion für hauptsächlich junge Familien werden, die sich selbst in der Aufbauphase befinden. Netanyahu glaubt, die Anziehungskraft des jüdischen Staates durch Bereitstellung von Krediten steigern zu können, deren Tilgung vor allem durch die Geburt von Kindern erfolgen könne. Er knüpft dabei an die Erfahrungen des französischen Staates an, der die Zahl der Geburten durch diese und ähnliche Maßnahmen habe steigern können. Eine intensive Förderung der Familien müsse auch in Israel erfolgen. Die Vergabe »konstruktiver Anleihen« werde schließlich auch jüdische Familien aus entwickelten Ländern nach Israel ziehen. Netanyahu blickt dabei auch auf die Juden Frankreichs, deren Zahl er auf eine Million schätzt. Er glaubt, daß wachsender Antisemitismus in den französischen Städten besonders jüngere Männer und Frauen zur Auswanderung nach Israel veranlassen werde. Der Ministerpräsident hat auch die Vision der Zuwanderung von Hunderttausenden von Juden aus Südafrika und aus Argentinien. Netanyahu hält es sogar für denkbar, den jüdischen Sippen in den USA und in Kanada die Auffassung zu vermitteln, daß sie die Pflicht haben, im Land der Vorväter zu leben. Netanyahus Fazit: »Im ständigen Zufluß jüdischer Menschen liegt die Zukunft des jüdischen Staates. Die Geburtenrate ist erst an zweiter Stelle von Bedeutung!«
Der Politiker, der die Zukunft seines Landes sichern will, sieht selbstverständlich auch die Gefahr, daß Juden den Staat Israel verlassen. Nach seinen Unterlagen haben seit der Gründung des Staates 400 000 Juden eine andere Heimat gesucht – also ein Zehntel der Bevölkerung. Sie seien vor allem in die Vereinigten Staaten von Amerika ausgewandert. Als Ursachen sieht Netanyahu zum einen die Angst vor einer unsicheren Zukunft durch kriegerische Auseinandersetzungen – zum anderen aber auch den Mangel an Unterkunft, an Wohnungen. Die »Siedlungen« sollen diesen Mangel beheben, auch für die kommenden Jahre.
Netanyahu weist deshalb die Kritik aus den USA und aus Europa zurück, die meisten dieser »Siedlungen« stünden leer und würden überhaupt nicht gebraucht. Er antwortet: »Wir werden noch viel mehr Siedlungen benötigen, denn unser Volk wird wachsen. Schon aus diesem Grund müssen wir die Gebiete am Jordanwestufer behalten! Es ist das Land unserer

Väter und unserer Söhne. Es wird auch das Land unserer Enkel sein!«

Jassir Arafat hat die Gefahr erkannt, die aus der Zuwanderung vieler jüdischer Neubürger für das Autonomiegebiet der Palästinenser entsteht. Er gibt zwar nicht mehr den Befehl, auf die neuen Bürger des Staates Israel zu schießen, doch er veranlaßt seinen wichtigen Mitarbeiter Abu Mazen, der im Begriff ist, sich als Arafats Nachfolger zu profilieren, diese Erklärung abzugeben:

»Als der Staat Israel gegründet wurde, da lebten in diesem Gebiet 600 000 Menschen. Mit ihnen glaubten wir Revolutionäre des palästinensischen Volkes fertig zu werden. Doch aus diesen 600 000 wurden eine Million – innerhalb weniger Monate. Und es kamen immer mehr. Es kamen Soldaten, Ingenieure, Arbeiter, Lehrer, Ärzte, Bauern. Hätte es diese Zuwanderer nicht gegeben, wäre die Existenz Israels bald beendet gewesen. Wir müssen diese Entwicklung im Auge behalten. Es ist jetzt unsere Aufgabe, rasch zu handeln. Eine politische Lösung zur Erweiterung der Autonomen Gebiete muß gefunden werden, ehe es zu spät ist.«

Erkennbar für Arafat und Abu Mazen ist, warum der israelische Ministerpräsident seit seiner Amtsübernahme im Sommer 1996 dafür kämpft, daß die Absprachen *Oslo II* nicht verwirklicht werden. Er will vor allem den als »Zone C« klassifizierten Boden im »ländlichen Raum« für den weiteren Bau jüdischer Siedlungen im arabischen Gebiet nützen. Die palästinensischen Bauern und Schafhirten aber betrachten gerade diesen Boden als ihr Ackerland und ihren Weidegrund.

Arafat und Abu Mazen registrieren, daß der israelische Ministerpräsident sehr geschickt die jüdische Geschichtsschreibung für seine Zwecke einsetzt. Seinen Kabinettskollegen macht er deutlich, daß aller Boden westlich des Jordan heilig ist für das jüdische Volk.

»Und wir erreichten die Klagemauer«

Um den Konflikt zwischen Benyamin Netanyahu und Arafat wirklich verstehen zu können, ist ein Blick auf das Geschichtsbewußtsein der beiden nötig. Der Ministerpräsdent sagt: »Juden hat es hier immer gegeben – Palästinenser aber nie!« Er argumentiert mit Vehemenz gegen die Feststellung, die Arafat unter der Aufmerksamkeit der Weltöffentlichkeit im Jahr 1974 vor der Vollversammlung der Vereinten Nationen verkündet hat: »Die systematische jüdische Einwanderung in Palästina begann im Jahre 1881. Palästina war damals ein blühendes Land, hauptsächlich bewohnt von einem arabischen Volk, das dabei war, sich sein Leben zu gestalten und das in dynamischer Arbeit seine Kultur bereicherte.«

Als Entgegnung zitiert Netanyahu den britischen Kartographen Arthur Stanley, der 1881 diese Beobachtung gemacht hat: »Es ist keine Übertreibung, wenn ich feststelle, daß in weiten Gebieten kein Dorf zu sehen ist, und sich kein Leben regt.« Netanyahu führt als Beweis für seinen Standpunkt, das Land zwischen Jordan und Mittelmeer sei öde und leer gewesen, die Analyse der British Royal Commission an, die sich im Jahr 1937 mit der Situation dort befaßt hat, und zu diesem Schluß kam: »In den zwölf Jahrhunderten, die seit der arabischen Eroberung vergangen sind, ist Palästina aus der Geschichte der Menschheit herausgefallen. Palästina ist wirtschaftlich und politisch ohne Bedeutung. Palästina liegt außerhalb aller Strömungen des modernen Lebens. Es hat nichts beigetragen zur modernen Zivilisation.«

Netanyahu vertritt den Standpunkt, die Belebung der Region sei erst während der jüdischen Zuwanderung erfolgt. Die Neuankömmlinge hätten Handwerksbetriebe, Bauunternehmen und Fabriken gegründet. Die Väter dieses Wirtschaftsaufschwungs seien nichts anderes als Heimkehrer gewesen, die das ihnen vererbte Land wieder in Besitz genommen hätten. Netanyahu zieht eine historische Parallele zwischen der Geschichte Andalusiens während der Epoche vom Jahre 711 bis zum Jahr 1492, und der jüdischen Geschichte während der Jahre von 135 bis 1948. Andalusien war von der Ankunft der Moslems bei Gibraltar im Jahre 711 an bis zum Ende des Königreichs Granada 1492 ein islamisches Land; dann aber wurde es wieder katholisch. Das Land zwischen Jordan und Mittelmeer war seit dem Ende des Bar-Kochba-Aufstands im Jahre 135 zunächst in römischer und seit dem 7. Jahrhundert in der Hand der Araber; 1948 aber wurde es jüdisch wie zuvor. Der Unterschied, so meint Netanyahu, liege nur darin, daß die Araber in Andalusien eine blühende Kultur entwickelt hätten; die Araber, die im Land zwischen Jordan und Mittelmeer lebten, hätten die Leere und Öde unberührt gelassen.

Netanyahu spricht über eigene Beobachtungen: »Das Gebiet am Westufer des Jordan, das wir 1967 angetroffen haben, war kaum berührt vom 20. Jahrhundert. Es gab dort keine Industrie. Die medizinische Betreuung war schlecht organisiert. Ein höheres Erziehungswesen existierte nicht.«

Für viele Israelis, die an der Eroberung dieses Westjordanlandes im Juni des Jahres 1967 teilgenommen hatten, war der Kampf auf dem Boden, der in früherer Zeit ihnen gehört hatte, ein bewegendes Erlebnis. Viele empfanden den Augenblick, als der Befehl zum Angriff in Richtung Klagemauer erteilt wurde, als Einschnitt in der Geschichte des jüdischen Volkes. Gegeben wurde dieser Befehl von General Mordechai Gur, dem Kommandeur der israelischen Verbände nördlich von Jerusalem. Seine Formulierung war: »Wir werden in die Altstadt von Jerusalem eindringen. Zahlreiche Generationen von Juden haben davon geträumt, daß sie den Tempelberg betreten werden. Jeder lebende Jude sehnt sich danach.«

Am 7. Juni 1967 um zehn Uhr morgens dringen Soldaten der Israel Defence Forces in die Altstadt ein. Keiner hat sich jemals in diesem Teil von Jerusalem aufgehalten. Keiner kennt sich in den verwinkelten Gassen aus. Die Klagemauer lag damals versteckt im Gewirr von eng zusammengebauten Häusern. Eine schmale Gasse, gerade breit genug für einen Fußgänger, führte daran vorbei. Seit 1948 hatte niemand mehr an dieser Klagemauer gebetet. Über Funk hört Generalmajor Gur auf einmal den Schrei eines Soldaten: »Die Klagemauer! Ich sehe die Klagemauer!« Kurze Zeit später steht auch Generalmajor Schlomo Goren, der Oberrabbiner der Israel Defence Forces, vor der Klagemauer. Weithin vernehmbar ist der Ton, den er auf dem Widderhorn bläst. Der Ton, rituellen Ereignissen vorbehalten, läßt keinen Zweifel daran, daß das jüdische Volk zu seinem Heiligtum zurückgekehrt ist.

Fünf Tage später pries General Mordechai Gur das Ereignis vom 7. Juni 1967: »Unsere Soldaten haben den Tempelberg dem jüdischen Volk wiedergegeben! Der Klagemauer gehört der Herzschlag eines jeden Juden. Sie ist wieder in unserer Hand. In langen Jahrhunderten der Geschichte haben unzählige Juden ihr Leben gewagt, um nach Jerusalem zu kommen, um hier an der Klagemauer beten zu können. In vielen Gesängen ist die Sehnsucht der Juden nach dieser Stadt zum Ausdruck gekommen. Während des Befreiungskrieges von 1948 sind gewaltige Anstrengungen gemacht worden, um der Nation ihr Herz, die Altstadt, die Klagemauer, wiederzugeben. Damals blieben alle Anstrengungen ohne Erfolg. Ihr aber habt der Nation den Mittelpunkt des Glaubens, die Klagemauer, zum Geschenk gemacht. Jerusalem gehört dem jüdischen Volk – für immer!«

Moshe Dayan, der Planer des Sieges von 1967, faßte damals die Gefühle vieler Bürger des Staates Israel zusammen: »Wir sind zum Tempelberg zurückgekehrt, zur Wiege der Geschichte unserer Nation, zum Land unserer Väter, zur Festung Davids in der Altstadt von Jerusalem. Wir sind nach Hebron, Bethlehem und Jericho zurückgekehrt – und zu den Furten über den Jordan.«

Benyamin Netanyahu, der 1967 das Trainingsprogramm einer Aufklärungsabteilung der Israel Defence Forces absolvierte, erinnert sich an die Tage und Nächte, die er, laut Ausbildungsprogramm, in den besetzten Gebieten zu verbringen hatte. Er erkundete zusammen mit anderen Kursabsolventen das Bergland nördlich und südlich von Jerusalem – und sie entdeckten, daß ihnen die Namen der Orte aus der Heiligen Schrift vertraut waren. Sie konnten endlich wichtige Ereignisse aus der Geschichte des eigenen Volkes im persönlichen Erleben nachvollziehen: Sie stiegen die Steige von Beth Horon hinauf, über die griechische und römische Truppen zur Eroberung von Jerusalem gezogen waren; auf dieser Steige von Beth Horon hatten die Makkabäer die Griechen besiegt. Sie sahen die Festung Betar, in der im Jahr 135 Bar Kochbar Widerstand gegen die Römer geleistet hatte. Sie erstiegen die Hügel von Shiloh, die das Zentrum des ersten jüdischen Staates gebildet hatten. Sie stellten mit Erstaunen fest, daß es Beth El wirklich gibt – und Anatoth, den Geburtsplatz des Propheten Jeremiah; und Lebonah, wo die Makkabäer gekämpft hatten. Netanyahu erlebte die Ge-

schichte seines Volkes neu. Aus jener Zeit stammt die Überzeugung des israelischen Ministerpräsidenten Netanyahu, daß die Rückgabe des Landes am Westufer des Jordan vor der Geschichte und vor Gott nicht zu rechtfertigen sei.
Daß die Verantwortlichen in den Hauptstädten der Welt seinen Argumenten nicht folgen wollen, enttäuscht den Politiker Netanyahu. Er kann kaum begreifen, daß die Politiker in London und Paris den fünf Büchern Mose nur geringe Bedeutung als Grundbuch des Nahen Ostens zumessen. Daß selbst Dennis Ross, der amerikanische Unterhändler mit dem größten Verständnis für jüdische Wünsche und Vorstellungen, nicht die enge Bindung des Volkes der Juden an das Land der Vorväter in seine politische Kalkulation einbezog, macht den Ministerpräsidenten um so mehr zum hartnäckigen Verfolger seiner Ziele. Von Moshe Dayan hat er den Grundsatz übernommen: »Wir schaffen Tatsachen – Verhandelt wird später!« Allein der Siedlungsplan schafft Tatsachen in diesem Sinne: »Wir bauen die Städte der Vorväter neu!«
Wer diese emotionale Bindung des israelischen Ministerpräsidenten an die besetzten Gebiete in Betracht zieht, der versteht, warum die Regierung, die im Sommer 1996 in Jerusalem die Verantwortung übernahm, Widerstand leistete, gegen die Verwirklichung der Absprachen des *Oslo Channels*. Wer tiefer eindringt in die jüngere Geschichte der zionistischen Idee, wird verstehen, warum Verzicht auf Land derart schwerfällt.

Das jüdische Volk fühlt sich durch England betrogen

Am 2. November 1917 hat der britische Außenminister Lord Arthur Balfour diese Erklärung unterzeichnet:
»Die Regierung Ihrer Majestät faßt unter besonderer Bevorzugung die Schaffung einer nationalen Heimat für das jüdische Volk in Palästina ins Auge. Sie bemüht sich mit allen Kräften, um die Erreichung dieses Ziels. Übereinkunft besteht darüber, daß nichts geschehen darf, was die bürgerlichen und religiösen Rechte der bestehenden nichtjüdischen Gemeinden in Palästina beeinträchtigt. Nicht berührt werden sollen die Rechte und der politische Status der Juden in anderen Ländern.«

Diese Balfour-Declaration war verfaßt worden, um die jüdischen Bürger der Vereinigten Staaten von Amerika für den Krieg gegen das Deutsche und das Osmanische Reich zu interessieren. Das Dokument hat diesen Zweck erfüllt. Doch die Wirkung war stärker als beabsichtigt.
Zwei Jahre nach dem Ende des Ersten Weltkriegs bestimmte der Völkerbund im Verlauf der Konferenz von San Remo Großbritannien zum Vormund über die bisher osmanische Provinz zwischen Jordan und Mittelmeerküste. Der Auftrag lautete ausdrücklich, die britische Regierung möge dafür sorgen, daß die Voraussetzung für die Gründung der Heimstätte der Juden geschaffen werde. Die Balfour-Declaration wurde besonders von der damaligen amerikanischen Regierung überaus ernstgenommen: Im September 1922 erklärte Präsident Harding die Erklärung als verpflichtend für die internationale Politik auch der Vereinigten Staaten von Amerika.

Empfänger des Briefes von Lord Balfour war die British Zionist Federation gewesen, die von Lord Rothschild geleitet wurde. Er stand mit der Zionistischen Föderation der USA in Verbindung, die Einfluß genommen hatte auf amerikanische Parlamentarier und auf Präsident Warren G. Harding. Das Ergebnis der Bemühungen war ermutigend: Die Gründung der Heimat für die Juden im Nahen Osten schien nur noch eine Frage der Zeit und des Initiativanstosses zu sein.
Der Vorsitzende der British Zionist Federation ging selbstverständlich davon aus, daß das gesamte Gebiet, das der Aufsicht der Briten unterstellt worden war, zur Heimat der Juden gehörte. Lord Rothschild zweifelte keinen Augenblick, daß auch das Mandatsterritorium ostwärts des Jordan künftig Eigentum des jüdischen Volkes sei – war es doch das Land Gilead, das einst, in biblischer Zeit, von Juden besiedelt worden war. Die zionistische Bewegung erwartete die Wiedergeburt des jüdischen Staates der Vorväter.
Doch der britische Kolonialminister Winston Churchill war gerade zur Zeit der Ratifizierung der Balfour-Declaration durch die Verantwortlichen der USA entschlossen, die Hoffnungen der Zionisten zu zerstören. Er war im Jahre 1922 überzeugt, die Balfour-Declaration bevorzuge einseitig die Juden zum Nachteil der Araber – sie sei überhaupt ein Fehler der britischen Re-

gierung des Jahres 1917 gewesen. Winston Churchill fand eine Lösung, um der British Zionist Federation sein Mißfallen über die jüdischen Ansprüche auf Land ostwärts des Jordan deutlich zu machen: Er veranlaßte die britische Regierung, das einstige Land Gilead den Arabern zu geben.

Ein bemerkenswerter Meinungsumschwung hatte seit dem Ende des Ersten Weltkriegs in Londoner Regierungskreisen eingesetzt. Der britische Ministerpräsident Lloyd George war zur Kriegszeit der Meinung gewesen, ein starkes jüdisches Gemeinwesen in Palästina diene britischen Interessen, denn sicher seien die Juden gute Verbündete der Engländer – sie würden das Hinterland sichern für den reibungslosen Betrieb des Suezkanals. Die Politikergeneration Winston Churchill aber sah sich verantwortlich für die Kontrolle des gewaltigen arabischen Gebiets vom Sudan, der sich mitten in Afrika befand, über das Niltal und Cairo bis nach Damaskus und sogar bis zum Zweistromland von Euphrat und Tigris. Das Verbindungsglied zwischen zwei imponierenden Landflächen war Palästina. Daß es sich in starker Hand befand, war im Interesse Großbritanniens – unter »starker Hand« war allein die englische Verwaltung selbst zu verstehen. In das Gesamtbild dieser neuen Entwicklung paßte die Balfour-Declaration nicht. Sie galt fortan als politischer Ausrutscher ohne Konsequenzen. Die Erklärung war 1917 vom britischen Außenministerium verfaßt worden, es war nun unter den neuen Gegebenheiten folgerichtig, daß dem Außenministerium die Kompetenz über Palästina entzogen und dem Colonial Office übertragen wurde. Die Beamten des Colonial Office hielten nichts vom Zionismus. Sie besaßen Sympathie für das »Haus Haschem«, für die Sippe der Haschemiten, die während des Ersten Weltkriegs England im Kampf gegen die Osmanen unterstützt hatten. Chef des Colonial Office aber war seit Februar 1920 Winston Churchill, der zunächst den Zionismus unterstützt hatte mit der Ansicht, die Heimat der Juden müsse auf beiden Seiten des Jordan liegen. Von dieser Ansicht aber rückte der Kolonialminster im Verlauf des Jahres 1921 ab. Seine Mitarbeiter überzeugten ihn, das Land im Osten des Jordan sei in der Hand der Haschemitensippe gut aufgehoben. Der Stamm Haschem war in der arabisch-islamischen Welt besonders angesehen, da zu ihm einst der Prophet Mohammmed gehört hatte. Sherif Abdallah, das

Oberhaupt der Haschemiten, war ein später Verwandter des »Gesandten Allahs« – ihm wurde dafür besonderer Respekt zuteil. Schon wegen dieses Ansehens war Sherif Abdallah für die Beamten des Colonial Office der ideale Kandidat für den Posten des Verwalters der transjordanischen Gebiete. Sherif Abdallah hatte in jener Zeit mit seiner Sippe die Heimat Mekka und Medina verlassen müssen. Sie waren von der Sippe As-Saud vertrieben worden. Die Sippe As-Saud war dabei, sich die gesamte arabische Halbinsel zu unterwerfen; dabei waren ihnen die Haschemiten im Wege gewesen. Nach der Flucht aus Mekka und Medina hatte Sherif Abdallah den britischen Kolonialminster bei einem Treffen im Cairoer Hotel Shephard angefleht, er möge ihm die Rückkehr in die Heimat im Hedschaz ermöglichen. Doch dafür hatte Winston Churchill keine Chance gesehen. Das Angebot, Transjordanien zu übernehmen, wurde vom Sherifen Abdallah zunächst abgelehnt mit dem Hinweis darauf, daß er nicht die heiligen Stätten Mekka und Medina gegen den Wüstenstrich ostwärts des Jordan eintauschen wolle – doch Churchills Hinweis, daß dieses arabische Land dann von den Zionisten beherrscht werden würde, überzeugte den Nachfahr des Propheten Mohammed. Im April des Jahres 1921 übernahm Sherif Abdallah das Amt eines Emirs von Transjordanien. Abdallah stand allerdings auch weiterhin unter der Mandatsaufsicht der britischen Krone.
Entscheidend für die zionistische Bewegung aber war, daß der Völkerbund im Juli 1922 die Lostrennung Transjordanien vom eigentlichen Mandatsgebiet Palästina genehmigte. Die Gemeinschaft der Staaten hatte sich damit gegen die große Lösung für die Gründung einer Heimat des jüdischen Volkes entschieden. Der israelische Ministerpräsident Benyamin Netanyahu kommentiert den Vorgang 70 Jahre später: »England hat dem jüdischen Volk selbstherrlich 80 Prozent seines Territoriums weggenommen!« Während der 20er Jahre hatte die Führung der zionistischen Bewegung häufig das Gefühl, die britische Regierung wolle erreichen, daß die Balfour-Declaration insgesamt in Vergessenheit geriete. Auf die Gültigkeit der Verpflichtung angesprochen, gaben britische Regierungsvertreter meist die Antwort, das Dokument werde selbstverständlich noch immer beachtet, doch sei es unklug gegenüber den Arabern, seine Durchsetzung zu erzwingen.

Bis in die Mitte der 30er Jahre geschah nichts, was die Erfüllung der Wünsche des jüdischen Volkes vorangetrieben hätte. Dann aber zeichnete sich das grausame Geschehen der Judenverfolgung in Deutschland und schließlich in Europa ab. Die Welt verstand, daß dem jüdischen Volk Gelegenheit gegeben werden mußte, seine eigene Heimat zu begründen. Das Resultat dieses Meinungsumschwungs war die Verabschiedung des Teilungsplans für das britische Mandatsgebiet Palästina im Jahr 1947 mit großer Mehrheit. Die jüdischen Bewohner des Gebiets zwischen Jordan und Mittelmeer erkannten ihre Chance, endlich einen eigenen Staat zu bekommen: Sie stimmten dem Teilungsplan zu. In Tel Aviv herrschte Jubel. In allen von Arabern bewohnten Städten und Dörfern, die dem jüdischen Teil Palästinas zugeschlagen wurden, herrschte Enttäuschung, Wut – sogar Entsetzen über die Aussicht, in einem jüdischen Gemeinwesen leben zu müssen.

Der Teilungsplan – die vertane Chance der Palästinenser

Für die jüdische Bevölkerung Palästinas gab es gar keinen Zweifel: Die UN-Resolution 181 bedeutete die lang ersehnte Anerkennung der Rechte des jüdischen Volkes insgesamt auf einen eigenen Staat im Land der Vorväter. 2000 Jahre lang hatte ihm die Welt dieses Recht vorenthalten. Nun aber war eindeutig festgestellt, daß in der Gegenwart eine Anknüpfung an die Geschichte möglich ist. Überbrückt werden konnte die Zeitspanne des Unglücks zwischen Gegenwart und heroischer Vergangenheit der biblischen Epoche.
Die Palästinenser aber besaßen an jenem 22. November 1947 keine politische Persönlichkeit, die Weitsicht genug besaß, zu begreifen, daß durch Annahme der Resolution 181 der Weltorganisation wichtige Teile Palästinas für das palästinensische Volk gesichert werden konnten. Beachtlich waren die Gebiete, die nicht jüdisch werden sollten. Benyamin Netanyahu hat dann später, als israelischer Ministerpräsident, die damalige Situation so eingeschätzt: »Der UN-Teilungsplan ließ uns nur 10 Prozent des ursprünglichen Mandatsgebiets von Palästina, das uns die Balfour-Declaration versprochen hatte. 90 Prozent aber

sollte den Arabern gehören, das Land ostwärts des Jordan eingeschlossen. Obgleich uns nur so wenig zugedacht war, griffen wir zu.«
Netanyahu ist der Ansicht, es sei ein Glück für das jüdische Volk gewesen, daß die Palästinenser im Herbst 1947 den Teilungsplan abgelehnt hätten, denn der jüdische Staat wäre in der von der Generalversammlung der Vereinten Nationen gebilligten Form nicht lebensfähig gewesen. Das jüdische Land hätte aus drei Teilen bestanden, die kaum Verbindung zueinander gehabt hätten: Im Norden wäre ein Landstreifen um den See Genezareth Eigentum der Juden gewesen; zwischen Haifa und Tel Aviv hätte ihnen der Küstenbereich des Mittelmeers gehört; die Wüste Negev wäre Schwerpunkt der Heimat des jüdischen Volkes geworden. Die Palästinenser aber hätten über zusammenhängende Gebiete verfügt, die weit umfangreicher gewesen wären als das Autonomiegebiet, das ihnen durch die Verhandlungen im Rahmen des *Oslo Channels* zugesprochen wurde.
Überheblichkeit hat dazu geführt, daß die Araber insgesamt den Teilungsplan ablehnten. Die Verantwortlichen in Cairo, Damaskus, Amman und Baghdad glaubten, sich dem UN-Beschluß Nummer 181 nicht beugen zu müssen. Sie vertrauten auf ihre Streitkräfte.
König Faruk von Ägypten und die Politiker des bürgerlichen Regimes von Syrien konnten sich nicht vorstellen, daß die jüdischen Männer und Frauen in Palästina in der Lage waren, sich gegen Panzerstreitkräfte und Artillerieverbände zu verteidigen. Sie waren überzeugt, dem Traum der Juden vom eigenen Staat rasch ein Ende bereiten zu können. Sie wollten alles – und sie erreichten nichts. Colonel Mickey Marcus, ein Amerikaner mit Kampferfahrung in Europa, der sich freiwillig den jüdischen Streitkräften zur Verfügung gestellt hatte, behielt recht mit seiner Einschätzung der Situation, als er am 14. Mai 1948 verkündete:»Den Arabern geht bald der Dampf aus!« Die Folge war *Al-Nakhba* – die Katastrophe.
Nach Arafats Willen soll das palästinensische Volk, das vor 50 Jahren unterging, jetzt einen eigenen Staat erhalten – so wie damals das jüdische Volk. Den Fehler, im Jahre 1948 eine Chance vertan zu haben, möchte der *Rais* der palästinensischen Autonomiebehörde korrigieren.

Hamas aber kümmert sich nicht um die Vergangenheit und nicht um Diplomatie – das ist der Eindruck, den die islamische Kampforganisation vermitteln will. Sie hält an der Parole fest, Israel besitze kein Recht auf Fortbestehen. Doch es gibt Anzeichen, daß die Hamas-Führung flexibler reagieren werde. Im Sommer 1997 signalisiert Sheikh Ahmad Yassin aus israelischer Haft, Hamas denke darüber nach, seine Anschläge auf Zivilpersonen in Israel einzustellen. Mitte September 1997 wird der Mossad-Verbindungsstelle in Amman, die eng mit der jordanischen Regierung zusammenarbeitet, eine Nachricht des Königs Hussein zugespielt, Hamas erwäge einen Waffenstillstand mit seinem israelischen Gegner. Die Absicht sei zu testen, ob der *Oslo Channel* nicht doch zu positiven Ergebnissen für das palästinensische Volk führen könne. Am 25. September 1997 aber wird diese Entwicklung nachhaltig gestört. In der jordanischen Hauptstadt scheitert der Versuch, eine wichtige Persönlichkeit der Hamas-Führung zu ermorden.

Mossad-Panne erzwingt Freilassung des Sheikh Yassin

Seit der Zeit der Intifada wurde der Hamas-Gründer in israelischen Gefängnissen festgehalten. Der Gelähmte brauchte ständig ärztliche Betreuung. Mehrmals schon hatte sich der israelische Ministerpräsident Gedanken darüber gemacht, ob der Gesundheitszustand des Sheikhs nicht Anlaß sein könnte zu einer spektakulären Freilassung. Netanyahus Berater fürchteten, der Geistliche werde in israelischer Haft sterben. Dieses Ereignis, das wußten sie, würde unweigerlich ein erneutes Aufflammen von Intifada bedeuten. Den Aufstand der Palästinenser würden diesmal nicht steinewerfende Jugendliche organisieren, sondern Bewaffnete, die sich Kalaschnikows von der PLO-Polizei besorgt haben. Trotz der Gefahr, der Tod des Sheikhs Yassin werde zum offenen Krieg in den autonomen und besetzten Gebieten führen, schob Ministerpräsident Netanyahu die Entscheidung über die Freilassung des Geistlichen immer wieder auf. Mit dem 25. September 1997 wird ihm diese Entscheidung leicht gemacht.

An diesem Tag ist Khaled Mishal, ein bärtiger 41jähriger Mann in der Nähe seines Wohnhauses in Amman zu Fuß unterwegs. Da er seit Tagen schon das Gefühl hat, er werde beobachtet und verfolgt, hält er seine Augen wachsam offen. Plötzlich bemerkt er zwei Männer, die sich an ihn herandrängen. Gleich darauf bricht er zusammen, weil ihm die Beine nicht mehr gehorchen. Ihm wird übel; er verliert das Bewußtsein.
Khaled Mishal ist nicht allein unterwegs: Hinter ihm geht sein Leibwächter Abu Seif – »der Vater des Schwertes«. Er war Kämpfer in Afghanistan gewesen. Abu Seif packt die beiden Männer, die verblüfft waren, weil sie offenbar nicht mit dem Leibwächter gerechnet hatten. Sie lassen sich überwältigen und schließlich der jordanischen Polizei übergeben.
Im Krankenhaus wird vermutet, daß Khaled Mishal Opfer eines Giftanschlags sein muß. Es gibt jedoch keine Spuren des Giftes. Nur die Wirkung ist zu erkennen, nicht aber die Ursache. Die Ärzte sind ratlos: Nur wenn die Zusammensetzung des Giftes bekannt ist, kann dem Opfer geholfen werden.
Zum Glück für Khaled Mishal ist die Identität der beiden Attentäter rasch aufgeklärt. Sie weisen kanadische Pässe vor und behaupten aus Kanada zu sein. Den Offizieren des jordanischen Geheimdienstes erscheint es jedoch seltsam, daß diese Kanadier ein Gespräch mit einem Konsulatsbeamten ihres »Heimatlandes« ablehnen. Sie geben rasch zu, Agenten des israelischen Geheimdienstes zu sein, die mit dem Auftrag nach Amman gekommen sind, Khaled Mishal zu töten. Ihnen war zu diesem Zweck ein rasch und unauffällig wirkendes Giftgas samt Zerstäuber ausgehändigt worden. Von der Art des Giftgases haben sie keine Ahnung.
Die Mitarbeiter der Mossad-Verbindungsstelle in Amman nehmen Kontakt auf zu ihrer Behörde in Israel – ihnen wird mitgeteilt, die Zusammensetzung des Sprays sei Staatsgeheimnis und dürfe deshalb nicht den jordanischen Ärzten mitgeteilt werden.
Inzwischen ist der Vorfall dem jordanischen König gemeldet worden. Er handelt rasch: Die israelische Regierung wird aufgefordert, sofort das Geheimnis um die Flüssigkeit offenzulegen. Benyamin Netanyahu folgt der energischen Aufforderung. Khaled Mishal kann gerettet werden.
Seine Ermordung war im August 1997 vom israelischen Mini-

sterpräsidenten selbst beschlossen und befohlen worden. Der Befehl, unterschrieben von Netanyahu, wurde dem Geheimdienstchef Dani Yatom zur Ausführung übergeben. Der Ministerpräsident war der Auffassung, Khaled Mishal sei ein führender Kopf der islamischen Kampforganisation Hamas – und Netanyahu hatte recht: Khaled Mishal ist der politische Denker der Hamas. Er sagt jedoch, er sei für die Anschläge in Israel nicht verantwortlich. Dafür sei der militärische Flügel der Organisation zuständig, deren Führer in den besetzten Gebieten leben. Er habe seinen Arbeitsplatz in der jordanischen Hauptstadt, abseits vom aktuellen Geschehen.

Khaled Mishal führt ein unauffälliges Leben. Der Familienvater sorgt für Frau und sieben Kinder. Die Königsfamilie hält Kontakt zu ihm. Der religiös orientierte Hamas-Politiker ist wichtig für die Beziehungen zu den Mächtigen in Saudi-Arabien und – seit der Annäherung der saudischen Königsfamilie an die Regierenden in Teheran – auch für Verbindungen zum iranischen Staatspräsidenten Khatami. Der Hamas-Führer steht unter dem besonderen Schutz des Königs Hussein.

Dies ist der Grund, warum der Monarch über den Anschlag auf Khaled Mishal gerade in seiner Stadt Amman so überaus wütend ist. Er verkündet noch am 25. September 1997, nur ein Feind des Friedensprozesses habe den Anschlag befehlen können. Mit harschen Worten überschüttet Hussein den israelischen Ministerpräsidenten beim abendlichen Telefongespräch am 25. September. Der König verlangt von Netanyahu die sofortige Freilassung des Sheikhs Ahmad Yassin und die Öffnung der Gefängniszellen für 22 Hamas-Mitglieder – sie werden von Hussein namentlich benannt. Die Drohung des Königs wirkt, er werde im Fall der Halsstarrigkeit des israelischen Ministerpräsidenten ein Gerichtsverfahren gegen die beiden »Kanadier« einleiten.

Diese Peinlichkeit will sich Netanyahu ersparen: Er ordnet die Freilassung des Sheikhs und der 22 Kämpfer an. Ahmad Yassin wird von einer jubelnden Menschenmenge in Gaza empfangen. Jassir Arafat küßt den gelähmten Kontrahenten – und der Geistliche erwidert den Kuß.

Auffällig zurückhaltend sind die Äußerungen des bisher so radikalen Hamas-Sheikhs. Er deutet sogar an, der islamische Glaube ermögliche den Abschluß eines Waffenstillstands mit dem Gegner, wenn politische Klugheit dies erfordere. Er läßt offen, ob dieser Waffenstillstand bereits in Kraft getreten ist. In der Tat unterbleiben ab Ende September 1997 die Hamas-Anschäge in Israel und im besetzten Gebiet.

Die Freilassung von Sheikh Ahmad Yassin und der 22 Hamas-Kämpfer schwächt den Druck der Israelis auf Arafat ab: Netanyahu kann fortan nicht verlangen, der *Rais* müßte durchsetzen, daß alle »Hamas-Terroristen« verhaftet werden – hatte er doch selbst die Gefährlichsten im Herbst 1997 freigelassen.

Tatsächlich schafft das Ereignis vom 25. September 1997 dem Chef der Autonomiebehörde Aktionsfreiheit. Netanyahu selbst hat den Beweis geliefert, daß Israel auch mit Terroraktionen arbeitet – Netanyahu kann seine Unterschrift unter den Mordbefehl nicht leugnen. Arafats Meinung jedoch, der Ministerpräsident erweise sich künftig als nachgiebiger, ist falsch.

»Der Staat der Palästinenser ist kein Traum mehr«

Diesen Satz spricht Arafat immer öfter aus. Jassir Arafat verweist auf den Text der *Declaration of Principles on Palestinian Self-Rule* vom 13. September 1993, wenn er bemerkt: »Ob die israelische Regierung dies will oder nicht, die Worte der Abmachung zwischen der PLO und Israel machen deutlich, daß der Staat der Palästinenser existiert: Da ist die Rede von einer noch anstehenden Regelung strittiger Grenzfragen und der Zusammenarbeit mit den Nachbarstaaten. Derartige Formulierungen werden nur gebraucht in Verträgen zwischen Staaten. Der Text des Oslo-Abkommens behandelt die Autonomieverwaltung als Regierung eines Staates.«
Dies ist nicht allein der Ausdruck von Arafats Wunschdenken. Tatsächlich werden im Fall des Autonomiegebiets drei Kriterien erfüllt, die nach der Übereinkunft des internationalen Rechts Grundlage sind für die Existenz eines Staates: Wer Anspruch auf Staatlichkeit stellt, muß ein genau umrissenes Staatsgebiet besitzen, das von keinem anderen Staat beansprucht wird; er muß von einem Volk getragen werden, das zu

ihm steht, und das die Staatsgewalt anerkennt; er muß Willens und in der Lage sein, internationale Verpflichtungen zu erfüllen.

Eindeutig werden die drei Kriterien erfüllt: Der Autonomiebehörde unterstehen die im Oslo-Abkommen als Zone A und Zone B bezeichneten Gebiete; die Bewohner dieser Gebiete haben in freien Wahlen sich mit Mehrheit für die Autorität der Autonomiebehörde erklärt; diese Behörde ist bereit, sich in den Kreis der Regierungen der Völkergemeinschaft einzufügen.

Die Möglichkeit, daß sich Jordanien auf seine früheren Besitzrechte über das Territorium westlich des Jordan berufen könnte, ist ausgeschlossen: König Hussein hat im Juli 1988 völkerrechtlich verbindlich auf derartige Ansprüche verzichtet.

Möglich ist für den *Rais* der Autonomiebehörde die Aktivierung der Staatsproklamation, die im November 1988 durch den Palästinensischen Nationalrat erfolgt ist – sie kann übertragen werden auf Zone A und Zone B des Westjordanlandes, die der Autonomiebehörde unterstehen. Die Staatsproklamation von 1988 ist von 124 Nationen der Erde mit Zustimmung zur Kenntnis genommen worden.

Benyamin Netanyahu muß, wenn er einen Bruch mit seinen Koalitionspartnern vermeiden will, die Realität des Staates der Palästinenser übersehen. Seine Erklärung vom September 1961 gilt noch immer: »Von mir aus kann Arafat jede Nacht vom eigenen Staat träumen. Wenn er am Morgen erwacht, dann erkennt er, daß er geträumt hat. Es gibt keinen Palästinenserstaat, und es wird keinen Palästinenserstaat geben!«

Derartige Erklärungen sind für seine Kabinettskollegen und für die Wählerschichten bestimmt, die er mit der Parole für sich gewonnen hat, er werde die Ergebnisse der Verhandlungen des *Oslo Channels* für nichtig erklären. In Wahrheit hat er zu erkennen gegeben, daß er den in Oslo begonnen Friedensprozeß fortsetzen will.

Diese Bereitschaft ist abzulesen am Text des Briefes, den der israelische Ministerpräsident am 10. März 1998 an Präsident Clinton geschrieben hat. Netanyahu bringt darin seinen Willen zum Ausdruck, der palästinensischen Autonomieverwaltung

in der umstrittenen Zone C im Westjordanland »zusammenhängende Gebiete« zu überlassen, »die es den Palästinensern ermöglichen, ohne ihr Autonomes Gebiet verlassen zu müssen, sich von Norden nach Süden bewegen zu können« – auf eigenem palästinensischem Boden.
Den amerikanischen Präsidenten genügt diese Zusage nicht. Er verlangt von Netanyahu die Freigabe von insgesamt 40 Prozent des Bodens am Jordanwestufer. Was er damit erreichen will, spricht er selbst nicht aus – die entscheidende Aussage überläßt er seiner Frau. Hillary Rodham Clinton sagt am 6. Mai 1998 zu einer Gruppe israelisch-arabischer Jugendlicher, die sich in der Schweiz getroffen haben: »I think that it will be in the long-term intrest of the Middle East for Palestine to be a state.« Die Aussage war eindeutig: Die politisch aktive Frau des amerikanischen Präsidenten tritt für den Aufbau des Palästinenserstaates ein. Beamte im State Department denken darüber nach, ob die Aussage von Frau Clinton den Inhalt der kommenden Abmachungen mit Israel umreißt.
David Bar-Ilan, der Sprecher des israelischen Ministerpräsidenten, kommentiert diese Aussage: »Jeder wird annehmen, daß die Frau des Präsidenten sagt, was der Präsident denkt. Unser Verhandlugsspielraum wird dadurch beträchtlich eingeengt.

Fünfzig Jahre Israel – fünfzig Jahre »Katastrophe«

Die Feiern zum 50. Jahrestag der Gründung des Staates Israel fallen Ende April 1998 weniger selbstbewußt aus, als ursprünglich geplant. Die Verantwortlichen und die Bürger wissen, daß der Triumph von einst brüchig geworden ist: Vor 50 Jahren hat der Wille des jüdischen Volkes über die Palästinenser gesiegt. Seither hat es Sieger und Unterlegene in einer fortdauernden Auseinandersetzung gegeben. Diese Situation ist nicht länger aufrechtzuerhalten. Das Verhältnis mit den Palästinensern muß vom Konflikt zur friedlichen Koexistenz geführt werden. Dieser Wandel ist nicht ohne Verzicht auf Ansprüche möglich.
Der amerikanische Präsident und seine Außenministerin Ma-

deleine Albreight bestehen auf Konzessionen, die sich Netanyahu abringen muß. Im Sommer 1998 streitet man sich darüber, wieviel Prozent des Territoriums Israel an die Palästinenser abtreten muß. Für Arafat ist dieser Streit unwürdig.
Unwürdig ist für ihn auch die Situation des amerikanischen Präsidenten Bill Clinton, der sich seiner Aufgabe, dem Nahen Osten Frieden zu bringen, deshalb nicht widmen kann, weil ihn die »Affäre Monica Lewinsky« beschäftigt. Wie sehr seine Handlungsfreiheit eingeengt ist, zeigt sich daran, daß der Militärschlag, den er am 20. August gegen den Sudan und Afghanistan, gegen vermeintliche Terroristenzentren, ausführen läßt, als Ablenkung von Clintons privaten Problemen empfunden wird. Dem amerikanischen Präsidenten wird nicht mehr das Vertrauen entgegengebracht, das er benötigt, um Weltkonflikte zu lösen. Dabei hatte sich Clinton viel vorgenommen.
Der amerikanische Präsident wollte in seiner zweiten Amtszeit den Konflikt zwischen den Israelis und Palästinensern beilegen – das sollte sein Beitrag zur Geschichte sein.

Das magische Datum: 4. Mai 1999

Groß war die Versuchung des Jassir Arafat, am 50. Jahrestag der Gründung des Staates Israel den Staat der Palästinenser auszurufen. Der PLO-Chef hielt es jedoch für klüger, des 50. Jahrestages der Vertreibung zu gedenken. Das Schlagwort hieß al-Nakhba – die Katastrophe.
Al-Nakhba, das war der Untergang des palästinensischen Volkes. *Al-Nakhba*, das war die Auslöschung des Begriffs »Palästina«. Am 4. Mai 1999 soll die Auferstehung des palästinensischen Volkes und des Namens »Palästina« gefeiert werden, ein Termin, der Arafat fasziniert.
Am 4. Mai 1999 müssen, laut Text des Oslo-Abkommens, alle Absichten, die im Vertrag vorgesehen sind, erfüllt sein. Auch über die Besitzverhältnisse des Komplexes Felsendom und Klagemauer muß am 4. Mai 1999 entschieden sein. Die Vereinbarung muß auch die Lösung des Problems der Staatsgründung umfassen.
Wie auch immer entschieden wird, der 4. Mai 1999 gibt Arafat

ohnehin die Freiheit, die Staatsidee Realität werden zu lassen. Und daß er dazu das Recht hat, wird von Yossi Beilin, der wichtigsten Persönlichkeit auf israelischer Seite während der Verhandlungen des Oslo Channels, bestätigt. Yossi Beilin gehört seit den Wahlen des Jahres 1996 der Opposition an, doch er ist Zeuge für Inhalt und Geist des Abkommens von Oslo. Er sagt: »Zum festgelegten Termin, zum 4. Mai 1999, muß Israel die Existenz eines demilitarisierten Staates Palästina anerkennen. Die Grenzen sind so zu ziehen, daß der Staat leben kann. Die jüdischen Siedler bleiben im palästinensischen Staatsgebiet – unter israelischer Souveränität.«
Abgesprochen sei, so sagt Yossi Beilin, daß die israelische Souveränität über das Gebiet von Jerusalem gewahrt bleibt – gemeint ist das vereinte Gebiet von West- und Ostjerusalem, das die Hauptstadt des jüdischen Staates bildet. Da Jassir Arafat jedoch seinem Volk mehrfach versprochen habe, Jerusalem werde die Hauptstadt seines Staates sein, müsse dafür gesorgt werden, daß sein Gesicht gewahrt bleibe. Yossi Beilin erklärt, was geplant sei: »Den Palästinensern muß ermöglicht werden, ihre Hauptstadt außerhalb der derzeitigen Grenzen von Jerusalem zu etablieren. Diese Hauptstadt werde dann zu einem Bereich gehören, der von den Arabern *Al-Quds*, der »heilige Bereich«, genannt werden kann, und der einen Bezug zum Felsendom besitzt.« Gedacht ist dabei an die Eingemeindung der kleinen Stadt Abu Dis, die im Osten der Jerusalemer Altstadt liegt, eben im »Bereich Al-Quds«. Mit dieser Lösung hat sich der *Rais* einverstanden erklärt.
Nicht immer hat Arafat das Gefühl, auf dem richtigen Weg zu sein. Bei privaten Begegnungen zeigt es sich, daß der *Rais* in tiefe Depression verfällt über den Schicksalsschlag, Rabin und Pres als Partner einer Friedenslösung verloren zu haben. Da geschieht es, daß er beim Mittagessen mit tief gesenktem Kopf Suppe und Gemüse löffelt - ohne ein Wort zu sagen. Die Männer des Stabes sitzen am Tisch und wagen es nicht den *Rais* anzusprechen. Dabei gibt es durchaus erfreuliche Entwicklungen, die zu bereden wären.
Am 7. Juli 1998 hat die Vollversammlung der Vereinten Nationen beschlossen, den »Beobachterstatus« der PLO aufzuwerten. Die Palestinian National Authority kann sich künftig - vertreten durch ihre Delegation — gleichberechtigt an Debatten

beteiligen. 124 Delegierte haben sich für die Aufwertung ausgesprochen – vier waren dagegen. Zu diesen gehörten die USA.

Am 6. Juli 1998 hat Imad Faluji, der Minister für Telekommunikation in der Palästinensischen Autonomieregierung dem Rais mitgeteilt, PALTEL, die Palestinian Telecommunication Company, sei jetzt in der Lage, die 40 000 Mobiltelefone im Autonomen Gebiet zu versorgen. Niemand braucht mehr seine Gespräche über israelische Gesellschaften abzuwickeln.

Anfang August 1998 erhielt Jassir Arafat von seinem Sicherheitschef die Meldung, die Polizeistreitkräfte der Palestinian National Authority hätten nun den Mannschaftsstand von 40 000 erreicht – und seien damit um 10 000 Mann stärker als ursprünglich abgesprochen. Ihre Aufgabe könne es allerding nicht sein, Anschläge in Tel Aviv zu verhindern. Dafür sei die israelische Polizei zuständig.

Auch Negatives wäre im Kreis von Arafat zu bereden. Zum Beispiel die Korruption. Darüber wird nur gewitzelt: »Wir haben ein wichtiges Kriterium erreicht, das nahöstliche Staaten auszeichnet – wir sind korrupt!«

Daß es Arafat nicht gelang, zwei als wirklich korrupt geltende Minister, Nabil Shaath und Ali Qawashme, aus dem Kabinett zu entlassen, wird dem *Rais* als Schwäche angerechnet. Die Korruption soll insgesamt die Hälfte des palästinensischen Staatshaushalts verschlingen.

Überraschung hat im Gazastreifen das Verhalten des bisher zurückhaltenden Abu Mazen ausgelöst. Er hat sich am Rande der Stadt Gaza eine Villa erbauen lassen, die viel Ähnlichkeit mit einem französischen Schlößchen hat. Ins Bild von Gaza paßt dieses Schmuckstück nicht.

Abu Mazen sieht sich als Arafats Nachfolger. Der *Rais* will davon nichts wissen. Er hat seine eigene Vision von der Zukunft. Am 18. April 1998 sprach er davon, wie er sich die künftige Entwicklung im Nahen Osten vorstellt. In der typischen arabischen Manier des Geschichtenerzählens, berichtet er über den Frieden, den den vor rund 1300 Jahren der Prophet Mohammed von Medina aus mit dem Stamm Koraisch, der in Mekka zu Hause war, geschlossen hat.

Und die Lehre die Arafat daraus zieht?

»Der Prophet Mohammed, mit dem ich mich keineswegs vergleichen will, hat einen Frieden mit dem Stamm Koraisch vereinbart, der jedoch nichts anderes als ein Waffenstillstand für zehn Jahre war. Der Prophet hat damals zugesagt, daß alle Angriffe gegen Menschen und Besitz der Koraisch-Sippe von Medina aus unterbleiben. Es war ein Waffenstillstand – sonst nichts. Wir müssen lernen aus diesem Beispiel des Propheten!«

Daß im Süden der Stadt Gaza ein wichtiges und imposantes Bethaus, das von Jassir Arafat oft zum Freitagsgebet aufgesucht wird, nach Abu Jihad benannt ist, nach dem Verfechter einer Erneuerung Arabiens durch einen Volkskrieg, besitzt durchaus Symbolwert. Für Abu Ijad, den Politiker des Ausgleichs mit den USA, ist in Gaza keine Moschee gebaut worden.

Daß Jassir Arafat über die Zeit seiner eigenen Existenz hinaus mit Vertrauen in die Zukunft blickt, ist an der Entstehung eines Gebäudes abzulesen, das am Rande der arabischen Gemeinde Abu Dis, die im Osten an das Stadtgebiet von Jerusalem anschließt, hochgezogen wird: Zu erkennen ist das zukünftige Parlamentsgebäude des Staates Palästina.

Gemunkelt wird, Arafat selbst habe den Bauplatz ausgesucht – von den großen Fenstern des Parlaments aus sollte die Goldkuppel des Felsendoms zu erkennen sein ...

104 (Beirut → Amman)   Hotel Talmegani 313
                                    tide   312
Fragen an Arafat Mittwoch, 2. Dezember Stenzel 310, 2.3
S. 16.17

1.) Herr Amier, Abrampetz hat   Jordan:
7 Uhr   60 Abgeordnete,
made an appeal to the Palestinians   elections took place
and the Jordanians to forget   in April 1967. N
the conflict, to be one nation.   political parties.
Is this possible, what is your   Jedes Jahr im Wi
reaction? 2.) What is your   Sitzung.
assessment of the actual situation
of the Palest. Rev. 3.) Are   National Assembly
you still convinced that it   besteht aus House
does not mistake to overthrow   Representatives and
the Monarchy? 4.) What is your   Senate. Statement
vision of the nature of the   hat sechs Wochen Verspät
Palestine Revolution? 5.)   Ist die jordanische
Who is your strongest   Nationalversammlung
ally? 6.) You don't accept   zusammen. Auf der
the establishment of a   Tagesordnung steht de
Palestinian state in a part   triumphale Demonstra
of Palestine. Would this not   der Erfolge gegen die
be better than nothing?   Palästinenser. Der
7.) What is your opinion about jordanische Parlament
of the Federation of Arab   muß die Befreiung d
countries. You are asked   Landes zur Kenntnis ne
to associate.
8.) Can you confirm that the   Das jordanische Parle
is less commando action   muß sich mit einer b
today or more than a few   Folge des jordan. konfli
month ago? 9.) Will you   befassen, es muß I.
succeed to unify the armed
groups in one unified
command? 5.) als aufgestanden
Stenzel hat bei Schalks g

ANHANG

Bibliographie

Primäre Informationsquellen

Tagebücher und Aufzeichnungen des Autors von 1968 bis 1998. – Dreißig Jahre Begegnungen mit Jassir Arafat und Beobachtungen der Ereignisse im Nahen Osten

Wichtige aktuelle Literatur

Appleby, R. Scott (Hrsg.): *Spokesmen for the despised: Fundamentalist leaders of the Middle East.* University of Chicago Press 1997
Betser, Moshe, Rosenberg, Robert: *Secret Soldier: The incredible true Story of Israel's Greatest Commando.* Atlantic Monthly Press 1996
Bitterlin, Lucien: *Guerres et Paix.* Paris 1996
Bregman, Ahron, El-Tahri, Jihan: *The fifty years war: Israel and the Arabs.* Penguin Books 1998
Farsonn, Sami K.: *Palestina and the Palestinans.* New York 1997
Flamhaft, Ziva: *Israel on the road to peace: Accepting the unacceptable.* Westview Press 1996
Gilbert, Martin: *The Dent Atlas of the Arab-Israeli Conflict.* 6. ed. New York 1993
Heikal, Mohamed: *Secret channels: The inside story of Arab-Israeli peace negotions.* Harper Collins 1996
Hiro, Dilip: *Sharing the promised land: Israelis and Palestinians today.* Reissue, Hodder & Stoughton Trade 1996
Inbari, Pinhas: *The Palestinians between terrorism and statehood.* Sussex Academic Press 1995
Khazander, Sami al-: *Jordan and the Palestine question.* Ithaca Press 1997
Makovsky, David: *Making peace with the PLO: The Rabin government's road to the Oslo award.* Westview Press 1995
Milton-Edwards, Beverley: *Islamic Politics in Palestine.* London 1996
Netanyahu, Benjamin: *A place among the nations.* Bantam Press 1993
Rubinstein, Danny: *The mystery of Arafat.* Steerforth Press 1995

Daten und Fakten

The Middle East and North Africa. Europe Publications Limited. London. Dreißig Jahrgänge

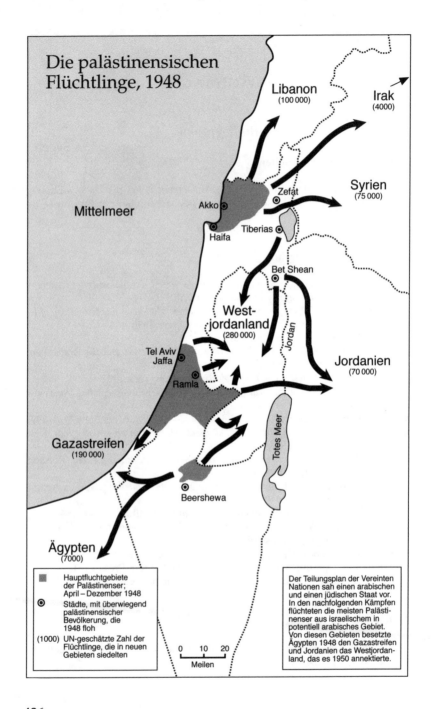

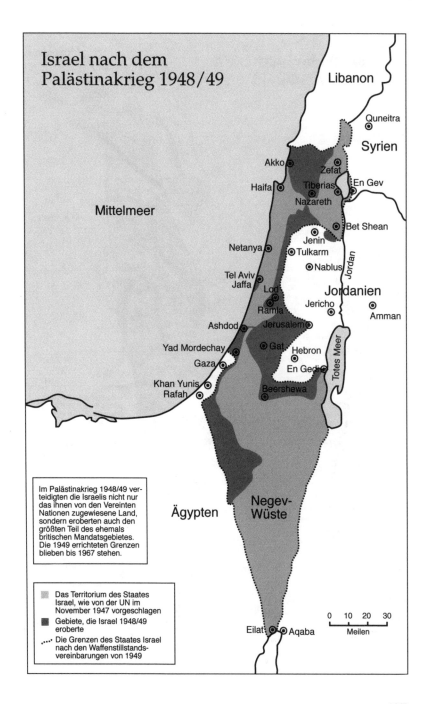

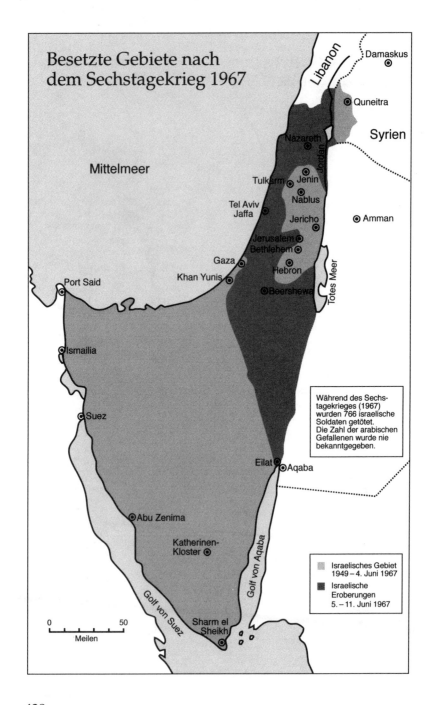

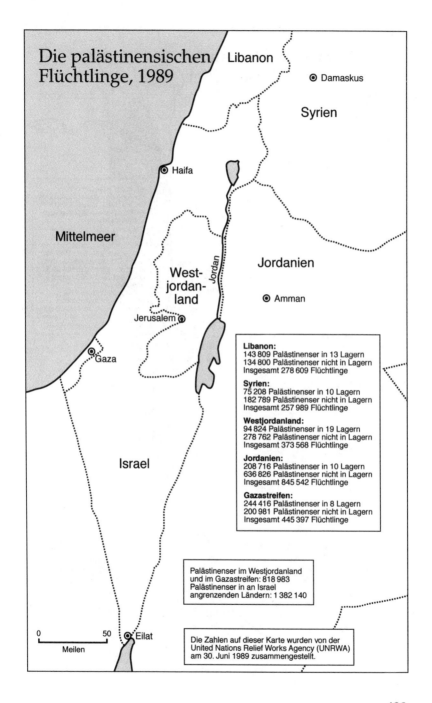

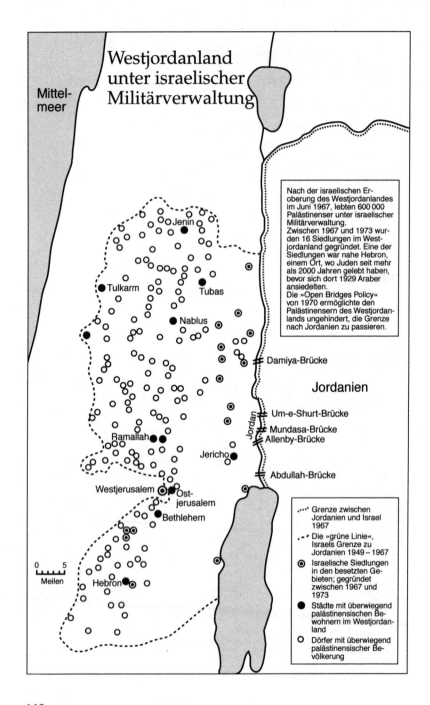

49. Woche

~~Donnerstag, 2. Dezember~~ Beirut

Mittwoch 2. Dez.

Zum Informationsminister: Presskarte für die Parlaments-eröffnung. Ungeheure Truppen-konzentration in den Straßen, dicht abgesichert mit Beduinen-truppen. 11⁰⁰ Parlaments-eröffnung durch Kronprinz Hassan. Stille und Angst in der Stadt. Nur unbedeutende Figuren im Parlament. Hassan hält farblose Rede. Aber nichts passiert.
Leitungen nach Beirut dicke unter-brochen. 12³⁰ PLO, Kamal hat uns inzwischen gesucht. Arafat-Interview heute Nachmittag. 11¹⁵ zur PLO, Kamal begleitet uns zu Arafat auf Jebel Ashrafie.
Arafat läßt sich Zeit für uns. Unpassiert die innere Stadtbrücke. Er ist unter etwas heller. Langes Interview, die interessantesten Diskussionen finden statt, wenn die Kamera nicht läuft. Frage 1 akzeptiert er nicht: über diesen Punkten rede ich gar nicht. Arafat malt Pfeile Kästchen während des Interviews ⊠ ⊗ ▷. Hat nicht studiert. Arafat voll Hoffnung auf Sieg: "Wir sind stark # Macht läßt nach". Meine Frage: Warum haben Sie ihm dir geglaubt? Antwort: Ich habe ihm ein Abkommen geschlossen Indessen Abu Ahmed. Wein aus Latroun: Näher, sanft

feindliche Rechtsregierung des Ministerpräsidenten Wasfi Tall zu akzeptieren. Die jordanische Armee als Sagt: Wasfi Tall regiert, wir selbst.
Dem Parlament bleibt Spielraum: Es kann den Ministerpräsidenten ablehnen.
Nicht auf der Tagesordnung aber in den inoffiziellen Gesprächen Thema Nummer. Die arabische Föderation der Zukunft schließt vor Ägypten, Syrien, dem Sudan Libyen.
Jordanien hat den Aufnahmeantrag gestellt, er ist den anderen Staaten zurückgewiesen worden. Arafat malt Pfeile Kästchen ⊠ ⊗ ▷. Hat nicht in ein Abkommen geschlossen aus Latroun: Näher, sanft Stenzel zum Flüchtlings-lager gefahren. Tant dag Viele Armeekontrollen. "Woher kommt Ihr?"

Donnerstag, 3. Dezember. ist jetzt in stabileren Zelten. Auf dem Rückweg: Frage des Posten: "Woher kommt Ihr?"

105.

441

Personenregister

A

Abbas, Mohammed *siehe* Abu Mazen
Abdallah (König) 38, 46, 49, 54, 57 f., 321
Abdallah, Sherif 421
Abdel Malik Ibn Marwan (Kalif) 12 f.
Abed, George 401
Abed, Hani 375
Abraham 122, 403
Abu Alaa (Ahmed Qrei) 331–336, 340, 350 ff., 366, 399
Abu al-Hol 311 f.
Abu Ammar (Jassir Arafat) 22, 114
Abu Ijad (Salah Khalaf) 59, 63 ff., 67 ff., 70, 73 f., 77 ff., 81, 83 f., 86, 107 ff., 120, 125–129, 132, 135, 139, 142, 145, 147, 158 f., 163–166, 174, 185, 188 f., 195 f., 198 ff., 206 f., 210, 214, 217 f., 225, 243, 245, 248, 251, 263, 268, 279 f., 282, 285, 293, 300, 303, 314, 317, 335, 383, 433 – Tod 311–315
Abu Jihad (Khalil Ibrahim Wazir) 64 ff., 68, 73 f., 77 f., 81, 83 f., 89, 96, 99 f., 103, 108, 110 f., 117, 120 f., 125 f., 128–131, 134 f., 145, 147, 154, 157 ff., 170, 174, 235, 237–241, 243 f., 251, 254, 256, 268, 270–277, 279 ff., 283–289, 293, 295 ff., 303 ff., 306, 314, 335, 363 f., 372 f., 388, 433 – Tod 299–304
Abu Mazen (Mohammed Abbas) 81 f., 126, 129, 306, 313, 319, 330, 333–337, 340, 343 ff., 347, 349 f., 356 f., 359 f., 363 f., 366, 414, 432
Abu Meisar 211
Abu Nidal 311 f.
Abu Saleh 276
Abu Sarah Mohammed Suleiman 369
Abu Saud (Familie) 17
Abu Saud, Salim (Onkel Arafats) 33
Abu Seif 425
Abu Sharif, Bassam 314, 335
Abu Wardah, Maijid 392
Adwan, Kamal 81 f., 89, 126, 129, 188 f.

Aflaq, Michel 97
Ahmed, Abdel Rahim 153
al-Assad, Hafez 96 f., 107 ff., 112, 118, 125, 151 f., 185, 194, 197, 202, 204 f., 209 f., 214, 228, 232 f., 239, 252, 259, 270–273, 277, 286, 335, 345 f., 377, 396
al-Aziz, Ahmed Abd 48
Albright, Madeleine 429 f.
al-Hafiz, Amin 105 ff.
al-Hassan, Hani 83–86, 94, 103 f., 128, 179, 313, 324, 326, 360
al-Hassan, Khaled 59, 94 ff., 98, 103, 109, 114, 126 ff., 130 f., 145, 147, 157, 170, 179, 201 f., 230 f., 313, 324, 326, 359 f.
al-Husseini, Abdal Kader 41 ff., 48, 53, 301 f.
al-Husseini, Abdel Rauf Arafat al-Qudwa (Vater Arafats) 32, 34
al-Husseini, Hadsch Amin 32, 35 f., 38, 41, 58, 163 – Tod 44
al-Husseini, Hadsch Muhammad Amin 363
al-Husseini, Husein Selim 41
al-Husseini, Jamal 38 f.
al-Husseini, Musa Kezim 41
al-Jundi, Abdel Kerim 137
al-Kaddumi, Faruk 107, 109 f., 126, 130 f., 147, 195, 345, 360
al-Kathafi, Moammar 286–289, 295, 297, 299, 301, 384
al-Kaukji, Fauzi 48, 51 f., 54
al-Kayyali, Abdel Wahhab 153
Allon, Yigal 338
al-Ma'ayta, Mahmud 149
al-Makadmeh, Ibrahim 406
al-Mamawi, Ahmed Ali 49
al-Najjar, Jussuf 81 ff., 107, 126, 128, 188 f.
al-Omari, Fakhri 311
al-Rifai, Zaid 176
al-Sartawi, Dr. Issam 331
al-Schanwar, Rashid 210
al-Sheikh, Sharm 394

al-Wazir, Khalih 286
Amer, Abdel Hakim 102
Amir, Jigal 384
Andropow, Juri 274
Arafat, Fauti (Bruder Arafats) 33 f.,
  330
Arafat, Jassir
- Abkommen Oslo II 379–383
- Al-Fatah (FTH) 77–86, 93–98,
  146 ff.
- Aufstieg 114–120
- Autonomie 397–401
- Bedrohung Israels, demographische
  412 ff.
- Ehe 361–364
- Enttäuschung, erste 49–58
- Entwicklung zum Palästinenser
  34–49
- Feinde 172–177
- »Frieden der Tapferen« 392–397
- Geburtsort 29–34
- Gegner 149–154
- Hamas 289–293
- Harakat Tahrir Falestine
  (HTF/FTH) siehe Arafat, Jassir,
  Al-Fatah
- Hebron-Abkommen 404 ff.
- Heimkehr nach Palästina 18–29
- Intifada 294–299
- Israel 105–114, 216–222, 429 f.
- Jom-Kipur-Krieg 191–196
- Märtyrertum 371–375
-, Meuterei gegen 269–276
- Mißerfolge 98–105
- Moskau 168–171
- Niederlage 126–135
- Ökonomie 397–401
- Palästina wählt 387–392
- Palästina 255–260
- Palästinensische Befreiungsbewe-
  gung (PLO) 154–160, 305–311)
- »Palestinian National Authority«
  196–203
- PLO siehe Arafat, Jassir, Palästinen-
  sische Befreiungsbewegung
- Scheinstaat im Libanon 182–191
- Selbstbewußtsein der Palästinenser
  142–146
- Siedlungspolitik 265–268
- Staat der Palästinenser 427 ff.
- Staatsmann ohne Staat 160–168
- Studentenzeit 59–71
- Stuttgart 71–77
- Teilungsplan 422 ff.
- Tunis 327–337
- Verrat 120–126
- Verräterfriedhof Amman 177–182
- Weltkrieg, Erster 46
- Weltkrieg, Zweiter 34 f., 39 f., 43, 45,
  97
- Widerstand(sbewegung) 59–71,
  135–142
Arafat, Suha (Suha Tawil) 357–363
Araka, Mohammed 112
Argov, Shlomo 236
Arik siehe Sharon, Ariel
Armaneh, Ammar 372
Ashrawi, Hanan 317 f., 321 ff., 327 f.,
  334, 343 f., 357, 362, 383, 388
As Sabah (Emirsfamilie) 75, 93
as-Sadat, Anwar 34, 186 f., 192–196,
  205, 212–216, 218, 220 f., 247, 262,
  345, 377, 404
As Saud (Prinzen) 89
As Saud (Sippe) 377 f., 421
Atassi, Dr. Nureddin 107, 118 f., 123 f.,
  151 f.
Attlee, Clement 35 f., 40, 47, 57
Awwad, Sheikh Mohammad 291 f.
Ayyash, Jahya 388
Aziz, Abdul (Ibn Saud) 130

B
Baker, James 305 f., 316–319, 325
Balfour, Lord Arthur 418 f.
Bar-Ilan, David 429
Beeley, Harold 36
Begin, Benyamin 404 f.
Begin, Menachem 37, 40, 56 f., 212,
  214, 216 f., 221, 225, 233 f., 237,
  249 ff., 255 ff., 260 ff., 264–267, 403
Beilin, Yossi 323, 330–333, 336, 348 f.,
  391, 431
Bella, Ben 103
Berri, Nabih 242
Betzer, Moshe 144, 189
Bevin, Ernest 36, 40, 57
Bourguiba, Habib 256
Boutros-Ghali 320
Breschnew, Leonid Iljitsch 119, 168 f.,
  216 ff.
Brown, William 340

443

Burns (General) 62
Bush, George 302, 308, 311, 315f., 318, 321, 324f., 409

C
Carter, Jimmy 215–220, 222, 389
Chamoun, Camille 230
Christopher, Warren 338ff., 342, 393, 395f., 403
Churchill, Winston 35, 419ff.
Clinton, Bill 16, 19, 21, 325, 340, 363, 370, 396, 428, 430
Clinton, Hillary Rodham 363, 429
Cunningham, Sir Alan 36, 47, 52, 56

D
Dahlan, Mohammed 27f., 372f.
Darwish, Mahmud 345
David 299, 417
Dayan, Moshe 73, 120, 125, 184, 186, 210, 214 f., 217 f., 246, 417

E
Eban, Abba 37
Eisenhower, Dwight D. 70, 90
Eshkol, Levi 105, 120, 112, 133
Eytan, Raphael 263f.

F
Fahd (Kronprinz) 230
Fahd (König) 274ff., 327, 346, 378
Faluji, Imad 432
Faruk (König) 126, 49, 59ff.
Feisal (König) 130, 157, 163, 200
Frangi, Abdallah 74f.
Frangieh, Suleiman 191, 204–207, 358f.
Frem, Fadi 263
Friedman, Noam 402

G
Gabriel, Erzengel 122f.
Gemayel, Beshir 205, 208, 223–230, 241f., 258–264
Gemayel, Sheikh Pierre 205f., 208f., 261f.
George, Lloyd 420
Giap (General) 164ff.
Glubb Pascha *siehe* Glubb, John Bagot
Glubb, John Bagot (Glubb Pascha) 52, 121
Godley 208

Goldstein, Dr. Baruch 367–371, 392, 402
Goliath 299
Gorbatschow, Michail 316, 318
Goren, Schlomo 416
Gur, Mordechai 124
Gurion, David Ben 37, 57, 112, 167
Gur, Mordechai 416f.

H
Habash, Dr. George 78f., 116, 120, 135ff., 140, 145, 160, 162, 171–178, 183, 185f., 197, 219, 314
Habib, Philip 225, 229, 234, 242, 251, 253, 254f., 256, 262
Haddad, Dr. Wadi 136, 162, 178
Haig, Alexander 233ff., 239, 246, 250, 253
Hamid, Hajil Abdul *siehe* Abu al-Hol
Hamuda, Jahya 154ff., 158
Harding, Warren G. 419
Haschem (Familie) 377
Hassan II (König) 200, 203, 232, 259
Hawatmeh, Nayif 137, 140f., 160, 225
Heikal, Mohammed Hassanein 130, 192
Heilberg, Marianne 332
Herodes (König) 14
Hikmat al-Misri 39
Hirschfeld, Yair 332, 334, 336, 340, 348, 352, 391
Hitler, Adolf 32, 35, 163
»Hitler von Baghdad« *siehe* Hussein, Saddam
Holst, Johan Jørgen 332, 349
Husseini, Faisal 301f., 305, 317, 319, 322f., 326–331, 334, 338f., 343, 348, 362, 371
Husseini, Hadsch Amin 75, 301
Hussein, König von Jordanien 85–88, 111, 113–116, 121, 123f., 133, 136, 142, 148, 150, 152, 155f., 161ff., 166, 173–183, 185, 193ff., 197, 199f., 204, 210, 214, 216, 227, 260, 270, 276–284, 286, 300, 319–322, 345, 375–379, 409, 424, 426, 428
Hussein, Saddam 306–313, 327, 411

I
Ibn Saud *siehe* Aziz, Abdul
Isaak 403

J
Jaberi, Sheikh 210
Jakob 403
Jashruti, Khaled 358
Jashruti, Nada 358
Jebril, Ahmed 141
Jeremiah (Prophet) 417
Jesaja 122
Jesus 122
Johannes der Täufer 122
Johnson 386
Jumblat, Kamal 191, 229
Jumblat, Walid 258

K
Kahane, Meir (Rabbi) 367f.
Kahen, Yitzhak 264
Kamal, Said 313
Kennedy, John F. 83, 386
Khalaf, Salah *siehe* Abu Ijad
Khaled (König) 243
Khalil, Samiha 388
Khammash, Amer 142
Khatami 426
Khomeini, Ayatollah 219
Kinkel, Klaus 406
Kissinger, Henry 191–194, 196, 202f., 204–213, 215f., 338f.
Kohl, Helmut 274
Kollek, Teddy 391
Kossygin, Alexej 168f.

L
Larsen, Terje 330f., 336
Levinger, Rabbi Moshe 403
Levy, David 264f., 395
Lewinsky, Monica 430

M
Mahwan, Dr. Rashida 359
Mao Tse-tung 129, 138
Marcus, Mickey 423
McCloskey, Paul 255
McNamara, Robert 408
Meir, Golda 38, 133, 187, 191, 246
Mikhail, Hanan 317
Mishal, Khaled 425f.
Mohammed (Prophet) 12f., 53, 122f., 221, 296, 377, 420f., 432f.
Mohsen, Amin 169
Mohsen, Zuhair 153, 197, 209
Mose 14, 122
Mubarak, Husni 19, 213, 221, 270, 276, 278, 328, 365, 394
Murphy, Richard 280, 282
Musa, Ahmed 98
Musa, Saeed 271–276, 324

N
Naaman (Pater) 207
Nagib, Mohammed 50f., 61f., 66
Nasir, Salah 109f.
Nasser, Gamal Abdel 34, 60f., 66ff., 70f., 73f., 77f., 82f., 86–91, 93, 96f., 101f., 106, 108ff., 115ff., 119ff., 123f., 126, 130f., 133f., 150, 154f., 158–161, 166, 168f., 171, 176f., 179–182, 185f., 194, 214
Nasser, Kamal 188f.
Nazal, Salah Abdel Rahim 374
Netanyahu, Benyamin 16, 365, 392–400, 398ff., 402–413, 415–418, 421–429
Nixon, Richard 191, 201f., 215
Nusair, Al-Sajjid 368

O
Olmert, Jehud 391f.

P
Pascha, Nokrashi 49
Peres, Shimon 208, 267f., 281f., 319, 323f., 327, 329, 336–343, 346, 349f., 364f., 369, 374, 385f., 388, 391f., 394, 396ff., 400, 403, 405, 431
Peresky, Shimon *siehe* Peres, Shimon
Perry, Yaakov 26
Pundik, Ron 334, 336

Q
Qasem, Abu Hasan 292
Qawashme, Ali 432
Qrei, Ahmed *siehe* Abu Alaa

R
Rabin, Yitzhak 25f., 244f., 298, 323ff., 327, 329, 331, 336ff., 340f., 344, 346, 348f., 351–357, 363–367, 369f., 373ff., 377, 381, 391, 394, 397f., 400, 402f., 405 – Tod 383–386, 431
Rajoub, Jebril 26ff.
Ramadan, Taha Jassin 307

Raouf (Jassir Arafat) 108, 114
Reagan, Ronald 225, 232, 242, 250, 254, 259f., 262, 265ff., 277f., 280, 287
Reynier, Jacques de 56
Rizk, Georgina 360
Rogers, William 176
Rommel, Erwin 34, 36
Ross, Dennis 16, 339f., 342f., 403f., 406, 408, 418
Rothschild, Lord 419

S
Sadon, Ilan 309
Salama, Hassan 360
Salameh, Hassan 48, 51
Salam, Saeb 242, 252ff., 258f.
Salomo (König) 14
Samuel, Sir Herbert 41
Sarahneh, Ibrahim Hussein 392
Sasportas, Avi 309
Savir, Uri 351f.
Sawtawi, Imad 294
Schubert, Franz 359
Shaath, Nabil 323, 331, 381, 387, 399, 432
Shaban, Sheikh Mohammed 275
Shafi, Dr. Haidar Abdul 22ff., 45, 290, 381
Shahak, Amnon (General) 26, 381
Shamir, Ytzhak 256, 266, 282, 298, 316f., 319–324
Sharon, Ariel 221–236, 237, 243–255, 259–264, 266, 283, 308, 312, 365, 395, 397
Shazhi, Saaeddin 192
Shikaki, Dr. Fathi Abdul Aziz 384f.
Shukeiri, Ahmed 89–92, 101, 115, 124, 127, 146, 154–157, 161, 396

Shultz, George 250, 252, 256, 262, 268, 302
Sisco, Joseph 175
Sofer, Arnon 412
Stalin, Josef 167
Stanley, Arthur 415
Steinbeck, John 395
Sweidani, Ahmed 103, 105ff., 109, 111f.

T
Tal, Wasfi 116, 182ff.
Tawil, Raymonda 357, 360f., 363
Tawil, Suha *siehe* Arafat, Suha
Tito, Josip Broz 35
Tlass, Mustapha 229
Truman, Harry S. 90
Tschu En-Lai 164

V
Vance, Cyrus 215–219, 222

W
Wachsman, Nachson 374
Walters, Vernon A. 201f.
Wazir, Khalil Ibrahim *siehe* Abu Iihad
Wazir, Intissar 387
Weizman, Ezer 194
Wolffsohn, Michael 411

Y
Yadin, Yigal 42
Yassin, Sheik Ahmad 289–294, 296, 298, 305, 309ff., 328f., 371, 373, 424–427
Yatom, Dani 426

Z
Zaid, Hamza Abu 311

512 S. mit 15 Übersichtskarten
ISBN 3-7766-1931-7

Gerhard Konzelmann
König Davids Erbe –
3000 Jahre Jerusalem

„Wer nicht an Wunder glaubt, ist kein Realist"

Die „Stadt des Friedens", hat in ihrer 3000jährigen Geschichte mehr Blutvergießen und Zerstörung erlebt als jede andere in der Geschichte der Menschheit. Der Autor, exzellenter Kenner des Vorderen Orients, zeigt ihre Sonderrolle als Schnittpunkt und heilige Stadt dreier Weltreligionen auf und sucht nach den geschichtlichen Wurzeln eines unversöhnlichen Streits.

Herbig

432 S. mit 2 Übersichtskarten
ISBN 3-7766-1976-7

Gerhard Konzelmann

Wem gehört Mekka – Krisenherd Saudi-Arabien

„Saudi-Arabien ist für die USA so wichtig wie Texas"

Die Sprengstoffanschläge von 1996 kündigten an, daß das saudische Königshaus vom Sturz bedroht ist und die Zahl derer steigt, die ihm die Beschützerfunktion über die heiligen Stätten Mekka und Medina, den Zentren der islamischen Welt, entreißen wollen. Die USA, Europa und Japan aber sind abhängig vom Königreich auf der arabischen Halbinsel, dem größten Ölproduzenten der Welt...

Herbig

unterwegs // Syrien
erstarkt. Eine Warnung an die
USA: Schiffe werden be-
schossen, wenn Schiffsartillerie der Marine
eine hin feuert. // Vor 8:00 Uhr klopft
Irmgard an der Tür. Sie hatte keine
Probleme mit der Splitterweste bei Ein-
reise in Damaskus. Irmgard erzählt von
schwer arbeitenden Stephan und von
ihr neuen Wohnung. Wir früh stücken gemeinsam // Raketen auf nördliche Stadtteile von Beirut. Dort ist der neue
Militärflughafen // Tagesschau gemacht
aus Videomaterial! Neue Generation
der PLO-Kämpfer. Rekruten zum Kampf
um West-Beirut. Arafat bestätigt,
daß PLO-Kämpfer mit Jumblatt Leuten
zusammenarbeiten // entdeckt daß sie
vier mit Waybill nummern der WDR
Köln bei hat, ohne auf Indikativ zu
warten. Jetzt glaubt Hamburg, der
ist Telex nicht erhält, hat er bekommen keine Story mehr von uns!
Die größte Überraschung erlebe ich
Abends: Peter Krebs findet es
unkollegial, jetzt von Schaefer drei